PEARL HARBOR
AT 0755 SUNDAY
7 DECEMBER 1941

SOUNDINGS IN FEET AT MEAN LOW WATER
LAND INSTALLATIONS APPROXIMATE
ROADS AND RAILROADS NOT INSERTED

U0518031

U.S. NAVAL STATION

HICKAM FIELD
U.S. ARMY
AIR BASE

CASSIN
DOWNES

Dry
Docks

Tank Farm

Naval
Hospital

U.S Naval
Reservation

HELM

WEST LOCH

新 一 代 人 的 思 想

从突袭珍珠港
到中途岛战役

Ian W. Toll

WAR AT SEA
IN THE PACIFIC
1941 — 1942

燃
烧
的
大
洋

[美] 伊恩·托尔———著
徐彬 王斌 王晓———译
陈任———审校

1941 — 1942

中信出版集团 | 北京

图书在版编目（CIP）数据

燃烧的大洋：1941-1942，从突袭珍珠港到中途岛战
役 /（美）伊恩·托尔著；徐彬，王斌，王晓译. -- 北
京：中信出版社，2020.9（2024.3重印）
（太平洋战争三部曲）
书名原文：Pacific Crucible : WAR AT SEA IN THE
PACIFIC, 1941–1942
ISBN 978-7-5217-0968-1

Ⅰ.①燃… Ⅱ.①伊…②徐…③王…④王… Ⅲ.
①太平洋战争 Ⅳ.① K152

中国版本图书馆 CIP 数据核字 (2020) 第 034464 号

Pacific Crucible : WAR AT SEA IN THE PACIFIC, 1941–1942 by Ian W. Toll

燃烧的大洋：1941-1942，从突袭珍珠港到中途岛战役

著　　者：[美]伊恩·托尔
译　　者：徐彬　王斌　王晓
审　　校：陈任
出版发行：中信出版集团股份有限公司
　　　　　（北京市朝阳区东三环北路27号嘉铭中心　邮编　100020）
承 印 者：三河市中晟雅豪印务有限公司

开　　本：880mm×1230mm　1/32　　　印　　张：21.25
插　　页：16　　　　　　　　　　　　　字　　数：520 千字
版　　次：2020 年 9 月第 1 版　　　　　印　　次：2024 年 3 月第 11 次印刷
京权图字：01-2019-4158
审 图 号：GS（2020）1716 号
书　　号：ISBN 978-7-5217-0968-1
定　　价：98.00 元

目　录

开战在我，终战在彼（代序）

发生在 79 年前的太平洋战争，无论对于历史学界、军事界、国际政治学界，还是普通的历史、战争史爱好者来说，都是一个永恒的话题。有关这方面的著作可以说是汗牛充栋。国内学者因语言与档案资料的限制，著述的太平洋战争书籍少有第一手资料，多为炒冷饭（学术论文除外）。相反，恰恰在语言与资料上少障碍，国外学者著述的太平洋战争书籍多为力作。上个世纪 80 年代，我读研究生时就看过一些美国人写的太平洋战争史，如约翰·科斯特洛撰写的《太平洋战争：1941—1945》、高尔登·普朗格撰写的《我们沉睡在清晨：有关珍珠港的未告诉过人的故事》、约翰·托兰的《升起的太阳：日本帝国的兴起与衰落》《战争之神》《丑闻：珍珠港事件及其后果》、戈登·普兰奇的《中途岛奇迹》等。到了新世纪，美国学者乔纳森·帕歇尔、安东尼·塔利著作的《断剑：中途岛海战尚不为人知的真相》，更是以生动的笔法从战术、装备、军队人员等多个角度全方位地描绘了美军和日军在太平洋中途岛战役的全过程，特别是对一些战争中不为人知的细节的揭秘，读来让人感到惊心动魄、欲罢不能。

现今，中信出版社又将美国著名历史学者伊恩·托尔的"太平洋战争三部曲"（2020 年 8 月出版的《燃烧的大洋：1941—1942，从突袭珍珠港到中途岛战役》和《征服的怒潮：1942—1944，从瓜岛战役到菲律宾海战役》，还有仍在翻译的《诸神的黄昏：1944—1945，从莱特湾战役到日本投降》）介绍给了中国读者。在这套三部曲中，作者运用了海量原始文献或第一手资料，再现了在太平洋战争中，美军从被打得狼狈不堪，到反攻取得节节胜利的全景。受兰克学派的影响，这位历史学家把宏观评析融入细细的资料中，文笔精湛，立场客观，既有大场面，又有小细节，上到双方最高指挥官尼米兹、山本五十六，下到尉级军官甚至是士兵，他们在战争上的每一个细节都生动地用史料再现出来。

比如，《征服的怒潮：1942—1944，从瓜岛战役到菲律宾海战役》第七章有这样一段描述：

一个驻扎在奥斯汀山山顶的中尉做了一张死亡表来预测每个饥饿的士兵剩下的寿命：

还可以站直的：30 天。

还可以坐着的：3 周。

总是躺着的：1 周。

躺着排便的：3 天。

无法言语的：2 天。

眼睛也不能眨的：1 天。

这个史料生动、可信，是以往战争史较少出现的细节。

日军在瓜岛的悲惨境地是为日本决策者错误的开战决策买单。

日本是一个岛国，地域狭窄，四面环海，海洋将其与外部世界隔离开来。在前资本主义时代，这种地理上的隔绝使得日本民族千百年来没有同其他民族有过更多的交融，日本文化始终在狭小的空间内萌芽、起步与发展，进而形成了日本民族与文化的单一性，导致社会长期落后于周边国家，与一直处于各种文化冲突与交融中的东亚其他国家形成了鲜明的反差。

然而，民族与文化结构的高度同一性使得日本人的心里沉淀着对外部世界浓烈的好奇，驱使其一旦接触外来异质文化，就表现出强烈的接受欲望，尤其是当自己的文化落后于外来文化时，这种欲望就更加强烈。

自身的落后与对外部世界的好奇心，当这对矛盾交会于日本接触先进的外来文化这一点时，就呈现出铁一样的定律：其自身的文化不可能再按内在规律逐步发展完善，只能靠吸收大量的现成文明来构建自己的文化。

于是，"只要是人家的东西，就是好的；是好的东西，就必须拿过来，变成自己的东西"。日本民族与文化这个特点，深刻影响着日本的政治、经济和军事历史，浸润着日本社会各个角落，特别是日本的扩张史。

然而，自明治维新以后，日本对外扩张的各场战争基本得以顺利实施，这个事实进一步增大了日本人的扩张欲望，致使他们忘记了最不应该忘记的东西："力量与目标"的平衡关系。须知，当目标大于力量时，决心与指挥技艺无能为力。

在举国"打败世界无敌手"的狂热中，日本决策层被"战狼"们裹挟着一步一步地把战争推向了巅峰，于1941年12月7日早上7时55分，袭击了珍珠港，重创了美国太平洋舰队，美军2 403名官兵死于这场偷袭。

然而，日本人忘记了一条重要的战略原则：**"开战在我，终战在彼"**。只要愿意，任何国家都可以发动战争。但是，退出或结束战争却不是一件容易的事情。

日本决策层原来设想，通过突然袭击美国太平洋舰队，完全可以趁美国元气大伤，还没有来得及喘过气、回过味儿的时候，在有利的战略态势下与美国谈判，让美国回到西半球，把亚太留给日本，进而结束战争。

然而，美国人让日本人很失望。经过短暂的痛苦之后，美国凭借着强大的实力，完成了战争动员，同时在欧亚两地作战，从1942年6月的中途岛海战后，经瓜岛作战，日本只有招架之功，已无还手之力，到了1944年日本全面走向颓势。上面引述的那段日本人记录的死亡预测，只是一个悲剧的片段。这个时候日本人大概早已经没有了偷袭珍珠港胜利带来的那种狂欢与喜悦吧。

在太平洋战争中，日本以自己的惨痛教训告诉世人：大国之间的战争，无论取得多少战术上的胜利，只要战争无法在你的既定条件下结束，都是战略上的失败。而战略上的失败将决定战争的最后结局和历史的走向。

战术上的胜利只是政治家脸上短暂的荣光，战略上的胜利却是不显山不露水，可能沉寂几十年甚至上百年才厚积薄发。太平洋战争结束了。日本战略上犯的错误给了美国登上全球权力顶峰的机会。

而在这个过程中，7 000万日本人在为他们领导人的错误买单。作者引用了日本作家竹山道雄的《缅甸的竖琴》的记述："现在我们了解到的一切在当时被完全隐瞒了。我们每天都因恐惧而颤抖，为我们无法理解的事态发展而目瞪口呆。"

有句名言说："雪崩时没有一片雪花是无辜的。"同样，在太平洋战争中，几乎没有一个日本百姓是无辜的。正是他们的狂热与盲从，才使得"他们不得不接受领导人为他们选择的注定毁灭的道路，无力对此做出改变。日本民众早已放弃了自己曾经拥有过的权利和自由，然而等待他们的，还有即将到来的 1945 年'诸神的黄昏'"（作者语）。

关于这套书的特点还有许多，作者在后记里都有介绍，在此就不再评述了，相信对太平洋战争史感兴趣的中国读者阅读后，会增加一些新的收获。

马骏（国防大学教授）
2020 年 8 月 2 日

一幅太平洋战争的全景画卷（代译序）

　　托军圈好友的推荐，笔者有幸获邀翻译这套伊恩·托尔原著的"太平洋战争三部曲"的第三卷。作为一个关注太平洋战争史二十余年的爱好者，笔者起初觉得，太平洋战争？被人写过无数次的题材，还能写出什么新意来吗？但当我收到已经译好的前两卷，打开扉页，读完第一章的时候，便忍不住一口气读了下去。

　　这套著作，还真的不太一样。

　　这是一部关于太平洋战争的全景式著作。

　　在国家级战略的层次上，作者向我们介绍了战争双方，也就是美日两国近代以来的发展沿革：这两个曾经双双被欧洲近代化文明"丢下"的国家，是怎样一步步发展起来，成为雄踞太平洋两端的世界级力量的。而对于两国的海军，作者又以阿尔弗雷德·塞耶·马汉和他那本著名的《海权论》为开端，讲述了美日两军接纳、学习、吸收马汉的理论，又在马汉理论的基础上嬗变，发展出大舰巨炮派和航空兵派两大派别，并逐步演化出太平洋战争爆发前两国海军装备力量格局的过程。

　　当第一颗炸弹在珍珠港炸响之后，日本人是怎样从开战前的小心谨慎一路打出了狂躁的"胜利病"？美国人又是怎样从措手不及中一点点稳住阵脚、逐步反击，最终扭转局势发动大反攻？当战争大势逆转之后，日本人为什么会把占领的岛屿精心打造成坚固的堡垒，死扛到底？而美军又怎样悟出了"越岛作战"的策略，一路越过那些"章鱼吸盘般锁住盟军道路"的岛屿基地，向日本本土杀将过去？当你读完这部著作时，这些问题都将迎刃而解。

对于每一场战役，作者会把战略环境、地形态势、实力背景、双方战役思路和计划向读者和盘托出，再随着战役的推进，双方态势的变化，把双方将领你来我往的过招过程展示在我们面前。对于双方的武器装备，作者会进行足够充分的介绍，虽然限于篇幅没法完整介绍这些战场明星的来龙去脉，却也足够帮助我们更好地理解战斗的结局。

最后，战场上电光石火之间的搏杀，作者也绝对不会省略。还记得当年读英国史学家道格拉斯·福特的经典著作《太平洋战争》时，对于中途岛海战中美军舰载鱼雷机部队的进攻作战，该书只是用了一句"鱼雷攻击未奏效"便一笔带过，而在这套三部曲中，我们能够清楚地看到这场舍生忘死的进攻作战的每一个细节，包括出发前的鱼雷机中队长的计划，到飞行过程中怎样与友机失散，最后发动决死进攻时美军三个鱼雷机中队和日军航母之间的态势、机动，不一而足，最终落水的鱼雷机飞行员亲眼看着本方俯冲轰炸机凌空而下把日军航母变成火球的场景也展现在我们面前。

这也是一部十分精彩的著作。

它绝对不会板着脸和我们画重点讲道理，而是把读者带到那个风雷激荡的年月，把我们带到当事人的身边。

阅读它的时候，笔者仿佛置身于珍珠港的烈火浓烟之中，看着一个个被原油染得漆黑的人影在火光中挣扎，体会炸弹在身边爆炸的恐惧；仿佛坐在俯冲轰炸机的座舱里，瞄准航空母舰的黄褐色甲板垂直杀下，任由飞机拉起时的加速度把自己重重按在座椅上；仿佛紧握着战斗机的操纵杆，向着敌机机翼上的红丸机徽扣动扳机扫射过去，享受把敌机凌空打爆的成就感；仿佛坐在军舰高射炮的后面，向着疯狂扑来的神风特攻机拼命开火，因为全舰战友的命运就在自己手中。

我们还可以来到中途岛战役时南云忠一的身旁，如他当年那样，看着来自前方后方的一条条情报信息，承受着心理和生理乃至工作环境上的种种艰难，在挂鱼雷还是挂炸弹之间反复纠结；来到马里亚纳海战中斯普鲁恩斯的身后，面对着来自西边和南边模糊不清的敌情报告，担忧着登陆部队面临的危险，把强大的特混舰队紧紧留守在登陆海域而不敢轻易撒出主动歼敌。作品还会把我们带到美国陆海军联席会议和日本战时大本营的会场上，各方将领的意见、思路和最终议定大政方针的讨论似乎就在我们耳畔。甚至，笔者还一度觉得自己正推着罗斯福总统的轮椅，在英美首脑会谈期间推开丘吉尔首相的房门，却不小心撞见对方洗完澡一丝不挂的样子……

最后，我们还可以来到尼米兹少年时生活的得克萨斯小镇和山本五十六宿醉的名古屋旅馆，探寻一代名将的内心世界，了解他们性格和指挥风格背后的秘密，进而更深刻地理解他们的决策和战局的发展。

在这套书里，太平洋战争再也不是历史书上不可置疑的叙述，或者是单纯的一连串战斗故事，而是无数军人、指挥官和将帅在战争迷雾和鲜明个性之下，用自己的抉择和行动所组成的一部极其复杂而宏伟的大戏。

当然，这还是一套严谨的史学著作，绝不是一味追求精彩的"地摊文学"。

我们随手挑几条参考资料来看看吧：

1952 年 1 月 20 日斯普鲁恩斯写给塞缪尔·埃利奥特·莫里森（美国海军半官方权威战史的作者）的信；

波特（传记作家）与尼米兹合著的《大海战》；

斋藤少将发给守卫塞班岛日军官兵的最后一份电文；

"企业号"作战报告，1944 年 3—6 月；

川口太郎的口述，引自布罗利等人所著《太平洋战争的另一面》；

……

如此种种，数百条之多。作为写过《六舰：美国海军的诞生与一个国家的起航》（中信出版社·新思文化工作室 2019 年已将这本著作引进国内）这样优秀作品并荣获美国海军历史研究大奖"塞缪尔·埃利奥特·莫里森奖"的历史学者，作者伊恩·托尔在美国海军历史方面的造诣是毋庸置疑的。我们在书里看到、体会到的种种鸿篇巨制、身临其境和精彩绝伦，无一不是有据可查的。即便有一部分作者的主观判断，也都会有充分的论据来说明。

作为一名军事历史爱好者，能有幸把这样一部著作的一部分翻译成中文，引荐给国内的朋友们，真是一件很开心的事。

谭星（《全甲板攻击》作者）

2020 年 7 月

序　章

哦，东是东，西是西，二者绝不会相遇，

除非天和地一起出现在上帝伟大的审判席；

但是当两个强壮的男人面对面站在一起，

没有方向，没有边界，没有种族，也没有出生地，虽然他们来自大地的两极。

——约瑟夫·拉迪亚德·吉卜林，《东西方民谣》

如果一名船员在 1850 年进入时光机，被随机送往不同的历史时期，那么他在 1588 年与英国打了一场海战的西班牙无敌舰队上当一名前桅海员会很自在，要比去往距离他时间更近的 1900 年的任何大型钢铁战列舰上感觉更熟悉。在 19 世纪后半段——这段时间足以涵盖一个人的职业生涯——工业革命极大地破坏并重塑了海战的硬件和技术。即便如此，变化也没有停歇，没有一息暂缓。在 19、20 世纪之交，世界各国的海军在船只设计、发动机设计、武器系统、通信和军事原则等方面都处于平行革命的边缘；涡轮发动机将取代效率低下的往复式发动机；石油将取代煤炭；火力指挥仪系统使得一个士兵就能将战列舰上所有的火炮瞄准目标，并且在射击时纠正船只的俯仰与侧倾；自行鱼雷可以在吃水线的高度攻击敌船，其射程和可靠性也在一步步提高；无线电通信把海洋中航行的船只与岸上的指挥部联系在一起；多个国家成功试制出潜艇。1903 年，莱特兄弟驾驶飞机在美国北卡罗来纳州的基蒂霍克进行了历史性的首飞，具有远见卓识的军官预想到，这些新的"飞行机器"在未来将大有可为。1906 年，大不列颠下水了一艘新的战列舰——"无畏号"战列舰。"无畏号"配有 12 英寸 *口径大炮，最大速度达 21 节，从它下水那一刻起，世界上其他战列舰就都过时了。

二战中所有美国海军将领的海军生涯都开始于那个技术发生巨变的时代。大约 1900 年至 1910 年间，还是青少年的他们首次离开家乡，进入位于马里兰安纳波利斯的美国海军学院（又译美国海军军官学校）。为了获得录取资格，他们通过了严格的入学考试，并且要经过残酷的选拔过程。他们是新教徒和中产阶级，即将成年。他们里面没有黑人、犹太人，天主教徒的数量也很少。有一些是"海军后代"，追随父亲或者祖父的脚步加入海军。他们来自美国各地，但是在一两年内，他们的口音和方言都会消失，改说流利的标准英语，让人听不出地方口音。这些变化，会让他们家乡的亲人和朋友感到不可思议，惊讶于海军给他们带来的改变竟会如此之大。"现在他属于国家。"人们这样告诉他们的父母，其中的意思很清楚——父母对于他的所有影响都已经是过去的事了。他已经迈入了新生活的门槛，除非他失败或被开除，否则他再也没有回头路可走。

在安纳波利斯，他们过着一种朴素的生活，不关心外界的事

---

* 　1 英寸＝2.54 厘米。——编者注

情，并且遵循着严格的等级秩序；这与他们从小到大所经历的杂乱的平民社会迥然不同。他们早上 6 时 30 分起床，晚上 9 时 30 分熄灯，一天的时间被准确划分成精确的小份，全都有安排。在训练场上，无论天气如何他们都训练和行军好几个小时；他们还在切萨皮克的敞舱船里进行极其消耗体能的水陆两栖训练。这些平民学员学习"快步进入走廊，成直角转弯，笔直地坐在椅子沿上"。[1] 他们的一切任性行为都会受到严格的纪律和社会压力的双重限制。士兵们违反纪律就会被记录下来，而很多行为会被视作违纪——迟到、在队伍中说话、抽烟、房间不整齐或者偷偷进城逛酒吧。他们学习基本的海员技能，先是在训练大厅竖起来的索具和帆桅上练习，之后在塞文河的旧纵帆船和快艇上练习。

他们接受的专业课培训侧重于驾船、导航、射击、战术和工程。要想拿到好的分数，就必须把课堂讲座中和课本里的资料死记硬背下来，还要奉命背诵出来。需要动脑分析或者独立思考的时候很少，学校也不鼓励学生们过度钻研当时海军技术理论方面的主要问题。学校主要培养的是学生们的性格。关于西点军校和安纳波利斯海军学院，西奥多·罗斯福总统向国会说过："我们不需要这些学校培养出更多的学者。相反，我们绝不应该忘记这样一个事实：这两所学校的目标是将人首先培养成战士……这里的教育的最好之处在于高标准的性格和随之而来的职业军人的品行。"[2] 在海军生涯初期最重要的就是培养合宜的态度、正确的气质，练就完美的体形，以得体的方式穿上蓝白军装，戴上船形的海军帽、洁白的手套，腰佩礼仪用剑。简而言之，要让人们喜欢，要符合人们的期望。

过去的永远不会陈旧。他们永远都不能忘记，自己是骄傲的战士的后裔，他们每个人以及他们作为一个整体都要维护星条旗的荣誉。安纳波利斯的大厅里装饰着破烂的军舰旗和褪色的油画，画上描绘着1812年美英战争的场面，那是一个"木船和铁人"的时代，往昔的英雄们——琼斯*、佩里†、迪凯特‡、普雷布尔§和斯图尔特¶——在海洋上打败敌人，捍卫了这个国家的独立。学校极其重视社交礼仪。年轻的学员们要通过学习培养良好的礼仪：在客厅里摆茶杯；练习书法，这样写出的信不会让送信人或者收信人因为字迹而难堪；还学习跳华尔兹，不踩到女士的脚。学校鼓励他们说一点法语，并且至少要对欧洲的典籍略知一二。作为海军军官，他们在世界各地的停靠港扮演类似于外交官的角色，所以他们必须在每一个社交场合都举止优雅、自信，不能被任何人看不起，无论这个人是男人还是女人，是平民还是军人，是外国人还是美国同胞。

　　最重要的一点，安纳波利斯有一种同化作用。那些不愿意融入或者不能融入的人会被开除。留下来和坚持下来的那些人会互相团

---

*　威廉·琼斯（William Jones，1760—1831），美国第4任海军部长（1813—1814），在沿海布防和打击对手航运方面相当成功，是美国赢下1812年战争的功臣之一。——编者注

†　奥利弗·哈泽德·佩里（Oliver Hazard Perry，1785—1819），美国海军军官，1813年在伊利湖战役中率领舰队击败英军，扭转了1812年战争的走势，因而被誉为英雄。——编者注

‡　斯蒂芬·迪凯特（Stephen Decatur，1779—1820），美国海军军官，1804年与巴巴里诸国交战时因率领敢死队发动夜袭并烧毁被俘舰"费城号"而一战成名，1812年战争期间指挥"美国号"巡航舰在单挑中俘获同级别敌舰，1820年与另一名军官决斗时身亡。——编者注

§　爱德华·普雷布尔（Edward Preble，1761—1807），美国海军军官，1804年的黎波里战争中任地中海特遣舰队总指挥，战果颇丰。在他手下成长起来的军官在1812年战争中发挥了重要作用。——编者注

¶　查尔斯·斯图尔特（Charles Stewart，1778—1869），美国海军军官，1812年战争中曾指挥"宪法号"巡航舰在以一敌二的情况下擒获两艘敌舰。——编者注

结，忠于海军，他们有一种深深的集体感，这种感觉十分强烈而且伴其一生。

至于舰队该采取何种战略的重大原则问题，那时阿尔弗雷德·塞耶·马汉的思想在海军中极其盛行。马汉是美国海军军官，也是海军史学家、战略大师，世界上每一个大国的海军都奉行他的原则，并将其运用到实战中。1890 年和 1892 年，马汉最初的重要作品《海权对历史的影响》出版，由此他享誉整个世界。在这本书和后续的书籍及文章中，他提出了"马汉信条"，该信条在二战爆发前一直影响着海军战略家的思想，它倡导使用大舰巨炮，将集中优势兵力奉为铁律，主张毙敌于一役，以一场决战彻底消灭敌军舰队。

从外表上看，马汉酷似人们喜欢嘲讽的书呆子学者形象——高挑瘦削，身子笔挺；面色灰黄，神情忧郁，一双淡蓝色眼睛，后缩的下巴上留着灰色的胡须，前额突出，大脑袋上已脱发变秃。他节俭，自制力强，不苟言笑，甚至有些害羞。1859 年他从安纳波利斯毕业（那时安纳波利斯海军学院刚建立 14 年），然后进入了海军。当时的海军用的还是木船，总统是林肯，南方已经脱离联邦。内战期间他在南方叛军的海岸实施封锁，四年中没有经历什么大事。内战结束后，他被派往世界各地，乘坐着不同的船经过了欧洲、中东、拉丁美洲和亚洲。到 1884 年，马汉已经在海军光荣服役 25 年，不过也没有什么值得注意的成就。他是一名将近 45 岁的上校，但几乎无望升到将军一级。没有什么能阻止他再这样混 20 年，然后领着可观的退休金休息。但是他已经厌倦了大海。他在海上度过了大部分的职业生涯，迫切地想要换一个方向。所以，当他有机会到罗得岛纽波特新建立的美国海军战争学院担任历史讲师时，他立刻同意了。

马汉认为自己完全不能胜任这项工作——"超级无知"，他这样说自己。但是他渴求知识，而且他有一种苦行僧般的气质，这很适合长时间独处做研究。他到书店买了很多书，经常去图书馆，钻研数百年的历史——古希腊和古罗马，英国、荷兰和西班牙的殖民竞争，以及拿破仑的崛起和衰落。"我对待这项工作就像是在野外开荒的移民一样，并不为先砍倒哪棵树而踌躇，"他后来写道，"看到什么我就读什么，我在读书时注意力特别集中。"[3]在 1885 年秋的一个下午，在秘鲁（他的船被派往这里）利马的英国俱乐部的图书室工作时，马汉被公元前 3 世纪和公元前 2 世纪的罗马和迦太基之间的布匿战争历史吸引了。他脑中出现一个问题，让他得到了启发。如果汉尼拔当年入侵意大利时，从大海上进军，而不是通过西班牙和阿尔卑斯山脉的漫长陆地，那么结果会怎样？罗马会不会灭亡，整个西方历史会不会被改写？"我第一次在内心有了发现，"他写道，"对于海洋的控制是一种从未被系统地重视过或者解释过的历史因素。"他抓紧这一想法不放松，并且很快开始动笔。由于时间紧迫，他在 1886 年秋天结束了海军战争学院的授课工作；由于需要把想法用文字写下来，他不得不厘清主要的观点。随着页数越来越多，他回忆说，"我拥有的每一种能力都被调动起来投入使用"。1886 年这些讲义都写成了文字，后来由利特尔 & 布朗出版社出版，这就是著名的《海权对历史的影响》。

这本书出版的时间再合适不过了。工业化和技术革新使得许多国家开始整饬舰队。各国之间的竞争以及以欧洲列强为代表的帝国的野心，有可能导致所有国家展开军备竞赛。整个世界对于制海权有了一个更好的理解。什么是制海权？制海权的价值是什么？如何取得制海权？如何运用制海权？之前也有人问过这些问题，但是马汉最先以令人信服的巧妙方式将这些问题组织到一起，并且用系统的方法回答这些问题，还附上了历史上海战的例子。

最重要的是，马汉宣扬"主力舰"的重要性。主力舰就是配备重型武器的最高级战列舰。护卫舰、巡洋舰和驱逐舰可以执行必要的辅助任务，例如侦察或者护航，但是一个国家若没有配备重炮的巨舰，那么充其量只能算是有个二流海军。马汉坚持认为，战列舰构成的舰队每次都必须作为统一集中的整体，进行联合作战。将战舰分开，或是战舰过度分散，是造成海军悲剧的典型错误，也是在整个海战史上再三犯的错误；联合在一起的舰队总是能够追击并且消灭分散的舰队。马汉还加上第三条箴言：强调**进攻**。舰队不应该部署在海岸线附近，在靠近海港的地方进行防御。他宣称，海军最重要的目的就是航行于各大洋，有必要时可以使用安全的海外基地；要追击并且消灭敌军舰队。"一旦宣战，就必须主动出击，积极制敌。不是抵御敌人，而是要打垮它们。"[4] 必须在一次"决定性战役"中迎击并且摧毁敌人，就像萨拉米斯海战、亚克兴之战、勒班陀战役、尼罗河战役、特拉法尔加战役那样；在决定性战役中获胜一方要击沉或者俘获全部（或者绝大部分）敌舰，使敌人没有能力再次进行海战。配备大炮之巨舰集中编入单一的联合舰队，以让敌舰在大海上彻底消失为目的，这就是马汉海权的准则。

他的这一准则很快在全球获得了认可。赞美声一片，表达仰慕的信件从世界各地如雪花般寄来。《海权对历史的影响》以及马汉随后的作品被迅速翻译成法语、德语、日语、俄语和西班牙语。该书出版两年后，马汉已经被公认为是最有影响力的海权方面的学者，还被奉为外交大师，他的论述像是从奥林匹斯山传下来的神谕一样被人们解释、分析、思索。"从 1892 年开始，每个人都会引用马汉的主张，"一名崇拜马汉学说的法国人写道，"讨论海权的人努力证明他们和马汉的观点一致。"[5] 据说，在英国，皇家海军的每一个军官都读过马汉的书或者假装读过他的书。威廉·格莱斯顿首相说《海权对历史的影响》是"当代最优秀的书"。在议会，只要提到马汉的名字，所有的争论都会停止。1894 年，马汉获得了牛津大学和剑桥大学的荣誉学位。在皇家海军俱乐部晚宴上，曾有这样一个祝酒词："刚刚投票通过用于扩充海军的 300 万英镑，是我们欠［马汉上校］的债。"[6] 在德国，德皇威廉二世跟友人说："现在我并非只是随手翻阅马汉的书，而是在狼吞虎咽一般地阅读，而且努力把书背下来。在每个方面，这都是一本一流的书，一本经典之作。"[7] 这位德国皇帝命令海军大臣阿尔弗雷德·冯·提尔皮茨把《海权对历史的影响》的译本放到德国海军每一艘军舰上，并且公开表示，每个军官都应该阅读这本书。在马汉思想的深深影响下，"一战"前英德之间展开了海军军备竞赛（从某种程度上来说，"一战"就是由此引发的）。

但是受到马汉的文字影响最深、最久远的国家是日本。马汉自己也这样认为。他评论说"我的作品被翻译成日语的最多，比其他任何语言都要多"，而且说没有其他国家"比日本更关心和在意这一领域"。[8] 1894 年，《海权对历史的影响》被日本海军军官合力翻译成日语并相互传阅。日本陆海军大学校都将其作为课本。该书还被呈送给了明治天皇和嘉仁皇太子。日本海军大学校还曾试图请马汉执教（不过没成功）。马汉"决定性战役"的理念与宫本武藏的理念遥相呼应。宫本是 16 世纪伟大的武道家和剑术家，他宣扬"全神贯注，一击制敌"。[9]海军大将东乡平八郎曾有书法作品赞颂他："所有国家的海军战略家都认为马汉的作品将永远在军事科学研究领域占据最高点，是全世界的权威。对于马汉广博的知识和敏锐的判断力，我表示深深的、真诚的尊敬。"[10]

日本政治精英们无不叹服马汉的思想，所以日本海军不停要求增加海军在国防开支中的份额的改革运动有了动力和支持者。将军们称：日本和英国一样是个岛国，日本和英国一样只会受到来自海洋的外敌入侵。除非陆军能够被安全运到亚洲大陆，否则即便有雄心壮志，也将一事无成。他们坚称，日本海军的地位应该和英国皇家海军一致——海军应该成为日本的主要军事力量，国家在制定政策和拨款时应首先考虑海军。

在美国本土，马汉最热烈的拥护者是泰迪·罗斯福*。1890 年 5 月刚刚阅读完《海权对历史的影响》的第一卷，他就给马汉写去了祝贺信："过去两天虽然很忙，但是我有一半的时间都在阅读阁下的书，我一拿起书便无法放下，直至读完，说明内容引人入胜。"[11]罗斯福在《大西洋月刊》中发表了一份充满赞赏的评论，[12]他特别赞扬了马汉的一个结论：美国应该打造一支由重型战列舰组成的新舰队。1897 年至 1898 年，在罗斯福担任助理海军部长期间，罗斯

---

* 　泰迪·罗斯福，即西奥多·罗斯福，人称老罗斯福，泰迪是他的昵称。——译者注

福和马汉的交情加深，两人合作规划战舰的部署，帮助美国后来在与西班牙的战争中迅速取胜。在罗斯福任总统（1901—1909 年）期间，马汉是罗斯福的核心集团中的一员，与海约翰、伊莱休·鲁特和来自马萨诸塞州的参议员亨利·卡波特·洛奇等人同为总统的顾问和盟友，而且他们都抱有大国思想。罗斯福有时候直接从马汉的书里摘出几段，然后几乎一字不差地用在他的演讲中。对于自己的文字被这样使用，马汉感到"荣幸之至"。[13] 他跟总统说："我们关系如此紧密，所谓的文字所有权一点也不重要。"

罗斯福是一个聪明、言辞激烈、容易激动的人，这样的人按说不容易当上总统。他的职业生涯如旋风一般，从大学毕业后他只花了不到二十年时间就入主白宫。他有过多重身份：历史学家、律师、鸟类学家、纽约州议会少数党领袖、拳击手、农场主、纽约市警察局局长、博物学家、猎人、行政机构改革家、多产的作家、忠诚的丈夫和父亲、酷爱阅读的读者、助理海军部长、战争英雄、帝国建设者、身体锻炼的积极倡导者、纽约州州长、美国副总统。他身材高大，有宽阔的肩膀和结实的胸膛，他的皮肤粗糙，带着日晒色。他的头发剪得很短，是棕红色的，太阳穴处的毛发开始发白；他的脖子粗壮，看上去就像是要把衣领撑破似的。他戴着夹鼻眼镜，眼镜链耷拉在左侧脸上。他在笑或者说话时会露出两排整齐的牙齿，略微发棕的脸庞显得他的牙齿更加洁白。

自约翰·亚当斯以后，没有哪个总统像罗斯福这样积极地扩大美国海军。1903 年，他对 5 000 名芝加哥听众大声演讲："有一句老话说，'温言在口，大棒在手'，这样才能走得远。如果美国愿意说话温和，但同时拥有保持最高训练水准和勇敢高效的海军，那么门罗主义就会走得很远。"[14]门罗主义承诺阻止欧洲入侵西半球，这种主张"和美国海军一样强大，无出其右者"。[15]美国曾经只是面对一个大洋，现在面对着两个大洋。美国在太平洋一侧海岸线很长，人口稀疏，这既是机遇又是挑战。"在新世纪到来之际，"罗斯福那年跟旧金山的听众说，"太平洋地区的商业和控制情况将对世界史造成无法估量的影响。"[16]罗斯福总统下定决心在中美洲地峡开凿一条运河，哪怕引发巴拿马脱离哥伦比亚的革命他也毫不动摇。在罗斯福心里，巴拿马运河首先是军事上的需要，它可以使美国在大西洋和太平洋之间迅速调集海军。到1906年，大范围的挖掘工作正在进行。

美西战争结束后，美国在海外有大量分散的殖民地。自从1776年以来，美国人就沉浸在反帝国主义的革命传统氛围中，所以美国取得这些殖民地并没有使美国民众欣喜。但是随后的现实问题不容忽视——古巴、菲律宾、夏威夷以及加勒比海和太平洋地区的其他落入美国手中的岛屿都只能派海军去保护。"我们的潜在敌人会从海上发动攻击，"罗斯福对海军军官们说，"他们可能来自欧洲，或者是亚洲。"[17]德国想在南美洲开拓殖民地，罗斯福将德国视为美国在大西洋和加勒比海的危险竞争对手。但是德国的威胁被世界上最强大的英国皇家海军遏制住了，在可预见的将来，英德对峙有利于维持大西洋地区的平衡。而日本刚刚赢得了日俄战争，在西太平洋地区既有慑人的海军实力又有巨大的地缘政治优势。罗斯福在1905年预测说："英国、美国和德国现在将彼此视为太平洋地区的贸易对手，但是几十年后，这三个国家更惧怕的会是日本。"[18]

在第一个任期，罗斯福利用总统这个"天字一号讲坛"（罗斯福创造的一个术语）说服国会建造了 10 艘战列舰、4 艘装甲巡洋舰和 17 艘小型船只。海军开支增加了将近 40%，超过一亿美元。这是美国历史上在和平时期最大的海军开支。到 1906 年，美国拥有的战列舰数量仅次于英国，占世界第二。

扩大后的舰队需要人手操作，因此急需数千名新的军官。安纳波利斯海军学院是罗斯福的海军未来成败的关键，他对这个学院特别重视。在他的推动下，学院经历了彻底的翻新，校园成了一个庞大的施工场所。锤子、锯子和大喊大叫的施工人员打破了这里的宁静，只有周末一天休息。旧的、破烂的木头建筑和砖制建筑被推倒，取而代之的是用花岗岩、大理石和灰砖建立起来的古典主义风格的大厦。1908 年这里将建成一个新的礼拜堂，里面有恢宏的棕红色穹顶和巨大的青铜门。罗斯福总统经常从华盛顿坐早班的火车，到这里演讲、剪彩或者为橄榄球队加油。总统还出现在安纳波利斯海军学院的毕业典礼上，他会注视每一名毕业的海军学员，用坚实的右手和他们握手，给他们颁发证书。

对于海军学院的管理层来说，罗斯福对于学院这么感兴趣是一把双刃剑。罗斯福这位总司令好管闲事。由于橄榄球队员荒废了学业，学校把学员的橄榄球队解散了；可是总统插手，要求恢复橄榄球队，并且坚持陆军和海军每年举行一次橄榄球赛。"我特别喜欢橄榄球，"他解释说，"我喜欢狂野的、男人的运动。"[19] 1906 年 2 月，罗斯福赦免了一个海军学院的学生，该学生被指控将橄榄球诋毁为"一种过于动物性的运动"。[20] 罗斯福安排在学院里教授柔道，他说柔道"不仅仅是锻炼身体，更是一种自我防御和训练敏捷性和决断力的极为有效的方式"。[21] 柔道项目后来被取消，罗斯福责备学院老一辈的这一决定，说"学院的那些老家伙总是有这种寻常思维"。

那些年间美国海军将校级的上层军官都是在内战前就开始服役的老人。他们通过一步一个台阶的升职慢慢爬到了高层，在退休前最后的几年宁静日子里，他们可不想因为指挥层那些年轻有活力的官员带来的改变而影响自己的心情。华盛顿的海军机构就是一个堡垒，里面都是些服役时间很长、思想保守的高层军官。他们一直干涉技术变革，仅仅是因为技术对他们而言是新的、不熟悉的事物。创造者、改革者和攻击传统观念的人被孤立，直到他们心灰意冷地辞职。让老军官们提前退休的议案被指责为"过河拆桥"，引起了这些人激烈的反抗。甚至到了1906年，那时海军扩张事业已经如火如荼地开展，美国海军仍然是老人的海军。[22] 美国海军中最年轻的上校要比英国海军中最年轻的上校大二十岁。英国海军中有好几位军官被破格提拔，但是在更加推崇平等主义、机会均沾的美国海军中却没有一个这样的例子。[23]

罗斯福看不起那些"老一派的海军军官，他们稀里糊涂地混进了华盛顿"，[24] 他宣布打算"鼓励最优秀的军官，使他们与最差的军官形成鲜明对比"。[25] 海军从建立起就有论资排辈这种做法，每一级的军官都强烈反对把年轻人提拔到他们上头。但是在罗斯福的海军中，海员可以根据功绩晋升，这样有功的年轻军官就可以早早地快速晋升。[26] 懒惰、自满或者无能的人不能再在中层职位上赖上几十年——"非升即走"的原则要求他们凭借军功升职或者被迫退役。军舰指挥官总是看不起低级的工程兵——但现在所有人都被融入一个队伍中，职级平等，军装一样，起居室和铺位也都一样。

令高级军官甚至罗斯福的海军部长气愤的是，罗斯福和"少壮派"直接通信。所谓"少壮派"，指的是支持军中职级改革的中层军官。在罗斯福掌权期间，那些自从 1812 年战争以后就没有出头之日的军官现在大胆地相信，自己的观点会付诸实施，出众的才华会换来晋升。不过罗斯福有些忘乎所以：他直接插手海军的指挥，干涉海军的正常课程，鼓励发明和新技术，还命令给予测试潜艇的士兵额外的抚恤金，因为他们的工作极其危险。在战列舰上，以前过分注意整洁和秩序的做法——注重战舰的壮观场面、隆重仪式以及外表展示——现在都被简化了，省下来的时间用于射击训练。炮手练习射击目标，结果都会被仔细记录下来。舰艇之间开展的射击比赛中，成绩未达标的战舰上的军官需要为其表现做出解释。关于海军军官必需的品质，罗斯福说得很直白："他们必须善于控制船只，精通战术和战略……有顽强的能力接受惩罚，也愿意接受惩罚，有胆识，有决心，愿意冒风险也愿意承担责任——这些是所有时期伟大的船长们都拥有的品质，没有这些品质就不可能成为一名军队领导。"[27]

在 1905 年 5 月 27 日的下午和晚上，在日本海对马海峡灰暗的水域中，日本海军的主力遇到并且打败了俄国由海军上将齐诺维·罗热斯特文斯基（Zinovy Rozhestvensky）指挥的舰队。对马海战在西方被认为是海军战争史上最一边倒的战役之一。人们不禁将其与正好一个世纪前发生的英国大破拿破仑海军的特拉法尔加之战相比较。俄国参战的 12 艘战列舰无一幸存，4 艘被日本俘虏，其他 8 艘全部被击沉。超过 4 000 名俄国官兵丧生，将近 6 000 人被俘虏。日本舰队在海军大将东乡平八郎（在西方媒体中被赞为"日本的纳尔逊"）的指挥下仅仅损失了 3 艘小鱼雷艇，117 人丧生，583 人受伤。

对马海战结束了日俄战争，这场战争是两国在朝鲜、中国东北和附近海域进行的长达两年的血腥冲突。当时，日俄战争是有史以来规模最大、最有破坏力的战争之一，几十万名陆军士兵参战。那是 20 世纪的首次大战，在战争中陆军首次配备了先进的机枪和现代的火炮，士兵们挖了长长的战壕，大批军需通过铁路运进来。在所有方面日俄战争都预示了第一次世界大战的情景。

没有人想到，日本竟然赢得了这场战争的胜利。沙皇尼古拉二世领导下的俄国是一个很大的帝国，人口是日本的 3 倍，国土面积是日本的 50 倍。日本只是东亚一个遥远、神秘的岛国，19 世纪50 年代以前一直与整个世界没有联系。日本的步兵在体型上要比俄国步兵小得多，装备也不足；但是日本步兵打起仗来有技术有韧性，可以自给自足而且积极主动，他们行军速度更快，更能忍受恶劣的环境，而且让人惊讶的是他们似乎什么都不怕。1905 年3 月在奉天会战中，日军对俄军战壕发起了一轮又一轮的冲锋，俄军吃惊地看着日军挺着刺刀、面带幸福的微笑在原野上冲锋，似乎能够光荣地死去是让他们高兴的事。在近代史上，东方第一次打败了西方。

日本用了两代人的时间就从封建和前工业化状态转变为一个经济强国和军事强国，这是一个了不起的成就，在当时是（现在仍然是）整个人类历史上前所未有的成就。"明治维新"这种说法其实有

一点误导 *，因为在明治维新之前，日本皇室稳定地延续着，不曾中断，在那之后也没有丧失至高无上的权力。但是，日本能回过头去，上溯本国的源头，寻找民族根本性的东西，而不是仅仅依照西方的方式治理——这一点耐人寻味。政治权力转移到了城市商人阶级和来自日本西南部萨摩藩和长州藩的强大武士手中。管理精英出自这些阶层，他们（很有远见地）认为如果日本建立不起来能够抵御西方侵略的民族国家的机构和产业，那么日本就会慢慢失去独立地位。明治时期的武士领袖弃武从文，毫无障碍地当起了管理者、官员、政治领导人和理想主义者；他们开始自上而下地进行变革，建立了强大、集权的政府机构以实施他们的计划。他们用巨款收买了封建贵族，让传统的等级制度在很大程度上保持了原样。政党出现了，但各党派经常要反抗那些想限制它们实力和影响力的政策。日本人民投票选出了帝国议会的议员，但是立法部门的权力一直不够，不足以应对强大的官僚政治。在任何意义上讲，日本文官都从未能控制军队，军队在名义上和事实上都保持着无上的权力，并且与天皇有特殊的关系，可以直接向天皇建言。

令西方国家最震惊的是，在日俄战争中，日本陆军和海军的行为仁慈宽厚，让俄军颜面尽失。1882 年明治天皇颁布的《军人敕谕》严禁对平民和战俘施暴。他警告道："好勇无谋。动辄肆威。势必至招人之忌。而使人畏之如豺狼也。"[28] 敕谕颁布 20 年后，日本陆军和海军依然注意这一点。西方国家有关这场战争的报道里

---

* "明治维新"的英文译名是 Meiji Restoration，restoration 的另一含义是"复辟"。——编者注

燃烧的大洋：1941—1942，从突袭珍珠港到中途岛战役

有很多日军善待俄国俘虏的例子，他们给俘虏充足的食物，给他们看病，给他们衣服、香烟、俄语书籍和报纸，甚至还有酒。在海上，遇到俄国将军阵亡，日本舰队会让军舰下半旗。[29] 东乡平八郎大将亲自去探望受伤的俄国战俘，乃木希典将军则在旅顺港的俄国阵亡将士的纪念碑前表示了敬意。俄国俘虏中只有大约 1% 死于囚禁期间，而且日本大费周章，用军人的礼节埋葬了他们。日本红十字会在战区付出了巨大的努力，为几万名无家可归的朝鲜和中国平民提供食物和医疗救助。许多人逃离了之前俄国人占领的地区，俄国人占领时那里经常发生肆无忌惮的抢劫、强奸、谋杀和伤人事件。与之相对比，日本军队毫不纵容这类罪行，用最严厉的手段惩罚罪犯。

日军在陆地上大败欧洲军队这一事实已经足以让世人惊讶，其在海上歼灭欧洲国家的海军则更令世人震惊。西方还惊讶地发现日军比俄军更加仁慈，之前欧洲一直认为东方是一个住着野蛮人的野蛮之地。就像《伦敦新闻画报》的编辑们在 1905 年 1 月 14 日写的那样："日本竟然是这样一个伟大的民族，欧洲还没有从这个令人吃惊的事实中缓过劲来。"[30]

日本的胜利让罗斯福很高兴。多年来他对于日本和与日本有关的东西都很着迷。"我对日本人很感兴趣，我喜欢日本人。"他跟他的密友、英国外交官塞西尔·斯普林-赖斯说。[31] 在自传中，罗斯福写道："我相信日本人，我敬佩他们伟大的品质，我希望我们美国人民也拥有这些品质。"[32] 在任职期间，罗斯福深入阅读了日本历史、文学和哲学方面的书籍。他尤其推崇《武士道：日本的灵魂》一书，这本书的作者是日本教育家和外交家新渡户稻造。罗斯福买了六本，送给了朋友和同事。当他读到对马海战获胜后东乡平八郎大将对日本舰队的演讲时，罗斯福感动得流下眼泪，然后命令把演讲稿发给美国海军的每一艘船和每一个基地。他与哈佛校友金子坚太郎一直关系紧密且互通信件。金子坚太郎可以说流利的英语，一直致力于在美国传播日本文化，并在日本传播美国文化。1904年，罗斯福开始在大师山下义韶的指导下练习柔道。他选了十几名随从和他一起学习，每周练习两次。白宫的走廊上回荡着男人们的低吼声和将对方用力甩在地板上的声音。"我的右脚踝、左腰、一个大拇指和两个大脚趾都肿起来了，基本上不能正常动了，我身上到处都是瘀青，"罗斯福在1905年3月给儿子的信里写道，"但是我取得了很大的进步，你离开后〔山下义韶〕又教了我三个新招数，简直太棒了。"[33]

作为一名历史学家，罗斯福认为日本验证了他最喜欢的一个理论：某些特定的"民族"身上有高超的"战斗能力"。这类人注定会让周围的人相形见绌，打败敌人，在各个国家传播他们的语言、宗教和文化，并且通过商业、科学和艺术方面的成就推动文明进步。古希腊和古罗马就是这样，后来的哥特人也是如此。后来几个世纪的西班牙、法国、荷兰和英国也都类似。更近一点，就是德国、美国和日本。但是罗斯福认为，没有任何国家像日本这样快速地、迅猛地崛起。罗斯福说，自从半个世纪前佩里准将的黑船驶入东京湾，"日本的发展确实让人惊愕不已。在人类文明史上，没有什么可与日本的发展相提并论，也没有类似的成就可与之相媲美"。[34]

对于东乡平八郎的胜利马汉同样震惊。他写道，日本的胜利"极大地震撼了整个世界"。西方亲自见证过日本明治维新的人统共不过十来个人，马汉就是其中一个。1867年他首次访问日本，那时他27岁，是美国"易洛魁人号"上的海军少校。当船在神户下锚时，一群武士跑到船上请求在此躲避岸上的敌人。武士们身上散发出强烈的尚武气息，而且一看就很有力气——他观察到武士们"肌肉非常结实"——这让马汉印象深刻，但他们同时也是无助的没出过海的人，上船之后站立不稳。[35] 38年后，一听到对马海战的消息，马汉就想起那些站在"易洛魁人号"的甲板上的无依无靠的剑客，"浑身湿透，冷得瑟瑟发抖"，此外马汉对于日本的崛起也赞叹不已。"那天上午颤抖的武士们，与后来参加对马海战的士兵和海员不是有同样的血统、同样的传统，而且只相隔一代人吗？"[36]

对马海战之后，日本和俄国都有了足够的理由结束敌对状态。俄国即将爆发革命，尼古拉二世被迫将最精锐的部队留在圣彼得堡以镇压起义。日本的战争经费来自国外借贷，赤字多年居高不下且难以维持，伦敦和纽约的银行家们正在停止向日本发放贷款。[37] 当罗斯福提议在新罕布什尔的朴次茅斯进行协商和谈时，双方都欣然同意。经过漫长、焦虑的协商后，俄国同意签字将旅顺港转让给日本，割让库页岛（萨哈林岛）南部，从中国东北退兵，默许日本对朝鲜的占领——但是俄国坚决反对战争赔款，而这是日本很早就提出来的必备条件。日本谈判团折服于罗斯福的个人魅力，也不想谈崩，所以最终放弃了赔款的要求；1905年9月5日，《朴次茅斯和约》签署。

该和约是美国外交上的胜利，罗斯福在1906年被授予诺贝尔和平奖。但是和约签署几小时后，跨太平洋的电报将消息传到东京，日本民众出离愤怒，无法相信。[38] 日本公众此前因陆军和海军的大获全胜而欣喜若狂，他们被煽动性的媒体鼓惑，期待获得大笔战争赔款和吞并整个库页岛。得知一分赔款也没有，而且只得到了库页岛的南部后，许多日本人认为西方列强团结起来夺走了日本人辛辛苦苦赢来的战争成果。在东京，美国公使馆遭到袭击，凶手是穿着黑绉纱、拿着日本国旗的暴徒，他们还在那里放了火。13 座基督教教堂被破坏、抢劫，有的甚至被大火夷为平地。有人公开称要暗杀签署条约的日本特使。在日比谷公园，一大群人跟在铜管乐队的后面游行示威，反复喊着："战争必须继续！"[39] 拿着武器的暴徒冲击警察的封锁线，警察局被袭击、占领，数百人被逮捕。[40] 两天后暴乱才结束，死伤者达一千人。[41]

公众的暴力反应直到 1941 年才结束。西方外交被认为是蓄谋封锁、压迫和残害日本。不仅仅是精英统治阶级，就连媒体以及大批民众都会仔细查看日本签署的国际条约。关于日本以外的世界，日本民众几乎得不到真实、有用的信息。在日本国内，出现了向外交官施压的趋向，因为外交官们周游列国、会外语而且被西方的穿衣打扮和礼仪影响——他们被认为是叛徒，他们迫于西方阴险的压力，不再是真正的日本人。东京的报道中并没有说俄国正在向中国东北调兵，也没有说俄国很明显宁愿再次开战也不想接受协约中的条款；报纸中也没有提日本就要破产了。关于日本窘境的真实报道很少出现在公众视野中，这是导致二战的另一个悲剧性因素。

和约虽然不受欢迎，但日本确实签署了和约，整场冲突本可以就此尘埃落定，谁料想第二年就爆发了火上浇油的事件。1906 年 4 月，加利福尼亚的旧金山发生地震和火灾，造成约 3 000 人死亡，整个城市被烧成一片白地。灾难过去两个星期后，学校董事会宣布所有的日裔学生都只能上隔离学校，这样白种学生"就不会在青少年时期和蒙古人种的孩子接触，受到他们的不良影响"。[42] 此后，住在旧金山的日本孩子被迫穿过还在冒烟、充满流氓的街道，前往唐人街的"专收亚洲孩子"的学校。

加利福尼亚州的日本移民长久以来一直受到迫害，这是最近的一次。这场运动的发起者是当地和联邦的政客、工会领导和残忍的排外媒体——最臭名昭著的就是《旧金山纪事报》，该报与其劲敌《旧金山观察家报》的发行量不相上下，为了取得优势，该报抓住此次事件紧紧不放。《旧金山纪事报》的社论版几乎每天都会谈到这一事件，叫嚣"洪水般的日本人给美国学校带来了危险，每一个有思想的人都能明显感觉到"。该报提醒说："黄种人是公立学校的魔鬼，也威胁着美国女性。"1905 年 3 月 1 日的一条新闻标题这样写道："不干不净的东方人，不加限制的移民，带来了堕落和退化。"四天后该报一篇社论写道："移民到美国的不是日本最好的人，而是最差的；日本国内焕然一新，却把漂在水面上的渣滓送到了美国，那些渣滓都是日本用不上的废物。"[43]

地震过后的旧金山陷入绝望和混乱中，当局无力制止哄抢、盗窃、持枪杀人和群体暴乱。旧金山的日本城在地震中被毁坏，成千上万名无家可归的难民被迫在周围的街区寻找藏身处，他们与在大火中失去家园的白种人产生了冲突。[44] 人们怀疑旧金山的官员和警察心照不宣地鼓励美国人反对日本人。日本人在街上被追着打，他们的窗户被扔进石头，日本人经营的商店被挂满了这样的警示标语："白人男女：请照顾自己人的店铺。"

日本已经捐赠了 24.6 万美元用于旧金山的灾后重建，这比所有其他国家捐款的总额还要多。[45]日本一位知名地震专家从东京赶来帮助灾后支援重建，却在大街上被截住，被暴徒殴打。

旧金山针对日本人的这些做法得到了日本媒体的报道，一些较为引人注意的大报要求刚刚打了胜仗的日本海军前去撤侨。"很容易就可以让美国从那固执的梦中醒来，只要我们的将军突然出现在太平洋对岸的美国就可以了，"《报知新闻》在1906年10月22日称，"为了世界文明，我们应该做好准备，用铁锤击打恶魔的头。"[46]日本政府向罗斯福政府表达了愤怒的抗议，称加利福尼亚发生的事情违反了1894年日美协约的规定。国务卿伊莱休·鲁特怀疑日本与哥伦比亚政府秘密会谈，谋求在南美大陆建立军事基地。[47]《纽约太阳报》驻东京的记者告诉编辑，日本公众一般不会对离自己这么远的地方发生的事情形成舆论，"但是不让日本孩子到公立学校上学使得很爱孩子的日本人迅速做出了反应"。[48]

罗斯福总统感到愤慨，这不仅是因为加州人顽固的行为使得整个国家蒙羞，而且因为国会大部分州代表反对他的海军扩建计划。在罗斯福看来，各州的领导人正在愚蠢地向日本挑衅，"但同时又拒绝采取措施，使自己不受日本强大武力的伤害，他们对于日本的轻率和傲慢无礼会让他们吃苦头的"。[49]罗斯福派了一名内阁成员前往旧金山，希望能劝说学校董事会撤销种族隔离的决定，结果被董事会断然否决。《哈珀斯周刊》在其封面上刊登了一张漫画，把旧金山市画成一个拿着弹弓的顽皮小男孩，并且暗示日本应该为加利福尼亚白人的孩子设立一所礼仪学校。[50]"太平洋沿岸各州的看法，"罗斯福致信洛奇时写道，"就和霍屯督人的想法一样蠢。"[51]

在致国会的年度咨文中，罗斯福准备了 1 200 多字的激昂演讲，他称种族隔离令是"一小群过错方"实施的"恶劣闹剧"。他宣称："日本用一代人的时间就与最聪明的欧洲人和美国人并驾齐驱，他们通过自己的品德和努力赢得了被公平对待的权利。"他补充道："我们能从日本身上学到很多，日本也能从我们身上学到很多；一个国家只有乐于学习才能教导别人。"[52]

总统坚定的外交斡旋促成了 1908 年的"君子协定"，旧金山市民同意废除种族隔离令，而日本则答应限制移民美国的日本人数量。[53]但和谈是在诸多触目惊心的战争伤疤中进行的。建设运河的工作正在巴拿马如火如荼地进行，但是直到 1914 年运河才完成，此前美国海军的主力舰队必须绕过合恩角，航行 1.3 万英里*才可以到达旧金山。[54]而横滨的日本舰队就在 6 500 英里之外。如果日本在运河尚未通航，美国海军无力阻止的当下就出兵该怎么办？一时间流言四起，威廉·赫斯特的报纸尤甚[55]——有人看到一支日本舰队驶出海港；一座日本基地在阿留申群岛秘密建立；日本特使正不怀好意地与墨西哥结盟；当地的日本妇女被招来当"喂奶机器"，这是一种缓慢但是肯定会成功的人口战争，这样日本人的后裔最终将吞掉整个地区。廉价杂货店里卖的小说想象出"黄祸"的可怕画面：亚洲部落来到美国西海岸，把白种人逼到落基山东面。

罗斯福尽最大的努力平息这场危机，他的努力也不是完全没有效果，但是毫无疑问他内心也认为日本是一种威胁。"我一直尽量

---

*　　1 英里 ≈ 1.6 千米。——编者注

对日本人客气，"他后来写道，"我最后不安地意识到，关于太平洋沿岸发生的事情，日本人的新闻中有一点点隐藏起来的野蛮性；我终于明白过来，他们以为我怕他们。"[56] 岌岌可危的不仅仅是加利福尼亚。夏威夷离日本要比离北美洲近，那里有大批日本移民，而且移民数量还在增加。关岛没有建防御工事，毫无防守能力；那里离美国旧金山5 800英里，但离日本只有1/4的距离。菲律宾有7 000多个岛屿，整体海岸线长度与整个美国一样，就在日本的南大门外。日本海军可以轻易封锁马尼拉，消灭驻扎在那里虚弱的美国亚洲舰队。菲律宾的主岛吕宋岛上有一千个登陆地，日本可以从其中任何一个地点发动入侵。"菲律宾是我们的阿喀琉斯之踵。"[57] 罗斯福在1907年8月跟战争部长威廉·霍华德·塔夫脱说，这一类比非常恰当：每一项真实的战略军事研究都表明菲律宾很快就会遭到坚定的日本海军发动的水陆两栖进攻。

罗斯福被各种复杂和矛盾的事情弄迷惑了，而且他急于在巴拿马运河建成之前遏制来自日本的危机，所以他想出一个计划，要让美国的主力舰队做环球航行。他跟洛奇说，如果美国与日本爆发战争，那么海军"就可以更便捷地将正在航行的舰队派往太平洋地区"。[58] 真实的航行可以让海军"在和平时代而非战争时代发现所有问题、错误和缺点"。大白舰队（名字的由来是船只都被刷成了白色）有16艘战列舰、大批辅助舰船和大约1.8万名船员。这次航行对于技术和后勤的要求都很高，也是史无前例的——此前没有哪个国家将整支海军派出去环球航行。

1907年12月16日，大白舰队从汉普顿锚地出发，船员们靠在栏杆上跟送行的人道别，乐队奏起音乐，并且鸣放21响礼炮向罗斯福致敬。而罗斯福站在总统游艇"五月花号"上观看了这一场面。"你们见过这样的舰队吗?"罗斯福问道,"难道这不是了不起的成就?我们不应该感到骄傲吗?"[59] 船只排成一长串,在海面上绵延了7英里。它们绕过合恩角,到达了包括日本横滨在内的几处太平洋停靠港。抵达东京后,美国军官在皇宫受到了天皇召见。在14个月的航程中,舰队到达了六个大洲,途经苏伊士运河和地中海回到美国。[60] 在美国报纸上的一幅卡通画里,一艘战列舰被画成罗斯福的样子。罗斯福总统的脸是船首,骑兵帽的帽檐是前甲板,大张的嘴巴则在吞食大海。在罗斯福卸任之前几天,舰队结束了4.6万英里的航行,回到美国。罗斯福再一次从"五月花"的甲板上眺望,每艘船也再一次鸣放21响礼炮向他致敬。后来他在旗舰上发表了演讲,祝贺军官和士兵们:"这是第一支环球航行的作战舰队。以后再次实现这一壮举的人,都是在追随你们的足迹。"罗斯福说,大白舰队的航行表明"太平洋和大西洋一样,都是我们的国内水域"。[61]

1914年1月,巴拿马运河首次通航。1914年7月,欧洲陷入第一次世界大战。12月,阿尔弗雷德·塞耶·马汉安详辞世,享年74岁。

那时,参与未来太平洋战争的将军们年纪在二十八九岁或者三十出头。他们已经被提升为上尉或者少校。他们已经被视为未来的高官,被送往纽波特的海军战争学院学习;在那里他们研究、讨论并规划未来海战的前景。他们利用兵棋推演战斗场景,用模型代表奋勇争先的舰队,通过扔骰子决定战争的走向。据说马汉的幽灵仍徘徊在学院当中,而且根据推演估计,在即将到来的战争中,高潮将是战列舰在西太平洋的对决，那会是一场典型的马汉式"决定性战役"。

《橙色战争计划》是美国太平洋战争的计划书，该计划书预计"橙色"（日本的代称）会突然袭击并取得压倒性胜利，侵占菲律宾、关岛，此外可能还有夏威夷。[62] 驻扎在菲律宾苏比克湾的小型美国亚洲舰队将破坏岸上的设备和所有无法带走的军需，然后逃离到安全的水域。战争爆发一周之内，美国海军主力舰队（可能驻扎在东海岸）将开足马力，驶向大海，开启漫长的征服和解放的旅程。通过巴拿马运河后，美国海军将进一步穿过中太平洋地区广阔无边的水域，袭击并且占领日军控制的环礁。到达西太平洋之后的几个月，舰队将追捕并且歼灭日本海军的主力舰队。胜利的美国舰队将封锁日本本土，扼制日本的贸易，迫使日本投降。

这个计划的缺陷十分明显。罗斯福的大白舰队仅仅证明，在和平时期本着良好的愿望，这些战列舰组成的舰队可以环球航行。在战争时期重复这一壮举，并指望在日本的本土水域打败令人畏惧的日本舰队，就是另一回事了。在最佳状况下，那个时代的战列舰在长途航行时可以维持 10 节或者 12 节的速度。航行沿线必须有储油充足且防御严密的补给站。在海上航行数周后，船员的身体和精神状况都会变差，他们的工作效率和士气也会受损。离交战区越近，舰队越要警惕偷袭。在任何时刻，官兵都可能要在毫无防备的情况下集结并投入战斗，在经过这么远距离的航行后去打赢一场决定一切的战役。他们要面对的是敌人以逸待劳的舰队，这些舰艇可以很容易地抵达重要基地，军官和士兵们精力充沛，严阵以待，舰船也都受到了良好的维护。《橙色战争计划》似乎重述了 1905 年齐诺维·罗热斯特文斯基上将指挥的俄国舰队的悲惨结局，谁又敢说结局会不一样呢？

只有少数敢于突破传统的人猜到，飞机和潜艇将改写海战的所有规则，到 20 世纪 30 年代末的时候，战列舰不仅毫无用处，甚至有还不如没有（因为战列舰需要大量的资金和人力），而马汉的海战三原则也将迅速变得过时。"一战"已经透露出一丝未来的端倪。德国海军的 U 型潜艇证明潜艇可以威胁海运的补给线。欧洲的战争表明航空兵可能会成为一支独立的力量，而且到"一战"结束时英国已经证明，飞机可以在船上起降。"一战"中，发生在日德兰半岛附近的最大规模的海战，既没有证实也没有全盘否定马汉的学说。但是"一战"所带来的任何教训，都无法打破人们对于战列舰的崇拜，一直到二战爆发前，世界各国的海军高官都是战列舰的追随者。

泰迪·罗斯福在 1912 年没有通过第三党进步党获得足够的选票，所以未能连任总统；结束政治生涯后，他出书，做演讲，从事一些自己喜欢的改革事业。和往常一样，他倡导与日本保持友好、和平的关系，这是"我们的外交政策中必须遵循的一个重要原则"。[63]他又搬出了 1906 年加利福尼亚学校危机时他开出的那味药——对待日本人要很有礼节，要赞美，这样才能抚平日本敏感的国家荣誉感；在加利福尼亚州和亚洲都要避免无意义的挑衅；要严阵以待，随时准备好将美国海军的主力派往西太平洋地区。罗斯福仍然怀疑日本"一心要成为太平洋地区的主要力量"。[64]战争可能无法避免，但是美国的外交政策要尽可能推迟开战的时间。菲律宾在很大程度上没办法守护，除非国会能够同意给海军几千万美元的经费。制止日本侵略的唯一希望就是打造一支可靠、强大的海军。罗斯福一次又一次地回到"海军准备状态"（naval preparedness）这个话题上，态度坚定到近乎顽固的地步。这是他最喜欢的口号之一，"准备状态"（preparedness）这个词是他自创的，他在演讲、书信和文章中反复使用，以示强调。海军就是国家的右臂，他在《纽约时报》上写道，还说"如果我们让这只右臂无力甚至瘫痪，那么我们的国家就会遭殃"。[65] 美国人如果没有做好战争准备，就会经历一次"痛苦的苏醒；如果那痛苦的苏醒当真到来，我相信我们的民众会想起那些愚蠢的博爱者、胆小的国会议员和其他政府人员，他们应该为美国的悲剧负责"。[66]

伍德罗·威尔逊1913年上台，他提名31岁的纽约州州议会前参议员富兰克林·德拉诺·罗斯福担任助理海军部长。富兰克林是西奥多·罗斯福的远房亲戚，后来娶了西奥多·罗斯福的侄女。（西奥多·罗斯福1905年参加了他们的婚礼。）尽管富兰克林是一名民主党人士，而且要为刚刚在大选中击败了西奥多·罗斯福的新任总统工作，但他也是一名坚定的海军至上主义者和马汉思想的推崇者。实际上，在富兰克林15岁生日时，西奥多·罗斯福送给富兰克林的礼物就是《海权对历史的影响》。富兰克林的母亲说，富兰克林"完全能背下那本书"。[67] 在担任助理海军部长期间，富兰克林每天都对海军进行训练，就像西奥多·罗斯福在麦金莱总统任期内担任相同职务时所做的那样。

1913年5月，西奥多·罗斯福写信祝贺富兰克林担任此工作，也主动提供了一些指导。他提醒富兰克林千万不要让舰队被太平洋和大西洋分开，还说："我不想和日本产生冲突，但是这有可能会发生，而且一旦发生，必然是突然而至的。"[68]

他的这番话预见到了未来，不过是28年后才应验。在1941年一个晴朗的早晨，"痛苦的苏醒"在夏威夷来临，事情发生得太过突然，速度之快甚至超过了最悲观的人的想象。富兰克林在担任助理海军部长和纽约州州长时一直追随着西奥多·罗斯福的脚步，而到了1941年，这将是他出任美国总统的第9年。具有讽刺意味的是，为了满足马汉的集中兵力的理论，太平洋舰队的战列舰排成两列停泊在珍珠港东湾，船首靠着船尾，横梁挨着横梁，就像驿站马车的马队一样整齐。但是这些战列舰没有做好准备。

太平洋，1942年

注：书中地图均系原书地图

180°　170°　160°　150°　140°　130°　120°

加拿大

北 太 平 洋

美国

旧金山 ●

圣迭戈 ●

N

中途岛

夏威夷群岛

瓦胡岛

珍珠港　夏威夷

太 平 洋

1 000英里

特群岛

赤道

太 平 洋

局部图

DETAIL
AREA

兵者，诡道也。

故能而示之不能，

用而示之不用，

近而示之远，

远而示之近。

……

实而备之，

强而避之，

怒而挠之，

卑而骄之，

佚而劳之，

……

攻其无备，

出其不意。

——孙武，《孙子兵法》

第一章

对于瓦胡岛的居民而言，被枪声、炸弹声和低空飞机的轰鸣声从睡梦中惊醒是再正常不过的事情。瓦胡岛满是军事基地，实弹射击操练更是屡见不鲜。在 1941 年年初，战争的危机似乎愈演愈烈，军方开始进行"战争演习"——让陆军、海军和海军陆战队互相对抗，模拟作战。在这些日子里，由于大量弹药发射到空中，山摇地动，好似地震袭来，瓦胡岛上的简易木制房子摇摇欲坠。所以，在 1941 年 12 月第一个星期日早上临近 8 点钟，司空见惯的摇晃又开始的时候，大部分居民直接拽过枕头，把头蒙住；另外一些人则继续喝他们的咖啡，看四格漫画，听广播，尽力不去理睬远处炸弹造成的阵阵冲击声、高射炮的轰鸣声和机枪微弱的嗒嗒嗒的声音。

但是，人们很快意识到这并不是日常的演习。地板开始摇晃，窗户乱颤，飞机擦着头顶呼啸而过，机枪的弹壳就像冰雹一样落在房顶上。在火奴鲁鲁（檀香山），平民百姓从房子里走出来看个究竟，许多人还穿着睡衣。在城里就能听到爆炸声，麦卡利区的国王街上还冒起了浓烟。刺耳的警报声响起，在西面珍珠港和西卡姆机场上空，燃油着火冒出的黑色浓烟直冲云霄，高达几千英尺 *。地面

---

* 　1 英尺 ≈ 30 厘米。——编者注

上的人抬头就能看到一个小型俯冲轰炸机编队在高空做 8 字盘旋。不时有几架飞机会组合成整齐的攻击队形，然后一个接一个地俯冲下来，开始投弹攻击。

目击者瞠目结舌：这一次，开飞机的小伙子们演得可真不赖。12 岁大的孔丹还穿着睡衣，他跟他兄弟说："哇，动作好帅啊。"[1]为了看得更清楚，两个人爬到家里后院的鳄梨树上。"我不得不说这场演习太真实了。"另一个目击者回忆道。[2]珍珠港的一名船员将这场轰炸称为"陆军航空队上演的最他妈棒的演习！"。[3]珍珠港上空的浓烟被认为是"烟幕弹"[4]——或者，就像火奴鲁鲁的市长莱斯特·皮特里想的那样，是"演习的烟幕……我觉得这场演习简直就跟真的一样"。[5]

上午 8 时 4 分，KGMB 电台中断了平时怀基基第一浸信会的管风琴转播。播音员韦伯利·爱德华兹读了一则简讯，召集所有军事人员返回基地和岗位，然后恢复了正常的广播节目，但是每隔几分钟就会再次中断，要求消防员、医生、援助人员和救灾者各归各位。上午 8 时 40 分，爱德华兹再次广播："现在暂停广播内容，向大家播送重要新闻。请注意收听。本岛正在遭受攻击。再重复一遍，本岛正在遭受敌国军队攻击。"[6]听众将信将疑，没把这个新闻当回事，他们以为广播只是一种不太常见的让演习显得逼真的做法。有些人想起了三年前奥逊·威尔斯的科幻广播剧《世界大战》造成的恐慌。接近 9 点时，爱德华兹再次播报。他用颤抖的声音请求听众相信他："这不是演习。日军正在袭击珍珠港。这是真实的战争！"[7]

就连那些富有经验的军人都难以相信他们看到的一切，随着袭击的进一步展开而感到困惑和眩晕。他们慢慢地才开始相信这是真正的袭击。根据目击者的描述，我们发现很多人对于真相都有些后知后觉。一架飞机开过来了。（"那些飞机为什么飞得那么低？"[8]）美军地面防空炮对入侵者开火。（"小伙子们为什么要朝飞机开火？"）炸弹落下来。（"飞行员太愚蠢太粗心了，连释放装置都看不好。"[9]）爆炸了。（"这次有人玩笑开大了。他们误将实弹装在了飞机上。"[10]）飞机开始往上飞，机翼下侧露出日军的"太阳旗"标志。（"我的天啊！他们真卖力啊！他们还把太阳旗印在飞机上！"[11]）一艘美国军舰爆炸了。（"这是哪门子演习啊？"[12]）即便到了那时候，还有些人不相信战争开始了。也许就像轻型巡洋舰"圣路易斯号"指挥官 A.L. 西顿猜测的那样，袭击者是"一个孤独且愤怒的日本飞行员，他不知怎的开到珍珠港这里，现在给日本海军和美国海军都惹了麻烦"。[13]

在火奴鲁鲁市中心基督教青年会外面的街上，船员纷纷挤入公交车、出租车和私家车。军用卡车开到了主路上，街上挤满了"荷枪实弹、戴着头盔、仰望天空的士兵"。[14] 救火车、救援队还有骑着摩托车的警察迅速前往火奴鲁鲁几个着火的地区。警报声震耳欲聋，道路上满是轮胎摩擦发出的吱吱声。没有人再遵守限速规定。劳森·拉梅奇少校回忆道，在通往珍珠港的双车道柏油高速路上，"视野之内，公交车、出租车等各式各样的车子上都满载着船员，他们要赶往港口"。[15]

对于很多亲历者来说，最早让他们相信这是真正的袭击的，是他们的车辆遭到了敌军飞机的低空扫射。"我们听到了像是打字机的声音，"与其他海员一起挤在一辆出租车上的水兵拉里·卡茨说，"我从后窗往外看……看到一架飞机朝公路俯冲下来，机翼或是引擎喷着火。它在朝路上的所有车辆射击，我们的车也受到了攻击。"[16] 平民电工杰克·洛厄正与其他几个人乘坐一辆敞篷卡车。每次飞机低空扫射时，这几个人都会猛敲驾驶室的顶部，司机会猛踩刹车，然后车上的人跳到路边的草丛中隐蔽。飞机飞过去之后，他们再爬回卡车里继续前进。[17] 海军上尉克拉伦斯·迪金森回忆说，他乘坐的车前方的路上有火星飞溅。没一会儿，他前面的车就被 20 毫米机关炮击中了。"子弹击中了那辆轿车，车子剧烈晃动，被一团黄色的烟尘裹住，"他写道，"那辆车爆胎了，我们看到它乱冲乱闯，剧烈颠簸……我甚至看到了雨点大小的洞出现在车上，就像针脚一样。"[18]

到上午 8 时 10 分，第一批炸弹和鱼雷击中停靠在珍珠港的战舰 15 分钟之后，太平洋舰队的主力就被摧毁了。在福特岛东岸，在被称为"战列舰大街"的锚地，美军的战列舰被摧毁，燃起火焰，被浓烟熏黑，战列舰的桅杆和上层建筑以 45 度角倾斜在海港里。被击沉的战舰冒出浓浓黑烟，人们几乎无法辨别到底哪些战舰被击中。"加利福尼亚号"半沉入海，龙骨触到了海底，船体被日军的鱼雷炸开了；"西弗吉尼亚号"被摧毁，燃起熊熊火焰，涂料烧焦了，冒起泡，被击中的左舷升起巨大的烟柱；"马里兰号"和"田纳西号"情况好些，但是这两艘战舰挤在系船桩附近，无法动弹，失去了机动能力。"俄克拉何马号"被多枚鱼雷击中，已经瘫痪，倾斜了 150 度，长长的龙骨指向天空。

战列舰"亚利桑那号"的前弹药库爆炸了，"爆炸声似雷鸣般巨大，声音从很深的地方传来，十分骇人"，[19] 蘑菇状的火焰直冲云霄，高达几千英尺。爆炸后几秒钟，燃烧的碎片如雨点般掉落在附近船只的甲板上。这一幕持续了很久很久。"空中、火中和燃油里都有钢铁碎片，到处都是，""亚利桑那号"的船员马丁·马修回忆道，"有木片、甲板的碎片、帆布，甚至还有尸体残块。我记得有很多钢铁碎片和尸体碎块落下来。我看到一条大腿连着小腿，看到了手指头，看到了手，还看到了胳膊肘和胳膊。"[20]"亚利桑那号"大部分船身已经不见了，整艘船都被掀翻了，尚存的船体沉入海港底部，只有上层的一小部分和二号炮塔的三个炮筒还露在海面上。"亚利桑那号"的塔楼和起重机大角度歪向航道，梯子上倒挂着船员的尸体。爆炸顷刻间夺去了"亚利桑那号"一千多名船员的生命，幸存者中也有很多严重烧伤，其他的船员都不知该如何救治他们。"这些人看上去简直就是僵尸，"海军陆战队二等兵詹姆斯·科里回忆道，他曾在"亚利桑那号"上服役并在袭击中幸存，"他们被烧得全身发白，皮肤就像用石灰水刷过那么白。他们的头发被烧光了，眉毛也被烧光了。……他们走起来就像机器人一样。他们的胳膊吊在外面，往外伸着。他们还在甲板上吃力地走着。"[21]

　　但是，在目击了 1941 年 12 月 7 日的日军袭击的人眼中，最难以忘怀的一幕是大量敌机俯冲而下，犹如乌云般遮天蔽日。那天上午之前，美国人一直被各种舆论误导，以为日本海军的空中力量只是个笑话而已，不过是二等货色的飞机再配上三等货色的飞行员。但是眼前这些飞机的驾驶员技术极其高超。俯冲轰炸机投放的炸弹百发百中。鱼雷机飞行高度很低，投弹姿势堪称教科书级别。零式舰载战斗机紧跟在轰炸机后面进行致命的扫射。要是没有地面上和海港中的屠杀，空中这整个场景会是相当棒的飞行

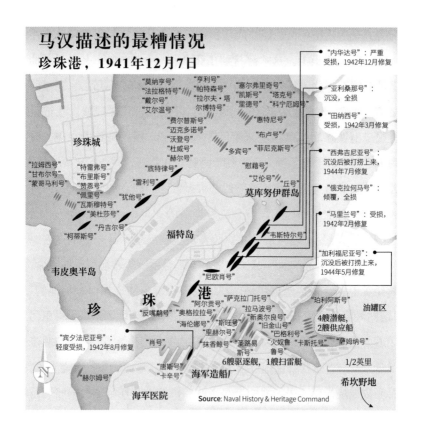

表演。目击者对于日本飞机超低的飞行高度惊讶不已——（如一位目击者所言）低到扔一个棒球就能打到一架日本飞机，低到从海军造船厂医院的三层**往下**能看到日军的鱼雷机袭击美国的战列舰。人们可以清楚地看到驾驶舱中的日军飞行员，许多飞行员的座舱罩还是打开的；人们能看到飞行员戴的"猫眼式"飞行眼镜，他们被风吹起的围巾，棕色的飞行员头盔，以及白色的头巾——"天啊，我甚至能看到他们的金牙。"惠勒机场的一名陆军军官说。[22] 许

燃烧的大洋：1941—1942，从突袭珍珠港到中途岛战役

多目击者回忆称他们甚至与敌军飞行员有过奇怪的眼神接触。一些日本飞行员惨然一笑，像是道歉一般；还有一些飞行员甚至招了招手。另一些飞行员大笑着，做出嘲弄的手势。"他们飞得很低，能看到他们咧着嘴笑，""尼欧肖号"机械师里昂·伯纳特说，"我是说，他们真的在大笑，都在笑；他们就好像在野游，或者参加舞会。"[23]一名海军陆战队员称看到飞机后排的一名机枪手"放下枪托，双手在头上拍掌，就像美国职业拳击手向台下的人致意那样。然后他又抓过枪，开始再次扫射"。[24]

看到俯冲的飞机、扔下的炸弹和爆炸的船只，一些目击者想起了正在欧洲进行的战争的新闻片段，或者一些大手笔的好莱坞影片的镜头。整个场面有一种不真实、梦境般的感觉。"我仍然觉得会从噩梦中醒来或是看到战争片的结局。"海军军医艾尔芬格·金德鲁上校在袭击事件发生几个星期之后写道。[25]"加利福尼亚号"的船员西奥多·梅森也有类似的感觉："整个场面就像B级战争片中那种摇曳的二维镜头画面一样。"[26]很多人记忆中保持时间最长的是那些非视觉的东西，例如船员被困在甲板下面因恐惧而尖叫的声音，燃烧的船上梯子的铁横档烫在逃跑的船员手心上的那种触感，口里灌入机油的那种苦涩的味道，尸体着火发出的恶臭。这些记忆混在一起，杂乱无序，但是极为鲜活、深刻，时隔多年后依然如此。日本的袭击太过出人意料，和平突然转为战争，大屠杀骤然而至，袭击者还带着令人无法理解的愤怒和狠毒——"感觉就像是陷入洪水、龙卷风和地震中一样，"军士长查尔斯·拉塞尔说，"袭击来得又快又猛，让你瞠目结舌，呆若木鸡。"[27]对于"加利福尼亚号"的信号员约翰·H.马克高兰来说，1941年12月7日珍珠港的经历根本无法用语言来描述。"如果你没有经历过，那么用什么语言都难以准确描述；如果你经历过，那么就没必要用言语来描述了。"[28]

　　富兰克林·德拉诺·罗斯福正在白宫二楼的"椭圆形书房"度过平静的周日下午。"椭圆形书房"和位于楼下的更大、更正式的"椭圆形办公室"不是一回事。"椭圆形书房"属于总统官邸的一部分，房间西面的双开门可以通往卧室和私人浴室。在过去历任总统任职期间，这间书房被称为"黄色房间"或者"椭圆形客厅"，被当作起居室、书房，同时还会存放不想要的家具和文件。哈定总统和熟人及密友在这里打过扑克，胡佛总统在这里看过默片。

　　到1941年12月，罗斯福已经在这里住了九年，这里很像他位于纽约哈得孙河河谷海蒂公园的家，有一种拥挤、舒适、微暗的感觉。墙上几乎每个地方都挂着不同形状、尺寸、主题的照片和画。总统的书太多了，书架都放不下，所以成捆的书横放在搁架上面，要不就是堆在墙边或角落。厚重的窗帘挡住了窗外的自然光，房间里有点阴暗；但正是因为房间阴暗，家具磨损的边角、轻微脱线的地毯、从落地灯到墙上插座的地板上拖着的弯弯曲曲的电线，都看不大出来。总统桌子上的烟灰缸里总是有烟蒂，房间里有浓浓的烟味。与房间里的东西唯一格格不入的装饰就是那些和航海有关的东西。书房里放了大概二十几幅罗斯福最爱的柯里尔与艾夫斯（Currier & Ives）的版画，画着大海中航行的木船。桌子上和书架上有六七艘舰船模型，模型外面有玻璃罩保护。一面墙上挂着罗斯福总统母亲的照片，旁边是美国独立战争期间的海军英雄约翰·保罗·琼斯的画像。

对于罗斯福而言，"椭圆形书房"是灵魂的救赎地，也是内心的避难所。他经常一整天都待在这里，坐在书桌后面的轮椅上；而他身后是大大的窗户，往南可以看到椭圆形草坪和华盛顿纪念碑。很多总统事务都是他在这张桌子上处理的。他在这里阅读报告，口述信件和备忘录，接听电话，接见助手和拜访者。但这里也是罗斯福最放松的地方，那个周日的下午他就在这里放松自己。那天他穿着一件旧的灰色套头毛衣和法兰绒宽松长裤，一边修补邮票集，一边和他最亲近的助手也是好朋友哈里·霍普金斯断断续续地闲聊"与战争八竿子打不着的事情"。[29] 两人已经在书房里用餐盘吃过午饭了。早前罗斯福曾表示无法与第一夫人埃莉诺·罗斯福和大约三十名宾客一起在白宫的蓝厅里一起用午餐。[30] 后来，埃莉诺告诉失望的宾客们（来访的有朋友、亲戚和政府官员），罗斯福是忙于应对太平洋的危机，但是这一说法严格来说并不准确：罗斯福表达歉意是在日军发动突袭之前。他是累了，想要休息。但是他没能如愿。

华盛顿时间下午 1 时 40 分，他桌子上的黑色电话响起来。海军部长弗兰克·诺克斯告诉罗斯福，太平洋舰队总司令部发来了紧急信息："日军空袭珍珠港。这不是演习。"诺克斯能提供的信息就这些，他承诺一有消息就打电话。

霍普金斯有些不相信。[31] 他说，日本不可能也没有实力袭击夏威夷，诺克斯的信息肯定有误。罗斯福不这么想——他说他相信这个信息"很可能是真的"，并且说"日本人就是会做这种出人意料的事情"。

几分钟后，海军作战部长"贝蒂"哈罗德·R. 斯塔克（Harold

R. "Betty" Stark）将军打电话确认了这一惊人的消息。斯塔克和诺克斯一直在与海军少将克劳德·C. 布洛赫（Claude C. Bloch）通电话。布洛赫是位于夏威夷的第 14 海军军区的指挥官，当日军飞机向珍珠港发起第二轮突袭时，他向斯塔克和诺克斯汇报了空袭的实时目击情况。几分钟后，罗斯福接到了夏威夷总督约瑟夫·B. 波因德克斯特（Joseph B. Poindexter）的电话，波因德克斯特请求在夏威夷实施戒严，罗斯福批准了这一请求。[32] 在简短的通话中，波因德克斯特的声音因惊慌而变得尖厉。罗斯福转过身来，对霍普金斯和早已挤满书房的其他助手喊道："上帝啊，眼下又一批日本人的飞机飞到了夏威夷上空！"

很快白宫上下都得知了这一消息。埃莉诺在送午宴的宾客时，一个引宾员告诉了她。宾客们"呆若木鸡"。有人后来写道："也不知道该说些什么——这太令人难以置信了。宾客们似乎渐次离开了，没有彼此道别。"[33] 第一夫人上楼悄悄走进罗斯福的书房，但是里面已经挤满了助手，她很快意识到罗斯福正在"认真考虑应该做些什么，而且在最初的紧张局面结束之前不会谈论此事"。[34] 于是埃莉诺回到起居室，开始写信。

整个下午，最新的报告不断涌入白宫。罗斯福的首席秘书格雷丝·塔利接到了斯塔克将军的好几个电话。她迅速记下将军的话，然后飞快地将内容打入备忘录并交给总统。"总统看上去依然比任何人都镇定，但是他的镇定下隐藏着怒火，"塔利写道，"每次收到新的消息他都神色肃穆地摇摇头，嘴角流露出更加坚毅的表情。"[35] 助手们不时进入书房，声音越来越大，很快塔利就没法工作了。她来到走廊上，然后又来到总统卧室的私人电话旁。她打字时，参谋人员在她身后徘徊，伸头看她打的内容。她后来写道："消息继续传来，每一个新消息都更加残酷，将军跟我打电话时我都能从他的声音中听出难以置信的震惊。一开始总统身边的人都不相信，但是随着消息接踵而至，反复确认空袭的事实，大家开始接受传来的信息是真实的，并且对此愤怒不已。"

罗斯福坐在书桌后面，在一片混乱中仍保持着镇定和沉着。那天下午他大部分时间都在接听电话，安排军事行动，为媒体口述新闻，为港口安排新的安全举措并进行战略部署，制定措施观察或扣留日本侨民。有几十项行政命令需要启动。罗斯福吩咐助手们立即执行这些命令，稍后再拿来给他签字。总统的主要军事顾问和外交顾问一个接一个地来到书房就座，包括海军部长诺克斯、海军上将斯塔克、战争部长亨利·史汀生、国务卿科德尔·赫尔，以及陆军参谋长乔治·卡特利特·马歇尔上将。总统问的问题都很现实。日军的袭击是如何成功的？损失有多大？日军下一步可能袭击哪里？夏威夷究竟发生了什么，人们仍然不清楚。瓦胡岛的广播和电话信号中断了好几次，话说一半就断了，信号一度中断了好几个小时。日军的空袭还在继续吗？每个新消息都表明空袭造成的损失远超人们之前的预估。会议在下午4点半左右中止，众人决定当天晚上8点半整个内阁在白宫会面，国会领袖则要在9点出席。

罗斯福周围有很多人断定他在某种意义上是如释重负了。等待和不确定终于结束了。关于战争的前景，美国人一直意见不一；但是现在（就像战争部长史汀生说的那样）"这场危机会把全体美国人团结起来"。[36]埃莉诺也这样认为："我想，富兰克林虽然焦虑不安，但是他也很久没有这样平静过了。骰子终于扔了出去，我想他可以安心了。"[37]

日军的最后一批飞机飞回大海时，珍珠港的东湾满是各种物品的残骸，大部分都被火烧黑了，包括衣服、鞋、书、救生衣、床垫、舷梯、救生船和桶。各种难以描述的臭味混在一起——燃油那令人难以忍受的味道，翻滚的黑色浓烟的刺鼻气味，还有烧焦的尸体发出的令人作呕的甜腥味。百万加仑*石油从被鱼雷击中的战列舰上漏入海港。"从没有在海上看过这一幕的人，无法想象出石油漏入冰冷的海水是怎样一番场景，"二等兵科里说，"石油变成了一团大约6英寸厚的胶状地毯。"[38]从燃烧的船上跳到海里或者被炸入海里的海员发现自己要在凝结的石油中游泳。这不仅耗费体力，而且极其危险。"加利福尼亚号"的海员梅森尽量潜入水下，但是他不得不探出头来换气，"胶状的黑油堵住了我的鼻子和耳朵，烧得我眼睛疼。那东西又臭又甜，让我直想吐"。[39]

那天风很大，大约有25节的速度；当天上午拍的照片里能看到，旗帜在旗杆上高高飘摇。所以战列舰上的火焰不可避免地向海港里蔓延。根据幸存者的描述，海面燃起熊熊大火，朝他们袭来，火焰吞噬了其他人的头部，火帘后面传来短暂、痛苦的尖叫声，接下来是死寂一片。附近的战列舰散发出的热量即使在很远的地方也能感受到，但是仍然有人开动船只，向火焰径直驶去，以期拯救那些幸存者。一艘小艇上的船员试图用手提式二氧化碳灭火器扑灭大火。"每次灭火后，船的两侧都会再度着起大火，然后再灭火，再

---

* 　1美制加仑≈3.8升。——编者注

着火，"以法莲·P. 霍姆斯上尉说，"温度太高了，船上的人不得不朝没有火的方向探出身子以保护自己。"[40] 小艇上的船员将撑篙的钩子搭在落水者的腰带上、领子上，把他们拖上船。被救起的人嘴里呛满了石油，大口大口地往外吐；许多人浑身是油，都看不出到底受没受伤。"我记得我从海里拉上来的一个船员，我拿出手帕把他脸上的油擦掉，"海军陆战队二等兵莱斯利·勒法恩说，"我甚至都看不出他是黑人、白人还是黄种人。"[41] 海员爱德·约翰说，这些幸存者都躺在船底，最后"每艘船都挤满了伤员，挤得一动也动不了，每个人都极其痛苦"。[42]

福特岛港口对面的 10-10 码头（Ten-Ten Dock）上的担架里躺满了从船上救下的伤员。场面极其混乱。头天晚上在岸上过夜的船员和军官依然在奋力奔走，希望能找到小艇将他们带回自己的船上。警报声响彻云霄；救护人员大喊着，让人们为担架让路；混凝土码头上全是死伤者。大量私家车和救护车赶来，交通瘫痪。伤员们被注射了吗啡，然后又被喂些水。他们的脸被火烧黑或被烟熏黑，眼睛也几乎睁不开了；有些伤员的头发全烧没了，大部分皮肤也已烧伤。伤员必须脱去衣服，但是衣服上浸满了油而且已经与肉粘在一起。脱下衣服时，伤员的皮肤也连带着被扯下来。"我只能给他们涂一些凡士林然后用纱布包扎上，"帮忙救治伤员的"西弗吉尼亚号"三等船体装配工路易斯·格拉宾斯奇这样说，"但是这根本就没有用，我那样做就像是给他们扒皮一样。让伤员们的皮肤裸露着，而不是往上面抹东西或者缠纱布，似乎反而好一些。他们想把纱布撕下来。如果是穿着圆领衬衫，那就要把衬衫扯下来，因为他们浑身都是水疱和灼伤。"[43]

整个海军造船厂和福特岛上都设立了几处紧急治疗中心，包括海军陆战队兵营、医务室、单身军官宿舍（BOQ）。所有的治疗中心都迅速挤满了伤员。在福特岛的食堂里，所有的餐桌上都躺满了伤员，新抬进来的担架只能放到外面的院子里。船员维克托·卡蒙特说："有些伤员看上去已经没救了，他们的衣服上浸了石油，烧焦的肉和骨头裸露出来。有些伤员衣衫褴褛，肉就挂在骨头上。有些伤员像孩子一样号啕大哭，叽里咕噜地念着母亲、父亲或者爱人的名字。这一幕看得人无比难受。"[44]伤势较轻者恍恍惚惚地走来走去，有人跟他们说话也不理睬，有人想领他们去治疗中心就激烈地反抗；还有些人浑身上下一丝不挂，却似乎毫不知晓，哪怕是在寻常女性或者红十字会的护士面前。"亚利桑那号"的船员卡尔森有幸从船上逃了出来，只受了轻伤，他记得在福特岛的海湾见到了一位同事，那个人"躺在我对面……用双手握着他的肠子。他抬头看着我，说：'战争真是地狱啊，对吧，伙计？'我说：'是的，没错。'我身上没有地方流血，所以我起身离开了那里"。[45]

在港区和登陆处，死者的尸体被排成两排，中间是通往救治中心的过道。每排死者的头部都向内，这样可以通过脸或者身份识别牌确定死者身份。一些死者的脸奇黑无比，但是身上却看不出明显的伤痕：这就表明他们是在某一次大爆炸中受到巨大的冲击力而死的，他们的血管被震裂了，但是皮肤没有裂。美国海军舰船"雷利号"的船员尼克·库瑞塔斯花了好几个小时寻找他的兄弟："我沿着过道奔跑。我知道我兄弟的特征，我要找到他。他喜欢咬指甲。我知道他有一颗疣，我知道他身上每一个标志。我找来找去，我会说'这个人看上去像他'，但是看不到脸。我会握起一个死者的手，说：'不，这个不是他。'然后接着往下找。"[46] 最后，人们拿来了床单和毯子，盖在尸体身上。"我跟你说一件事，""俄克拉何马号"的船员威廉·福贝说，"当你看到尸体裹着床单像积木一样堆在一起时，战争的所有光辉都会消失。你真真切切地意识到一些不好的事情正在发生。"[47]

福特岛的飞机场中遍布着扭曲的、冒烟的废墟，以及飞机的残骸。在轰炸过程中，70 架飞机中有 33 架被炸毁。在福特岛的东南部，彻底被毁的六号机库浓烟滚滚：它被至少三颗炸弹击中。在水上飞机的停机坪，PBY"卡塔琳娜"水上飞机燃烧的残骸散落在随处可见的棕榈树中间。岛上的水泥地满是榴霰弹的弹片和巨大的弹坑，这些弹坑都是 550 磅 * 重的炸弹炸出来的。奉命弃船的海员们茫然无措地乱转，船员服被鲜血和燃油浸透。"我们很多人都不知如何是好，就在那里站着，"船员爱尔莫·拉什回忆说，"我开始回想发生过的每一件事，战栗不已。我走来走去，过了好久才平静下来。"[48] 大家全都衣衫褴褛，有些人到废弃的兵营或者家属的房子里找衣服穿。有报道称人们的打扮极其怪异：头戴海员帽，身穿上尉的蓝色夹克；光脚穿无尾礼服；浴袍加靴子；海军粗蓝布裤子配燕尾外套，再加一顶前后有檐的将军帽子。岛上有许多船员成群地四处游走，他们肩上挂着弹药带，就像西部片里的土匪一样。副水手长霍华德·弗伦奇说，在福特岛的行政大楼里，"场面极其混乱……没有秩序，失去控制，没有管事的。人们就像迷途的羔羊般四处乱转"。[49]

---

*   1 磅 ≈ 0.45 千克。——编者注

海军造船厂里的海军陆战队兵营是一栋大型水泥建筑，这里被当作紧急安置中心，用来安置这些四处流荡的船员。从海港中爬出来的船员按照指示脱下浸满燃油的衣服并放到垃圾桶中，然后排队洗热水澡。在很多情况下，污泥状的燃油已经深入船员的毛孔中，要想洗干净简直不可能。"你用能找到的毛巾和碎布拼命搓洗，但就是没法把它搓掉。""亚利桑那号"的船员吉姆·劳森说。[50] 肥皂和水对于石油毫无作用，只能用酒精或者汽油去清洗浸满石油的皮肤。有些人甚至真的泡在汽油里，而那些想方设法清除掉石油的人后来连续抱怨了好几个星期，说他们从头到脚还是有一层薄薄的石油，说汽油弄得他们眼睛疼，要不就是说他们头疼而且视线模糊。

海军军需军士给每一个有需要的人发放干净、干爽的粗蓝布裤、内裤、袜子、牙刷、牙膏、剃须刀和垃圾袋。[51] 没有人以书面的形式走流程，谁也不需要签字。海军给养军士尽其所能地为饥饿的船员提供食物。船员们走进食堂，排队领饭的人络绎不绝——等着吃早饭的人还在排队时，已经有人来排队打午饭了。因为担心饮用水可能被破坏者投毒，所以人们喝啤酒、软饮料、酷爱（kool-aid）和从游泳池抽上来的水。一个船员回忆说，他和伙伴们很感激能"吃到干爽的三明治，还喝了用氯消过毒的游泳池水冲泡的咖啡。我们饿极了，所以感觉食物十分美味"。[52]

海军陆战队兵营一楼设立了船员登记站。一名初级军官搬来一张桌子，桌子后面的墙上印着每一艘被放弃的舰船的名字。船员和军官们登记后被告知等待重新安排。许多人奉命参与船上和基地附近的清理工作。在福特岛上，多支由船员组成的小队将残骸从机库清理走并将被炸毁的飞机推离跑道。另一些船员用灭火器熄灭了机场周围草地里的几十处灌木丛中的火。他们拿上桶，奉命捡起榴霰弹碎片和金属碎片。地上的榴霰弹碎片太多了，"在停车场你随手一抹就能捞起来"。[53] 第 14 海军军区的公务人员奋力铺设一条从霍斯皮特尔角（Hospital Point）到福特岛的直径 16 英寸的主供水管道，其他工作人员则努力让干船坞恢复如常。船员们拿着白铁皮桶回到被击伤的战列舰上，开始了一项可怕的任务——搜集已故同伴的尸体残骸。"我记得找到了几块膝关节和肩胛骨，还有几块烧焦的残缺尸骨，因为烧毁严重，所以都难以辨认身份。""内华达号"船员查尔斯·色赫回忆说。[54]

轰炸那可怕的画面仍然历历在目，但是幸存者们一起努力干活，提升士气。[55] 音乐起到了很大的作用：在福特岛海滨，一台自动唱机大声播放着《我不想将这世界付之一炬》；在"马里兰号"战列舰上，维修队在工作的时候，乐队就在甲板上演出。"内华达号"的船员给自己的船起了一个新的绰号："振作号"。[56] 船的甲板上写着"我们将再次战斗"，以及"振作号，振作起来"。这场危机似乎将人们最好的一面激发了出来：那些装病的人和磨洋工的人纷纷投入工作当中，就连被关在禁闭室里的人也被放出来参加劳动。每个人都做出了贡献。"珍珠港的情况太糟了，"船员梅森回忆说，"就连长官们也在劳作。"[57]

太平洋舰队总司令赫斯本德·E. 金梅尔上将对很多事情都完全摸不着头脑。他不知道敌机是从哪里来的，也不知道敌机去了哪里。敌机是从航空母舰上起飞的，还是从福特岛西南方几千英里远的马绍尔群岛的日本航空基地起飞的？后者的可能性要低一些，因为隔的距离太远了——但是如果真的是从航空母舰上起飞的，那么日军的航母又去了哪里呢？去了北方，南方，还是西方？日军的航母撤退是出于安全考虑还是为了准备下一次空袭？最重要的一个问题：周日上午的空袭是否早有预谋，只是个开场，日军随后是否会进行登陆作战？瓦胡岛是不是将被入侵？

金梅尔的太平洋舰队总司令部位于一幢三层白色建筑里，正面为装饰派风格，两旁种着椰子树，前面的草坪修剪得很整齐。从他的窗户往外可以看到海港大屠杀的整个场景。参谋们尽最大的努力保持镇定，但是整个太平洋舰队的军力都被日军的行动摧毁，这一严酷的现实使他们极为震惊，无言以对。"金梅尔表面看上去镇静泰然，"太平洋舰队总司令参谋部的情报官、海军少校埃德温·T.莱顿回忆道，"但是他指挥的舰队遭遇的一切以及世界在他身边崩塌这一事实似乎让他十分震惊。"[58]他看着珍爱的战列舰被烧毁，不时喃喃自语："真是太让人哀痛了！"[59]从沉船上逃离的军官涌入司令部，他们白色的制服染上了石油的污渍；许多军官似乎茫然无措。虽然那时谁也不愿意承认，但是司令部上空弥漫着浓浓的恐惧气氛。莱顿回忆说，文书军士双手颤颤巍巍地将情报记录交给司令官，海军上尉沃尔特·J.伊斯特斩钉截铁地说："大家都害怕，如果谁说自己不害怕，那就是十足的骗子。"[60]

在空袭后最初那令人绝望的几小时里，金梅尔的问题并不是缺少有关敌人位置的情报。他的问题是，司令部收到了大量的报告，但是里面的信息要么语焉不详，要么前后矛盾，要么杂乱无章，要么大错特错。他最初的直觉是，敌军的航母是从北方来的

（他的直觉被证明是准确的，但是他没有及时据此采取行动）。周日上午从美国本土前来的美国陆军航空中队看到，空袭后日本飞机往北飞去；而且瓦胡岛北部的奥帕纳（Opana）的雷达站也监测到有飞机朝北飞去。但是日本飞机已经摧毁了瓦胡岛上的陆军以及海军的大量巡逻机，至少让它们失去了行动能力，所以美军指挥官没有办法进行彻底的空中搜寻。上午 9 时 42 分，金梅尔向位于瓦胡岛西部大约 200 英里的"企业号"航母发出警告，"有迹象表明"一艘日军航母在瓦胡岛的西北部。[61] 但是几分钟后，新的报告显示日军的航母在南部。（情况最终弄清楚之后，人们发现，每一次报告都把美国的战列舰误认为是日本的航母了。）有一个错误警报说两艘日本航母正朝巴伯斯角（Barbers Point）的西南方驶去。"明尼阿波利斯号"巡洋舰离报告的坐标很近（而且很可能被美军误认为是日军的军舰了），它尝试发送信息，纠正该报告。但是无线电操作员犯了错，最后发出去的信息变成了"看见两艘敌舰"而不是"没有敌舰"。[62]"企业号"向东驶去，有 15 架 SBD 无畏式俯冲轰炸机起飞，搜寻瓦胡岛西南部海域是否有敌舰。为"企业号"护航的巡洋舰上有 6 架寇蒂斯 SOC-3"海鸥"水上飞机升空，搜寻北部和东北部地区。两路飞机都只发现了美军的战舰，但有时候飞行员将美军战舰误认为是日军战舰，导致场面越发混乱。太平洋舰队总司令的日志记录道："一度认为瓦胡岛的北面和南面都有日军的航母。"[63]

在福特岛上，日军空袭后未受损的几架 PBY"卡塔琳娜"水上飞机被派出去进行空中侦察。很快，这几架大型水陆两栖飞机在福特岛和霍斯皮特尔角之间的海峡中轰鸣起来，相继起飞。出动这些飞机实际上是很危险的，因为东湾（被用作跑道）上布满了舰艇的残骸，而且水面上还有一层油泥。29岁的海军上尉托马斯·H.穆勒是水上飞机飞行员（也是未来的参谋长联席会议主席），他生动地描述过沿着海峡开飞机的感觉：飞机翼尖离燃烧的战列舰只有咫尺之遥，飞机的浮筒在舰船搅起的尾流上颠簸，混着石油的海水拍打着飞机的挡风玻璃，"在飞离福特岛之前我什么都看不见。被石油裹了一层之后，我们只能完全依靠仪表起飞"。[64]

在整个海军造船厂和福特岛上，人们普遍预测日军即将入侵。失去舰艇的船员们有一种特殊的脆弱感，因为他们没有接受过地面战斗的训练，只能紧急组织防御。在福特岛上，成群的船员被派去挖战壕、填沙袋，或者在三脚架上架设0.30英寸和0.50英寸口径的机枪。日军炸弹留下的弹坑外摆了一圈沙包，被用作散兵坑。军方用卡车拉来步枪，在岛上分发（基本是随机发放），包括几千支勃朗宁自动步枪，还有一些已经完全过时的手动1903年春田步枪。收到枪的人无须签字。"有人给我发了两颗手榴弹，""加利福尼亚号"船员沃伦·G.哈丁说，"我说：'给我这个干什么啊？'他说：'管他呢！别拉弦就行！'这就是我收到的所有指示。"[65] 有人看到船员们拿着屠夫的杀牛刀和切肉刀。[66] 无线电员约瑟夫·瑞安领到一把0.30英寸步枪和一些子弹，发枪的人告诉他："你们几个就待在10-10码头这里，日本人过来的时候，就在他们放倒你们之前多撂倒几个人。"

星期天下午是广播的黄金时段，全美国的NBC（美国全国广播公司）和CBS（哥伦比亚广播公司）附属电台都在播放收听率高的节目。下午 2 时 30 分左右，寻常的节目被新闻播音员打断，他们播报了珍珠港被日本飞机袭击的新闻。整个美国几乎出现了同样的场景：各家各户都围在大大的台式收音机旁边，全神贯注地收听最初的报道。一旦有孩子想说话，大人就会立刻制止。收音机的真空管要是烧坏了，人们就坐进车里听广播。

"我并不知道夏威夷在哪里，"平民斯科特·莱斯伯格回忆说，他是通过俄亥俄奥柏林一位业余无线电操作员得知珍珠港的消息的，"我只知道夏威夷在太平洋上。"[67] 他的反应很正常。珍珠港？瓦胡岛？火奴鲁鲁？这些名字对美国本土人来说都很陌生。20 世纪 30 年代时，有几部电影在夏威夷取过景，大部分美国人至少知道夏威夷是美国的领地，位于太平洋上的某个地方。人们赶忙从书架上拿出地图集仔细研究。对于大部分住在密西西比河东部的美国人来说，夏威夷比欧洲还远，而欧洲的战火已经持续两年多了。但是夏威夷是美国的土地，日军击沉了美国的战舰，杀死了美国的士兵。民众们已经看过很多被摧毁的城市的新闻报道，包括欧洲城市和中国城市。天上扔下炸弹这个场景对于美国民众而言是一个遥远的梦魇，而且这进一步证实了世界的古文明所在的是无可救药的野蛮之地，美国这个新世界应该冷眼相对。但是现在，突然之间，这一切似乎也**可能**发生在美国。全美国人都从家里走出来，望着天空，似乎觉得日军飞机会突然出现在他们上空。

儿童和青年没有经历过世界大战，他们对珍珠港被袭击的新闻不当回事。一些人认为美国只需要去轰炸一下日本，让日本人得到应有的教训，他们就不会再挑衅了。周日下午晚些时候有报道称，一艘日本潜艇在瓦胡岛被击沉；听到这个消息后，芝加哥的

10岁孩子詹姆斯·埃里克森很高兴，他以为美国已经赢得了战争，日本当天就会投降。芝加哥19岁大的艾丽斯·班克罗夫特承认她当时感到振奋，一想到即将有战争发生她甚至有些兴奋。"在那之前我的生活可以说是波澜不惊。我的未来也将是毫无新意，"她多年后回忆说，"但现在，突然之间，我知道任何事都有可能发生。未来充满了新的可能性，谁也无法忽视。……我感觉自己像爱情片里的女主角一样。"而上了年纪的人则是另一番反应，尤其是那些家里或亲戚家有适龄服役者的人。帕特·万当时9岁大，她在父亲的杂货店里听到了广播播放这一消息。她问父亲："有那么糟糕吗，爸爸？"她父亲回答说："是的，宝贝，非常非常糟糕。很多好人会死去。"[68]

英国首相温斯顿·丘吉尔当时正在位于白金汉郡的首相别墅里，在场的还有两位来自美国的客人——美国大使"吉尔"约翰·怀南特（John "Gil" Winant）和《租借法案》协调人埃夫里尔·哈里曼（Averill Harriman）。[69]那天晚上9点钟，丘吉尔首相打开便携式收音机收听BBC（英国广播公司）的新闻。播音员先是播放了几条关于苏联前线以及英国军队在利比亚的几条新闻，然后就报道了日本在太平洋对美国和英国目标的袭击。丘吉尔从大厅大步走回办公室，命令参谋给大西洋彼岸的白宫打越洋无线电话。三分钟后电话接通，两个领导人开始通话。

"总统先生，日本到底怎么回事？"丘吉尔问。

"消息都是真的，"罗斯福回答说，"日本人在珍珠港袭击了我们。现在我们在同一条船上了。"

丘吉尔告诉罗斯福日军已经在马来亚登陆，并且承诺第二天去见下院的议员，要求对日宣战。"这样局势就明了了，"丘吉尔跟罗斯福说，又补充道，"上帝与你同在。"

丘吉尔首相对于这个新闻的反应毫不含糊。他很高兴。"我们终究还是赢了！"很多年后丘吉尔在他著名的二战回忆录里这样写道，"英格兰仍然会存在；英国仍然会存在；英联邦和大英帝国也仍然会存在。……希特勒的命运已成定局。墨索里尼的命运已成定局。至于日本人，他们会被碾为齑粉。剩下的无非是恰当地使用我们压倒性的力量。"[70] 当时欧洲的战况不是很好，所以丘吉尔这番预言可谓很大胆；而丘吉尔跟罗斯福说日本人突然加入这场战争会让"局势明了"，这与很多让人困惑的复杂状况是不相符的。那时法国战败已经 18 个月了，希特勒似乎是欧洲大陆不可撼动的统治者。1941 年 6 月，纳粹德国的 148 个师越过苏联边境。到 12 月，他们已将莫斯科纳入了大炮的射程。英国参战已经两年多了，孤军奋战对抗德国已经一年有余。英国遭受了纳粹德国空军的炸弹袭击，虽然暂时不用担心德国横渡英吉利海峡发动入侵，但是 1942 年德军有可能再次发起攻击，尤其是万一苏联崩溃的话。

日军会不会在东方入侵苏联，使希特勒抽出身来全力对付西线？日本会不会接管英国在亚洲的殖民地——马来亚、新加坡、缅甸，甚至还有印度？德意日三个轴心国会不会在中东形成可怕的联合？人口稀疏的澳大利亚和新西兰会不会被吞并？更可怕的是，美国会不会举一国之力来对抗日本，从而无力再为英国和苏联提供坦克、飞机、运输舰、武器和其他必要的战争物资？

对于这些危险，丘吉尔都有很清醒的认识，但是他坚信珍珠港事件会打破美国的孤立主义，最终确保盟国取得胜利。他想起30年前爱德华·格雷爵士关于美国参加"一战"的一番话。格雷曾说，美国就像一个巨大的熔炉，"一旦熔炉里的火着起来，那么就会产生无限的力量"。丘吉尔想起这些鼓舞人心的事情，便上床"带着得救后的感激之情入睡了"。[71]

在华盛顿，下午4点左右，主要十字路口的交通都已瘫痪，街上都是运送哥伦比亚特区国民警卫队的卡车。电话都要打爆了，因为民众都想知道袭击的消息；电话系统因为人手不够，又增派了一批话务员，但是不管在哪里都很难打通电话，无论是拨打市话还是长途。公共建筑的石阶上和屋顶上都紧急设置了机枪掩体。海军陆战队被召集去守卫国会大厦。身穿制服且戴着"一战"时代钢盔的宪兵，突然出现在第十七街和宪法街交会处的战争部和海军部外面。

在位于马萨诸塞大街的日本大使馆门外的人行道上，愠怒的人群进行了大规模集会。一度有人从出租车上下来向大使馆扔瓶子。《费城问询报》报道称，有目击者看到日本大使馆的工作人员拿着"好几篮子文件到花园里烧掉"。[72]日本记者加藤纯一（Masuo Kato）*在下午4点左右离开大使馆。他抬头望向屋顶上方的天空，发现"空中都是白烟"。更多的文件是在屋顶上烧掉的。大使馆外的人群开始骚动，有几个人开始咒骂、大声威胁。加藤往外走时，人群带着恶意向他涌来。人们没有碰他，但是有个人说："你是我们放走的最后一个浑蛋。"[73]哥伦比亚特区的警察和一名FBI（美国

---

* 本书有一部分日语人名未查得准确汉字译法，凡加括注者均为音译。——编者注

联邦调查局）特派员很快赶来恢复了秩序。

灯火管制还没有在白宫生效，照明灯将白宫和地面照得灯火通明，犹如白昼。宾夕法尼亚大街的交通状况极其糟糕，因为司机们都瞪着眼，翘首以盼，期待能看到总统或者他的随员。成百上千名民众已经在铁门外的人行道上聚集起来。一些人的肩上还扛着孩子。警察和特工们努力想让人群移动，但是下午晚些时候和刚入夜那几个小时一直有更多的人赶来。最终人群围了三四圈。有些人开始唱《天佑美国》和《我的祖国》。门廊下聚集了五六十名记者和摄影师。梅里曼·史密斯不知道罗斯福总统是否"能听到后草坪那里普通民众发自肺腑的、自发唱响的歌声"。[74]

内政部长哈罗德·伊克斯在走进白宫大门时注意到人群"安静且严肃"，似乎"人的本能反应就是想离现场更近些，即使他们什么也看不到，什么也听不到"。[75] 74 岁高龄的战争部长亨利·史汀生从豪华轿车上下来，（目击者称）"像山羊一样跳上石阶"。《纽约太阳报》记者格伦·佩里记录道："天很冷，薄雾使月色变得有些朦胧。国务院灯火通明，被召回工作岗位的员工穿过人行道和陈列的古代大炮，进入大楼。"[76]

夜幕降临后不久，格雷丝·塔利走进了总统办公室。总统正一个人抽着雪茄，坐在桌前浏览文件。"请坐，格雷丝，"他说，"明天我要去见内阁成员。我口述一下消息。不会太长。"他深吸一口烟，吐出烟雾。塔利回忆说，罗斯福总统开始口述，"语气就像口述一封信一样平静。只是他的发音有所不同，他说每一个词时都很果断而缓慢，还仔细地说明每一个标点符号的位置以及应该在哪里分段"。总统讲话的开头是这样的："昨天，1941 年 12 月 7 日，是一个载入史册的日子。美国遭到日本海军和航空兵的蓄意突袭。"总统讲完后，派塔利去把讲稿打出来，有大约 500 字。打完后，她把稿子拿给罗斯福看，罗斯福在"载入史册"上面画了条线，换成了"耻辱"。

白宫记者招待室正常情况下最多能容纳二十来个人，但这次却挤进来一百多名记者、摄像师和摄影师。只有六部电话，记者们排着长队等着轮流使用。地板上都是烟蒂，还有一团黑色的电线连着摄像机和话筒。一连串弧光灯让现场的灯光极为刺眼。BBC 记者阿利斯泰尔·库克（Alistair Cooke）说，房间"充满了烟味和华盛顿恐慌的气息"。[77] 格伦·佩里回忆说："招待室里乱作一团，希尔默·鲍克黑奇（Hilmer Baukhage）、富尔顿·刘易斯（Fulton Lewis）、泰德·温戈（Ted Wingo）和其他播音员都在那里安好了设备，用打字机写下发言稿，然后对着话筒读新闻，他们身后的人群也一直在说话和干活。"[78] 罗斯福的新闻秘书斯蒂芬·厄尔利（Stephen Early）在下午 2 时 30 分已经发布了几条公告。招待室里灯光很强，他脸上的汗水闪闪发光，眼也被灯晃得睁不太开。他承认美国海军遭受的"无疑是重创"。每 15 分钟至 20 分钟就有最新消息传来，每次他发布新的消息时，招待室里都突然安静下来，每名记者都低头在笔记本上记录。对于这间屋子里的每一名记者而言，那都是他们发布的最重大的新闻。

晚上 8 点左右，内阁成员开始进入"椭圆形书房"。他们坐的椅子按半圆形排着，面对着总统的桌子。罗斯福就坐在桌子后面。他换了一身有些皱的深色西装，抽着烟。国务卿科德尔·赫尔坐在罗斯福前面的一张奇彭代尔式扶手椅里。海军部长弗兰克·诺克斯站在罗斯福一旁，正弯腰跟他低声说话。在场的只有哈里·霍普金斯不是内阁成员，他看上去面色苍白又憔悴。罗斯福的一名海军助理简单跟内阁各部长介绍了一下珍珠港受袭的情况。劳工部长弗朗西丝·珀金斯回忆说，新闻秘书斯蒂芬·厄尔利"来回跑着，说'他们跟"某某"将军又通了电话。事态比之前报道的还严峻'"。

9 点左右，该来的人都已经到齐，罗斯福开始讲话。他说，内阁现在面临的局势是自 1861 年内战爆发以来最严峻的。珀金斯说罗斯福的面容憔悴而阴沉，从他嘴边的肌肉能看出他紧张且愤怒。他的讲话里没有了往常的连珠妙语，也没有半分笑意。有些内阁成员，尤其是那些任职部门与国防或外交无关的成员对于夏威夷发生的一切并不完全了解。"我们只能从各处打听到零星的消息，"珀金斯写道，"我们了解的局面十分让人困惑。当时，没有人确切地知道到底发生了什么。没有人知道日本人的飞机是从哪里飞来的。这位年轻的海军助理说日军飞机是从航母上飞来的，但他也只是猜测而已。"[79]

罗斯福不时接到确认美国战列舰损失程度的电话，有好几次他甚至发出了痛苦的呻吟声。他的痛苦给内阁成员们留下了很深的印象。作为美国的总司令，无论他对陆军、陆军航空队和海军陆战队怎么看，在骨子里他都是海军的人。这种情结与他的童年有关，当时他十分钦佩的远房亲戚西奥多·罗斯福大力提倡海军建设。他勤勉地阅读阿尔弗雷德·塞耶·马汉的书籍，并且在格罗顿学校和哈佛大学读书时，在辩论赛以及期末论文中引用过这些书里的话。他曾学习如何在浓雾笼罩的大海上从缅因州和新不伦瑞克出航，是到当时为止最会开船的美国总统。他还拥有世界上规模最大的美国早期海军的印刷品、画作、文件以及模型藏品。在伍德罗·威尔逊的任期中，他担任过七八年的助理海军部长（这是除了美国总统一职外，他任期最长的工作），还直接参与了1917—1918年的海军备战工作。作为总统，他在1938年和1940年签署了重要的海军扩军法案，以打造一支有能力作战而且能在大西洋和太平洋同时获胜的海军。"美国海军竟然被打了个措手不及——我能明显看出罗斯福一想到这个事情就很难受，"弗朗西丝·珀金斯回忆说，"罗斯福对于美国海军有一种很强烈的自豪感。美国的战列舰根本没有做好战斗准备，也没办法行动，只能坐以待毙，被日本的炸弹袭击——这个事实是罗斯福难以接受的。我记得他跟诺克斯说了两次，'看在上帝的分上，一定要弄明白为什么美国的战列舰成排绑在一起'。诺克斯回答说，'战列舰就是这样停泊的'。"

罗斯福大声读着之前他口述的那份简短讲稿，内阁成员全神贯注地安静听着；他打算第二天在国会参众两院联席会议上演讲。他读完后，赫尔和史汀生立刻提出反对意见：总统的演讲有局限性，（用史汀生的话来说）"仅仅表明了美国对于日本突然袭击的正当愤慨，没有完全表达出美国对于日本破坏法律以及入侵行为的不满"。[80]演讲也没有将德国与这起袭击联系在一起。哈罗德·伊克斯在日记里写道，赫尔"十分坚持己见，到最后罗斯福总统都有点不耐烦了"。[81]罗斯福很执着：他喜欢这个简短的演讲。他想将美国人民的愤怒力量聚集起来，这样可以团结美国人民，让人们把过去有关孤立主义和干涉主义的激烈争执抛于身后。罗斯福总统也不想将德国牵扯进来，因为（就像孤立主义支持者肯定会指出来的那样）没有确切的证据表明希特勒和日本人有所勾结。最终罗斯福的草稿以原本的样子被接受了。

大约 10 点，国会领导人也加入了进来。内阁成员们起身让位，倚墙站着，此时书房里已经非常拥挤了。总统向国会议员们简单介绍了已知的袭击情况。一位国会议员问，日军为何会得美军措手不及；罗斯福的回答表明他熟知海军战术，他解释说在夜色的掩护下，敌军的航母可以偷偷到达离瓦胡岛几百英里处，不被美军巡逻机发现，并且在黎明前发动空袭。他承认目前尚不清楚美国太平洋舰队的伤亡到底有多严重，但是他总结说，"今天美国整个西海岸和美洲整个西海岸的主要防御力量已经严重受损"。[82]

"他的话对国会成员影响很大，"史汀生在日记里写道，"他们坐在那里，一片死寂；甚至在总统说完后他们也没有多少话。"[83]有人问罗斯福总统是否有必要宣战，但是罗斯福没有直接回答，表明他还没想好。（其实罗斯福已经下定决心，只是不想提前泄露消息。）一些国会议员因美国海军竟然被打了个措手不及而气愤不已。来自得克萨斯州的参议员汤姆·康诺利问："我们的战舰在珍珠港就像温顺的鸭子那样被打败，这究竟是为什么？日本人怎么会偷袭成功？我们的巡逻队哪去了？"罗斯福回答说："我不知道，汤姆。我不知道。"[84]

晚上 10 时 45 分，国会议员陆续离开；罗斯福让他们心烦意乱。晚上他们入睡时，日本、菲律宾以及整个东亚都是白天。"我们上床睡觉时，那边是白天，那里的人在采取行动，说着话，"一位国会议员说，"我们在床上待的时间太久了。"[85] 离开白宫时，国会领导人被等在外面门廊的记者截住了。领导人都公开表示将抛开政党成见，团结一心。国会议员约瑟夫·马丁在接受《纽约时报》记者采访时说："现在不存在政党纷争。领土完整和国家荣誉面前只有一个政党。"[86]

白宫二楼的灯一直亮到后半夜，罗斯福一直在修改他的稿子。大约凌晨一点时，在儿子詹姆斯的劝说下，他才上床休息。[87]

珍珠港位于华盛顿往西五个时区的地方，此时这里正笼罩在一片黑暗中。细雨落下。司号手吹响了就寝的号声。整个基地的人都停下了手头的工作，站定听着，向降下的国旗敬礼。宵禁严格执行，任何建筑、船只、汽车都不得亮灯，甚至打手电也不行。但是东湾依然十分明亮，因为"西弗吉尼亚号"和"亚利桑那号"仍在熊熊燃烧，而且人们正拿着发出耀眼白光的乙炔灯，在"俄克拉何马号"倾覆的船体中搜救发出击打声的幸存者。东方夜幕上挂着一轮渐满的月亮，月光足以投下阴影。人们打开探照灯搜寻敌机，照明弹和红色火箭随处可见，曳光弹时不时地在夜空中画出几何形状。

夜色给人一种强烈的不祥之感。很快就有谣言传来，而且越传越严重——据说海港中就有日军的潜艇，日军已在巴伯斯角、戴蒙德角（Diamond Head，又译钻石角）或是卡内奥赫湾（Kaneohe Bay）登陆，基地内部混入了日本人的间谍和破坏分子。有个持续时间极长的传言直到周一才被击破，该传言称日本人的伞兵部队已经降落在瓦胡岛的山区，那些伞兵穿着蓝色连体服，肩膀上有"太阳旗"的标志。穿着蓝色制服的美国人都脱下了制服，以免被误认为是日本伞兵。在夜晚，人们的想象力更是丰富，稍有风吹草动都被视为有敌情。海军陆战队兵营的科尼利厄斯·C.史密斯中尉回忆道，他的手下哪怕听到熟悉的声音也会受到惊吓。"一辆洗衣车从面包房后面的沥青路上隆隆驶过。车上有很多东西而轮子又小，所以听上去就像是机枪的声音。食堂值勤的人把长条凳一端的腿搭在了水泥墩上，就被当成是步枪的声音。收音机短波频道发出的静电噪声，也被当成了机枪的声音。"[88]

一整个晚上，各处都有人开枪。[89]但是他们开枪射击的目标可能只是发出了一点噪声的地方，以及一根点燃了的火柴、一支点着的烟或者是远方的车打开的车灯。谨慎的哨兵听到什么动静或者看到什么动作还会喊一声："不准动！报上名来！走近点，报上名来！"其他哨兵就直接拿枪瞄准并扣动扳机了。有的哨兵向来跟他们换班的同事开枪。"你寸步难行，因为有人会朝你开枪，"当晚被安排收发信息的无线电员瑞安说，"你要穿上白衣服，这样在晚上才能让人看见；你还要吹着《星条旗永不落》的口哨，这样大家才会知道你是美国人。天啊，真是太危险了，当时我差点就被人打中了。"[90]防空部队的士兵看到天空中有亮光，于是开炮；炮声随即又沉寂了，因为炮手发现他们是在朝天上的星星开炮。许多射击不过是种宣泄，让士兵们的神经放松一下。海军造船厂的油罐区有一大堆钢铁油罐，美国海军在太平洋地区的主要石油储备就放在这里。有人在油罐区不小心打开了探照灯，然后就有人喊道："把灯打灭！"几十件武器同时开火。一篱之隔的西卡姆机场以为受到了敌军的攻击，于是开火反击。[91]陆军中尉查尔斯·戴维斯回忆说那并不是一场随意的射击，而是"真正的枪战，双方消耗了大量的弹药"。[92]但令人想不到的是，竟然没有伤亡的报道。

"企业号"及其护航舰艇（它们合在一起被称作第8特混舰队，

指挥官是海军中将威廉·F.哈尔西）朝南方搜索了很远，但是一无所获。由于没有发现敌舰，"企业号"的飞机开始往回飞，但是燃油不多了。"企业号"上的大部分飞机都通过搜寻航母长长的尾流找到关闭了灯光的"企业号"，并且安全降落（这是一个了不起的成就，因为飞行员之前并没有接受过夜间降落的训练）。但是哈尔西命令弗里茨·赫布尔（Fritz Hebel）中尉所率中队的6架F4F野猫式战斗机直接返回福特岛的海军航空兵基地。

晚上10时45分，这支中队从南方接近了瓦胡岛。赫布尔通过无线电向福特岛塔台发送降落请求，并要求给予降落指示。塔台同意飞机降落，并且明确说明，这6架飞机在接近基地时应该将夜航灯全部打开。显然，地面上每个人都明白，地面的高射炮手都神经紧张（有些还没有经验），很有可能会出现己方火力误击的情况。福特岛塔台向"在场的所有舰船和防空部门"播放了一条通知，告知他们有6架美国飞机在进场。[93] 该广播还重复了一次——这并不常见，表明塔台十分担心这6架飞机的安全问题——不要开火的消息在防空部队各部门之间传递得很混乱。

这6架野猫式战斗机慢慢接近基地，渐渐降低高度，绿色和红色的夜航灯都打开了，从地面上很容易认出来。"阿尔贡号"的艾伦·屈恩中校明白那是美国的飞机——敌人的飞机怎么会那样低地飞临基地上空，还把夜航灯打开？——但他还是为这些飞机担心，因为那时珍珠港风声鹤唳，草木皆兵，士兵们扣扳机的手总是痒痒。"会不会有人朝飞机开火呢？"他想。[94]

第一架飞机盘旋最后一圈，对准跑道的时候，离地面大约1 000英尺，就在这时，炮手开始射击。舰队的旗舰"宾夕法尼亚号"战列舰上的一门高射炮最先开火，随后，几百门高射炮也跟着开火。"那场面就像是独立日一样，每个人都在冲着天空开炮，""唐斯号"的枪炮军士柯蒂斯·舒尔策说，"他们发射了曳光弹。大部分人用的是轻武器。"[95] 塔台高呼停止射击，但是开火的地方太多了。地上的人们简直欣喜若狂。"上帝啊，""加利福尼亚号"的船员梅森说，"这次我们一定要好好还击！……我们瞄准夜航灯，带着残酷的喜悦开火。……敌人那样羞辱我们，现在我们要狠狠还击。"[96] 他们似乎根本就没想过这些可能是美国自己的飞机。"白天时，只要有东西从头顶飞过我们就会开火，我们已经上瘾了，应该是不假思索就射击了。"船员福贝说。[97]

赫布尔中尉在广播里大喊："上帝啊，发生了什么事？"[98] 有两架飞机被立即击中，一架坠落在福特岛西面的海峡里，另一架坠落在珍珠城一家名为"棕榈树"的旅馆上。海军少尉埃里克·艾伦成功跳伞，但是在降落过程中还一直被地面的机枪瞄准射击。第四名飞行员詹姆斯·丹尼尔斯突然下降，掠过跑道南头的探照灯，然后又急速左转，朝巴伯斯角飞去。赫布尔的飞机被击中了好几次——他重新拉高，试图在惠勒机场紧急降落，但是飞机滑进了艾亚（Aiea）附近的一片甘蔗地里。他伤势严重，第二天上午牺牲了。另外两名飞行员在飞机坠毁前跳伞，受了轻伤，但活了下来。只有丹尼尔斯没有受伤，飞机也没有受损。

防空火力太密集了，天空中的曳光弹也太多了，地上的人一度被照得什么也看不见。随着枪炮渐渐停火，炮弹爆炸声逐渐变小，"卡斯托号"的船员卡尔·施米茨回忆道："天空一片黑暗，10英尺开外就什么也看不见了。"[99]

第二章

那天晚上白宫外建立了新的岗亭，黎明时分到处都是便衣特工和戴着头盔的士兵。总统周一一早就起来了，他只睡了4个小时。他一边浏览报纸上的新闻，一边喝咖啡和吃早餐。在侍从的帮助下，他穿上了深色西装和蓝色的海军斗篷。那天早上8点左右，英国向日本宣战的消息从广播里传来。[1]丘吉尔在BBC的报道中对英国人民说："我们能感受到希特勒的疯狂对日本人思想的影响，我们必须连根拔起罪恶之树。"

正午刚过，罗斯福坐着轮椅从白宫的主道里被推出来，而后被抬上他的高级轿车。由十辆车组成的车队，其中包括三辆与总统所乘相同的车，以限速两倍的速度行驶在宾夕法尼亚大街上。拿着汤普森冲锋枪的士兵蹲在汽车的踏板上。12时20分，车队于国会大厦的南入口处停下。罗斯福面无表情地下了车。在车里他已经装上了沉重的铁托架，以使他残疾的腿能站起来。在他的儿子、海军陆战队上尉詹姆斯的搀扶下，罗斯福能够走路，只不过走起来有些费劲。罗斯福没有向人群打招呼。《华盛顿晚星报》形容现场的人群"紧张、肃穆"。[2]自从内战以来，这座建筑还从未如此戒备森严。据《华盛顿晚星报》报道："入口处站着海军陆战队员，步枪上了刺刀，国会的警察也全部出动，形成第二道防线。大厦周围的小路

　　　　　　　燃烧的大洋：1941—1942，从突袭珍珠港到中途岛战役

拉上了安全网，将那些等着要看总统的人拦在外面。"一个忘记带证件的国会议员试图冲开层层防守闯进去，结果差点被枪打死。

"如猫头鹰般庄重的"内阁成员鱼贯进入众议院，后面跟着全体参议员以及九名最高法院大法官。[3] 旁听席里挤满了记者、摄影师以及摄像师。中午 12 时 29 分，发言人山姆·雷伯恩（Sam Rayburn）用小木槌敲击演讲台并大声喊道："欢迎美国总统！"BBC 记者阿利斯泰尔·库克从新闻记者席报道了当时的情形，说罗斯福上台之前的漫长时间里气氛十分紧张。总统一只手挽着儿子，另一只手紧紧扶着倾斜的长扶手，缓缓走上讲台，所有人能清楚地听到他腿上的支架咔嗒作响。直到总统安全走到讲台，大家才开始拍照。他的残疾完全被隐藏起来，但是他的疼痛无法隐藏——拥挤的议院里的每个人都看出来他是竭尽全力支撑着，而且其中的象征性非常明显，谁都不会忽略。库克写道："在听到他自信的男高音以及观众自发的真诚掌声以前，我们看着他走上去，想起了珍珠港里被摧毁的战列舰。"[4]

埃莉诺·罗斯福身穿饰有银狐毛皮的黑衣坐在旁听席里，紧挨着前总统伍德罗·威尔逊之妻伊迪丝·威尔逊。伊迪丝·威尔逊曾在 23 年前坐在同一个地方听她的丈夫要求国会向德国宣战。埃莉诺这样写道："如今的美国总统是我的丈夫，这是我这辈子第二次听到总统告诉国会美国应该参战。我极其难过。我还记得'一战'开始时自己对丈夫和兄弟的担忧，如今我有四个儿子都到了参军的年龄。"[5]

总统站在讲台上，腿上的支架被固定住，双手扶住演讲台的两边，撑着自己。他戴上眼镜，打开了黑色活页笔记本，而后讲道：

"昨天，1941 年 12 月 7 日，是一个耻辱的日子。美国遭到日本海军和航空兵的蓄意突袭。"罗斯福称，这次攻击的时间无疑是在近期美日政府进行外交谈判时确定下来的，日本政府"以虚假的声明和佯装期盼持久和平的姿态故意欺骗美国"。他详细描述了过去 24 个小时里日本所发动的攻击——中途岛、威克岛、关岛、菲律宾、香港地区以及马来亚都遭到了袭击。他最后说道："日本向整个太平洋地区都发动了突袭。昨天的事实无须多言……无论我们要花多长时间来抵御这一蓄谋已久的侵略，美国人都将凭正义的力量彻底胜利。"

根据《华盛顿晚星报》的报道，总统演讲时，国会表现得"庄重又气愤"，有几排听众不时报以雷鸣般的掌声和跺脚声，表示赞同。[6] "毫无疑问我们将取得胜利，所以请上帝帮助我们。"随着总统说完这句总结词，所有的观众都站了起来并报以震耳欲聋的掌声。罗斯福挥手致意，随后再次由他的儿子护送离开演讲台。演讲仅仅持续了五分钟，大多数美国人所记住的，都是那句"一个耻辱的日子"；但这场演讲是有史以来吸引听众最多的一次：收听率显示，听众数达到 6 000 万。演讲稿是罗斯福亲自写的，没有经过任何演讲撰稿人的帮助。剧作家和总统助理罗伯特·舍伍德这样评价罗斯福："他这一生中恐怕再没有哪个场合像这次一样代表所有人的心声。"[7]

一小时后，两院通过了美国的宣战书。众议院有一票反对票，参议院全票通过。

当珍珠港迎来新一天的太阳时，罗斯福还在广播中讲话。细雨

燃烧的大洋：1941—1942，从突袭珍珠港到中途岛战役

落在了处于半沉状态且仍在燃烧的"西弗吉尼亚号"和"亚利桑那号"战列舰上。救火船继续用消防水管灭火，大团油腻、恶臭的黑烟不停地翻卷腾空。福特岛上的人跌跌撞撞地到食堂里喝咖啡和吃早餐，"他们双眼浮肿，面容憔悴，胡子拉碴，浑身脏兮兮的"。他们几乎全都整夜未眠，自从前一天早上的攻击过后，许多人更是无心进食。整整一天，他们都极度紧张，受到肾上腺素的刺激，直到现在才意识到自己已精疲力竭，饥肠辘辘。[8]

海军医院是一座美观的灰泥建筑，矗立在海军造船厂港口一侧的棕榈树丛中。从前一天早上起，人手不足的医护人员就在片刻不停地忙着救人。那是一个漫长又可怕的夜晚。轻武器和防空火力没有闲下来过，提醒着医生和护士窗外正有一场大战。外科医生俯身贴着手术台，努力稳住颤抖的手。晚上 11 点左右，一枚高射炮弹爆炸的冲击波震碎了上层的玻璃，医生、护士、医务兵以及病人在惊恐中齐声尖叫。护士们一直没有休息，但是并未松懈，像机器一样做着该做的工作：端着手术工具托盘，给伤员打针、输液、换绷带。为了遵守灯火管制政策，她们使用罩着蓝色复写纸以减弱光线的手电筒照明。很显然，日本人正在进攻。有人警告过她们日本人对女战俘有多么残忍，所以她们随身携带小刀，一旦医院被攻陷，她们就割腕自杀。黎明的到来使大家如释重负。护士露丝·埃里克森说："没人可以想象日光对于我们的意义。我们能够看清外面了，就连空气都变得干净清新了。有种终于熬过来的感觉。物质财富已经毫无意义。我们还活着，这就是全部的意义。我们曾无数次祈祷，现在很感激自己的祈祷得到了回应。"[9]

白天到来后，大量伤员继续被运往医院。病房满了，医务兵就把床并到一起，腾出更多的空间。烧伤者的情况是最为严重的。珍珠港周末的标准制服是短裤和短袖衬衫，手臂和双腿的皮肤都暴露在外。目击者形容烧伤人员"烧焦的皮肤像熏肉皮，乌黑并且不断有脓液渗出"。[10] 伤口上用到了各种敷料，有矿物油喷雾剂、磺胺粉、单宁酸以及硼酸。但是在烧伤患者的病房里，除了给他们使用大量麻醉剂之外，能用的治疗手段并不是很多。整个医院里都是烧焦的皮肉的气味，到了夜里，遮光布导致空气难以流通，味道更为浓烈。护士埃里克森多年后回忆道："我至今还能闻到那种味道，恐怕永远也不会忘记。"[11]

死者都被装在白色帆布裹尸袋里，移到医院前面的草地上。被宣布死亡的人里其实还有没死的，有目击者惊恐地听到裹尸袋里发出低沉的呻吟声。一位军人的妻子薇薇安·哈尔特格林回忆道："我走回去想看看，然而理智告诉我：'他们一定是伤得太重，没法治疗了。他们一定只剩下最后一口气了。我还能做什么？'但那一幕我永远忘不了。"[12] 海港里有许多尸体漂浮在水面上，汽艇奉命将他们带到陆地上辨认和埋葬。"田纳西号"的船员杰克·凯利说，起初船员们把尸体拉进船里，"但我们这样做，他们就会皮开肉绽，船底血肉淋漓。所以我们试着在死者的腿上、手臂上或者其他能碰到的部位上绑一根绳子，拴成一长串，将他们直接拖到岸边，而不是拉进船里"。[13] 另一位被分配做这项工作的船员回忆起这一可怕的工作经历时说："最可怕的是尸体会散开，我们必须停下拖曳，重新把尸体绑牢。"[14]

前一天的下午，火奴鲁鲁的木料场奉命制作尽可能多的松木棺材，用货车把这些棺材运到珍珠港。在艾亚的码头上，医务兵戴着橡皮手套制取死者的牙齿印模，以辨别他们的身份。[15]辨认出来的尸体被放在带有编号的大箱子里，死者的姓名也会得到记录。但是许多尸体和残肢已经无法辨认，他们会被随机装进箱子里。装有棺材的卡车开往瓦胡岛公墓，推土机正在那里挖多条150英尺长的壕沟。必须尽快将死者下葬，因为许多棺材都在往外滴血和石油，搬运棺材的人必须戴上口罩以遮挡臭味。这是一项令人毛骨悚然的任务。曾在公墓工作过几天的海军陆战队二等兵勒法恩说："有一次，一辆平板卡车到了之后突然停下来，一个箱子落下来砸到地上，裂开了。这个箱子里装有一个人的躯干，三只手臂和一条腿。"[16]袭击后的几周里，不断有葬礼举行。如果死者无法辨认，神父、拉比和牧师有时会一起主持葬礼。仪仗队会奏响葬礼号（也是美军的熄灯号），并给每个坟墓都立一根木桩。报纸上有一张照片展现了袭击后不久举行的一场葬礼，穿着草裙的夏威夷女子一边弹着尤克里里一边唱"送别曲"，而民众和穿着制服的海军军官则低头默哀。

在整个基地里，发现同伴幸存时的喜悦和确认同伴死讯时的悲伤交织在一起。幸存者描述了一系列矛盾的感受。有的人为自己的九死一生和四肢健全感到宽慰。海员西奥多·梅森记得，在太平洋舰队总司令行政大楼的澡堂里，许多人用力洗刷身上的油污时，举行了一场特殊的庆祝仪式。"我的内心充满了狂喜，"他回忆道，"我还活着！浴室中的人们大喊着，大笑着，唱着歌儿。我也加入了他们。"那种奇妙的愉悦过后，随之而来的是一阵无可抵挡的内疚和羞愧。"跟我同船的人，有多少人非死即伤？"梅森问自己，"你怎么能唱得出来？很多年后，直到我有了其他的战斗经历，我才原谅自己。"[17]

珍珠港的大多数士兵以及初级军官都很年轻，大都在20岁左右，他们承认对于战争的起因感到困惑。许多人没有看报纸的习惯，最多看看报纸上的连环画和体育版，没怎么关注战前几个月美日关系的恶化。日本乃至整个亚洲似乎都很遥远，对于他们的生活以及国内家人朋友的生活不是特别重要，几乎没人真的把日本当成军事威胁。如今太平洋舰队化为废铜烂铁，无处不在的集体耻辱感笼罩着他们。"家乡的朋友曾向我问起日本，"海军陆战队中尉科尼利厄斯·C. 史密斯回忆道，"［我就说］'让他们见鬼去吧，我们三周就能把他们打得落花流水！'可是现在，我们毫无防备地遭到突袭，太平洋舰队的主力都沉到了珍珠港东湾的海底。发生这种事，谁会不感到羞愧？"[18] 尼克·库瑞塔斯不知以后该如何面对自己的家人。他问自己："我该对他们说什么呢？我该如何解释才好？"[19]

"亚利桑那号"的命运十分悲惨，许多目击者称"俄克拉何马号"的景象更让人震惊。被一系列空投鱼雷击中后，它向右倾斜，然后几乎垂直翻转，巨大的钢制船体直指天空，船体上部的结构则埋在港口底部的淤泥里。整整三代军官和士兵所接受的教育都是，战列舰是海上堡垒，坚不可摧。而这么一艘战列舰就像浴缸里的玩具船似的翻了，这荒唐到让人难以置信。但是，事实就是这样。"马里兰号"的枪炮下士乔治·E. 沃勒回忆道："所有人都告诉我们战列舰是打不沉的，我们却看到了一艘底朝天的战列舰……这太让人心痛了。"[20]

但是所有的航母都幸存了下来。至少航母躲过了一劫。

袭击发生的那天上午，威廉·F. 哈尔西中将的第8特混舰队——"企业号"及其随行的巡洋舰和驱逐舰——仍在海上，所以躲过了袭击。他们原本应该在周日早上回到珍珠港，但是周六下午，一艘驱逐舰在瓦胡岛西北部落下一根缆绳，缠在了"北安普敦号"巡洋舰的螺旋桨轴上。这是一种常见的事故，经常困扰海上近距离作业的船只。船员往往会相互指责和埋怨，还会吐一连串脏话。当潜水员努力解开缠绕在螺旋桨上的烦人的缆绳时，整个特混舰队都停滞不前。第二天上午，空袭的消息通过无线电传来后，这些军舰徒劳地向南搜索了数百英里，因此躲过了向北撤的日本海军中将南云忠一的航母。如果哈尔西是向北追击的，他的两艘航母就会落入南云忠一率领的六艘航母的打击范围中。在战力如此悬殊的情况下，久经沙场的日本飞行员可能会轻而易举地将"企业号"和"列克星敦号"击沉。

周一傍晚，七艘驱逐舰排成一列，跟在"企业号"后面静悄悄地沿着长长的外航道进入了珍珠港。[21] "企业号"从严重受损的"内华达号"战列舰的尾部慢慢绕了过去。"内华达号"在海峡的西边搁浅，船头扎进了一片角豆树林中。[22] 光线越来越暗，但对于站在航母的舰桥和飞行甲板上，以及舷边通道里的船员来说，眼前的场景足以让他们清楚自己不在时这里发生的事情了：福特岛上的机库和水上飞机成了烧焦的残骸；空气中弥散着燃烧的石油味和烧焦的油漆味；战舰半沉入海，火还在烧；巨大的烟柱依然直冲云霄。[23] "企业号"上的一架 F4F 野猫式战斗机在前一天晚上被自己人误伤击落，现在它正躺在海峡附近的浅滩中，被海浪冲刷。经过 10-10 码头时，他们看到"奥格拉拉号"扫雷舰的残骸半沉在水中；三枚原本显然是给"企业号"准备的日本鱼雷击中了"奥格拉拉号"扫雷舰。港口的水面上有一层厚厚的黑油，船从上面驶过，几乎激不起什么浪花。一名船员回忆说："船只是让水面稍稍漾起波纹，微浪立刻回落下去，消失在覆盖海面的巨大油层中。"[24]
基地几乎一片黑暗、一片死寂，因为在开战后的第二个晚上，基地
实行严格的灯火管制。但是，当"企业号"慢慢驶过被击沉的战列
舰时，有一些人尖酸地向"企业号"上目瞪口呆的船员们大喊"打
仗时**你们**在哪儿？"，"你们最好赶紧离开这里，否则日本人也会
收拾你们的"。[25]

军械员阿尔文·柯南从飞行甲板上看到下面的杀戮场景，后
来回忆说："那场袭击用一种残忍的方式宣布战列舰的时代成了历
史。""企业号"和其他十几艘航空母舰无意中成了海战的先锋。对
于那些在以战列舰为核心的舰队中成长起来的人而言，这种前景让
他们觉得很沉重，但是现在海战只能通过航母进行，因为"没别的
可用"。[26]哈尔西中将在"企业号"的司令舰桥上咬牙切齿地看着
眼前的一切，有人听到他从牙缝里挤出这样的话："在跟日本人了
结这一切之前，日语只能在地狱里出现。"[27]无论战争带来了什么样
的不安和恶念，对于复仇的迫切渴望都会滋养和维持它们。

航母刚在福特岛停好，哈尔西就坐上小艇，到海湾另一边的太
平洋舰队总司令部去见金梅尔上将。[28]小艇驶向海军造船厂的码头
时受到了枪击，还好夜色已深，哈尔西没有被击中。哈尔西发现金
梅尔和参谋面色憔悴、胡子拉碴，穿着星期天就穿在身上的布满血
渍、泥土和油污的皱巴巴的白色军装。哈尔西和金梅尔交谈时，不
着边际的新流言在司令部中传开了。其中有传言称，有人看到日
本军队乘滑翔机登陆。这一传言让哈尔西笑了起来。"有什么好笑
的？"金梅尔质问道。哈尔西说这个传言很明显是骗人的：日本的
基地离这里很远，日军滑翔机飞不过来；日军也不会浪费航母上的

空间装载"这类没用的玩意儿"。他的推断无懈可击。作为航母的司令，哈尔西凭直觉意识到了金梅尔当时只是猜测的事情：日军早已离去，人们是因为太过惊慌失措才报告称日军还在与美军交战。前一天上午日军航母实施的是打完就撤的突袭，现在敌军早已朝日本撤退了。[29]

"企业号"停泊时，人们从等在那里的一艘油轮上拉出几条油管，插入"企业号"的油箱中加油。加油和补给的过程都很快，只持续了几个小时：所有人都想在第一道晨光出现前安全返回大海。船员们排成长长的一排，穿过机库甲板，沿舷梯来到弹药库和厨房中，数百双手传递着弹药和食物，为"企业号"进行补给。有新船员上船报到，其中许多人只带了身后背着的制服，因为他们的水手袋随着战列舰沉入了海底。到凌晨4点钟，"企业号"已经加满了油，也储备了足够的弹药和给养。哈尔西中将登上了船，什么仪式也没搞。"企业号"的机库甲板上满是补给品，还没来得及有序地运到船下的仓库中储存起来。这不是海军的作风，但是此刻必须争分夺秒，因为天就快亮了。[30]

"企业号"解下缆绳，按原路返回，驶过遍体鳞伤的战列舰、霍斯皮特尔角、水上飞机基地，然后稍微向右调整航向，朝搁浅的"内华达号"驶去，从那里前往公海。阿尔文·柯南回忆说，驶出满目疮痍的珍珠港后，"企业号""沿着海峡南下，穿过防鱼雷网，进入大海，然后破浪前行。太阳升起来，珍珠港的油污味、油漆的烧灼味、尸体和战败的场面被抛到了身后。后来舰载机在'企业号'上降落，战争开始了"。[31]

在华盛顿，第一次战争动员在混乱中开始了。阿利斯泰尔·库克想起了轻歌曼舞年代的一部默片："正在休息的消防队员们喝着啤酒，玩着皮纳克尔纸牌游戏，在融洽的气氛中消磨着无人打扰的时光，但警铃一响，他们立刻兴奋起来，滑下滑竿，骄傲地迈着沉稳的步子，走在城里的每一个地方。"[32] 卡车运来的一队队士兵占据了重要的十字路口，在周一和周二都引发了严重的交通堵塞。公共建筑的屋顶上都紧急设置了机枪或部署了防空部队。此时是 12 月，下午稍晚一些天就黑了。为了防止日本空袭，华盛顿的街灯和以往国会大厦穹顶上亮起的灯现在都熄灭了。民防人员让汽车停下，向骑摩托车的人和行人脸上照手电筒，问一些无礼、愚蠢的问题。华盛顿广场的四棵樱花树被一些狂热的爱国分子砍倒了，很可能是因为这些树是日本政府馈赠的。到处都能感觉到明显的恐惧和混乱。市中心的一座大楼着火了，当消防车的警笛响起时，住户以为日本的敌机就在上空盘旋。全美国的所有社区中，人们都在惊慌失措地囤货，因为大家害怕以后会实施配给制或者出现食物短缺，所以现在要大量囤积食品和其他消费品。"到 12 月 8 日晚上，"记者戴维·布林克利在描述华盛顿时说，"超市就像被大风吹过一样，空无一物。"[33]

1917 年时华盛顿的政府员工只有 3.8 万名，但到了 1941 年 12 月，人员增加到了 25 万；而在整个二战期间，政府的员工数量还要增加一倍多。[34] 战争部长亨利·史汀生命令美国所有的陆军士兵归队，总人数达到了 160 万。海军迅速决定对珍珠港进行增援，并且采用了新的空中侦察模式以应对日军新一轮的空袭。在全美国的城市中，警察都要 24 小时当值，保证防御设施、大桥和供水系统不被破坏。全美国的港口都禁止任何外国船只通行。无线电广播终止了所有的天气预报节目，因为这可能会向敌人提供有用的天气信息，让他们借此选择空袭的目标。工会领导人叫停了全国12.5万名焊工的罢工行动，原因是"太平洋的局势"。[35]

现在回过头来看，战争初期人们的那种恐惧很难再现，当时没人觉得美国本土不会遭受日军空袭。周一的广播和报纸都是关于美国城市被空袭的报道。美联社的自动收报机报道说在长岛的蒙托克角（Montauk Point）发现了一架陌生的飞机，于是曼哈顿的街头响起了空袭警报。《布鲁克林鹰报》报道称："敌机逼近长岛——一些来自新英格兰，另一些来自弗吉尼亚海岸。很显然，轰炸机正飞向布鲁克林的海军造船厂、米切尔机场和其他地点。……空袭的警报声不绝于耳。学校停课。雇员停工回家。警察警告行人远离拥挤的街道。"[36]在西海岸，人们在车里塞满短枪和猎枪，冲向沙滩，想要与日军的登陆部队决战。在旧金山，街上和桥上的灯都熄灭了，但是山上仍旧灯火通明，跟12月6日之前一样。夜间空袭的警报响个不停，轮船也跟着鸣号；最后，听上去好像是轮船的号声先响起来，然后是空袭的警报声回应。如果有人开车灯，就会有治安员用棒球棍把车灯打碎；如果有商铺或者民宅不遵守灯火管制命令，他们就威胁要砸碎它们的窗户。

有很多报道称日本飞机正在距离美国海岸大约100英里的地方巡逻。周一晚上美国陆军航空队甚至发布自称确切的消息，称60架日本飞机出现在金门大桥上空，被美国战斗机击退。[37]有人问威廉·瑞安将军，怎么知道那些是日本飞机，他回答说："呃，因为那不是陆航队的飞机，也不是海军的飞机，而且肯定不是民用飞机。"周二，有人怀疑海港上空根本就没有日本的飞机（后来这种说法被证明是正确的），对此，约翰·德威特中将生气地回复道：

> 死亡和毁灭随时可能降临在这个城市。旧金山的人似乎到现在都无法认识到，我们已经全面进入了战争状态。……那些飞机肯定在我们的社区上空，已经盘旋了一段时间。那就是敌机。我是说日本人的飞机。海上已经在追踪它们了。我不知道它们为什么没有向我们投掷炸弹。

德威特将军说到这里其实就可以闭嘴了，但是他似乎非说下去不可：

> 日本人就应该扔下几颗炸弹，炸醒这座城市，这样更好。我们还没经历过真正的危机。只有当我们相信袭击就在眼前时，我们才会警惕。……如果我这番话依然没办法让你们接受事实，那么我就让警察把你们抓起来，用棍子打你们，让你们接受事实。

美国人通过广播和报纸了解时局，但是他们听到和看到的东西中有很多是谣言。广播和报纸忠实且恭敬地引用军方和政客的话，但是混乱、恐慌和无序似乎越来越严重了。夏威夷的媒体不再接受军方的审查，这使得谣言愈演愈烈。日本已经控制了加利福尼亚州，加利福尼亚州毫无招架之力；陆军准备在落基山脉或者是密西西比河东岸与入侵的日军开战。12月9日，周二，海军作战部长斯塔克上将在海军部向国会领导人做了简报。简报的内容严格保密，但是等在宪法街的记者们一看到国会议员们阴沉的脸，就能推断出事情很糟糕。"国会大厦的氛围几近集体癫狂。"记者马奎斯·蔡尔斯写道。在城市里，美军在珍珠港遭受重大损失这个事实已经不再是秘密。"到了晚上，每个参议员都跟十个人说了这件事，那十个人又告诉另外十个人，消息就这样原原本本地传开了。"[38]

此刻，单纯考虑某一党派利益的做法变得不受欢迎。两党的国会领导人在危机面前誓言要团结一心。但是，这对于海军来说喜忧参半。战列舰耗资巨大，花费多年才建造起来，备受海军珍惜；但是有些人却让战列舰在美国的太平洋大本营中遭到突袭，折戟沉沙，对此民主党和共和党一致进行了鞭挞。这个问题谁应该负责呢？周一，来自密歇根州的民主党国会议员约翰·丁格尔呼吁进行调查，说海军肯定极其无能。媒体也愤怒地呼应他，要求海军给个说法。周二，国会宣布进行正式的问询。很显然，领导者要接受处分。到了周三，要处分的人中似乎也包括了海军部长弗兰克·诺克斯。就在战争爆发之前的那一周，诺克斯进行了一场媒体宣传，跟美国人民保证海军对日军毫不畏惧。诺克斯那场发布会的时机真是太不凑巧了。珍珠港事件发生的一星期之前，他接受了《科利尔》（*Collier's*）杂志的采访，访谈文章的标题不巧命名为《海军严阵以待》。他预言说，如果美日开战，海军不到半年就可以"让日本人在大海上消失"。[39]诺克斯还接受了《美国杂志》的采访，该杂志的 1 月刊在报摊发售的那天正好是日本人的炸弹袭击"战列舰大街"的同一天。袭击后第二天，诺克斯的访谈还在全美国的报纸上刊登：

美国海军配备了敌人不知道的新型秘密武器，威力极强（日本发现时已经晚了）——美国海军是世界上规模最大、最强悍、最有打击性、命中率最高的海军，已经做好准备为入侵者"送终"了……让他们来吧，他们愿意的话两侧夹击也可以——"我们在太平洋和大西洋都战无不胜！"海军部长弗兰克·诺克斯在《美国杂志》1月刊上表示，"出海吧！"[40]

颜面尽失的海军部长诺克斯在战争开始的第一周没有在华盛顿露面，他正乘飞机前往珍珠港，亲自评估这场灾难。

为了缓解似乎席卷全美的集体恐慌气氛，白宫宣布罗斯福将在第二十次"炉边谈话"*中通过广播向美国人民播报消息。为总统写演讲稿的舍伍德和萨姆·罗森曼从周日晚上就开始专心写稿子，写好后不停地修改，直到周二晚上10点钟总统广播之前还在改稿。[41]这期谈话有6 000多万名美国民众收听，和前一天收听国会"耻辱日"演讲的听众一样多。

罗斯福总统是公认的广播大师，他从20世纪20年代就使用广播来帮助自己发展事业、实施计划、打击对手。他那浑厚而抑扬顿挫的声音在广播中效果很好。对于节奏、停顿和重音，他有一种与生俱来的直觉。最重要的是，他讲话技巧高明，平易近人，没有显

---

* "炉边谈话"是美国总统罗斯福利用大众传播手段进行政治性公关活动的事例之一。20世纪30年代，美国经济处于大萧条时期。为了求得美国人民对政府的支持，缓解萧条，美国总统富兰克林·罗斯福利用"炉边谈话"节目通过收音机向美国人民进行宣传。他的谈话不仅鼓舞了美国人民，坚定了人民的信心，而且也宣传了他的货币改革及社会改革的基本主张，从而赢得了人们的理解和尊敬，对美国政府渡过难关、缓和危机起到了较大作用。——译者注

露自己哈得孙河河谷上流社会的出身。他没有努力去掩饰声音中上层阶级的那种音调变化，可能他知道如果试图掩饰的话人们就会认为他是个骗子；但是他努力让自己听上去温暖且直率，又不让人感觉他屈尊俯就或者不真诚。他的语调悠闲、随意，在听众脑海中营造出一种不可思议的亲切感。人们经常说，美国人喜欢罗斯福是因为大家感觉罗斯福就像是他们的邻居或者朋友。这一点感触最深的是美国的中老年人，对于他们来说广播还是一种新鲜事物。他们直到成年才听到广播，不像他们的儿孙那样，从小就听，并且觉得广播是生活中理所应当的东西。当总统的声音从广播中传来时，他们很容易有这样一种下意识的感觉——罗斯福真的就在身边，罗斯福的声音和他本人就在他们的客厅里，他不仅仅是在讲话，而且是在与他们交谈。

周二晚上的广播是在白宫一楼的一个大房间里播出的。广播技术人员把麦克风放在木桌子上，桌子上还有一盏阅读灯、一个烟灰缸、一罐水和一个杯子。五六十个人成排坐在木制折叠椅上。9时50分左右，总统被推进房间，坐在桌子后面。他打开活页笔记本，翻动着演讲稿；抽了口烟，然后又把烟捻灭。10点钟，播报员们纷纷通过麦克风做开场白，请罗斯福总统讲话。罗斯福开口了："美国同胞们，你们好。"

当晚的演讲和罗斯福之前的演讲一样激昂，他猛烈地抨击了日本的军国主义政体。他说："日本对美国进行的可耻偷袭是十年来国际上最大的丑闻。"他一次又一次地说日本和其他轴心国是一群强盗，正直的、遵守法律的国家必须制止它们。"强大的、资源丰富的流氓们联手向整个人类开战。……我们必须下定决心，打击狡猾、强大的强盗。……在一个被强盗统治的世界上，任何国家或者个人都毫无安全可言。"他将这场战争定义为捍卫"我们与其他国家自由、有尊严、在世界上生存下去而无须担心受到侵害的权利"。军需的生产应该大量增加，所有军工部门都应该一周七天加紧生产，来增加美国和盟军的军事力量。他说他知道美国人民和媒体想要了解太平洋的战事，但他坚持说暂时还不能把实情和盘托出，因为不能让敌人知道。提到珍珠港，他承认日军造成的破坏是"严重的"，但是没有再说别的。关岛、威克岛和中途岛正在遭受袭击，可能会沦陷；菲律宾人正在"遭受严重打击，但是他们在积极抵抗"。对于美国人民来说，在战争时不公开信息是一种折磨；但是他提醒美国人民，不要听信传言——"声称我们溃败的丑恶传言在战时会越传越多且越传越快"——他还要求媒体克制，不要刊登未经证实的报道。

他没有否认日本的偷袭取得了成功："可以说，敌人狡猾地骗过了我们，时机把握完美，战术运用卓越。这是彻头彻尾的可耻行径，但是我们必须面对这样的事实——纳粹分子发动的现代战争就是肮脏的事情。我们不喜欢战争，我们不想陷入战争，但是现在我们已经被拉下水，所以必须不遗余力地参战。"[42]

罗斯福总统讲完后被推回"椭圆形书房"，萨姆·罗森曼进去看他。他发现罗斯福只身一人在桌子后面抽着烟，端详着他钟爱的邮票藏品。在可怕的战争爆发后的第三天，罗斯福就发表了那样成功的演讲，然后又返回办公室研究他的集邮——世上能有这样气魄的人可谓少之又少。他很平静，似乎内心很满足。他要把头脑里一天的工作清空，睡个好觉，第二天神清气爽地醒来。"这时他已经知道日本在珍珠港给美国造成的所有损失，"罗森曼写道，"但我看着他的时候，我感觉他坚信美国会取得最终的胜利，就像他之前说的那样。"[43]

对于要揪出应该为珍珠港事件负责的一干人等这样的批评声音，罗斯福闪烁其词地回答说："面对趁着夜色偷袭，而且不宣而战的入侵者，防御根本就没有办法做到万无一失。"[44]但是，这种说法不适用于夏威夷以西的盟军指挥官们，因为对于当天晚些时候日军发动的袭击，他们未能实施任何有意义的抵抗。就在日军突袭珍珠港几个小时后，西太平洋海岸刚刚迎来黎明时，日本海军的陆基轰炸机和战斗机对整个地区的美国和英国基地发起了精心设计的空中闪电战，到战争的第三天，当地盟军的空中力量已经被彻底击垮。这一失败的后果，比珍珠港的失败还要严重，因为这直接导致了菲律宾和马来半岛的沦陷。有人不愿意承认过去低估了日本，说珍珠港事件是日本走运，是"冷不防的一次成功"，不会再有下次了；但是第二次的失败证明那些人的观点是错误的。

12月7日黎明（国际日期变更线以西则是12月8日），中型的G3M和G4M轰炸机，以及灵活的日本单座战斗机A6M零式舰载机从台湾岛的机场起飞，飞越南海，将美军位于菲律宾的航空基地炸成一片废墟。另一些飞机从法属印度支那新建的机场起飞，攻击了位于马来亚、缅甸和香港地区的英国航空基地。还有更多的飞机从遥远的马绍尔群岛环礁起飞，袭击了北边的威克岛。以"龙骧号"为首的一支小型航母特混舰队从帕劳驶出，对位于菲律宾吕宋岛南岸的黎牙实比实施了打击，然后往南掉头，攻击了位于棉兰老岛上的美国达沃海军基地。[45]

美国远东指挥官道格拉斯·A. 麦克阿瑟上将在日军突袭珍珠港后几个小时就收到了警报，但是在战争最初的几个小时，他位于马尼拉的司令部陷入了一片混乱，结果让日本最初的空袭取得了压倒性的胜利。后来，人们的主要指责对象是麦克阿瑟的参谋长理查德·K. 萨瑟兰将军，他似乎一心想把麦克阿瑟的下属都支开，不让他们见到总司令，结果，美国的航空队因为接不到命令被日本彻底击垮。在正午，日本的轰炸机突然出现在克拉克机场（美国在菲律宾的主要航空基地，位于马尼拉西北方大约 40 英里）上空，从 1.8 万英尺的高空投掷了大量炸弹。从地面上看，那些炸弹就像是从飞机后面掉下来的一大批沿斜线均匀分布的银色闪光体。那些闪光体变得越来越大，地面上的美国士兵开始到掩蔽部躲避。整个航空基地的中心位置发生了一系列猛烈的爆炸，波及了机库、修理厂和停着的飞机。日军投掷的每一颗炸弹都落在基地之内，附近的每一座建筑都在劫难逃。一位美国飞行员在往下看的时候根本看不到跑道，因为"整个地区都是浓烟、尘土和火焰。在中间位置，红色的火焰不时翻腾着，冒出的油腻浓烟形成了一根巨大的黑色烟柱"。[46]

轰炸机刚刚过去，零式战斗机就从屋顶的高度轰鸣而来。它们保持着三机密集队形，不断射击停在跑道上的飞机。那天在克拉克机场停着的美国飞机再也没能飞起来。战争第一天快要结束的时候，保卫菲律宾的航空力量被击垮了一半。12 架 B-17 和 30 架 P-40 被完全摧毁，还有 5 架 B-17 受损。[47] 最初的这一灾难过后必然还会有更惨烈的失败，因为美国已经无法对日本的航空基地发起还击，也没有任何可用的战斗机去抵抗必然会紧接而至的日本空袭。

麦克阿瑟在那天究竟为何会处置失当，直至今天仍是个谜。可能他不愿意从菲律宾境内向日本发动袭击，他希望这样日本就会放过菲律宾诸岛。[48]他的说不清道不明的失败，和珍珠港的军官们的失败一样可耻，一样是原本可以避免的；但是他却逃脱了审查和责备，不仅如此，他还深受美国人民爱戴，被他们视为战争英雄和太平洋战争中盟军方面的名将。

在马来亚，英国皇家空军的防御也未能奏效。战争第一天上午，日军就在马来亚东北海岸的哥打巴鲁（Kota Bahru）登陆，皇家空军的战斗机与日本的轰炸机和零式战斗机进行了激烈的空战。结果是日军取得了压倒性的胜利。皇家空军的好几架布里斯托尔"布伦海姆"轰炸机和洛克希德"哈得孙"侦察机被击中起火坠毁。同时，日军的 G3M 轰炸机从 600 多英里外的法属印度支那基地飞来，突然出现在新加坡上空，向皇家空军的飞机跑道和基地设施投掷了大量的炸弹。日本的空袭太突然了，英国从未想过日本能够从那么远的地方发起空袭。哥打巴鲁的皇家空军机场陷入了一片恐慌，士兵们无视上级的威胁和咒骂，匆忙逃到山区；食物、燃料、武器以及马来亚北部最精良的飞机跑道都落入日本人手中。

皇家空军太过信任布鲁斯特 F2A"水牛"战斗机，这是一款从美国购买的过时的战斗机。一名厌恶 F2A 战斗机的飞行员说，这款飞机看上去"很像 20 世纪 30 年代的比赛飞机：单引擎，桶状机身，机翼粗短，有很大的座舱罩，机尾极短"。[49]功率不足的 F2A 战斗机因为燃料输送问题，爬升能力有限；它的起落架也有问题，经常在降落时造成机身严重损坏；0.50 英寸机枪很容易卡壳，尤其是在热带潮湿的天气下。[50]

在菲律宾和马来亚，日本的突袭迫使盟军的航空力量在尚未做好准备的状态下匆匆应战，这进一步加剧了非战斗损失。几十架美国和英国飞机由于引擎问题、飞行事故以及在半空中与自己中队的飞机相撞等坠毁。有的飞机想飞回基地，却被友军的防空火力击落；有的因为燃油不足进行了迫降；有的好不容易安全降落，却因为损伤严重不得不拆解。对于日军来说，坠毁一架盟军飞机就和击毁它一样好——也许还要更好一点，因为飞机坠毁的话日军就省下了弹药。如果飞行员也一同坠机身亡就更好了。

在战争之前的几年里，美国和英国坚信日本的航空部队根本构不成威胁。来自各个领域的"专家们"提出了胡吹乱说的伪科学理论，助长了这种错觉。这些权威人士耐心地解释说，日本只会培养拙劣的飞行员，因为日本人有生理上的缺陷。他们是斗鸡眼而且近视，这很可能是他们"斜眼"造成的。日本人小时候被母亲背在背上，头部摇晃，在一定程度上影响了内耳的平衡。[51] 日本的文化习俗强调一致和顺从，因此，年轻的日本人没有飞行员应该具备的个性和自信心。[52] 西方的航空业记者引用（来源可疑的）数据来证明日本的飞机坠毁率是世界上最高的。他们承认日本发展了自给自足的飞机制造业，那是一项了不起的成就，但是，他们丝毫不相信日本人自己建造的飞机有任何的优势。

1941 年 12 月，在经历了巨大的损失后，盟军才开始慢慢觉醒：他们看到的只是日本希望他们看到的样子。《孙子》中提到，对待敌人要"卑而骄之"。

其实，日本的海军飞行员的技术是世界上数一数二的。他们经由严格的测试选拔出来，又经过了漫长、密集的训练才获得飞行资格。总体上讲，他们的经验要远超盟军的飞行员。从 1937 年开始，许多日本飞行员在中国执行了 100 多次空中战斗任务，在座舱中平均参与了 500 小时至 600 小时的战斗。[53] 他们有强烈的动机，迫切地想要纠正西方对于他们的误解。他们足智多谋且灵活多变，配合得也特别好，还会毫不留情地打击目标。

三菱 A6M 零式战斗机是空战中的王牌，盟军派出的每一种战斗机都不如它旋转快、爬得高、操作灵活。A6M 装备了两挺 7.7 毫米的机枪（装有射击协调器，子弹可以从螺旋桨的叶片之间穿过），还有两挺从瑞士武器制造商厄利康（Oerlikon）购买的杀伤力极强、装在机翼上的 20 毫米机关炮。零式飞机的转弯半径小，所以它可以跟在盟军的任何战斗机后面射击，甚至可以翻转过来，从上面精准、快速地干掉敌人。在相对低速、低空的缠斗中，A6M 表现十分突出。飞机的驾驶杆稍微用力就会有响应，对此日本飞行员赞不绝口。"控制它就像做梦一样，"参加了第一轮袭击菲律宾行动的飞行员坂井三郎说，"手腕只要轻轻一动，飞机就飞过去了！我进行了各种特技飞行，让飞机爬高、俯冲、侧飞等等。"[54] 凡是使用经典空战技巧攻击零式战斗机，即希望通过机动在尾部追击的盟军飞行员，都被击中坠机，最后只能弃机跳伞。有些飞行员幸运地逃到云层中，或者乘降落伞着陆，他们无不惊慌地咒骂这种神秘战斗机的恐怖性能。

零式战斗机是在 1940 年夏投入使用的，在珍珠港事件发生之前足足服役了一年半的时间。这种飞机从位于台湾岛和中国大陆沿岸的基地起飞，为轰炸机护航，前往中国的中部地区执行远距离任务。按那个年代的标准来看，零式战斗机的航程十分突出。通过控制燃料混合物和推进器的速度，日本的这种单座飞机加满油可以飞行

1 000 多英里。飞行员们习惯了这样繁重的任务，有时他们甚至设定好让飞机保持水平飞行，然后在机舱里打盹。零式战斗机在 1940 年和 1941 年大败国民党的战机，在中国的空战中被击落的零式战斗机数量极少。

这种致命的飞机引起了陈纳德将军的注意。陈纳德是美国援华志愿航空队"飞虎队"的指挥官。飞虎队中的一位成员在 1941 年 11 月 21 日的日记中称，陈纳德教过 P-40 的飞行员如何与零式战斗机作战。他提出的技巧与后来海军飞行员领悟到的一样——从高空俯冲，和僚机驾驶员密切配合，让对方躲不开子弹，还有"绝对不要与零式战斗机缠斗，尤其是在双方不断盘旋转圈的战斗中。攻击后马上躲开。攻击，然后躲开，俯冲，然后再拉高。当然，还要一直保持小组作战，至少要两架飞机在一起。一旦发现自己是孤军作战，那就在空中搜寻其他可以加入的同伴"。[55] 但是陈纳德的情报被华盛顿忽视了。美国人不愿意相信日本能够建造出每分钟可以爬升 3 000 英尺的飞机。于是乎，珍珠港事件前的整整一年半的时间里，零式战斗机对盟军的航空队来说都是完全未知的事物，美国和英国的飞行员被迫以一种惨烈的方式领教零式战斗机的致命攻击。面对日本的多种威胁时，西方总是嗤之以鼻；对待零式战斗机的态度是西方致命的自大的又一个实例。在太平洋战争最开始的几个月，这种态度使西方损失了数百架飞机和数百名空勤人员。

12 月 10 日，星期三，50 多架日本轰炸机组成的编队飞过南海，未受阻碍便来到马尼拉湾上空 2 万英尺的地方。此时无论做什么都阻止不了它们了——几架 P-40 想在吕宋岛北部海岸拦截它们，却被护航的零式战斗机击退，而美国海军的 3 英寸高射炮甚至打不到那个高度。轰炸机没有遇到任何抵抗或者袭击，在高空俯视着下面密布的目标，"就像是一群老练的秃鹫打量着猎物"，一位目击者这样回忆道。[56] 日本的飞机很明显瞄准了马尼拉水域停泊在码头的船只，以及美国设于甲米地的海军基地，这是美国海军在珍珠港以西的主要基地。日机投下了炸弹，整个甲米地基地的核心地带被夷为平地，维修厂、仓库、机械库、兵营和供电站都变成了废墟。几艘驳船和拖船在泊位上被炸毁，"海狮号"潜艇彻底报废。大火蔓延，失去控制。大风吹过海湾，火势越来越大；由于很多消防设施也被炸毁了，所以消防员能做的事情很有限。鱼雷艇的艇长约翰·巴克利上尉惊呆了。他说："日本人把这里夷为了平地，只能这样来形容。除了珍珠港以外，这里是美国在东方的唯一一个海军基地，结果被彻底毁掉了。"[57]

美国亚洲舰队的总司令托马斯·C. 哈特上将从舰队司令部的楼顶看到了这一场面。他有何反应，历史没有记载。他可能事先就有不祥的预感，知道美军的空中防御支撑不住，因此他采取了明智的预防措施——在战争开始之前，他把大部分船派往了南部。现在他的主要基地连同所有辅助设施和弹药都变成了地面上一个浓烟滚滚的大洞。这里所受的最大破坏也许是损失了 230 颗鱼雷。事已至此，哈特只能担起可怕的责任，抛弃菲律宾，将美国亚洲舰队所有剩下的舰艇都派往南部，在那里它们可能会与英国和荷兰的舰艇会合，一起守卫荷属东印度群岛。

战争开始一周前，丘吉尔首相不顾将军们的建议，把一支强大的海军部队派往了新加坡，他希望这样可以威慑日本，让他们打消侵犯英国殖民地的念头。这支队伍被称为"Z舰队"，其中两艘核心军舰是"威尔士亲王号"战列舰和"反击号"战列巡洋舰，它们是英国最精良、最有名的军舰。但是这两艘军舰的命运比珍珠港中的美国战舰还要惨烈，标志着海军历史翻开了新的一页。

当地时间12月8日，就在日军突袭珍珠港后几个小时，汤姆·菲利普斯上将命舰队到公海上去拦截并摧毁出现在南海地区的日军入侵舰队。英国在这个战区没有航母，而英国皇家空军已经乱作一团，所以这支舰队只得在没有飞机护航的情况下航行。菲利普斯知道这样会有很大的危险，但是他希望这一行动可以"快速结束，赶在日军向我们发起大规模攻击之前向东撤退"。[58]

从一开始，Z舰队就面临着很大的困难，他们甚至难以确定日本舰队的位置。他们朝西北驶进暹罗湾，往马来亚北部哥打巴鲁的日本滩头堡航行，然后接到错误的情报，以为日军在海岸线南部的关丹登陆了，故而掉转航向。

虽然没有空军的护卫，但英国战列舰的军官和船员们很乐观。无论马来亚北部的空战结果如何，他们都充满了自信，认为日本无法与英国皇家海军的两艘最佳战舰相匹敌。"反击号"的船员伯特·温回忆说，船员"谈论的主要话题是我们花多长时间就可以击沉在新加坡海岸线附近碰到的日本战列舰。我仍然记得，当时整艘战列舰上的人都有一种绝对的自信……认为只要与敌人接触，结果就是不言而喻的"。[59]12月9日下午，英国的巡逻机发现了日本的水面部队，"反击号"信号桥楼甲板上的一位军官对CBS记者塞西尔·布朗（"反击号"上的媒体观察员）说："哦，但那些是日本人。

没什么好担心的。"[60]

当晚在军官们的餐厅里吃饭的时候，布朗提出了一个尖锐的问题。考虑到珍珠港发生的一切，英国人是不是太自信了？英国军官们思考了一下这个问题，一位军官承认，低估对手是"错误"的。但是另一位军官道出了大部分军官的看法："我们并不是过于自信，我们只是认为敌人没有那么厉害。他们花了五年时间还没打败中国，再看看他们在这里是怎么做的：满地图跳来跳去，而不是集中攻击一两个地方。这么做表明他们不是太聪明。"[61]

12月10日周三，上午11点刚过，日军就开始攻击Z舰队。Z舰队受到了第二十二航空战队的双引擎G3M"内尔"和G4M"贝蒂"轰炸机的三轮袭击，该小队的基地位于法属印度支那的西贡附近。日军的飞机是跨越南海而来的，已经在空中飞行了大约5个小时，快到航程的极限了，再远就回不去了。英军瞭望员在西方地平线处发现了一群不祥的黑点，号手吹起号角，召集大家回到各自的岗位。G3M轰炸机在1.2万英尺的高度进入高射炮射程后，炮手向上开炮，天空布满了黑色的防空炮弹炸开的烟雾。日军的轰炸机依然保持着紧密的队形，向下投掷了数颗250千克的炸弹。"反击号"急速转弯扭动，突然右转舵，然后再左转舵；它躲过了几乎所有的炸弹，但还是有一颗炸弹击中了水上飞机的甲板，炸死了20多人，不过船只的机动性和防御能力未受损。

大约20分钟后，Z舰队的雷达探测到西面飞来9架挂载了鱼雷的G3M。飞机飞得很低，几乎贴着海浪，直奔英军旗舰"威尔士亲王号"。这些飞机两架一组，俯冲至不到100英尺的高度，从船的两侧发射了鱼雷。"威尔士亲王号"的船尾被击中了两次，船舵被卡住，轮机舱也被淹。受到重创的巨舰无助地转着圈，船上燃起了大火，浓烟直冲云霄。

鹿屋航空队的挂载了鱼雷的 G4M 发起了第三次袭击，朝"反击号"俯冲过去。躲过第一轮袭击的"反击号"竭力机动，成功躲过了日军将近 20 颗鱼雷，但是最后它被左右夹击，几颗鱼雷同时击中船首两侧。"对我来说，"信号桥楼甲板上的目击者塞西尔·布朗在笔记本上写道，"整个画面就像一场混乱无序且令人毛骨悚然的游戏——4 英寸大炮喷出橘红色的火焰，舰炮和维克斯机关炮喷出白色的曳光弹，敌人的灰色飞机近在咫尺，就像蓝色纸板上钉着的蝴蝶标本。"[62]"反击号"被击中了两次（也可能多达四次），立即开始进水。"突然发生了巨大的爆炸，"一名船员回忆道，"我立刻意识到'反击号'不行了，因为在短短几秒钟的时间里它就剧烈地向左倾斜，进水太快了，不管在另一侧怎么灌水也无法扶正它。"[63]舰长下令弃船，大喊着："你们已经尽力了，现在赶快逃命吧。"[64]

船员们只得跳入海中，许多人在海里溺亡，另外一些则踩着水坚持了好几个小时，脸上沾满了油污。中午 12 时 23 分，"反击号"倾覆了。船尾先沉下去，巨大的船体从海中笔直地伸出来，船头直指天际。几艘驱逐舰小心地在旁绕行，打捞幸存者。

"反击号"被击沉后，日本新一批轰炸机开始执行一项较为简单的任务：击沉已经受到重创的"威尔士亲王号"。中午 12 时 44 分，"威尔士亲王号"烟囱之间的地方被 G4M 轰炸机从高空投掷的一颗 500 千克的炸弹击中，立即开始下沉。当船只倾覆并开始下沉时，下层甲板里的很多士兵被困在内。驱逐舰绕着"威尔士亲王号"航行，尽力搜救落入大海的士兵。空中的一架日本飞机的飞行员用清晰的英语得意地讥讽说："现在我们完成任务了。你们可以继续了。"[65]

几架英国皇家空军战斗机在"威尔士亲王号"下沉时刚好赶到，但是它们除了在上空盘旋旁观，什么也做不了。一名飞行员回忆士兵困于海中的场景时说："一小时后，由于燃料不足，我只能离开；但是在那一个小时里，我看到很多人竟然在那极其危险的处境中挥手、欢呼和开玩笑，好像他们是布赖顿的度假客，在朝低飞的飞机致意。这让我很受震动，因为其中有种超出人的本性的东西。"[66]

这一役夺去了 47 名英国军官和 793 名士兵的生命，而日本在这一行动中仅仅损失了三架飞机，这着实令人惊讶。英国不得不承认，这是一场教科书般的攻击。"毫无疑问，敌人的攻击实施得很巧妙，时机把握得很好，""反击号"的舰长在战役之后写道，"高空的轰炸机保持了密集的队形，没有慌忙躲闪防空炮。"[67]这是一场精心设计的连环攻击，高空轰炸机首先到达，吸引了高射炮手的注意力；紧接着鱼雷轰炸机从低空突袭，左右夹击，同时在军舰的两侧投下致命的鱼雷。

12 月 10 日上午，丘吉尔被海军元帅达德利·庞德爵士的电话惊醒。第一海务大臣庞德向他报告了令人震惊的消息：日军的轰炸机将两艘军舰都击沉了。"你确定这是真的吗？"丘吉尔首相问。"毫无疑问。"庞德回答说。丘吉尔后来写道，放下听筒时，"我很庆幸那时我是一个人。在整场战争中，这是对我最直接的打击……我在床上辗转反侧，这一可怕的消息淹没了我。……在所有广阔的海域中，日本都处于绝对优势，而我们在任何地方都处于劣势而且暴露在外"[68]这意味着英国在太平洋残存的最后一道海洋防线也

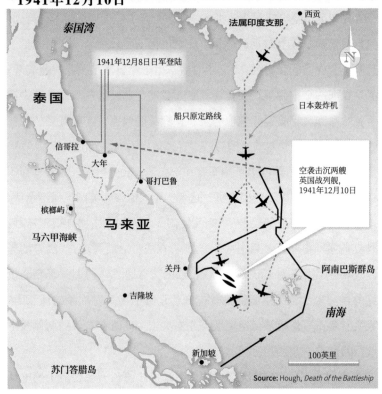

击沉"威尔士亲王号"和"反击号"
1941年12月10日

泰国湾

法属印度支那

西贡

1941年12月8日日军登陆

日本轰炸机

泰国

船只原定路线

信哥拉

大年

空袭击沉两艘
英国战列舰,
1941年12月10日

哥打巴鲁

槟榔屿

马来亚

马六甲海峡

关丹

阿南巴斯群岛

吉隆坡

南海

新加坡

100英里

苏门答腊岛

Source: Hough, *Death of the Battleship*

被突破了;这意味着印度现在也会面临来自海上的威胁,后来也确实马上遇到了威胁;这还意味着印度洋上的航线不堪一击。这两艘军舰对于英国海军的声誉意义重大,尤其是"威尔士亲王号"。"威尔士亲王号"是英国舰队中最新的战列舰之一,也是最有威慑力的。当年8月,丘吉尔乘坐该军舰来到纽芬兰的普拉森舍湾与罗斯福会面——那是丘吉尔和罗斯福上台后双方第一次会面。"威尔士亲王号"上宽阔的柚木甲板为英美高层初次会晤提供了绝佳的场所。

三天前，日本的飞机趁着美国的战列舰停泊在港，将它们打了个措手不及；但是此前还没有战列舰在完全做好战斗准备的情况下被空袭击沉过。Z舰队的命运在海战历史上是史无前例的，这一结局也终结了一场旷日持久的激烈争论。这是日本的胜利，盟军的惨败，同时也是全球海军界的制空权理念的胜利，它对马汉的"大舰巨炮"理论的动摇比珍珠港事件更甚。舰队的信条很快就会改写：从现在起，战列舰仅应被视作以航空母舰为中心的特混舰队中的辅助角色。战列舰上的防空武器会是原来的两倍、三倍甚至四倍，直到上面布满各式口径的高射机枪和高射炮，可以更好地保护战列舰本身和航母，抵御敌军的空袭。它们装备的14英寸和16英寸大口径主炮将主要用于炮击海岸，支援水陆两栖部队登陆。美国海军迅速接受了这些理念，英国皇家海军在接受时则打了一些折扣；但是这一信条在日本海军的高层中渗透得很慢，他们直到二战接近结束，还希望用战列舰在海上来一场决战。

日军以"蛙跳"战术往南继续发动攻击。陆基零式战斗机和中型轰炸机从令人意想不到的远方发动突袭，清空海滩上方的空域，后续的侵略部队随之登陆。日本的大批运输舰在没有空中威胁的情况下将军队、坦克和武器运送上岸。日军从这些滩头堡向内陆进军，吞并领土，占领通常完好无损的机场。然后航空队会飞到被占领的机场，为进一步向南进军做好准备。盟军据点一个个遭到打击，速度之快令防御部队猝不及防。日本在菲律宾、关岛、香港地区和马来亚都取得了胜利，盟军节节败退。英美两国的机场中到处都是残破、冒烟的废墟，飞机的残骸随处可见。飞机技师丧命，机库受损或是被夷为平地，零部件在地面上被炸毁，或是落入敌人之手。到周四早晨，在战争开始四天后，盟军的飞行员和地勤人员都深陷混乱、恐惧、怀疑和震惊之中。混乱的场面以及慌乱的撤退使得盟军极为狼狈，颜面大失。在菲律宾的伊巴，美国士兵在未接到命令的情况下就开始逃离岗位。在克拉克机场，跑道被炸毁，没办法使用，大部分建筑物和机库也被夷为平地。飞行员的尸体遍布整个基地，直到一周以后才有人来收尸，将他们埋葬。[69]民众和军官被日本人入侵的速度和规模吓到了，开始严重怀疑自己抵挡不住日军的进攻浪潮。

人们常说，美国在珍珠港遭受了日本的袭击，损失了大量船只、飞机和士兵，但这些损失是值得的，因为这一事件让面对战争时观点相左、分歧严重，似乎不可能达成共识的美国人振作了起来。这一论断准确但不完整。希特勒在日本突袭珍珠港四天之后的周四做的事情才是让美国人团结起来的最终原因——他在可以不行动的情况下选择向美国宣战。

罗斯福在战前与英国的秘密对话中，已经承诺美国会采取"欧洲优先"的战略。"欧洲优先"战略在军事上的逻辑性不容置疑，但是这一理念在美国民众中一直不受欢迎，他们（在珍珠港事件发生后）非常想找日本人报仇。周日下午，战争部长史汀生提议，美国应该先发制人，向三个轴心国宣战，但是罗斯福立刻拒绝了这一提议，他说在美国人民群情激愤，要投入战争的这一时刻，他不想

　　　　　　　　燃烧的大洋：1941—1942，从突袭珍珠港到中途岛战役

让民众的观点产生分化。即使在日军偷袭珍珠港之后，罗斯福想向德国宣战都不容易，除非国会投票时出现压倒性的赞成局面。但是，不宣战的话，美国生产的大量军需就有可能被卷入太平洋战事的旋涡中，使苏联和英国濒临崩溃。

希特勒跟所有的人一样——除了日本的统治阶层——对珍珠港事件感到非常意外。日军突袭珍珠港的消息传到希特勒位于东普鲁士马祖里（Masurian）森林的东部总部"狼穴"（Wolf's Lair）时，他狂喜不已。"转折点！"他向参谋说，"我们现在有了一个盟友，这个盟友 3 000 年以来从未被征服过！"[70] 偷袭珍珠港似乎将美国的军力困在了太平洋，暂时阻止了美国向德国的敌人提供有效帮助。日本很可能会让英国失去它在东方的帝国，甚至可能失去印度。宣传部长约瑟夫·戈培尔也和希特勒一样盲目乐观，他在日记中写道："世界的整体格局很快就会发生彻底的改变。现在，美国想向英国运送物资都不大可能了，苏联就更顾不上了。"[71]

12 月 11 日上午，贝尼托·墨索里尼在罗马的阳台上俯瞰着威尼斯广场，向狂热的人群宣布"《钢铁条约》的力量"将会压倒民主的力量。当天下午 3 点钟，希特勒在国会讲话。元首的讲话一如既往地刺耳且复杂，长达 90 分钟的演说里有讽刺、偏执、恶言、恐吓，他还痛心地称德国是受害者，德国是出于好意。有好几段怒气冲冲的言论矛头直接对准苏联和英国。他滔滔不绝地谈论德国国防军在苏德战争的最初六个月于东线取得的胜利，但对于最近在莫斯科受到的阻碍却只字不提。[72]

谈到美国时，希特勒的怒火转向了罗斯福，说他是"上流社会"的成员，代表了"在民主体制内顺风顺水的上层阶级……这个爱管闲事的绅士……不折不扣的好战分子……是这场战争的罪魁祸首"。希特勒宣称，这场战争是一小群银行家和财阀事先安排好并挑起的，这些人主要是美国人和犹太人，罗斯福是他们找的代言人。希特勒祝贺日本"率先对此人特有的扭曲历史真相的可耻行径进行反抗"，他说珍珠港事件让"德国人民以及这个世界上所有其他的正派人深感满足"。

希特勒登台演讲一个小时后，才兜着圈子表明对美宣战。"因此我今天安排将他的中立许可证交到美国代办处，接下来……"说到这里时，事先安排好的副手们热烈的鼓掌声淹没了元首的话，"美国总统和他的财阀集团取笑我们是穷国——这话不假，但是穷国就要确保自己本就少得可怜的东西不被抢走。"希特勒宣布，轴心国已经达成协议，三个国家在打败并摧毁"盎格鲁–撒克逊和犹太人的资本主义世界"之前绝对不会放下武器。[73]

在华盛顿，美国没有经过国会辩论就迅速通过了宣战。国会两院一致通过。在签署议案时，罗斯福说盟国在全世界的陆地和海洋的各个角落都开始了一场协同的战争。"妄图奴役全世界的力量此刻正在朝西半球推进。"这场战争需要对"野蛮和暴虐的力量"进行长期艰苦的反抗。[74]

轴心国的宣传者用漫画的手法诋毁美国，称美国被种族、民族、阶层和宗教信条严重分化；美国社会骄奢淫逸，唯一能激励人们的是无所不能的美元；美国充满了游手好闲的人和装病不干活的人，到处都是富得流油、好吃懒做和自由放纵的人；政客捧着帽子乞求大老板的施舍。在他们眼中，美国是一个杂乱无序、个人主义盛行、贪图享乐的国家，沉迷于爵士乐、电影、棒球、漫画、赛马和广播喜剧——什么都喜欢，就是不喜欢工作，当然更不会喜欢打仗。美国政府是分裂的，因而国家衰弱，权力由总统、国会和法院分享，政府又经常受到野蛮无礼且毫无节制的媒体的愚弄。美国人地域观念很强，而且闭塞，只关心自己，从不关心世界其他地区；他们绝对不会同意为捍卫英国流一滴血，因为在美国独立战争的历史中，英国人是邪恶的压迫者；美国也不会管苏联这个全世界共产主义的中心以及亚洲的任何地区，那些地方对于美国来说太过遥远，就像是在另一个星系一样。

这样的批评既浅薄又虚妄，只是由一些刻板印象和半真半假的事情拼凑而成的。不过，即使在美国也有与之类似的自我批评。在1941 年的时候，美国显然还没有准备好应对轴心国的挑战。美国人不喜欢德国和日本发动的赤裸裸的侵略，大部分美国民众支持罗斯福向受害国家提供军火和物资的政策。但是美国参战的提议却非常不受民众支持。在珍珠港事件发生前不到两个月的时候，盖洛普民意调查显示，仅有 17% 的美国民众支持对德开战。人们公开谈论军队中出现大批逃兵的现象，这种现象被简称为"OHIO"（俄亥俄），也就是"Over the hill in October"（意为"10 月逃离战场"）。8 月，参议院对延长和平时期服役时间的法案进行投票，结果是 203 票比202 票，以 1 票的微弱优势通过。孤立主义运动在珍珠港事件之前的几个星期实际呈上升趋势，带头者向大批民众宣传说罗斯福正在密谋向轴心国开战。1941 年，罗斯福总统已意识到战争即将到来，但是除了引导美国民众的观念之外，他什么也没法做。他只能等待某种刺激性的事件发生或者是敌国主动挑衅。

希特勒将珍珠港事件称为"转折点"，戈培尔则总结说"世界的整体格局很快就会发生彻底的改变"。他们说得没错，只是事态没有按照他们的本意发展。1941 年 12 月 7 日以前，美国的产业经济完全处于轴心国的轰炸机和陆军的打击范围之外，这是陷入战争的盟国最大的希望。只有使美国的经济军事化，完全转变为生产军需的状态，才能摧毁轴心国。但是美国这个杂乱无序的共和国，如果没有美国民众的支持，就永远无法动员起来，或是实现军事化。"他们［日本人］能做的只有一件事情可以让罗斯福彻底从进退两难的境地中走出来，"为罗斯福撰写演讲稿的舍伍德写道，"而他们恰恰做了这件事，用一种特别挑衅并且特别侮辱人的方式，一下子就使意见不一且迷茫混乱的美国人民变得团结一心、坚定不移。"[75]如果说第二次世界大战有一个关键的转折点，这个转折点不是不列颠之战，不是阿拉曼战役，不是斯大林格勒战役，也不是意大利的覆灭，而是珍珠港事件，它让罗斯福得以去做他需要做的事情，同时也决定了德国和日本的命运。

第三章

在日本，广播上已经播报了有关珍珠港的消息："重大新闻，重大新闻。……在今日尚未破晓之际，美国和英国也开始参战。"[1]在那个寒冷的冬日，广播里播放《军舰进行曲》等爱国主义歌曲的时候，经常被插播战争最新进展的消息打断。商店里和各家各户的广播都开大音量，播放着新闻，只消上街听一下就可以了解最新动态。

对于千千万万的日本民众来说，这种感觉就像天崩地裂一般。就连 12 月 8 日这个日子（比美国要晚一天）似乎都有不同寻常的意义和力量。那一天是佛成道日，也就是佛陀大彻大悟的日子，对佛教徒来说十分特殊。几十年之后，回忆起那时很多日本人仍有一种强烈的体验——"热血沸腾，浑身颤抖不已。"中学生板桥康正（Koshu Itabashi）说。[2] "我感觉就像有人在我头顶倒了盆凉水，"军令部的吉田俊雄大尉回忆道，"我浑身一阵激灵。那种感觉直到现在仍然清晰。"[3]

最初的报道中没有迹象表明日军突袭珍珠港取得了胜利，此外播报员的声音也比较紧张，有些尖厉。两军接触，开始交战——这就是最初人们得到的消息。许多人感到惊慌失措。美国和英国是强大的工业化国家，日本和其中任何一个国家开战都不大可能赢。现在日本竟然同时跟这两个国家交战？而且是在中国的战事尚未结束之时？"与这些国家交战没有问题吗？"横滨的学生广泽荣（Ei Hirosawa）想，"我们有可能打赢吗？胜利又意味着什么呢？……我想象不出。我17岁时就是这么想的。"[4]但是这些疑惑很快就被确定无疑的信息消除了，因为广播传来了战果——美国的战舰被击毁、击沉或者烧毁，日军在菲律宾和马来亚取得了绝对的制空权。后来日本的战争报道开始逐渐与现实不符，但是在最开始的阶段，广播内容无须欺骗：事实本身就是巨大的胜利，比起宣传部门所能想象的大获全胜的情景一点也不逊色。

人们兴高采烈，欢欣鼓舞——"胜利！胜利！"他们互相喊着——但是最强烈的感觉可能不是成功的喜悦，而是一种如释重负的感受。在将近一年的时间里，日本民众都悬着一颗心，他们处于与西方交战的边缘，听到的新闻涉及各种外交事务，让人迷惑。现在日本下了决心，一切明朗，大家团结一心。"我兴奋不已，"任职于东京《朝日新闻》的漫画家横山隆一说，"很高兴。所有不确定的疑云都那样消散了。"[5]侵略中国的战争并没有让日本人像现在这样团结。中国是日本在亚洲隔海相望的邻邦，是日本文字的发源地，孔子的故乡，东方佛教的摇篮。与英国和美国战斗是另一回事，大约容易让人这样想：这将是一场自由之战，日本将代表所有亚洲人战胜殖民统治者。这样就拔高了这场战争的意义。终于有人向一直在亚洲横行的西方帝国主义者宣战了。"我们日本人从未像当时那样由衷的自豪过。"文学评论家奥名孝雄（Takao Okuna）写道。[6]

那天昭和天皇特意穿上了海军制服。（根据内大臣木户幸一的日记）在得知偷袭成功的消息后，昭和天皇"十分镇静，泰然自若"。[7]他发布了《天皇诏书》，正式对英美宣战，指责两国"助长东亚之祸乱"，说日本长期以来不辞辛苦维护和平，却受到了西方列强的勃勃野心的阻碍。西方列强不仅"毫无退让之精神"，而且"愈益增大经济上军事上之威胁，以图使我屈从。……事既如此，帝国今为生存与自卫计，唯有毅然奋起，粉碎一切障碍"。[8]日本首相兼陆军大将东条英机通过无线电广播向国民发表了讲话。他强调战争将漫长且艰苦。"为了歼灭敌人并且建立不可动摇的大东亚新秩序，我们必须进行漫长的战争。"但是日本无疑将获胜。"自建国2 600年以来，大日本帝国从来没有战败过。"[9]当天结束时，日本皇宫的墙外聚集了一大批人。

吉田大尉说，在东京海军省，人们"在大厅里大摇大摆地走来走去，摇晃着肩膀，骄傲而自豪"。[10]军令部当天还提供了特制的红豆甜汤，以示庆贺。[11]在日本海军的整支舰队和岸上机构中，无论在日本国内还是国外，官兵都挤到无线电室了解战争的最新情况，一听到最新的胜利报道就大声喝彩。"坦白来说，"航空兵军官奥宫正武写道，"敌人竟然这么不堪一击，我感到太意外了。我们原本的预期是经过鏖战才能取得极小的胜利，但是在发动攻击之前，没有人敢对真实的结果妄加猜测。"驻扎在日本本土各岛上的士兵担心自己还没战斗就胜利了，便以近乎威胁的方式申请分配给他们战斗任务。"这些极度狂热的年轻人认为战争马上就会结束，因此他们没法在敌人面前大显身手，"奥宫正武补充道，"我们的年轻飞行员深信自己尚未出动战争就会结束。"[12]

作为日本联合舰队总司令，海军大将山本五十六命令自己的旗舰"长门号"战列舰停泊于广岛湾的柱岛锚地。在偷袭珍珠港的前夜和清晨，山本五十六一直未睡。他在作战室中来回踱步，偶尔与自己的参谋渡边安次中佐下将棋。随着攻击的展开，他的无线电操作员直接从日本的飞机上截获情报，其他操作员则从瓦胡岛的美国人那里截获情报。"突袭成功……敌军军舰被鱼雷袭击，战绩斐然。"[13] 作为庆祝，舰员们获准去食堂买米酒喝。每传来一条消息，聚在一起的军官都会欢呼一声，但山本仍无动于衷，毫无表情。山本对于南云忠一仅仅发动两轮袭击之后就将航母撤回感到失望，他认为南云应该趁热打铁——但是山本总司令没有越级下令对美军发动第三轮袭击，他知道要是这样做的话会让下属的面子受挫。山本的参谋长宇垣缠少将在日记中生气地写道，南云忠一早早撤离战场的做法如同"偷到一点东西就匆忙溜走的蟊贼一样"。[14]

偷袭珍珠港是山本五十六一直以来呕心沥血制订的计划。山本以辞职要挟，才使军令部不情愿地批准了这个行动。他原本计划的不是偷袭。实际上，日本的历史学家有令人信服的证据表明，山本五十六对日本不宣而战感到非常不安。[15] 山本多次要求外务省保证，"第 14 部分电文"* 将会在袭击之前交给美国国务院，并且他得到了肯定的答复。华盛顿的日本驻美使馆没有及时将该信息解译，因此造成了延误，不过大部分美国人要等到战争结束之后才会知晓其中的曲折。

虽然军令部反对，但是这次大胆的行动大获全胜，这进一步增强了山本的实力。作为海军航空兵的倡导者，山本相信航母的打击能力，也相信水面舰艇面对空中攻击时会很脆弱。当他得知"威尔

---

*　此处指日本发给美国的"最后通牒"的最后一部分，可理解为宣战书。——编者注

士亲王号"和"反击号"抵达新加坡时，他亲自命令 36 架装载了鱼雷的 G4M 轰炸机来增强第二十二航空战队的实力，并且敦促它们对这两艘英国战列舰穷追猛打。他甚至打赌说这两艘船会被击沉。Z 舰队被摧毁对于山本五十六本人和日本海军航空兵来说都是一个胜利，但这也导致民族主义报刊对战争变得过分自信。"就像被咬了的流浪犬一样，"《大东亚新秩序》的编辑们写道，"英国海军只能掉头，边吠叫边逃命。"[16] 在另一些刊物中，"威尔士亲王号"沉向海底的航拍图和罗斯福与丘吉尔在"威尔士亲王号"后甲板上举行的宗教仪式中鞠躬祈祷的照片被放在一起，后者是当年 8 月西方媒体在普拉森舍湾英美首脑峰会上拍摄的。[17] 偷袭珍珠港以及击沉英国战列舰使山本五十六在日本海军中获得了至高无上的影响力。现在他可以向东京的海军将领们下命令了，这一情况一直持续到六个月后日军在中途岛被打败。

"长门号"上的文书军士野田满春（Mitsuharu Noda）回忆道，在最初的几周内，山本五十六收到了数千封贺电贺信，每一封信他都一丝不苟地用漂亮的书法手写回复。"他命令我制作超大的名片，写上这些字：'联合舰队总司令山本五十六，'"野田满春描述道，"每张名片他都用毛笔亲自写上'我发誓将不畏艰辛，不因初期小胜而自满'。"[18] 山本五十六把自己的职责看得无比神圣，从中可见一斑。他似乎很清楚，自己大概是日本除东条英机以外最有名的军人，也是除了东乡平八郎之外最著名的海军将领，而 36 年前山本曾于对马海峡在东乡平八郎手下服役。[19]

即使在海军取得了超出日本人预期的重大胜利的战争初期，山本也是满面愁容，令人不解。他有一种强烈的不祥之感。"一名军人'趁敌人不备取胜'其实没有什么好骄傲的，"他给友人的信中写道，"那其实是一种耻辱，因为只是偷袭而已。……我更希望你在看到敌人的行动后做出评价，因为敌人肯定是怒不可遏，很快就会发起坚决的反击。"在给另一个人的信件中，山本指出美军可能会对东京实施空袭，颇有预见性地批评了"日本国内那种疯狂的喜悦之情。……那种狂喜让我担心，因为一旦东京遭到轰炸，人们就可能会当场崩溃"。[20]

威廉·曼彻斯特是一名作家和传记家，参加过太平洋战争。他将山本五十六称为"自纳尔逊勋爵之后最伟大的海军将领"。[21] 乍一听，将山本和纳尔逊相提并论似乎是无稽之谈。英国海军中将霍拉肖·纳尔逊（1758—1805）通过一连串不间断的压倒性胜利，使英国海军取得了海上霸主地位。山本五十六则对于中途岛海战的失败负有直接责任，而中途岛之战是全世界海军历史上负方损失最惨重的战役之一。此外，他还要为日军重夺瓜达尔卡纳尔岛时的惨败负责，在那场长达四个月的海陆空战役中，日本付出了同样高昂的代价。由于他在太平洋战争中的表现，山本五十六受到了许多毁灭性的批评，其中很多来自他自己手下的军官，所以他连伟大的海军将领似乎都谈不上，何况与最伟大的纳尔逊将军相提并论呢。

但是从另一种意义上来说，这一对比也有道理；因为这二人有很多惊人的相似之处。这两人的"仪态"都有些难以描述，他们都有一种天生的超然气质，或者叫力量，也可以称为个性；这为他们赢得了下属疯狂的忠诚和深深的爱戴。两人都没有什么背景，尤其深受"下层甲板"海员们的拥护。两人对待下属都亲切随和，竭尽全力体恤所有的船员。两人都在战争中受过伤，而且留下了伤疤——纳尔逊失去了一条胳膊，一只眼睛也失明了；山本五十六的左手掉了两根手指。两人都在婚后爱上了别的女人，两人的风流韵事在死后都造成了丑闻。两人在内心都有一种要么不干要么大干一场的孤勇。当其他人慎重地权衡利弊，对于部分胜利感到满足时，他们却积极进攻。在战争的浪潮对日本不利之前，山本五十六的这种大胆使他获得了纳尔逊那种神圣的荣耀。两人都在战斗中丧生，死后都以隆重的葬礼下葬，被公众神化。两人的死亡都造成了公众的恐慌甚至是绝望，好像他们一死国家就会落入敌人手中。日本是个四面环海的岛国，对于日本人来说，山本五十六堪称战将中的典范，他在整个日本人的想象中占据了特殊的地位。美国那种大陆国家不会像日本这样将某一个人推到如此高的地位。日本民众将山本五十六推崇为国难当头时的精神捍卫者。在那个意义上，山本五十六是伟大的，也许和纳尔逊一样伟大。

即使以当时日本的标准来衡量，山本的身材也属于矮小之列，他只有一米六多一点点；作为海军大将，他养尊处优，缺少锻炼，所以老了以后腰越来越粗，算得上是肥胖了。[22] 他虽然身材不够魁梧，但是看起来很威武：脖子粗，肩膀宽，走起路来充满自信，大步流星，就像是一个天生的运动员。在 1940 年左右拍的照片中，他以标准的军姿坐得笔直，同时看上去又是完全放松的状态。那时他56 岁，但是看上去至少比实际上年轻 10 岁。他眼睛睁得大大的，平静地看着照相机；皮肤黝黑光洁；短发则显出不凡的头型。他的肩膀上和胸前装饰着精致的金色流苏，还挂着好几排勋章。

山本五十六原名高野五十六，出生于日本海沿岸新潟县的长冈，父亲是没落的贫穷武士。1916 年 32 岁时，他过继到山本家族，改名为山本五十六。这种过继的方法在日本自古就有，并不少见。1904 年他从江田岛日本海军兵学校毕业，次年，他未来的对手切斯特·W. 尼米兹从安纳波利斯海军学院毕业。山本在对马海战中于东乡平八郎指挥的舰队服役，后来在"日进号"巡洋舰上，他指挥的舰炮爆炸，致使他受伤。他的上腹部和腿上清理出来了约 120 片弹片，这些地方变得坑坑洼洼，伤痕满满。同时他还失去了左手的食指和中指。[23]

山本在军中升职很快，并完成了日本海军大学校的全部课程。日本政府两度公派他赴美留学。他在哈佛学习了两年英语（1919—1921），后来在日本驻华盛顿大使馆担任海军武官（1926—1927）。他年纪轻轻就被人看好，认为他日后必定会身居高位。他智力超群且密切关注细节，所以受人尊重。讨论海军政策时，他总能打破传统思维，提出的观点有理有据，使得同事和长官都能听从他的意见。他身上有一种"不属于日本人的"特质，拥有独立思维而且敢于直面争议。日本海军历史学家麻田贞雄说山本"独特的个性在日本海军中非常罕见，以至于一位长官评论说山本就像是'基因突变的产物'。他大胆且富有创意，坚持原则，具备远见卓识，还有一种著名的充满魅力的领导才能"。[24]

奉行大舰巨炮的原则在当时仍是最安全的晋升之道，山本却早已把自己的命运押在了海军航空兵上。20 世纪 20 年代中期，作为海军大佐，他申请成为霞浦航空队的副队长并获得批准，随后还在海军航空部门担任了重要职位。[25] 他还首度设立机构招募并训练日本最杰出的飞行员，同时亲自监督，使日本发展起独立、自足且先进的军用飞机工业。十五年来，他被视为日本海军空战力量的首要推崇者，他也是最早指出战列舰不过是"昂贵而无用之物"这一异端观点的海军将领之一。[26]

他是一名国际人士，到世界各地访问，代表日本海军出席各种裁军会议。他的英语水平足以进行基本的谈话和轻松的阅读：他称自己经常会每天扫视四十份美国报纸的新闻标题。[27]在哈佛上学时，山本五十六几乎没有待在教室里上过课，有限的经费基本都用来在美国旅行了，而且为了省钱，他经常连饭都不吃。他刻意不和其他日本学生待在一起，以逼着自己掌握英语。他去了美国很多地方，细心观察，所以对于美国产业基地的规模和军事潜力，他有着很中肯的评价。"只要看到过底特律的汽车工厂和得克萨斯的油田，"山本评论说，"一个人就会清楚日本以其国力没办法与美国进行海军军备竞赛。"[28]他喜欢赌博和博弈游戏。他通过打扑克、二十一点和双骰子赢了不少钱，他开玩笑说日本把赌注押在他身上，把他送到蒙特卡洛，可以平衡国家预算。

山本五十六通过旅游开阔了眼界，他可以站在远处审视日本，冷静理智地评判日本的优势和弱点。这种能力是日本海军里（甚至是陆军里）其他很多人所没有的，那些人甚至把这种思想视为精神堕落。也许，山本最重要的贡献并不是他的海军经历，而是在战前日本难以驾驭的政治中起到的作用。山本五十六坚信指挥日本陆军的都是些笨蛋和疯子，看不起那些将军。但是到了20世纪30年代中期，陆军掌控国家的形势很明朗了。文职政治家和经选举而任职的官员被边缘化，军方派系在日本政治和社会的每个方面都占据了支配地位，此时山本成了温和外交政策的主要倡导者。他还成了海军"条约派"的引路人，该派别支持十分不受欢迎的裁军条约，同意限制日本舰队的发展。他坚持不懈，冒着极大的个人风险，破坏了与纳粹德国的联盟，并且竭力避免日本走上与美国交战的灾难之路。当战争的走向与他的愿望相违时，他不断地敦促政府寻求和平的解决方案。但是他也恪守职责，带领着日本海军取得了多次令人振奋的胜利，最后如武士般死去。1945年之后的日本满目疮痍，所以山本五十六在1941年之前坚持阻止日本陷入战争的行为提高了他在历史上的地位。在某种意义上，日本战败证明了山本是正确的。

日本人的心理和社会行为经常被诠释为"建前"和"本音"。建前指的是人们向世界展现的面貌，在公共场合表达的观点，或者是迫于阶级或职位必须扮演的角色。本音指的是"真实"或者"真情实感"，只有在亲朋好友面前才会表现出来。摘下面具，向另一个人表现出本音，象征着亲密或者信任，等同于把另一个人视为知己。这些观念很难说是日本人特有的，类似的观念在西方也存在。但在日本人的思维中，建前和本音很自然地是一对矛盾体，对于人前人后的不一致，没有人感到纠结，也没有人会费心让这二者一致。

与其他恪守职责的日本人一样，山本五十六将军也恪尽职守。在新闻片段里，你能看到山本登上战列舰的甲板，穿着洁白无瑕的白色制服，佩戴着菊花纹饰的肩章，胖胖的右手拿着海军帽的帽舌向船员们挥动；或者站在东京的阳台上，以日本传统的方式向人群挥帽致意。在这些场景中，他神色肃穆坚毅，面无表情。就连那些十分了解他的人也强调说他有的时候"沉默寡言并且相当不苟言笑”，或者说他具有“男人严峻的，几乎是令人畏惧的一面”。1939 年他被任命为联合舰队总司令时，东京一份报纸的标题就这样写道："山本五十六，严厉寡言的海军大将。"[29]

在旗舰上，这位指挥官的生活方式正是人们料想的那样——极其奢华，巨大的军官起居室里摆着一张昂贵的餐桌，一顿饭有好多道菜，后甲板上还有一个 40 人的乐队以供娱乐。"山本五十六从方方面面来说都是完美的军人，"一位军官评论道，"在每一个场合，他都表现出缄默谨慎、泰然自若的军人形象。甚至在拉包尔和特鲁克，在那种热带烈日下，他依然身着洁白无瑕的海军制服。山本总司令无惧烈日、潮湿、昆虫的形象，给每一个军官和士兵都留下了深刻的印象。山本不仅仅是一名海军大将，他就是海军的化身。"[30]

但是山本有时也会表现出近乎顽皮的喜悦，让自己隐藏的一面暴露出来。他喜欢开诚布公地待人。长冈山本老家的一位禅师说："如果你坐在他对面，你会感到他把内心的想法都摆在你面前并告诉你，'给，你喜欢什么就拿什么'。"[31]东京的各个报社都很喜欢采访山本，这不仅是因为他愿意提供一些不能公开的幕后消息，还因为他会邀请记者们到他家里，给他们倒上威士忌，点上雪茄。一家报纸称高官中很少有人会像山本那样"直截了当地告诉你他在想什么，不会装腔作势"，还说山本"就连相当古怪的观点也会开诚布公地说出来"。[32]（当然，山本这样做并没有损害他的公共形象——就像纳尔逊那样，山本十分重视公共形象。）山本的坦率连外国人都能明显地感觉出来。"我认为他很通人情，十分真实，也十分真诚，"战前美国驻日本海军武官埃德温·莱顿说，"许多日本人很难'接触'。他们相当寡言少语，有时甚至是到了冷漠的程度。有时他们给人的感觉就像是戏剧里的演员，戴着面具扮演不同的角色。但和山本接触时，我感觉在社交场合他并没有戴着虚假的面具。"[33] 山本有意远离"建前"，尽情展示他的"本音"。

　　他有一个自由的灵魂，乐于打破职务带来的各种规矩。他性格中有孩子气的痕迹，还有一种顽皮的冷幽默感，一名军衔更高的海军将领称他为"顽皮的恶魔"。在岸上的时候，他的这种性格更容易表现出来，特别是当他脱下制服跟艺伎们表演一番的时候，他很受艺伎的欢迎。他会从街上小贩那里买一袋烤豆子，一边走一边吃，把豆子抛在空中再张开嘴巴去接住。他还会出其不意地来一个倒立。他会举起戴着手套的手打出租车，司机以为这个手势表明他会很大方地给 50 钱的路费，但是到达目的地后他只给 30 钱。司机抱怨时，他会说："别傻了——看！"然后脱掉手套，让司机看他缺了两根手指的手。[34] 他像杂耍演员那样有一种喜剧天赋，可以装傻充愣或者表演肢体喜剧。1941 年年初，舰队在佐世保港停泊时，山本和一位艺伎女友在岸上的一家餐厅吃饭。为了博女友一笑，他模仿查理·卓别林的罗圈腿、企鹅脚，像卓别林那样夹紧屁股、转动手杖蹒步。他就那样在军官和船员们面前走了好几百米远。那个艺伎无意中听到对此错愕不已的两名船员的对话。"看，那是总司令啊！"一个船员说。"别瞎说，"另一个船员回答，"你觉得总司令会那样走路吗？"[35]

　　山本滴酒不沾，他的嗜好是赌博和女人。野田满春回忆道，山本玩纸牌或者其他赌博游戏时，"有时把整套军装都输掉了"，但是似乎他赢多输少。[36] 他是玩将棋（日本象棋）的行家，鲜有对手。

　　　　　　　　燃烧的大洋：1941—1942，从突袭珍珠港到中途岛战役

他会审视对手的面庞，对方脸上哪怕只闪过一丝犹豫，他也会全力进攻，宁愿舍弃很多子来迅速取胜。在欧洲和美国时，他学习了桥牌和扑克，并且都打得很好。每去一个国家他都会去赌场，他使用搏头尾*的下注法，觉得这样可以赢过庄家。他赌得似乎很不错，甚至说要辞去军职，移居海外，做一名专业的赌徒。他什么都赌。当海军次官的时候，他打赌说可以把一根燃烧的火柴穿过一个10钱硬币的孔。在舰队做炮击演习时，他曾经一把豪赌3 000日元，说靶舰不会被击沉。他赌输了，而且好几年后还在为这个赌约分期还款。[37]历史学家经常把山本赌博的爱好和他身为舰队司令所执行的冒险行动联系在一起。的确，山本本人在谈到计划中的军事行动时，也经常拿将棋做类比。

山本34岁时结婚，但是他好像从未爱过他的妻子；他说，他之所以结婚是因为妻子"和马一样强壮"，似乎可以应对艰难困苦。山本的妻子和四个孩子住在东京赤坂区，但是上岸的时候，山本大部分时间和新桥区的艺伎待在一起，艺伎们给他起了个绰号叫"80钱"。[38]（修指甲的价钱是1日元，相当于100钱；因为山本只有8根手指，所以他就要求打折。）时间一长，他跟其中的几个艺伎关系变得很近，但不是情人；到中老年时，他似乎把她们视为了家人的替代者。

西方没有类似艺伎的职业。也许应该把她们称为妓女，因为每一位艺伎的身子早晚都会卖给某个顾客；但是艺伎提供的不仅仅是性，艺伎获得了一定的地位后，就可以自由选择是否和别人发生关

---

*　　搏头尾，持最大牌与最小牌者平分全部赌注的赌法。——编者注

系，以及和谁发生关系。无论把她们看作什么，艺伎都是美丽而优雅的尤物：她们要经过长时间的训练，不惜下血本让自己成为艺术家、表演家、音乐家、时尚人士，而且能说会道。她们不是活在阴暗的角落，最成功的艺伎会成为名人，她们的照片会出现在海报和杂志封面上。就像现代的明星一样，她们的名号很响。她们主要靠陪客人挣钱，按小时收费。在茶房或者私人住宅里，她们面对一群男人，给他们倒酒，陪客人聊天，打情骂俏，唱歌跳舞。一些艺伎通过结交有权势的男人，以及控制年轻学徒，会变得很有钱，她们可能是当时最有影响力的日本女性。

作为军官，山本没有足够的财力与贵族和商界精英抗衡，去争抢头牌艺伎的服务。但是艺伎们似乎很喜欢他，愿意关照他。在外旅行时他会买香水、化妆品和衣服，送给艺伎当礼物。艺伎馆打烊之后山本也可以光顾。工作日的下午山本有时会出现在新桥的艺伎馆里，穿着军装在空房间的榻榻米上小憩一会儿。艺伎会照顾他，给他缝袜子、洗内裤。他的传记作家猜想："艺伎们这样做是因为母性被激发了。"[39]

20 世纪 30 年代中期，山本爱上著名的美人河合千代子，她的艺名是"梅龙"。山本明显没办法给梅龙足够的钱，但是她却在山本身上花了很多时间，这令新桥艺伎馆的其他艺伎大惑不解。[40] 山本与这名艺伎之间最初是一种柏拉图式的友谊：他经常称她为"小妹妹"。山本追了她很久，她才让山本（用老话说）"亲手把她的头发解开"。到 1935 年，她已成为山本最亲近的红颜知己。他会给她打电话，给她唱歌听。有时他会把她约到一家乡村旅馆中，用假名登记入住。他给她写信表明心迹，说每当想起她时，自己总是感到"难过"和"无用"，因为"得到了你的爱。你是那样美丽和有趣，我越看你，就越感到痛苦。请不要把我想得太坏。……在理论上，其实是我想要帮助你，让你不要那样孤独；但有时我又分明感到，我堂堂一个男子，在你面前表现得那样脆弱，想在你的胸口哭泣，未免有些难为情。……以上肺腑之言，我还是第一次向人吐露"。[41]

山本被任命为联合舰队总司令后，包括千代子在内的很多艺伎参观了停泊在东京港横须贺海军基地的"长门号"旗舰。[42] 战列舰上一切井然有序，军官们站得整整齐齐，一看到总司令就立刻敬礼——这让艺伎们似乎有些"拘束"，但是山本却怡然自得。他们在军官起居室里吃了一顿大餐，乐队在一旁演奏流行音乐助兴。"如果陆军见了那个场面，肯定会出大事情的！"山本的文书军士野田满春说。他还说，这个场面让他感觉山本将军"真的是一个平常人，处事灵活，易于亲近"。[43]

对于这样做是否会成为公开的丑闻，山本一笑置之。有些年轻的军官提醒他这样与艺伎调情不大得体，他回答说："你们当中如果有人从不放屁也不拉屎，也不睡女人，那么我就听你们的！"待在美国时，山本读了亚伯拉罕·林肯的几本传记。他很佩服林肯这个家境贫寒却成了"人类自由"领袖的人。[44]1927 年，山本跟手下的军官三和义勇说，林肯的缺点让他更加有魅力：

> 一个真正有目标的男人总是对自己很有信心。这种人甚至有时候连神都不信。所以，他时不时地会犯错。林肯确实是这样，但是这并不影响他的伟大形象。人不是神。犯错是人类魅

力的一部分，这会激发一种人情的温暖，进一步激发敬意和热爱。[45]

山本五十六也是如此。

日本极端民族主义者慢慢掌权的过程很难概述。德国和意大利纳粹主义兴起是因为有一个纪律严明的政党做后盾，有一个强有力的领导人取得了绝对权力，但是日本并不是这种模式。日本极右翼是一个派系众多、权力分散的群体，是由持有相同观念且不断变化的秘密民族主义团体形成的松散联盟，这些团体刚有一些声望就分裂或者瓦解了。它们的意识形态侧重点各有不同，不过普遍带有强烈的反资本主义色彩，其中一些团体要求将所有私人财产"还给"天皇。许多人想要彻底废除西方的民主形式，还有人想与西方国家较量一番，扩大日本的海外殖民地。如果说这个团体有核心的话，那就是日本陆军，更准确地说主要是陆军内部的中层军官圈子。但是他们也得到了许多阶层的支持，包括学者、艺术家、作家、学生、神职人员、政客、官员、殖民地探险家、武道家、海军军官、商人和法院中的精英等。欧洲在大萧条初期有很多极端民族主义的支持者，到20世纪30年代中期的时候，没有人敢发出反对的声音。

20世纪20年代是日本"大正民主"的时代，那时主流的政治气氛比较温和包容。那时实行议会制民主，对于文职人员和受过西方教育的外交官员来说是最好的时期；那些文职人员和外交官与美国和英国保持友好关系，愿意签署抑制日本吞并亚洲之野心的协约。

政治精英和知识分子想让日本变得更加国际化和现代化。东京市中心很快就变得像现代的西方城市了，有高高的办公楼、有轨电车、汽车和霓虹牌——把广告牌上的字改成英语，你可能就会以为自己身在芝加哥或费城。人们狂热地追求西方的一切，尤其是城市中数量庞大的大学生们。年轻人（令人愕然的是竟然还有女人）穿着西式衣服，留着西式发型，抽西式香烟，喝西式的鸡尾酒。他们在咖啡馆和酒吧打发时间，听爵士乐并学着跳舞，看查理·卓别林和巴斯特·基顿的电影，沉迷于西方文学和哲学，讨论外来思想的优点，譬如女权主义和马克思主义。

那是一个动荡的年代。城市和乡村里都有暴动，暴动的原因通常与工资、物价或者租金有关。地主和雇主经常受到死亡威胁，他们的对策就是雇一群恶棍打压罢工并强制执行合同。自命不凡的商业大亨炫耀刚刚取得的财富，用金钱暗中操控选举。日本在国际上受挫使得国家自尊受到伤害。在凡尔赛会议上，日本没有取得种族平等条款（该条款受到了包括美国在内的多国反对）。美国国会于1924年通过《约翰逊-里德移民法案》，禁止日本人移民美国。裁军协议使得日本陆军和海军裁员，年轻军官们的野心受挫，他们的怨气迅速变成了暴力革命。

大正民主时期的混乱、纷争和无礼使许多日本人遭到丑化，而且以下行为也丑化了日本国民：贪污腐败、选举交易、强词夺理、喜欢炫富、受西式文化影响而变得堕落，以及故意将社会分裂为对立的阵营。[46]那些趋势似乎违背了"日本主义"的原则，也就是以和为贵、重视人伦等备受推崇的儒家原则。不，众生并非生而平等；不，政治合法性并非来自民众；不，普通民众并不享有不可剥夺的权利。如果有异议，那就是离经叛道。明治天皇是把准民主宪法当作"礼物"赐予日本民众的。但他也对以民族和谐为基础的政治秩序加以强调，而这种秩序建立于社会固定阶层间的稳定互动之上。明治天皇在 1890 年颁布的《教育敕语》[*]中写道："朕惟我皇祖皇宗肇国宏远，树德深厚，我臣民克忠克孝，亿兆一心，世济其美，此我国体之精华，而教育之渊源，亦实存乎此。"[47]在这片土地上，民主制度成长并繁荣起来并不容易。专制政府更容易在这里生发，在形势变糟时，只有少数日本人愿意倾其一切捍卫民主实践。

另一种选择是神权政治，也就是"皇道"。该理念将日本设想为一个大家庭，天皇扮演父亲、神明和支配者的角色。这一理念的支持者称日本可利用天皇的力量治疗社会顽疾，包括抑制资本家的野心，防止民主政治动乱，不受外国列强的侮辱和践踏等，这样的话，日本就能复兴。这是一种净化，因为"自由主义和个人主义是一种必须被清除的污垢"。[48]对于千千万万的日本民众来说，他们向天皇臣服是一种与生俱来的、崇高的义务；就像极端民族主义作家北一辉说的那样，所有的"小我"日本民众都要融入天皇的"大我"中。[49]天皇是太阳神天照大神的直系后裔。杉本五郎（Goro Sugimoto）中佐在战前写了很多小册子，其中有一本写道，天皇是"整个宇宙至高无上的唯一神明，是宇宙的最高统治者"，"宇宙的一切都是天皇的显灵……甚至包括篱笆里昆虫的叫声或者是春日的微风"。[50]当天地初次分开时，天皇就被赋予了皇权，第一个天皇

---

[*] 《教育敕语》（日语：教育ニ関スル勅語／教育勅語）是日本明治天皇 1890 年 10 月颁发的关于教育方针的诏书，以儒家纲常伦理思想为指导，把对天皇效忠、对父母尽孝作为国民道德的根本原则。——译者注

亦于此时从天上下凡。1889年《大日本帝国宪法》规定"大日本帝国由万世一系之天皇统治之"（第一条），并且"天皇神圣不可侵犯"（第三条）。[51]天皇身上具备所有日本民众的优点，但没有缺点；天皇绝对不会失败或者履行不好职责。天皇完美无瑕，也就是说不会犯错：世间存在的一切美德都来自天皇的皇权。

天皇是日本唯一的君主，也是神明。实际上，天皇就是终极的神。天皇的子民，血统纯净的日本人，是世界上唯一神圣的民族。皇道蔑视所有其他民族，认为他们是贱民。征服其他民族就是使他们神圣化，让他们也能沐浴在神圣天皇的光辉中。

1926年昭和天皇裕仁继位，他原本很难成为日本"现人神"的候选者。裕仁出生于1901年，是皇太子嘉仁的大儿子、明治天皇睦仁的孙子。出生后不久裕仁就离开了父母，被细心地保护起来，与外界隔绝，受到的影响都来自朝臣和军官。孩提时代的裕仁害羞、好学，下巴干瘪，近视，体格瘦小，声音虚弱尖细。他十分敏感，迫切地想要讨别人喜欢——这对于抚养他长大的人来说是件好事，但是他掌权后就很容易受别人操控。他的教育在很大程度上受到了海陆军军官的控制，其中包括日俄战争中两位最有名的英雄——先是乃木希典将军，后来是东乡平八郎将军。童年时，裕仁就接受了阿尔弗雷德·塞耶·马汉的海权思想。他深信自己是神的后裔，浸润于国家神道的教义之中，但是他对于自己的神圣身份好像并不太在意。他所在的皇宫位于东京中心，占地约100公顷，十分雄伟壮观，他很少被允许走出皇宫的护城河和高墙，而一旦有机会离开皇宫，他会穿上军装。

裕仁长大后，一些朝臣认为童年时他被保护得太过头了，所以缺乏君主必备的性格或者说领导技巧。他依然害羞，不善社交，上朝时往往沉默不语。他喜欢自言自语，这个习惯很令人担忧。有人监视他的一举一动，观察他是否显露出心理问题的迹象；因为他的父亲、1912年继位的大正天皇曾经在公共场合将一份公文卷成筒状，放在眼上当望远镜；后来他被送到寺院里隐退，以免他的行为给公众造成困惑。上初中后，裕仁对博物学产生了浓厚的兴趣，尤其喜爱海洋生物。他崇拜达尔文，书房里有一个达尔文的半身像，皇宫里有一个私人实验室。在那里研究标本并将其分类最让他快乐。他在科学中找到了慰藉，这证明他有好奇心和实验精神。传记作家赫伯特·比克斯说："搜集标本和研究分类学无疑符合昭和天皇那种追求条理的天性。在他最活泼好动的年纪，围绕在他周围的是巨大的动荡，以及一些难以找到答案、不确定的问题；毫无疑问，科学在他生命中是一种稳定且让他感到宽慰的不变的事物。"[52]

青年时期的裕仁皇太子倾向于相对自由而温和的政策。他支持议会制政府，限制军队发展，与西方殖民列强维持外交合作。裕仁的这些政治倾向得到了元老和皇室主要人物的支持，其中包括西园寺公望、大部分随从、内大臣和侍从长。[53]1921年，20岁的裕仁皇太子到欧洲旅行。这种做法没有先例，引发了右翼日本人的极大不安，他们为皇太子的安全感到担忧，而且害怕皇太子会受到外国思想的影响。裕仁皇太子在多个国家受到了王室的接见，包括英国伦敦的温莎家族。英国王室与仆人及朋友之间的交往相对自由、亲切，对此裕仁很是羡慕。在法国，他参观了不久前的第一次世界大战一些惨烈战役的遗址，对伤亡的规模感到惊骇不已。这次经历更加坚定了他维持亚洲和平的决心。

他回到日本后，与谋臣商谈时变得更加自信了，并且开始维护自己的自由。他开始在本州北部的山区滑雪，打高尔夫球，和学校的密友一起出城。[54] 所有这一切在 1923 年戛然而止：裕仁皇太子乘坐的车在东京市中心的街道上遇到了刺客。刺客的子弹没有打穿汽车，但是朝臣突然团结起来，不再允许裕仁出行。他完全成了皇宫里的囚徒，与外界接触的机会被彻底剥夺了。这起刺杀事件被称为"虎门事件"，它极大地增强了极端民族主义者的力量，因为它使很快即将继位的神明一般的天皇与臣民分离，年轻的裕仁没有办法获得信息、开阔眼界，也就没办法壮大力量去冲破古板而保守的朝臣和军事顾问的阻力。色川大吉写道："裕仁皇太子从欧洲回来后被灌输了自由的思想，他就像笼中鸟获得了自由，远离了他日常的生活。"[55]

1926 年，裕仁在父亲过世后继位。规模堪比现代奥运会的登基典礼持续了 1928 年一整年。无论城市还是乡镇，日本上上下下都在进行大规模施工和公共建设。宴会、大尝祭、神道教仪式、持旗游行和灯会似乎没有尽头。日本人得到了贵重的礼物、奖励或者贵族头衔，据说是天皇本人赏赐的。天皇还进行大赦，很多犯人被释放。裕仁在先祖的墓前进行秘密仪式，从头到脚都穿着白丝衣服，还有神道教的祠官协助。所有这些都在报纸上和新兴媒体广播里向日本民众宣传。学者和神官则解释日本国体的本质。整整一年，日本人的耳朵里都回响着无所不在的仁慈天皇的声音。到了 12 月皇权交给裕仁时，整个国家都被灌输了天皇是"现人神"这一信念，其程度是日本历史上从未有过的。据说所有日本人已经融入"上下一致的思想中"。[56] 随后不久，海军在东京湾为新天皇举行了一场大型露天表演。裕仁站在高高的平台上，检阅200多艘军舰和130多架海军飞机。其年号定为昭和，意为"光明"、"和谐"或"辉煌的和平"。裕仁现在成了昭和天皇，从此很少有日本人再听到他出生时所用的名字。

他在位的时代，恰恰也是异议思想遭到镇压的时代。1925年《治安维持法》打压了被怀疑为共产主义者或其他激进分子的人。让人畏惧的宪兵队以及隶属于刑事局的"思想部门"开始监视媒体、学术界以及可疑政党中的自由主义者。宪兵队的人员、资源和权力稳步增加。随着二战来临，宪兵队及其间谍网几乎覆盖了所有日本人的生活，尤其是通过"邻组"这种地方特殊机构来实施控制。宪兵队的特务特别喜欢将持不同意见的人关押或者动刑，但令人意想不到的是他们也经常进行温和的劝说；似乎，宪兵队更喜欢治愈、说服、转化和改造思想有问题的日本人，而不是仅仅压迫或惩罚他们。据《日本时报》称，从1933年到1936年，有59 013人被逮捕，被控告有"危险的思想"。其中只有不到5 000人接受了审判，受审判的人中只有一半被判监禁。成功的特务不会因为抓到大量被定罪的人而感到自豪，而是更看重将多少受到外国或者激进思想影响的日本人用"手段和技巧"带回正轨。[57]

就像古罗马一样，日本是慢慢地把帝国建立起来的。和罗马帝国一样，其国外势力区是靠机会用不同方式取得的——有些是赤裸裸的侵略，有些通过创造性的外交手段，有些利用了周围国家的内乱，以"恢复秩序"为由强行占领。和罗马一样，每一场战争都扩大了日本的势力范围，每一次扩大都让日本的胃口变得更大。

日本举世瞩目的崛起据说是一种天命，是神明的旨意。罗马崛起时也有过类似的言论。但是，与罗马不同，日本从未失败过。

1875 年，日本吞并了北海道北方荒凉的千岛群岛；1876 年，吞并了日本南方的小笠原群岛；1879 年，吞并了包括冲绳在内的琉球群岛。1894 年至 1895 年，日本与中国交战并取得胜利；1904 年至 1905 年，日本打败了俄国。这些胜利使得日本控制了台湾，1910 年又使朝鲜成为附属国。在第一次世界大战中，日本站在协约国一边，得到的奖赏是位于密克罗尼西亚的一些原属于德国的殖民地，包括加罗林群岛、马绍尔群岛和马里亚纳群岛（关岛除外，那是美国的领土）。

日本的极端民族主义者坚信美国和英国秘密结盟对抗日本，其他西方列强也在不同程度上参与其中。他们的愤怒与几十年来积压的怨气使他们一致认定，西方列强密谋要统治亚洲。西方强迫日本签署耻辱性的"不平等条约"，掌管了日本的外贸，后来治外法权又扩大到日本的领土上。加利福尼亚州的反日情绪被认为用来蓄意煽动全美国的民众，让美国与日本开战。第一次世界大战结束后，西方列强在凡尔赛拒绝了日本在《国际联盟盟约》中加入"种族平等"条款的请求。美国在 1924 年实施了移民法案，限制日本移民并且（更糟糕的是）把日本与其他"低等国家"相提并论。极端民族主义者十分怀疑美国及其欧洲同盟正密谋损害日本在中国获得的商业利益和推翻日本在中国部分领土上的统治。

有一个观点得到了越来越多人的支持：美国是一个贪婪、奸诈且恶毒的国家，美国宣扬的自由、民主和自决都是个幌子，其实美国会不遗余力地镇压和掠夺所有亚洲国家。美国的这种虚伪性最赤裸裸的例子就是"门罗主义"，这种主张宣称美国可以影响相邻的大洲，同时强烈要求中国"开放门户"，其实这不过是为美国人及其好兄弟英国人考虑，以便掠夺中国的财富，同时又不允许别国染指。他们认为，美国在日本崛起的每一个阶段都密谋要抑制日本的雄心，企图以恶毒的手段抢走日本的军事成果，在幕后瓦解了1902年英日同盟，以军备限制的外交手段来阻止日本发展海洋力量。

最刺激极端民族主义者神经的就是限制日本海军的发展。在1921年至1922年的华盛顿海军会议上，日本同意将其战列舰的合计吨位控制在美国和英国总数的60%，实现5∶5∶3的比例。该条约折射出了"一战"后西方列强的共识，即列强之间不能再度出现劳民伤财的海军军备竞赛。由于日本对太平洋以外的海域少有军事投入，所以降低其上限也在情理之中。日本可以将所有舰队停靠在本国周边，而美国和英国则还需要担心大西洋海域。5∶5∶3的比例得到了1930年伦敦海军裁军协议的认定，并且也适用于辅助舰。20世纪30年代初以前，大部分日本精英——包括昭和天皇、皇室随从、文官大臣，甚至大部分海军高级将领——支持这一协约体系，认为它可以限制西方列强先进的工业和造船业的潜力。就连那些想要征服亚洲的人也认为这样可以争取时间，慢慢地增强日本的实力。日本海军可以遵守协约规定的上限，同时通过募兵和积极训练加强海军人才的实力；而且削减战列舰的规模可以使日本将重点放在协约国未加限制的其他舰艇上，包括航母和潜艇。最重要的是，当时日本的工业经济仍然脆弱，刚刚起步，裁军协议免去了日本参加军备竞赛承受的经济负担。海军开支在1921年已增长至日本财政预算的31%左右，裁军协议使海军开支在1923年降到了财政预算的

21%。[58] 在签署协议之前，日本实际上已经处于破产的边缘；军事限制和海军裁军协议在 20 世纪 20 年代让急需缓解财政压力的日本松了一口气。

日本的强硬派并不关注经济问题，认为这与他们无关，而裁军协议的支持者很晚才意识到裁军激怒了强硬派。人们对国会的不满日益严重，被诟病最多的是经济问题以及强行通过裁军协议的决定，在批评者看来，这降低了日本保护其海外利益的能力。1 700 名准士官、少尉及以上的军官和 5 800 名士官被从海军中裁撤。每十名海军中将里有九名被迫退役。1922 年，江田岛的日本海军兵学校的学员人数只有前一年的 1/5。[59] 之前海军一直是日本最有前途的行业之一，但那时突然变成了死路。裁军协议终止了日本海军最为珍视的"八八舰队"的计划——8 艘战列舰和 8 艘重型战列巡洋舰组成的舰队。这对于日本的造船业是个重创。造船业是日本规模最大、最先进的工业产业之一，海军订单骤减和私人订单数量下降导致造船厂只能关门并辞退成千上万的工人，被辞退的工人数可能达到了雇工人数峰值的 2/3。日本的主要造船中心，例如长崎等，都遭受了重创。全新的 4 万吨战列舰"土佐号"造到半途就得自沉。5 万名长崎造船厂的工人和长崎市民看着十几艘拖船拉着新建的巨大船体驶向大海。它被运到吴港当作实弹射击的靶子，但这还不是最后的羞辱：这艘弃船的残骸沉于土佐湾，它正是以这里命名的。整整一代日本人将"土佐号"的命运视为一个闹剧、一场暴行、一种不公平的背叛，他们认为它是日本外交失败和腐败的牺牲品。[60]

然而 1930 年 4 月 22 日，在圣詹姆士宫签署的《伦敦海军条约》又将 5∶5∶3 这一比例限制延长了 6 年。日本反对者抗议批准这个条约。海军大将加藤宽治称："日本就像被英美列强捆绑了手脚，扔进了监狱！"[61] 这并不是一场日本民众无法理解的深奥争论——从 1930 年开始，5：5：3 的比例变成了一种煽动性诱因，能够轻易把日本人动员到街头抗议。这在很大程度上是一群训练有素的极端民族主义记者、学者和军官造成的。他们拿起笔和话筒，痛骂遭人痛恨的海军条约，称其为西方列强迫害日本的标志。自从佩里 1853 年叩开日本国门，日本的外交政策一直以赢得国际尊重为目标，从而最终得到英国和美国平等的对待。日本人并非仅仅把各种条约视为外交政策的权宜之计，也将其视为衡量日本国际地位的重要标准，这种态度在全世界可能都是独有的。百分之六十？日本就值这个数？

1930 年 10 月 1 日，天皇的枢密院批准了《伦敦海军条约》。对于日本的自由主义者而言，这是付出很大代价才取得的胜利。那一天成了日本历史的转折点；那一天释放的邪恶力量，直到 1945 年才被完全驱散。在海军内部，该条约使得一直支持协约规定的限额的高级军官（"条约派"）和正在兴起的强硬势力（"战列舰派"）成了不共戴天的仇敌。（山本五十六一直是不折不扣的条约派，但他在政治上足够精明，能够在 20 世纪 30 年代不时出现的党同伐异事件中免于被罢黜。）加藤大将抗议美国在伦敦的提议："这项提议对我们来说非常霸道，它就像是一个没有馅儿的馅饼皮。"受人敬重的东乡平八郎将军是日俄战争中的英雄，他认为伦敦的条约将给日本带来"无法弥补的损失"。[62] 海军和陆军中都有这样一种感觉：文官和外交家正在插手本该由军方负责的领域。批评者指责那些支持条约的人受到西方的影响，甚至已经私下被西方收买。他们认为必须

　　　　　燃烧的大洋：1941—1942，从突袭珍珠港到中途岛战役

不惜一切代价让文官回到自己该待的位置,让军方重新控制日本的命运。这无疑是天皇的意愿。

1931年9月18日,日本关东军发起帝国主义行动,在历史上被称为"九一八事变"。日本军队占领了沈阳,后来很快占领了整个中国东北地区,那里有丰富的资源,包括煤炭、钢铁和铜矿。日本方面称有一些与中国国民党有联系的"土匪"发动了起义,破坏了沈阳北郊柳条湖段的铁路线,"九一八事变"是对此所做的回应。但实际上,整个事变都是日本陆军参谋部的中层军官密谋发动的(铁路也是日军自行炸毁,栽赃给中国的),东京的几十名甚至几百名高层军官和文官对此毫不知情。1932年,中国的东北地区被重组成名为"满洲国"的所谓独立国家,清朝最后一位皇帝溥仪被选为傀儡皇帝,执行的其实是日本关东军的命令。

国际联盟谴责这一行为,日本代表抗议退席。这导致日本在国际外交领域受到孤立,而这正中日本极端民族主义者下怀,因为这样就可以进一步执行侵略和征服的政策了。对于军方的行为昭和天皇可能很震惊,但是他不愿意惩罚那些凶手;只要军队能够取胜,裕仁就默许军队占领中国东北的行为。内阁和元老建议天皇把"九一八事变"当成既定事实,裕仁听从了这一建议。[63]这是稳定国内形势的权宜之计,但是从长远来看,裕仁对此无所作为带来了很大的弊端,因为这壮大了军方在国内外进一步采取侵略行为的胆量。色川大吉令人信服地写道:"如果昭和天皇真像他后来说的那样,渴望在那个时代当一个爱好和平的立宪君主,那么在1933年军方开始大肆侵略别国的时候,他就应该坚定不移地表明立场。在那以后再想对付军国主义者就很难了。"[64]

日本"幽谷"的悲剧现在已经拉开了序幕。秘密的中层军官派系可以控制日本的内政和外交，他们采用的方式是在国内外进行恐吓、暗杀和暴力挑衅。他们往往先斩后奏，制造事端之后再威胁上级默许他们造成的后果。日语中有个专门的词描述这一行为，叫作"下克上"，即下级制伏上级，这个词在日本历史上有很重要的意义。（在过去几个世纪里，在政治不稳定的封地中，低层武士就曾用类似的方式操控上级。）20世纪30年代，这些造反的军人做起事来就像恶棍一样，是穿着军装的流氓，他们提起天皇的时候似乎很尊敬，但用天皇的名义威胁别人，然后打着"借贷"的旗号索要贿赂，要想不受伤害就得按他们说的去做。三井、三菱、住友等主要财阀资助这些团体，很难说是为了在一个受军方控制的国家拓展公司的利益，还是为了保护主要的企业家不被暗杀。也许这两种动机都有。在伪满洲国，与军方有关的帮派实施勒索、敲诈、诈骗和绑架：受害者主要是中国人，但有时候他们也向日本同胞下手。[65]1929年，大臣滨口雄幸得到昭和天皇的支持上台，他因田中义一将军没能控制住军队而恼怒，并且实行文官统治；但是次年年底滨口雄幸遭人枪击。[66]1931年，有两起政变被镇压，但是真凶仅仅受到了象征性的谴责。没有任何人被以叛国罪起诉，领头者依然逍遥自得，甚至在东京的茶馆里与艺伎厮混，毫无忌惮地吹嘘他们的所作所为。极端民族主义知识分子用华丽的辞藻和观点宣扬自己，广播、电影和报纸全都大肆捍卫和赞扬他们。

　　他们不容许任何反对。任何阻挡他们的人都会被暗杀，包括日本政府的最高级别的文职大臣。1932年5月15日，一群海军军官穿着军装闯入了77岁的犬养毅首相家中，把他枪杀了。他之所以遭到枪杀，是因为他曾提醒天皇，现在军方几乎是无人节制，为所欲为。（当然，刺杀首相证明他的警告是正确的，但是裕仁没有办法惩罚那些凶手。）那些人的同伙还袭击并占领了其他私人住宅，以及东京警察总部、立宪政友会的总部，还有几家银行。他们希望罢免文官政府，大谈"昭和维新"，即天皇掌管所有的权力和财产，同时执行偏向军方的政策。[67] 海军高官察觉到了一些风吹草动，但和往常一样，并未采取任何阻止的行动。

5月15日首相遇刺后，事情没有了转圜的余地。肆意妄为的暗杀行为标志着日本进入了军方控制政府的时期。造反者称议会政党民主制在本质上"不符合日本国情"。被暗杀的首相的政党就此消失。从那时起，日本政府不再是议会制政府。国会主要政党的领导人不再担任首相。首相和其他内阁领导人通常不再从国会中选出，而是从军方或皇室贵族中选出。[68] 1933年12月，国会领导人公开质疑1934年的军费预算，陆军大臣和海军大臣利用媒体斥责其批评者是共产主义者的同谋。对于政客来说，那样批评军队是不可接受的，其中的一份声明说："这一运动把公众的注意力从军队上转移开，企图打乱公众的和谐统一，而这恰巧是国防必要的基础，所以军方领袖不能忽视这一点。"[69] 所有反对伪满洲国的军事行动以及更高的军费开支的文职政治家、官员、贵族和商业大亨都被列入"死亡名单"。通常只需口头威胁就会让他们闭嘴，如果威胁不够的话，那就用子弹。

自由主义者和温和派可以行动的范围越来越小。他们能做的不过是想方设法平息一次又一次的危机，使用的都是由来已久的方法，比如委曲求全和绥靖，他们希望暴风雨会过去，军方的民族主义者会慢慢衰弱。等待，想办法活下来，避免把事态扩大，寄希望于未来——这就是20世纪30年代日本自由主义者选择的道路。他们认为，假以时日，钟摆迟早会回到原来的位置；但是并没有。最终，他们被迫放弃过去坚持的不同意见，转而高呼极端民族主义者以及皇道神官的口号。奇怪的是，这并不仅仅是一种压制，还是一种精神的劝诫。迫害是有选择性的。退休的法学教授美浓部达吉曾经（在一篇20年前的法学文章中）错把天皇称为"国家机关"。这个老人被公开抨击，被迫从贵族院辞职。美浓部达吉所有过去的书和文章都被找了出来并被烧毁。同行纷纷对此保持沉默。有人请冈田启介首相为美浓部达吉辩护，首相的回答反映了当时的潮流："我们承担不起犯错的代价。我们别无选择，只能采取顺从的态度。"[70]

有时也不需要采取高压的手段。极端民族主义者有很多支持者。年轻的军官们沉浸在对日本的浪漫想象中。他们被誉为"浪人"的精神后裔。浪人是幕府时代没有主人的武士，幕藩体制瓦解后，这些骄傲的战士就像流浪汉一样从一个城镇游荡到另一个城镇，身无分文、忍饥挨饿、遭受羞辱。"日本有个传统，就是同情那些逆流而上的人，哪怕他们的理想或追求是不合时宜的，"成长于20世纪30年代，后来创立了索尼集团的盛田昭夫解释说，"日本有许多民间英雄是那种知其不可而为之并为此献身的人。"无论他们的行为正确与否，他们都被视为"忠臣"，"对天皇忠诚无比"，是最纯洁、最高贵的人。他们可能违犯了法律，可能杀害了内阁大臣，可能未经批准就在海外展开冒险的军事行动，但是在战前日本的逻辑中，只要他们是为了天皇，那么他们就不算是大错特错。[71]

和欧洲一样，大萧条在日本也加剧了国家内部的经济压力，并且将日本社会转化成一个受压迫者和赤贫者的大熔炉。日本一片混乱，到处都是贫穷、饥荒、极高的失业率、地主和佃户的争端、产业工人的罢工，一大批银行破产，银行遭到挤兑，曾经雇用大量日本人的许多地方小公司和小工厂破产倒闭。1930 年，大约就是《伦敦海军条约》签署的时候，大米和丝绸价格降到最低点，在本州遥远的北部，全家人都要出去流浪。他们瘦得不成人样，衣衫褴褛，处于饿死的边缘，毫无目的地四处流浪，沿路村庄里的人避之唯恐不及，冲他们破口大骂。无力喂养孩子的父母只能把孩子以几千日元的价格卖去为奴。根据日本政府搜集的统计数据，1932 年至 1934 年间，在经济衰退影响最严重的北部几个县中，被卖掉的女孩多达 58 173 人。她们会成为仆人、女佣、服务员和妓女，还有一些会成为艺伎。[72] 成千上万名年轻男子参军入伍。

日本当时的人口是 7 000 万，是当时世界上人口密度最大的国家。当时日本的出生率几乎是美国的两倍。每平方英里适宜耕种的土地上有 2 900 名居民。很多人认为，如果人口再增长，日本人只能移民海外。日本自然资源稀缺，石油、橡胶和矿产都需要进口，日本生产的商品则需要进入国外市场。[73] 在亚洲夺取领土是一种对策，其思路类似于希特勒说的德国人需要"生存空间"（Lebensraum）。[74] 数百万日本人，尤其是来自内陆农村小地方的人为了更好的生活移民到朝鲜、中国东北和台湾。[75] 日本帝国主义者认为，日本急需对外殖民，建立海外的帝国。反对他们就无异于与国外势力勾结，想把大量日本民众困在岛上，让他们饿死、挤死。

1936 年 2 月 26 日，驻扎在东京的陆军第一师的一群年轻军官发动了政变，原因是他们要奉命前往伪满洲国。黎明之前，大约有

1 400 名军人离开基地，分散到东京各地。他们控制或者说包围了东京市中心的主要政府大楼，包括国会、陆军省和警视厅。《朝日新闻》的主要建筑遭到袭击，印刷设备被砸。他们侵入了首相和几名政府首脑的住宅，暗杀了几名官员，包括内大臣、教育总监、大藏大臣等。在刊于报纸上的宣言中，起事者称他们的目的是打破商业巨头、政党官僚和老年文职政治家的控制，还宣称天皇是至高无上的统治者，不受宪法的约束——用一个术语说就是要实行"昭和维新"。他们宣称"日本现在面临着危机"，"因此，我们有责任采取恰当的方式，杀掉那些不负责任的人，来捍卫我们的祖国。在去往满洲的前一夜，我们想通过直接行动实现自己的目标"。[76]

他们希望引发一场广泛的革命，希望至少能得到陆军和海军的支持。有大量证据表明他们有很多支持者，许多日本人似乎将他们视为英雄。[77] 在接下来的三天里，东京的局势悬而未决：将军们没有镇压叛乱，也许是想看看它的规模是否会扩大。昭和天皇很是愤怒，而且很显然，整个东京只有他一个人将这次事件称为兵变。当内阁想辞职时，他拒绝了，他跟大臣们说，他们的义务就是待在办公室里处理难题，哪怕要冒生命危险。最后昭和天皇发布了强制命令，要求军队回到兵营，使这场运动失去了动力，随后海军被派去恢复秩序。2 月 29 日，起事者本来想进入皇宫，向天皇直接请愿，但是失败了，动乱也随之结束。几名领头者被逮捕，另有数人自杀。两名被捕的领头者被秘密审判，后来被枪决，死的时候向天皇大喊"万岁！"。[78]

这场短暂的危机过去了，但就像 1932 年一样，天皇总是很快就让能过去的事情都过去，结果只是增强了军方的力量并且使极端民族主义右翼分子更加胆大妄为。新政府同意了右翼势力的要求，即所有内阁成员的任命都要通过陆军大臣和海军大臣的批准。政党现在完全失势。后来发现，那场行动就像当时的很多行动一样，在陆军上层已经是尽人皆知。就连皇室成员似乎也提前知道了消息，并且对起事者怀有同情之心。起事的领袖中没有一个人的军衔在大尉以上，更高级别的军官提前得知了消息，但按兵不动。的确，有理由推测，如果天皇支持的话，许多人都会支持这场行动。但是，表示了同情的高级将领都没有受到严厉的惩罚。广田政府的陆军大臣寺内将军后来这样评论 1936 年的事件："与这一事件有关的人当中，有些人没有直接参与其中，但是知道这个计划。然而他们保持了沉默。有些人直接怂恿他们采取行动，另一些人保持了沉默。一群可耻的人聚在了一起。但是如果让所有参与其中的人都辞职的话，很难找到接替者。"[79]

这群密谋者就算没有得到公众明确的支持，也得到了广泛的同情。他们在宣言中为贫穷的农村争取经济利益，要求制止政治腐败，这在形式上和观点上都是令人敬佩的。在事件过去一年后，几名幸存的刺客接受审判时，媒体呼吁实行赦免。这场失败的行动的领导者被歌颂成国家的良心，正直的爱国者，忠臣的守护者，意在打击腐败而胆小的政府高层。[80]

1937 年 7 月 7 日，日军全面发动了蓄谋已久的侵华战争。和入侵中国东北一样，"七七事变"的诱因也是一件"小事"——这次是中日军队在北京城西的卢沟桥地区发生了交火事件。战斗很快升级，日军部队大规模从关外进入华北。日本陆军作战效率高，节节取胜，另外日军享有绝对的空中优势。但是无论日军占领了多少土地，中国军队都顽强抵抗，而且毛泽东领导的游击队也在敌后坚持抗日。日军迅速调集大批部队，而这些行动都没有经过东京方面的批准。日军在中国沿海登陆，12月日军占领南京，犯下了20世纪最恶劣的罪行之一。日军杀害了30万以上中国军人和平民百姓（受害人数可能更多，没有人知道确切的数字）。在鲁莽的将领的纵容下，日本士兵实施强奸、迫害和大规模屠杀。对于日军的罪行，就连希特勒派驻南京的外交官都大皱眉头。

20世纪30年代中期，西方国家想当然地将日本的航空队想象成只有几架欧洲淘汰下来的过时飞机，而飞行员比碰撞测试用的假人好不到哪里去。但实际上日本海军秘密发展了本土的飞机工业，并且训练了大批精英飞行员。日本海军领导人没有忽视潜在的对手。日本驻美国和欧洲的海军武官参加航空展，阅读航空杂志，并且与欧美的飞行员和工兵攀谈。只要有可能，日本政府就会购买西方的飞机并且运回日本。他们制造经过授权的欧式飞机，稳步提高其制造能力。1935年，日本海军照着美国航母"萨拉托加号"仿造了一艘同等大小的航母，并且将其当作靶子练习空袭。多年来，日本一直学习并借鉴西方的技术，但到了20世纪30年代初期，日本国内工业已经有能力设计和制造新的飞机；到1936年，三菱、爱知、中岛和川西四家公司已在秘密制造世界上最好的舰载战斗机、轰炸机和水上飞机。但是日本的工业基地仍然规模较小且刚刚起步，只能仰仗一小部分训练有素的工程师和机械师，靠分散的分包商手工制造元件，依赖名古屋、横须贺、武藏野、太田、吴港和川西的一些大型研究中心和装配工厂。日本能制造出如此精良的飞机是了不起的成就，证明日本有创造天赋、有野心，但是日本的工业并不是为大批量生产而设计的。太平洋战争开始后一年，这一问题变得越发突出。有人说一幅图片胜过千言万语，那就设想这样一幅画面：一架造型美观的崭新战斗机在阳光中熠熠生辉，一群牛在印有车辙的土路上拉着它，慢慢经过水稻田和破败不堪的村庄，从名古屋飞机制造厂把它拖到各务原市机场接受飞行测试。战争结束之前，日本一直都是这样做的。

到 1937 年卢沟桥事变发生时，日本海军基本上已经不再需要西方的飞行技术了。此外，海军又启用了两种三菱公司制造的飞机，这两种飞机的性能达到或接近了当时世界的最高水平。A5M 九六式舰载机（盟军代号"克劳德"）是世界上第一种投入使用的单翼舰载战斗机。该战斗机有着光滑的铝制机身，最大飞行速度可达每小时 250 英里，爬升速度快，是空战的冠军，轻易地打败了中国军队使用的苏联产 I-16 战斗机。第二种飞机是双引擎陆基中型轰炸机 G3M（盟军代号"内尔"），可以运载重达 1 764 磅的鱼雷或者炸弹，飞行里程可达 2 365 海里。G3M 后来升级为 G4M（"贝蒂"），荷载量一样但是战斗范围增加到了 3 000 海里以上。还有两种舰载攻击轰炸机是在 1937 年至 1941 年间为日本海军研制出来的。1939 年 12 月，爱知 D3A1 九九式俯冲轰炸机（"瓦尔"）投产。它有固定的起落架，所以即便距离很远也能很容易地认出来（1941 年时日本使用这种设计是让它具有一种过时的假象，因为那时在航空领域收放式起落架已经成了标配）。但"瓦尔"是一种完美的俯冲轰炸机，作战范围超过 900 英里，以 80 度角俯冲攻击时仍非常稳定，可以进行准确的轰炸。在经验丰富的日本航母飞行员手下，"瓦尔"是一种令人闻风丧胆的好武器。中岛 B5N2 九七式舰载机（"凯特"）是高空飞行的水平轰炸机或鱼雷轰炸机，担任后一个角色时杀伤力往往更强。"凯特"是一种下单翼大型轰炸机，配有长长的玻璃座舱，作战范围超过 600 英里，最高飞行速度可达每小时 235 英里。在1941 年，"凯特"无疑是太平洋地区最强的鱼雷机，远胜美国的对应机型——道格拉斯 TBD "蹂躏者"鱼雷轰炸机。它还配有 800 千克级的 91 型空投鱼雷，这是当时世界上最好、最可靠的鱼雷。*

A5M 九六式（"克劳德"）的后续机型是零式战斗机，它的发展过程是日本航空史上的一个传奇。日本海军意识到自己需要一种新型战斗机，它要能与中型轰炸机一起深入中国腹地执行远距离任务，所以海军要求三菱制造一种在速度、机动性、航程和爬升率方面都无与伦比的飞机。刚开始人们怀疑日本造不出如此完美的飞机，后来聪明的航空设计师堀越二郎及其团队成功找到了一种方法，制造出了这种在每个方面都超过原先预期的飞机。[81] 零式战斗机的操纵面非

---

* 日军的武器装备通常有三类标注方法或前缀：
　一是厂商名字，如三菱、爱知等；二是汉字标识的兵器种类，日本海军主要的机型包括"舰上战斗机""局地战斗机""舰上急降下爆击机""舰上攻击机""陆上攻击机"等等，简称"舰战""局战""舰爆""舰攻""陆攻"等等；三是武器的试制型号或定型型号，如零战在试制时称"十二试舰战"，定型后称"零式舰战"，小改型会继续加上改型编号，如"零战二一型"，第三种是字母＋数字＋字母的组合编号，通常战斗机为"A"、陆攻为"G"、舰攻为"B"、舰爆为"D"，数字为序列号，后一位字母为生产厂商的首字母缩写，如"M"代表三菱（Mitsubishi）、"N"代表中岛（Nakajima），组合在一起后：九六舰战为"A5M"，代表第五种定型的战斗机，生产商为三菱。零战为"A6M"，代表第六种定型的战斗机，生厂商为三菱。后面还可以加上子型号的序号，如"A6M2"就代表"零战二一型"。
　美方前线部队不习惯使用日方的标注方法，因此给各型飞机起了相互独立的绰号，比如零战被称为"Zero"或"Zeke"，九六陆攻被称为"Nell"，一式陆攻被称为"Betty"，因此在本书原著中，往往混用了以上所有的武器标注方法，比如多次出现"三菱G3M'内尔'轰炸机""九九式轰炸机"之类的写法，还请读者注意辨别。——审校注

常灵敏。飞行员渐渐喜欢上了这种飞机，因为它极易操控，对指尖的动作非常敏感，飞行员经常说，它就像是自己身体的延伸。1940 年，零式战斗机投入中国的空战，在空中所向披靡。在空中缠斗时这些飞机几乎总是占上风。它们能把敌机击落，又不会被敌人的火力击中。在这种情况下，零式战斗机缺少装甲以及自动封闭油箱的缺点就显得微不足道了。零式战斗机机体轻，速度快，续航力强，极易操作，且载弹量大，也就是说零式战斗机极适合中国的空战。[82]

　　日本取得这些成就在很大程度上要归功于山本五十六。1924 年，他在海军举步维艰的时代把自己的前途押在了日本航空业的未来上面，那时他 40 岁，是个刚从美国回来的大佐，他申请担任霞浦航空队总教官并得到了批准，那里是"日本的彭萨科拉*"，位于东京北边大约 50 英里的土浦市附近。后来他担任了一系列重要航空职务，有的要出海，有的坐办公室：1928—1929 年，"赤城号"航母舰长；1930—1933 年，海军航空本部技术部长；1933—1934 年，第一航空战队司令；1935—1936 年，海军航空本部长。在整个职业生涯中，即使官至海军中将，山本仍坚持亲自乘坐每一种海军飞机，哪怕是在执行最危险的训练任务过程中。通过亲身体验航空事业刚刚起步时的艰难，他和日本海军的飞行员建立了一种情感纽带，这种纽带一直维持到 1943 年山本死去（似乎是天意，山本是乘坐飞机时死去的）。

　　山本要求进行高强度的日常训练，他清楚许多飞行员的生命可能很短，但是又坚定地认为这种牺牲是不可避免的。作为"赤城号"

---

*　　彭萨科拉，是美国海军第一个航空兵基地和飞行人员训练场，美国海军航空兵的摇篮。——编者注

的舰长，他下令将"赤城号"上死去的飞行员的名字刻在他舱室的墙上。船员们有时看到他满含泪水地念着那些名字。但是他没有因为安全问题而降低要求。"海军的航空部队要想真正变得强大，我的舱室里可能必须刻满名字，"他跟飞行员们说，"我想要你们在飞行中记住这一点。今天我提议你们做的第一件事就是到飞机上和教官们飞上五六圈，飞完后你们就可以来找我报告了。"[83]

海军兵学校的毕业生有时会直接进行飞行训练，就像美国那样；但是在日本，很多飞行员是从已经在舰队服役的士兵以及士官中招募的。在海军航空兵中，少尉及以上的军官成为飞行员的人一直很少，毕业于江田岛日本海军兵学校的人成为飞行员的更是寥寥无几。日本的大部分王牌飞行员是士官，就像多贺谷修牟说的那样："正是这些人承担了大部分飞行任务，进行战斗，最终付出了生命。"[84]从20世纪20年代末开始，15岁至17岁的青少年从学校直接应征进入海军接受飞行训练，这个项目被称为"海军航空兵预备学员项目"。为了激发学生对该项目的兴趣，海军在学校进行了飞行表演。学生们（甚至包括年龄最小的学生）在学校操场上立正站好，看着飞机从屋顶上轰鸣而过，通过倾斜机翼致意。佐藤秀夫（Hideo Sato）记得在东京郊区的学校里看过这种表演。飞行员扔下小降落伞，上面挂着橡胶球。那时他8岁。"我猜他们这样做是为了把我们这些孩子吸引到战争中，"他说，"无论事实如何，我只知道轮到我上前领球时我超级兴奋。"[85]

战前的日本海军痴迷于打造一群人员较少但是素质极高的飞行精英，选拔的标准相当严苛。海军航空兵预备学员项目中只有不到1%的申请者通过最初的笔试，有幸通过的少数人在后来严格的体测中又被刷下来很多。被选出来的可谓凤毛麟角。他们被送去进行基础训练，每天早晨都要 5 点起床，然后被迫泡在冷水中。学员们冲向练兵场，向皇宫的方向弯腰致敬，向天皇效忠发誓，然后进行艰苦的训练。他们在任何地方都只能跑不能走，而且每时每刻都要如此。三餐都很清淡，米饭混着大麦，配味噌汤和腌咸菜，偶尔有鱼或肉。学员们到练兵场操练，进行基础战斗训练，或者在教室里学习数学、科学、工程、阅读和写作。一张当时的照片拍下了学员们坐在长桌旁的条凳上认真听教员讲课的场景。他们穿着一模一样的整洁白色军装，佩戴着椭圆形的姓名牌。他们的头发都剪得很短，面容专注、坚毅。[86] 每名学员都必须达到最低平均分，否则就会被开除，班级的名次总是根据学习成绩决定。他们睡在兵营墙上挂着的吊床里，就像是 18 世纪下甲板上的水手。

在中途岛之战中驾驶鱼雷轰炸机的前田武（Takeshi Maeda）曾在东京湾横须贺海军基地接受基础训练。每天他和其他学员都要在东京湾度过好几个小时，无论天气如何都要划着敞篷的小船训练。"由于身体和座位之间的摩擦，我的裤子上布满血渍，"他回忆说，"然后你的皮肤会感染，开始流黄脓。……我去医务室看病，医务人员在伤口上抹点药膏，绑上纱布。第二天，当我在小型武装艇上训练时，类似的事情会再次发生，旧伤口会裂开，特别疼。"[87]

学员们还会受到高年级学员、教官和军官不断欺凌。学员们只要不听话、犯错、回答有误或者抱怨，就会马上受到惩罚，有的被扇耳光，有的被一拳打在脸上，还有的甚至被棒球棍猛击。[88] 学员可能要被迫踮着脚站立一个小时甚至好几个小时，或是立正站好然后让士官不断扇耳光，或是弯下腰让施虐者用棍棒不断击打臀部。学员支撑不住倒地后，仍会受到拳打脚踢。就算再疼也不准哭喊。一个学员被无端认定犯了错，整个小队的人都会遭到残忍的虐待。如果骨折了，那么学员就会被送进医院，伤愈后则会被编入后来的班中。

坂井三郎后来成为太平洋战争中最著名的战斗机飞行员之一，他曾经在深夜时分被从吊床中拖出，同伴们睡眼惺忪，震惊地看着他被打。士官逼他弯下腰，"让我臀部朝上，然后他拿出一根大木棍，使尽全力打在我的臀部。打得特别疼，疼了很久。我没有别的办法，只能咬紧牙关，努力不让自己哭出来。我一边挨打一边数数儿，有时能数到四十下。我经常在疼痛中晕死过去。但是就算失去意识，也逃脱不掉折磨。我倒在地上后，士官会把一桶凉水泼在我身上，大叫着让我醒过来，然后继续他的'惩戒'，直到我改正错误他才住手"。[89] 前田武看到一位同伴受到类似的暴打后感到一阵苦涩："一个人怎么能用棒球棍去打另一个人？"[90]

那种殴打是日本军中的事实。事实上，暴力殴打在陆军中更加猖獗。胆大妄为的施虐狂是罪魁祸首，这毫无疑问；但是暴力还与一种思想有关，这种思想在陆军中很普遍，在海军中则相对没那么流行，它认为殴打对人有好处，可以让人更刚毅、更坚强，能让人做好战斗准备。陆军士兵渡边胜美（Katsumi Watanabe）曾被殴打，他说军人坚信"殴打是一种教育"——的确，殴打经常被称为"教训"。[91] 坂井三郎说，持续不断的暴力将招募的士兵转化成"人畜"，他们"从来不敢质疑命令或怀疑权威，除了立刻执行长官的命令外，不敢做任何事情。我们就是机器人，只会执行命令，不会思考"。[92] 对于这种暴行，海军的政策似乎不仅是容忍，而且还鼓励；前田武说最暴力的教官会晋升。[93] 学员们不能反抗，也不能提出正式的抗议；他们不能退出，也不敢冒被军队开除的风险。他们一旦被军队开除，就会给家庭带来耻辱——这种耻辱与西方人所说的耻辱不是一回事。[94] 被开除者的整个家族都会受到社会排斥，甚至是迫害。那种压力是极其巨大的，很多年轻人进退两难，最后选择了自杀，这也在情理之中。

从基础训练中挺过来的学员被派往霞浦参加飞行训练。霞浦基地有两个长长的跑道，分别是 3 000 码[*]和 2 200 码，还有一个巨大的机库，里面有数百架飞机。通往大门的主干道两旁是盛开的樱花树，机场外是霞浦湖。第一年飞行学员每天的行动仍然受到严格管制，他们偶尔仍会被扇耳光或者吃上几拳——但是在这里至少可以（在规定的时间里）抽烟、喝酒，周六下午甚至还可以去土浦。他们一直担心自己不知什么时候、因为什么理由就会被开除。训练的最初几个星期里，学员们一整天都在教室里上课，课程内容强调水上飞行、机械维修、无线通信等实用技能。学员们每晚熄灯前都会埋头苦读两小时，许多人还在简易的小床上偷偷地打着手电筒再学几个小时。这样的课程，其设计目的就是无情地筛掉那些表现不好的学员。就连那些在课堂上和战场上表现都很好的学员也经常因为一些小的冒犯行为而被开除。坂井三郎的班里有 70 名学生，在为期十个月的初期训练结束前，有 45 人被开除，而且他说，"人们担心被开除甚于担心被殴打"。[95]

霞浦旨在打造超级飞行员骨干队伍，用严格的训练机制培养一批有优良身体素质的飞行员。学员们要进行体操和杂技的训练，以提高力量、平衡感、协调性和反应速度。他们要倒立用手走路五分钟；在夏日热浪中穿着一身华达呢战斗服跑好几英里；从塔上跳下，在空中

---

[*]　1 码 ≈ 0.9 米。——编者注

翻跟头然后双脚落地。他们被要求用一只胳膊夹住铁杆，吊着身体，在上面坚持十分钟。不会游泳的学员腰上绑着绳子，被扔进湖中，如果他们沉进水里，就会被拖到水面上。每个学员最后都会被要求在 30 秒内游 50 米远，潜水至少 50 米深，并且在水下憋气至少 90 秒。[96]

学员们还被要求进行激烈的摔跤比赛。每一轮结束后，获胜方可以离开，而疲惫不堪的败者则必须待在场上进行下一轮比赛。虚弱的或者是身材瘦小的学员在连续输掉三四次比赛后，可能就完全没有了力气，可是，他仍然要比赛，直到他把另一个人摔倒，否则他就会被班上的所有学员挨个摔倒一次。如果那个一直失败的人运气不好，没有站起来，那么他就会被开除。"每一个受训的学员都绝不想被开除，所以摔跤比赛的竞争特别激烈，"坂井三郎回忆说，"经常有学员被打晕……他们被水泼醒或者被其他方式叫醒，然后被重新送上赛场。"[97]

他们还要进行视力方面的训练。他们被要求认出从眼前一闪而过的物体或者标识。他们学着用眼睛最外围的余光发现和识别物体。坂井三郎说，教官让他和其他学员在大白天找到并且识别星星。"经过越来越多的训练，我们在找星星时逐渐变得越来越灵敏。然后我们的训练更进了一步。看到某颗星星并且将其定位后，我们会转过头去再转回来，看看能不能立刻找到它。那些都是飞行员必备的素质。"那里还有一些练习来缩短人的反应时间：有苍蝇在房间里嗡嗡作响时，学员们要坐着一动不动，学着用手抓住苍蝇。坂井三郎回忆说，一开始很少有人做得到，"但是几个月后，在我们面前飞过的苍蝇几乎都会被我们抓住"。[98]

教官使用古老的剑道理念来教育学员如何攻击并打败对手。飞行员们要跟着禅师一起长时间静坐，禅师会教他们气沉丹田，排空思绪，把战斗看成是轻松的体验，让手和脚在驾驶舱里的行动不受意识干扰。[99]

经过了一年的初级训练之后，学员们会到达一个终生难忘的里程碑——首次飞行。他们第一次起飞开的是 T3 型初级教练机——双座、双重控制、敞开式座舱双翼机，马力 130，五缸发动机。教官坐在前面的机舱里，学员坐在后面。前面椅子后有一个话筒，连接在学员的飞行帽上，可以进行单向通话。飞机一飞上天，教官就会考察学员的基本飞行能力。他的手眼协调能力怎么样？控制飞机是否从容？能否保持直线和水平飞行？表现最从容的学员可以控制飞机的起降，少数人甚至第一次就获准单独飞行。根据最初的这些评估，整个班会进一步细分，并且决定每个人未来的飞行课程。有些人会成为飞行员，有些人是空勤人员，有些人开陆基飞机，有些人则开水上飞机。

掌握了基础之后，学员们会接触更强大的中级教练机，即九三式"红蜻蜓"双翼机。这种飞机用的是九缸星型发动机，有 300 马力。学员们坐在机头座舱里，前面的视野一览无余，同时教官可以在身后敲打他们。[100]（前田武回忆说，他的教官经常用话筒大喊"你太蠢了！"，并且用木棍敲他。为了保护头部，他在皮质的飞行帽里面缠了一层毛巾。教官意识到自己被骗了，等到飞机落地后，他命令前田武摘下帽子立正站好，把他未完成的惩罚宣泄出来。）[101] 通过"红蜻蜓"，学员们掌握了基本的飞行技术：翻转、旋转、翻筋斗、悬停。学员首次单独进行陆上长距离飞行，是在敞开式座舱里飞行在 1.5 万英尺的高空，他们往往通过富士山雄伟的圆锥轮廓指引自己找到返程的方向。学员会进行编队飞行，先是三架飞机的小"品"字形编队，再是九架飞机的大"品"字形编队。他们还要在机舱外覆盖一层帆布的情况下，学会使用仪表飞行。

在中级训练结束时，学员们要经过严格的综合测试。如果通过测试，学员就会被授予梦寐以求的"翅膀"，即飞行资格，标志是缝在左袖上的荣誉徽章：一双翅膀在樱花下叠于锚上。虽然训练还远未完成，但是现在这名学员可以自称海军飞行员了。

为期五六个月的"扩展教育"是在可作战的飞机上进行的，这些飞机通常是从前线退下来的淘汰机型。（令人欣慰的是，赢得飞行员资格的人很少会被殴打。但令人惋惜的是，这些飞行员有权力殴打比自己资历浅的人，而且他们经常这么做。）飞行员或是被分到航母上，或是被分到双发陆基机部队中，航母飞行员又细分为战斗机飞行员、俯冲轰炸机飞行员和鱼雷轰炸机飞行员。现在他们的训练开始侧重于射击、轰炸、空中缠斗、编队飞行和水上飞行。战斗机飞行员的射击目标是绑在另一架飞机上的拖靶，射靶记录相机会记录他们的射击成绩。轰炸机要练习攻击地面目标，结果会被仔细地测量和评分。进入航母飞行中队的飞行员是一步步训练的，先是在很短的跑道上降落，再练习低速、低空接近航母，接着练习"连续起落"（触碰甲板，然后不熄火重新飞起来）。最后，他们被允许放下尾钩，第一次将飞机降落在航母的飞行甲板上。

平均飞行了大约 500 小时后，他们会被派往前线，进入海军基地或者在航母上服役。[102] 士官和招募的飞行员会成为一等飞行兵，军官则会获得尉官军衔。他们与老飞行员一起完成最后的飞行训练。训练日程安排得很紧密。新来的飞行员要经常训练飞行：早上飞，下午飞，有时晚上也要飞行。当时有一首流行的歌曲唱的就是在与美英开战之前日本海军高强度的训练。周末成了过去时，现在一周变成了"月月水火木金金"*。[103]

"你再也回不了家了。"托马斯·沃尔夫曾如此写道,他的这句话完全可以用在日本海军新培养出来的飞行员身上。那些穿着蓝色和黄色军装的风华正茂的小伙子在训练完成后回家看望亲人,他们的父母和兄弟姐妹看到他们当然特别高兴,他们自己也是。他们给亲人带来了巨大的荣誉,提高了整个家族在邻居、同事和朋友眼中的地位。他们变得更壮、更强、更坚毅、更成熟、更有智慧。但是,他们回家后注定会感到痛苦,还有一种很奇怪的感觉。在离家的日子里,他们可能每一天都在想家。家是一个避风的港湾,那里没有折磨殴打,也没有严格的训练。但是,回到家后,他们震惊于家乡的舒适、安逸、混乱和迷茫。家乡的现实与他脑海中想象的并不一样。他们已经习惯了残酷但有目标的生活,而家乡与之形成了鲜明的对比。他们和以前一样爱家人,家人们也和以前一样爱他们;但是彼此之间的差异隔阂竟是如此之大,这让他们十分惊讶。亲人没办法完全理解他们做过什么,经历过什么,也难以理解他们成了什么样的人。这个秘密只有他们的同学、那些被选出的寥寥几个人知道;他们共同经历了漫长的磨炼,共同体验了疲惫、羞辱、殴打、剥削、对于被开除的恐惧、飞行的喜悦还有获得飞行员资格时的狂喜。他们可能从未承认过这一点,但飞行员同伴对他们来说确实比亲人还要亲。飞行员才是一家人。他们没办法再回家了,因为现在海军就是家。

1937 年至 1941 年间,日本的海军航空兵控制的中国领空范围

---

* "月月水火木金金"是当时日本军队的著名口号,意为将周日当作周一来训练,周六当作周五来训练。——编者注

越来越广，控制力也越来越强。这四年间，日军对中国南方的广阔地域享有制空权。航空队的军官们越来越自信，认为日本海军应该减少对战列舰的倚重，将大部分资源用来制造更多飞机和航空母舰。源田实是一个表现很抢眼的飞行员，以率队进行精彩的飞行表演而闻名，他一直抨击"大舰巨炮派"。在模拟空战中，源田实和队友总是能大败日本陆军的飞机和飞行员。由于陆军向来被认为是不可战胜的对手，所以源田实的成功极为令人骄傲。他帮助完善了日本零式战斗机杀伤力极大的"向里拐弯"招式，日机在太平洋战争最初几个月中用这一招式杀死了许多敌军。[104]

1936 年，源田实少佐在东京军令部任职期间写了一份文件，强硬地宣称："一场决定性战役的主要力量在于航空队，不应该再造战列舰了。"[105] 他想要的不仅仅是停止制造新的战列舰，而且还提出处理掉现有的战列舰。他激进地提出战列舰"应该要么报废要么用作防波堤的骨架"。[106] 这简直是亵渎神圣的异端，与战略大师阿尔弗雷德·塞耶·马汉的观点相悖。这是公然藐视海军的基本战斗原则："战列舰组成的舰队是主力舰队，它的目标是攻击敌军的主力舰队。"[107] 源田实的对手散布谣言，说他已经疯了。

公然的批评在日本很少见，但这种做法确实又是日本航空队的典型文化。20 世纪 30 年代中期，海军指挥中枢里有航空思想的军官屈指可数，没有任何一个飞行员得到过将官军衔。空军的主要提倡者是年轻人和初级军官，他们只有使用"非日本式的"强有力的表达和坦率才能让其他人理解他们的想法。（也许，所有国家的海军航空兵都有这样一种共同的特点：坦白地批评上级军官。海军航空兵的飞行员们比船员们更需要尽早地完全依靠自己。）源田实得到了山本五十六的赞助和支持。山本让年轻的源田实得到了想要的职位，1940 年时将他调入联合舰队，作为自己的重要参谋。山本也参与了反对战列舰的活动。他拒绝接受所谓的"永不沉没的战舰"的说法，并且认为随着飞机的作战距离不断增加，攻击力不断增强，飞机迟早会结束战列舰独霸海面的局面。[108] "我不想泼冷水，我也知道你们都很用心，"他对战列舰上的海军少将福田启二说，"但是恐怕你们很快就会失业。从现在开始，飞机将成为海军中最重要的东西，大舰巨炮将被淘汰。"[109]

"大舰巨炮派"当然不会让一群无礼的飞行员掌控日本海军。军令部料想 1936 年《伦敦海军条约》一过期，日本就会废除该条约，于是计划打造一支"超级战列舰"组成的舰队。这些庞然大物每艘将重达 6.4 万吨，比最大的美国战列舰大 50% 左右。船上将配置 18.1 英寸巨炮。军令部认为，配备了如此火力和射程的武器后，无论敌人派出多少艘战舰，这种超级战列舰都会获胜。如果条约一到期就开始制造龙骨，然后以高度保密的状态造船，那么日本海军也许会比美国和英国海军领先四五年。此外，就算美国制造了同样重量级的战列舰，船体也会过宽，无法通过巴拿马运河。美国人会再次面临 30 年前西奥多·罗斯福遇到的两难处境。从横须贺或吴港出发，日本的超级战列舰可能在美国海军尚未绕过合恩角时就已到达旧金山湾。

1936 年，日本海军为建造两艘超级战列舰下了最初的订单，这两艘巨舰将在吴港和长崎建造；后来又订了两艘，在佐世保和横须贺建造。造船厂拿到舰船的要求后大为吃惊。"我们必须达到要求"，长崎的一名造船师说，"海军是信任我们的造船技术才给我们这个订单的。"[110] 这些船有 263 米长，38.9 米宽，满载时排水量超过 7.2 万吨。

640 平方米的锅炉房里安放着巨大的蒸汽涡轮机，马力可达 15 万，航速可达 27 节。有效航程 7 200 海里，需要携载燃料 6 300 吨。船员数量达到 2 500 名。[111] 这些船是"永不沉没"的（至少在 1944 年和 1945 年它们被击沉之前人们经常这样说）。敌舰射来的炮弹或者是空中扔下的炸弹对于这些船上 40 厘米厚的"蜂巢式"钢甲根本构不成威胁。船体有 1 147 个独立的防水隔间，每一个都可以密闭起来防止进水。即使该舰被 10 枚、20 枚甚至 30 枚鱼雷击中，船体受到的破坏也能被控制住，能够通过人工控制进水使船体保持平稳。[112]

理论上是这样。

这些超级战列舰后来被命名为"大和号"（在吴港建造）和"武藏号"（在长崎建造），它们是在严格保密的状态下建造的，因为日本人担心，如果美国人知道此事，他们会立即开工建造类似的船。但是另一方面，想在吴港和长崎拥挤的城市海滨隐藏这样巨大的项目绝非易事。造船厂周围建起了高高的围墙，但是新设的远远高过附近屋顶的高架移动起重机却没办法遮盖。海军高度注意安全保密工作，绝不允许任何计划或者文件从办公室里泄露出去。工程人员不得看蓝图，合同必须当面握手达成，绝不允许以任何形式讨论造船计划。工程师如果问了太多的问题，就会被叫出来接受警察的质询。长崎多山，整个造船厂从任何角度看都一览无余。但是满大街都是警察，谁要是敢朝巨大的"武藏号"瞥一眼，警察就会威胁逮捕这个人。造船厂里面设立了哨所，上面的哨兵用高倍望远镜不断扫视周围的山头。轮渡的窗户都涂上了漆，这样坐船往返的乘客就没办法往造船厂里看。最后，为了让人们看不到巨舰，造船厂挂起了足足有 7.5 万平方米的麻绳帘幕。

　　　　　　　燃烧的大洋：1941—1942，从突袭珍珠港到中途岛战役

"武藏号"的内部是一个巨大的迷宫，似乎有走不完的走廊、梯子、舱室，很少有人真正了解船里面的路。设计师出于安全考虑，不给工人蓝图，工人们只能自己手绘粗糙的蓝图，而且这些图在每天工作结束后也必须销毁。许多工人不愿意在这黑色的大迷宫中走得太深，因为他们害怕自己再也上不来了。他们的这种担心也是合理的，因为造船厂的工人们确实经常迷路。有些工人会带几只粉笔沿路留记号，作业队会在下班时间点名，确保没有工人走丢。电气工程师在船上安装了 8 台 600 千瓦的发电机，以及密集的电缆网络，这些电能和电缆足够给日本很大一块农村地区供电。

　　1940 年 8 月 8 日，"大和号"顺利下水。但是三个月后下水的"武藏号"情况复杂和危险得多。长崎港又小又窄，四周都是陡峭的山坡。"武藏号"下水后，必须以大约 15 节的速度前进，如果速度控制不住，就会径直驶向只有 740 码远的对岸，摧毁那里的一大片房子，很可能把自己也毁掉。为了解决这个问题，人们用钢索从港口停泊处连到船体上，一旦船进入港口，就使劲拉船体一侧的沉重链条。"武藏号"的下水工作非常注意保密，只有 30 人受邀观看，他们都是海军和政府中的高官。长崎居民被要求待在室内，直到听到警报解除的声音。所有面朝海港的窗户都要拉上窗帘。"武藏号"下水时，就连被派往街上巡逻的警察也被要求转过身来背对港口。

　　船体沿着下水滑道移动时，混凝土滑道上跳动着蓝色的火星，船下面的轨道冒出了白烟。观看的人们大喊："万岁！万岁！"船只接触水的一刹那，激起的水浪涌遍了整个海港，撞向对岸，海滨的几幢建筑被水淹没，几十艘船被掀翻。但是"武藏号"成功下水了，巨大的战列舰漂在海面上，完好无损。工程师和工人们跌倒在地，有的大笑，有的大哭，大喊着感谢上天。[113]

在柱岛海军的主要锚地，"大和号"和"武藏号"使得日本的其他战列舰相形见绌。"长门号"、"陆奥号"和"雾岛号"都是传统的战列舰，大小和美国、英国的战列舰差不多，现在和巨大的"大和号"与"武藏号"停泊在一起，看起来就像是巡洋舰一样。这些超级战列舰虽然庞大，但是船体非常漂亮，构造合理，船身宽敞，船头又尖又长，线条流畅。甲板上是平滑的柏木船壳板，没有上漆；配件则被巧妙地涂成黑色、白色、黄色和棕色；船尾上的名字是很漂亮耀眼的金色汉字；船首饰有精心装饰的菊花花环。[114] 船的上层建筑有几百英尺高，甲板、阳台、梯子、高射炮以及各种尺寸、各种功能的升降架错落其间。舰桥高高耸立，军官们透过舰桥宽敞的玻璃窗能够俯瞰阅兵场大小的前甲板，站在那里的人看起来就像是从一幢高层办公楼的楼顶看到的街上的行人那么小。就连重达 15 吨的主锚看上去肯定也没有袖口大。每天早晨都在船尾升起的"太阳旗"有将近 25 英尺长。[115]

"大和号"初次试航是在 1941 年 10 月 20 日，就在偷袭珍珠港的六周之前。从每一个方面衡量，"大和号"都堪称完美。巨大的引擎运行顺畅，可以轻松达到 27 节的最大航速。[116] 即使海面波涛汹涌，它航行起来也十分平稳，船首能轻易地拨开巨浪。几个星期后，"武藏号"首次出海航行，其 18.1 英寸巨炮也首次进行了实弹射击。这些巨型武器装载的是每枚重达 1.5 吨的穿甲弹，比美国战舰发射的最大炮弹还重 50%。这种舰炮的最大射程是 42 千米。将炮口仰角调到 45 度，以最大射程发炮，炮弹会从海平面高度飞到珠穆朗玛峰的高度，然后再回到海平面，总共需要飞一分半钟。[117] 从这一射程开炮命中率很低，但是至少在理论上，这艘战列舰可以隐藏在地平线以下攻击敌舰。只要被它的炮弹击中一次，世界上任何一艘战列舰都将丧失战斗力，而其他等级的战舰则会被直接炸飞。

18.1 英寸巨炮开火时冲击力太大，任何能直接看到炮口的人都会有危险。实弹射击的时候，"武藏号"上的船员要躲在舰桥或者下甲板上，或者在战舰另一侧的炮塔后面蹲着。他们必须戴上耳塞，并且找一个扶手抓着——即便如此，发炮的冲击力还是让他们感到"内脏好像突然跳到了嗓子眼"。甲板上靠近炮塔的地方放了一笼子豚鼠，冲击力把它们震得"血肉模糊"。[118]炮弹发射出去之后，船员们从藏身之处探出头来往外看，但炮弹在空中飞行的时间长到不可思议。最后，他们看到远方的海面上溅起一个水柱，有好几百英尺高，但是从战列舰上看过去，那只是地平线上的一个白点。又过了很久，他们才听到远方传来的沉重爆炸声。

两年中，陆军（或者应该说是陆军里的一些小团体）有两次挑战过天皇的权威，还打着天皇的名义。"皇道派"意图在 1936 年发动政变，"统制派"在 1937 年策划了"七七事变"。这两次事件中，天皇半推半就的反抗姿态都使得军方更加猖狂，更加强大。1937 年以后，军方的极端民族主义者发现上层不会把他们怎么样，所以他们迅速加强了对国家的控制。1938 年《国家总动员法》要求征募劳工来支持国防和军需产业。国家规定对食物和基本消费品进行定量供应。农民被要求按照事先规定好的价格将收获的稻米全部卖给国家。早就变得弱势的国会现已完全瘫痪。

每一种获得信息的途径都被牢牢控制了，包括广播、报纸、新闻短片、电影、海报、音乐和动画片，于是日本人民只能以规定的方式思考限定的内容。反对意见都被抨击为"极端思想"或者"共产主义思想"，那些在过去支持自由主义思想的人被迫离开政治生活，身陷囹圄，甚至更惨。官方用各种口号将其认为正确的思想和信念强行灌输给日本人民："战胜之前我什么都不渴求"……"一亿国民，一种思想"……"支持大东亚共荣"……"警惕间谍"……"敌军不停火我们绝不停火！"[119] 广播里日日夜夜放着悲伤的民谣，歌颂海外的战争，这些歌曲有《离港的船》《日本武士》《候鸟的眼泪和飞行》等。[120]

西方电影在电影院里基本消失了，取而代之的是日本在中国作战的专题片。影片中常有日本兵把敌人消灭，然后看着倒下的战友的尸体伤心不已的场面，这时就会响起日本国歌《君之代》。这些专题片之间还会点缀一些新闻短片，开头是军乐，还有一个连续动画镜头——日本金色雄鹰张开翅膀覆盖了世界地图。战争新闻描述日本在海外取得了哪些新胜利。后方报道则描述日本普通民众是如何为战争做贡献的。如果有关于"皇室新闻"的报道，那么银幕上会出现一行大字："脱帽！"观众们必须站直，脱帽，面向银幕（否则会被逮捕）。接下来播放的画面可能是皇宫的城墙或者天皇的车队，旁白使用的是只有在皇家典礼上采用的古典日语——但是天皇本人从未在银幕上出现过。[121]

仇恨西方的情绪被用来激发民族精神。在政府批准的全方位宣传中，美国和英国经常被说成是密谋否定日本在亚洲扩张的神圣权利，和这两个国家开战是在所难免的，只是个时间问题而已。西方的文化影响被诋毁为精神腐败，当局的目的就是"净化"或者"清理"

日本，使日本不受那些外国思想的荼毒。一个很流行的口号是"贝比·鲁斯*去死吧！"，棒球也被批评为"腐化的贵族运动"。[122] 在一个流行的新闻短片中，一个柔道大师击败了美国的拳击手，观众们一片欢呼时，镜头突然切换成日军在中国东北取胜的画面。[123] 在东京的俱乐部里演奏爵士乐变成了一件危险的事，最后连在家里演奏任何西洋音乐都不再安全。在一场名为"国民精神总动员"的全国性反奢华运动中，日本妇女被迫摘下珠宝，不再化妆，也不能穿西式服装和留西式发型。男人们被迫剪短头发，甚至剃成光头。脾气暴躁的官员来到东京的热门西式舞厅，宣称"这种舞不能跳""那种舞也不能跳"。[124] 1940 年 10 月，一项政府法令要求所有的舞厅都关门大吉。原清回忆道，东京有家舞厅在最后一晚演奏的最后一支音乐是《美好往昔》（《友谊地久天长》），常来光临的客人们听到后满眼泪水。[125]

学校告诉孩子们，天皇是神的儿子，他的神圣血脉流淌在每一个子民的身体里。[126] 天皇的画像张贴在每一所学校中，是学生每天朝拜的对象。老师经常向学生大声朗读明治天皇的《教育敕语》。教师或者校长在朗读这份神圣的文件时哪怕有轻微的错误，也要被迫辞职。佐藤秀夫记得有位老师解释说"神圣的天皇"是太阳神天照大神的儿子，老师"讲的故事特别生动逼真，我们这些孩子坐在那里，惊奇地瞪着圆圆的眼睛，心里感到这肯定是真的"。学校教育孩子们在用报纸包食物之前一定要确认报纸上没有印天皇的照片，否则油脂或者食物会弄脏天皇的形象。教室里也会密切关注战争动态。学生们有时会把日本国旗贴在地图上，标记进展和胜利。"我

从很小的时候就很痴迷地理，"佐藤秀夫回忆说，"我能记得远至印度的亚洲地图是什么样子。'马来半岛'和'北婆罗洲'等地名都有深层意义。那时我闭着眼睛也能画出这些地方的形状。"[127]

现在回想起来或许有些可悲，但是帝国主义者推行的计划中包含了一种衷心的、救世主般的理想主义。征服海外是一项神圣的任务，目的是拯救亚洲（甚至亚洲以外）所有在黑暗中深受迫害的人。日本的目的和命运就是走出日本各岛，实现"八纮一宇"，让天皇"一统天下"。[128] 作为世界上唯一一个没有将宗教、政治、道德、爱国主义和家庭领域分开的国家，日本的社会和政治秩序，也就是日本的国体显然要比其他文明高级。日本受到儒家学说的影响，强调人伦纲常，以和为贵，重视群体关系。弱者会受到天皇的照顾和指引。天皇是统治者中唯一的神，也是神明中唯一的统治者："天上仅一日，地上唯一君。"[129] 日本为整个人类带来的最后的希望，是这个动荡而不幸的世界唯一的救赎。它给了日本人民一个理由，去相信他们正在为之奋斗的不仅仅是日本国的强盛。战争开始时还是学生的板桥康正说："如果日本宣布战争只是为了增加日本的国土面积，我认为我们绝不会打到婆罗洲那么远的地方。"[130]

此外，还有一些所谓的专家在当局的支持下大肆宣扬歪理，称日本在很久以前曾经统治过世界，现在是要恢复那古老的世界秩序。"世界多地发掘的古代遗迹证明了日本编年史的真实性，"藤泽亲雄教授写道，"它们揭示了这样一个美好的事实：在史前时代，全球人类形成了一个大家庭，日本天皇是领导者。日本作为母邦，深受大家爱戴，其他地区被称为属地或者是藩邦。……杰出的学者们一致得出结论，称人类的摇篮既不是帕米尔高原也不是底格里斯河，而是日本主岛中间的山区。"[131] 古代日本人遍布中国和亚洲的其他地区，带去了日本文明的果实，他们甚至来到了欧洲，被称为"匈人"。[132] 但是古代日本人乌托邦式的全球秩序理念在一系列自然灾害过后瓦解了，世界陷入了黑暗的时代，"所有人都在地理位置上和精神上与母国日本脱离了，这破坏了世界的和平"。[133] 由于反对的声音都被消除了，只要支持这种论调，再离谱的话也不会有人认为愚蠢或者幼稚。京都帝国大学的小牧实繁教授称，世界上只有一个海洋，那就是日本统治的海洋："太平洋、印度洋和大西洋被认为是独立的海洋，但这仅仅是欧洲人的观点。世界上根本就没有七个海洋，只有一个，并且这个海洋与太阳升起之地日本相连。所有的水域都与日本相连。所有的海洋都是伟大的日本海。"[134]

日本会把那些信奉基督教的白人殖民者永远赶出亚洲，带领贫穷的亚洲兄弟重返佛教和儒家学说这条唯一正确的道路。在这一理念下，日本的极端民族主义者找到了最适宜的土壤，因为这指向了来自西方的漫长压迫、贪婪、掠夺和虚伪。西方从亚洲得到了想要的东西，却一点回报也没有。极端民族主义者说西方把工资压得很低，阻止工业发展，就是为了利用亚洲市场并且偷走亚洲的自然资源。而日本人却提出了"大东亚共荣圈"的概念，其理念是"各国共存，谁也不会去掠夺另一个国家"。[135] 日本宣称，"有色人种占世界总人口的三分之二，却仅仅控制地球面积的十分之一"，[136] 还说在有色人种当中，日本单靠自己就有足够的力量将西方人赶出亚洲。然而日本人在占领区的所作所为很快就暴露了他们的野心，证明所谓解放亚洲人的理想不过是个谎言，他们的种种恶行经常让占领区的人民怀念西方殖民者。但是在战争初期，日本辉煌的胜利无疑激发了亚洲人民的自觉意识并且唤起了他们内心深处对于独立的渴望。

如果日本是一个本质上道德高尚的国家，有神圣的使命，那么日本发动的战争就完全是纯洁、高贵、公正的。阻挡日本的敌人是"不守规矩的粗野人"或者匪徒，甚至是不怀好意的恶魔。无论他们是什么，为了和平都必须把这些敌人杀掉。佛教宣扬怜悯与和平，但是从过去二十多年的净化运动中幸存下来的禅宗信徒却给日本的战争提供了道德支柱。佛教学者铃木大拙（本名贞太郎）称，当日本战斗时，这就是"佛陀怜悯之心的表现"。[137] 至于日本与东方佛教摇篮中国开战，他在 1937 年出版的《佛教与战争》中这样解释：中国的"污秽"给自己招来了战争，"改正不合理之处并且借此机会反思自己的行为"才能最终受益。[138] 这样的解释可能无法让人满意，但是足以让人摆脱罪恶感。禅宗倡导"仁爱和慈悲"，铃木大拙说真正的禅宗信徒参与战争的原因与自我意识无关，不为手中之剑造成的后果负任何责任。"因为造成杀戮的不是他本人而是那把剑。他不想伤害任何人，但是敌人出现了，让他成为受害者。剑就像是自动伸张正义一样，大发慈悲。"[139]

一年又一年，日本在中国接连取胜，却始终不能赢下战争。日本占领了中国的沿海地区、大河的河谷地带和多座大城市，包括北京、上海和南京。但是日本人发现，就算在他们兵力最强的地方，他们也没办法将自己的意愿强加给中国人，贫穷的中国农村地区是法外之地，难以治理。中国的政治力量和军事力量长期以来一直被几大地区的军阀分割，但是外国军队侵入中国，大肆劫掠，这大大激发了中国人的爱国之情。毛泽东率领的游击队将枪口转向了侵略者，国共双方承诺停止内战，要团结一心把"东洋鬼子"赶出中国。

1939 年，一场战斗在苏联和中国东北边境处的诺门坎爆发。当地的日本将军（和往常一样）在没有得到东京许可的情况下调集大批军队进入这一地区，但是日军遭到了苏军的有力反击。日军的失败令日本人相当震惊，尽管这场战斗基本上算是个秘密：双方都没有宣战。蒋介石的国民政府安全地撤退到中国内陆的重庆，日本军队无法深入那里。蒋介石坚决拒绝投降，也不和谈。最终，日本 38 个步兵师，总共占日军整体兵力 3/4 的约 75 万名士兵被陷在中国战场。

中国的顽强抵抗以及后方的游击队让日军焦头烂额，恼羞成怒，于是日军在中国对普通百姓实施了大规模暴行。扫荡农村时日军实行"三光"政策。士兵们奉命"烧光、杀光、抢光"。[140] 在那可怕的几年里，日军发动了生化武器袭击；在中国人身上进行骇人的医学实验；凌辱大量妇女和女童，将她们当成性奴；抓捕大量男人和男孩并逼迫他们当苦力，一直干到累死为止；将俘虏斩首或刺死。日本人总共杀害了 3 120 万余中国平民百姓。"我已经没有了同情心，"筱冢良雄说，他是臭名昭著的 731 部队成员，在中国人身上进行细菌实验，"毕竟，我们已经接受了一种狭隘的民族主义，相信所谓的'大和民族'更高级。我们蔑视所有其他民族。……如果没有那种民族优越感，我们就不会那样做。"[141] 1941 年被派往中国的年轻少尉富永正三回忆说，见到自己即将指挥的老兵时："我看着那队士兵，非常震惊。他们的眼神是邪恶的。那不是人类的眼睛，而是豹子或老虎的眼睛。……士兵们在前线的时间越长，眼神就越邪恶。"刚被派往中国的日本新兵被迫用刺刀刺杀中国人。受害者被蒙上眼，绑在木桩上。有时受害者的心脏周围会画上一个圈，士兵要**避免**刺这个地方，这样就会延长受害者的痛苦。如果有士兵因为这个可怕的入会仪式而退缩，那么他们就会被长官踢、被打、被刺。"来这里三个月之后，每个人都会变成魔鬼，"富永正三说，"只有当人性被压抑的时候士兵们才会英勇地作战。我们就是这样认为的。这是我们在日本所受训练的一种自然延伸。这就是天皇的军队。"[142]

西方国家很同情中国人民，新闻片段中生动地记录了他们的苦难。罗斯福总统的医生回忆说，看到这些情景，总统从个人角度厌恶日本人的所作所为，并且"严厉谴责日军的非人道行为"。[143] 还有一个事实：在日军占领区，有很多美国企业被破坏或者被迫关门，美国的企业利益受到了日军侵华的直接影响。英国和美国经过滇缅公路给国民党的军队运送军用物资。1937 年 12 月，美国炮艇"帕奈号"在长江被日军飞机击沉。日美关系恶化，开战的前景赫然显现。脑子灵活的日本宣传家效仿他们以后的盟友德国人，把罗斯福描述为犹太资本家财阀统治的傀儡。他们说那些犹太人还编造了反日本的谎言，在美国媒体上散播。美国及其欧洲盟友害怕日本这个亚洲国家崛起而且憎恨日本，正在密谋打压它。日本媒体经常抱怨日本受到西方列强的"包围孤立"。

但是，这种鲁莽的野蛮好斗什么时候结束，外交从什么时候可以发挥作用呢？日本的极端民族主义者有一个特殊的心理上的悲剧情结：最有能力应对西方列强的人却没有实权。日本并不缺有经验、懂世故的外交家，这些外交家毕业于哈佛、普林斯顿、牛津，会说流利的英语，能够与外国友人交好并且熟知外交礼仪。霞关的外务省有很多这样高素质的外交官。许多外交官对于日本滑向战争深渊这件事感到困惑和悲痛。但是他们无力改变什么，因为军方控制了日本，并把他们贬为叛徒。一些外交官直接遭到了暗杀。其他人被迫辞职，或者被流放到外国使馆中，对日本国内的事务一无所知。军方纵容政府把将军任命为外交大使，（在 1941 年和 1942 年）甚至任命为外务大臣。军方设立了一个内部办公室，直接跟外国政府打交道，完全绕过了霞关的外务省。[144] "实际上外交官已经变成了一支精锐部队，独立于政府，或者悲观点说，把政府变成了金笼子里的孔雀。" 二战时日本外务大臣的秘书加濑俊一写道。[145] 在日本动荡的"幽谷"中，左手从不知道右手在干什么——不过也没有知道的必要，因为根本就没有正常运作的大脑来协调左右手。专业的外交官意识到日本即将和美国开战，但是又无力阻止。"发生的事情有时会压垮你，像巨浪般在你身边汹涌澎湃，并且将你卷走，" 加濑写道，"你改变不了。一个人的力量根本就不够。战争有它自己的走势。"[146]

山本五十六不想采用这样一种消极的态度。他挺身而出，明确表示自己蔑视极端民族主义右翼那尖刻、喧嚣的风格，以及他们死板的教条主义和一味对抗的政治理念。他也不支持右翼分子对日本人民服装、品味、观点、思想和日常生活的管制。他公开抨击"国民精神总动员"的一些目标，例如男人都要剃头。有记者询问他的看法，他回答说："那有什么重要的？我多年来都是留短发。……另一方面，懒汉就是懒汉，跟他把头发剃多短无关。所以，怎么样都行吧？" 他认为陆军高官是一群"该死的傻瓜"，他从来都不喜欢对中国的战争，认为对中国开战极大地消耗了日本的兵力和军事资源。阿川弘之说，有一次开会时，一名陆军军官坐在山本旁边，站起来"开始高谈阔论，讲一些废话，滔滔不绝"。[147] 山本悄悄把这人的椅子往后拉了一下。那人讲完坐下时，一下子坐空了，跌在地上。而山本面无表情，直视前方，就像什么也没发生一样接着开会。1939 年 4 月在家乡演讲时，山本说"日本处于紧急状态"的论调是夸大其词，政府应该低调一些。"是否日本的每个人，无论高的矮的、老的小的，都应该一直受那种论调左右，我深感怀疑。如果你把橡皮圈使劲拉，拉到再也不能再往外拉，那么橡皮圈就没有弹力了。"[148]

1937 年，山本被任命为海军次官。他的上司是海军大将米内光政，米内是联合舰队的前总司令，在政治上比较温和，支持条约派。山本和他都决心打击那些持有顽固的极端民族主义观点的海军军官，阻止日本陷入与美国的灾难性战争。"命令必须从高层下达……"山本写道，"下级人员只能就实施命令的方式提出建议。"[149] 山本在海军省的办公室里安顿下来，那个昏暗的房间里有好几排书架。1937 年陆军提议解散日本国会，山本极力反对，并且通过幕后操作努力让那些文职政治家和学者重新掌权。[150] 米内光政与美国大使约瑟夫·格鲁私交甚密，想要就军备限制一事与西方列强重新对话，以避免耗资巨大的新一轮军备竞赛。1937 年"帕奈号"被日军击沉后，山本亲自来到美国驻东京大使馆，以很低的姿态（有些报道称之为"满含热泪地"）道歉，并且提出愿意赔偿 220 万美元现金。[151] 但是东京的政治气候不允许日本再次裁军。米内光政和山本五十六都是极端民族主义暴徒的刺杀目标，很多暴徒公开威胁他们，毫不畏惧会被逮捕。1939 年，陆军和海军的分歧加大，似乎即将开始内战。那些有性命之忧的高级军官的住宅和办公室周围都有海军警察保卫。米内光政命令舰队驶入东京湾，并且准备派海军士兵和海军陆战队到东京镇压有可能发生的暴动。[152]

当时最大的外交政策难题是《德意日三国同盟条约》，德意日形成同盟标志着轴心国的正式形成。极端民族主义右翼势力意识到雅利安人的种族意识形态令人不安，但是他们刻意忽视这一点，因为他们十分钦佩纳粹主义的军事威权模式。德国对日本陆军有很大的影响力：日本陆军大学校以德国的军事课本为教材，许多中层军官在德国履职多次。希特勒在日本新闻中被描述成英雄人物。《我的奋斗》的日语译本（书中对于亚洲不好的描述被删掉了）十分畅销。[153] "那时的日本年轻人崇拜希特勒和墨索里尼，渴望日本政界能出现一个类似的人物，"日本大学的学生野木春道（Harumichi Nogi）回忆说，"我们想要果断的行动。"[154] 1939 年和 1940 年纳粹德国的军事胜利对于日本国内提倡实行谨慎外交政策的人来说非常不利。在希特勒的强大破坏力面前，欧洲的民主制国家似乎不堪一击。在英国战败之前（人们认为英国很快就会被打败）与德国达成同盟，这让日本陆军方面十分兴奋。因为达成同盟后，日本就很有可能得到英国在亚洲的殖民地。[155]

　　日本驻柏林的右翼大使越过了外务省的高层，与日本陆军的参谋积极合作，和德国外交部长约阿希姆·冯·里宾特洛甫起草了一份条约，送到东京等待批准。米内光政和山本五十六以整个海军的力量为筹码反对批准这一条约，但是 1940 年 5 月，法国迅速陷落，抽去了山本两人的根基。山本警告称，一旦签署《德意日三国同盟条约》，日本就很有可能陷入与美国的毁灭性战争，还说"考虑到海军武器的现状，尤其是海军的空中实力，在今后一段时间内我们与美国开战绝无胜利的可能"。日本自然资源匮乏，而向其出口石油和钢铁的地区中有 4/5 被美国和英国控制。[156] 1940 年，在一次海军会议上，山本直接向支持条约的人喊话："我想让你们十分清楚地告诉我们，为了弥补短缺而发起的物资调动到底带来了什么改变。"但支持者拒绝回答。山本经常说，日本外交政策最重要的目标就是不惜一切代价避免和美国开战。但日本政府却偏偏走向了战争，而且拒绝认真处理战争带来的基本战略问题。他评论说，批准条约的首相近卫文麿终有一天会"被愤怒的日本人民撕成碎片"。[157]

每天都有人穿着正式的和服在海军省红砖房大楼前求见山本。他们拿着手工羊皮纸，上面用漂亮的书法写着抗议内容，说上苍即将带来惩罚："我们准备采取其他措施，你做好心理准备吧。"奇怪的是，山本好像并没有采取任何措施去打击这些威胁他的人。山本有时会认真阅读这些威胁信，还用红色墨水在旁边做批注——"蠢货！""一群傻瓜！""耻辱！"——不过，鉴于日本近代史上发生过多次高官被暗杀的事件，所以这些威胁不能轻视。[158] 1939 年 8 月，首相近卫文麿领导的内阁垮台，米内光政被提名为新首相（他的政府是一个吃力不讨好的政府，毫无实权）。山本被认为随时有生命危险，所以被送回联合舰队担任总司令，一直担任到他生命的终点。《德意日三国同盟条约》于 1940 年 9 月 27 日在柏林签署。

就像山本之前预料的那样，罗斯福政府开始加紧经济制裁。1940 年 1 月，一项石油贸易协议到期，而美国拒绝续约。之前日本进口的石油中有 80% 来自美国或者美国的势力范围，现在日本的整个石油链似乎都有可能被切断。同月，美国不再向日本销售任何航空燃料和废金属。美国的经济封锁逐渐加紧，禁运单上的资源越来越多。国务卿科德尔·赫尔和日本大使野村吉三郎在华盛顿进行了磋商。1941 年 7 月，日本入侵法属印度支那，自由法国、英国和荷兰宣布不再向日本出口石油，日本在美国的所有资产被冻结。事态就此发展到了紧急关头。虽然日本储存了足够两年使用的石油，但

　　　　　　燃烧的大洋：1941—1942，从突袭珍珠港到中途岛战役

是这些石油既不够陆军使用，也不够工业部门使用，另外单单日本海军每天就消耗大约 400 吨石油。

1936 年 3 月，56 岁的海军大将永野修身被任命为海军大臣。他似乎已经接受了这样的事实：战争虽然不好，但是不可避免。他也没有真正地去努力避免战争。他容许年轻的军官向自己施压、操控自己。海军中将泽本赖雄反思了为什么海军并没有做好战争准备却容许自己陷入战争中。原因是"这都是些庸才之间的竞争，没有能力超群的优秀领导人。下属们向上级施压是常事。年轻的军官不尊重上级，这使得事情更加困难。……每个人都想逃避责任，没有人愿意为了职责牺牲自己……当时的氛围就是如此，陆军和海军都很狭隘、自私；日本和世界被放在了次要的位置"。[159]

山本的旗舰通常停泊在柱岛，在这里，他继续游说，希望日本与美国和解。他预言：太平洋地区的海战不会像对马海战那样经过一次"决定性战役"就分出胜负，这将是一场漫长的消耗战。他要求那些好斗的同事意识到美国产业经济的规模和潜力，还预见到日本人口稠密的城市经不起美军的空袭。日本传统的作战计划是实施"截断行动"，当美国太平洋舰队在太平洋中部的广阔海域航行时，"截断行动"可以削减美军的力量，但是山本对于这一计划没有信心。他正确地估计到美国不会落入日本的圈套，不会在战争第一阶段派舰队去营救菲律宾，而是会拿出足够的时间打造出足以压制对手的海军和航空力量，然后通过系统的跳岛战术重返这些地区。

山本五十六一次又一次地向东京表达他的观点。1940 年 12 月 10 日他表示："现在才对美国的经济制裁感到惊讶、愤怒和悲伤为时已晚。就像是一个贪玩的学童，办事不动脑子。"他写道，战争将是一场"灾难"，必须不惜一切代价避免。1940 年 10 月 14 日，他给西园寺公望的秘书原田熊雄写信道："对抗美国就像是对抗整个世界。但是事已至此。我将拼尽全力。毫无疑问我将死在'长门号'［他的旗舰］上。同时东京将被大火至少三次烧为平地。"为了能与美国维持和平，山本做了很多的努力：他支持废除《德意日三国同盟条约》，甚至支持从中国完全撤军。近卫文麿直接问他日本有哪些选择，他回答说："如果我们受命与美国开战，那么在战争刚开始的半年或一年我可以给美国带去些破坏，但如果再打两三年，我不敢保证会发生什么。"[160]

在 1940 年舰队训练时，中岛九七式鱼雷轰炸机表现优异，山本向参谋长打趣说："我开始想这些武器能不能用来攻击珍珠港。"[161]这就是山本偷袭美国大本营计划的萌芽。山本的一生中有很多充满讽刺的地方，其中就包括：一方面他反对与美国开战，为此不惜冒着生命危险；而另一方面，他坚持袭击珍珠港，哪怕冒着放弃指挥权的风险。"我发现自己的处境很奇怪，"1941 年 10 月 11 日他在给友人的信中写道，"我被任命去担任一个与我个人意愿完全相反的职位，我别无选择，只能全力完成那个使命。唉，这就是我的命运吗？"[162]当时在海军第一航空舰队担任参谋的源田实中佐之前看过关于美国太平洋舰队的新闻短片，研究过大规模空袭的可能性。影片中四艘航空母舰排成一列航行。源田实意识到，如果将多艘航母编入一个特混舰队，那么在一次袭击中就可以发起大型的协同空中袭击。[163]

珍珠港空袭是在最后一刻颠覆 30 多年来的作战计划的一场行动，在原本的计划里，双方会在西太平洋地区发生一场决定性战役。在过去设想的战争场景中，潜艇、飞机和驱逐舰要在美国舰队跨洋行进的过程中不断袭扰（"渐减作战"），但是真正的致命一击需要等美国舰队驶入日本海域后，由以逸待劳的战列舰发动，这正是马汉所设想的正统海战方式。但是现在山本问道：如果美国舰队并不按照设想的那样出招怎么办？在对马海战中，罗热斯特文斯基上将不远万里，劳师远征，绕过大半个地球与日本作战，结果惨败。如果美国舰队不想重蹈他的覆辙怎么办？如果美国行动谨慎，争取时间壮大实力，然后再去救助菲律宾，日本又该怎么办？日本将如何得到自己所需要的决定性胜利？

山本命令海军少将大西泷治郎彻底研究一下袭击方案。大西泷治郎得出结论说有两个主要问题：第一，如何让鱼雷在较浅的珍珠港水域前进；第二，如何确保是突然袭击。让鱼雷在浅水中正常前进的对策是给它安装上木制的鳍板。至于偷袭，大西泷治郎估计成功率大约有六成。[164] 其他人，包括源田实在内，估计胜算更高。（为了维护海军的荣誉，山本要求日本至少在袭击前一小时向美国宣战。）山本手下有人说这项计划太冒险，山本回答道："不要因为我本人喜欢玩桥牌和将棋就一直说'这个赌注太大'。……珍珠港行动是我的主意，我需要你们的支持。"[165]

数百名精挑细选的飞行员被派往鹿儿岛湾，那里的地形地貌都跟珍珠港相似。飞行员们在那里训练在浅水区施放短程鱼雷，这是这次偷袭所需的技术。偷袭珍珠港的任务将由一支含有 23 艘舰艇的特混舰队实施，其中包括 6 艘航母，由海军中将南云忠一指挥。美日在华盛顿的谈判一直拖延未决，山本要求军令部批准他的计划。被拒绝后，他回复说："如果该计划不能通过，那么我作为联合舰队的总司令没有信心完成所有职责。"最后这句话是以辞职相威胁，永野修身让步了，说："既然山本对他的计划这么有信心，那么就让他去做吧。"[166]

山本早已制定了战争的策略，但是仍然坚信更明智的做法是不开战。1941年9月29日，日本联合舰队驶向位于千岛群岛的集结地。山本坦率地告诉永野修身，即将到来的战争将会是一场灾难。他把整体局势看得一清二楚，而且说得明明白白。他说："显然日美战争将是一场拉锯战。"他还说：

> 只要战争局势对我们有利，美国就绝不会停止战斗。后果就是，日美战争将持续好几年，这期间我们的资源会耗竭，战舰和武器将用光，而且补充起来非常困难。最终我们将无力[与美国]竞争。因为战争，人们将变得贫穷……而且不难想象，事态最终会失控。这场战争我们获胜的机会微乎其微，完全不应贸然挑起。[167]

很显然，海军高层中的所有人都抱持这一观点，至少绝大部分人是如此，但是他们大多不愿意说出来。他们能感到来自下属、中层鲁莽者和强硬者的压力——他们很清楚，激进右翼特务会枪杀任何阻挡"帝国命运"的人。但可能还有另一个原因，或许也是最重要的原因：陆军和海军之间的竞争。海陆两军一直彼此争夺资金、政治影响力和资源。军方不同部门的竞争在日本并不少见，但是《大日本帝国宪法》规定陆军和海军与天皇是直接的顾问关系，不受国会和内阁控制。到20世纪30年代末，陆军和海军实际上都可以否决国家预算案和罢免首相。在理论上天皇可以出面解决双方的僵局，但是只要海军将领和陆军将领达成协议，天皇就不应干涉。

　　　　　　　　　　燃烧的大洋：1941—1942，从突袭珍珠港到中途岛战役

换句话说，当陆军和海军的制度性优先权与国家政策不符时，没有人能够推翻它们——任何政府、机构、法律、官员和总司令都办不到。可想而知的结局是陆军和海军都能得到各自想要的东西。

从 1923 年开始，日本海军就将美国视为主要的"假想敌"。这意味着舰队扩张计划的前提是日本必须做好与美国海军开战并打败对手的准备。无论这么做实际上有什么好处，这种概念框架至少给海军将领们提供了筹码，使其可以争取到预算。将近二十年来，海军在争取预算时一直占优势。只要能让海军在预算中占得上风，这就没什么坏处。但是 1940 年，美国的经济制裁使得"战争还是和平"这个问题不再是长期的考量对象，而是变成了必须马上做出决定的事情。海军将领不想与美国开战，但是又不能杀掉下蛋的母鸡。"我们心里觉得不能与英美开战，但是我们不能明确地说出来，"海军省的一名参谋说，"我们一直称自己是不可战胜的，我们也跟陆军说可以拿下美国。……所以，现在我们绝不可以说没有信心。我们害怕陆军会说，'如果海军打不了仗，那就把资源和预算还回来'。"另一名军官补充说："如果我们一直不与美国开战，那么陆军就会控制整个日本的军事和财政，满足其自己的目的。"陆军经常说"不能打仗的海军一无是处"，海军次官泽本赖雄受不了这种言论。[168]

1941 年 11 月 1 日，海军大臣岛田繁太郎与东条英机会面，表达了他的"战争决心"，同时坚决要求增加海军 1942 年的钢铁资源分配。陆军参谋总长杉山元为了弄清楚问道："海军得到了所需的钢铁就会宣战吗？"岛田点点头：这 30 万吨钢铁会让海军支持这场自己并不想打的战争。陆军参谋部的军官在《二战机密日志》中对于此事的看法再恰当不过："海军多么可悲啊！"[169]

日本的主要港口和海军基地

整个 1941 年，美日两国在华盛顿的谈判僵持不下，距离达成正式的结果遥遥无期。国务卿赫尔态度坚决：除非日本从中国撤军，否则经济制裁绝不停止。昭和天皇及其亲信反对战争，但是他做的不过是经常劝告内阁"尽最大努力达成和解"。[170] 外务省继续谈判，但是外交官被蒙在鼓里——华盛顿的日本特使并不知道一旦和谈失败，日本就会立刻开战。日本首相东条英机明确表示撤出中国是不可能的。"这一点我不能让步。美国的真实意图是要控制远东地区。所以，日本做了一次让步就会有另一次。"[171]

1941年9月6日，日本在帝国会议上决定，如果华盛顿谈判如预料的那样没有结果，那么日本将在10月宣战。[172]10月，东条英机迫使近卫文麿下台，自己担任首相（同时依然担任陆军大臣）。他说，在他的领导下，"日本绝不会从中国撤军"。[173]11月5日，山本制定的珍珠港行动令《大海令第一号》下发至联合舰队的每一名指挥官。11月26日，南云忠一的第一航空舰队的6艘大型航空母舰实施无线电静默，在遥远的北方千岛群岛驶出单冠湾，前往夏威夷北面的集结地。同一天，美国国务卿赫尔交给日本大使一封信，重申美国立场：日本一旦从法属印度支那和中国撤军，美国就会解除对日本的制裁。双方的僵局很显然没办法解决。虽然信里既没有最后期限也没有发出威胁，但是东条英机将赫尔的信形容为最后通牒。东条英机现在是日本政坛中的风云人物，他一心要将日本引入战争："有时候人们不得不闭上眼睛，冒险行动。"[174]

日本民众的耳中回响着让他们参战的宣传口号，他们从来没有听过任何反对的声音。他们听到的是，日本是一个肩负使命的国度，日本的神圣使命就是解放亚洲。有人告诉他们，当充分动员起来时，日本人民的精神力量将克服传统军事力量中任何资源短缺带来的困难。他们确信西方的民主制已经因为生活安逸、不思进取而变得软弱、腐化。在这种不停的宣传攻势下，就连那些受过良好教育的日本人也难以保持清醒的头脑。"我有时候确实产生过怀疑，"野木春道回忆战前那几年时说道，"但是在产生怀疑的时候，我相信我的脑子里之所以有那些想法，就是因为我缺少爱国的热情和精神。我感觉我必须努力奋进。如果国家决定采取行动，那么每一个人都应该采取行动支持国家的决定！"[175] 是的，每一个人，甚至包括领导人。领导阶级虽然很想拖延时间，看一看局势走向，但是他们知道自己没有太多时间了。美国对于向日本出口石油的限制导致日本经济停滞不前，日本的石油储备每一天都在减少。美国已经开始大规模建设海军，日本等待出击的时间越长，美国的力量就越强。日本的纳粹同盟正在欧洲展开行动，如果日本没有抓住时机，那是不是就永远失去了分一杯羹的机会？

　　到 1941 年秋，除了天皇外，整个日本或许没有任何人能阻止日本走向战争，但是天皇总是默许实际控制国家的一小圈人呈给他的一切决定，无论这个决定有多么勉强。内阁虽有疑惑和担忧，但是没人有勇气面对说真话的后果。他们一致建议开战。1945 年以后，昭和天皇说："我认为作为一个立宪制国家的元首，我不得不批准政府和最高战争指导会议的一致提议。如果我不批准，东条英机就会辞职，日本将发生大型政变，鲁莽的主战派将会控制日本。"[176] 这番论调虽然是在自我开脱，但是裕仁的假设很可能是正确的。东条英机说过军队"早已按捺不住"，[177] 海军领导人认为日本不与他国开战可能就会爆发内战。日本领导人都感觉即将到来的危机来自外部，超出他们的控制，就像一场地震或海啸。危机正**降临**在日本。"箭已离弦。"陆军和海军的将军们对彼此说道。现在是时候把各自在军中的位置摆正了。统治阶层都感觉松了一口气，他们不再去寻求外交上的对策，而是屈从于他们更加熟悉的战争之路，好像这是派给他们的任务而不是他们自己的选择。

第四章

　　美国海军司令部位于华盛顿广场上一个巨大的石棉混凝土大厦里。这个三层楼高的建筑群被一道道污垢覆盖，通过一条走廊与结构类似的"军火大楼"相连。[1]* 这些建筑在倒影池北侧沿宪法街延伸，总共长达 1/3 英里，排成九列往南伸向倒影池的边缘。海军司令部是十来栋"临时建筑"中的一栋，是在第一次世界大战期间于 1918 年匆忙建造的，造价低廉。这些巨大的丑八怪被随意地堆在华盛顿广场上，介于国会山和林肯纪念堂之间。人们都知道，当紧急时期过去之后，它们就会被拆除。"一战"结束后，政治阻力和官僚阻力最小的选择是让它们保留下来。在这些建筑里办公的人对这个位置很满意，这里离白宫和国会山都很近，而国会也不愿意出钱去拆除这些建筑再盖新楼。

　　一名军官回忆说，战前的海军部是一个让人昏昏欲睡的地方，"标准尺寸的未装修办公室在沉闷的走廊上绵延不绝"。[2] 地上铺着褪色的油毡，头顶上的灯暗淡昏黄，没有窗户的木门上只标了用模子印出来的缩写或数字。12 月 7 日之后，这里的生活节奏突然加快

---

*　　这些建筑在 1970 年被拆除，这片土地被改建成漂亮的公园，今天是越南退伍军人纪念碑的所在地。——作者注

了：一名军官在珍珠港事件发生的几天后赶到了司令部，形容这里是"一座顶部被踢掉的蚁丘"。[3] 军官们夜以继日地工作，灯光彻夜通明。许多人在战争爆发后的第一周甚至没有离开过大楼。婴儿床被推进办公室里，食物也放在托盘上送进来。所有的军官都接到命令，从 12 月 8 日星期一开始要穿制服上班。在战前，许多在行政岗位上工作的军官经常穿便装，所以在最初的几天里，许多高级军官穿着上下不搭、过时或不合身的制服。一名年轻的上尉回忆说，他看到几名军官穿着制服扣不上扣子，因为自从上次穿过制服之后，他们的体重增加了。"海军少将约翰·温赖特（John Wainwright）是我非常喜欢的将军，他显然是找不到军用雨衣和大衣了。他戴着将军的制服帽，身上穿着一件非常花哨的苏格兰花呢大衣。"[4]

头戴钢盔、枪装刺刀的海军陆战队士兵要求每一个进出的人出示身份证明，就连身穿制服的高级军官也不例外。珍珠港事件发生了几天之后，BBC 记者阿利斯泰尔·库克穿过一扇侧门进入了海军部，没有警卫拦他。他拜访了预约要拜见的军官，但当他试图离开大楼时，"一个卫兵拿枪挡住了去路"。库克陷入了明显的军队官僚主义困境，约瑟夫·海勒后来将其描述为"第 22 条军规"。[5] 库克找附近一间办公室的将军求情，才获准出去。

大萧条时代的军官所受的教育是，做事要节俭，循规蹈矩，对待文书工作要严谨，对于管理海军资金、设备和物资的人来说尤其如此。如果他们不能解释每一笔支出都是干什么的，他们的职业生涯就会受到影响。但在 12 月 8 日，整个海军系统都有了一种新的集体意识，那就是所有这些都必须改变。速度至关重要。"在袭击发生后的那几个星期里，我们就像捕鸟的猎犬一样忙碌，"一名射击训练教官说，"很难描述我们的效率提高了多少。"[6]上层军官忙得焦头烂额，难以回复每一条指示，所以各级军官和士兵都得行使更大的权力。他们在没有接到确切通知的情况下便意识到，即使上层态度不明确，他们也没有时间犹豫。这种新的意识使他们做起事来干脆果断，文书工作以及合法授权问题可以等日后有时间了再处理。当海军少将兼码头管理局局长本·莫雷尔（Ben Moreell）被要求拨款建造一个新的防空炮训练中心时，他的回答非常符合新精神。"见鬼"，他说，"想要多少钱我都给你。我才不管该死的法律怎么规定的。"

飞到珍珠港亲自评估损失状况的美国海军部长诺克斯于 12 月 14 日周日晚上回到华盛顿。周一上午，他在海军部第二层"甲板"（楼层）的办公室举行了新闻发布会。《纽约太阳报》的格伦·佩里写道："出席发布会的人非常多，头一次有这么多人聚在他这里。他的办公室里挤满了人，检查证件花了很长时间。他等着，镇定地抽着烟斗。"[7]弗兰克·诺克斯是西奥多·罗斯福的老门徒，美西战争中曾在"莽骑兵"军团（第一合众国义勇骑兵团）服役。1930 年，他成为《芝加哥每日新闻》（*Chicago Daily News*）的出版商和共有者。虽然诺克斯个人是效忠于罗斯福的，但是他的报纸却强烈抨击罗斯福新政，而且他本身是 1936 年共和党的副总统候选人。1940 年，诺克斯接管了海军部。与此同时，另一位杰出的共和党人亨利·史汀生出任战争部长一职。由于反对共和党在 1940 年竞选活动中的孤立主义施政纲领，他们两人接受了罗斯福的邀请，加入了内阁。

作为一名经验丰富的报纸编辑，诺克斯知道如何让记者言听计从，而且表现得游刃有余。诺克斯透露了许多出乎他们意料的消息，让他们惊讶不已，这也减弱了他们刨根问底的劲头。他承认，"亚利桑那号"和"犹他号"战列舰，以及三艘驱逐舰和一艘布雷艇都被炸毁；他还承认"俄克拉何马号"已经倾覆，但预计它能够被扶正并重新服役。[8]他称其他军舰受到"不同程度的损坏，有的即刻就能修好，有的需要花费几个月的时间来维修"。[9]谈及伤亡人数，他用"惨重"来形容。记者们刨根问底时，他承认大约有 3 000 人死亡。诺克斯认为日本军队的袭击"计划十分周密而且实施起来游刃有余"，但是他坚称珍珠港海军的士气十分高涨（事实并不完全如此），还补充说，"我希望那群浑蛋还会再来"。[10]他高度评价了海员们在这场突袭事件中的英勇壮举，致悼词颂赞了将生命奉献给崇高事业的烈士们。他的这番话时机很好，媒体根据他的发言争相报道，而且都采纳了他的主旨。

不过，令人不快的问题仍然存在：美国海军怎么对偷袭一点防备都没有呢？这是谁的错？接下来又会让谁来为这场灾难负责呢？国会中一直回荡着愤怒而不满的声音，有人要求把当地指挥官送上军事法庭，有人甚至要求海军部长诺克斯本人引咎辞职。[11]在对夏威夷进行短暂访问时，诺克斯对金梅尔将军提出了尖锐的问题，毫无疑问，这位太平洋舰队总司令已经不可避免地被选为了替罪羊。诺克斯对前来参加记者会的记者表示，他们即将启动一项"正式调查"，确认是否存在"玩忽职守"的情况。[12]但他也明确表示"海陆军没有保持备战状态"，因此加深了大家先入为主的想法，即当地的指挥官应承担主要责任。[13]金梅尔及当地陆军指挥官沃尔特·肖特被解除了职务，媒体对他们进行了有失公正的嘲弄。接下来的战争期间，他们被迫接受了诸多难以忍受的调查，而这些调查旨在将

　　　　　　　　　燃烧的大洋：1941—1942，从突袭珍珠港到中途岛战役

众矢之的从华盛顿的上级部门身上引开。

金梅尔的继任者是海军少将切斯特·尼米兹，他当时 56 岁，此前任航海局局长。这一决定是罗斯福做出的，而且在做此决定的时候他没有丝毫的犹豫。星期二早上，他对诺克斯说："通知尼米兹即刻出发去珍珠港，等打赢战争再回来！"[14] 很快，尼米兹将军办公室的电话响了，接电话的是尼米兹尽职尽责的司令秘书 H. 阿瑟·拉马尔上尉。来电者要求让"切斯特"听电话。拉马尔上尉没有听出电话另一端那低沉、洪亮的声音是谁，而且觉得"备受冒犯，竟然有人对我们将军直呼其名"。他询问来电者叫什么名字。"我是总统，"回答简短而生硬，"让他接电话。"[15]

尼米兹和总统进行了简短的通话，然后匆匆走出去，上车前往三个街区外的白宫。两小时后，他回来告诉拉马尔："我要去太平洋了。"

人们描述切斯特·尼米兹时通常会用到"银发"这个词，因为他一头银发，与他那锐利的蓝眼睛和红润的肤色形成鲜明对比，让人印象深刻。他的眉毛同他的头发一样是银白的，两者赋予他一种庄严感，让他看起来如同一位年长的智者。他的眼睛极具表现力，能在脸上没有其他表情的情况下传达出温暖、怀疑、遗憾、欢乐或愤怒的情绪。参谋给他起了个绰号："蓝眼睛男人"。他身体很强健，年轻时帅气十足，堪比电影明星——体格健壮，身形完美，下巴结实，棱角分明的脸上正气凛然。56 岁的他依然相貌堂堂。通过长距离的散步和高强度的网球锻炼，他身体一直很健康。

这是尼米兹第二次获得指挥美国太平洋舰队的机会。在 1941 年初，他拒绝了这个提议，因为他觉得自己资历太浅，还不能跻身上将的行列。如果当时接受了任命，他会连升几级，越过职级表上高于他的五十多位将军。尼米兹说，接受这一任命会激起他们的不满，导致他难以顺利地执行这项工作。现在，美国正处于战争之中，没有人那么在意海军等级排序的细节，而且无论如何，这项任命已经以命令的形式传达了下来。

尼米兹像海军部的大多数同僚一样，一直在连轴转。在战争爆发后的三天三夜里，他睡在办公室的沙发上，除了喝点儿妻子用保温瓶给他带来的汤以外什么都没有吃。度过第三天后，他过了午夜才回到家中，爬到床上睡了三四个小时，然后在黎明起床，继续回去工作。[16] 航海局虚有其名，它其实是海军的人事部门。随着战争爆发，尼米兹和手下都面临着巨大的工作压力。电话铃声几乎不间断地响着，每天的电报穿过尼米兹办公室套房的清漆木门，如潮水般涌入。丧生的军官必须有人顶替，失去作战能力的战舰上的军官必须重新安排，快速动员起来的舰队必须马上派出军官去管理。航海局还接到了一项残酷而必须执行的任务：统计出准确的伤亡人员的名单并通知遇难人员的家属。在战争早期的那些日子里，尼米兹有时要被绝望压垮了，因为上上下下都弥漫着绝望的气息。他对航海局的一位上校说："我们这次真是惨败。我都不知道我们能不能恢复元气。"[17] 后来他还向一个朋友吐露心声："从 12 月 7 日日本投下炸弹那天起，一直到至少两个月以后，几乎每天情况都会变得更加混乱无序，也显得更加无望。"[18]

尼米兹将军走回 Q 街 2222 号的家，发现妻子凯瑟琳受了风寒，病倒在床。他告诉了她这个消息。"你一直都想去指挥太平洋舰队，"她说，"你一直把这看作至高无上的荣耀。""亲爱的，"他回应道，"太平洋舰队此刻在海底。这里没有人必须知道这个消息，但是我一定要告诉你。"[19] 她帮他收拾了两箱行李，里面装着白色和卡其色制服。他没有带蓝色制服，因为夏威夷是热带气候，一般不会穿到。

12月18日的报纸报道了金梅尔被解职与尼米兹上任的消息。报道中刊登了尼米兹身穿海军戎装的照片，我们看到的是一位面颊瘦削的将军，嘴角平直，神情冷峻，眼睛深邃。就任美国太平洋舰队总司令的尼米兹连升两级，从海军少将（二星）直接晋升为海军上将（四星）。《纽约时报》形容他是一个"满头银发、皮肤黝黑的得克萨斯人"，并详细介绍了其海军生涯，着重描述了他的英雄事迹——1912年时身为海军上尉的他曾救起一名溺水的海员。[20]《纽约太阳报》的格伦·佩里在日记中写道："华盛顿当局认为这是明智之举，公众信心必将高涨。"[21] 尼米兹在海军界外几乎无人知晓，似乎天生不事张扬的他，留给大众的印象是一个"严格要求属下日落而归"的人——作风严谨，毫不通融，且不苟言笑。这种印象大错特错，但是对于当前的局势而言，公众有这种印象倒没什么坏处。这个形象与其军衔与职务是相称的，尤其是在战时。实际上，尽管他严格遵守海军规章，只消一个眼神或低沉的嗓音便可震慑他人，但他与生俱来的领导风格很大程度上归因于他本人的温情。

珍珠港事件虽然才过去一个半星期，但战争似乎已经持续了一个多月那么漫长。尼米兹已经没日没夜地操劳了整整十天，身心俱疲。海军部长诺克斯已安排好飞机，准备将新任美国太平洋舰队总司令送往西海岸，再让他在那里换乘飞机前往夏威夷。但是尼米兹没有登机——用他的话说，他需要几天时间"来补充睡眠，整理思绪"。[22] 他想的是乘坐火车，花三天时间到达加利福尼亚州，这样他可以在舒适的普尔曼式列车里养精蓄锐，处理堆积在文件箱里的简报。他将于 12 月 19 日星期五离开，三日后抵达加利福尼亚。

直到星期四他仍工作到深夜，不过星期五早上的时间他留出来陪伴家人，去学校观看了女儿玛丽的圣诞表演。他的妻子、儿子及另一个女儿不知道他此行会离开多久，但作为一个海军家庭，他们早已学会了接受长期分离的考验。谁都没有流泪。"我一点都没有失控，"尼米兹夫人后来回忆道，"我母亲教育我要接受不可避免的事，不去无谓地哭泣。你必须经历风雨。"[23] 到了联邦火车站，站台上挤满了军人和游客，尼米兹登上了巴尔的摩—俄亥俄铁路上的"国会专用"列车，赶往芝加哥。忠诚的副官拉马尔上尉与他同行，奉命保障尼米兹饮食正常，睡眠充分。海军事务委员会主席詹姆斯·O. 理查森将军给了拉马尔两瓶"老祖父"波本威士忌，叮嘱他每日晚饭前为尼米兹倒满"两小杯"。[24] 为安全起见，两人此番出行全程都身着便衣，使用化名。尼米兹的车票上用的名字是"弗里曼先生"——他妻子的娘家姓氏。

火车驶出了华盛顿，扎进了马里兰州乡下错落有致的玉米地里。傍晚时分，夜幕降临，拉马尔打开了威士忌。一两杯酒下肚后，尼米兹向拉马尔展示了自己平时在办公室从不示人的另一面。他乐呵呵地说起了笑话，甚至讲起了黄段子。他还教这位上尉玩克里比奇牌戏，然而拉马尔无法将精力集中在纸牌上，尼米兹最后放弃了，自己玩起了接龙。后来他们去吃了晚饭。当晚，他们在摇摇晃晃的床铺上酣睡如泥，火车驶过了上中西部的工业中心——匹兹堡、扬斯敦、阿克伦、加里——次日清晨，当远处芝加哥的摩天大楼映入眼帘时，睡醒的尼米兹"心旷神怡，感觉自己能应付眼前的局面了"。[25]

　　这名未来的舰队司令1885年出生在得克萨斯州弗雷德里克斯堡一个用石灰岩建造的小房子里。这座城市位于奥斯汀西部山区，是德国移民的聚居地。他在弗雷德里克斯堡主干道上的尼米兹旅馆的红瓦下长大，该旅馆为其祖父所建，由他父亲和叔叔经营（后者在尼米兹父亲过世后娶了他母亲，成了尼米兹的继父）。他的祖先是萨克森日耳曼人，属于有头衔的武士贵族阶级：冯·尼米兹家族的世系可以追溯到12世纪，他们曾获得过盾徽。然而，到了19世纪中叶他曾祖父一辈时，家道中落。他的曾祖父被迫变卖家产，外出谋生，成为商船船长。1840年，他的曾祖父移民至美国。

　　在孩提时代，家里不允许切斯特抛弃德国的传统：在家里和镇子上，他既讲德语又讲英文。为纪念其曾祖父的航海生涯，尼米兹旅馆的外观像一艘汽船，而内部细节尽是航海主题。在切斯特6岁的时候，他们全家搬到了克尔维尔，他们在那里开了另一家旅馆，名叫圣查尔斯，这是一个简陋的乡村旅馆，生意惨淡，一家人苦苦经营着。切斯特早已习惯于做苦力活。尚为孩童时，他便在黎明前起床做家务——清扫、拖地、除尘、砍柴、生火、倒垃圾。从12岁起，他为当地的屠夫跑腿送肉，每周赚一美元。在天气暖和的几个月里，他不穿鞋。在旅馆前台干活干到晚上十点钟是家常便饭。然后他会上床睡觉，黎明前起床开始下一天的工作。

　　尼米兹没有奢望过读大学，他的家庭根本负担不起。但是1900年夏天，他15岁的时候，两名美国陆军中尉下榻在尼米兹家的旅店。他们带来了一个激动人心的消息：西点军校对符合入学条件者免除学费。他写信给当地国会议员，得知该地区当年的西点名额已满，但仍剩有一个安纳波利斯海军学院的名额。该名额将在第二年春天举行的竞争激烈的考试中决出。他是在中学提前一年申请的，因此还没有学完所有相关课程。尼米兹每天凌晨三点起床，在破晓前的黑暗里静心读书。镇子上的人都很喜欢他，管他叫"棉花头"，因此，当他宣布要参加这次考试时，许多邻里都乐意为他提供帮助。当地一位教师帮他补习代数、几何、历史、地理和语法，他的中学校长也为他补习数学。1901 年春天，尼米兹以该地区考生中的最高成绩顺利过关，获得了成为 1905 届海军学院学员的机会。

从一开始，事实就表明尼米兹选对了职业。日常训练虽然艰苦又紧张，但与他在得克萨斯的生活比起来也没什么大不了的。海军学院学员起得再早，也没尼米兹在家里起得早。他们住在一个不避风雨的小破屋里，但尼米兹从未有过奢华的生活，也从未期望过别的什么。虽然他很穷，但在学院里这对他没什么影响——他在同学中很受欢迎，展现出一种与生俱来的领袖气质。学习上从没有什么能难住他。数学是唯一一门让他觉得有些吃力的科目，但即便如此，他的成绩仍然名列前茅。他戴上了三道杠，并且被任命为第 8 连连长，这是一份很高的荣誉。毕业时，全班 114 人中，尼米兹名列第 7。

"他似乎是一个笑对过往，对未来满怀信心的人。…… 他做事像德国人一样沉着稳重，能够探知事情的真相。"[26] 这是 1905 年《海军学院年鉴》的编辑们对 20 岁的切斯特·尼米兹的评价。这段引自华兹华斯的《远游》（*Excursion*）的诗句十分贴切，道出了尼米兹的安静、谦逊和友善的品质。他面色和蔼，举止大方，对自己的处境非常满足。他拥有那种罕见的灵魂，既高度自信，又质朴谦逊。

在早期的海军生涯中，尼米兹在许多部门干过——在海上和岸上都待过，上过炮艇、潜艇、驱逐舰、巡洋舰和战列舰，做过征兵、人事管理以及制订作战计划等工作。年轻时，他在位于东亚的美国亚洲舰队服役。1905 年，他被安排在"俄亥俄号"战列舰上服役，随船前往东京湾。在那里，他遇到了日本海军大将东乡平八郎。从1909 年起，尼米兹在海军新建的潜艇部队服役。1912 年，尼米兹因挽救了二等司炉 W.J. 沃尔什的生命而被授予银质救生勋章。当时，这名司炉被一股巨浪冲下 E-1 潜艇的甲板，并被卷走。26 岁的尼米兹上尉纵身跳入大海，朝着那个不会游泳的司炉游去。他帮沃尔什一直漂在海面上，直到救生船赶到。同年年底，尼米兹被授权指挥大西洋潜艇部队，当时他仍然是上尉军衔。1912 年，他在海军军官团的行业刊物《海军学院学报》（*Naval Institute Proceedings*）上发表了一篇关于潜艇战术的文章，成了公认的潜艇战术专家。他还成了海军柴油内燃机潜艇的一流专家。

在第一次世界大战期间，他曾在华盛顿海军作战部长办公室工作，后来担任"南卡罗来纳号"战列舰的副舰长。他还前往海军战争学院进修，这是每个军官晋升将级军衔之前都必经的过程。在这里，他学习了《橙色战争计划》，推演在太平洋上抗击日本的方案。后来他说过这样的话："有人曾问我太平洋战争应该怎么打，我说就像在海军战争学院我们在纸上演练的一样打。1923 年在那里学习的时候，我就打了一整场太平洋战争。"[27]

1912 年，尼米兹上尉向马萨诸塞州一名船舶经纪人的女儿凯瑟琳·万斯·弗里曼（Catherine Vance Freeman）求婚。"如果您真的爱我，"他在写给母亲的信中这样说，"我希望您祝贺我与凯瑟琳订婚。……您也许会指责我还不够了解自己，因为两年前我还想和别人结婚。好吧，但两年是很长的一段时间，我不再是当初那个稀里糊涂的人了。……现在，如果您想让我开心，请给这位小姐写一封友好的信，就当是为了我吧。"[28] 他们于 1913 年 4 月结了婚，之后一起回到了得克萨斯州的家里。尼米兹的母亲很友好，但其他长辈却不是很高兴。他们用德语在背后窃窃私语，这让凯瑟琳觉得，他们不太想让一个来自北方的非日耳曼人加入这个家族。南方人的身份意识在得克萨斯州仍然很强，内战的阴影还存留在老一辈人的记忆中。一天晚上吃饭时，尼米兹的一个长辈问道："切斯特，如果南北之间再战，你帮哪边？"他回答说："我当然站在联邦一边。"[29] 凯瑟琳将这视为一个忠诚的承诺，不仅是对国家忠诚，也是对她忠诚。

他们生了一个女孩，起名叫凯瑟琳·万斯；又生了一个儿子，起名叫小切斯特（和父亲同名），他将子承父业，进入海军学院，然后在潜艇上服役。他们还有两个女儿，安妮·伊丽莎白和玛丽·曼森。切斯特是一个尽责的父亲，在工作之余，他花了很多时间陪伴孩子。在婚后的头十年中，尼米兹一家先后住在康涅狄格州、德国、比利时、布鲁克林、华盛顿特区、珍珠港以及罗得岛。凯瑟琳似乎不介意不断地打包行李，从一个地方搬到世界的另一个地方，居无定所地生活。她和孩子们能够接受以海军为家。

在芝加哥停留期间，尼米兹上将乘坐出租车前往老海军码头和海军预备役学校，在那里与老熟人小谈了一会儿，并坐下来理了个

燃烧的大洋：1941—1942，从突袭珍珠港到中途岛战役

发。在那里他了解到威克岛正在全力抵抗日军的新一轮空袭。那天下午，他和拉马尔上尉回到迪尔伯恩站，去赶开往洛杉矶的圣菲铁路公司头号列车"超级酋长号"，这是长途铁路旅行盛期中最负盛名的客运列车之一。在行李搬运员的帮助下，他们住进了舒适的普尔曼式车厢。在下午渐暗的日光中，"超级酋长号"驶出了芝加哥，经过石头路堤、桥梁、涵洞、天桥、屋顶，一路上满是冬日荒凉之景。紧接着，城市依稀隐去，列车来到郊区，进入了伊利诺伊西部的大平原。"穿过地势平缓的乡间，美丽的农场，视野开阔，地平线在很远的远方。"尼米兹上将在寄给凯瑟琳的信中这样写道。[30] 拉马尔倒了两杯烈性威士忌，喝完两个人就睡了。

睡醒后，尼米兹打起精神，再次写道："随着我得到更多睡眠和休息，我开始觉得情况好转起来。我相信，到达珍珠港时，我一定能应对那里的局势。"[31] 尼米兹长时间注视着窗外的大平原，这是一片农牧区，有水泥厂、面粉厂、谷仓，还有完全为运输牲畜、粮食、玉米以及家禽而建立的小镇。[32] 列车驶过堪萨斯城，这是一座繁荣的大都市和十几条铁路干线的枢纽；接下来穿过一片广袤的平原，景色没有明显的变化，平原上的玉米田一直延伸到天际；后来火车通过道奇市，这是旧边界上最臭名昭著的城镇之一，过去西部的执法者怀亚特·厄普（Wyatt Earp）和比尔·蒂尔曼（Bill Tilghman）就是在此地出名的，不法之徒的尸骨依旧埋在布特山（Boot Hill）上。进入科罗拉多东南部以奶业和苜蓿种植为主的农业地区时，列车会建议乘客们将手表时间往回调一小时。然后是更多的农田，数英里的路上全是洋葱、甜瓜、甜菜和其他作物；随着"超级酋长号"轰鸣着穿越平原，顶部覆着白雪的落基山脉从遥远的西北方映入眼帘。列车驶进这片干旱的地区，经过灌溉渠，这些灌溉渠将珍贵的水送到向日葵田和苜蓿田里，送到种植扁豆和甜菜的广阔田野上；再往后，沿途的小镇里，目光所及处均是晒干的砖坯砌成的民居和楼房。

上车前有人将一个装有高度机密的照片以及珍珠港详细情况报告的帆布包交给拉马尔。"你要片刻不离身地带着这个包，"那人说，"离开芝加哥后再打开，然后把里边的东西给尼米兹上将看。"看到里边的东西后，尼米兹的心情变得沉重起来。尽管在离开华盛顿之前，他已经有所耳闻，但他从未想到过这场屠杀的规模有这么大。拉马尔回忆说，战列舰现场的照片"惨不忍睹"，比文字更能展现"珍珠港血流成河的局面"。[33] 美国本土很少有人看过这些照片，连身居高位的政府官员看到这些照片的也没有几个。场面最惨烈的是"亚利桑那号"的一张照片，整个船体都沉到了水下，船体的上层结构露在水面上，被炸得面目全非，恐怖的黑色浓烟从船体中冒出。尼米兹在一级级晋升的过程中指挥过战列舰。三年前他指挥战列舰分队时，"亚利桑那号"曾是他的旗舰。他很了解它。尼米兹想到了金梅尔。在那年的早些时候，他差点得到金梅尔的职位，但幸运的是他拒绝了。"这原本可能发生在我身上，"他对拉马尔说，"可能发生在任何一个指挥官身上。"[34]

对于尼米兹这样的已经将 40 年时间贡献给海军的人来说，珍珠港的失败就像自己的耻辱一样。他信任海军，将在海军服役视为毕生的事业，并且从未想过美国海军会被日本或其他国家如此轻易地、毫无防备地袭击。他一直忠诚于"海军之路"——海军的繁文缛节、守时精神、固执的做事节奏、不可违背的原则等——因为他认为这些要求都是特意设计出来的。1930 年，他在 1905 届海军学院学员毕业 25 周年的纪念册上写道："我在海军的生活非常开心，没有任何其他职业能让我甘愿放弃目前的职业。"[35] 那并不是空话：尼米兹本来可以离开海军，去个私人企业成为富豪的。1915 年，圣路易斯的一家柴油发动机公司曾经以 2.5 万美元的年薪聘请他。那时他是布鲁克林海军造船厂的一名上尉，与妻子和两名襁褓中的孩子居住在弗拉特布什街的一个狭小公寓中，海军每月给他的工资是 288 美元。他告诉招聘人员："我不去，谢谢。我不想离开海军。""钱不是问题，"公司的招聘人员坚持不懈，"你开个价吧。""不，"尼米兹说，"我不想离开海军。"[36]

小切斯特记得在 20 世纪 30 年代中期的时候，他和父亲有过一次谈话。他父亲说，自己希望有一天能获得最高职务，海军作战部长的职务。小切斯特问他要如何实现这个目标，尼米兹说，他会像之前那样竭尽全力，并且"他坚信，每个人在海军都能得到应得的东西"。[37]

小切斯特跟他父亲的传记作家说："我父亲特别喜欢跟人打交道。他其实对海军的大炮和技术不感兴趣。"这个判断有点不合理，因为尼米兹曾经是海军中最优秀的柴油机专家。但可以肯定的是，在他职业生涯的后半段，当他为更高的职位做准备时，他关注的是领导的总体原则。他密切观察指挥官中最优秀的那些人，并且有意识地模仿他们。如果说他有专长的话，那就是擅长培养和管理海军的人力资本。他作为领导者、管理者、裁决者和激励者时最能发挥天赋。20 世纪 20 年代末，他被派往伯克利任海军科学和战术方面的教授。在那里，他花了大量的时间将学生招进海军预备役项目，这是他一直都非常在意的一个项目。他非常喜欢跟"极具独立精神、思想自由的年轻人一同工作，试着潜移默化地影响他们的思维和行为方式"。[38]

1935 年，他开始在航海局也就是海军的人事部门任职。他在这个部门担任过两个职务，其中的第一个职务要负责海军"采购、培训、人员晋升、任务分派、掌管军纪"的工作。他善于选贤任能，把他们安排在能够发挥自己才能的部门。航海局命他掌管两个主要的海军军官培养单位，一个是海军学院，一个是海军预备役军官训练营（Naval Reserve Officer Training Corps，缩写为 ROTC）。此外，所有的新兵训练营和其他特殊训练学校和项目也归他管理。他推出了一项有争议的政策，去掉了预备役制服和正规海军军官制服的所有差异。这个旨在提高预备役人员权威的政策在"安纳波利斯集团"中不受欢迎。但是，它避免了像在英国海军中存在的那种差异。在英国海军中，预备役军官身穿波浪金条纹制服（贬义的绰号"波浪海军"就是因为这身制服得来的）。[39] 当上航海局局长后，尼米兹向所有舰船和基地的将级军官发出了一则消息，让他们都用预备役人员作为个人助理，并让海军学院毕业生去执行海上任务。尼米兹心里一直铭记着马汉的信条：好船员加上坏舰艇比坏船员加上好舰艇更能打造一支好海军。他本人是安纳波利斯海军学院毕业的，但是如果这个小圈子里有谁伤害海军的利益，他绝不姑息。

在罗斯福执政期间，海军建设有了长足进展。1934 年、1938 年和 1940 年制定的几个重要海军支出法案导致海军急需招募各级军官和士兵。（1940 年的《两洋海军法案》旨在建设两支可以独立作战，同时又不违背马汉集中优势兵力原则的大型舰队。它授权海军舰队的规模扩张 70%，为此拨款了 40 亿美元，这在当时是个天文数字。）当时急缺人手，而尼米兹是整个海军中提供人手最多的。他通过在报刊上打广告为海军募兵。新兵的基本训练期从 8 周缩短至 6 周。海军学院的班级增设了 25%，学术课程从四年缩短到三年。新的海军预备役军官训练营在全美国的大学里设立。为了应对海军不断增加的行政工作和文职工作，他还开始雇用成千上万的女性担任海军文书军士。

他不是飞行员，也从来没有在航空母舰上工作过，但他职业生涯的大部分时间是在海上度过的——这是所有海军军官都应当做的——他还分别在驱逐舰、巡洋舰和战列舰上任过职。他做过一系列重要的参谋工作，制订过作战计划，指挥过巡洋舰分队，也指挥过战列舰分队。在海上，他始终相信下属知道各自的职责所在，相信他们知道该怎么做，除非有明显的证据表明他们不知道。他没有采用暴力的指挥风格，给了下属很多施展的空间，只有当他们显露出自满或无能为力时，他才插手。在这种情况下，他会以低沉的声音礼貌而直率地告诉那个人，他的表现不够好。拉马尔说："尼米兹从来没有大声说过话，而且在我和他一起服役的这么多年里，我从来没有听到他说过脏话。但是，在必要的时候，他能够平静而沉着地使某个海军少尉甚至使哈尔西将军镇定下来。他从来没有公开表达过不满，只有看到他咬着嘴唇的时候，我才知道他心里不高兴了。此时他蓝色的眼睛里会闪出冷冷的光。"他不是苛刻的上司，很关心下属的福利问题。拉马尔回忆说："不论何时，在我们外出工作的时候，他都不会忘记问我，后勤兵或驾驶员是否都有吃的。"[40] 但是他也不缺乏军事指挥官在战时所需的冷酷和无情。后来，到了

1943—1944 年，美国在太平洋战争中遭受的损失不断增加，他说："这是指挥官的责任。你必须派人去牺牲。"[41]

尼米兹在"超级酋长号"上研究了图片和简报后，开始全方位地深思这个摆在他面前的挑战。他要接管的是一个散乱的指挥体系、一支瘫痪的舰队和一群士气低落的士兵。他到达夏威夷的时候，正是人们普遍担心这座岛会被敌人占领之际。他要负责指挥有史以来最大规模的海战，而且他指挥的战区的面积，超过了历史上任何一位军事指挥官指挥的战区。他掌管的舰队最终将摧毁日本海军，并将战争引入西太平洋地区，其规模与以往的任何一支舰队都有根本的不同。它需要调动整个美国的经济和全体美国人。周日，尼米兹再一次写信给凯瑟琳，这一次他的语气更加谨慎："我睡了个好觉，醒来时神清气爽。但是今天在看了报告和评估后，我很难保持乐观。也许在我真正抵达并从第一眼的震惊中缓过劲来后，情况会好一些。"[42]

火车继续前进，穿越了多彩的荒漠，这是平顶山和红色砂岩峭壁组成的壮丽景观。[43]纳瓦霍部落的妇女在沿途小镇的车站售卖毯子和珠宝。尼米兹又试着教拉马尔玩克里比奇牌戏，但仍以失败告终。进入亚利桑那州后，窗外的景色依旧，从火车的窗户向外可以看到霍皮人废弃的村庄，孤独的仙人掌零星地散布在丘陵上。到了塞利格曼，他们的手表又往回拨了一小时。他们跨过科罗拉多河，进入加利福尼亚的尼德尔镇，进而穿越莫哈韦沙漠那人迹罕至的平原，远处是烈日炙烤下荒凉的群山。随着他们进入加利福尼亚的中心地带，土地渐渐变得肥沃起来。他们很快便看到了苹果园、桃园和樱桃园，接着是成片的柑橘园和柠檬园。他们穿过了丰塔纳，亨利·凯泽会在那里于两年之内建成落基山脉以西第一座综合钢厂。继续向西行进，路旁排列着棕榈树的平房社区越来越大、越来越多，广告牌林立的公路从铁道两侧延伸向远方；接着，建有篱笆的生菜田旁边突然出现了仓库、罐头工棚、冷冻厂房等建筑，田间遍布着用于引水灌溉的管道和沟渠。穿过一个又一个隧道，一座又一座桥梁，途径帕萨迪纳后，"超级酋长号"于周一早晨驶入了洛杉矶。

尼米兹与即将飞回华盛顿的拉马尔握手告别，随后乘坐联运火车前往圣迭戈，在 12 月 22 日下午抵达。在那里，他作为当地海军航空站指挥官的客人过了一晚。他计划乘坐 PB2Y-2"科罗纳多"水上飞机前往瓦胡岛，但是由于 12 月 23 日遭遇狂风暴雨，起飞碰到了很多困难。飞机的一个翼尖老是在水中拖行，于是飞机滑行回了基地，起飞失败。第二天是圣诞节前一天，天气好了一些。尼米兹上将对飞行员和其他机组人员在节日期间无法跟家人团聚表示了遗憾。临行前，尼米兹写信给妻子，在结尾处表达了下面的想法："我只希望不辜负你、总统以及海军部对我的期望。我发誓竭尽所能。"[44] 下午四点，这架大型水上飞机满载着为长途飞行而准备的燃料，从水道上呼啸滑过，摇摇晃晃地升上天空，飞往了珍珠港。

在绝望的两个星期中，威克岛上的小规模守卫部队一直在顽强抵抗日军海空两路的袭击。这片环礁是地球上最偏远的地方之一，它是由泥沙、灌木和珊瑚岩组成的 V 形珊瑚礁，距离瓦胡岛 2 300 英里，离东京 2 000 英里，向南 600 英里是马绍尔群岛北部的偏远程度略逊于此的环礁；从马绍尔群岛的日本机场出发的飞机每天都对这里进行轰炸。威克岛以及威尔克斯和皮尔这两个姊妹岛，总共加起来约有三平方英里，是古火山被淹没后剩下的一部分。它们中间是一个鲨鱼经常出没的、钴蓝色的潟湖，这里面水位太浅，布满密密麻麻的珊瑚岬，无法让任何船只停泊。这三座岛的海拔最高处只有 20 英尺，离海平面太近了，船只有时候从离它们只有十几英里的地方经过，也看不见它们。岛上没有棕榈树，没有淡水水源，除了鱼以外没有任何食物，只有不会飞的鸟、寄居蟹和那些几十年前甚至可能几个世纪以前从到访的船只上留下来的老鼠。珊瑚上长着一片原始的灌木丛。海浪拍打着岸礁，海涛声是威克岛永恒的背景音乐。这声音虽然说不上是让人不悦，但浪声很大，人们说话的时候必须提高音量。接近小岛的飞机的引擎声，直至出现于头顶上方才能听到——这有点危险。

威克岛唯一的价值在于它是一个中途站，是岛链中的一环，这条岛链由瓦胡岛、中途岛、关岛和菲律宾群岛等岛屿组成，将美国与亚洲相连。该岛于 1899 年并入美国，最初作为跨太平洋海底电缆的中继站，后来成为泛美航空公司中国特快班机的装煤站和加油站，该公司的四引擎水上飞机一周两次在这里的潟湖上降落。1941 年 1月，海军建造了一条 4 500 英尺长的碎珊瑚跑道，并一直努力利用现有的人力和物力资源为飞机改善防御设施和地面支援设施。为了给大型船舶建立锚地，他们疏浚潟湖的水道，并用炸药炸掉露出的珊瑚礁。约有 1 000 名平民建筑工人正在将皮尔岛上的泛美公司的设施改建为扩大的飞机场。这里设有两个军营，每个军营都有营房、办公室和仓库，位于威克岛的两端。第一海防营的 450 名官兵驻守在威克岛和威尔克斯岛南部岸边的炮台和防御工事中，其中许多人都住在帐篷里。这片环礁的全部航空力量由海军陆战队第211战斗机中队（VMF-211）的12架F4F-3野猫式战斗机组成，它们是战前四天从"企业号"上飞来的。

12月8日中午（当地时间），在珍珠港遇袭数小时后，威克岛便遭到了34架G3M中型轰炸机的袭击，这些轰炸机来自马绍尔群岛的罗伊岛。云层下的轰炸机从海拔1 500英尺的空中由南面滑翔俯冲。直到第一颗炸弹爆炸前一分钟，才有人看到它们或听到它们的声音。[45]4架野猫式战斗机正在1.2万英尺的高空中巡逻，但并没有察觉到1万英尺下的日本轰炸机。还有两架飞机已经接到命令升空，但还没有起飞。8架新的蓝灰色海军陆战队战斗机（占了威克岛2/3的空中力量）几乎机翼并着机翼，停放在跑道边缘。由于这个狭小的机场没有足够大的空间，所以它们没法隔出适当的距离。G3M轰炸机排成紧密的"品"字形编队从人们头顶呼啸而过，极其精准地投下了60千克的杀伤炸弹，这些炸弹径直落在停放的飞机之间和邻近的机械库上。与此同时，日本的机枪手也在扫射外面的飞行员和地勤人员。他们在机场上四散奔逃，有几十个人在跑道上被射倒。这场袭击进行得很快，轰炸机突然出现，又迅速离去了。它们向左转弯，前去袭击2号营地和皮尔岛上的泛美航站楼，摧毁了那里的好几座建筑物和设施，并且打死了10名泛美的员工。接着它们再次左转，向南迅速撤离。无论是高射炮手还是正在空中巡逻的4架飞机都没能及时做出反应，攻击者逃得无影无踪。

当2号营地指挥部的天花板上出现一连串弹孔时，威克岛的高级军官温菲尔德·斯科特·坎宁安（Winfield Scott Cunningham）中校才知道他们遭到袭击了。他跳进皮卡，然后沿着主路前往机场。

在那里，透过闪烁的火光，他看到了 8 架珍贵的野猫式战斗机烧焦的残骸，"机身从一头到另一头都冒着火舌"。两个大型航空燃油罐被直接击中并且爆炸，机场周边的汽油桶也在燃烧。黑色的油烟从火焰里翻滚而出，往下风方向吹去。帐篷被机枪打得粉碎：空中的日本机枪手没有错过任何目标。飞机跑道坚硬的珊瑚表面上"密密麻麻地散落着尸体碎块"。[46]

与菲律宾和马来亚的情况一样，日本最初的空袭来得快，跨越距离惊人地长，而且攻击水平超过了盟军飞行员的预估。"我们地面上的飞机就像嘉年华射击馆里的目标，固定在那里，无法还击。"幸存的飞行员约翰·金尼上尉写道。机场上的 8 架野猫式战斗机中，有 7 架被摧毁，第 8 架严重受损，不过经过大修之后还能升空。这样就只剩下 5 架战斗机来对抗接下来的一次次空袭。扫射和轰炸对飞行员和地勤人员造成了极大的伤亡。VMF-211 的 55 名地面工作人员中，有 23 人身亡，11 人受伤。[47] 所有的机械师都受了伤。在战斗的最初几分钟里，这个中队就有超过一半的人伤亡。

坎宁安和他的军官正确地猜测出这次袭击来自罗伊岛或者马绍尔群岛北部某个简易机场。他们推断日本的轰炸机不会在夜间飞行，所以倒推出来，日军的下一次空袭将在第二天中午到来。飞行员和机械师，包括几名可以行走的伤员，一起维修 5 架可用的飞机。他们从民用承包商那里借来推土机，挖了粗糙的护墙，来安置那些幸存者。剩余的航空燃油罐被分散到了远离机场的地方。[48] 卡车把伤员运到了 2 号营地的医院。停泊在潟湖上的泛美水上飞机被击中了几次，万幸的是其关键的系统都能够修复。公司请求让这架飞机飞往夏威夷，并且尽可能多带一些雇员，坎宁安批准了这一请求。（让坎宁安感到气愤的是，公司将所有的非白人员工都留下了。)⁴⁹ 为了鼓舞士气，保持最起码的体面，死者的尸体必须要在被岛上贪婪的螃蟹包围之前转移。葬礼勤务队一直在努力赶走大群的螃蟹，直到一辆自卸卡车到达并将尸体运送到 2 号营地。在那里，尸体被放置在营地中的一个冷藏库里，和火腿以及牛肉放在一起。

正如估计的那样，第二天的空袭在正午前不久到达了，但这次 27 架 G3M 轰炸机是从大约 1.2 万英尺的高空投下的炸弹。这一次投弹的准确性也令人震惊，2 号营地剩余的建筑大多也变成了冒烟的废墟。皮科克角上的一门高射炮被摧毁，一门 5 英寸岸炮的火力控制设备也有所损坏。所有幸存的野猫式战斗机都在空中迎敌，并击落了一架日本轰炸机。海军陆战队的高射炮也开火了，击落了一架敌机，还有一架在向南逃窜时尾部冒烟了。简易机场没有严重损坏，但是正如金尼上尉说的那样，"2 号营地附近遭受了毁灭性的破坏。平民和海军的棚屋被打得千疮百孔，机械库和仓库都被夷为平地。然而，这天遇袭最严重的是 2 号营地的平民医院。当炸弹再次落下的时候，头一天袭击中受伤的人们都在医院里。医院遭到了至少一次直接的轰炸，甚至被炸了好几次，迅速着起大火"。⁵⁰ 病人和医务人员被转移到两个空的弹药库里，这里黑暗而不透气，但是在抵御炸弹弹片时至少能起到一点作用。

被包围的守军开始挖掘堑壕，准备迎接持久战，对海军赶来救援不抱什么期待。空袭几乎每天都在持续，通常在中午到达。飞行员和机械师缺少维护手册、零部件和工具，他们拆卸机场上被炸毁的飞机上的零件，尽最大的努力让所剩无几的野猫式战斗机保持飞行能力。从每天早上 10 点左右，4 架战斗机就开始在环礁上空巡逻。

12 月 10 日，它们击落了两架敌方轰炸机，高射炮的炮火也很猛烈，似乎击伤了另外两架。但是，日军的双引擎三菱轰炸机投放的一枚炸弹直接落在了威尔克斯岛的一个仓库棚子里，这里存放了 125 吨炸药（平民工程师用它们来疏浚通往潟湖的水道）。巨大的爆炸摧毁了一门高射炮以及半英里外的一辆探照灯卡车，并且引爆了 0.25 英里内所有的海军陆战队弹药（3 英寸和 5 英寸的炮弹）。一个岸炮的测距仪被摧毁。令人惊讶的是，只有 1 人死亡，4 人受伤；但是岛上的驻军人数已经少之又少，损失任何一个人都是无法承受的。

12 月 11 日凌晨 3 点，海军陆战队瞭望员在南方地平线上发现有模糊的轮廓在移动。"它们就像在海上缓慢移动的黑色幽灵一样。"查尔斯·霍姆斯中士回忆道。[51] 观察员们借着弦月的光亮仔细观察那些移动的轮廓，很快就得出了结论——那是一列舰船。坎宁安中校警觉起来。一些人希望那是友军，是来自珍珠港的救援部队，有些平民承包商甚至带着大包小包跑到海滩上，希望成为第一批上船的人。无论是坎宁安还是海军陆战队驻军指挥官詹姆斯·德弗罗少校都决定暂不开启探照灯，在舰船进入近距离之前不开火。（两人都宣称这个决定是自己做出的，导致战后两人之间有点龃龉。）[52] 如果这一列舰船里有巡洋舰（确实有），那么上面的舰炮可能比威克岛上的 5 英寸岸炮更大，射程更远。如果真是这样的话，敌人可能会选择远程火炮对射，美方将处于严重的劣势。德弗罗下达了严格的命令，不许开火，要求手下"保持安静，直到接到我的命令"。[53] 随着舰船越来越近，海军陆战队员越来越紧张：黎明前的这种紧张状态比实际战斗更加让人难耐。下士伯纳德·理查森后来承认："我们吓得要死。我们知道即将发生什么事情。我们似乎被包围了……

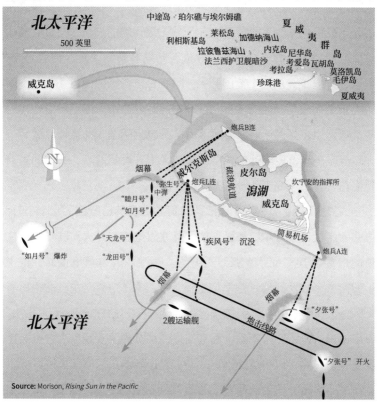

威克岛，1941年12月11日

北太平洋

500 英里

中途岛·珀尔礁与埃尔姆礁
莱松岛　　　　　　夏　威
利相斯基岛　　加德纳海山　　　　夷
拉彼鲁兹海山　　内克岛　尼华岛　群
法兰西护卫舰暗沙　　考爱岛　瓦胡岛　岛
　　　　　　考拉岛　　　　莫洛凯岛　毛伊岛
威克岛·　　　珍珠港　　　　　　　　　　夏威夷

N

炮兵B连

烟幕　　威尔克斯岛　皮尔岛
"弥生号"　炮兵L连　　　　坎宁安的指挥所
中弹　　　　礁湖航道　　　潟湖
"睦月号"　　　　　　　　威克岛
"如月号"
　　　　　"天龙号"　　"疾风号"沉没　　　简易机场
　　　　　"龙田号"　　　　　　　　　　炮兵A连
"如月号"爆炸
　　　　　　　　　烟幕　　　　　　　"夕张号"
北太平洋　　　　　2艘运输舰　炮击线路　　　　烟幕
　　　　　　　　　　　　　　　　　　　"夕张号"开火

Source: Morison, *Rising Sun in the Pacific*

心里很清楚我们会落入敌手。"[54]

　　这支入侵部队是两天前由海军少将梶冈定道指挥从马绍尔群岛中的夸贾林环礁出发前来的。这列纵队中有 13 艘军舰：6 艘驱逐舰、3 艘轻型巡洋舰，还有 4 艘载有 450 名士兵的运输舰。梶冈率领舰队直接向南部的海滩靠了过来，他显然认为美军的岸炮在过去三天的空袭中都被摧毁了，完全没有发觉自己已经被发现，而且进了埋伏圈。凌晨5时，东方出现了黎明的一抹蓝光，舰队距离皮科克角还有4英里——梶冈的旗舰"夕张号"巡洋舰向左转，与威克岛的南部海滩呈平行状态。其他军舰也开始随着转向。几分钟后，"夕张号"开火了。从这个范围开火，炮弹是以较低的弹道飞来，不断从美军士兵的耳畔轰鸣飞过。没有一发炮弹命中海滩上的岸炮，这些岸炮仍用迷彩网遮着，海军陆战队员也仍然坚守在掩体和散兵坑中，但是1号营地附近的两个油罐被击中并燃烧起来。日本的运输舰拖在后面，开始把登陆部队换到小船上。

清晨6时15分，海军陆战队员们感觉仿佛已经等了几个小时。德弗罗少校下令开炮，海滩上的5英寸岸炮纷纷开火。驻守皮科克角的炮兵A连对准"夕张号"开火。第一轮齐射角度偏高，击中了偏南的一艘驱逐舰；炮手们压低角度，在5 700码左右的距离有4发炮弹接连命中"夕张号"。"夕张号"的右舷被炸出了一排洞，冒出浓烟；但是它很幸运，所有的炮弹都打到了水线以上，虽然速度受到了影响，但仍然能逃离战场。它掉转船头，向南逃窜。威尔克斯岛的炮兵L连由约翰·A.麦卡利斯特上尉指挥，他们的射击范围能够覆盖整个敌舰纵队，但是他们的第一轮射击对准的是三艘驱逐舰中最近的一艘。这三艘军舰在7 000码范围内排成一列。被击中的是"疾风号"，它很快就沉没了。

在前一天的轰炸中，L连的瞄准设备已经被毁，麦卡利斯特不得不借助一种历史悠久的技术，通过试射并观察弹着点来确定有效射程。凭借跟另一个阵地通话获得的援助，L连的弹着点慢慢接近了目标。"疾风号"朝数轮齐射的火力网冲过来并左转，把整个侧面朝向海滩。"疾风号"这一斗志昂扬的举动只是让这个勇敢的"罐头"*完全暴露在炮兵 L 连的下一轮齐射之中而已。炮弹击中了船身中部，并引爆了弹药库。一阵剧烈的摇晃过后，一道白光闪过，"疾风号"断成了两截儿——船头漂往一边，船尾漂往另一边，在海上可怜巴巴地浮动了一小会儿之后，迅速沉没了，船上的 168 人葬身大海。炮手们禁不住欢呼雀跃。L 连的副排长亨利·比德尔厉声喝道："别太高兴了，你们这帮蠢货！快回到炮位上。你们当这是什么？一场球赛吗？"[55]

麦卡利斯特调整炮位，瞄准日军的另一艘驱逐舰"追风号"，此舰已掉头向南逃窜。"追风号"释放烟幕弹来掩护自己撤退，但是 L 连两次成功击中其船舷水上部分。麦卡利斯特向东边更远处的两艘运输舰发射了几颗炮弹。虽然距离接近两英里，有一颗炮弹还是击中了"金刚丸"。最后，麦卡利斯特对准一艘轻型巡洋舰，击中其后炮；该舰尾部冒烟，仓皇逃窜。坎宁安中校后来激动地写道："今日清晨，什么也无法阻挡炮兵 L 连取得辉煌战绩。"[56]

在皮尔岛，炮兵 B 连瞄准的是第二列驱逐舰纵队，这列纵队向北行驶，经过环礁西侧时，一颗炮弹击中了"弥生号"船尾附近的水线以上部分。日本炮手迅速反击，准确性很高，炮弹落在 B 连四周，炸断了连接附近瞭望塔的火力控制电缆。伍德罗·M. 凯斯勒上尉解释说："他们一开始的方向修正量很完美，但是由于他们也是水平射击，弹道很低，他们发现我们的位置太低，难以击中。起初，他们的炮弹直接落进我方阵地前的潟湖里，湖面翻滚着黄绿色的苦

---

* "罐头"是驱逐舰在美军中的外号。——编者注

味酸水花。然后炮弹又越过我们，在北部海滩落下。紧接着就形成了跨射*，将我们笼罩在其火力范围中。看到这么多的炮弹在我方炮兵连阵地上爆炸，我们却没有人受伤，真是难以置信。"[57] B连操作阵地中的大炮，又打了几轮齐射，最终又有一颗炮弹击中"弥生号"，而且可能也击中了"睦月号"。这两艘驱逐舰掉头向南驶去，冒出了浓烟。现在整支舰队都在撤退。早晨7时，梶冈少将取消登陆行动，以信号示意全体撤退至夸贾林环礁。

很快，撤退的舰船消失在了南方的地平线以下，但是海军陆战队的反击还没有结束。剩下的4架可飞的F4F野猫式战斗机一直在环礁上空盘旋，保持高度，如果日本航空兵前来与入侵舰队协同作战，它们就可以迅速迎敌。VMF-211的队长保罗·A. 帕特南少校在无线电里说："好吧，空中好像没有日本人。咱们也冲下去，加入这场派对吧。"[58]

野猫式战斗机纷纷向南追击。这些是战斗机而非轰炸机，不是为了炸沉舰艇而设计的，但是它们都临时挂载了两枚小型的100磅炸弹，还能用0.50英寸机枪扫射敌人的甲板。这4架飞机连续攻击了9次，狠狠打击了正在撤退的日军入侵部队，然后返回离得越来越远的威克岛，去补充炸弹和机枪的弹药。该战斗机中队的空中攻击破坏了日军巡洋舰"天龙号"的一根鱼雷发射管，摧毁了巡洋舰"龙田号"的无线电室，扫射了运输舰"金刚丸"并使其中弹起火，引爆了"如月号"驱逐舰上的深水炸弹舱，致使该舰沉没。这几架飞机都遭到了高射炮和机枪的射击，虽然没有被击落，但是都弹痕累累。一架野猫

---

* 这里跨射指一轮齐射的多发炮弹分别落在目标的近处和远处，表明距离准确，连续开火就能命中。——编者注

式战斗机的引擎被射得千疮百孔，在返航途中严重漏油，飞行员被迫紧急降落在海滩上；他离开了，可是他的飞机不能再飞了。

炮手和飞行员击伤了来自夸贾林环礁的日军入侵部队的 13 艘军舰中的 9 艘，并击沉 2 艘。日本方面从未报告这一战的损失，但很可能有 500 人丧生，受伤人数是其两倍。出人意料的是，美军只有一人死亡，四人受伤。这是整个太平洋战争中唯一一场仅靠岸炮就击退了两栖入侵部队的战役。海军陆战队员们欢欣鼓舞。炮兵 L 连的一名炮手说："当日本人撤退时，你甚至会以为我们已经赢了这场战争。"[59] 在经历了三天破坏性的狂轰滥炸之后，这是一次意义非凡的胜利，也是盟军在日本进攻初期所取得的唯一一次胜利。"我非常确定，岛上每个人都士气昂扬，"德弗罗手下的一名中士写道，"有几个路过的士兵停下来祝贺德弗罗。我们又有了某种希望。我们感觉很好。我们是海军陆战队，不是吗？"[60]

然而，威克岛坚持不了多久了。目前只剩两架飞机还能飞。岛上急缺重要的装备、弹药和人力。这里需要增兵，增加军备和物资，否则就要撤离，把这座岛让给敌人。"对于未来，他们不抱任何幻想，也预料到了敌人会加派兵力，卷土重来，"塞缪尔·埃利奥特·莫里森写道，"但他们认为，海军会认真考虑派兵前来解救他们。"[61]

12 月 7 日下午，波因德克斯特总督宣布进入紧急状态，夏威夷开始实行戒严。肖特将军在被解职之前，发布了一则声明，警告当地居民对所有命令"立刻绝对服从。……不论是在言语上，还是在行为上，都不得有丝毫违抗。……所有人都要留意自己的举动，因为任何违犯军令的人都会立刻受到严厉惩罚"。[62]

岛上严格执行灯火管制和宵禁政策：晚上 6 点钟熄灯，6 点半街上不得有人。有意违犯宵禁的人在夜间玩儿起了"躲警察"的游戏：他们跑步穿过空地，躲进灌木丛，或者藏到停放的车辆下面。有一些冒险者因此遭到射杀。巡逻的警察整夜都在昏暗的街道上走动，他们的警告声响彻四周："灯！灯！关上灯！"[63]不遵守灯火管制的人会被逮捕，带到火奴鲁鲁的宪兵司令面前。他们会抗辩并简短地陈述，之后法院会做出裁决。违犯禁令者一般会被罚 100 美元（对于普通人来说，这是一个月的工资）或处以 100 天监禁。行为较轻者，例如在后院点烟的人，有时会被判献出 1 品脱（约 500 毫升）的血。

　　当地居民必须在脖子或手腕处佩戴标识牌，还要时刻戴着笨重的防毒面具。所有人都必须录入指纹，还必须注射疫苗。每天下午 3 点半店铺就暂停营业。由于禁止卖酒，所有酒吧和酒馆都关了门。食品、药品和香烟一时间变得稀缺。每天杂货店前都会排起长龙，货架也会被清扫一空。汽油实行配给制，每辆汽车每月仅限 10 加仑。业余无线电操作员必须上交所有设备。没有特别许可，不得冲洗照片。当地政府通过电话公司总机监听拨往本土的电话，如果来电者有任何违反规定的行为——使用除英文之外的语言，聊起瓦胡岛的天气，监听人员就会切断通信，甚至（采用更可怕的方式）直接打断通话，厉声警告。"监听人员基本上不会问候你，"当地的一名新闻记者写道，"在某些情况下，他们的言语简直就是粗俗无礼。人们认为，这是战争带来的一种罪恶。"[64]

　　城市基础设施和其他重要建筑物门前堆放着一排排沙袋。屋顶、公共汽车，甚至包括火奴鲁鲁滨海地区的地标性建筑阿罗哈塔

（Aloha Tower）都被漆上了迷彩图案。编花环的手艺人被征去制作迷彩伪装网，以遮蔽炮台、卡车和飞机。"夏威夷"这个词被套印在所有纸币上——如果遭到入侵，美国财政部可以宣布这些纸币作废。国民警卫队成员手持装了刺刀的步枪，在交叉路口和桥梁驻守。然而，他们身边的许多民防志愿者只拿着从家中带来的武器，包括匕首、木棍和砍刀。部队用战壕、碉堡和铁丝网封锁了海滩。人们在公园绿地和私人庭院内挖了简易的防空洞，这些防空洞大多只是一些深沟，里面垫着硬纸板，上面盖着锡板。在频繁拉响的防空警报声中，所有居民按命令躲进防空洞，直至警报解除。佩吉·休斯·瑞安的丈夫是驻扎在珍珠港的潜艇军官。她回忆称，自家后院的防空洞里挤满了蟾蜍和蝎子。"防空警报拉响的时候，我们拒绝躲到那里，我们宁愿被炸死，也不愿意跟那些爬着的、蹦着的东西待在一起。"[65]

夏威夷居住着大量的日裔，其中既有入籍的公民，也包括外籍侨民。他们总数约为15.8万，占当地人口的37%。仅在瓦胡岛，就有8.2万日本人。人们普遍认为，"他们"在空袭之前就已知情，向敌人提供了情报，或者进行了蓄意破坏。海军部长诺克斯也这样说过，他的言论还被当作事实引述。（从来没有任何证据证实这种说法。）夏威夷没有真正考虑过大规模拘捕日裔，因为日裔人数太多了，也是各岛的主要劳动力。事实上，许多夏威夷的国民警卫队成员都有日本血统，他们沿路驻守，遍布整个夏威夷群岛。空袭结束后不久，新来的一批海员搭乘顺风车进入火奴鲁鲁。"我能看到乘客脸上震惊的神情，"司机回忆道，"戴着四道金杠的军士长竟然说：'天哪，日本鬼子赢了吗？'"[66]夏威夷的日裔虽然从未被关进拘留营，却生活在美国人的怀疑之下。"日裔是善良、守法的公民，"火奴鲁鲁的警察局局长告诉记者，"但是美国和日本打起来了，我半分钟也不相信他们。"[67]

军人的家属接到命令，要撤回本土。统帅部希望更多的人撤回本土，这不仅是为了节约粮食，也是在担心，一旦夏威夷遭到入侵，无法保障妇女和儿童的安全。由于只能提前 24 小时通知，因此军人的家属需要打包好行囊，随时准备登船，"每天都要从行李箱里取衣物，不知何时就会接到出发的通知"。[68] 他们不得不把宠物留下，将家具和其他物件搬到人行道上出售，但卖的人比买的人要多得多。驻守在珍珠港或岛上其他基地的男子，即便距离家人只有几英里远，也往往没法跟家人联系。妻子们都希望从收音机中听到有关各自丈夫所在舰船或单位的消息，但在军事审查之下，她们在电台报道中得不到任何有用的信息。谣言反倒是接连不断。"没有什么比那些糟糕、可怕的谣言更加伤害这些女性了，"一位驱逐舰舰长的妻子回忆说，"好多人会因为听信这些谣言而尖叫！"[69] "布里斯号"驱逐舰上的军医霍勒斯·D.沃登上尉回忆说，他和其余船员都渴望出海，"但是我的家人在瓦胡岛的另一端，所以我首先想做的是回到岸上，让家人知道我很好，我也想知道他们都没事"。在所有的事情中，无法得知家人的消息是最折磨人的。沃登说："对我来说这可能是整场战争中最糟糕的一周。"[70]

在 12 月 7 日之前，即将被尼米兹取代的金梅尔将军就仔细考虑过威克岛的事情。4 月的时候他猜想可以用威克岛作为诱饵，将日本海军引入公海，"这样我们就有机会进行海军之间的对决了"。[71] 金梅尔在 12 月 10 日星期三批准了一项大胆的计划，将其麾下的所有三

　　　　　　　　　燃烧的大洋：1941—1942，从突袭珍珠港到中途岛战役

支航母特混舰队都派往西部，运气好的话，它们在那里或许能伏击前往威克岛的日本舰队及运输部队。从加利福尼亚州出发的"萨拉托加号"航母由海军少将弗兰克·杰克·弗莱彻指挥。"萨拉托加号"将作为第14特混舰队的核心，用来增援威克岛并帮助伤员和民工撤离。第4海防营的一支分遣队将携带武器弹药和补给品，乘坐"丹吉尔号"水上飞机供应舰。（尽管最初的计划并未主张放弃威克岛，将其拱手让于敌军，但是这个选项是存在的；金梅尔的作战计划处处长查尔斯·H. 麦克莫里斯上校在12月11日写道，"丹吉尔号"可以容纳全岛的所有1 500人："船上将会十分拥挤，但我相信它能够承受。"[72]）"列克星敦号"航母（隶属于第11特混舰队，由海军中将小威尔逊·布朗指挥）将会对马绍尔群岛的贾卢伊特环礁上的敌军机场进行牵制性空袭，之后如果军情紧急，"列克星敦号"也会往西北掉头，加入弗莱彻少将的部队。"企业号"航母（隶属于第8特混舰队，仍由海军中将哈尔西指挥）将在约翰斯顿岛以西巡航，如果与日军的战斗升级为大规模战役，"企业号"可以随时开足马力驰援。[73]这次远征调用了12月7日珍珠港事件发生后金梅尔手头所有可以动员的力量（潜艇除外），包括分配给三艘航母的各式巡洋舰、驱逐舰，以及辅助舰艇。

从一开始，救援行动就被一系列几乎令人难以置信的延误而耽搁，这些原因包括恶劣的天气、加油事故和对潜艇的恐惧等。其实，一个残酷的事实是，美国的航母作战群还不习惯战时的海上行动，正在攀爬非常陡峭的学习曲线。海上风急浪高，减缓了护航舰船的速度；无论在何种天气条件下，海上加油作业都是一项尚待完善的技艺；敌军潜艇来袭的误报频频发出。（在"企业号"一次早期的战斗巡航中，哈尔西曾对他的特混舰队做出如下指示："我们在完全无害的鱼类身上浪费了太多的深水炸弹。是时候采取相应的行动了。"[74]）太平洋舰队总司令的战争日志中详细记录了整个12月遇到的那些问题。12月12日："由于第11特混舰队仍无法完成海上加油作业，决定让'列克星敦号'分队回珍珠港加油。"还是12月12日："由于三艘1 200吨的护航驱逐舰受恶劣天气影响，'萨拉托加号'被迫延误。"[75] 12月13日："因仍受恶劣天气所困，'萨拉托加号'会进一步延误。"[76]"萨拉托加号"距离珍珠港还有4小时航程时接到了一份误报，说一艘日军小型潜艇在珍珠港潜伏，它被迫留在原处，直到12月15日早晨才入港。

弗莱彻少将派出了"丹吉尔号"水上飞机供应舰、"内奇斯号"油轮以及一个驱逐舰分队，打算在"萨拉托加号"补充燃料的时候超过它们。"萨拉托加号"于12月16日出海，然后开足马力向西北方向前进，并于次日下午把同行的舰船甩在了身后。特混舰队以13节的速度缓慢前进，这是"内奇斯号"的最大速度。晴朗的天气持续了好几天，但到了12月22日，海上突然刮起了时速达20海里的大风，巨浪滔天，当时特混舰队距威克岛仍有600海里的距离。弗莱彻收到了珍珠港方面要求其舰队在指定坐标点补充燃料的指令，以便"列克星敦号"作战分队在必要时前去会合。加油作业的过程是漫长且痛苦的，船员们不时因为两舰差点相撞、油管破裂等原因相互指责谩骂，这种情形在驱逐舰和起伏不定的"内奇斯号"并排的时候尤为严重。10个小时过去了，特混舰队几乎一点都没有向西挪动，而那时威克岛上的战役已经接近尾声了。

从某种意义上说，全世界都在关注事态的发展。威克岛上的顽强防御对于精神上已经饱受摧残的美国人来说是一种慰藉，在经过审查的官方新闻中，哪怕有一点点关于这个被包围的小岛的消息，他们都不放过。罗斯福总统称赞了他们的顽强抵抗。多家报社及无线广播电台满意地报道（并渲染）了"太平洋阿拉莫*"的英勇立场。"在成功击退了另外两次日军的猛攻之后，驻扎在威克岛上的小规模海军陆战队在周五晚上依然坚守在这片满目疮痍的环礁上。"美联社 12 月 19 日如此报道。[77] 据说珍珠港方面问威克岛需要哪些补给品时，坎宁安中校回答说："给我们多送点日本鬼子来吧！"[78] 他并没有说过这样的话：这里引用的话其实是对无线电通信中一种误导敌方破译员的无意义的"电文中的填凑部分"的误读（可能是故意的）。当威克岛上的短波电台收听到这份报道时，岛上的守军并不觉得有趣。"我们最不想要的就是更多的日本人。"金尼上尉评论说。[79] 坎宁安认为国内的调子完全是错误的，它以一种好莱坞式的骗局来掩盖这片环礁上极端悲惨的困境。这名中校后来写道："广播电台的报道极大偏离了真相，其偏离程度就像威克岛距珍珠港一般遥远。我们正竭尽所能，并且因此而自豪，但是我们的努力不像他们的英雄故事那样，过于浪漫而无视常理。……我们想要的是活下去。"[80]

　　12 月 17 日，金梅尔被正式解除了指挥权，当天尼米兹被任命为其继位者。但尼米兹赶到赴任还需要一个星期的时间。在权力交接的短暂过程中，作战舰队（即太平洋舰队的所有战列舰，现在基本上已失去作用）司令威廉·S. 派伊中将暂行代理太平洋舰队总司

---

* 　阿拉莫（Alamo），美国得克萨斯州圣安东尼奥的一处教堂纪念地。1836 年数千名墨西哥士兵包围此地，只有 200 人左右的守军顽强抵抗，全部阵亡。后来得克萨斯人在"牢记阿拉莫"的口号声中继续作战，最终击败墨西哥军。——编者注

令之职。与金梅尔相比，派伊对于威克岛的救援任务缺乏信心，对日军更是十分谨慎。现如今，太平洋舰队总司令部的指挥情况一片混乱。派伊一方面心不在焉地听着金梅尔原班人马的汇报，一方面继续依赖原来的战斗部队的参谋，那些人因为他的旗舰"加利福尼亚号"严重损毁而无处可去。派伊将驱逐舰分舰队的司令米洛·S. 德拉梅尔（Milo S. Draemel）少将任命为临时参谋长，而德拉梅尔将数名驱逐舰中的亲信带入了司令部。其结果是，拿一名无线电情报官的话说，"本来就糟糕的情形变得更加混乱了"。[81] 整个威克岛（以及集结在威克岛附近的航母）的命运成了派伊关心的头等大事；但他心里清楚，自己只是在给尼米兹守着位置。他似乎有个沉重的负担，就是要将这些航母安然无恙地交给它们的新长官。

此外，华盛顿司令部那边急切地提醒过派伊，整个夏威夷都身处险境，在主要的据点仍有可能遭受攻击的情况下，派一支舰队劳师远征，去支援一个几乎没有军事价值的偏远基地有什么必要呢？[82] 派伊、金梅尔和华盛顿的各位将军早就达成了共识，目前残酷的现实是，威克岛是个"累赘"。[83] 日本迟早会攻下它。表面上，这次远征的目的是加强威克岛的守备部队和航空部队的力量，备用计划其实是撤离岛上的人员，伺机从空中对日本侵略部队施加惩罚。最重要的是，不能损失剩余的任何一艘宝贵航母，即便代价是抛弃威克岛上的1 500名士兵。这就是派伊的底线，他很快就会露出这一底线。

派伊感到毫无头绪。他对12月7日袭击珍珠港的日本大型航母舰队的位置一无所知，因此担心这支舰队正埋伏在某个地方等待着美国航母。所以，原本准备伏击日军的美军，很可能正在钻入日军的埋伏圈。派伊的情报人员估计日军的大部分军舰已经返回日本本土补给燃料和装备了，6艘航母中很可能有4艘已经撤退，但这仅仅是猜测。此外，马绍尔群岛的陆基轰炸机也随时可能带来威胁。人们还担心美军航母准备不足："列克星敦号"上的防空射击演习一直糟糕得让人吃惊。就算有充足的应对时间，美国的航母能否成功抵御空袭呢？12月20日，派伊和德拉梅尔认真考虑了一下是否要命令第14特混舰队撤回珍珠港。但是由于太平洋舰队总司令部作战计划处处长麦克莫里斯上校强烈反对，他们只能作罢。根据那天的会议记录，派伊为即将放弃威克岛的决定做了准备工作。[84] 他还用无线电联系了布朗将军和"列克星敦号"分队，指示他放弃袭击马绍尔群岛，转而向北行进，去和弗莱彻会合。布朗的参谋对这一命令感到很愤怒，还有人在舰桥上说要坚决抗命，把命令撕了扔进海里；但是布朗将军还是依令行事了。12月21日，派伊通知海军作战部长斯塔克上将，威克岛的行动按原计划进行，但是美军航母会留在距离该岛200海里的地方。[85]

派伊向第14特混舰队发出的无线电报透露了他的犹豫不决。太平洋舰队总司令的命令反复无常，蚕食着弗莱彻将军的信心。12月21日，弗莱彻将军接到命令，要全速驶向威克岛，并在距离该岛200海里的地方出动飞机。然而这个命令很快就被上级收回了。取而代之的新命令是派"丹吉尔号"全速前往，接守军上船并撤离。还不到一个小时，这个命令也取消了。

威克岛的情况越来越让人绝望。在当地时间12月20日（夏威夷时间12月19日），坎宁安报告说，他目前仅存的战斗机已经"千疮百孔"，而且这些战斗机在空战中至今仍未被打下来只能说是"奇迹"。岛上缺乏关键的设备和补给，包括雷达装置、火力控制设备、粮食供应，以及各种口径的弹药。对于高空攻击，3英寸口径的高射炮起不到什么作用，而且3英寸高射炮的弹药最多只能再维持一到两天。[86] 空袭几乎每天都在持续。岛内的电缆被炸弹破坏，电话通信一团糟。从早到晚，战士们马不停蹄地加强岛内的防御——挖散兵坑和地下掩体，填沙袋，分发弹药，筑炮位，但是伤亡人员的名单变得越来越长，越来越多的伤员被安置在弹药库里搭建的临时医院内。在这种劳动强度下，即使所谓“健康”的士兵也疲惫不堪，睡眠不足，患痢疾的人越来越多。12月17日，珍珠港传来一条可笑的消息，内容是询问疏浚潟湖水道的进度。这让战士们的士气更加低落了。难道上级完全不了解威克岛的实际情况吗？

为了让战斗机能继续进行空战，士兵们付出了巨大的努力，但是如果没有替换的飞机，至少是额外的零件，威克岛很快就会彻底失去防空能力，这是不可避免的。12月14日，一枚炸弹击中了藏在护墙后的一架野猫式战斗机，炸毁了它的尾翼，但是没有让它的引擎损坏。约翰·金尼上尉想把这架报废飞机的引擎拆下来安装到另一架引擎性能很差的飞机上。但是由于没有引擎起重机和飞机维修库，整个过程异常艰辛，耗费了9个小时。祸不单行，当晚又有另一架飞机在降落时由于紧急避让一群平民而急速转向，导致坠毁。最后，只剩下了三架适航的战斗机。战斗开始后的第二个星期，物资短缺的问题更加明显，能飞的飞机都像是弗兰肯斯坦的怪物——发出各种怪声，机身布满弹痕，到处都是用从机场散落的残骸上取下的零件打的补丁。到了12月20日，还剩两架飞机能够升空。

那一天，以及12月21日，威克岛遭到日本爱知九九式单引擎俯冲轰炸机（“瓦尔”）的攻击，这种飞机是一种航母舰载机。第二天，"瓦尔"轰炸机还有零式战斗机护航。在空中混战时，威克岛剩余的两架野猫式战斗机中有一架被击落，另一架降落时坠毁，无法再起飞。此时，威克岛已经完全失去了防空能力。

坎宁安报告说出现了航母舰载机，派伊担心有一支日本航母特混舰队正在为日本新来的入侵舰队做掩护。实际上，这些俯冲轰炸机是从日军袭击珍珠港之后撤退的六艘航母中的两艘上飞来的，这些航母正在返回日本。这是一种重视战机、打完就跑的策略，这种攻击不会重复。但是日军的第二批侵略部队的确已经在路上了，这次是由 4 艘重型巡洋舰护航。这些战舰小心地待在美军射程外，派了 1 000 名海军陆战队员搭乘驳船登岸。登陆作战在当地时间 12 月 23 日凌晨 2 时 35 分（珍珠港时间为 22 日）开始。当晚，入侵部队迅速占领了整个岛屿，把守岛部队打散了。美国海军陆战队进行了英勇的抵抗，打死了 700 到 900 个入侵者，但据点还是一个个被攻下。当地时间 12 月 23 日凌晨 2 时 50 分，坎宁安中校向派伊汇报称："敌军显然正在登陆。"[87] 凭借人数优势，日军逐步在岛上推进，到早上 5 点的时候，坎宁安发出信号："敌人已经到了岛上。能否守住未可知。"[88]

收到这些信息后，派伊和参谋聚在一起商量对策。他咨询了作战计划处处长麦克莫里斯上校，还咨询了临时参谋长德拉梅尔将军，让他们把建议都写成文字。两个人都同意，不管是增援还是撤离，解救威克岛都为时已晚。但是对于是否要出动美国航母去攻击敌舰，他们的分歧很大。此时，弗莱彻的"萨拉托加号"分队距离威克岛还有 425 海里，而且舰队中的驱逐舰仍然在波涛起伏的大海上艰难地补充着燃料，但是如果"萨拉托加号"全速驶向威克岛，还是有可能在次日早晨派出舰载机攻击的。布朗率领的"列克星敦号"分队离得足够近，可以从南方参与进攻，而哈尔西的分队可以安排在合适的位置掩护此后的撤退。

在一份措辞强硬的备忘录中，麦克莫里斯建议派伊采取主动进攻的策略。美军在周边的力量很有可能比敌人强，而不接敌就撤退会显得"过分谨慎"。虽然日方舰队（尤其是航母）的确切位置是未知的，但是在战斗中往往就是要敢下赌注，而且"敌人不可能在每个方向上都有优势兵力"。直接撤退还会"挫败军队和公众的信心"。他总结道："这是不可多得的机会。我们急需一场胜利。"[89]

德拉梅尔对战场形势的评估则强化了派伊谨小慎微的心态。"萨拉托加号"特混舰队的加油是个大问题，这有可能让美军的舰队处于优势敌人的打击范围内且无法撤退。"在距离基地这么远并且燃料补给不确定的情况下，我们愿不愿意接受如此重大的交战？"他的回答是不行，"我们没有任何预备队——我们**所有的**部队都位于可能开战的区域。……总体情况要求我们谨慎行事——特别谨慎。"[90]

派伊已经听够大家的意见了。12 月 22 日上午 9 时 11 分，他命令三个航母编队返回珍珠港。[91] 这一命令遭到了前线官兵的反感。特混舰队中有很多士兵当众哭泣。布朗将军旗舰的副舰长乔治·C. 戴尔后来指责"派伊将军吓破了胆，很显然，他觉得在太平洋上，四处都是日本舰队"。[92] 太平洋舰队的情报官埃德温·莱顿中校也有类似的看法："跟敌人大战一场然后输掉是一回事，如果输掉战役是因为自己的将领胆小畏战，又是另外一回事了。"[93] 在"萨拉托加号"的司令舰桥上，有人说应该无视撤退的命令，也有人觉得弗莱彻应该模仿霍拉肖·纳尔逊在哥本哈根战役中著名的做法，那时纳尔逊把单筒望远镜架在自己瞎了的那只眼上，说他看不到命令他停止与敌舰作战的信号。那些准备起飞去威克岛拯救战友的"萨拉托加号"上的飞行员威胁要抗命飞过去。海军少将"杰克"奥布里·菲奇的战旗在"萨拉托加号"上飘扬，他不得不离开舰桥，躲回舱室，好让自己听不到那些有关抗令的谈话。而在珍珠港，约瑟夫·M. 里弗斯将军惊呼道："天哪！人们过去常说，男人应该也是战士，知道如何战斗。现在我只需要一个会战斗的人。"[94]

对于夏威夷的许多人来说，无论是军人还是平民，那天都是战争中最糟糕的一天。取消威克岛救援行动的同时，从菲律宾又传来了不祥的消息：日本运输舰将大量士兵运到吕宋岛和莱特岛，丝毫未遇到抵抗；麦克阿瑟已经逃离了马尼拉。美国目前没有任何希望向菲律宾增兵或者提供物资援助，菲律宾很可能会被抛弃，落入敌人手中，就像威克岛那样。

在夏威夷，平民和军人都切实感到了入侵的阴云。火奴鲁鲁的7岁大的卡罗尔·罗宾斯·琼斯听到她妈妈哭喊道，火奴鲁鲁就要被"占领"了。卡罗尔跪在地上，"向上帝坦白我的所有罪恶，祈求上帝让我变好，觉得我的忏悔和向善的承诺有助于结束战争"。[95]《芝加哥每日新闻》的记者罗伯特·凯西一年半之前在纳粹发动闪电战时于巴黎工作过，他在看到火奴鲁鲁当地人的表情之后，回想起了 1940 年 5 月在法国见到的人们的表情。他写道："这种相似性让人难过。"[96]失败的创伤让很多军官，包括那些很优秀的人，变得迟钝麻木。舰队的医生面对着太多几近精神崩溃的士兵，会给士兵们"任何能够使他们安静下来的药物"，[97]这已经是一个公开的秘密。

尼米兹的飞机在早上 7 点到达珍珠港，那天是圣诞节，潮湿、灰暗、阴郁。飞机从圣选戈开过来花了 17 个小时。在一架战斗机的陪伴下，巨大的"科罗纳多"水上飞机开始盘旋，准备在东湾降落。尼米兹在飞机上坐在左边的驾驶员位置，第一次亲眼看到战列舰的惨状。飞行员回忆说，尼米兹上将"只是不断摇头，啧啧感叹"。[98] 飞机在泛着浮油的港口水面着陆，滑行经过了"俄克拉何马号"倾覆的巨大船体。飞机门打开后，尼米兹闻到了弥漫在港口的混合了燃油味和船只烧焦味的恶臭。这种臭味无处不在，珍珠港的人都意识不到了。

一艘摩托艇开过来，载着参谋人员前来接机。尼米兹此刻仍然穿着便装，他向机组人员道别后踏上了小艇。这艘小艇上到处都是油污，乘客都站着保持平衡，不愿触碰舷缘或抓住把手，生怕弄脏自己的衣服。尼米兹问的第一个问题是："威克岛救援行动有什么消息？"[99] 听说威克岛已落入日本手中，救援行动也被撤回后，他陷入了沉默。船朝着码头驶去，经过的水面上依然覆盖着燃油和船只的残骸。港口附近有其他船在工作。一名军官告诉他，这些船是在打捞尸体。袭击已经过去了两个半星期，现在仍然有尸体从水里冒上来。"这真是一幅可怕的景象，"尼米兹说，"有这么多舰船沉没。"[100]

派伊和金梅尔在码头上迎接了他。"我对你深表同情，"尼米兹对金梅尔说，他们两人私交甚密，"这种事在任何人身上都可能发生。"汽车拉着三位将军来到尼米兹的住所，那是马卡拉帕山上的一座建得很凌乱的房子，有四间卧室。马卡拉帕山是一个古老的死火山的山锥，在上面可以俯视整个海港。瓦胡岛上缺乏住处，就连舰队高层人员也面临这一困境。金梅尔已经搬去和派伊将军夫妇同住，那是一个小一些但很气派的白房子，就在街对面。尼米兹邀请他们过来一起吃早餐，说："看过港口的那一切之后实在没办法一个人吃饭。"[101] 在接下来的一个星期里，派伊夫妇和金梅尔每天晚上都来到尼米兹的房子里，几乎每顿饭都在那儿吃。每天晚饭过后，他们或是听古典音乐广播，或是玩克里比奇牌戏。说来也怪，四个人的情谊似乎并没受到当时大局的影响。虽然他们表面上风平浪静，但是内心肯定波涛汹涌：金梅尔已经开始接受珍珠港事件后对他的调查，而派伊则毁掉了金梅尔计划周详的在威克岛伏击日本海军的行动。但对于这些在海军服役了 40 多年的男人，或与这些男人结婚的女人来说，在海军服役跟参加一个小型私人俱乐部差不多。政治和职业上的分歧被暂且搁置。他们是高级军官，有一场战争要打赢。他们肩负着众人的希望，需要表现出团结的一面。

尼米兹没有立即接管舰队。头一个星期，他了解了一下周边的地形，而且派伊往往会陪同。尼米兹每天早上 6 时 30 分起床，做一些锻炼，穿好衣服，吃早餐，并在 8 点前抵达舰队司令部。各部门长官和下属指挥官会向他做简要的汇报。尼米兹能迅速记住别人的长相，他的老同事和下属经常因为尼米兹能记住他们的名字感到十分惊讶。海军少校贾斯珀·霍姆斯曾在尼米兹指挥的潜艇部队当初级工程师，没什么人认识。"他没有什么理由记住我。"霍姆斯说，但是当两个人在走廊迎面相遇时，新任的总司令不仅向他打了招呼，叫出了他的名字，而且显然还知道他后来的服役记录。[102]

《火奴鲁鲁明星公报》（*Honolulu Star-Bulletin*）的记者威廉·尤

因认为，尼米兹似乎太过"亲切"，也太过"慈祥"，而且他的卡其色制服似乎至少大了一个号。"我认为，尼米兹上将看起来更像一名退休的银行家，而不是那种能把我们国家从有史以来最糟糕的境地中解救出来的雷厉风行的领袖。"[103] 这种观点与塞缪尔·埃利奥特·莫里森的评论不谋而合："战地记者希望将军们能像电影里一样拍桌子怒吼，他们特别想知道，尼米兹是'那样的人'吗？"[104] 尼米兹并不是纳尔逊、迪凯特或琼斯那种适合当电影男主角的海军英雄。和那一代的大多数美国军官一样，他没有战斗经验。他从未亲眼见过射击手愤怒地开枪。但是在遭受袭击后，舰队不需要过多情绪上的展示；还有许多实实在在的事情需要做。尼米兹是一名执行官、战略家、领导人。他是老派的绅士，不是那种大喊大叫、乱砸家具或口吐秽语的人。霍姆斯欣慰于尼米兹"冷静自信的气场"，[105] 而埃德温·莱顿则认为"他提的问题一针见血……这清楚地表明他具备承担这项艰巨任务的钢铁意志"。[106]

尼米兹在巡视过受损船只和岸上设施后得出结论：日本的攻击虽然破坏力惊人，"但完全有可能造成更具毁灭性的后果"。[107] 的确，这次袭击共造成美国海军 1 999 人死亡，710 人受伤，是美西战争和第一次世界大战美国海军伤亡人员总数的 3 倍。（包括所有的现役军人和平民在内，这次袭击共造成 2 403 人死亡，1 178 人受伤。[108]）的确，一共大约有排水量 30 万吨的船只损毁，无法作战，其中包括 8 艘战列舰（有 6 艘经过修理后重新服役）。的确，有 188 架飞机被炸毁，其中大部分是在地面被炸毁的，这大约占到了瓦胡岛军用飞机的九成。[109] 但是，日本人并没有击中码头上的修理厂，特别是那个储存着 450 万桶燃油的场区。"这是最严重的失误,"尼米兹后来说,"这些油罐用 0.50 英寸机枪就能摧毁。……如果我们无法供应石油,那么考虑到欧洲燃料和石油生产的巨额短缺,我们需要多年才能恢复这样的供应量,太平洋战争的进程也会相应延长。"幸运的是,日本人是在港口袭击的美国战列舰,而不是在海上。"大家可以想象一下,"尼米兹在战争之后说,"如果敌人的 6 艘航母的飞机攻击我们这些战列舰,而我们的舰队完全没有空中掩护……如果我们的战舰是沉没于深海中,那么我们就可能有将近两万人淹死或被俘虏。"[110] 最后,整个潜艇舰队幸免于难,所以海面下的行动可以立即展开。

听到这样的说法,马汉也许会从棺材里跳出来,但战列舰的损失对于美军来说并不是灾难。计算总账时,甚至可以把它算作净收益,因为战列舰上的数千训练有素、经验丰富的人员被解放出来,转而在其他地方服役。战列舰速度太慢,无法与航母协同作战,自身也无力防御空中打击。正如一名军官所说,日本人将美国舰队从"一支 17 节的舰队转变成了 25 节的舰队"。[111] 从战争伊始,美军就失去了这些战列舰,这迫使美国海军高层认识到飞机和潜艇的优势。而日本海军由于战列舰完好无损,调整和适应就非常缓慢。

元旦前夜,在一个简单的仪式上,尼米兹接替派伊的职务,正式担任舰队的总司令。海军的传统要求新任的总司令把四星旗挂在旗舰上,但由于尼米兹在整场战争中都在岸上指挥,所以这仅仅是一种仪式性的做法,是对传统的致敬。潜艇"茴鱼号"被选为旗舰,此时停泊在太平洋舰队总司令部的码头上。这个选择再合适不过。"一战"之前,尼米兹曾是一名潜艇兵,一直以佩戴海豚徽章为荣。

（他后来也自嘲说，他除了这个什么也没有。[112]）此次仪式允许小部分记者和摄影师参加。仪式的最后，尼米兹与他们进行了交流。关于战争如何展开的问题，尼米兹表示自己还不清楚——《芝加哥每日新闻》的凯西写道，他"坦言自己讲不了什么，这是可以理解的"。尼米兹上将确实预测说，敌方潜艇很有可能会炮击西海岸（实际上确实如此），但是海军新闻检查官后来将"很有可能"改为了"有可能"。[113]

随后，尼米兹穿过码头，走进司令部，爬上楼梯，来到办公室。他把高级参谋人员叫了进来。这些军官在日本袭击前就驻在珍珠港，目睹了威克岛救援部队撤回的怯懦表现，这让他们有一种难以言表的内疚感，就像个人的耻辱一样。他们希望自己在接下来的战争中被派到凶多吉少的地方，而且许多人渴望被派到海上，以期在战斗中救赎自己。尼米兹清楚地看到了问题所在，也明白了接下来要做什么。"这些都是很有能力的人，"他后来说，"但他们刚刚遭受了可怕的打击，我的首要责任就是恢复士气，挽救这些优秀的军官，以期他们能在将来发挥作用，这就是我当时着手要做的事情。"[114]他言语简洁，声音低沉。"我认识你们中的大多数人，"他说，"我对你们的能力和判断力深信不疑。我们遭受了巨大的打击，但我对最终的结果从未有过怀疑。"[115]他不会拿12月7日的事件苛责他们，他们可以忘记灾难，重新投入战斗。战争需要他们，他们需要留在自己的岗位上。有人请求执行海上任务，他会认真考虑，但是"我坚持要留下一些骨干参谋人员"。[116]

"在短短的几分钟里，尼米兹将军语调轻柔地跟我们谈话，"一名军官回忆说，"他让我们相信，他能带领我们摆脱这种局面。"[117]

第五章

　　美国舰队总司令兼海军作战部长欧内斯特·J. 金上将不苟言笑，为人桀骜不驯，面带不屑的表情。他身材瘦高，一直保持着良好的健康状态。1901 年，泰迪·罗斯福向他颁发海军学院毕业文凭时，金身高 6 英尺，体重 165 磅。[1] 1941 年，63 岁的金身高不变，体重只增加了 10 磅。他很少笑，（为了拍照）他也试过让嘴角线条柔和点儿，结果只是显得痛苦不堪。海军官方肖像中的金将军有着瘦长的脸庞、棱角分明的欧米伽下巴、一头深色的短发，一双不大却炯炯有神的眼睛深陷在眼窝里。据说他对自己的外貌有些自负，对头顶上不断扩大的秃发面积有点儿敏感。他总是衣着整洁，穿着从纽约布克兄弟公司购买的制服，这衣服裁剪得体，正合他瘦削的身材；在他的官方照片中，制服夹克的前胸口袋里整整齐齐地别着一条白色手帕，上方是一排令人望而生畏的彩带和奖章。[2]

　　二战时期美国的主要军事领导人中，金一直最被忽视也最不为人所理解。这正是他对自己最满意之处。他不想出名，尽管最终情势所致还是出了名。他讨厌记者，一开始根本就拒绝和他们打交道。有人半开玩笑地说，战争结束前，金什么都不会说，战争结束后也只会发表两个字的公报："赢了。"[3]（后来，他意识到媒体报道陆军多于海军，就开始跟记者讲话了，但也是非公开的形式。）他是罗斯福总统的得力顾问，几乎每天都在白宫与总统私下会面，战争中每一个重要的军事决定，总统都要征求他的意见和支持。但是金从不炫耀他对总统的影响，有时反而会刻意掩饰。如果有事要跟罗斯福据理力争，或者加以强调，他们会关起门来一对一谈话，或是屋里除了哈里·霍普金斯别无他人。而在大型白宫会议上，他寡言少语，发言也是简短几句。在这种情况下，罗斯福有时会向金投去疑问的一瞥，征求他的意见。金会几乎不为人所察觉地点点头或摇摇头作答，而且，除了总统，别人一般看不到他发出的信号。

战后，金丝毫不去努力保住自己的历史地位。他写了本平淡无奇的回忆录，行文生硬得如同战斗报告，只字不提自己在二战中的角色。历史上只出版过一本金的传记。战后，他的同僚陆军上将马歇尔担任了杜鲁门总统的国务卿（金本来也不适合这个职位，要是当了才可笑）。欧洲战后重建的计划以马歇尔的名字命名，而金却把自己的名字贡献给了家乡俄亥俄州洛雷恩市的一所公立高中。金与昔日的对手，那位讲出有关老兵不死的著名格言的道格拉斯·麦克阿瑟不同，这位海军老将真的渐渐隐去了光芒。

但是，历史跟大自然一样，憎恶真空。这位几乎没有在历史记录中留下任何痕迹的二战海军五星上将到底是谁？在有关的文献中，他往往被一带而过，总体形象令人不敢恭维。金的身上背负着四个指责，在历史的回声中，指责声变得越来越大，也越来越没道理。首先，有人指责他脾气暴躁，冷酷无情，像蛇一般卑鄙。其次，有人指责他心胸狭隘，偏袒海军，只在乎他所指挥的军队的利益。再次，据说他不支持"欧洲优先"政策，并且力图使太平洋成为主要战场。最后，有人称他对英国人怀有强烈的敌意，不遗余力地破坏盟国的团结。这四个指责中，第一个还算有些道理，不过它夸大了金的粗鲁无情，这只是他复杂个性的一个方面。至于第二、第三和第四个指责，就站不住脚了。

1878年，金出生于俄亥俄州洛雷恩市的一间工人小屋。洛雷恩是伊利湖南岸的一座工业城镇，金的父亲是一家铁路维修店的工长。孩提时起，金便长期待在父亲的店铺里，后来一生都喜欢机械和工程。他禀赋聪慧，幼年便可见端倪；尽管出身卑微，但这不妨碍他在1897年被海军学院录取。在学院里，他成绩优异，第二年便获得营长职位，这是学生所能获得的最高领导职位，此后可以戴实习海军少校的臂章。1901年毕业时，他在班上排名第四。

金素来极有抱负。从职业生涯早期开始，他便公开宣称自己要成为海军中的佼佼者。他对同事说，总有一天自己会当上海军作战部长。"他告诉我要往顶层努力，"一名下属军官回忆说，"这不是吹牛，只是极端自信而已。"他精明地规划自己的晋升之路，结交那些似乎注定要担任重要领导职务的海军将领。他把"我的人生我做主"的艺术发挥到了极致——通过幕后渠道把自己安排到可能会促进职业生涯发展的岗位上。遇到想要的工作，他会毫不犹豫地去游说争取。在海上，他在巡洋舰、驱逐舰、战列舰、航空母舰和潜艇上都待过。他担任过一系列级别很高的参谋和行政工作，而且每一项都做得相当出色。驾驶船舶和导航对他来说就像与生俱来的本领一样，不过他也是一位高效的管理者，处理文件大胆高效，沟通时用语简明清晰。他敏锐地认识到，自己的简历上得有些不那么光彩照人的工作，要去做些海军的"苦力活儿"，真正"在军中吃点儿苦"。[4] 他来到炎热、黑暗、狭窄、危险的轮机舱里，与发动机打交道，精心定做的制服沾上了油污，溅满了机油。他全身心地投入每一份工作，总是比别人努力，直到军医命令他放松才肯休息。

金虽然雄心勃勃，却不是一味追求晋升的人。与人打交道时，即便对方是上级军官，可能威胁他的职业前景，他也往往会表现出傲慢与不屑的态度。他从不向自己不尊重的军官献殷勤，从不努力取悦于人，哪怕这只是一种策略。他一生都态度高傲，感觉四面八方净是些蠢材。他坚持高标准严要求，即使对上司也是如此，有时甚至会顶撞长官和不服从命令。涉及原则问题时，他断然拒绝玩政治手腕，这显示出他的正直。即便还是人微言轻的海军少尉时，但凡相信自己是对的，他也会坚持不懈地与上级理论。"金会引经据典，用规定和详尽的资料来证明自己是正确的，"他的传记作者写道，"这是典型的金式强辩策略。金曾经援引一条对他有利的规定，迫使旗舰长官承认他们错了，这令他非常开心。"[5]正因如此，金早年的一些适任报告比较糟糕，也就不足为奇了。不过，这些报告似乎从来没影响过他的晋升。

金对军事史有浓厚的兴趣，读起书来孜孜不倦。他啃完了马汉的全部作品，这是当然的；他还深入阅读了拿破仑战争和美国内战方面的书籍。在职业生涯早期，金极具改革精神，1909 年在《海军学院学报》上发表了一篇有争议的文章，题目是《关于舰船组织机构的一些想法》。在这篇获奖文章中，31 岁的金上尉对海军保守主义提出了尖锐的批判，直指海军"惰性大，懒于变革"，一直"因循守旧，以为旧的就是好的。当然必须承认，守旧对很多事情来说确实是种保障，但对同样多的另一些事情来说却是拖后腿的"。[6]金在新伦敦管理潜艇基地时，参加了战争学院的函授课程，短短三个月内就通过了全部 12 门课的考试，无人能与之匹敌。他大力倡导研究生教育，40 岁时以上校军衔担任安纳波利斯海军研究生院院长。他推动扩大海军战争学院的规模，要求所有想晋升的军官都通过该学院的考试。

1928 年，50 岁的金上校投身于海军航空事业。他参加飞行员训练，获得了飞行资格，为日后指挥航母迈出了坚实的一步。他只完成了获得飞行资格所需的最低要求，除基本飞行技能外，没学别的，但由于资历较深，他成了首批将军级别的海军合格飞行员之一，这对他后期的职业生涯是一大优势。他在陆上和海上都做过一系列重要的航空工作。他曾被任命为海军航空局助理局长，后来指挥位于弗吉尼亚州汉普顿锚地的海军航空站，然后（1930 年）被任命为"列克星敦号"航空母舰舰长。1933 年晋升为海军少将后，他回到了华盛顿的海军航空局，这次担任局长一职。金深度参与了海军水上侦察飞机的研制工作。他让飞行员长时间在危险状况下飞行，他们要是辞职不干，金会让他们趁早走人，同时宣称他在做一项重要工作，那就是将弱者剔除出军队。

当"列克星敦号"舰长期间，金坐实了自己专横苛责、过于严厉的名声。他会在舰桥上来回走动，盯着下面飞行甲板上的人的一举一动。要是哪名飞行员降落时手忙脚乱或者机头俯冲过度，那就等着被叫到舰桥上吧，扩音器里会大声广播他的名字，船上所有人都听得到，很是丢脸。金训人的时候，双手会举过头顶狂舞，长篇大论夹杂着冷嘲热讽脱口而出。要是哪名"列克星敦号"飞行员因飞机燃油耗尽迫降在航母尾部的水面上，金会把他召到舰桥上，告诉他："下次你决定降落在水里的话，就落到船头，省得我还要转身去捞你。"金往往懒得把违规的人叫到舰桥上来训话。"他不需要扩音器，"在"列克星敦号"上服役的一名下属军官说，"他只要往舰桥边上一站，就算刮大风，整个飞行甲板上的人也都能听见他的话，因为他生起气来，真的是在怒吼啊。"[7]金**为什么**这么生气不得而知，他往往毫无原因就大为光火。突然间，他会把一摞文件从桌上掀到地板上，什么明显的理由和解释都没有，然后一言不发，气冲冲地离开舰桥。

金工作起来比手下都卖力，会因为他们跟不上他的步伐而大加责怪。他说自己每晚只需要五小时的睡眠，而且就这五小时也经常不回船舱，"在旗舰指挥室的小床上蜷着瘦长的身躯将就一晚"。他的职位有特权也有束缚，他全盘接受。他与下属交流并不多。在狭窄的舰桥上与下级军官相遇时，他可能会粗暴地命令对方"别挡我的路"。要是有人正爬梯子上来，都快到顶了，而这时金想顺着梯子下去，他才不会等那人爬到顶；他会直接登上梯子，迫使下级军官下退到甲板上，闪到一边给他让路。一名军官回忆说，在船上的理发室里："有时候你理发理到一半，金想刮脸了。你就得离开理发椅，一直等到他刮完胡子才能坐回去。"[8]机库甲板上给船员放电影时，金不来就座，电影就不能开始。

作风强硬，冷酷无情，铁腕治军，金的这些名声对他的职业生涯来说可能功大于过。罗斯福本人就津津乐道于有关金的道听途说的故事，跟他的客人说，这位将军"用喷灯'刮'胡子"，"用防鱼雷网切割器剪脚指甲"。[9]金到底喜不喜欢冲下属大嚷大叫尚存有争议，但毫无疑问，他认为大吼是一个原则问题。金**选择**被人害怕而不是被爱。"我不在乎他们有多好，"他说过，"非得每一个半月踢他们屁股一脚，要不他们就松松垮垮的。"[10] 他不相信把安纳波利斯毕业生联结在一起的校友文化，因为他十分清楚，这样往往会让一些懒惰无能的军官钻空子生存下来，升官发财。金把从海军剔除这些人视为己任，一路上得罪了不少人，树敌众多。不过他也很公平——他尊重那些把本职工作做好的人，不管他个人是否喜欢他们，都会在适任报告中表扬他们，还利用自己的影响力确保他们得到晋升。"如果一个人精通业务的话，"J.J. 克拉克将军说，"那么与厄尼·金相处起来就很容易。不过谁要是做了错事，那就只能指望上帝帮忙了；金不会让他有好日子过的。"[11]

金将军在工作中或者在海上不苟言笑，专横跋扈，但是对于豪饮、赌博、跳舞和打情骂俏，他样样都有浓厚的兴趣。他称之为他的"游戏时间"。上岸的夜晚，人们常常在军官俱乐部看见他干了一杯又一杯酒，粗声大气地说话，痛快淋漓地大笑，为酒吧里的人挨个买酒喝，玩扑克玩到深夜，跟跟跄跄地跟比他年轻许多的女性跳舞。他发明了一种自己调的鸡尾酒，将白兰地和香槟混合在一起，浇在高脚杯里的冰块上，他称之为"金酒"。下级军官们惊奇地发现，在这样的场合，他颇为平易近人，甚至有些顽皮。他们有时鼓起勇气称呼他"厄尼大叔"。他喜欢女人，对妻子向来不忠。金和他的许多同事似乎都认同一个观点，那就是酗酒和追女人是受压抑的能量或焦虑的天然出口，不仅应该容忍，而且还要鼓励。他说："要是谁不喝酒，也不喜欢女人，那就很值得怀疑了。"[12] 但是翌日，金总是早早起床，头脑极为清醒，胡子刮得干净利索，穿着熨烫一新的制服，丝毫看不出宿醉的痕迹。他要求那些与他一起混到酒吧关门的军官也做到这样。

他的家庭生活很紧张。他与妻子玛莎（"玛蒂"）没多少共同之处：在他离家的漫长时日里，他们有了各自的生活，但他们仍在一起，这似乎是出于共同的责任感。他家里一屋子女人。他们夫妻二人先是生了六个女儿——克莱尔、伊丽莎白、弗洛伦丝、玛莎、埃莉诺和米尔德丽德——最后一个是儿子，1922 年出生的小欧内斯特·约瑟夫·金。他的孩子个个都很漂亮。金还是驻扎在安纳波利斯的上校时就沮丧地发现，自己竟无法阻止十几岁的女儿与海军见习军官交往。身为父亲，金看起来比较冷漠，但令人惊讶的是（有时）也相当温情。他的一个女儿对他的一句评价尽人皆知，称他为"海军中脾气最稳定的人。他总是怒气冲冲"。[13]这句话经常被人当作证据引用，说明金天生就爱盛气凌人，但它也可以看作家人间充满爱意的玩笑话。金有温暖善良的一面，但他似乎觉得最好把性格中的这一面尽量隐藏起来。1943 年 1 月，战事正酣之际，金给布鲁克林一个八年级学生回了封信。金将军喝酒吗，吸烟吗？谁是他最喜欢的电影明星？他最喜欢的爱好和运动是什么？

他回信说：

> 亲爱的哈丽雅特，你一月六日的来信我收到了——很有意思，你的语文作业是写我的传记。
> 现在来回答一下你的问题：
> 我偶尔喝点儿葡萄酒。
> 每天吸一包烟。
> 我喜欢斯宾塞·屈塞，其实任何电影明星我都喜欢。

我的爱好是填字游戏——难度大的那种。

我最喜欢的运动是高尔夫——要是有时间玩的话——不能打高尔夫的话，我喜欢散散步。

希望你的语文作业顺利完成。

非常诚挚的，

E.J.金

美国海军上将 [14]

1938 年，身为海军中将的金没有掩饰自己的野心。他公开竞选自己一直想要的工作——美国舰队总司令，或者海军作战部长。他相信自己的服役记录足以胜任这些领导岗位，而他这样想没有错。他再合适不过了。经验多，履历丰富，工作表现一直极其出色。金恰好在海军的每个领域都工作过：在水面舰艇、潜艇和航空母舰上都待过，在各个参谋和计划岗位上工作业绩极佳，曾任海军航空局局长，与外国政府和国会打过交道。他的人事档案里满是表扬信。

但在 1939 年，温文尔雅、个头不高的海军上将"贝蒂"哈罗德·斯塔克被任命为海军作战部长，金却被安置到海军事务委员会。这是一个顾问小组，传统上来说，是与海军最高职位失之交臂的高级将领被强制退役前的最后一站。他的军衔将恢复为海军少将。失望排山倒海般压过来——一位朋友说，实际上，金听到这个消息时哭了。为什么不选他不得而知：自始至终没有人给过他任何解释。似乎海军部长克劳德·A. 斯旺森和即将离任的海军作战部长威廉·D. 莱希上将支持斯塔克。金是海军 74 名将军中仅有的 3 名飞行员之一，"大舰巨炮派"的人可能想把这项工作交给一位战列舰将军吧。彼时，金与罗斯福总统的关系还不密切，而罗斯福是老海军了，他更喜欢与他了解并喜欢的将军打交道。最后一个原因是，金性格中不招人待见的一面——行事风格粗暴生硬——令他在海军中树敌不少，酗酒则让他雪上加霜，到处招惹别人妻子也给他的名声抹了不少黑。

但是山雨欲来的战争很快就会重新燃起金的希望。他没把海军事务委员会这份任命当成退役前的闲差过渡，而是把它当成传声筒，炮轰海军缺乏战争准备，他认为这不亚于犯罪。他从国会要来 3 亿美元拨款，亲自监督升级海军的防空系统。1940 年年底，金被提拔为大西洋舰队总司令。这时，罗斯福总统对金的了解也增多了，欣然批准任命。1940 年 7 月弗兰克·诺克斯担任海军部长后，还是在金的帮助下才"摸清了门道"。1941 年 8 月，金将军负责安排运送罗斯福总统及其随从前往纽芬兰普拉森舍湾，与英国首相温斯顿·丘吉尔举行第一次战时峰会。随着德国 U 型潜艇攻势加剧，金也出了名——11 月，他严峻的面孔出现在《生活》杂志上，标题为"大西洋之王"。[15] 他的旗舰停泊在罗得岛州的纽波特，但他发现有必要每隔一周就坐夜班火车去一趟华盛顿。他会告诉参谋："嗯，我必须再去趟华盛顿，给那些蠢货浑蛋解决些问题。"[16]

"我们生活在一个愚人的乐园。"1941 年 12 月 7 日珍珠港遇袭的消息传来时金如是说。[17] 十天后，诺克斯部长和总统齐聚白宫。他们决定起用尼米兹，换下金梅尔，同时，他们一致同意将金调到华盛顿担任美国舰队总司令。眼下，海军作战部长一职仍由斯塔克担任，该职位职责范围很广，包括长期战争规划、海军整体行政管理等等。但到了来年 3 月，斯塔克就会逐渐淡出，金会身兼两项海军最高职位，成为美国历史上权力最大的海军将领。

金当上舰队总司令后的第一个举动是改掉代表他职位的首字母缩写（CINCUS），这个缩写在他对外签发的所有命令和通信中都会出现在名字落款下方。"CINCUS"字面上看不错，但是大声读出来的话，有点像"击沉我们"（sink us）的谐音——听起来像极了鲍勃·霍普惯用的妙语。金对此无法忍受，珍珠港事件后更是绝对不会容忍。他下令把它改为"COMINCH"。接任斯塔克的职务后，这个缩写变成了"COMINCH-CNO"（总司令兼作战部长）。

以往，CINCUS（或COMINCH）在战列舰上办公，但金将司令部迁到了华盛顿宪法街海军部办公楼里的一套办公室。他倾向于离白宫近一些，离海军部长近一些，离马歇尔将军和其他军事首脑以及国会近一些。他说："权力在哪里，司令部就要在哪儿。"眼下总司令没有参谋——这个职务最近曾由金梅尔上将担任，金梅尔同时还担任珍珠港太平洋舰队总司令。"什么准备都没做好，"他后来回忆说，"我都得从头开始。"[18]

金从纽波特带来几名大西洋舰队的参谋，让参谋部有了个雏形。他还从斯塔克的团队中挑了几名关键人员，让斯塔克的作战计划处处长"凯利"里奇蒙·K.特纳担任自己的助理参谋长。他又从大西洋和太平洋的海军部队中抽调了十多名军官，尽管没人来得心甘情愿。一般来说，担任海军参谋的军官都争相要求被派往海上，而海上军官则强烈反对被召回华盛顿。所有人都想有机会参加战斗。在珍珠港指挥"宾夕法尼亚号"战列舰的"精灵"小查尔斯·M.库克舰长，一点儿也不稀罕金给他的海军作战计划处处长的职务。金直截了当地回复他说，应该将海军的需求置于个人喜好之前。"我完全理解你想留在海上的意愿，"他在信中告诉库克，"但我也要说，你必须做好思想准备，被派到别人认为你能为共同事业发挥最大作用的岗位上去——我相信你会同意的。"[19] 整个战争期间，金的政策是军官轮岗进出华盛顿；他坚持要"不断轮岗"，派参谋到战场上去，把其他人从海上调回司令部。他的理由很有说服力，那就是以这种方式传播的经验和视角会改善整个部队的表现。

圣诞节前一周，金抵达华盛顿，搭建自己的办公室。那时，局面一片混乱。"金将军就职的办公室是我见过的最脏、最烂的一间，"一位即将上任的参谋回忆说，"有人匆忙间搬走，带走了家具，留下了灰垢。金将军不知从哪儿找了张桌子，还有几把椅子。……这就是全部家当了。我记得自己当时想，这可是当今世界上最强大海军的司令部啊，总觉得少了点儿威严。"[20] 金和办事员在海军大楼三层的两个房间里办公。房间装饰朴素，以实用为主：白色灰泥墙面一片空白，只挂了个时钟；白色软百叶帘遮挡住窗户；木制书桌和椅子毫无特色；绿色钢制文件柜放在铺着油毡的地板上。金需要参谋的时候，就按下办公室里的按铃。隔壁房间会响起尖厉的铃声，文书军士和秘书则应声而动。[21]

这项工作也有丰厚的福利。供金使用的有一辆凯迪拉克汽车和一名专职司机，一架带机组人员的双引擎洛克希德"北极星"飞机，还有一艘旗舰。他选择以前由道奇家族拥有的排水 1 200 吨、257 英尺长的"无畏号"私人游艇作为旗舰。战争期间，它大部分时间都停泊在华盛顿海军造船厂的泊位。担任作战部长后，金在华盛顿西北部的马萨诸塞大街的海军天文台（1974 年后成为美国副总统的官邸）也有一处官邸。整个战争期间，金的妻子玛莎住在海军天文台，金则在"无畏号"上度过大部分夜晚。国会里有人对于花钱为一个人维护两处居所颇有微词,背后悄悄说他把游艇当作私人幽会场所——但是,跟战争总动员相比,这笔开支微不足道,所以也没人拿它小题大做。

珍珠港遇袭的第二天早晨,温斯顿·丘吉尔告诉内阁,一旦罗斯福有空接待,他就马上去华盛顿访问。他要确定英国的新盟友不会以错误的方式参与这场战争。最重要的是,他担心美国人对日本人恨之入骨,会把优势兵力从欧洲抽调到太平洋。前一天晚上罗斯福发来一封电报,向丘吉尔保证,美国现在"和您以及大英帝国的人民同在一条船上,这艘船不会沉,也不能沉"。[22]首相立即作答,并问道:"正如您所说的,现在我们'同在一条船上',我们是不是应该再举行一次会议呢?我们可以根据最新情况,评估一下整个作战计划,同时讨论一下生产和分配的问题。有些问题令我忧心忡忡,我认为最好能够在最高执行层面上解决所有这些问题。我也很盼望再次见到您,越早越好。"[23]

罗斯福想推迟一段时间,说华盛顿忙得不可开交,而且担心丘吉尔穿越大西洋时会遭到德军 U 型潜艇攻击。然而,他真正担心的是丘吉尔现身华盛顿产生的政治反响。美国和英国在对日战争中是同盟,但(周四之前)在对德国和对意大利的战争中还没有结为同盟。大家都心知肚明,丘吉尔会全力解决这个问题。丘吉尔 12 月 10 日给罗斯福发电报,对他关于安全问题的担忧做出了回复:"我们认为海上往返没什么严重的危险。但是,假如我们没有在最高层面充分讨论海军地位的极端重要性,不讨论与生产和分配相关的所有问题……尤其是太平洋地区的问题，那就真的很危险了。"[24] 罗斯福默许了。"很高兴邀请您来白宫。"他答复道。他还提到在马来亚附近沉没的"威尔士亲王号"和"反击号"的悲惨消息，补充了一句："现在消息不利，但一定会好起来。向您致以问候。"[25]

在那周英国战时内阁的一次会议上，有人对首相最近表现出的坚定自信表示惊讶。以前丘吉尔与美国人打交道时很注意用恭敬的语气。帝国总参谋长艾伦·布鲁克爵士说，首相眼中掠过一丝"狡黠的笑意"，回答说："哦！追求一个人的时候，我们就要那样说话；现在这个人成了家里的女眷，我们的讲话方式就大不一样了！"[26]

丘吉尔率顾问与参谋组成浩浩荡荡的使团，带上除布鲁克（留在伦敦处理日常事务）之外的所有参谋长，于12月12日登上"约克公爵号"战列舰，启程前往美国参加阿卡迪亚会议。在航行过程中，丘吉尔起草了三份重要文件，论述英国对战争的看法。不工作的时候，他就睡觉，躺床上看小说，或看看电影。冬天里的这次航行十分颠簸，所有舱口都封上了板条，严禁乘客在甲板上行走。丘吉尔告诉妻子，这是"战争开始以来我度过的最漫长的一周。大风几乎没停过"。他模仿塞缪尔·约翰逊的文字评论道："这种天气待在船上就像坐牢，还有可能淹死。……谁都不能到甲板上，船上还有两个伤员断了胳膊和腿。"[27]

12月22日晚上，"约克公爵号"泊入弗吉尼亚州诺福克外的汉普顿锚地。它本该继续沿波托马克河向北前往华盛顿，但丘吉尔急于赶过去，要求乘飞机到国家机场。夜晚从空中俯瞰，华盛顿呈现出非常壮观的景象，流光溢彩。此时距珍珠港事件已过去两周，灯

　　　　　　燃烧的大洋：1941—1942，从突袭珍珠港到中途岛战役

火管制只是偶尔为之。丘吉尔的副官汤米·汤普森中校颇为动容。"华盛顿体现了一些极为宝贵的东西,"他写道,"自由,希望,力量。我们已经有五年没见过灯火通明的城市了。我非常感动。"[28]

在停机坪上,他们发现总统已经靠在轿车上等候他们一行。"我紧紧握住他的手,颇感安慰和愉快。"丘吉尔在回忆录中写道。[29]首相的私人医生莫兰勋爵(查尔斯·威尔逊爵士)对罗斯福的大脑袋印象深刻。"我想这就是温斯顿觉得他像雕像一般伟岸庄严的原因吧,因为你几乎看不见他的腿。"[30]总统记得丘吉尔一行中许多成员的面孔和姓名,当年8月份他在普拉森舍湾的船上参加首脑会议时与他们有过一面之缘。外交礼仪并不要求他驱车到机场迎接来访者,英国人没有忽视他这一主动的表示。这是一个良好的开始。

丘吉尔原计划住在英国大使馆,但是当罗斯福邀请他入住白宫时,这位英国领导人立刻接受了邀约。五位助手陪同他前往,代表团其他人住在附近的五月花酒店。这个邀请显然没有提前通知第一夫人,白宫工作人员不得不手忙脚乱地准备房间。虽然这位女主人(一如既往地)温和而优雅,但后来她非同寻常地在全国性报纸专栏中发泄了不满。"他都没有想过,"她写道,"我们可能需要挪一些家具来调整房间布局,布置成首相希望的样式。"[31]

丘吉尔住进了白宫二楼的玫瑰套房,仆从住在隔壁房间。走廊对面的林肯书房住进了他的两位秘书。哈里·霍普金斯的卧室位于走廊的尽头,他的卧室旁边是门罗室,丘吉尔的工作人员把它设置成了地图室。将所有房间串联起来的走廊上光线暗淡,摆满了罗斯福大家族的圣诞礼物。

第一晚的晚宴上,话题围绕着战争的各个方面展开。罗斯福还没来得及阅读丘吉尔起草的文件，因此首相做了他最擅长的事情。他讲啊，讲啊，讲啊，谈到了冲突的方方面面——法国在北非的战局，利比亚的战事，苏联的战线，海上的战争，日本在太平洋地区的猛攻。当晚，罗斯福总统致祝酒词："让我们一起举杯——有句话在我脑海里很久了，现在是时候说出口了——'为我们的共同事业干杯'。"[32]

"我向国内汇报时说，到达的当晚，我们就有了深入的交流。"丘吉尔在战后写道。[33] 罗斯福很快就让人们不再担心美国会将战争重心从欧洲移走，令首相大大松了口气。他表示，尽管太平洋地区战事紧急，弹药和物资不仅会继续输送给英国和苏联，而且还会加大运输量。丘吉尔在发给布鲁克和伦敦战时内阁的第一封电报中写道，问题"不在于是否执行，而是如何执行"欧洲优先的原则。

长住期间，丘吉尔感觉简直宾至如归。他就像梅·韦斯特一般，许多最棒的工作都是在床上完成的，只不过丘吉尔做的是阅读报告，向秘书口授信函或演讲稿。直到中午，他还靠在一堆枕头上，鼻梁上架着眼镜，穿着睡衣或花里胡哨的及膝睡袍，床上和地板上散落着备忘录、报纸和衣服。丘吉尔在他待在华盛顿的第一天上午向总统的管家阿隆佐·菲尔兹发表了一篇简短演说，简直可以视为简洁的典范。"好，菲尔兹，"他慢条斯理地说，"昨天的晚餐很棒，但我有几条命令给你。我们都想以朋友的身份告别，对吧？所以你要听好。一，我不喜欢有人在我房间外面说话；二，我讨厌走廊里吹口哨；三，早餐前必须给我的房间端来一杯雪利酒，午餐前我要喝几杯苏格兰威士忌和苏打水，晚上睡觉前要喝法国香槟和窖藏九十年的白兰地。"菲尔兹不动声色地答道："好的，先生。"然后他为英美联盟做了自己该做的事——确保丘吉尔的要求得到满足。[34]

等到丘吉尔终于起床穿戴妥当后，他的行头在白宫工作人员中引起了一阵热评。这位英国领导人经常穿一件及膝的双排扣大衣，扣子一直系到脖子底下，拄着根木制手杖，上面镶着手电筒。（这是英王爱德华七世送他的结婚礼物。）罗斯福的秘书格雷丝·塔利在他到达后的第二天早晨第一次见到丘吉尔，当时丘吉尔看上去"胖乎乎的，面色红润，这位秃顶绅士身穿一件蓝色牛仔布料的连身服，嘴里叼着一支大雪茄，懒洋洋地拖着脚朝我办公室走来"。[35]

接下来的三周时间里，罗斯福和丘吉尔常常在霍普金斯的陪伴下一同起居，几乎像大家庭的成员一样。他们一起吃饭，一起喝酒，一起抽烟。他们闯进对方的私人卧室畅谈到深夜，坐在一起看私人影院放映的亨弗莱·鲍嘉演的电影《马耳他之鹰》。他们在总统书房里共进午餐，盘子会对称地摆在书桌上。[36]有几次，罗斯福的轮椅推进丘吉尔的卧室时，首相大人还堂而皇之地赖在床上——丘吉尔也会不分白天夜晚，随时毫无顾忌地敲开霍普金斯的卧室房门。（他们两位在1941年1月就已成了知心朋友，彼时霍普金斯作为罗斯福的私人特使出访伦敦。）有一次，凌晨两点，英国首相和美国总统顾问激烈地争论起来。丘吉尔坐在霍普金斯的床边，两人压低了声音，以免吵醒其他人。

霍普金斯讲过一个故事。有一次，罗斯福的轮椅推进丘吉尔的卧室时，正赶上首相大人出浴，浑身上下一丝不挂。总统慌忙命人将他推出房间，但丘吉尔却像演戏似的宣告："大英帝国的首相对合众国的总统没有丝毫可隐瞒的。"这个故事很可能有些添油加醋，增加了戏剧效果——后来，丘吉尔告诉罗伯特·舍伍德，"他从来没有在连件浴巾都不裹的情况下会见过总统",并且补充了一句,他绝不会对罗斯福说没有什么可隐瞒的,因为"总统本人会很清楚这并不完全是实情"。[37]

尽管如此,丘吉尔在白宫住了一周以后,感觉舒适得好像已经在那里生活了很多年。他在 1942 年 1 月 3 日写给工党领袖艾德礼的信中说:"我们住在这里像个大家庭,亲密无间,不拘小节,我无比敬仰和钦佩总统先生。他视野宽广,心意坚定,最值得赞扬的是,他忠诚于我们的共同事业。"[38]

两位领导人经常一起在公众场合露面。丘吉尔在来到华盛顿的第二天就和罗斯福一起参加了"椭圆形办公室"的定期新闻发布会。简短的开场白过后,罗斯福把英国领导人介绍给大家,并邀请围成半圆形挤在总统办公桌前的记者向他提问。丘吉尔身穿黑色西装,打着蓝白圆点的领结,抽着超大的古巴雪茄。即便站着,拥挤的房间后面的记者也看不到他。他索性站到椅子上,这一举动引起了在场新闻记者的欢呼和掌声。丘吉尔幽默风趣,应对自如,坦率地对记者们说,尽管战争会漫长而艰难,但是"一觉醒来,我们可能就会发现敌人数量在减少"。有人问新加坡是不是亚洲"整个局势的关键",丘吉尔不假思索地答道:"整个局势的关键是英美两个民主国家前赴后继投入战斗的坚定态度。"赢得这场战争需要多长时间?"指挥得当的话,"首相回答说,"我们只需花费指挥不当所需时间的一半。"有人问他是否怀疑过盟国无法取胜,他回答说:"我没有任何怀疑。"[39]《华盛顿晚星报》认为,首相的表现"令人兴奋","场面活泼而独特"。《新闻周刊》报道说,罗斯福"就像一个成名已久的老戏骨转行当制片人,有人说他脸上露出了一丝对这个至少

　　　　　　　燃烧的大洋:1941—1942,从突袭珍珠港到中途岛战役

能与他相提并论之人的崇拜之情".[40]

1941 年平安夜，丘吉尔参加了白宫草坪上的圣诞树点灯仪式。那是一个漆黑的夜晚，一轮新月低垂在天边。罗斯福和英国领导人一起站在南门廊上，按下一个按钮，点亮了树上的彩灯。人群中的掌声平息下来后，总统开始介绍客人，说这是"我的同僚，我的老友".[41]丘吉尔向大西洋两岸的无数广播听众发表了讲话。或许因为血缘的关系，或许因为共同的事业，或许因为共同的语言，他说："我在美国的中心、首脑云集之地过节，却没有丝毫陌生感。"然后他继续说："让我们的孩子度过一个充满欢乐和笑声的圣诞夜……然后我们肩负起艰巨的职责，直面今后的艰难岁月。让我们同仇敌忾，以我们的牺牲与勇气，确保这些孩子应得的产业不被掠夺，保护他们在自由体面的社会生活的权利."[42]"那晚冷极了，"埃莉诺回忆道，"谁都高兴不起来。彻骨的寒冷让所有人都瑟瑟发抖，大家都很想回屋喝杯热茶."[43]

圣诞节后的第二天，温斯顿·丘吉尔乘车来到国会山，在国会联席会议上发表演说。通过密密匝匝的麦克风，他在国会大厦进行了演讲，眼镜架在鼻梁上，裤兜上挂着一条很显眼的金色表链，双手插在衣服翻领下面的兜里。他讲了 35 分钟，听众屏气凝神，聆听他的每一句话。这是一场伟大的演讲，展现了典型的丘吉尔风格；为了这一刻，他在圣诞节精心准备了一整天。他知道国会中仍然存在不少的反英情绪，美国人民反日的情绪比反德国的情绪更为强烈。"我忍不住会这样想，"他开场时说，"如果我父亲是美国人，母亲是英国人，而不是正相反的话，我可能已经靠自己的本事进入国会了."[44]

这句话惹得听众开心大笑，为下面即将涉及的一些敏感话题奠定了友好的基调。这位英国领导人委婉地批评了孤立主义者，暗示孤立主义政策的过失给了德国重新武装的机会，而且导致了 20 世纪 30 年代英美的疏远。说到这些时，大厅里鸦雀无声。但是，当丘吉尔谈到日本人时，议员们马上站了起来。他用雷霆般的声音大声说道："他们把我们当成什么人了？我看他们可能还不清楚吧，我们会不屈不挠地跟他们战斗到底，给他们一个教训，让他们和全世界永远忘不了！"[45] 参众两院的议员们爆发出发自内心的山呼海啸般的欢呼，丘吉尔心想："还有谁会怀疑一切不会变好呢？"[46] 离开讲台时，他做了个标志性的挥手动作，用右手食指和中指形成一个代表胜利的"V"字。据《华盛顿邮报》报道，这个手势瞬间引起了"震撼的效果。……如雷的欢呼声响彻大厅"。[47]

回到白宫后，（通过收音机收听演讲的）罗斯福告诉他，演讲太棒了。首相感到欢欣鼓舞——他的演讲能力再一次成全了他。"我回回都能正中目标。"他得意地对莫兰说。[48]

每天晚餐前，两位领导人、霍普金斯和总统的内阁都会在红厅聚会，喝杯鸡尾酒。罗斯福坐在酒瓶托盘旁边，亲自调制鸡尾酒。这是总统平时无比珍惜的时刻，他有时称之为"孩提时光"。他会趁此时释放一天的紧张与压力。"他喜欢调制饮品的仪式，"丘吉尔的女儿玛丽·索姆斯说，"就像是说：'瞧，我可以的。'大家都很敬佩他这一点。因为我们知道，只需把玻璃杯递到他手里就行，不用再做其他事情。看他调酒很有趣。"[49] 罗斯福不按客人的要求调酒，而是兴之所至，自己随意调制些新奇古怪的混合酒，在柠檬威士忌酒、汤姆·柯林斯酒或是古典鸡尾酒的基础上加以发挥。他调出来的"马提尼"里面加了太多苦艾酒，有时候还掺杂些果汁或者朗姆酒一类的成分。丘吉尔喜欢纯威士忌或白兰地，但还是会优雅地接受罗斯福的神秘药水，往往还会一饮而下，丝毫没有怨言，不过据阿利斯泰尔·库克说，首相有时会把它们带进洗手间，倒进水池。

这位英国领导人就寝很晚，下午会打个盹儿（有时候，要是他自己的卧室离得太远，就随便钻进一间卧室），喜欢晚上聊到深夜。一整天下来，他喝了不少酒，却一直保持清醒敏锐的头脑，表达清晰，就像他喝进去的高度数酒一样清冽明晰。他早晨喝雪利酒，中午喝威士忌，晚上喝葡萄酒，抽古巴雪茄，一杯杯的白兰地伴着他直到凌晨时分。罗斯福的助手们很惊奇。特勤局局长迈克·赖利说，丘吉尔"吃得比两三个外交官加起来都多，吃得还特别香；而且，他饮用白兰地和苏格兰威士忌时的优雅与热情令我们咂舌"。他还补充说："让我们印象深刻的不是他喝了多少（尽管他的酒量确实了得），而是他喝了这么多酒还能完全保持清醒。"[50]

丘吉尔在白宫的几周时间里，罗斯福比惯常休息得晚，酒也喝得更多，下午也没空打盹。有一次，圣诞节过后几天，总统与丘吉尔一起抽烟、喝酒、交谈到凌晨3点。负责照顾总统健康的罗斯·T.麦金太尔医生把这位英国领导人当成了"头号公敌"。他尽量安排总统晚上11点上床休息，却发现"总统很少遵守"。[51]埃莉诺大为震惊。"毫无疑问，"她说，"当你对一件事十分感兴趣的时候，夜以继日地工作是有可能的。但是，对于那些不得不候在一边，直到你做完的人来说，这挺让人受不了的。"埃莉诺的父亲酗酒，所以她很反感饮酒过度，不喜欢丘吉尔对丈夫和儿子的影响。她越来越担心，晚上熬夜，喝白兰地，抽雪茄烟，会严重影响罗斯福本已不佳的健康状态。"母亲会非常生气，"埃利奥特·罗斯福回忆道，"进进出出房间好几次，暗示该休息了，可是丘吉尔依然故我，在那儿坐着。"埃莉诺跟丈夫说了自己的担忧，他却反驳称"不必担心，我家这边的人没有酗酒的问题"。[52]

罗斯福由衷地尊重丘吉尔。1942 年 1 月与总统一起就餐后，萨姆·罗森曼回忆道："我们的谈话主要是关于丘吉尔的——罗斯福满腔热情地提到他，称赞他在战争问题上采取坚定果敢的做法。"[53]两人的私人友谊成了两国联盟的核心。他们的共同语言自然是拉近两人关系的纽带，不过两人上流社会的家庭背景，所受的精英教育，对历史文学的共同兴趣，还有两个海军老兵的自我认同，以及都在各自国家的海军担任过文职或非正式顾问的经历，也是两人颇为投缘的原因。霍普金斯认为，在为期不短的访问期间，罗斯福"真正喜欢上了丘吉尔，我相信丘吉尔也是一样喜欢总统"。[54]

丘吉尔本来只打算待一个星期，但是在白宫舒舒服服地安顿下来后，便应罗斯福邀请延长了访问期限。他这次出访一共持续了三个星期，中间他抽空去了加拿大和佛罗里达州，1942 年 1 月 15 日才辞别罗斯福回国。

美国和英国的军事参谋都对两位领导人在白宫抱成一团感到有些不快。他们相信美国总统和英国首相在背着他们制订什么计划，趁夜晚饮酒的时候就解决了重大问题，而不让各自的军事顾问参与讨论，他们为此感到恼火。双方都怀疑自己的领导人遇到了老谋深算的骗子，在一对一谈判时泄露了过多的秘密。他们的亲

燃烧的大洋：1941—1942，从突袭珍珠港到中途岛战役

密关系固然可能会加强两国联盟，但也可能导致内阁与参谋长们无法正常尽职。英国外交官贾德干在日记中写道，他担心丘吉尔将美国总统当成"英雄般崇拜"。[55]美国将军"醋酸乔"约瑟夫·W.史迪威则发泄道："英国佬霸占了〔罗斯福的〕耳朵，我们到最后才能得知情况。"[56]

军方领导人在美联储大厦豪华的董事会议室召开了阿卡迪亚会议，这座只有四年历史的大理石建筑坐落在宪法街海军部的正对面。第一次会议在 1941 年 12 月 24 日上午召开，议题是"联合战略的根基"。[57]接下来的几周内还将举行另外 11 场会议。英方代表是海军元帅达德利·庞德爵士、陆军元帅约翰·迪尔爵士（Sir John Dill，布鲁克不久前接替他担任帝国总参谋长）和空军上将查尔斯·波特尔爵士。美国陆军参谋长乔治·马歇尔上将被非正式认可为美方代表团负责人。与他一同出席的美国代表还有金和斯塔克将军以及陆军航空队司令"福将"亨利·H.阿诺德将军。

经过近两年半战争的锤炼，英国军事领导人之间已经非常习惯彼此合作。他们有备而来，参谋们为各种论点准备了充分的论据。"他们很在行，"美国海军参谋约翰·L.麦克雷上校说，"都极其善于表达，讲话很有道理。参谋组织工作也井井有条。三位准将承担了大部分工作，他们的会议报告堪称杰作。"[58]

与英国最高司令部运转良好的体系相比，美方参谋部实际不过是个草台班子。陆军和海军向来各自为政，处于平等状态，各由两名内阁级别的部长坐镇，所有把军事计划融合在一起的努力都以失败而告终。因此，美方将领必须学会如何与彼此相处，与此同时学着与英方打交道。阿诺德将军是马歇尔的下级，往往会听从他的命令。金和斯塔克都代表美国海军，英国人一时也搞不清楚哪位将军是主事的。自12月7日以来的两个星期里，美国人像热锅上的蚂蚁，没多少时间为会议做准备。他们张口就来，说出自己的想法，并没有提前在内部做过计划和分析，因而不可避免地显得糊涂和业余。他们短时间内要学习的东西太多了。

马歇尔代表美方讲话，开门见山且毫不动摇地重申了欧洲优先原则。该政策在给罗斯福的一项秘密备忘录（金将军和其他军队高官也签了字）中有详尽说明，承认"德国是轴心国的主要成员"。即便日本加入战争，"我们的观点也不变，德国仍然是主要敌人，打败它是胜利的关键。一旦德国被击败，意大利的崩溃和日本的失败必将指日可待。因此，我们认为，一个根本原则是……只能从对德军事行动中抽调尽可能少的必要兵力来保障其他战区的重要利益"。[59]

金将军和任何其他盟军最高统帅都从未怀疑过"欧洲优先"的原则。轴心国当中，只有德国可以同时遭美国、英国和苏联的打击。德国拥有比日本更强的科学和更多的工业资源，而且假以时日有可能会开发出新的大规模杀伤性武器。如果苏联陷落，希特勒的重兵可以集结在单一的战线上；而如果德国和意大利被击败，则会解放出盟军大部分海军和其他军事力量，使之投入太平洋战场。最近升职担任陆军作战计划处处长的艾森豪威尔准将写道："这项计划的高明之处在于，将我们的核心力量集中起来对付欧洲的敌人，然后再全力以赴打击日本。就我所知，没有任何一个研究战略的人对此提出质疑。"[60] 即使是跟日本人打得不可开交的尼米兹将军也表示，"我们在太平洋作战的所有人都完全理解"德国优先的原则。[61]

　　　　　　　　　　　　　燃烧的大洋：1941—1942，从突袭珍珠港到中途岛战役

然而，这项战略说得比较抽象，解释的空间很大，容易引起争论。现有部队、舰船和军需到底有多大比例派往太平洋？百分之十？二十？三十？要是太平洋战局不稳定（事实也是如此），该战区是否应该在短期紧急情况下获得更多的资源？应该退让多少领土给大举进攻的日本人？要不要牺牲澳大利亚和新西兰？要是仅仅为了保持对敌军外围施加压力，盟军应该在太平洋集结多少进攻力量？打败德国之前，可不可以在太平洋发动反攻？军方领导人在写给总统的联合备忘录中没有提到这些问题。以《保障东部战区重要利益》为标题的备忘录中只称"达到上述目的所需的最小兵力将由双方共同讨论决定"。[62]艾森豪威尔评论说，德国优先的原则没有任何争议，"但是制订切实可行的计划来落实这一构想，并且得到两国军事参谋的批准，可不是件容易事儿"。[63]

即使在仔细权衡战略的紧要关头，两国的参谋也不得不面对来自太平洋和东亚的坏消息。日本的海陆空部队威胁的区域西起缅甸，东至新几内亚西部，北起菲律宾，南抵澳大利亚，这片范围内的美军、英军以及荷兰和澳大利亚的军事力量都有可能被摧毁。12月24日，美英第一次会议当天，全世界都知道了香港和威克岛的沦陷。马来亚还有更多坏消息：法属印度支那中部的防御力量正在崩溃，英军正逃往新加坡。日本人似乎有可能夺取婆罗洲和苏门答腊油田的控制权。相比之下，欧洲战场传来的消息较为令人振奋：英军在非洲把隆美尔从图卜鲁格（又译托布鲁克）赶了回去；德军被拦在莫斯科大门口，随着苏联严冬来临，遭受了重创。眼下看来，欧洲战局至少稳定住了，而太平洋战场却风起云涌。

金将军头脑非常清晰。盟军在太平洋战场的整个战略取决于两个基本点：夏威夷绝不能沦陷，澳大利亚绝不能沦陷。为此，金（在担任美国舰队总司令后）命令新任太平洋舰队总司令尼米兹上将确保中途岛、夏威夷和北美大陆之间的航路安全。那是他的首要任务。"在重要程度上只稍逊一点"的第二项工作重点是保护北美和澳大利亚之间的生命线，主要是"掩护、守卫并控制夏威夷—萨摩亚航线，尽早将斐济纳入其中"。[64] 再往南一些（尼米兹还指挥不到的地方），还要把新喀里多尼亚、新赫布里底群岛和汤加群岛等更多"据点"也包括在内。这条长长的补给线必须安全运送不断增多的大量物资。这样一来，盟军就可以在"澳大拉西亚"（根据金的定义，新西兰包括在内）设立战斗指挥部，最终从那里发动反攻，向西北直击所罗门群岛、俾斯麦群岛、新几内亚、婆罗洲以及菲律宾。[65]

其他所有的相关事务都必须无条件服从金所谓的"两项生死攸关的太平洋任务"。[66] 尽管华盛顿还没承认，但菲律宾将要沦陷是不争的事实。虽然伦敦尚未承认，但马来亚和新加坡即将沦陷也是不争的事实。缅甸会沦陷，荷属东印度群岛会沦陷，东南太平洋上的英军、荷军和美军将会土崩瓦解。美国的亚洲舰队由一群老旧的巡洋舰和驱逐舰组成，可能会被敌舰和敌机歼灭。它对战争的主要贡献将是拖慢日本的进攻速度，为保护从旧金山、圣迭戈、巴拿马到布里斯班、奥克兰、悉尼的航道赢得宝贵的几周时间。

在战争的这个早期阶段，人们普遍认为，日本人会试着利用盟军暂时的弱势来切断美国和澳大利亚之间的生命线。盟国只能猜测日本的意图，每一个新动向都可能拉开向东进攻的序幕。[67] 日本潜艇在萨摩亚地区开炮，似乎预示着将要有一场两栖进攻（最后没发

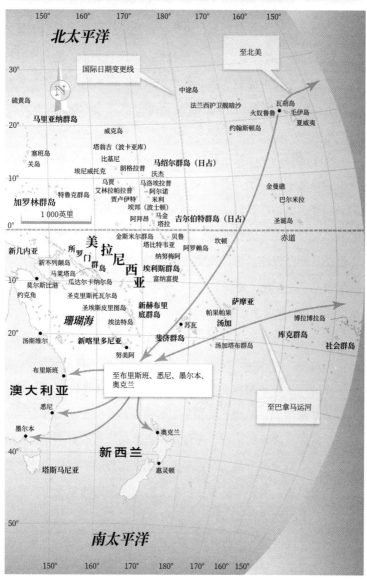

美国—澳大利亚的生命线，1942年

北太平洋

国际日期变更线

至北美

中途岛

法兰西护卫舰暗沙

瓦胡岛

火奴鲁鲁 ● 毛伊岛

硫黄岛

夏威夷

马里亚纳群岛

约翰斯顿岛

威克岛

塞班岛
关岛

塔翁吉（波卡亚库）

比基尼

马绍尔群岛（日占）

沃杰

埃尼威托克 朗格拉普

乌贾

马洛埃拉普

金曼礁

巴尔米拉

加罗林群岛

特鲁克群岛

艾林拉帕拉普 阿尔诺
贾卢伊特 米利

圣诞岛

邦邦（波士顿）

1 000英里

阿拜昂

马金
塔拉

吉尔伯特群岛（日占）

赤道

金斯米尔群岛 贝鲁

坎顿

新几内亚

所罗门群岛

塔比特韦亚

阿罗赖岛

美拉尼西亚

新不列颠岛

纳努梅阿

马莱塔岛

埃利斯群岛

莫尔斯比港

瓜达尔卡纳尔岛

富纳富提

萨摩亚

约克角

圣克里斯托瓦尔岛

帕果帕果

博拉博拉岛

珊瑚海

新埃斯皮里图岛

新赫布里底群岛

汤加

库克群岛

埃法特岛

社会群岛

汤斯维尔

新喀里多尼亚

苏瓦

斐济群岛

汤加塔布群岛

布里斯班

努美阿

澳大利亚

至布里斯班、悉尼、墨尔本、奥克兰

至巴拿马运河

悉尼

墨尔本

奥克兰

新西兰

塔斯马尼亚

惠灵顿

南太平洋

动）。连接北美和澳大利亚的航线擦着吉尔伯特群岛经过，这很危险，因为该群岛已被日本人占领，正在建造恐怖的航空基地，而且已经有空袭是从那里发起的。吉尔伯特群岛的马金环礁距坎顿岛仅960英里，那里有一条5 000英尺长的简易飞机跑道，但是没有盟军的飞机。这个岛可能会被轻而易举地占领，导致航线暴露在敌人眼皮底下，日军飞机从那里起飞后，不费吹灰之力就能从空中屠杀盟军的船队。

当务之急是立即派兵驻扎受到威胁的岛屿。盟军在社会群岛的博拉博拉岛上设立了一个新的加油站，为从巴拿马运河向西航行的船只加油。金请求罗斯福总统把稀缺的盟军资源投入"守岛建岛"的紧急项目，用于建设基地、机场、海军防空营、陆军驻地，提供飞机及其配套设施、港口及加油设备等，所涉岛屿包括萨摩亚、新喀里多尼亚、苏瓦（斐济）、汤加塔布（汤加群岛）、埃法特（新赫布里底群岛）和富纳富提（埃利斯群岛）。[68]

但是，金所想的并不完全是采取守势。他经常谈到"防御性进攻"的优点，（在给海军部长弗兰克·诺克斯的一封备忘录中）他通俗易懂地将这种策略定义为"守住已有的，再伺机打击"。[69]挖掘工事并守株待兔在陆地上可能是明智的策略，但是在海战中，主动权往往掌握在进攻的一方。即便美国人攻击力量严重不足，也应该用仅有的力量来打击敌人，逼敌人考虑暴露外围的代价。要实施有效的防御措施，就必须从航空母舰上对日本的岛屿基地进行空中打击，对日本的内部海运补给线开展潜艇战。"没有哪个战士藏起来就能获胜——仅仅被动抵挡对方的攻击是无法取得胜利的，"海军作战部长打比方说，"胜利属于实施打击的一方，即便他不得不结结实实

　　　　　　　　　燃烧的大洋：1941—1942，从突袭珍珠港到中途岛战役

地吃几拳头，也要一直打下去，这样才能持续打击对方。"[70]

鉴于战局风云突变，金力争近期为太平洋战区多分配些稀缺的军事资源。他一如既往地据理力争，铿锵有力，但不讲究策略，丝毫也不掩饰对反对者的蔑视。英国人错误地以为登上美国海军最高职位的军官在同自己同胞打交道时一定更加和蔼可亲，所以他们以为金是坚定的反英者。但是没有证据表明金天生就对英国人有偏见，也没有证据表明他想破坏"欧洲优先"原则。相反，他似乎有意选择当太平洋战场的特别代言人，因为他意识到，由于种种原因，其他军事部门负责人（无论美国人还是英国人）都没有充分考虑这一战区的需要。

在军事领导人的小圈子之外，还有其他许多人与金的观点相同。后来在解放欧洲时担任盟军总司令的大名鼎鼎的艾森豪威尔就有这种担忧，他担心指挥官们忽视了阻断日本攻势的必要性。"我一直坚持认为远东地区至关重要。"1942 年 1 月 1 日，他在办公桌的备忘录上写下了这句话。他认为"在空中和地面的军备状态令人满意之前，不应开展次要的活动。然而，我们正进行'磁铁'（调运美军到北爱尔兰）和'体育家'（登陆北非的作战计划，后改为'火炬'）等行动"。[71]菲律宾的命运令人揪心：已经被美国媒体捧为超级明星的道格拉斯·麦克阿瑟将军要求为他饱受打击的美国和菲律宾部队提供救援物资，罗斯福为此公开表示："我向你们郑重承诺，你们将重获自由和独立，并且受到保护。"总统 1941 年 12 月 30 日写信给史汀生部长，"希望作战计划处研究研究救援菲律宾的方法。我知道这样做有很大风险，但这个目标非常重要"。[72]亚太地区的盟国对其美国和英国盟友始终抱有信心，希望英美盟友能够使其免受打击。澳大利亚和新西兰已派出许多精锐跨越半个地球去与德军作战，现在急于保家卫国。澳大利亚总理约翰·柯廷在墨尔本的一份报纸上写道："我明确表示澳大利亚期待美国的援助，我这样说没有任何顾忌，对我们与英国亲人般的传统关系也没有任何不敬。我们知道分散力量很危险，但也知道没有澳大利亚英国照样可以坚持下去。所以，我们下定决心，不能让澳大利亚失守。"[73]

人们还担心盟军在太平洋地区全面崩溃会促使日本入侵西伯利亚，这样就会把苏联踢出战局。众所周知，日本军队中的铁腕人物渴望着进攻苏联，希特勒肯定也在向日本盟友施压，让其进攻苏联。1942年1月下旬，斯坦利·邓巴·恩比克中将告诉陆军作战计划处，"立即增加对太平洋战区的援助"将起到"阻止日本向西攻打西伯利亚的威慑作用"。1942年3月发布的计划书则称："对苏联来说，最有价值的援助就是遏制日本……在南太平洋的军事力量，我们越早向苏联明确表示将这么做，苏联从这种援助中获得的益处就越多。"[74]

在1月11日举行的第九次会议上，金要求派一支强有力的部队驻扎在法属新喀里多尼亚群岛，该群岛横跨于夏威夷和澳大利亚之间的交通线上，也是日本人觊觎已久的镍矿产地。如果新喀里多尼亚被敌人占领，美国船队就不得不改道，从新西兰南部绕行。金坚持认为应该立即派一万名士兵夺取该群岛，即便以分散向欧洲进军的兵力为代价也在所不惜。两个战区的资源争夺从高高在上的理论层面落到了需要立即做出决定的实际层面。

要想实施金的计划，似乎只能转移原定派往冰岛和北爱尔兰的部队，英国坚决反对这种改变。其他美军长官也没给金多少帮助。

阿诺德将军说，他的陆军轰炸机可以直接飞过这些岛屿，但这样说起不到什么帮助作用，金反击称在南太平洋组建舰队需要的是船，而船是不会飞的。陆军本能地抵制将部队部署到海军主导的战区。艾森豪威尔听说这一建议后，尖刻地指出："海军这是想占住太平洋上的所有岛屿啊——陆军守住这些岛，把它们当成陆军的追击据点和轰炸机基地。然后海军就有安全的港口了。"[75]（人们指责金偏袒海军，但其他军种领导的偏袒之心怕是有过之而无不及吧？）

丘吉尔亲自出面请求罗斯福总统派"三到四支"美军步兵师前往北爱尔兰，换防驻扎在那里的英军，同时对爱尔兰的政界施加政治影响。丘吉尔写道，这将"表明美国决定直接干预欧洲的战事"。[76] 面对金的据理力争，英国首相似乎愿意接受延迟向北爱尔兰派遣部队。原定派往冰岛的约 8 000 名士兵将减少到 2 500 人；原定派往北爱尔兰的 16 000 人将减至 4 000 人。[77] 但是除非能找到舰船，否则所需的这些部队没法派往太平洋，而舰船是稀缺资源。能不能从《租借法案》规定派往苏联北部的阿尔汉格尔斯克港的船队中抽调舰船？金说，他觉得阿尔汉格尔斯克港在冬天已经冰封了，即便海面没冻住，苏联的港口设施也没法卸载货物。罗斯福持不同意见，他说苏联人说过该港口仍在开放，而且曾经要求供应物资。总统显然不想做出尴尬的决定，便问道，日本人侵入新喀里多尼亚群岛后，是否很难重新将其夺回来。金答复说，非常困难。

哈里·霍普金斯发表了自己的看法。根据他的计算，只需 7 艘船就足以将承诺提供的物资交付给苏联。这样一来，看待问题的角度就不同了。即便在船只短缺的情况下，美利坚合众国政府应该也能搞到 7 艘船。霍普金斯自告奋勇去找船。僵局就此打破。［霍普金斯经常会做出这样的贡献：他往往能适时地就某项议题发表深刻见解，或者将辩论引向实际的解决方案。丘吉尔送给这个高个子顾问一个绰号——"一针见血勋爵"（Lord Root of the matter）。[78]最后各方一致同意派 21 800 名美国士兵从东海岸出发，乘船穿越巴拿马运河，于 1942 年 2 月中旬抵达南太平洋。其中一部分士兵将与澳大利亚军队一同被派往新喀里多尼亚——盟军驻军总共将达一个师的兵力。另外，应金的恳求，各方一致同意在 1942 年初派 20 艘货轮向南太平洋运送 250 架战斗机、143 架轰炸机、220 吨货物和450 万加仑汽油。[79]

丘吉尔声称，战争刚开始几个星期他就知道亚洲盟国会遭受"灭顶之灾"。在他的回忆录中，丘吉尔首相以照片般写实的风格阐明他的观点："即便讲话时语气自信，我也预感到很快会有鞭子抽打我们裸露的肉体。在太平洋和印度洋上，以及被它们波涛汹涌的海浪拍打的亚洲陆地和岛屿上，我们怕是要付出惨重的代价，英国如此，荷兰如此，美国也是如此。一场军事上的灾难确切无疑地摆在我们面前，何时结束却遥遥无期。重见光明之前，我们必须忍受许多个黑暗与疲惫相随的日夜，忍受无数的失败和损失。"[80]

源源不断的坏消息引发了盟军指挥分散的问题。日本人遇到了五个国家来自地面、空中和海上的虚弱无力、毫不协调、混乱不堪的抵抗，这五个国家是英国、美国、荷兰流亡政府、澳大利亚和新西兰。每个盟国都有自己的目标、利益和局限。航运是个关键性瓶颈，但航运资源很少甚至根本没有进行过协调。乔治·马歇尔将军认为，在这种情况下，盟军需要一位有权调动战区所有部队的总司令。他在 1941 年圣诞节当天上午举行的第二次军事首脑会议上提出了这个问题。"我确信，整个战区必须由一个人来指挥，无论是空中、地面还是海上，"他说，"合作是行不通的。人性的弱点是，特别不愿意把自己的部队交给另一个军种指挥。如果我们现在制订由一个人来指挥的计划，那就能解决十分之九的问题。"[81] 他谈到自己在第一次世界大战中的经历，在座的所有人都经历过。"实现统一指挥有些难度，但是比我们不这么做面对的难题要容易得多。人的想法都是不一样的——桌子这边和桌子那边的人各有自己的意见和看法；但就我个人而言，我愿意超越自身局限，实现这一目标。"[82]

冲突刚一显露苗头，马歇尔就勇于直面难题，这显示出为什么他是二战期间真正不可或缺的美军领导人。统一指挥是个具有挑战性的敏感话题，直指英美联盟的核心，同时也暴露了双方都存在的兵种间的对立。尽管马歇尔的本意可能是将统一指挥权视为纯粹的军事问题，但它也涉及棘手的外交和政治问题，而这些问题是所有盟国的文职领导人都必须面对的。马歇尔似乎看透了，如果在冲突的一开始没有处理好统一指挥的问题，那它就可能永远也处理不好了。

这项提案像是一颗重磅炸弹：马歇尔事先没有通报金，也没有通知其他美军或英军将领。一开始，它遭到强烈抵制。英国人近两年半来一直处于战争状态，他们不愿意把自己的部队交给一个刚卷入战争、还有很多地方要学习的国家统率。英国皇家空军总参谋长查尔斯·波特尔争论道，盟军首先应该确定战区的总体军力部署，然后再谈统一指挥的问题。金起初很谨慎。会上有个军官认为他的态度"不温不火"。[83] 他深知美国海军官兵会对把舰船交给美国陆军将领或外国海军将领指挥这件事感到震惊。金的助理参谋长"凯利"里奇蒙·特纳将军强烈反对让美国海军部队脱离海军系统的指挥，而且对金或其他任何人都敢这么说。但在接下来的两天里，金被马歇尔的理由说服了，并且在随后的会议上宣布支持这一提议。斯塔克、特纳和其他海军将领极不情愿地与他保持了一致的立场。这是个令人惊讶也非常幸运的进展。它巩固了马歇尔和金之间的伙伴关系，预示着美国海军将要接受军种协调和联合作战的行动。

英国的反对派更加顽固。这个问题在 12 月 26 日的白宫会议上提出时，丘吉尔就明确反对。他似乎得到了军官们的预警，发言时小心翼翼的。他承认，第一次世界大战中，统一指挥是项重要原则，但眼下这场战争战线拉得很长，"战斗随处打响"。亚洲战场幅员辽阔，岛屿和陆地被海洋隔开，许多不同国家的部队驻扎于此，在本国国土或在自己的殖民地上作战。他说，在这种情况下，统一指挥只会令局势变得混乱。盟军最大的问题是如何确保有充足的军事物资运送到战场。各国部队都由自己的军官指挥，但是直接对华盛顿或伦敦的总参谋长负责，这样战争可以更有效地进行。讨论过程中，英国供应大臣比弗布鲁克勋爵给霍普金斯递了张纸条："你要做丘吉尔的工作。他正在听取意见。他思想开明，需要讨论。"[84]

丘吉尔在回忆录中写道，霍普金斯对他说："在我们说出心目中的人选之前，请不要急于拒绝总统将要向您提出的建议。"[85] 随后，马歇尔提名英国陆军上将阿奇博尔德·P. 韦维尔爵士担任首任"ABDACOM"（"美英荷澳司令部"的缩写）最高盟军指挥官。美英荷澳司令部的战区涵盖缅甸、马来亚、荷属东印度群岛、新几内亚西部、澳大利亚西北部四分之一的领土、菲律宾，以及所有相邻海域。韦维尔将统率"海、陆、空"的全部军事力量。[86]

丘吉尔回忆说："选择英国指挥官让我觉得受到了恭维，但在我看来，他要指挥的这片战场很快就会遭到蹂躏，他要统率的部队会被日军的铁蹄摧毁。"[87]首相公开声明，他宁愿看到英国舰船由美国海军将领而不是英国陆军将领来指挥，这表明他是根深蒂固的海军至上主义者。他建议由美国亚洲舰队总司令托马斯·哈特上将统率四国的全部海军力量，只需"符合"陆军上将韦维尔的计划和战略即可。美国人觉得这有些含糊不清，拒绝了这一提议。[88]金自己拿起钢笔，重写了命令，写明海军将归韦维尔指挥。

丘吉尔的抵制在罗斯福、马歇尔和霍普金斯联合施加的强大压力下瓦解了，尤其是金的坚定支持加剧了天平的倾斜。丘吉尔本来指望金将军出面反对外国陆军将领指挥海军的，不过金一旦下定了决心，就毫不含糊地支持韦维尔。面对这条统一战线，丘吉尔最后说："很明显我们必须与美国人的观点保持一致。"他没有请求伦敦的战时内阁批准，而是发了一封电报，宣布该决定已经做出。美国海军将"继续负责菲律宾群岛和澳大拉西亚以东的整个太平洋地区，包括美国对澳大拉西亚战场采取的对策"。他总结道："我没去争辩我们接受美国这一大度无私提案的对与错，作为战胜方，我深信这一决定功不可没。"[89]

伦敦方面通过电报接到消息，布鲁克将军十分沮丧。他在日记中写道："整个计划是疯狂而又不成熟的。它只顾及一个行动区域，西太平洋；只考虑一个敌人，日本，并且没有集中的控制。"然而，"内阁不得不接受首相的新计划，因为它几乎是既成事实了！"[90]到了12月29日，距马歇尔第一次提起这个话题仅四天，四国中的三个国家就同意了韦维尔的任命，这位不走运的将军也已经收到了命令。尽管金最初是反对的，而且英国人发起了更为强烈和持久的抵制，马歇尔还是在如此短的时间内就实现了他的设想。韦维尔 1942 年 1 月 10 日抵达爪哇岛巴达维亚。彼时，日本人在那片战场的猛攻正在接近成功的高潮。

美英荷澳司令部的指挥模式其实寿命不长，却迫使盟军面对一个根本性问题：联盟要如何运作。韦维尔上将听从谁的命令？美军和英军高级指挥部怎样融合到一起？最关键的是，最高司令部设在哪里？华盛顿还是伦敦？还是横跨大西洋？联盟中那些小国是否也有席位？第二次世界大战能够在多国委员会的领导下开展吗？那些问题都很棘手，想要解决好又不在盟军阵营内引起异议和怨恨是不可能的，但是金坚持要求立即做出决定。

韦维尔的任命状说，他将从一个对总统和首相负责的"适当的联合机构"接受命令。[91] 英国第一海务大臣庞德将军提议，盟军应该"利用现有的组织机构"。换言之，盟军最高指挥部由英军和美军将领组成，亦即围坐在美联储董事会议室的各位，再加上留在伦敦的艾伦·布鲁克将军。他们共同组建成联合参谋长委员会（CCOS），直接向美国总统和英国首相负责。他们负责指导战争的总体战略方向，制定生产目标，分配军需，向全球所有盟军司令部发号施令，控制所有盟军的航运（这至关重要）。1941 年 12 月 29 日，在白宫私人午宴上，罗斯福告诉金将军，他不相信最高司令部中加入美国人和英国人以外的人以后还能保持一致性。澳大利亚人、新西兰人、荷兰人、中国人、自由法国人和其他所有盟友不得不被排除在决策者之外，他们的任务是接受并执行联合参谋长委员会的命令。金意识到这些国家会感到非常失望，但他同意罗斯福的意见，认为这是确保指挥机构正常运转而必须付出的代价。总统授权金在第二天的参谋长会议上向联合参谋长委员会转达他的观点，金照做了。"很明显，战争的参与者太多了，不能通过举手表决来进行决策，"后来金对战地记者如是说，"这种强硬的办法注定会导致小国产生抵触和不快……但这是有效行使职能的唯一途径。"[92]

这个"联合机构"安放在哪里合适？美国人坚持设在华盛顿，由一名英国代表担任伦敦联络员。对于已经从伦敦指挥了近两年半战争的英国人来说，这是难以接受的。他们提议设立两个委员会，一个在伦敦，另一个在华盛顿；他们还提议建立一个体系，通过两国首都间的电报通信制定重大决策。罗斯福、金、马歇尔和美国人回答说，这是不切实际的，会严重影响由统一的指挥打一场全球战争的原则。这是会上最具争议的一个问题。美国人指出，美国将生产绝大多数弹药和其他战争物资，而且北美在地理上更靠近欧洲和太平洋战区的中心。罗斯福谨慎地预测"这个问题可能会讨论相当长一段时间"，霍普金斯则指出，"'适当的联合机构'的建议引发了一连串激烈的争论"。[93]

英国人转而建议成立两个"平权的"军需配给小组委员会，设在伦敦和华盛顿，分别由比弗布鲁克和霍普金斯领导，从而将一部分权力留在伦敦。马歇尔强烈反对，威胁说宁肯辞职也不接受，英国人遂打消了这个念头。这是一个痛点。据总统的演说撰稿人舍伍德判断，这个问题"引发的争论比阿卡迪亚会议上的任何其他议题都要多。……这是让英美之间出现民族主义路线分歧的少有几个议题之一，而且相关讨论从未完全终结"。丘吉尔没有轻易接受失败，他不厌其烦地据理力争。但是，当罗斯福明确表示支持马歇尔，英国人要么默许，要么就要冒公开决裂的风险时，丘吉尔放弃了，提了一个保留面子的建议，"那就建立这个体系，先试行一个月"。罗斯福满怀感激地表示同意："我们应该称其为初步协议，照此试行。"最终这一安排会一直持续到战争结束。[94]

布鲁克将军在伦敦收到电报时颇为震惊："现阶段，美国军队完全没有准备好扮演重要角色，我看不出任何理由同意由华盛顿实行集中控制。"[95] 后来，英国军方首脑返回英国，布鲁克责备波特尔和庞德"为了一碗粥出卖自己的名分"。[96] 但丘吉尔没有上当受骗。虽然有点儿不情愿，但他头脑是清醒的。首相的私人医生莫兰勋爵评论道，"有一个念头占据了他的头脑，与其相比，其他任何事情都算不了什么"，那就是"让美国总统带着必胜的信念加入战争。要是做到这一点，别的都不重要"。[97] 在 12 月 7 日之前，英国一直是追求者的角色；而在那以后，正如首相向国王乔治六世汇报时所言："英国和美国经过几个月的约会，现在已经共结连理啦。"[98]

陆军元帅约翰·迪尔爵士奉命率领驻华盛顿的英国联合参谋代表团，这对英国人来说是个安慰。丘吉尔已经解除了迪尔的帝国总参谋长的职务，由布鲁克取而代之。他此行的目的是协助交接，让他留在华盛顿的决定是后来做出的。迪尔与美国军方所有领导人关系都很好，1944 年去世之前一直是英国人和美国人之间的重要联络人。美方参谋也会不时前往伦敦和世界其他地方参加战时会议。1941 年至 1945 年间，联合参谋长委员会一共召开了 89 次会议，制定了许多实质性的战争决策和妥协对策。丘吉尔后来写道："从没发生过不能达成有效行动意见的事，向每一个战区指挥官发出的指令都清晰无比。每一个执行军官都知道，他所接到的命令是两国政府的共同意见，具有两国专家的权威性。"[99]

英国供应大臣比弗布鲁克勋爵认为美国的生产目标"过低"，12月29日他直接向总统阐明了自己的观点。[100]他劝美国将1942年的生产目标上调为4.5万辆坦克，1.77万门防空炮，2.4万架战斗机。[101]海军方面，斯塔克将军已经提议扩大现有的建造计划（根据1940年扩建法案），增建8艘航空母舰、24艘巡洋舰、102艘驱逐舰和54艘潜艇，总排水量90万吨。1944年龙骨将全部铺设完成。即便如此，这些计划也不够宏大。1942年1月，海军事务委员会设想建立一支由34艘战列舰、24艘航空母舰、12艘战列巡洋舰、104艘其他巡洋舰、379艘驱逐舰和207艘潜艇组成的舰队。这些数字体现了一个重要的转变，即军方开始重视航空母舰。还有人呼吁增加护航舰，最终打造了许多专为护航设计的护航驱逐舰。[102]实现这些宏伟目标的必要指令已经大范围下达到政府各有关部门。

总统在1942年1月6日向国会递交的国情咨文中展示了他的巨无霸生产目标。"我们必须把目光集中在生产线上。谁都不许说做不到。"1942年，美国要制造4.5万辆坦克、2万件防空武器、6万架飞机和净重600万吨的货物。罗斯福补充说，这些目标"要让日本人和纳粹尝尝偷袭珍珠港的滋味"。[103]这些数字是罗斯福本人修改过的，在提交给他的估算数据中似乎找不到事实依据——他在演讲前一晚划掉了他收到的估算数据，重写了一些数字。霍普金斯担心这些随意估算的数字不可行，总统平静地回答说："哦，生产工人当真努力的话，可以做到。"舍伍德说："罗斯福从来不怕四舍五入把数字写大。"[104]

这些数字相当惊人。莫兰勋爵称，丘吉尔比任何同僚都明白，这种生产规模对战争进程意味着什么。"他沉醉在这些数字里了。"[105]

很多人觉得这些目标不切实际。据说，战争部的一名军官评论道，罗斯福"在狂玩数字游戏"。[106] 在多年的大萧条时期无法全力生产的工业领袖此时也纷纷产生了怀疑——许多人说，是哈里·霍普金斯误导了总统。1 月 13 日，总统回应了这些批评，召来西尔斯罗巴克公司的高管唐纳德·纳尔逊，成立了一家新机构来协调全部工业组织，取名为战时生产委员会（War Production Board）。霍普金斯强烈推荐纳尔逊，他认为有纳尔逊一个人就够了，不需要什么三人委员会。在他的推荐下，纳尔逊走马上任。总统接受了霍普金斯的观点，认为纳尔逊"是最棒的"。[107] 他将成为"战争统帅"。在他的监督下，美国的工业基地重整旗鼓，加大产能，实现每周七天连轴转生产。装配线实行三班倒。政府下令关闭和平时期生产汽车等产品的广大行业，不允许继续向平民销售汽车或轻型卡车。所有已经进入零售渠道、停在经销商处的汽车都要服从配额管理。大部分车卖给了政府，还有一些卖给了从事必要工作的专业人士。

自 1775 年以来，英美之间的关系一直饱受对抗、不信任和嫉妒的困扰。即便在珍珠港事件以后，许多美国人仍在怀疑英国人，因为他们连续愚弄两代美国人，让他们卷进欧战的泥潭，抛洒热血，散尽家财。他们担心英国人会利用美国民主制度的力量挽救他们的全球帝国，种下未来战争的种子。

虽然盟军的谈判笼罩在这些陈旧的嫌隙中，但是阿卡迪亚会议堪称战时外交的胜利。盟国重申了"欧洲优先"政策。双方一致同意，战争的主要问题将由驻华盛顿的英美联合参谋长委员会决定。他们建立了美英荷澳司令部，由陆军上将韦维尔担任总司令。为韦维尔起草规章制度时，盟军一直针对的是太平洋地区迫在眉睫的危机——但他们为此专门付出的努力缔造了多国跨兵种战区统一指挥官的先例，甚至开创了融合型高级指挥部的制度。他们编写了《联合国宪章》，这是一份联合意向声明，后来促成了总部位于纽约、至今仍然存在的多边组织联合国的建立。他们设定了极高的战时生产目标，而且最终实现了。他们缔造了一个真正的联合阵线，与轴心国只是名义上的联合形成鲜明对比，这是一项了不起的成就。

罗斯福和丘吉尔（以及扮演重要辅助角色的霍普金斯）巩固了私人层面上的相互理解，这种理解建立在真正互有好感的基础之上。他们一起坐镇整个机构，做出军队长官无法确定的重大决策。（1942年中期以后担任罗斯福参谋长的莱希将军斩钉截铁地说，"真正指挥这场战争的"是这两位领导人。[108]）英国温和地施加影响，以免刺激美国人脆弱的自尊心——丘吉尔对他的战时内阁说，美国人"不介意向我们学习，但是我们不要主动提出教他们"。[109]

二战史学家对乔治·马歇尔的领导才能都不吝赞美之词。相比之下，金往往扮演马歇尔的反派、对手或搅局者的角色。不可否认，二人之间确实存在一些实质性分歧，但是这种分歧往往被夸大了。在阿卡迪亚会议上，金支持马歇尔的统一指挥论。他同意将美国的亚洲舰队归英国陆军将领指挥。他主张多分配一些稀缺的军需来支撑美国—澳大利亚的生命线，这个观点在当时是有争议的，但后来发生的事情在很大程度上证明了金的观点极富远见。在创建最高盟军指挥部的谈判过程中，他提出了一些棘手而富有洞见的问题，迫使参与者厘清思路。但是在讨论结束时，他和马歇尔持相同观点。

最重要的是，马歇尔和金是合作伙伴。他们是联合参谋长委员会的两位主导成员，因此他们始终认为，两人的合作关系是美国战备的核心所在。他们在战争的任何实质性问题上未能达成一致，都必须由罗斯福本人来裁决。僵局会降低他们的可信度，威胁高级指挥部的凝聚力。本着这种看法，马歇尔和金几乎总能找到解决分歧的办法。"金知道他俩必须和睦相处，"他的一位下属参谋回忆道，"这会对所有人产生压倒一切的影响。两人清楚，他们必须和睦相处。"[110]

但是，有一个问题，金永远不会退让。"要是统一指挥部的方案依据的并不是特定时间、特定区域的具体情况，没有设置特定期限，无论如何我是不会同意的，"金在会议期间给同事写信说道，"我发现有必要抽时间向高层一些'业余战略家'指出来，统一指挥并不是解决所有军事难题的万能药——我会不断提醒他们的。"[111]更直接点来说，金绝不会同意以救世主自居、好大喜功的道格拉斯·麦克阿瑟将军来指挥太平洋舰队。

1月13日是丘吉尔华盛顿之行的倒数第二晚。晚餐前，总统、首相、第一夫人还有另一些宾客和工作人员聚在"椭圆形书房"喝鸡尾酒。当晚应邀出席晚宴的作家路易斯·阿达米克回忆说，丘吉尔迟到了。他"半皱着眉头走进房间，胖乎乎的大脸上有双浅蓝色眼睛，面色白里透红"，而且"走起路来就像没有关节一样，浑身是一体的：迈着坚定的脚步，不慌不忙，不为障碍所阻，像坦克或推土机一样。……他那张大大的圆脸十分光滑，没有什么表情，但眼睛和嘴巴极有特色，透着一股精明、冷酷、不择手段的劲儿"。阿达米克在那之前不久出版了一本书，提倡战后美国在欧洲推动民主；埃莉诺·罗斯福读过这本书，推荐给了总统、首相和其他许多人。阿达米克是个反帝国主义自由派，并非完全不带偏见——他坦率地承认自己不信任丘吉尔和英国保守党——但是他对当晚经历的描述十分生动，令人信服。目睹两位盟军领导人之间的互动后，他感觉到两人是真正的朋友，彼此熟悉，有情有义——但是他也察觉到一丝紧张气氛，似乎他们最近吵过架。"他们注视着彼此，似笑而非笑，似乎在试探对方的尺度，揣摩着，质疑着。……似乎都在向对方无声地问：今晚我该怎样对待你呢？你又会对我的策略做出怎样的反应呢？"[112]

1月15日一早，罗斯福和哈里·霍普金斯驱车欢送首相，将他带到六街的私人专线乘坐火车。总统在汽车里与他道别，霍普金斯则陪同丘吉尔一行走到火车旁。霍普金斯递给丘吉尔一张纸条和一份送给丘吉尔夫人（"克莱米"）的礼物，纸条上写道："您会为您丈夫此行感到无比骄傲的。……"[113]

丘吉尔乘水上飞机在百慕大加油后穿越大西洋，经过马拉松般的飞行，终于返回了伦敦。他发现政治局面非常糟糕。东亚和北非传来的消息非常不利。议会威胁要赶他下台，他的领导能力也饱受批评。首相也许从1月30日便60岁的罗斯福热情洋溢的便签中获得了一些安慰。罗斯福写道："与你同处一个时代是件有趣的事。"[114]丘吉尔在下院进行了一场精彩绝伦的辩论，并要求进行信任投票。结果，1月27日，丘吉尔以464票对1票赢得下院的信任。[115]

第六章

在 1942 年的美国海军中，每一位海军将领都认识其他将军，至少相互知道姓名，也都见过面。不过金和尼米兹无论私下里还是工作上关系都不亲密。两人对比鲜明；金骄横跋扈，尼米兹轻言细语，学究气十足。如果是由新的美国舰队总司令来选择金梅尔的接替者，金很有可能会选择其他人。尼米兹明白，他还在试用期内。在写给妻子的信中，这位得克萨斯人透露他和金相互并不信任，而且还没有什么关系。他必须谨言慎行，因为当美国舰队总司令对一个人失去信心时，后果很快就会来临。

在 1942 年 1 月 2 日的一封作战电报中，金表明他对于美国航空母舰 1941 年 12 月 7 日以来迟缓的反应和随意的部署极为不满。他希望对日本的"固定航空母舰"——吉尔伯特群岛中的马金环礁以及马绍尔群岛中的一系列航空基地——进行突袭，然后迅速撤退。他要求尼米兹派航空母舰快速闯入敌方水域，趁日本人还没起床时轰炸敌方岛屿，在敌机起飞前将其摧毁，破坏机场，将敌军的飞机库、机械库和兵营夷为平地，消灭敌人的飞行员和检修人员，炸毁其燃料箱，并用鱼雷炸毁停泊在潟湖中的军舰。[1]

尼米兹与参谋对此进行了仔细的研究。反对意见非常理性，而且理由充分，不能斥之为因胆怯懦弱而置之不理。第 14 海军军区的指挥官克劳德·C.布洛赫将军对夏威夷的防卫负有直接责任，他直截了当地指出，如果损失航空母舰，夏威夷将遭受敌人的入侵。海军历来认为派遣航空母舰进入陆基轰炸机的范围内是战术上的失败，除非攻击者确信突袭一定能成功。日本人在1941年12月7日取得了成功——但是现在随着战争的进行，他们难道不会在其帝国的东侧预防类似的突袭？如果敌人早有准备，这样做就有非常大的风险。日本的双引擎陆基轰炸机会对美国的航母发动毁灭性的反击，因为这种轰炸机的航程超过了美国的舰载机。

而且，这种风险值得吗？太平洋舰队总司令的参谋在此期间制订的作战计划表明，几乎没有人知道马绍尔群岛和吉尔伯特群岛偏远环礁的任何信息，这在很大程度上给它们笼罩了一层神秘的气息。但那些地方似乎没有什么价值较高的目标。在珊瑚礁跑道上炸出一些很快就能修复的坑有什么好处呢？敌人重要的主力舰根本不可能停靠在那些偏远的海岛上，而且岸上的军事设施并非特别重要或很有价值。在战争的早期，审慎的行动应该是争取时间来建造更多舰艇，此时为什么要孤注一掷，冒损失更多舰艇的危险？可以等到1943年再执行冒险行动，那时候美国经济会完全动员起来，一支全新的舰队会交付到尼米兹手中。敌人对航空母舰造成的危险在1942年1月11日有了生动的证明，那一天"萨拉托加号"在瓦胡岛以南约500英里的地方被日本鱼雷击中。它凭借自己的动力回到了珍珠港，但是损伤迫使它返回皮吉特湾（Puget Sound，又译普吉特湾）维修。"萨拉托加号"是太平洋战区美国总共拥有的四艘航母之一，埃德温·莱顿写道："失去它让我们的进攻力量减少了25%。"[2]

1月7日，以"企业号"为中心建立的第8特混舰队进入珍珠港加油和加载补给。在战争开始之前，海军中将哈尔西就在指挥这支特混舰队，以"企业号"为旗舰。1月8日早上8点，他来参加例会，坐在了尼米兹的会议桌前。和他一起的还有巡洋舰指挥官，海军少将雷蒙德·A. 斯普鲁恩斯，他是个值得信赖的替补人员，最终取代哈尔西，成了一名优秀的舰队司令。一个星期前，哈尔西被传唤到罗伯茨委员会（对珍珠港事件的多次调查中的第一次）面前做证，委员会问到他对如何正确使用航空母舰的看法。哈尔西回答说，航母相当于海军中的骑兵，他还引用了南方邦联骑兵将军内森·贝德福德·福里斯特的话说："福里斯特将军的说法我觉得是最好的：用你所拥有的一切尽快接近对方，全力发起打击。你必须侦察并且找到对方，一旦找到，派出一切可以派遣的力量去打击对方。"[3]

哈尔西全力赞成对马绍尔群岛进行突袭。这有可能会吸引走日本南下威胁珊瑚海甚至澳大利亚的军力。对日本势力范围的前哨施以沉重打击可以降低其航空基地的效能，从而保护萨摩亚和澳大利亚生命线上的其他地方。哈尔西夸张地宣称他愿意带领"企业号"前往马绍尔群岛亲自执行这一行动。他发表见解时神采飞扬，语气坚定。在某地打击敌人是至关重要的，哪怕只是为了挽回海军的自尊。他承认这样做会有风险——但是什么样的战役没有风险？与持怀疑态度的人相反，他似乎并没有被战争进行一个月以来的失败和挫折击垮。

哈尔西还没有扬名四海，而且可能还没有意识到他会成为美国海军的象征，但与金或尼米兹形成鲜明对比的是，他愿意扮演饱经风霜的海军斗士这一角色。塞缪尔·埃利奥特·莫里森后来说，新闻界"希望将军们能像电影里一样拍桌子怒吼"。[4]哈尔西正是会拍桌子怒吼的那种人。他的表现刚好适合这一角色。他方正的脸庞饱经海风、太阳和海盐的侵袭,稀疏的头发从宽敞的额头直直地梳向后面,两只眼睛分得很开,上方是一对苏格兰人的眉毛,显得威武而桀骜不驯。他微笑时像是在斜视。像乔治·巴顿将军一样(人们难免拿他和巴顿比较),他似乎喜欢战争。他是水手中的水手,在下甲板颇受欢迎。他宣称:"一般而言,我从不信任既不抽烟也不喝酒的船员。"[5]1942年1月,他急不可耐地要采取行动。"企业号"上的一名军械员回忆说,他从哈尔西的住所附近经过时,听到这位将军"雷鸣般地怒吼,咒骂华盛顿和在岸上办公的将军们,说他们胆小如鼠"。[6]

从某种意义上说,哈尔西整整一生都是在海军中度过的。他的父亲就是海军军官,从童年起他就生活在世界各地。15岁时,他直接写信给麦金莱总统,请求进入海军学院学习。这封信有许多拼写错误和事实错误,抬头也有违礼仪,写成了"威廉·麦金莱少校",这是麦金莱总统以前在陆军服役时的军衔。这封信没有得到回复。但他的母亲帮了他,联系到了一些对这件事能说上话的人,于是哈尔西在1900年7月被录取为海军学院的学生。据说他在海军学院被记过的次数非常之多,然而他一直很受同龄人欢迎。他带着强烈的自嘲吹嘘自己是海军历史上最糟糕的橄榄球队中的明星后卫。(1903年,这支球队以5∶40的分数败给了陆军。)他毕业于1904年,比尼米兹早毕业一年,在班上62名学生中排名第43。[7]《海军学院年鉴》称他为"每个人的朋友"和"真正的老手。长得像海神尼普顿的舰首像"。[8]

哈尔西早年主要在驱逐舰上服役。1909 年他第一次获得舰艇指挥权（"杜邦号"），1920 年开始指挥一个驱逐舰分队。他曾在华盛顿的美国海军情报局任职，还在美国驻德国、挪威、丹麦和瑞典的大使馆担任过海军武官。他曾在战列舰上服役（所有渴望晋升高级军衔的军官都要达到这一要求），并在大萧条初期学完了海军战争学院的课程。1934 年，作为 52 岁的上校，他通过侧面渠道进入了海军航空领域，到彭萨科拉报到进行飞行训练。这个年纪学习飞行有些晚了，而且他没有开飞机的天赋，但他在第二年就获得了飞行资格，从而得到了指挥航空母舰的资格。他指挥了"萨拉托加号"两年时间，然后返回彭萨科拉担任海军航空站的指挥官。1938 年他升任为海军少将。到第二次世界大战爆发时，他已是海军航空母舰特混舰队中经验最丰富的司令之一。

得到作战行动指挥官的大力支持让尼米兹非常欣慰。而且，他逐渐收到了一些无线电情报，似乎能够对行动的风险做出更准确的评估。敌方的无线电通信量在加罗林群岛的特鲁克群岛急剧上升，但在马绍尔群岛仍然保持稳定，表明舰队有向南运动的趋势。更具体地说，破译的零散无线电情报提到了一支"占领军"，目的地是新不列颠的拉包尔。9 如果日本舰队正在朝拉包尔的方向前进，那么美国的航空母舰在太平洋中部距日军舰队数千英里的地方就不会撞上任何危险。空中侦察和潜艇的侦察也表明对马绍尔群岛进行突袭应该不会发生不愉快的突发情况。

1942 年 1 月 9 日，尼米兹同意执行突袭，并让哈尔西指挥这次行动。这场行动会成为一场以防御为主的任务的一部分。增援萨摩亚的海军陆战旅两天前已经从圣迭戈乘四艘缓慢的运输舰出发了。

运输舰队由第 17 特混舰队护航，该舰队以航空母舰"约克城号"为中心，由弗莱彻将军指挥，刚刚从大西洋到达。哈尔西和第 8 特混舰队将向南机动，提供空中掩护和反潜警戒，直到运输舰队安全到达目的地。"企业号"将与"约克城号"会合，然后向西北方向航行，前往马绍尔群岛。它们将偷偷跨过国际日期变更线，全速开往日军基地。"企业号"将攻击马绍尔群岛中心的夸贾林环礁、马洛埃拉普环礁和沃杰环礁，而"约克城号"向南进攻吉尔伯特群岛和马绍尔群岛南部的马金环礁、米利环礁和贾卢伊特环礁。

"企业号"停泊在珍珠港，船员夜以继日地工作，将燃料、淡水、补给和弹药搬到船上。流言像往常一样没完没了，虽然船员没有得到任何消息，但是所有人都相信"企业号"很快就会投入激烈的战斗。在如此紧的时间内大规模装载只能意味着一件事情："装弹作战。"航空大队日志中的一条记录这样写道。[10]

1 月 11 日上午，尼米兹和哈尔西从司令部一起走到码头，在舷梯下面握手。尼米兹说："祝你好运，比尔！"[11] 中午，航空母舰以及巡洋舰和驱逐舰组成的警戒舰群起锚出航。到了下午 3 点左右的时候，它们已经把巴伯斯角干燥且满是尘土的树林甩在身后，以超过 25 节的速度驶入大海。安全出海后，哈尔西向航空大队简要布置了任务，要求飞行员们在舰队抵达萨摩亚附近海面上的会合点后，向北"在吉尔伯特群岛或马绍尔群岛搞点乱子"。[12] 此时哈尔西还没有向全体船员通告，但是大家已经能感觉到即将发生什么事情，因此士气明显高涨起来。

向南朝赤道航行，每天都比前一天热一点，很快甲板以下就变得非常不舒服了。海平面在任何地方都是海平面，但在赤道处，海平面会稍微向外凸出一些，所以从北向南穿过赤道，就得先爬过一座"水山"。"企业号"的内部是通过舱口连接的金属走廊组成的迷宫般的地方，亮着刺眼的顶灯，到处排列着电缆、风道和管道。在 1941 年 12 月 7 日之前，大部分的内部空间都被漆成了白色或灰色，但是日本的突袭让人们意识到油漆易燃，于是工作人员又用铁刮刀将油漆一块一块地刮掉，整个工作单调乏味。他们撕开亚麻油地毡，将下面的钢板刮得非常光滑。他们在酷热难耐、通风不良的环境中干活——更糟糕的是战争期间要求水密门和舱门都紧紧关闭——因此汗水很快就湿透了制服。他们发现不如干脆脱掉制服，穿着内衣干活。这项工作十分艰苦，让人心烦，无人感激，有人说这是"地狱中的工作"。[13]飞行员在白天巡逻的时候，会把舱盖打开让自己凉爽一些，但即使是外面吹来的风都热到让人难忍的地步。飞过暴风雨区时，他们心里会充满感激之情，把脖子伸到挡风玻璃外边，让上天赐予的凉水浇到自己的身上和飞机上——然而这种冒险也会增加迷失航向的风险。

　　意外事故和导航失误经常出现。第 6 侦察机中队的一架无畏式俯冲轰炸机差点击落一架水上飞机，后来发现这架飞机属于新西兰。[14]1942 年 1 月 13 日，同一个中队的另一位飞行员打破了无线电静默，不仅违反了命令，而且还使整个特混舰队处于危险之中。1 月 16 日，一架俯冲轰炸机在"企业号"上降落时撞断了阻拦索，冲出甲板，撞进了舷边通道，使一位军士长严重受伤。那天晚些时候，第 6 鱼雷机中队的一架轰炸机迫降到海上，机组人员借助一艘救生艇在海上漂泊，结果这一漂就是 24 天。后来他们被冲到了 750 英里外的一

　　　　　　　燃烧的大洋：1941—1942，从突袭珍珠港到中途岛战役

座岛上，在烈日的炙烤下饥肠辘辘。执行巡逻任务的飞行员有时会在阴云中迷失，远远偏离航向。有一次，"企业号"不得不打破无线电静默，好把一架迷失航向的飞机引回来，这一违反安全规定的行为使得哈尔西和参谋大发雷霆。

飞行员人手不足。虽然会有飞行员从美国本土赶来，但是直到4月或5月才能到。在1940年至1941年舰队规模猛增的时期，许多新的飞行员进入了航空大队。在这次巡航中，"企业号"上有些飞行员会首次在航母上降落。新手还在学习如何攻击。一切都要学习、练习并加以临场发挥。随着练习的增加，他们的水平不断提高，但这是战争，而战争是一所不允许出错的学校。缺乏经验的飞行员犯了太多的错误。他们必须提高技术，而且要尽快提高。

负责警戒的舰艇也被事故和霉运困扰。一名水手从"布卢号"驱逐舰上坠海失踪。"盐湖城号"巡洋舰上的一名士兵在炮塔上被挤死。整个特混舰队的防空射击训练的效果一点也无法让人振奋。即使是经过了战争准备阶段艰苦的训练之后，对于如何在海上的实战情形下操作，航母群仍然有许多要学的。他们发现所有的方面都有欠缺，需要更多的训练，更多的射击演习，更多的高射炮（每一种口径都要），更多的弹药，更多的补给，以及更多的备件。[15]0.50英寸的弹药极度缺乏，飞机装载的某些弹药也储量不足。在这次巡航中，他们切实面临着鱼雷用完的危险。无论是岛上还是重型巡洋舰上，都没有足够的水上飞机来执行侦察。目前，航空母舰上尚有足够的飞机，但备用飞机很少，一旦损失就很难补充。他们还急需更好的通信技术：更好的无线电、更好的雷达、新的信标和导航设备，而且所有人都认为急需新兴的敌我识别（IFF）技术，以帮助炮手辨认美国飞机，从而避免向友军射击。

在萨摩亚北部，"企业号"向西北部进行了大规模空中搜索，与此同时，5 000名海军陆战队员在帕果帕果安全上岸。飞行甲板上的士兵可以看到英属萨摩亚群岛上的青山。"企业号"航空母舰先在东边，然后在西边停靠了五天，等待姊妹舰"约克城号"。它们于1月23日会合，两天后，舰队向西北方进发，驶向位于国际日期变更线另一侧约1 600英里远的马绍尔群岛。"约克城号"舰群在哈尔西和"企业号"舰群后面大约150英里处航行，计划抄近道直接往南，对马绍尔群岛南部的贾卢伊特环礁和米利环礁以及吉尔伯特群岛的马金环礁发动袭击。

1月的最后几天天气晴朗，特混舰队在浅蓝色天空下前行，下方的海浪轻轻涌动。但是接近国际日期变更线时，风力逐渐加大。当时记者罗伯特·凯西站在"盐湖城号"的甲板上，看到了一幅"极度夸张的"景象——"灰蓝色的海洋，处处是白灰色的波峰——灰色的天空布满乌云，天顶几乎是黑色的，地平线上的天空则在落日的反射下显露出淡紫色"。特混舰队保持着圆形队形，航空母舰总是位于中心。从"企业号"的飞行甲板上，人们可以看到警戒舰船在各个方向上散布在地平线附近。航空母舰的两边各有两艘重型巡洋舰奋力前进，外圈的驱逐舰在海上颠簸着破浪前行。在凯西看来，地平线上的舰船就像"剪影"一般，"以天空为背景的灰色亚光剪影一动不动，只有环绕在船头的巨大白色海浪表明它们正在移动。我们划开波涛，周围是高高的、咝咝作响的泡沫"。[16]

他们以"之"字形前行，以应对敌军的潜艇，但这要求大规模编队统一行动，很容易失误。有一艘巡洋舰转弯不及，离开了自己

　　　　　　　　燃烧的大洋：1941—1942，从突袭珍珠港到中途岛战役

的位置，船长就通过哈尔西将军的闪光信号灯收到一条带有讥笑意味的信息："如果方便的话，我建议你回到你应在的位置，好吗？"不久之后，他收到了另一条信息："你的舰上有没有能够准确判断 6 000 码内距离的军官？" [17]

1 月 28 日，特混舰队通过"普拉特号"油轮加油。巡洋舰和驱逐舰在白天完成了加油，但是"企业号"由于夜幕降临，晚上 8 点之前一直没能调整好与油轮并排行驶。海上加油一直是早期航空母舰操作的烦恼，而哈尔西坚持让"企业号"当晚加完油。即使在白昼，加油也很困难，特别是在波涛汹涌的海洋上，因为舰船有随时相撞的危险。这是航空母舰第一次在晚上加油。这是对两艘舰艇的船员航海技术的终极考验。两艘舰上都没有灯光，加油工作必须在黑暗中完成。

航母和油轮在接近平行的航道上彼此靠近，相距大约不足 70 英尺。两艘船以完全相同的 10 节的速度同时行进。转向和油门控制必须完全遵从船长的命令。引缆绳被抛过来，接住，然后系牢。船员不得不快速工作，完全一致。连接软管的人员一直有掉入两船之间的危险，因此安排了驱逐舰在后面随时准备营救他们。引缆绳和软管必须在水手长下令时立刻抛下，其他人则手拿斧子，准备在必要时将它们砍断，以便随时驶离油轮。加油时显然不能被敌军发现。如果加油时敌人的轰炸机出现在头顶，有大量的燃油在甲板上，问题就大了。"企业号"在凌晨 1 时 30 分完成了这一艰巨的行动。加油似乎总是结束不了，就连凯西都等得不耐烦了。他沮丧地写道："昨天夜里有人说，现在的备战时间和 1812 年时一样漫长。" [18]

舰艇能够捕捉到来自珍珠港的加密无线电信息。尼米兹由于获得了新的无线电情报，敦促哈尔西加快速度，对马绍尔群岛发动打击。1月27日，总司令向哈尔西发出了一系列新命令，授权他扩大打击面积，延长打击时间。尼米兹要求袭击必须"直中要害"，对主要目标进行多轮空袭，必要时通过舰炮还击。哈尔西的参谋长迈尔斯·布朗宁主张采用更冒险的攻击计划，让整个航母战斗群向西直插群岛中心地带，袭击马绍尔群岛最大的基地夸贾林环礁。这个计划有很大风险：美国舰队将会处在空中反击的范围以内。哈尔西赌美国轰炸机的首轮攻击会实现完全出人意料的突袭，批准了该计划。他在表示许可时说："这一计划如果成功了，就可以说是一项'聪明'的计划；而一旦失败，就是'蛮干'。"[19] "企业号"上的飞行员兴奋异常。"这一次不是打完就跑，而是要进行一整天的长时间攻击，"一个飞行员写道，"哈尔西将军决定让航空母舰开到距离两个日本大型航空基地二三十英里的地方。由于是近距离作战，我们的油量绝对够用。我们很喜欢这样。"[20]

1月31日，在国际日期变更线以西，"企业号"的雷达捕捉到了一个光点。这是一架日本巡逻机，似乎是在美国军舰西方（船后）不到34英里的地方飞行，但它没有发现目标，也没有发出无线电信息。哈尔西看着光点在屏幕上划过。虽然日军飞行员并没有看到舰队，哈尔西还是特别担心敌人发现特混舰队的航行痕迹。但是美军没有在日军的无线电频段截获报告。光点划过雷达屏幕，向南逐渐消失。随着侦察机越来越远，特混舰队这一次显然是很幸运。海军陆战队上尉小班克森·T. 霍尔库姆是从珍珠港密码破解分队派来的一名日语军官，他截获了日本的一个巡逻机飞行员发送的信息（可能是航空母舰上的雷达侦察到的同一个人）。这架飞机已经到达了巡逻路线的尽头，飞行员"没有消息汇报"。[21]

哈尔西说："那个胆小鬼刚才满脑子想着鱼和米饭。"他让霍尔库姆准备一份日文传单，在第二天投放到岛上："非常高兴，感谢你们的巡逻飞机没有发现我的部队。"[22]

1月31日下午6时30分，特混舰队分开前进——斯普鲁恩斯的巡洋舰队向南方航行，去轰炸沃杰环礁和塔罗阿岛；"企业号"和3艘驱逐舰向北行驶，对夸贾林环礁以及沃杰环礁和塔罗阿岛进行攻击。尼米兹发来了一条无线电信息："攻击务必直捣敌人心脏。在战况有利和后勤保障允许的情况下，可以扩大作战行动，让两个特混舰队反复空袭和炮击，充分利用这次机会。如果切实可行，攻击行动可以超过一天。"[23]

最后一晚，舰队以30节的速度全速前进，迅速进入战场。发动机轰鸣，船身颤动。"企业号"四个巨大的螺旋桨深入大海，转速达到每分钟275转。整支舰队里都弥漫着战前的担心和激动。睡觉几乎是不可能的——甲板下方非常热，所有人的床单都被汗水湿透了，他们翻来覆去，直到破晓。"盐湖城号"舰长将军官们召集到军官室检查第二天的时间安排——凌晨3时45分吹起床号，4时15分吃早餐，5时15分进入一级战备状态，6时15分进入战斗，那时刚好破晓。在战斗的问题上，舰长和军官们头脑清醒，意志坚定，极其关注细节——"军舰的部署、目标的特性、开火的速度、侦察过程、侦察飞机报告的频率、食物、水、厕所、弹药分配、通风、炸弹、深水炸弹、飞机燃料"。这艘舰上没有任何人有实战经验，他们却泰然自若，这给罗伯特·凯西留下了深刻的印象。他写道："舰长兴致很高，做事有条不紊。军官们严肃认真，全神贯注，但是并不激动，对于战斗的兴奋程度还比不上参加一场有希望达成目标的竞赛。"[24]

"企业号"飞行员英勇果敢，但他们也非常清楚，自己对于将要轰炸的群岛知之甚少，甚至一无所知。这些是日本的"神秘岛屿"，美国舰队甚至没有它们的准确地图。美国人用的是古老的粗略航海图放大后的副本，其中许多图是早在 1838 年到 1842 年间查尔斯·威尔克斯上尉进行"美国探险远征"时绘制的。[25] 他们在为任务做准备时一直带着不祥之感。

让那种不安和担心得以缓解的是强烈的复仇渴望。飞行员想要为珍珠港和威克岛报仇，凯西写道，他们"似乎觉得个人有责任一雪前耻，证明美军的实力"。在战前的几个小时里，他们谈论飞行和空战、日本飞机的优缺点，不断地将头脑中那些可能有用的知识梳理出来，好在战斗来临时让它们派上用场。[26] 他们在 1941 年 12 月 7 日以前低估了日本的飞行员，但现在，七八个星期后，那一切都成了过去。战前的时代似乎已经是很长时间之前的事了。阿尔文·柯南回忆说，对于骄傲的海军官兵而言，虽然承认这一点比较艰难，但他们现在逐渐明白了："他们拥有比我们更好的海军：更好的飞机、更训练有素的人员、更好的夜间训练，以及到目前为止更好的鱼雷。"[27] 这个事实难以让人接受，但奇怪的是，它也提高了士气，因为它让舰队中的每一个人都坚定地意识到，他必须做好自己负责的那部分工作，来提高整个海军的作战能力。

直到开战的前夜，"企业号"的飞行员和船员才获知，攻击夸贾林环礁的时候没有战斗机护航。在战争的早期阶段，航空母舰上没有足够的战斗机来进行战斗空中巡逻，并为轰炸机护航。轰炸机飞行员听到这个消息时非常震惊。轰炸机飞行员克拉伦斯·迪金森写道："没有战斗机！突袭时你希望能有战斗机护航。无论它们能否帮上忙，知道有它们与你同行，在心理上就会起到极其重要的作用。如果你知道有战斗机保护，你会更急切地飞向目标。毕竟，最重要的是投下炸弹，而不是与零式战斗机进行空战。"那天晚上，甲板和舱口仅开着小蓝灯，投下的光线只够用来引导眼睛已经适应黑暗的士兵的脚步。正是在这个危险迫在眉睫的时刻，人们才感到自己与舰艇紧密联系在一起。迪金森写道："无论当时多么可怕，你都能打心底里产生一种踏实的感觉，并且认识到自己是一个强大整体的一部分。这里有上千甚至更多的人，有大炮、弹药库、可以支撑一个城市的发电厂、机械库、床和厨房；所有这一切都紧密地组织在一个巨大的钢铁舰体内，这是你的星球。"[28]

这是属于哈尔西的时刻。战争的头几个星期对他来说非常令人沮丧，在战争开始的前48小时内，他一直在寻找南云忠一的第一航空舰队，但毫无结果。他无法入睡，一根接一根地抽烟，喝咖啡，或者读平装小说。他躺在自己的床上，一直醒着，时不时地起身回到旗舰指挥室。凌晨2时20分，在外边的司令舰桥上，他感觉到沙子吹打到脸上。这可能表明已经接近岛屿，所以他立刻下令检查所在的位置。有关这片水域的航海图资料很少，有搁浅的危险。事后证明，哈尔西将军感觉到的不是沙子，而是从雷达平台上掉下来的砂糖，当时有一个水手正在那里往咖啡里放糖。哈尔西回到了船舱。他此刻没什么好做的。骰子已经掷出，只能等待结果。到那一天结束的时候，他们或是要庆祝此次战争中的首场重大胜利，或是"企业号"沉入了海底。在下面的机库甲板上，军械员正将炸弹挂在攻击机的机翼和腹部下面。他们的工作紧张而复杂。武器从下面的弹药库里被小心翼翼地吊起，用手推车推过甲板，然后锁扣在飞机底部的装弹架上。引信要插入炸弹，并连接到解除保险的插座上。其间不能出任何差错。所有一切都要反复检查。

起床号凌晨3点响起，此时距后方的地平线上露出第一缕曙光还有很长时间。飞行员前往大型军官室吃早餐。他们坐在长桌子边上，身穿相同的卡其布制服，肩并肩地坐在一起，吃了丰盛的早餐，其中有鸡蛋、腌肉、烤面包和罐装果汁。他们大多在21岁到24岁之间。迪金森记录了他们不同的气质："许多人沉默不语，陷入深思；有几个人兴奋地唠叨着，但不怎么提我们即将要做的事情。我没听到有谁提起此刻心里在想什么。这些年轻飞行员的举止好像表明，此时不该谈论我们必须要做的事。"后来，他们进入了待命室，按中队分开。在那里，飞行员会得到指示，彼此之间可以自由交谈。大多数人几乎没有睡觉，靠肾上腺素和咖啡保持精力。但是他们的思想非常集中，而且非常注意细节。每个待命室里都有一位文书军士通过电话收听报告，然后把信息传递给飞行员。飞行员会修改导航图，校正航空母舰的位置、航线和速度等数据，并进一步根据风向和风力进行微调。并不是所有的人都能回来，他们知道这一点。"每个人都在挑战自己的灵魂，告诉自己如何在战斗中表现，"迪金森写道，"没有人能提前知道谁会活下来。"[29]

关键时刻到了。文书军士传来上级的命令："飞行员，上飞机！"飞行员们走出待命室，来到飞机甲板上。他们将护目镜推到额头上，腰带和肩带上挂满了工具，降落伞则在屁股后面晃悠。这是一个暖和的夜晚。顺着舰船散开的尾流望去，一轮满月挂在西方的地平线上。舱面船员引导各个飞行员穿过船尾迷宫一样的机群来到自己的飞机前，然后站在一旁注视飞行员爬上机翼进入驾驶舱，扣紧肩带，踩上踏板。甲板上的大喇叭里传来了命令："发动！"

点火之后，发动机发出噼噼啪啪的声音，在轰鸣声中转动起来；排气装置喷出的蓝色烟雾迅速被风吹走，向船后飘去；螺旋桨旋转、静止、再次旋转，然后迅速变成模糊的轮盘。机械员侧头听着发动机的声音，满意后就发出信号；飞行员把节流阀往前一下子推到底，同时脚底死死踩住刹车。准许起飞之后（凌晨4时43分），第一个飞行员松开了刹车，飞机向前猛地一倾，沿着柚木甲板冲了出去。逆风加速的飞行员平衡了一下方向舵踏板，在跑道两侧遮罩黄灯的指引下，保持在跑道的中心。航空母舰上层结构在月光中的影子从他右边闪过。在飞机马上就要跌入翻滚的大海之前，机头抬高，起落架离开了甲板。他升空了。

首先进入空中的是6架F4F野猫式战斗机，任务是战斗空中巡逻。紧随其后的是两支空袭队，朝着最远的目标夸贾林巨型环礁进发，那里位于航母西方大约155英里处。37架SBD无畏式俯冲轰炸机将会袭击环礁北端的罗伊岛上的航空基地，而9架TBD"蹂躏者"鱼雷轰炸机的攻击目标是停泊在夸贾林环礁南端附近的潟湖中的军舰。升空后，SBD无畏式俯冲轰炸机和TBD"蹂躏者"鱼雷轰炸机立刻集结成环形编队，努力以有序的队形朝目标飞行。起飞不是什么大问题（尽管装满了炸弹和燃料），但是在夜晚结队飞行对飞行员来说比较生疏，有一定的危险。每隔15秒钟就有一架飞机升空。每个飞行员都必须跟着前面的飞机，眼睛紧盯着前面飞机的白色尾灯，在星光下这个白色尾灯很容易跟丢。如果飞行员的视力很好，而且足够走运，他还可能会分辨出机身两侧排气孔外的两团微弱的蓝色火焰。同时他还要保持速度稳定，以便让身后的飞行员跟上。

在高空中，整个编队里的飞机都在盘旋寻找自己的指定位置；SBD 无畏式俯冲轰炸机和 TBD "蹂躏者"鱼雷轰炸机交织在一起，没有撞上简直是太幸运了。两个飞往夸贾林环礁的攻击队伍设法排成了队形，向目标飞去，没有损失。然而一个小时之后，当一群载有 100 磅炸弹的野猫式战斗机起飞前往更近的目标马洛埃拉普环礁时，有一架飞机落入大海，飞行员也掉进海中。

夸贾林环礁攻击队向西爬升，一轮满月挂在飞机引擎罩上面，几乎就位于挡风玻璃的正中间。飞机到达 1.4 万英尺的高度后，组成了平飞队形——两个 V 形编队紧紧相扣，在高空中稍稍呈阶梯状——月光很亮，机组人员可以用眼神交流并用手势传递信号。在他们下方舒展的积云好像轻柔的毯子，通过云间的缝隙，他们能看到月光映照的海面，偶尔还会看到海浪拍打着沙滩。他们现在已经进入马绍尔群岛的中心地带，看到了很多岛屿。率领机群的飞行员仔细查看这些岛屿的海岸线，试着将它们与自己大腿上放的 19 世纪绘制的粗略地图相匹配。凭借着猜测和航位推算法，他们提前 15 分钟到达了环礁北部，此时黎明刚刚来临，但是早晨的薄雾遮住了罗伊岛。起初 SBD 无畏式俯冲轰炸机的飞行员无法辨认出指定的目标。他们盘旋着，伸长脖子，在下方寻找任何类似珊瑚礁铺成的飞机跑道的东西。发动机的嗡嗡声惊动了日本守军，他们匆匆跑向高射炮，爬上战斗机。此时已经做不到偷袭了。

最后，他们终于找到了罗伊岛上的机场和机库。第 6 侦察机中队的霍尔斯特德·L.霍平（Halstead L. Hopping）少校调整机头，开始俯冲。他带领的第一分队其他成员紧随其后。他们打算进行下滑轰炸，攻击角度为45度，因为这样他们在到达目标上空时可以保持一定的高度，继续俯冲一段，加速飞过敌人的防空炮火。霍平显然在到达机场上空之前降落的高度太多，因此飞过来的时候较低且较慢，飞行速度可能不足200节。他投下了500磅重的炸弹，这是开战以来美国的第一枚投放在日本领土上的炸弹，然而一架中岛九七式战斗机*瞄准了他的飞机尾部并用曳光弹击中了他，同时他的飞机受到近距离爆炸的高射炮弹的冲击，解体并落入了潟湖。SBD无畏式俯冲轰炸机第一分队在敌军高射炮和战斗机的反击中又损失了三架飞机，但它们也非常精准地击中了地面上的目标。几栋建筑被摧毁，两三架日本战斗机被击落。

第二分队投下的炸弹落在了机库和飞机跑道之间。他们接近的速度远远超过了霍平的分队，大约为300节——尽管日本的炮手现在已经完全清醒而且在等着他们，但是他们能够飞过高射炮的弹幕，来回躲闪两边爆炸的高射炮弹。往下望去，他们看见日本战斗机在跑道上加速，离地升空。迪金森上尉俯冲到机场上空，高度非常低，向跑道附近的一片建筑群投下了两枚100磅重的炸弹。他的僚机飞行员诺曼·韦斯特上尉投下的一枚炸弹击中了军火库，引发了二次爆炸，将附近的所有建筑都夷为了平地。巨大的火球翻滚着升上了数千英尺的高空。迪金森猛拉操纵杆，让飞机偏转，趁机回头查看结果。他说这"是我见过的最为壮观的一次焰火表演。……整个岛

上都出现了盛大的焰火。巨大的白色和粉红色条纹形状的焰火尽情地绽放，每个只有一瞬间。然而这不重要，因为在巨大的蓝色闪光中，每一次飞机俯冲下来，都有两颗、两颗又两颗炸弹爆炸"。[30]

投下炸弹之后，无畏式轰炸机立即掉过头来，再次飞到机场上方，进行低空扫射。"古怪的暗红色斜线落雨般"将一排停放的飞机切成条状，击倒了奔跑着穿过机场的人。迪金森看见一个人在连接那慕尔岛和罗伊岛的堤道上骑自行车：他可能是一名飞行员，试图赶到一架日本飞机那里。一架 SBD 无畏式俯冲轰炸机俯冲到堤道的上空向他扫射。迪金森写道："也许在自行车的历史上，没有任何一辆自行车能比那一辆自行车更为疯狂。他想在美国的子弹像鞭子一样打过来之前骑过栈桥。但是随即他像青蛙一样纵身一跃，跳进了水里，逃离了这场竞赛。"[31]

已经完成投弹的无畏式轰炸机开始掉头撤离。日本的高射炮和战斗机紧追不舍，这些战斗机现在大多飞到了他们上方，伺机从侧方发动攻击。飞行员将节流阀推到了底。机尾的炮手朝追击的日本战斗机开炮，将它们打跑。这些战斗机不是可怕的零式战斗机，而是较老、较慢、机动性较差的中岛 Ki-27 九七式战斗机（盟军代号为"奈特"）。至少有一架日本飞机被机尾射手击落。

美国飞行员报告时称对罗伊岛的袭击取得了压倒性的成功，击落三架战斗机，炸毁七架轰炸机、两个机库、一个油罐、一个弹药库、一座无线电台站。美军损失了四架 SBD 无畏式俯冲轰炸机，所有机组人员全部丧生。

与此同时，鱼雷轰炸机在南方 44 英里的地方攻击了停靠在夸贾林环礁附近的舰船。到达泊地时，尤金·林赛少校通过无线电报告说在夸贾林环礁有"合适的目标"。正在罗伊岛上空盘旋的航空队指挥官霍华德·L. 杨向几架只投下了较小的翼挂炸弹、还留着500磅炸弹的SBD无畏式俯冲轰炸机传递了这份报告，命令它们向南与泊地上空的"蹂躏者"鱼雷轰炸机会合。[32] "企业号"收到了杨的消息，于是哈尔西命令预备队中的9架鱼雷机也立即升空。

无畏式轰炸机向南飞越巨大的潟湖的过程比较缓慢，因为它们在罗伊岛降低了高度，现在需要重新爬升才能抵达适当的攻击位置。飞行员们很快就看到了环礁中巨大的泊地，这片环礁看起来就像"一个不平整的大海滩，绣着花边一样的海浪，而且到处都点缀着绿色"。[33] 约有20艘日本舰船停泊在那里，包括两艘重型巡洋舰和三四艘潜艇。鱼雷轰炸机所起的作用显而易见，几艘军舰冒出了一股股的黑烟，而其他舰船明显倾斜了。所有舰船的防空武器都开始开火，炮弹的痕迹交织成复杂的几何形状，向天上的美国飞机延伸。但环礁的这一侧没有日军战斗机，高射炮的准确性也很差。

SBD无畏式俯冲轰炸机以70度的角度俯冲攻击，大量高射炮弹在其周围开花，但没有飞机被击落。炸弹在舰船的周围爆炸，在甲板附近激起了高高的水柱。大约一个小时后，9架鱼雷轰炸机的预备队赶到了，它们低空飞行，径直穿过基本没有效果的防空炮火，朝两艘油轮和一艘已被击中的由1.7万吨远洋客轮改装的舰船发射了鱼雷。一艘巡洋舰试图朝外海逃跑，但被两枚鱼雷击中，停下不动了。另外也有几艘舰艇被鱼雷击中。这些俯冲轰炸机和鱼雷轰炸机在攻击之后严重高估了它们在夸贾林环礁潟湖对日军舰只造成的破坏，但成绩仍然不错。袭击者击沉了一艘6 500吨的运输舰和一艘猎潜艇，击伤了9艘军舰，其中包括轻型巡洋舰"香取号"。当地的海岸支援设施非常有限，所以这些损伤不容易修复。18架飞机遭到破坏或被击毁。这次袭击还打死了大约90个日本兵，其中包括马绍尔群岛的指挥官海军少将八代祐吉。

投放完炸弹和鱼雷之后，无畏式轰炸机和"蹂躏者"鱼雷轰炸机向东转弯，开始了返回航空母舰的长途飞行。它们燃料充足，而且身后没有敌机追赶。太阳已经高悬于地平线之上，满天乌云也开始散开。当导航仪表盘表明航母近在眼前时，他们朝下看向海面，立即就发现了"企业号"的长方形甲板。它们有序地依次进场，上午9点刚过就安全降落了，没遇到什么困难。

每个飞行员从飞机上爬下来，都急切地想要知道中队其他伙伴的状况。哪架飞机没有返回？中队待命室里哪些椅子会变成空的？他们极度饥饿、疲倦，头发凌乱，飞行服上沾满了汗水。他们走下甲板，进入军官室，从托盘中拿起三明治。飞行员们吃得很快，因为他们知道自己随时可能接到命令重新升空。舱面船员和军械员正忙着给飞机加油和重新装弹。当天的行动还远远没有结束——还有更多的攻击需要执行，而且未被摧毁的日本飞机随时可能发现"企业号"并对其发动袭击。哈尔西后来说："这些年轻飞行员的行为就像是在玩橄榄球。他们玩儿命打了一仗，然后短暂休息一下，重新投入战斗。"[34]

马洛埃拉普环礁附近的沃杰环礁和塔罗阿岛上空的战斗机上的实时无线电通信接入了航空中队的待命室，飞行员们用专业的耳朵认真听着连续不断的声音。迪金森上尉回忆说："在混乱的作战噪声的背景中，我可以听到发动攻击的飞机上传来的声音。你可以辨认出大队长划分攻击区域时的声音，然后辨别出中队长分配目标的声音。……我们会不时听到兴奋的声音甚至欢呼声，那是有人击中目标了。"[35]

这不仅仅是肾上腺素带来的空中战斗的兴奋感，更是珍珠港事件过去将近两个月后，终于与敌人交战时所释放出来的压抑已久的紧张情绪。"打中了！……打中了！……我打中了一架！……往右让一下。……那个大家伙是我的。……去攻击那艘向右边跑的巡洋舰！……打死它们，伙计们，打死它们！……我的弹药打光了。……谁那里还有足够的燃油和弹药？……布鲁有。……好，我过去。……我去把那家伙收拾了。……长官，咱们把那个浑蛋击落了吧？"[36]

发动这些攻击的是第 6 战斗机中队的 12 架 F4F 野猫式战斗机，这些战斗机被临时用作了短程轰炸机，每个机翼下都挂载了 100 磅重的炸弹。[37] 其中 6 架飞机由该中队的队长韦德·麦克拉斯基少校指挥，前去攻击沃杰环礁；另外 6 架飞机由詹姆斯·格雷上尉指挥，被派往南部袭击塔罗阿岛。沃杰环礁在"企业号"以南不到 30 英里处，从这个距离，航母甲板上的人可以看到遇袭的机场上升起的烟雾，黑色的高射炮弹，甚至能看到银色亮点般的飞机。

麦克拉斯基的分队短距离飞行后到达目标，此时他们已经爬升到 1 万英尺的高度，开始高速朝下方的沃杰环礁俯冲袭击。他们的第一批 100 磅炸弹的目标是用珊瑚碎渣铺成的小型飞机跑道边上的一群支援建筑物。第一轮空袭时下面的基地非常安静，但是当他们转过头扫射时，岛上的炮台和潟湖的军舰上的防空炮很快就做出了反应。不过没有战斗机反击，这些野猫式战斗机一架也没损失。麦克拉斯基在空中盘旋了几圈评估效果，数了数有几座燃烧的建筑物，然后返回了航空母舰。

有三艘军舰正按计划全速从东边赶来，包括斯普鲁恩斯将军指挥的"北安普敦号"和"盐湖城号"巡洋舰，以及"邓拉普号"

驱逐舰。这三艘军舰组成了战斗队形，于早上 7 时 15 分对停泊在沃杰环礁潟湖中的两艘商船开了火。本来这次攻击很有希望击沉对方，但是战斗中有士兵发现附近出现了潜望镜，于是斯普鲁恩斯下令立即改变航线。潟湖中的日本船只连忙起锚逃跑了。"然后我们掉转方向，沿着环礁寻找目标和机场。"斯普鲁恩斯后来写道。日本的岸炮开火了，炮弹在美国舰船周围激起水柱。"很快，飞溅的水花就离我们越来越近了，船体周围满是水柱。"[38] 这场火炮的对决是斯普鲁恩斯的第一次作战经历，这位沉着冷静的将军站在舰桥上观察敌人炮弹的降落地点，当参谋们纷纷低头寻找掩护时，他都没有退缩。他的巡洋舰对岸上的目标进行了卓有成效的打击，使沃杰环礁上的一些建筑物变成了一片火海，但是瞭望员不断报告说在每一侧都看到了潜望镜（所有这些目视的发现都可能是错误的），于是舰船紧急调整航向，干扰了炮兵的准确性。斯普鲁恩斯持续攻击了接近三个小时，手下的舰船没有任何损伤。将近上午十点钟时，他命令自己的小型中队脱离战斗，向东进发，根据安排和"企业号"会合。

格雷上尉的分队被派往南方寻找马洛埃拉普环礁南端神秘的塔罗阿岛，他们起先攻击错了目标。在 1.5 万英尺的高空，他们将无人居住的特坚岛误认作了塔罗阿岛。格雷上尉及其僚机飞行员威尔默·拉维中尉低空俯冲，各自将机翼上携带的两枚炸弹中的一枚，投到了无辜的狭窄海滩和一小丛棕榈树上。意识到错误之后，他们重新爬升到 5 000 英尺的高度，带领 6 架野猫式战斗机继续向东南方飞行。当塔罗阿岛进入视线时，这下不会有错了：这是一个非常坚固的航空基地，比他们根据情报所预料的要坚固得多。这里有两条长长的珊瑚碎渣铺成的跑道，其中一条长度超过一英里，还有 6

座大型机库和支援建筑物。几架 G3M 双引擎中型轰炸机（盟军代号"内尔"）停在跑道上。托马斯·M. 肖克上校指挥的军舰被派来从海上炮击该岛，此时他的舰船已经被海岸警戒哨看到，目前整个基地就像是大黄蜂的巢穴一样骚动不安。

有三架日本战斗机在野猫式战斗机到来之前便升空了，它们要拦截入侵者。[39] 格雷降低机头，带领由临时改装的轰炸机组成的小型中队俯冲攻击跑道上停放的 G3M 轰炸机。他知道，这些轰炸机会对北边 100 英里外的"企业号"构成切实的威胁——如果它们装载好了弹药，加上油起飞，可以很容易地赶上这艘航母并将它击沉。最好趁它们还在地面上就消灭掉。野猫式战斗机俯冲得很低，对轰炸机进行了扫射，但是飞机上没有装载最适合这种目的的燃烧弹，而且它们的 0.50 英寸机枪总是卡壳。有 6 枚 100 磅重的炸弹落到了跑道上，在珊瑚碎渣上炸出了一个个弹坑。

日本的战斗机——并非零式战斗机，而是上一代的 A5M4 型九六式战斗机（盟军代号"克劳德"）——进行了疯狂的追击。拉维中尉绕到其中一架战斗机的下面，近距离开火，把这架战斗机的机腹撕开了。"切斯特号"上的士兵目击了日本战斗机坠落的场景，发出一片欢呼："像斑点一样的飞机神奇地变成了一个火球，栽进棕榈树中，在空中留下一道高温的红色痕迹。"这是美国海军战斗机飞行员自战争开始以来首次击落敌机。拉维继续战斗，猛地向左转弯，返回来向另一架日本飞机迎面冲过去。此时，两名飞行员的航线正对着对方，但是两个人都没有表现出任何准备躲闪的迹象。拉维在日记中写道："这是我第一次面对面接近敌机，我错过了机会，操作杆推得太深，机身下部撞上了日机机翼。"在这次擦边的相撞

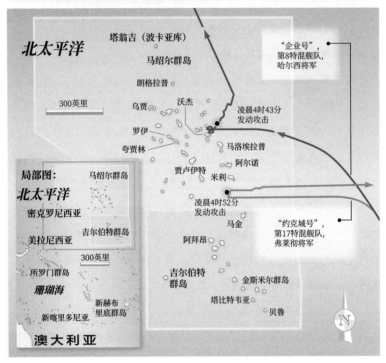

哈尔西攻击马绍尔群岛，1942年2月1日

北太平洋

塔翁吉（波卡亚库）

马绍尔群岛

朗格拉普

300英里

乌贾 沃杰

罗伊

夸贾林

"企业号"，
第8特混舰队，
哈尔西将军

凌晨4时43分
发动攻击

马洛埃拉普

阿尔诺

贾卢伊特

米利

凌晨4时52分
发动攻击

局部图：
北太平洋

密克罗尼西亚

美拉尼西亚

所罗门群岛

珊瑚海

澳大利亚

马绍尔群岛

吉尔伯特群岛

300英里

新赫布
里底群岛

新喀里多尼亚

马金

阿拜昂

吉尔伯特
群岛

塔比特韦亚

金斯米尔群岛

贝鲁

"约克城号"，
第17特混舰队，
弗莱彻将军

N

中，两架飞机都受损了，但是坚固的格鲁曼飞机仍能正常飞行，而更轻也更脆弱的三菱飞机被迫转弯返回跑道并紧急着陆。[40] 那时，第三架日本战斗机追上了拉维。拉维用眼睛的余光看见有炮弹向他射来，于是把节流阀推到底，在潟湖上空急转弯进入了云层。他安全地返回了"企业号"。

日本的地勤人员始终勇敢地作战，把战斗机和轰炸机推到起飞位置；上方的激战未完，又有敌机从跑道上升空了。几架日本飞机从岛上飞出来攻击"切斯特号"和岸边两艘护航的驱逐舰，这三艘军舰已经持续炮击岛上的航空基地 25 分钟了，在跑道上炸出来多个大坑，还让一些建筑物燃烧起来。"切斯特号"急忙躲避空中的打击，但它没能逃过一架从 8 000 英尺高度俯冲而下的九六式战斗机的攻击，这架战斗机投下的一颗 30 千克的炸弹在它的甲板上炸出来一个洞，造成 8 名船员丧生。它仍然能够凭借自己的动力以正常速度航行，不过肖克上校向它发出信号，示意它向东撤退。

由于机枪反复卡壳，野猫式战斗机的飞行员们沮丧得几乎流下眼泪，不过他们都安全返回了。格雷驾驶的飞机是附近留到最后的美国飞机，他不断地摆动俯冲，才甩开一群复仇心切的日本战斗机。他的飞机被严重打伤，但是他飞进了低垂的云层中，摆脱了追击者。当他在"企业号"上面降落时，对于这架满是弹眼的飞机竟然能成功返航，舱面船员都非常惊奇。"企业号"上的补给军官认为它"看起来就像在阁楼中让蛾子咬了一个夏天的衣物"。[41] 前一天才临时配备的装甲此时被打得到处是伤痕，很可能还救了格雷一命。[42] 这个令人印象深刻的例子表明，尽管有人批评 F4F 野猫式战斗机性能欠佳，但它可以抵御重创。

美国飞行员报告说，塔罗阿岛上的 G3M 双引擎轰炸机中只有 1 架（总共有 9 架）在地面上被击中起火。哈尔西希望击毁所有的轰炸机：必须再次袭击该基地。哈尔西将军命令从夸贾林环礁返回的无畏式轰炸机进行第二轮攻击。这轮攻击由第 6 轰炸机中队队长比尔·霍林斯沃思少校指挥。SBD 无畏式俯冲轰炸机机腹上携带的 500 磅炸弹无须直接击中停放的轰炸机，只需在近处爆炸，就足以彻底破坏这些飞机。日本的战斗机都降落了，显然是需要补充燃料并且重新装弹。"企业号"的战后报告中写道:"这一轮攻击没有遇到空中反击,但是防空火力很猛烈。这次袭击确认摧毁的有一个油罐、两座飞机库、一个无线电台站、四五架双引擎轰炸机和数架战斗机。"美国没有损失一架飞机。理查德·贝斯特上尉指挥的 SBD无畏式俯冲轰炸机的第三轮轰炸造成了更多的破坏。一套无线电设备和几个油罐被点燃,一座新砌成的石制行政建筑被炸成瓦砾。[43]上午 11 时 22 分,第四支攻击队伍从"企业号"上起飞,这一次目标是沃杰环礁,出动的飞机为 8 架无畏式轰炸机和 9 架"蹂躏者"鱼雷轰炸机,指挥官是霍华德·杨。午后不久,他们到达沃杰环礁上空,发现没有战斗机拦截,于是从容不迫地轰炸了机场设施、建筑物和港湾中的船只。

"企业号"从黎明之前就是一片繁忙的景象,飞行甲板上不断有飞机起落。原计划是进行一次迅速打击然后立即撤离的突袭,结果突袭变成了连续 9 小时的穿梭轰炸行动,返回的飞机降落、加油、重新装弹,然后回到天空,重访敌人的基地。"企业号"还一直让F4F 战斗机在自己上方进行战斗空中巡逻。上午有一段时间,它的每一架舰载机都在空中。从始至终,它一直待在马洛埃拉普环礁以北一个 5 英里 × 25 英里的矩形区域内。它已经重创马绍尔群岛各处的日本航空基地,造成了很大的破坏。

舱面船员既热又累,蓝色的钱布雷绸衬衫染上了汗水和油脂;他们兴趣盎然地听着舰上扬声器播放的飞行员通过无线电传来的声音。航空母舰上的人一直盯着飞回来的飞机,防空炮组在武器旁随时保持警惕。当绿色的信号在"企业号"原始的雷达屏幕上出现时,战斗机指挥官会判断其为身份不明的"可疑飞机"。他会用无线电跟巡逻的战斗机联系，引导其进行拦截。南部或西部的地平线上只要一出现亮点，野猫式战斗机就会飞过去观察一段时间，直到确认它们是自己航空母舰上的飞机。"企业号"迎风而行，让发动机全速运转，将速度提高到几乎最大，以便飞机降落。在飞行甲板上，阻拦索被拉紧，防撞路障也已经摆好。甲板上的所有人都退到安全区域。

飞机进入着舰航线时，会先从右舷附近经过，接着绕过舰首，顺风飞向左舷，在舰尾进行最后一次转弯，刚好处于舰后尾流的上方。一名观察员会确认起落架、襟翼和尾钩全部落下来了。降落信号官会站在左舷船尾明显的位置，并将两根黄色的发光导航棒高举在头顶。在关键时刻，他或者在头顶挥舞两根导航棒——"复飞"，要求飞行员推动节流阀，从甲板上方飞过，然后重新进入着舰航线，以重新降落——或者将右手的指挥棒从脖子前划过——"停"，要求飞行员减速，让飞机降落到甲板上。飞机尾钩会钩住一根缆绳，让飞机在嘎嘎声中急速停下来。舱面船员冲过来从尾钩上取下缆绳；液压防撞路障收回到甲板内部；飞行员轻推一下节流阀，让飞机滑行通过路障。之后路障重新弹起来，阻拦索拉紧，甲板清空，等待下一架飞机进入着舰航线。军械员柯南写道："这是一项棘手且危险的工作。一切都取决于能否做得干净麻利。"[44]

哈尔西将军从司令舰桥上观察着，穿着皮夹克，头戴一顶有点过大的白色硬壳太阳帽。他热切地听着无线电传来的美军飞行员的通话，这些通话清晰地展示了这次行动的画面："杰克，离那艘巡洋舰远点！它是我的！……打中了！……看哪，那个臭家伙着火了！"[45]他经常让中队长向他亲自汇报。在行动的间隙中，他有时会返回船舱，在那里抽根烟，或者试着读一部平装本小说，要不就是索性躺在床上盯着天花板。在作战区停留了这么长时间，在这样的大白天，有好几个日本航空基地都能轻易够着他，在这种情况下，他这么做有点得寸进尺，他也知道这一点。虽然驱逐舰高度警戒，但是"企业号"在附近逗留的时间越长，遭到潜艇攻击的可能性就越大。特混舰队就在沃杰环礁的附近，有时候甚至近到能看见岛上的空中行动。至今没有敌机接近，这令人感到惊讶。

是美军的空袭非常有效，日本人无法反击吗？还是说他们只是不知道"企业号"就在那里？当天下午1点，第6轰炸机中队的霍林斯沃思少校在完成个人的第三轮攻击后问："将军，你不觉得咱们该离开这儿了吗？"哈尔西回答说："我一直在想同样的事情。"[46]最后一队舰载机在下午1时22分降落在母舰上，整个特混舰队向东北掉头，全速撤离。

日本人的确被打了个措手不及，后来对这一天的袭击进行了痛苦的反省。事后回想时，他们意识到，此前他们已经发现了袭击的迹象。1月初的时候，I-23潜艇已经在海上看到了哈尔西的特混舰队，而且给马绍尔群岛的所有基地都发出了警报。在1月11日"萨拉托加号"遭到鱼雷袭击之后，他们得出结论，美国人会尽量保证剩余的航空母舰不受伤害；由于附近没有进一步的无线电侦听报告和目视发现，他们有点放松警惕。马绍尔群岛的对空防御交给了第二十四航空战队，由海军少将后藤英次指挥。当地航空共有33架舰载战斗机，9架G3M中型轰炸机和9架水上飞机。他没有足够的飞机，也没有足够的飞行员，无法在岛屿周围实施持续不断的空中侦察。海军少将八代祐吉从夸贾林环礁上用石头砌成的司令部指挥马绍尔群岛的防空部队，在轰炸的前一夜他举行了一场宴会，款待参谋人员，显然他们喝多了清酒。第二天早上，他的指挥部被一颗500磅重的炸弹夷为平地，他被埋在了瓦砾下面。八代祐吉是第一个在太平洋战争中丧生的日本海军将领。

塔罗阿岛重整旗鼓，派五架未受损的G3M中型轰炸机从满是坑洼的跑道上起飞，向北寻找美国入侵者。攻击队伍在午时前后升空，由中井一雄（Kazuo Nakai）大尉指挥。他们在云层上方搜索了90分钟，毫无结果，但到了下午1时30分，通过积云的空隙，他们看到了疾驰而去的"企业号"。中井开始小角度俯冲，让飞机加速；他的四架僚机紧随其后，组成一个松散的"品"字形编队。在"企业号"的雷达屏幕上，他们显示为一群光点，战斗机指挥官命令正在巡逻的野猫式战斗机进行拦截。这一次，没有人怀疑他们不是敌机，因为美国的攻击机都已经着舰。四架野猫式战斗机在1万英尺的高度看到了敌机。那时候，日本轰炸机距离"企业号"只有15英里远，尽力隐藏在云层中。美国战斗机还没有进入适当的攻击位置，日本飞机就进入了警戒舰的防空火力的射程以内，F4F战斗机被迫（按作战条令）转向避开。

五架入侵的敌机在6 000英尺的高度从云层中飞下来，以250节的速度直奔"企业号"的右舷尾部飞去。[47]连续不断的嘟嘟的刺耳紧急警报声在特混舰队中的每一艘舰上响起。迪金森回忆说："铃声持续不断，那是电铃发出的一连串信号。即使聋子也能听见那刺耳的响声。"[48]"企业号"上的高射炮开火了，"在待命室的钢墙内这种噪声听起来非常可怕，就好像处在雷鸣电闪的中心一样。每次大型防空炮发射时，舰身都在颤抖。小型炮发出噼噼啪啪的连射声，而炮火声留下的空隙被密集的机枪声填补上了"。在下层甲板上，阿尔文·柯南正和同伴给一架 TBD "蹂躏者" 鱼雷轰炸机装鱼雷，他们听到那些 5 英寸大型防空炮在头顶开火，扬声器中传出一个声音："所有人待命，击退敌方空袭。""企业号"为了让敌方轰炸机找不准目标，猛地向右转，使甲板急剧地向左舷倾斜，柯南正在装载的鱼雷从平滑的甲板上滚了过去。军械员在后面紧紧追赶，一下子扑在上面，把它固定在了一个带环螺栓上。柯南说："我真想离开那个鬼地方，但是我们不能把鱼雷和没有装进去但是仍然危险的炸药留在那里，因为它可能会滑脱，撞上舱壁爆炸。"[49]

"企业号"及其护航舰艇的防空火力十分惊人，但基本没有效果：高射炮弹往往是在高速飞来的飞机身后爆炸。哈尔西哀叹道："我们的防空炮跟喷水枪没什么两样。"[50] "企业号"的舰长乔治·D. 莫里认为防空炮缺乏效能是"非常令人担心的问题"。[51] 随着敌机越来越近，舷边通道上的 1.1 英寸舰炮开火了，柯南无法从机库甲板上看到日本飞机，但他知道，"当小口径火炮加入战斗，就该趴下身子隐蔽了"。[52]

所有五架日本飞机继续沿着固定的轰炸轨迹冲锋。在 3 000 英尺的高度，它们的炸弹舱门打开，100 千克重的炸弹在它们后面落下，形成一条斜线。莫里舰长看着那些精准投掷的炸弹变得越来越大，命令开足马力，使速度达到 30 节，而且向左急转。但他又下令做了一个极其巧妙的机动，要求向相反的方向打满舵："这个操作对航母产生的作用，是减慢了向前的速度，同时舰体突然向一侧移动，偏离原先的航行线路。"[53] "企业号"灵活地"斜行"或者叫"侧移"，躲过了炸弹。这些炸弹密集地落在它的右舷外面，有些距离不到 10 米。近失弹激起了 60 米高的水柱。罗伯特·凯西在附近的"盐湖城号"甲板上观望，他以为"企业号"已经炸飞了——炸弹激起的水柱完全挡住了航母。他写道："但是当水落下，雾气散开，我们看到航空母舰躲开了。炸弹正好落在了飞机从云层中出来时航母所在的地方。但是炸弹落下来爆炸的时候，航母已经到了别的地方。"[54]

其中一颗近失弹的弹片飞进了航空母舰的左舷，切断了一根汽油管，并在飞行甲板上引燃了大火。扬声器里传来一个声音："着火了！在飞行甲板上，舰尾。"[55]一名高射炮手腿部被击中，伤势非常严重，下肢几乎从大腿处被切断了。他一直留在自己的岗位上，但很快就因失血而阵亡。

轰炸机俯冲后重新拉高，在海面以上大约 1 500 英尺的时候，有一架飞机向左转弯，轰鸣着重新冲向"企业号"。那是队长中井大尉的飞机，他的飞机被击中了（可能是被高射炮弹的爆炸击中的，也可能是被战斗机击中的）。飞机的两个引擎的后面都喷出了浓烟，中井可能判断他的飞机已经严重受损，无法飞回到塔罗阿岛，于是下定决心要对这艘航母进行自杀式攻击。他从航母的后方接近，与己方飞机正常着舰时的进场方式一样。二等航空机械师布鲁诺·P. 加伊多离开了左舷通道上的作战岗位，钻到了停放在甲板上的一架俯冲轰炸机的座舱里。他抓起机枪，开始向飞来的 G3M 开火。莫里舰长知道中井的意图，下令向右急转弯。加伊多连续不断地射击，还站起身来压住机枪；一串子弹打入了这架大型轰炸机的机首和驾驶舱，当时它已进入近距离平射的射程内。中井大尉有可能已经被那一连串子弹打死了，因为在他进攻的最后阶段，飞机似乎并没有任何动作。滑行的 G3M 的机翼从飞行甲板的左侧划过，将一架停放在那里的 SBD 无畏式俯冲轰炸机撞成了两半，在甲板上落下了碎片和汽油。中井的飞机落入了海里。加伊多继续朝正在沉没的飞机射击，直到海水吞噬了它。

迪金森上尉和他中队的几名同僚从待命室出来观察结果。他们首先注意到，整个飞行甲板上都有浓烈的汽油味，看来有大量的汽油泼溅到了甲板上。消防队员身穿隔热垫制服，头戴方形头盔和矩形面罩，朝整个甲板喷消防泡沫，这是一种"像蛋清一样白的发泡的东西"。[56] 在司令舰桥上观察的哈尔西非常紧张——他告诉参谋："我的双膝紧紧并在一起。"[57] 敌人的轰炸极为准确，而且即使没有击中，其落点也让人觉得近得可怕。哈尔西将军无疑同意莫里舰长的判断（在战后报告中所说的），"企业号"能够逃脱"只能说是非常神奇"。[58]

"企业号"及其特混舰队开始重新高速撤离。舰队以 30 节的速度在海面上行进，在身后留下长长的尾流。在"盐湖城号"上，凯西反复在甲板上摔倒。他写道："巡洋舰猛烈地摇晃，而且上下颠簸，我很难站起身来。我的头碰到钟上，骨头撞到栏杆上，膝盖上的皮也磨掉了。……我们的舰首伸进大海里，把大量的水花溅到舰桥上。我们的尾流看起来像蓝色地板上的一块舞动着的绿色楼梯地毯，有白色花边，但没有什么特定图案。"[59] 有人发明了一句俏皮话："与哈尔西一起开溜。"特混舰队的人员都宣称自己拥有"与哈尔西一起开溜"俱乐部的创始会员资格。

"企业号"保留着一支比平时更大的战斗机巡逻队，所有的高射炮都有人值班，装满了炮弹。航母一直保持高度戒备状态，防止空袭，舰上人员认为还会有更多的轰炸机来袭。他们没有错。下午4点，雷达屏幕上显示有另外两架 G3M 正在飞来，这次高度约为1.4 万英尺。它们很快就遭到了 9 架正在进行战斗空中巡逻的野猫式战斗机的攻击。当敌机进入军舰上的 5 英寸高射炮的射程范围内时，美国战斗机马上转向，躲开己方火力。战斗空中巡逻的队长麦克拉斯基少校担任高射炮的弹着观察员。"你的射击低了，"他通过无线电说，"射高一些。好一些了。现在又有点高了。再稍稍低一点。这下你打中了！你打中了！你打中他了！"其中一架轰炸机摇摇晃晃，冒出了浓烟。有两架飞机从高空投下了 500 千克的炸弹，但是"企业号"向左急转弯，炸弹在右舷外面落入了海中，没有造成伤害。麦克拉斯基用无线电指挥道："暂停防空火力。我们来干掉它们。"[60]战斗机再次出击，并且多次命中。一架 G3M 起火并滑翔坠海，另一架引擎冒着烟逃脱了。

现在太阳已经西下，距离天黑还有两小时多一点，到时候就有夜色的保护了。特混舰队的雷达仍然不断发现目标。夜晚来临时，野猫式战斗机追赶并击落了一架日本的水上飞机（爱知零式水上侦察机 E13A1，盟军代号"杰克"）。太阳在下午 6 时 35 分落下，10分钟后一轮黄色的明月升了起来。[61]到 7 点的时候，"企业号"已经让所有的战斗机降落下来，引擎轰鸣，高速前进，向东北方向航行。这是满月的第二天，月光明亮，甲板上的人甚至可以在月光下看书。舰队拖着长长的明亮的尾流，痕迹可以清楚地从空中看到，但是那天晚上没再有陌生的飞机接近。哈尔西下令调整航向，朝向西北，希望这个出乎意料的路线能够甩掉所有的追击者。黎明时，美国人欣慰地发现他们已经进入一个潮湿的冷锋，完全被雨和雾遮盖住了。特混舰队又转向东北，朝着瓦胡岛进发。迪金森说这天气是一个"不错的防空掩体"，凯西表示同意，"在这种情况下雾反而是个好东西"。[62] 在这种条件下，没有飞机升空，飞行员也享受到了一个应得的休息日。第8特混舰队回家的旅程非常平静，令人高兴。

"约克城号"和第17特混舰队同时攻击了马绍尔群岛南部的贾卢伊特环礁和米利环礁，以及吉尔伯特群岛的马金环礁。这艘航空母舰在黎明时分发起了对三个环礁协调一致的空袭。空袭行动受到了阴沉天气以及时断时续的暴风雨的阻碍，但没有遇到任何类似"企业号"在北部的岛屿上所遇到的那种坚决抵抗。空袭的成效很小。在贾卢伊特环礁，11架鱼雷轰炸机和17架俯冲轰炸机穿过层层浓雾，攻击了停泊在潟湖中的辅助舰船。两艘船被击中，但是都没有沉没。恶劣的天气，而不是敌方的反击，使6架美国飞机于返程时在海上坠毁。在马金环礁，9架俯冲轰炸机在黎明时对潟湖进行攻击，可能击中了一艘停泊在那里的布雷艇（但没有将其击沉），并点燃了两艘同样停泊于此的川西九七式大型水上飞机。对米利环礁的攻击徒劳无功，因为SBD无畏式俯冲轰炸机并没有发现任何值得攻击的目标。

早晨渐渐过去，天气越来越糟。风力加大了，"约克城号"在波涛汹涌的海上上下颠簸，可见度几乎降到了零。飞行行动暂停了一段时间。但是，持续的雷达捕捉表明附近有日本飞机。上午11点之后不久，一艘驱逐舰在"约克城号"以西看到一架陌生的飞机。当时条件已经不那么恶劣，可以出动飞机，于是舰长埃利奥特·巴克马斯特派一个野猫式战斗机分队升空追击入侵者。他们在雨中和厚厚的云层中搜索了一通，结果空手而归。当天下午1点刚过，航空母舰的雷达图显示34英里外有另一架侦察机。野猫式战斗机前往拦截。在云层中经历了一场长时间的猫捉老鼠式的游戏之后，两架F4F飞机在一片晴朗的空域将敌机包围。这是一架川西九七式四引擎大型水上飞机，与当天早上停在马金环礁并被击毁的两架飞机相同。它被击中了好几次，随后爆炸了；燃烧着的碎片落入海中，在"约克城号"上就能看到。巴克马斯特风趣的副指挥"约科"J.J.克拉克刚刚晋升为上校（不久之后他就会独立指挥自己的舰艇），他通过"约克城号"的公共广播系统进行了详细的解说。他兴高采烈地说："烧死吧，你个兔崽子，烧死吧！"[63]

弗莱彻将军本来计划下午进行另一轮攻击，但是天气不允许。进一步的行动可能会失去更多的美国飞机，却不能保证有多少战果。弗莱彻似乎运气永远都不好。那天夜幕降临后不久，哈尔西用无线电向他发出命令，让他们脱离战斗，返回珍珠港。

2月5日黎明，"企业号"的瞭望员透过雾气瞥见了瓦胡岛上的绿山。它和第8特混舰队的其他舰船以"之"字形路线驶近珍珠港——这是对付敌人潜艇的一种措施——然后从两行驱逐舰组成的保护通道中间进入入口航道。哈尔西已经命令所有人在到达港口时都穿上白色制服，并且站在自己的作战位置上。"企业号"升起了巨大的战旗。海港中的军舰响起了嘟嘟嘟的汽笛声欢迎他们归来，舱面船员也穿上了白色的制服来表示庆祝，他们一边欢呼一边挥手。一群群水手和文职人员停止了工作，挤到福特岛和海军造船厂的码头上。哈尔西站在"企业号"高高的司令舰桥上，在他敬礼和挥手时，即使离得很远也可以看到他的白色军帽和白色制服。尼米兹将军带着一大群参谋和随从等待在码头上，他同意坐着高空作业坐板升到机库甲板上。他在飞行甲板上与哈尔西见面后，抓住后者的手说："比尔，太好了，干得漂亮。"[64]哈尔西情绪激动，禁不住泪流满面。

特混舰队的每艘舰船上的公共广播系统都大声播报了这条信息："第8特混舰队司令官向第8特混舰队致辞：干得好！你们在马绍尔群岛的行动彪炳史册。能够指挥大家是我的荣耀。上帝祝福大家！哈尔西。"[65]

在战争的整个过程中，哈尔西再也没有像这次行动这样，和他指挥的下属关系如此亲密。他们送给他一个绰号："蛮牛"哈尔西。为了充分表达自己的心情，他们还送给他另一个绰号——"疯狂比尔"。有传言称"与哈尔西一起开溜"俱乐部的下一个使命将会让他们深入西太平洋的中心，去解救麦克阿瑟被困在菲律宾的部队，甚至直接去东京，因为"疯狂比尔会将任何事情都尝试一遍"。[66]

金曾经几乎毫不掩饰他对报刊和广播电台的记者的蔑视，而尼米兹也曾和媒体保持距离，所以这些记者对于在海军上层军官中找到一位明星人物几乎感到绝望了。现在他们找到了梦寐以求的人。美国的报纸将此次航母袭击作为头条新闻刊载，同时还刊登了几张哈尔西中将微笑的照片。为了宣传效果，报纸夸大了这些袭击的意义，甚至将其与12月7日的突袭相提并论——有报道说，珍珠港之仇已经"报了"。由于来自太平洋战区的坏消息接二连三，人们急需一针强心剂，而这些胜利正好提振了人们的精神。它们使一则令人沮丧的消息变得稍微容易接受了：英国在太平洋的主要基地新加坡已经向日本投降。

"企业号"飞行员对于在马绍尔群岛摧毁的敌舰和敌机的估计，事后证明是夸大其词。第8特混舰队总共击沉了两艘运输舰和一艘小型舰艇，击伤了一艘运输舰和一艘小型舰艇。敌方有9架轰炸机和3架战斗机在地面或空中被击毁。多栋建筑物被破坏或摧毁。日军死亡90人，其中包括海军将领八代祐吉。美国人削弱了日本的马绍尔群岛基地在近期的作用，但并没有使它们失去战斗力。被破坏的跑道可以修复，设备可以重建，人员可以补充，而航空部队可以通过西边特鲁克群岛的基地的第四舰队进行补充。从这个意义上来说，这些袭击只是美国需要在浩瀚海域内进行的空中消耗战的一部分。至少还需要两年的时间，盟军才能永久摧毁那些外围基地。

但这是太平洋舰队的首次攻击行动，单凭这一点，这次行动就对鼓舞士气和增加自信起到了重要作用，而当时人们恰恰非常需要士气和自信。它提供了宝贵的实战经验——海军正在通过打仗来学习如何打仗。"企业号"航空大队的77名飞行员总共飞行了158架次，少数人创造了在一天内飞行5次，在驾驶舱内连续待10小时的纪录。"企业号"消耗了148 043加仑燃料，在袭击之前的24小时内，它连续高速航行了超过560英里，创造了航母的纪录。[67]阿尔文·柯南写道，这些早期的航空母舰攻击行动使得舰队成员学会了后来赢下中途岛战役所必需的技能。他说："要想了解战争的诀窍，以及知道如何迅速反应，所需的时间之长令人惊讶。我们逐渐意识到，战争首先是一种心态，然后才是其他。"[68]

军官们聚在一起做简报时，所有人都认为作战技巧还有很大的改善空间。这些任务暴露出了一些严重的缺陷：高速航行时难以保持特混舰队的队形；中途加油，以及使用雷达和通信设备指挥航空母舰上方的战斗机等方面也有缺陷。人们重新注意到，F4F 野猫式战斗机在爬升时机动性较差而且速度不足，另外，其 0.50 英寸机枪总是卡壳被认为是一种耻辱。TBD "蹂躏者" 鱼雷轰炸机速度缓慢，这很危险。"企业号" 上的鱼雷轰炸机一架都没有损失简直是一个奇迹。大家都感慨高射炮未能发挥效果，包括炮手自己——船员急需更好的武器和更多的训练（特别是在以 25 节以上的速度航行的军舰上命中目标的训练）。由于在雷达屏幕上不能区分己方和敌方飞机，防空工作受到阻碍。瞭望员有点杯弓蛇影，总是报告说发现了潜艇。至于巡洋舰和驱逐舰，它们的射击一直很差，如果水面舰艇希望在战争中有良好的表现，就必须改进射击精度。航空母舰上需要更多的战斗机——应该有足够的战斗机为外出空袭的轰炸机进行护航，同时也留下一些保护航空母舰。这种真诚的自我拷问让罗伯特·凯西感到好笑，这些自责让人们觉得，"这场行动昨天看起来似乎还是现代最辉煌、最大胆和最有效的海军表演，实际上却是应该让人愧疚的行动"。[69]

2 月和 3 月美军将对日本前哨进行打了就跑的袭击。2 月 20 日，"列克星敦号" 和一支特混舰队大胆闯入了日本南方势力范围的中心，准备打击日本人从澳大利亚人手中夺取的位于新不列颠拉包尔的大型基地。（"列克星敦号" 接近时被敌方侦察机发现，所以不得不迅速向东撤离。）哈尔西和 "企业号" 在 2 月 24 日来到了威克岛，然后在 3 月 4 日向北进发，攻击了马库斯岛。后者并不是一个非常重要的前哨基地，但它离东京只有 1 000 英里。3 月 10 日，海军中将小威尔逊·布朗率领以 "列克星敦号" 和 "约克城号" 为中心组建的特混舰队，派遣航母轰炸机袭击了新几内亚北海岸的萨拉马瓦和莱城的日军简陋机场。

这些早期美国航母袭击行动的价值往往被历史学家低估。即使在战争期间，许多美国人显然也持相同观点；莫里森引用过一个军官的话，他说："日本人对此并不在乎，就像狗不在乎一只跳蚤一样。"[70] 对于随同航母作战的人来说，任务留下的印象主要是高速航行在无边无际的太平洋上，高潮是几个小时没有抵抗的空袭。凯西和其中一些人待在一起，他说："我们在两个月内行进了大约2万英里，总共只有约5个小时的紧张行动。"[71] 当哈尔西2月1日的袭击事件在东京报道时，广播和报纸均嗤之以鼻。此外，日本人在报道战况时的夸大其词，与美国人相比毫不逊色，他们认为守军对攻方造成了重创。千岁航空队的战斗机飞行员对他们给美军飞机造成的破坏乐观过头了——他们说在塔罗阿岛击落了17架美国飞机，而罗伊岛的飞行员则声称他们让5架美国轰炸机着了火。[72]

但是仔细看看日本海军指挥官的个人反应，人们就会有明显不同的印象。哈尔西的突袭令日军措手不及。山本的参谋长宇垣缠将军在日记中写下了他的印象："他们最终还是来了。有两下子！"[73] 这些袭击是"令人痛心的耻辱"——"让我们看起来非常可笑"。[74] 宇垣对于日军没能发现美国人的到来感到很气愤，他说马绍尔群岛应该比两个月前的美国更能应对突袭，因为两个月前美日两国还没有开战。"体会到我们自己防守上的弱点之后，我们不能再嘲笑突袭珍珠港时敌人的慌乱状态了。"[75] 他为八代祐吉将军之死而哀悼，他们在江田岛的日本海军兵学校中曾经是同班同学。联合舰队作战行动指挥官三和义勇大佐报告说，山本的所有参谋都被激怒了，但是他们"只能咬牙切齿，沮丧地跺脚"。[76]

袭击的第一批消息到来后，日本海军派出了特鲁克基地的轰炸机向东追击；特鲁克基地的几艘潜艇也被派出去进入阵位，以防美国特混舰队继续向西进犯。日本无线电情报站仔细监听违反无线电静默的行为，好确定哈尔西的位置，但除了夏威夷的商业广播报道美国特混舰队的胜利以外，没有收到任何消息。更多舰队被派出到海上拦截剩余的美国船只。美军的袭击时间安排得很好，恰好与日本在南方的行动时间一致，宇垣为此而感慨。当日本的主要舰队在其他地方发动攻击时，敌人正前去打击其薄弱的侧翼。他写道："敌人的攻击时间选择极佳，因为我们的作战行动集中在西南太平洋，而马绍尔群岛的防御力量薄弱。除了相当辉煌的战果之外，他们还实现了转移我们力量的目的。航空母舰逼近，重型巡洋舰的炮击也非常大胆。看起来我们在某种程度上被耍了。……敌人第二天早上重新进攻的可能性很小。总之，这局我们输了。"[77] 根据航空队军官渊田美津雄的说法，在太平洋上派出如此多的海军力量四处追击是徒劳无功的，"毫无意义"而且"意气用事"。[78] 特鲁克群岛和马绍尔群岛之间有 1 200 英里的距离，等日军驶过这段距离，美国的特混舰队肯定已经安全地返回了军港。即使知道美国人已经安全撤退之后，南云忠一舰队的 6 艘航母中的"翔鹤号"和"瑞鹤号"还是被派去在日本附近的海域巡逻。这减少了令人生畏的日本第一航空舰队的打击力量。

也许哈尔西的突袭最深远的后果是让日本海军将领们深刻意识到，日本的首都可能会受到攻击。即使这样的袭击不会造成巨大破坏，海军的"面子"也会极不好看。宇垣正确地预测到美国人很快将试图直接打击东京。他在 2 月 2 日写道："他们将来还会采用这种方式。他们最有可能采取的行动是空袭我们的首都。……对我们来说，幸运的是敌人这一次只是抓了我们一把，给了我们一个很好的教训，而没有直接攻击东京。"[79] 三和义勇大佐也表示同意："无论发生什么事，我们都必须防止东京遭到空袭。"[80] 由于没有预防航母突袭的简单方法，所以他们产生了一种信念，那就是必须找到办法彻底消灭美国的航空母舰。正是在这种信念的驱使下，山本计划调动日本海军的全部力量进攻中途岛，以迫使美国航空母舰从珍珠港出击并在一场决定性战役中惨败。

第七章

　　塞缪尔·埃利奥特·莫里森是第一位研究第二次世界大战期间美国海军作战行动的历史学家，也是该领域最重要的研究者。他将日本向南的进攻比喻为"阴险而又难以抵抗的多触角钳制"。这是一场范围极广的海陆空闪电战，精心策划，有如芭蕾舞表演一般。这些攻击落在一个又一个的盟军目标上，像急促的音乐一样迅速，战线长达6 000英里。莫里森写道，日本的进攻"像一些巨大的章鱼，依靠的是绞杀许多小点，而不是集中于一个致命的器官。没有任何一个腕足试图挑战四国联合舰队的整体实力。每一个腕足都死死缠住敌人的一小部分，并通过使其局部失去功能而最终杀死整个动物"。[1]

　　日本的矛尖是陆基中型轰炸机，经常由无处不在的零式战斗机护航。这些飞机航程长，"蛙跳"战术的攻击范围可达方圆500英里甚至更大。此后不久，运输舰队就会在巡洋舰和驱逐舰的保护下到达。小股精干的日本士兵被投放到丛林密布的小岛上，盟国在那里没有多少甚至根本没有内部通信设施。他们很快就会突破当地薄弱的防御。他们一次又一次完整地占领盟军机场，或者只给机场造成轻微破坏。日本飞机进入机场后，便开始准备继续向南发动一系列进攻。日本水陆两栖部队控制了霍洛岛的航空基地后，台南航空

　　　　　　　　　　　燃烧的大洋：1941—1942，从突袭珍珠港到中途岛战役

队的24架零式战斗机飞行了1 200海里，降落在新的机场上。对于单引擎独座飞机来说，这可算是超长距离飞行了，但所有的飞机都安全到达。[2]

珍珠港事件发生两周后，盟军的抵抗力量迅速瓦解，东京陆军大本营的规划者提出了下一阶段的作战计划，那就是入侵荷属东印度群岛，夺取令人垂涎的油田，这是日本向南进攻的主要作战意图。这些资产能够使日本的战时经济实现自给自足，而直到现在日本经济还过于依赖从美国进口的石油。日本需要尽早占领荷兰油田，因为日本那时已经开始动用有限的石油储备。日本人迫不及待地要解决被困在菲律宾和马来亚的盟军。日本人将利用从美国人和英国人手中抢到的机场向南进攻，在陆军上将阿奇博尔德·韦维尔爵士新组建的美英荷澳司令部做好防御之前，直捣其中心。

日军在菲律宾的主岛吕宋岛迅速推进，为早日入侵南部的棉兰老岛和夺取达沃的美国水上飞机基地开辟了道路，这个基地能够为望加锡海峡、马鲁古海等浅水区以及大洋洲南部地形复杂的岛屿的作战行动提供良好的中途补给。登陆部队在人口稀少的岛屿上登陆，盟军在岛上很少抵抗，甚至根本没有抵抗。由于望加锡海峡落入日本人手中，通往苏门答腊岛和爪哇岛的水道突然变得无人守卫，直接暴露在外。

1941年12月下旬，日军在沙捞越的古晋登陆，接着在棉兰老岛和婆罗洲之间的苏禄海中的霍洛岛上登陆。日军还在法属印度支那通过暹罗的克拉地峡或跨越暹罗湾，继续在马来亚登陆。位于新加坡的英国大型海军基地以"东方直布罗陀"而闻名，本应是抵御日本进攻马来亚南部岛屿的重要堡垒。但由于日本人控制了制海权和制空权，新加坡被孤立，失去了战斗力。守军虽然还是很强大，却无法阻挡绕过其东侧的日本运输舰队。1942 年 1 月，一支运输舰队穿过南海登陆苏门答腊岛东部，从望加锡海峡登陆荷属婆罗洲，并在文莱（1 月 6 日）和亚庇（1 月 11 日）建立了新的滩头堡。从达沃起航的部队在婆罗洲东部的打拉根岛（1 月 12 日）和巴厘巴板（1 月 24 日）以及西里伯斯岛的万鸦老半岛（1 月 11 日）和肯达里（1 月 24 日）登陆。小小的安汶岛及其精致的机场于 1 月 31 日被占领。帝汶岛是葡萄牙殖民地，位于安汶岛南部，很容易就能攻占。占领那里后，澳大利亚北部漫长而毫无防御的海岸线就暴露在了征服者的面前。

婆罗洲由英国人和荷兰人共同占领，他们在重要的位置上都没有足够的防御力量。由于这个岛上的殖民者的力量过于分散，日本军队迅速占了上风。荷兰人炸毁或烧毁了石油钻塔，以防日本人使用。80 到 100 名荷兰平民因为实行"焦土策略"而遭到报复，被日本人杀害。[3] 每次日本工程师都很快就让石油再次流了出来。到 2 月中旬的时候，岛上的抵抗力量被彻底消灭了。

1 月 10 日，新任美英荷澳司令部最高司令官韦维尔上将到达爪哇，并在巴达维亚东南部 75 英里处的伦邦建立了司令部。他的大量参谋不缺乏才能——他手下有四个国家陆海军的高级将领——但是这位总司令统一指挥四国联军的实验明显没有成效且无法长久。美国亚洲舰队总司令哈特将军于 1 月 1 日乘潜艇抵达泗水港。他将指挥四国的海军部队，也就官方所谓的"ABDAFLOAT"（在当时悲惨的情况下，这个首字母缩略词也许有点过于耍小聪明了）。珍珠港事件发生三天之后，日本轰炸机对甲米地的主要基地狂轰滥炸，使

　　　　　　　　　　燃烧的大洋：1941—1942，从突袭珍珠港到中途岛战役

其变成了冒烟的废墟，哈特命令亚洲舰队剩余的水面舰艇撤离菲律宾。舰队中最大的战舰是美国的重型巡洋舰"休斯敦号"，它原来是哈特的旗舰，还载过罗斯福总统。另外 2 艘巡洋舰和 13 艘古老的四烟囱驱逐舰为它护航。

有一种不得人心的观点认为，菲律宾难以防守，因此注定会失陷，托马斯·哈特是第一位表达这种观点的重要军事指挥官。他撤退得比较早，因此麦克阿瑟将军十分不满，认为海军的失误是无法有效地抵抗日本运输舰队在吕宋岛登陆的原因。但是，把舰队从菲律宾撤出来的决定是正确的。在没有空中掩护的情况下，舰队毫无防御能力，如果想让这支舰队在战争中起作用的话，它就必须向南撤退。

尽管日本的快速推进似乎会让人对盟军战前的基本假设产生怀疑，但四国联军的几个指挥官还是比较乐观的。在这种情况下，指挥官通常要提振下属的士气，他们的虚张声势可能是出于这种考虑。但是，韦维尔在知道新加坡北部面向陆地的防御力量不足之后，似乎仍坚定不移地相信日本席卷马来半岛的攻势会在新加坡完全停止。甚至到了 1 月 31 日，也就是在 6 万多人的英军向一支规模小得多的日本军队投降的两周之前，韦维尔还表示自己相信该岛可以守住。[4] 缅甸的英国指挥官也认为他们可以守住战线。荷兰海军中将康拉德·E.H. 赫尔弗里赫承诺，他的部队将挫败在东印度群岛登陆的日本军队。这些乐观的预期都没有实现。

日本人明确打算占领东印度群岛最富有的爪哇岛。他们准备了两支大型入侵部队，沿着婆罗洲的东西海岸进军，两面夹击。四国海军最大的希望似乎是拦截和摧毁（或至少削弱）这些舰队，也许能击沉运输舰，在日军上岸前消灭大批有生力量。然而，1月的时候，四国海军正忙于给南行的货轮护航，未能组织有效的抵抗。

正如当时多国舰员已在怀疑的那样，四国联合舰队面对即将到来的杀戮几乎毫无准备。他们也无法选择逃到更安全的水域，择日再战。他们的责任就是面对可能被全歼的局面。他们的使命就是争取时间，拖延日本人，等待盟军将增援部队投放到这一战区。这支四国组成的小型舰队本身就非常弱小，舰队里大多是过时的巡洋舰和第一次世界大战时的老式驱逐舰。连舰队指挥官自己都说这只是一支二流军队。该战区盟军空中力量的持续减少意味着他们经常要在没有空中掩护的情况下战斗。

哈特将水面舰艇组织成一支"突击部队"，基地设在泗水港，由海军少将 W.A. 格拉斯福德指挥。格拉斯福德 1 月中旬多次出战，但由于缺乏空中侦察而陷于困境，经常无法发现进犯的敌方舰队。他撤退到东帝汶的古邦湾加油。1 月 20 日上午收到 PBY"卡塔琳娜"水上飞机的目击报告时，他仍然在古邦湾。报告说在巴厘巴板附近的海面上发现了敌人的进攻部队，而巴厘巴板是婆罗洲东海岸重要的荷兰石油生产基地。他派四艘"四烟囱"的驱逐舰去阻止日军登陆。它们开进望加锡海峡，呈"之"字形前进，以干扰敌人空中巡逻队的侦察。1 月 24 日午夜后不久，他们到达巴厘巴板湾。哈特将军通过加密无线电信号发出了只有一个词的命令："攻击！""约翰·福特号"上的保罗·塔尔博特准将向其他舰长下令："先用鱼雷攻击，等鱼雷发射出去再开炮；最大限度地主动出击，用最猛烈的炮火打击对手。"[5]

这些驱逐舰以 27 节的速度接近敌军。它们很幸运，日本舰队在离海岸很近的地方下锚了，而石油设施已经被撤退的荷兰人点燃，提供了良好的背景照明。鱼雷发射员可以根据锚定的运输舰的清晰轮廓确定目标。在持续三个多小时的战斗中，塔尔博特的驱逐舰几次近距离接触敌舰，发射了所有的鱼雷，击沉了三艘运输舰和一艘鱼雷艇。

巴厘巴板附近海面上的这次行动对于盟军来说是一次战术上的胜利，然而12艘日本运输舰中有9艘在这次袭击中幸存下来，这一结果十分令人失望。美军既然已经完全实现突袭，就应该做得更好。许多鱼雷都没有击中目标，还有更多的鱼雷可能击中了目标却没有爆炸。这次袭击并没有阻止巴厘巴板重要的港口和油田落入敌方手中。在如潮水般涌来的坏消息中，这场胜利是段小小的间奏，让人听了之后为之振奋，但是它并没有遏制日本进攻荷属东印度群岛的攻势，同时也是四国联合舰队的最后一个重要战果。

在菲律宾的马尼拉，麦克阿瑟将军的司令部在经历了战争头几天的混乱之后已经恢复到平稳状态，那时候吕宋岛的海军和航空基地已经被日本的空袭摧毁。这位傲慢专横的将军希望集结美国和菲律宾的联合军队，在滩头堡上迎击进攻马尼拉的日本入侵部队。

麦克阿瑟有四十年的作战计划经验，能够预见到守军将撤到巴丹半岛最北部的防线之后进行防御，而巴丹半岛控制着海上通向马尼拉湾的咽喉。在那里，他们将深沟高垒，严防死守，等待运输舰在美国海军的保护下跨过太平洋来拯救他们。但是，麦克阿瑟因为负责让菲律宾的部队在1946年之后承担起本国的全部防御责任，不能忍受让菲律宾向外国入侵者屈服的计划。他希望能在滩头堡迎击并消灭日本军队。这样的策略要求（至少）有空中优势、机动性良好的步兵，以及一支完整的太平洋舰队，而且舰队要全力支援菲律宾的战事。事实上，上述条件都不存在。在战争的第三天之后，吕宋岛上空就很难看到美国飞机了。即使美国和菲律宾的部队接受过训练，并且有适当的装备，能够迅速地抢夺敌军的滩头堡（实际上并非如此），吕宋岛原始的道路状况也使得这样的行动无法实现。太平洋舰队的大部分舰艇在 1941 年 12 月 7 日已经被击垮，但即使情况并不是这样，"欧洲优先"的战略也会让在 1943 年以前对菲律宾进行大规模救援变得不可能。把军队撤回巴丹半岛的防线是唯一符合逻辑的行动，而麦克阿瑟应该在战争的第一个星期就采取这一行动。

12 月 10 日，日本的首批军队在吕宋岛北部登陆。一支规模更大的入侵部队——约 5 万名士兵，全副武装，还有轻型坦克和大炮——乘坐大约 84 艘运输舰和伪装的运兵船从台湾岛驶来，并于 12 月 22 日在马尼拉以北的林加延湾登陆。益田令治（Reiji Masuda）是"亚利桑那丸号"运输舰的高级船员，他回忆说这支入侵的船队"排成两行，不见头尾"。[6] 美国潜艇部队在早期的空袭中幸存了下来，人们期待它们能沉重打击接近菲律宾的入侵船队，但是它们的表现让人失望。由于目视发现目标太晚，潜艇没有足够的时间进入攻击阵位，而且它们也无法在林加延湾内陆浅水区域灵活机动。

几架美国陆军 B-17 飞机和海军 PBY 水上飞机在敌兵下船时飞到上空，进行了攻击，但是造成的伤亡很少。反而是狂风巨浪对日本军队造成了更大的损失，因为几艘舰船在海滩附近被大浪掀翻了。益田回忆道："海浪非常高，很难把士兵和补给品送上摆渡船。黎

　　　　　燃烧的大洋：1941—1942，从突袭珍珠港到中途岛战役

明时敌机袭击了我们，目标主要针对滩头堡。飞机扫射我们的船，一直追到海滩上。'亚利桑那丸号'向天空开火。我们看到敌机旋转着下坠，拖着浓烟。我们的船被炸弹的爆炸和击打船舷的水墙冲击得摇摆不定。然而，大多数船成功地卸下了士兵和装备，登陆部队开始朝马尼拉进攻。"7

这是到当时为止历史上规模最大且最成功的两栖部队登陆行动。这支部队将大部分大炮和物资，以及大约一半的坦克带上了岸。沿着 3 号公路前进就可以抵达马尼拉，这条路铺砌过，是菲律宾最好的道路之一。日本军队迅速进军，驱散毫无经验、装备不佳的菲律宾军队。菲军四散而逃，溃不成军。由美军部队指挥的炮兵分队直接面对着日军令人畏惧的正面冲锋。战场上的指挥官们不断请求麦克阿瑟允许后撤。

12 月 24 日，第二支日本军队在吕宋岛东海岸登陆，登陆地点为马尼拉东南 60 英里处的拉蒙湾。这是一个使局面恶化的突发事件。现在有两支日本军队从两个方向像巨大的铁钳一样向菲律宾首都进攻。麦克阿瑟将军在马尼拉司令部感觉到大事不妙。他向华盛顿发了一系列紧急的公函。8 他能得到增援吗？他迫切需要更多的空中力量。飞机可以从澳大利亚运来吗？航空母舰能否来到菲律宾附近？马歇尔将军答复说，不可能有任何形式的支援。麦克阿瑟被迫依照已有几十年之久的《橙色战争计划》，放弃马尼拉，向巴丹边打边撤。在那里，部队将深沟高垒，在防御线后面长期坚守。他宣布马尼拉将成为"不设防城市"，并下令"实施第 3 号橙色战争计划"。9 麦克阿瑟让航空队司令刘易斯·布里尔顿将军把剩下的 B-17 飞机派到不会受到伤害的地方。"你往南走。你用剩下的轰炸机以及你很快

就会得到的轰炸机能帮我更多,远远超过你留下来所能做到的。" [10]

麦克阿瑟及其参谋收起手头的工作,坐着烧煤的老式汽船穿过港湾,到达距离巴丹半岛不远的科雷希多岛(又译科雷吉多尔岛)。菲律宾总统曼努埃尔·奎松患有结核病,他做出了和麦克阿瑟一起撤走的痛苦决定——他担心菲律宾人的命运,但又不能留下被敌人抓住。军队沿着3号公路向北进发,卡车、公共汽车、吉普车甚至牛车组成了浩浩荡荡的车队,秩序混乱。马和驴被征用来拉重炮。军队和数万徒步的难民一同走在这条道路上。垂死的首都上空升起了浓烟,那是抢劫者或第五纵队干的。这一天是圣诞前夕。在圣费尔南多,从城市中撤退的平民、军队和车辆,遇到了向南撤退的军队以及难民组成的洪流,他们慌不择路,试图躲开不断前进的日本军队。这两群人相遇后,合并在一起向巴丹半岛撤退。盟军的防线坚持了很长时间,足以让大部分军队撤到巴丹半岛。

日本人似乎没想到美军会撤退,也没有出动航空兵,这很奇怪。前往巴丹半岛的人群都挤在路上,对他们进行扫射会造成毁灭性的伤亡,但是在这场战役中,日军一架战机都没有出现。日本人哪怕炸掉几个关键的桥梁,麦克阿瑟的相当一部分军队可能都永远无法到达相对安全的巴丹半岛。许多菲律宾人当了逃兵,但是那些留下来的人顽强而勇敢地投入了战斗,所以失去那些意志不太坚定的同志反倒提高了到达巴丹半岛的军队的整体素质。

1942年1月2日,第一批日本军队进入马尼拉。店面都钉上了木板;一群群当地人在被遗弃的仓库里抢劫;众多平民站在那里目瞪口呆,默然无语。在美国高级专员的家中,日本人举行了军事仪式,降下了美国国旗,一名日本水兵还踩在美国国旗上。军乐队演奏日本国歌，在原来美国国旗的位置上升起了日本的太阳旗。日本陆军司令本间雅晴将军错误地认为，占领了马尼拉，菲律宾的战斗就等于取得了胜利。他后来才慢慢意识到，真正的大战将在整个海湾进行。

麦克阿瑟的部队在阿布凯—毛班一线后方坚守，这条战线穿过巴丹半岛北端，并且穿过死火山纳提布山的一侧。许多前线部队是菲律宾的精英部队，决心为他们的同胞在林加延湾的不良表现进行补救。麦克阿瑟已经从华盛顿得到了明确通知，让他不要指望得到及时的援助，但是他在1月15日告诉部队："美国已经派兵增援了，派了成千上万的士兵和数百架飞机。……我们已经不能再退了。我们在巴丹的兵力超出了日本进攻的兵力，我们有足够的补给，只要坚决防守就可以击退敌人的攻击。我呼吁巴丹的每一名士兵都守在自己的位置上，抵挡住每一次攻击。这是得救的唯一途径。战斗则生，撤退则亡。"[11]

1月9日，日本对战线东端发动试探性的攻击，引发了激烈的战斗。守卫者顽强战斗，击退了最初的攻击。在这些作战行动中，一些菲律宾部队异常英勇。然而，随后的几天，日本对西线发动攻击，菲律宾陆军第51师猛烈反击，防御阵地上出现了一个缺口。由武智渐大佐指挥的部队突破了阿布凯的防线，深入阿伯阿伯河谷。守军英勇的反击没能打退日本人。视察了战线上的情形后，理查德·萨瑟兰将军建议部队撤到巴格科—俄里翁一线，这条防线的两端正是这两个城镇。麦克阿瑟很快批准，下令撤退。

1月24日，盟军大批向南撤退。这是一次混乱的撤退，成千上万的士兵脱离了自己的部队，杂乱无章地到达了防线后方。敌方似乎没有派出轰炸机或战斗机，它们本来可以对完全暴露在道路上的军队造成严重打击。到 1 月 26 日，这些人已经安全地部署在了巴格科—俄里翁防线的碉堡、壕沟和地堡中，并重新通过丛林中的小路从后方得到了有效的补给。美菲联军清楚地意识到自己已经被赶到了半岛地带，这里可能会成为他们的死亡陷阱。麦克阿瑟之前坚持在海滩上阻击入侵者，结果失去了宝贵的时间，而且由于没有及时实施第 3 号橙色战争计划，军队没有将所有可用的弹药、食品和医疗用品转移到巴丹半岛。部队的口粮几乎立即就减少了一半。但是他们暂时安全了——比在北部的防线更安全——只要他们一伸手，大型的岸炮就能控制马尼拉湾的入口，防止敌人战舰进入。

在 1 月下旬和 2 月，日军对美菲联军防线的反复攻击使自己遭受了重大损失，在半岛西海岸发动的两栖登陆也被血腥地击退。日本人最初低估了巴丹半岛上的美菲联军的人数，他们估计人数不超过 2.5 万，但实际上是这个数字的 3 倍多。而且他们打得非常顽强。他们没有像在早先吕宋岛的小规模战斗中一样一触即溃，纷纷逃窜，而是缩在防线之后，用重型火炮的密集射击对付日本步兵的冲锋。到 2 月中旬，本间将军在夺取巴丹半岛的战役中已损失了 7 000 名士兵。他向东京提出的增援要求被拒绝了。本间需要尽快消灭抵抗军，宣布整个菲律宾的战事结束，否则军队的"面子"可能就保不住了。而且要求迅速消灭抵抗军的就是昭和天皇本人。2 月中旬日军占领新加坡后，这些问题变得更加急迫。本间的参谋长前田正实中将认为，正确的策略是围困半岛，等待困在那里的几万人耗尽给养，那时他们就会不战而降。但是，东条英机不能接受长时间围困的办法，他在电报中明确表示，本间要么进攻，要么撤职。

奎松总统在科雷希多岛地堡通过短波收音机可以轻易收到各种报道，这些报道表明盟国致力于"欧洲优先"的战略，这让他非常恼怒。他在 2 月初听到这样一条广播后喊道："这到底是怎么回事！这就是典型的美国人：自己的亲生女儿在后房被强奸，却为一位远亲的命运而感到痛苦！"[12] 他听报告说巴丹半岛上的菲律宾部队比美国同伴得到的粮食配给还要少，就更加恼怒了，但是麦克阿瑟并不承认这一点。奎松在内阁的一致支持下，提出将自己作为战俘送给日本人，同时宣布菲律宾保持中立并且独立。那样他或许可以在日本的长期占领下为人民争取一些福利。麦克阿瑟与奎松私交很好，他将提案（日期为 1942 年 2 月 8 日）转交给了华盛顿，并以自己的资格担保，指出这"或许可以为将要发生的灾难提供最好的解决方案"。[13]

然而，在白宫收到电报时，罗斯福总统毫不犹豫就下了决定。他告诉马歇尔和史汀生："我们绝对不能这样做。"任何国家都不能单方面与日本人讲和。总统坚持认为，巴丹必须守卫到最后一个人，菲律宾必须在被占领的状态下忍受煎熬，直到通过武力获得解放。那一天之前，马歇尔私下曾经怀疑这位坐着轮椅的友善的新政执行者是否有能力面对世界大战，但是现在他知道了，罗斯福能够做到冷酷绝情。他说："我立刻丢掉了我的大脑中对于他的一切怀疑。我确定他是一位伟人。"[14]

在给奎松回电时，罗斯福回避了增援菲律宾的问题，而是强调有很大一部分美军飞机、部队和其他战争资源正在战争的最初几个月分派到太平洋战区。这是千真万确的。到 3 月中旬，将有 7.9 万名士兵按计划乘船前往太平洋地区，人数是派驻到欧洲的 4 倍以上。

罗斯福虽然没有给出增援巴丹半岛的具体承诺，但他毫不含糊地向奎松承诺会解放菲律宾。"只要美国的旗帜飘在菲律宾的土地上……我们自己的人就会誓死捍卫它。无论现在的美国驻军发生什么事情，我们都会全力以赴，直到目前正在菲律宾境外集结待发的部队返回菲律宾，把你们土地上最后残余的侵略者赶出去。"[15] 这个消息显然对奎松产生了罗斯福所期待的影响，他发誓会站在美国一方，直到取得战争的胜利。

菲律宾大势已去，但没有人愿意明确说出来。盟军希望麦克阿瑟在巴丹半岛的部队尽可能坚守，也许要守到被彻底击溃为止。他们的牺牲将为南部和东部战区的稳定赢得时间。麦克阿瑟本人将从澳大利亚领导最终的反攻。3 月 11 日，按照总统的命令，麦克阿瑟带着高级参谋、妻子和 4 岁的儿子离开了科雷希多岛。他们在黑暗的掩护下乘坐鱼雷快艇到了棉兰老岛，在那里登上了一架破旧的 B-17 飞机，长途飞往澳大利亚。

麦克阿瑟在被困于巴丹半岛和科雷希多岛的部队中可不像在美国新闻界和公众中那么受欢迎，后者欣然接受了他在媒体公报中说的每一句大言不惭的话。在他离开之前，士兵们就把他称为"防空洞道格"，意思是他习惯躲藏在科雷希多岛的地堡里，从来没有在士兵中间出现过。麦克阿瑟前往澳大利亚之后，谣言四起，说他带走了大量行李，里面塞满了钱、食物和数不清的奢侈品，而不是在飞机上腾出更多空间让别人逃跑。这些谣言很大程度上是添油加醋，有失公允。然而，麦克阿瑟的确根据奎松总统 1942 年 1 月 3 日的命令收到了菲律宾财政部门的 50 万美元的酬劳。[16] 他的三名高级参谋接受了小额酬金，总共达 14 万美元。有证据表明罗斯福和史汀生知道这些交易但并没有反对。

乔纳森·温赖特将军留在了科雷希多岛上，他被迅速提拔为中将，并且名义上得到了菲律宾所有盟军的指挥权。但是温赖特对长期坚守没有信心——他对美国战争部发电报说，如果巴丹半岛的部队在 4 月中旬前得不到补给，那么他们就有饿死的危险，而且很可能别无选择，只有投降。在整个 2 月和 3 月，巴丹半岛上的士兵情况越来越糟。口粮配给从一半减少到三分之一。驮马都被杀了吃掉了。除了营养不良，疾病也使士兵的力量枯竭：巴丹到处都是疟疾肆虐的沼泽，痢疾在人群中广泛传播。奎宁的供给逐渐减少，到了 3 月底就完全用光了。病人因缺少药物、无法医治而死在病床上。记者弗兰克·休利特写了一首诗，很快被当成讽刺诗在士兵中传开：

> 我们是巴丹半岛上搏杀的杂种：
> 没有妈妈，没有爸爸，没有山姆大叔，
> 没有内亲，没有外亲，
> 没有药品，没有飞机，也没有重炮，
> 而且没有人放在心里。[17]

在马来半岛，英国人过于自信了。战争的前几个星期，英军在陆上、海上和空中都遭遇了一系列突发的灾难性失败。说英联邦军队士气低落，对他们来说有失公允；从战争开始到十周后新加坡投降，他们经历了类似于集体心理崩溃的事情。人们会觉得，足够的时间、良好的指挥能力和一两次及时的胜利，也许会让局势变得不那么难看。但时间不够，指挥不力，所有的胜利都属于入侵者。

听说日本在战争第一天进攻马来亚东北部的哥打巴鲁之后，殖民地的文职总督立刻对阿瑟·E. 珀西瓦尔将军说："嗯，我想你会把那些小日本儿赶走的。"[18]新加坡没有下令实行灯火管制，城市的灯光为那天晚上的日本轰炸机提供了良好的目标。英国制空力量的突然减少，迫使英国皇家空军放弃了马来亚北部的制空权，日本的两栖部队因而得以毫不费力地登陆。日本军队占领滩头堡以后，行动速度惊人。步兵骑自行车前进。他们在西边与印度第11师相遇并将其击溃，还迫使马来半岛东部的印度第10师迅速向南撤退。日本人紧追不舍。如果入侵者遇到抵抗，他们就将侧翼打击与猛烈的正面冲锋相结合，将守卫赶走，迫使他们仓皇逃命。日本海军与陆军有效合作，在登陆时为陆军提供掩护，而在其沿着半岛前进时则提供了良好的海上补给。后撤的英国军队炸毁了数百座桥梁，但是日本陆军的工程师们迅速用从周围森林中砍伐的木头进行了重建。

现在，在无情的战斗考验中，英国人才认识到当地的英国皇家空军如此不堪一击。他们最好的飞机和飞行员已经撤回欧洲，应付纳粹德国空军对英国的空袭。这种政策来自对日本航空兵根深蒂固的蔑视，美国人也有相同的毛病。在战争的头两个星期，由于战斗、机械故障和事故，英军损失了很多飞机；几个英国机场被入侵部队夺取后，这场灾难变得更加糟糕。有时候，这些机场没有经过战斗就让给了日本人。英国远东军总司令罗伯特·布鲁克-波帕姆将军哀叹称"有时候机场似乎是在近乎恐慌的状态下被放弃的。商店被放弃，迫切需要的物资被放弃，很明显到处都一片混乱。……在大多数情况下，这里的机场遭受的轰炸规模，远小于英国伦敦和其他城镇的妇女和儿童所冷静面对的轰炸，通常在敌人的地面部队距离尚远的时候，机场上的人员就撤退了"。[19]

英国皇家空军的指挥官把剩下的飞机撤回新加坡，留着这些飞机来防守这座城市。但日军的夜间空袭仍然很少遇到抵抗，甚至没有遇到抵抗。1942 年 1 月 13 日，当地一家报纸骄傲地吹嘘："新加坡击退了 125 架来袭敌机。"哥伦比亚广播公司战地记者塞西尔·布朗在日记中满怀讥讽地指出："实际情况是日本人投下炸弹后就返回了。"[20] 更要命的是，马来亚北部的天空中几乎完全没有友军的飞机掩护在地面上作战的英联邦部队，导致地面部队连续受到日本飞机的轰炸和扫射。他们曾经指望着己方的空中优势，但现在敌机在他们头顶上自由行动，毫无顾忌。

英国指挥官一直将防御集中在主要道路上，基本忽视了半岛上的丛林和红树林中的沼泽，认为这些地方无法穿越。但事实证明日本士兵在丛林战中非常狡诈和灵活。英国士兵穿着靴子，背着 40 磅重的背包；而日本步兵穿着轻便的棉衣和软底鞋，只带一支步枪、一条子弹带和一袋大米，有时还在肩上扛一个掷弹筒。五至十人的小分队排成一列纵队，沿着原始的丛林小径迅速而安静地行进。他们轻轻地从一个树根跳到另一个树根，就这样穿过沼泽地；匍匐绕过英国的阵地，从侧翼和后方用步枪和迫击炮射击；用伪装面彩和穿过头盔网眼的草茎让自己与丛林混在一起；藏在灌木丛中或树枝后面，如果有必要，能连续等待几天，直到敌方士兵中埋伏；化装成本地工作人员，渗透进英国阵营，然后用匕首或刺刀一个一个暗杀敌人。他们能躺在水蛭滋生的沼泽地里，用树枝遮盖头部，接连几个小时一动不动。当敌方士兵进入射程以内时，他们会突然跳起来开火。英国人痛恨那些"狡猾的东方人的伎俩"，但是未能及时调整战术来应对。[21]

布鲁克-波帕姆将军在战争前一年曾到中国观察过日本军队，将他们描述为"穿着肮脏灰色制服的各种不配称为人的生物，有人告诉我他们是日本士兵。……如果日军都是这种人，那他们的食宿问题就会很好解决，但我不相信他们能形成一支聪明的作战部队"。[22] 而现在，在马来亚、菲律宾、缅甸和东印度群岛的丛林中，一个不同的神话正在迅速流传。日本步兵是"超级战士"，是一种适应丛林战争的独特生物，让人畏惧又尊敬。有人让布鲁克-波帕姆解释为什么英国军队在马来亚北部表现如此糟糕，他的观察与一年前相同，但是关注的角度不同了。他说："日本人具有在乡间生存的能力。他们需要的东西很少很少，而他们能找到的食物，也正是他们习惯吃的东西。英国人做不到这一点。"[23]

1941 年的"非人"突变成了 1942 年的"超人"。许多盟军士兵显然相信日本人拥有超自然的感官和能力。他们像蝙蝠一样，能在夜间行动；像豹子一样，可以悄无声息地穿过灌木丛；像蚂蚁一样，可以通过一些无言的脑电波与同类交流。他们不像人，从不怕死亡。参加过南太平洋战争的美国陆军军官弗洛伊德·W. 拉迪克写道："人们认为日本军人是无畏的，他们蔑视美国士兵，没有踪迹，是超级狙击手，宁愿战斗至死也不放弃岗位。当然，其中一些纯粹是无稽之谈，但不幸的是，美国的将军和上校们过了很长时间才搞清楚如何对付这样一种生物。"[24] 这个新的神话，就像它代替的那些神话一样，建立在荒谬的种族传说之上。不得不面对这些有名的超级战士的人心中充满了恐惧，而越是这样，这种神话就越有可能实现。

这种模式一而再，再而三地出现。面对侧翼或正面攻击，英国防线迅速瓦解。军官们试图拦下四散逃跑的士兵，重整军队，却无法成功，于是他们自己也开始一起逃跑。马来亚西海岸的岛屿城市槟榔屿于1941年12月17日匆忙疏散。英军曾接到命令，要摧毁军事资源和商店，但他们几乎没有时间完成这项工作，因此很多有用的武器、补给和船运设备都留给了敌人。军队仅仅从槟榔屿撤走了白人平民，这种做法遭到了马来人和华人的痛恨，其中许多人还曾提出要和英军并肩战斗。英国指挥官宣布要执行"焦土"政策，但很多撤退的部队未能执行这个命令，也许是因为他们依然抱有希望，认为很快便能夺回失去的土地。结果，日本人控制了马来亚重要的橡胶种植园和锡矿，矿上的建筑物、设备和配套设施等大多完好无损。

在新加坡，塞西尔·布朗在日记里吐露："可以看到，士气几乎如同扎了孔的轮胎，越来越低落。"没有人知道真相，而且几乎无人相信当地文职官员和军事长官的报告。"人们相信最糟糕的消息。因为他们只知道日本人已经到新加坡城外面了。"官方公报充满了空洞的乐观情绪和笨拙的委婉说法。英国军队在吉辇河附近被迫撤离后，报道中称他们已经"成功地摆脱敌人"。即使坏消息已经广为人知，审查员还是企图压住消息。城市上方的空袭是一次夜间考验，居民可以看到探照灯照出的日本轰炸机，它们以完美的编队飞行，似乎对防空炮火无动于衷。日军经常在白天空袭，而就算在白天也没有英国皇家空军的战斗机升空对抗。日军飞机有时会空投传单，有些是用马来文写的，有些是用中文写的，例如："在神圣的白色胜利火光中烧掉所有白人鬼子。"[25]

当地人不想工作，士兵也不想战斗。根据布朗的记载，一名英国陆军少校和他谈话时坦承他对日本人"产生不了任何怨恨"，因为他们（与德国人相比）是"并不重要的家伙"。这种与现实极为不符的认知让布朗大吃一惊："英国人被打得狼狈不堪，而这位陆军少校却认为日本并不足虑。"当地的重要文官在恐惧和拒绝现实之间徘徊。布鲁克-波帕姆夫人后来说："直到最后英国人还忙着开派对，打桥牌，跳舞。……他们就是不愿意承认新加坡会卷入战争。……我曾请求某位女士每天帮我两个小时［来做一些民防措施］。她说这会妨碍她打网球。"26

1942 年 1 月 17 日，有消息称日本人到达了柔佛州，在新加坡城北边仅 110 英里处。从北方撤退来的英国军队将失败的梦魇带给了他们。这种情绪传播开来。海军已经让他们失望，空军也已经让他们失望，事实还证明领导十分无能。城里的居民顾不上体面，争相逃跑。船费飞涨。很多人都找关系争抢民航班机上的座位。参谋被重新分配到韦维尔上将新设于爪哇岛的美英荷澳司令部。当地的马来人、华人、印度人和其他亚裔民族都知道自己会遭到遗弃，因此通过拒绝工作来表示不满。在被日本空袭炸毁的街区，死尸横陈街头；当地找不到工作队来运走并埋葬尸体。到了 1 月下旬，死尸发出的恶臭笼罩了整座城市。

这座岛上堡垒做好了被围困的准备。1 月 31 日，所有剩下的英国军队都撤到了柔佛海峡对面，并且炸毁了身后的长堤。但是，英军在注意让新加坡免遭海上攻击的时候，没有充分考虑如何防止日军通过海峡入侵。面向陆地的防守一片混乱。直到这时候，英军还没有任何计划来击退近在咫尺的攻击。守卫新加坡港口的重炮炮位无法移动，甚至无法转动，不能朝即将到来的攻击的方向开火。新加坡几乎没有设防，没有海军力量，没有飞机掩护，而且增援的希望越来越小。食物储备养活不了城里人太长时间。现在有 6 万多名士兵驻扎在城里，但其中最好的也士气低落，而最差的干脆拒绝打仗。

丘吉尔对此极为恼火。人们一直让他相信新加坡岛是一座堡垒，于是他开始质疑手下军事指挥官的能力。在参加战时内阁会议时，首相变得异常暴躁。布鲁克将军说，丘吉尔经常突然说出这样的话："难道你们的军队中连一个能打胜仗的将军都没有吗？难道任何一位都没有办法？难道我们必须以这种方式输掉一场又一场战役吗？"[27] 他对海军元帅庞德抱怨说，敌人的小艇自由自在地在马来半岛西海岸附近行动，这种状况"必须看作英国海军历史上最令人震惊的过失"。[28] 在收到韦维尔关于新加坡陆上防御的悲观报告后，他变得怒不可遏。他在 1 月 19 日告诉英国的参谋长们："我必须承认韦维尔的电报让我感到震惊。我从没有片刻的光景想到……新加坡这座堡垒，加上半英里至一英里宽的坚固护城河，竟然不能完全抵挡住来自北面的攻击。如果要拿一座岛屿当作堡垒，却没有把它建得固若金汤，那还有什么用呢？……在讨论这些问题的时候，你们当中怎么就没有任何一个人在任何时候向我指出这一点呢？……我警告诸位，这可能会成为曝光的最大丑闻之一。"他要求这座岛城"变成一座堡垒，死守到底。不要有投降的幻想"。[29]

日军司令山下奉文将军准备强攻新加坡。部队、登陆艇和重炮被部署到了海峡北岸的重要位置上。2 月 7 日夜晚，日军在最近被毁的主要堤道的左侧发动了一次牵制性进攻；第二天夜晚，日本第五师和第十八师乘小船从岛的西侧穿过海峡，这才是主要的进攻。他们冒着澳大利亚第 24 机枪营的猛烈射击冲上了岸。澳大利亚士兵顽强抵抗，但无法阻止入侵者占领据点。到凌晨的时候，守军开始后退。柔佛海峡很浅，低潮时，日本士兵头顶步枪就可以轻易涉过。小股日本步兵在岛屿西部的几个地方上岸，迎着初升的阳光和不断瓦解的守军冲进了这座城市。他们遇到的英联邦军队四散而逃，溃不成军。与此同时，日军的杰出工程师在柔佛海峡上重建了堤道，在几个小时的时间里，成群结队的坦克、卡车和重型火炮就开了过来。

韦维尔于 2 月 9 日飞到新加坡城，与当地的指挥官珀西瓦尔将军视察了防线。他当场提醒指挥官，城里的英军人数远超敌人。他在 2 月 10 日写道："我们必须打败他们。我们所有的战斗声誉以及大英帝国的荣耀都押在了这里。尽管局面更加不利，可美国人在巴丹半岛一直坚守着，苏联人正在抵挡德军精锐，几乎完全缺乏现代化装备的中国人则已经与日本人相持了四年。如果我们自夸为堡垒的新加坡向兵力少于自己的敌人投降，我们将颜面尽失。"[30] 他下令死守到底，哪怕军队和民众会遭到屠杀。他于 2 月 11 日飞回爪哇，当天晚上向丘吉尔汇报："新加坡战役进展并不顺利。……一些部队士气低落，没有一支队伍的士气达到我想要看到的水平。"[31] 他说守军有一种"自卑情结，这种情结是由日本人大胆而熟练的战术以及他们的制空权造成的"。[32]

失败的情绪到处蔓延。有人听到澳大利亚士兵说："伙计，让马来亚和新加坡见鬼去吧。海军丢下了我们，空军丢下了我们。如果那些棒子［本地人］都不为自己的土地而战，咱们为什么要上？"[33] 这是大多数一线战斗人员持有的态度。在士兵看来，这里远离家乡，目标又注定要失败，为什么要无谓地舍去自己的生命？

日本人不断向新加坡市中心进军，控制了向新加坡提供饮用水的淡水水库。仅剩的一点长期坚守的希望也破灭了——如果不采取其他措施，那么这座大城市里的人会在几天内渴死。全城都可以听到日本大炮不祥的重击声和炮弹的呼啸声。黑色油烟从炸毁的石油储罐的烧焦外壳上升起。惊慌失措的人群冲向码头，努力争取登上或乞求乘上最后一批离开的船。在港口里，有艘船上的一位美国水兵回忆说："轰炸时许多人死在了码头上，一片混乱。所望之处全是死人。水中甚至有鲨鱼和人的死尸四处漂流。"[34]

当山下得知这座城市里的英军人数是先前情报估测人数的两倍时，他大吃一惊，甚至产生了动摇。但他决定虚张声势，通过谈判迫使对手投降。2 月 14 日，山下让一架飞机飞到英国防线后面，给珀西瓦尔空投了最后通牒。"根据骑士精神，我们有幸劝阁下投降。……从现在开始，抵抗毫无益处，只能在缺乏正当理由的情况下增加上百万平民的危险，使他们遭受枪炮和刀剑的痛苦。"[35] 同一天，韦维尔禁止珀西瓦尔考虑投降的提议，他敦促说："你必须继续对敌人造成最大的伤害，时间越长越好。有必要的话，要组织巷战。你牵制敌人并造成伤亡的行动可能会对其他战区产生重大影响。"[36] 然而，与此同时，韦维尔向丘吉尔发电报说，新加坡已经完了；当晚和英国参谋长们商议后，首相同意新加坡投降。

第二天，也就是 2 月 15 日星期日早上，珀西瓦尔打着休战旗与一位日本大佐一起去见山下。这次会面被一群日本记者、摄影师和摄制组记录下来，大肆渲染。山下要求无条件投降，并拒绝在对方签署无条件投降协议之前停火。山下承诺妥善对待平民并且尊重战俘的权利（这两个承诺都没有兑现）。珀西瓦尔签署了投降书。当天晚上 8 时 30 分，敌对行动停止了。

"东方直布罗陀"陷落了。经过了不到一个星期的战斗，守军就向兵力不足自己一半的敌人投降了。即使在当时，它也被认为是英国军事史上最不光彩的一幕。《每日镜报》的一篇社论总结了英国人的感受："日本人摧毁了历史上最伟大的帝国的基石，并把它竖起来作为一块嘲笑勇敢者的纪念碑，这些勇士是为那些良心有愧之人的愚蠢行为而死的。"[37]

输掉押在新加坡身上的赌注以后，看到从桌子上扫过的大块筹码，韦维尔没有假装东印度群岛可以幸免于难。事实上，他甚至不想增援那里，以免增援的人员和物资拱手让给敌人。爪哇岛是仍然掌握在盟军手中的唯一的大岛，该岛有 500 英里长，东西两翼都受到入侵的威胁。珀西瓦尔投降后的第二天，韦维尔告诉丘吉尔："敌人很快就会进攻爪哇岛，只有当地的海空力量占据优势，才能防止敌军登陆。现有事实表明，这种优势是绝不可能得到的。"[38] 1942年 2 月 21 日，他又强调了这一观点：

> 恐怕四国联军的防守区域已经崩溃，爪哇岛现在不可能防御很长时间。……局面总是取决于空战。……我看这个司令部起不到什么作用了。……我不想抛弃这些坚强的荷兰人，我将在这里一直和他们并肩战斗到底，如果你们认为这样做有效果的话。[39]

　　　　　　　　　　　燃烧的大洋：1941—1942，从突袭珍珠港到中途岛战役

1942年1月—2月，日军进军东印度群岛

日军水陆两栖行动

日军占领或修建的机场

泰国

法属印度支那

西贡

泰国湾

马来亚

新加坡

苏门答腊岛

巨港（巴邻旁）

異他海峡

巴达维亚

万隆

泗水

爪哇岛

巴厘岛

異他海峡战役
（2月28日—3月1日）

爪哇海海战
（2月27日）

南海

沙捞越

婆罗洲

打拉根

文莱

亚庇

巴厘巴板

阿当

马辰

爪哇海

马尼拉

菲律宾海

菲律宾

棉兰老岛

达沃

西里伯斯海

西里伯斯岛

摩鹿加群岛

摩鹿加海

肯达里

望加锡

弗洛勒斯岛

安汶

弗洛勒斯海

帝力

帝汶岛

古邦

帝汶海

达尔文港

印 度 洋

澳大利亚

150英里

N

Source: Morison, *Rising Sun in the Pacific*

得到这个暗示后，联合参谋长委员会解散了美英荷澳司令部。美国、英国和澳大利亚的地面部队和航空兵向南撤到澳大利亚或向西撤到缅甸，在那里保存有生力量，为日后的战斗做准备。韦维尔奉命飞往印度，重新担任驻印度英军总司令。

决定撤出陷入困境的东印度群岛虽然无情却合乎逻辑——在菲

律宾和马来亚，盟国已经失去了大量的士兵，却几乎没有任何战果。然而，荷兰人仍然因为英美决定将他们排除在盟军高层指挥部以外而生气，因此不打算加入总撤退。在欧洲，他们的祖国早已被纳粹占领，荷兰的流亡政府要拼死捍卫剩余的海外领土。荷兰人已经来到这些炎热肥沃的岛屿上 300 多年。许多荷兰军官一生中最好的年华都是在东印度群岛度过的。无论当地人的感受如何，荷兰人为爪哇岛而战斗的热情，都丝毫不亚于为了自己的国土而战斗的热情。

由于韦维尔及其参谋离开爪哇岛去了印度，荷兰指挥官控制了所有剩余的陆海空部队。哈特将军已自荐返回美国并得到许可，海军中将赫尔弗里赫开始指挥四国舰队的剩余力量，包括留下来的美国、澳大利亚和英国的舰船，尽可能打击入侵的舰队。大多数舰船被组建成"联合突击部队"，基地位于爪哇东部北海岸的泗水。这支多国小型舰队大部分由年代久远的老式巡洋舰和驱逐舰组成，听从海军中将卡雷尔·W.F.M. 多尔曼的指挥。

联合突击部队的官兵目睹过日本占有制空权后必然会给他们带来的致命打击。在 2 月份，盟军舰队多次遭到空袭。2 月 4 日，日本轰炸机袭击了巴厘岛北部的盟军特混舰队，重创美国巡洋舰"休斯敦号"和"马布尔黑德号"。"休斯敦号"的尾部炮塔被炸毁，"马布尔黑德号"则勉强开往锡兰进行大修。2 月 15 日，在苏门答腊岛东部的巴邻旁附近，日本 G3M 轰炸机连续攻击这支舰队，从高空中投下大批炸弹。凭借高水平的掌舵和大幅度的机动，多尔曼的舰队设法躲开了大部分炸弹，但是澳大利亚的轻型巡洋舰"霍巴特号"和两艘美国驱逐舰被炸伤，多尔曼被迫发出信号，命令舰队穿过加斯帕海峡，向巴达维亚撤退。2 月中旬，海军中将南云忠一指挥的航空母舰特混舰队在周围游弋，像是一个令人不安的幽灵，可能在任何时间任何地点对盟军舰队发动突然的、压倒性的航母空中打击。日本第一航空舰队比盟国在太平洋所拥有的任何舰队都要强大，在东印度群岛这些受困岛屿的周围更是无可匹敌。2月19日，航母舰载轰炸机组成的轰炸机大队（由肯达里和安汶的陆基轰炸机配合）把澳大利亚北部的达尔文港变成了废墟，居民逃进了广阔的红色内陆。那天晚些时候，一群零式战斗机出现在泗水上空，在一场大规模的空中混战中，40架盟军战斗机着火坠落。

盟军空中力量的迅速减少使多尔曼难以判断局势，而日本海军的空中侦察能力则在稳步提升。盟军的小舰队一直在行动，因为相互矛盾且往往有错的情报而四处奔走。他们很少在天上看到友军飞机。到2月底，军官和船员都疲惫不堪，焦虑不安。一名美国舰长称船员"心里异常紧张"。[40]通信不畅、设备故障、技术倒退和港口设施不足困扰着他们。加油是一个反复令人头痛的问题——泗水和巴达维亚的储油罐总是处于耗竭的边缘，那些本来可以帮忙的石油工人已经逃离了现场。军舰经常被迫在只装了半箱燃料，或只储备了部分弹药和鱼雷的情况下出海。东京广播电台中传出的阴险女声用带有加利福尼亚州口音的英语嘲弄着美国人。她用嘲弄的语气哀叹："可怜的美国男孩，你们的舰艇很快就要被击沉了。你们没有机会。为什么要捍卫从根本上说不属于荷兰和英国的外国土地？"[41]

即使在新加坡战役的高潮阶段，日本进军东印度群岛的行动也没有片刻停歇。山本五十六在停泊于柱岛的旗舰"长门号"上指挥战役，他决心不给盟军片刻休息的时间，也不给他们任何喘气的空间。他坚持夺取爪哇岛，因为爪哇岛是该地区最富有和人口最多的岛屿。在 2 月的最后一个星期，两支入侵舰队以巨大的钳形攻势进军爪哇，这是第二次世界大战进行到当时为止规模最大的两栖入侵。东部攻击舰队 19 日从苏禄海的霍洛岛起航，包括 41 艘运输舰和货船，以及 1 艘巡洋舰和 10 艘驱逐舰组成的警戒队。西部攻击舰队由 56 艘运输舰和 3 艘货船组成，由 3 艘巡洋舰、1 艘轻型航母以及至少 25 艘驱逐舰护航。这支舰队 2 月 18 日从法属印度支那的金兰湾起航。那两支排成长列的舰队将分别到达婆罗洲的东部和西部，并在 500 英里长的爪哇岛两边卸下部队。还有 3 支由巡洋舰和驱逐舰组成的"支援部队"被派往附近，如有需要可以随时行动。山本正确地推断出，盟军剩下的海军和航空力量太弱，不会对这次大规模的军事行动造成威胁，所以他命令南云忠一的航母舰队前往印度洋，在那里拦截和消灭所有往西逃窜的盟军舰只。

东部舰队排成两列纵队航行，彼此相距 1 英里，每列纵队长约 20 英里。运输舰行动迟缓，由技术不熟练的民事船员掌控——他们"态度散漫"，动辄违反无线电静默的规定，或者在夜里让舰艇露出光亮，这让"天津风号"驱逐舰舰长原为一非常恼怒。舰队前进的速度不超过 10 节。空袭和潜艇袭击的危险似乎就在眼前。但是，在舰队上空出现的零星几架盟军轰炸机并没有击中目标，位于泗水外海的美国潜艇也没有任何行动。2 月初，日本运输舰"亚利桑那丸号"被一枚哑火的鱼雷击中。舰上的一名军官回忆说："那颗鱼雷似乎是沿着船体滑过，擦过龙骨，并在另一边继续前进，冒出一串串气泡，最后在左舷外沉到了水底。"[42] 这是在整场战争的第一年里持续困扰美国潜艇的一个问题。

空中和潜艇的目视发现报告了东部攻击舰队接近的消息。2 月

24 日，赫尔弗里赫中将命令几艘英国巡洋舰和驱逐舰从爪哇西部的丹戎不碌港向泗水进发，在那里和多尔曼的舰队会合。26 日晚上，联合突击部队从泗水出击，在南太平洋典型的壮丽落日景象中向北全速前进。尽管派出了额外的瞭望员，但是多尔曼的舰队并没有发现敌人的痕迹。当黎明来临时，多尔曼决定回港口加燃料。在后撤时，他收到了赫尔弗里赫命令他回到海上的短讯。他回答："这一天所有人员已经达到了耐力极限。明天会突破极限。"[43] 但是在 2 月 27 日下午 2 时 27 分，当舰队进入泗水外围的水道时，新的敌情报告说，日本舰队在北方仅 90 英里处。多尔曼的旗舰掉转方向，用清晰的英国旗语向英国、美国和澳大利亚的同伴发出信号："我前去拦截敌方船只，跟着我，稍后详细说明。"[44]

联合突击部队现在有 2 艘重型巡洋舰，3 艘轻型巡洋舰和 9 艘驱逐舰。在多尔曼的旗舰"德·鲁伊特号"巡洋舰的带领下，整个部队排成一列纵队离开了泗水港。船员们在危险的条件下连续数周在海上作业，没有多少喘息的时间，身体上的疲惫已开始对他们的表现产生负面影响。但现在他们众志成城。他们排成三列纵队航行，"德·鲁伊特号"带着三个国家的另外四艘巡洋舰——"埃克塞特号""休斯敦号""珀斯号"，以及"爪哇号"。这天天气很好，能见度较高，风力不大，海浪不高。英国的驱逐舰作为警戒舰在前面航行，美国和荷兰的驱逐舰则紧跟在巡洋舰的正后方和左后方。老式的四烟囱驱逐舰喷出黑色的烟雾，在大型军舰的尾流中颠簸前行。一艘荷兰驱逐舰出现发动机故障，将整支舰队的速度限制在了26 节。

多尔曼难以让说英语的下属理解自己的意图，这凸显了这支舰队的多国特点，也体现了它临时统一指挥的特性。一艘美国驱逐舰的舰长形容这种交流障碍是"荒唐可笑的"。[45] 联合突击部队没有下发过旗语通信手册，也没有通用代码。多尔曼的旗舰通过闪光信号灯，用清晰的英国旗语来交流，但在烟雾弥漫的情况下，以及海军近战造成的混乱中，这种做法根本不实用。在某些情况下，这位将军的命令会通过荷兰式高频无线电信号发送给"休斯敦号"，然后"休斯敦号"通过 TBS（"舰船间无线电通话"，美国船只使用的短距离语音线路）将其转发给其他舰艇。在即将到来的行动中，多尔曼的命令有时会以错误的顺序到达其他舰艇，让舰长们疑惑不解。

日本巡逻机跟踪着多尔曼的舰队，并通过无线电向东部攻击舰队掩护部队的指挥官高木武雄中将报告。在还没有目视发现的时候，高木就知道多尔曼的速度和航线了，而且对其舰队的构成非常了解。他让运输舰向北方行驶，离开危险地带，并带领巡洋舰和驱逐舰向南高速驶向敌人。下午 4 点，日本巡洋舰"神通号"的瞭望员报告说东南方发现了几艘舰艇的船体以上部分。地平线上的一片桅顶表明那里有一支大型盟军舰队。日本人可以看到荷兰、英国和美国的国旗在风中飘动。"天津风号"驱逐舰的原为一少佐用双筒望远镜察看敌情，并将所见与舰艇识别图进行比较，在"德·鲁伊特号"的船体还没有进入其视野时就辨认出了它是旗舰。

两支舰队以 45 度角相互接近。在相距 2.8 万码时，日本重型巡洋舰"羽黑号"和"那智号"的 8 英寸火炮开火了。色彩鲜艳的水柱在盟军舰队的一侧升起——炮弹注入了彩色染料标记，用于射击校准——但是射程太远，没有一发落到附近。在双方距离缩小的过程中，日本的水上飞机在上空盘旋，通过无线电将弹着信息反馈给高木的巡洋舰。敌人的弹着点逐渐逼近。为了避免遭到纵射，多尔曼下令向左转 20 度，这样的机动可以使他和敌舰更加平行，让巡洋舰发动侧舷齐射。航线改变几分钟后，"休斯敦号"和"埃克塞特号"开火了。红色水柱在日本纵队后方升起，但没有一发炮弹射中。

5 点刚过没几分钟，"埃克塞特号"中部被"羽黑号"发射的穿甲弹击中。炮弹飞进锅炉房爆炸，摧毁了这艘英国巡洋舰的几个锅炉。它马上失去了大约一半的动力，掉头离开战线，低速向泗水艰难驶去。"休斯敦号"跟在它的后面，为了避免碰撞也跟着掉头，结果使盟军的纵队出现了混乱。"休斯敦号"的 TBS 电台被一颗哑弹击中，失去了作用，切断了与多尔曼旗舰的无线电通信联系。美国驱逐舰"约翰·D. 爱德华兹号"的舰长埃克尔斯中校写道："从那时起，所有的通信都只能靠闪光灯传递，烟雾、烟幕和快速机动对这些灯光信号造成了很多干扰。"[46] 似乎谁都接不到或是理解不了多尔曼的命令。

下午 5 时 15 分，几分钟前发射的一枚远程日本鱼雷击中了荷兰驱逐舰"科顿艾尔号"，在一阵强烈的闪光和巨响中，这艘驱逐舰被掀出海面，断为两截，折叠起来沉了下去。美国驱逐舰发射了 40 枚鱼雷进行反击，但是它们或者没有击中目标，或者击中了敌舰但并没有爆炸。日本 93 型鱼雷从美国舰艇周围的海面上滑过，并且有几枚在到达射程尽头后自动爆炸了。美国舰船上的瞭望员不知道敌人的鱼雷射程有这么远，误认为联合突击部队一定是受到了潜艇的攻击。局势非常混乱。埃克尔斯中校在行动报告中写道："我们只能靠水晶球来预测联合突击部队指挥官的意图。接下来的命令是

'反击''停止反击''放烟''掩护我撤退'等。"[47]下午5时25分，多尔曼下令释放的烟幕使得巡洋舰不再与敌军纠缠，向东南方的爪哇岛海岸撤去。荷兰人希望能够摆脱日本的巡洋舰和驱逐舰，因为这些舰艇已经远远胜过了他们。他的主要目标是在当天夜里晚些时候或第二天黎明突袭并击沉日本的运输舰。

在接下来的几个小时，联合突击部队向南逃跑，但是后来又在黑暗的包围下原路返回，高速向西北方向行进。多尔曼希望躲开高木的军舰，直接攻击运输舰，但由于没有空中侦察，他只能碰运气。日本巡洋舰派出的侦察机在盟军舰队上空轰鸣，投下照明弹，希望能照亮盟军舰队，让日本的军舰开炮攻击。日本的巡洋舰也发射了照明弹，并用探照灯四处搜寻，但是无法使敌人进入夜间战斗的有效范围。晚上8点前不久，多尔曼再次改变航线，向南疾驶，直到看见月光照耀下的爪哇岛。美国驱逐舰的燃油已经所剩不多，而且用光了鱼雷，被派回泗水进行补给。晚上9时25分，英国驱逐舰"朱庇特号"撞上了一枚荷兰水雷并爆炸，几分钟后沉入水中。现在多尔曼希望冲破重重的困难，绕过日本的警戒舰群，攻击运输舰群。剩下的四艘盟军巡洋舰掉头向北，独自航行，驱逐舰则因为燃油不足、鱼雷耗尽或者运气不佳而逐渐减少。

日本巡洋舰的侦察机继续秘密跟踪它们。晚上9时50分，一颗降落伞照明弹从盟军舰队上方落下来。水兵们有充分的理由感到自己已经暴露了——照明弹不断从天空落下，表明敌军已经发现他们。高木将军带领舰队逼近，准备攻击。"那智号"巡洋舰上的瞭望员凭借着日本海军训练出来的敏锐的夜间视力扫视着地平线，晚上11点报告目视发现了多尔曼的舰队。双方都开火了，夜空中闪过重型舰炮和照明弹的火光。"亚利桑那丸号"的高级船员益田令治从来没有见过这样的场景，他说当时"枪炮雷鸣，火光闪烁，黑暗的天空中升起照明弹，炮火成排"。[48] 两艘巡洋舰"羽黑号"和"那智号"向北转向，拉近了距离。晚上 11 时 53 分，当距离缩小到 8 000 码时，两艘巡洋舰分散发射了 12 枚鱼雷。13 分钟后，"德·鲁伊特号"在雷霆般的响声中爆炸，断成两半。大火迅速蔓延到了弹药库，引发了二次爆炸，爆炸的火光很快照亮了周围数英里的海面。"德·鲁伊特号"的两截船体，连同 367 名水兵，包括多尔曼将军在内，迅速沉到波浪以下。几乎就在同时，"爪哇号"也发生爆炸，舰首迅速下沉。这艘英国巡洋舰连同上面的大多数水手也沉没了，只有少数水兵设法跳入了大海。日本巡洋舰甲板上的水兵们欢呼雀跃，高喊："万岁！"[49]

多尔曼对幸存的舰只下的最后一道命令是脱离战斗并撤退到丹戎不碌（巴达维亚的港口）。在黑暗中，"珀斯号"和"休斯敦号"逃脱了。爪哇海现在成了日本人的内湖，盟国任何进一步的抵抗都只能导致全军覆没。剩下的选择只能是让四国舰队分散的残余舰艇在没有被发现和摧毁之前逃跑，寄希望于日后再战。撤退的出路很少。北边，日本已经完全控制了制海权和制空权。巴厘海峡位于爪哇岛东面，是从泗水向南撤退的最快路线，但这里太浅，巡洋舰难以通过。已经撤退到泗水的四艘美国四烟囱驱逐舰设法在 2 月份的最后一个夜晚偷偷穿过了这个海峡。它们与前来拦截的日本特混舰队远距离交过火，但还是在黑暗中设法逃脱了。一周后，它们到达了澳大利亚西海岸的弗里曼特尔。

已经受伤的英国巡洋舰"埃克塞特号"在皇家海军"英康特号"

驱逐舰和美国的"波普号"驱逐舰的护航下，当天晚上从泗水向北溜了出来。它们希望能够冲破重重险阻，在第二天躲开侦察，紧靠婆罗洲南海岸航行，然后在第二天夜里高速航行到爪哇西面的巽他海峡。[50] 起初，在战斗中受损的"埃克塞特号"速度只能达到 16 节，不过机械师最终使它慢慢达到了 23 节。3 月 1 日破晓，能见度非常好，这让人觉得不安。三艘舰艇很快同时被飞机以及正在巡逻的日本舰艇发现。高木将军带领舰艇逼近，准备以强击弱。两支独立的日本特混舰队，包括 4 艘重型巡洋舰和多艘驱逐舰，从两个方向逼近。上午 9 时 40 分，一场激烈的远距离炮火对决开始了，三艘盟军舰艇都被多次击中。大约上午 11 点时，日本人发动了一次有效的鱼雷散射，其中一枚鱼雷撞上了已经受损的"埃克塞特号"。"埃克塞特号"船身倾覆，于 11 时 30 分沉没。"英康特号"被数枚鱼雷击中，并在 5 分钟后沉没。"波普号"是盟军在爪哇海海域剩余的最后一艘战舰，遭到了轻型航母"龙骧号"上的飞机不慌不忙的轰炸，午后不久就沉没了。舰上的幸存者被日本驱逐舰打捞起来，接下来三年半的时间他们像是在地狱中度过的。

2 月 28 日中午时分，"休斯敦号"和"珀斯号"将前一夜的完败抛在脑后，驶进了丹戎不碌。当天晚上 7 点，两艘巡洋舰匆忙加完油，开始突围，希望快速溜过巽他海峡。晚上 10 时 15 分，在爪哇岛最西端的万丹湾附近，它们偶然发现了一群停泊着的日本运输舰。这是西部攻击舰队的分队，被派往岛的西端进行登陆。一轮满月照亮了整个场景。这些运输舰正在海滩上卸载士兵和补给，缺乏保护，此时正是千载难逢的进攻机会。日本人在附近有压倒性的海军力量——7 艘巡洋舰、10 艘驱逐舰，还有轻型航空母舰"龙骧号"，不过这些舰艇大部分还在北边较远的地方。"休斯敦号"和"珀斯号"对运输舰队开了火。起初只有一艘日本驱逐舰可以还击，但其他日本水面舰艇全速冲入战场，力量迅速超过了盟军的两艘巡洋舰。3艘日本巡洋舰和9艘驱逐舰加入战斗，向它们发射了至少87枚鱼雷。局势发展为一场混战，而由于日本驱逐舰施放的烟幕以及舰艇作战位置的关系，从几个方向同时开来的十几艘日本舰艇挤在了一起，使场面更加混乱。

几枚鱼雷越过了两艘盟军舰艇，击中了战场外没有防备的运输舰。面对这种压倒性的力量，"休斯敦号"和"珀斯号"不可能坚持太久。离海的每个方向都被敌舰堵住了，所有敌舰都在猛攻这两艘巡洋舰。日本飞机在空中盘旋。最后的时刻非常混乱，完全没有了希望。"休斯敦号"的 A.L. 马厄中校后来写道："所有仍能运转的通信系统接收到的都是各种毫无希望的报告：损失报告、鱼雷接近的报告、新战舰加入攻击的报告，或是攻击目标发生改变的报告。"[51] 这两艘美国和澳大利亚的军舰也回敬了摧残它们的日舰，但是它们在交火中受到的损失更大。

在这场大混战中，5艘日舰被己方炮火击中。两艘舰艇沉没，一艘是扫雷艇，一艘是运输舰。在相对较小的区域内对盟军两艘巡洋舰发射如此多的鱼雷，击中停泊着的运输舰也许在所难免。由于舰艇距离海岸很近，大部分舰上的水兵安全上岸。陆军第十六军司令今村均将军游上了岸，摇摇晃晃地爬上海滩，从头到脚都浸满了燃油。

在午夜，"珀斯号"被一枚 8 英寸的炮弹击中，不久之后又在水线下被一枚鱼雷击中，无力回天，很快便沉没了。"休斯敦号"

也被猛烈的炮火和三枚鱼雷连续击中。午夜刚过，一枚炮弹穿透了轮机舱，打破了蒸汽主管，烫死了轮机舱中的所有水兵。蒸汽从甲板上窜出来，导致"休斯敦号"严重地向右倾斜。3月1日0时25分，舰长鲁克斯下令弃船。不久之后，"休斯敦号"舰桥被击中，舰长身亡。"休斯敦号"呈侧倾状态，0时45分沉入海中。只有大约一半的水兵幸存了下来。"珀斯号"的307名水兵和"休斯敦号"的368名水兵被日本舰艇打捞起来，并在战俘营中被迫劳动，一直到战争结束。

3月1日，赫尔弗里赫将军命令爪哇岛南岸芝拉扎港的盟军剩余舰艇全部开走。有些舰艇逃脱了，而其他舰艇则被南云忠一的舰载机拦截并击沉。"艾德索号"驱逐舰和"佩科斯号"加油船于第二天在爪哇岛南方被击沉。

在这些战斗中，四国舰队几乎被全歼，损失10艘舰艇和大约2 173名水兵。在守卫马来屏障的过程中，没有一艘日本战舰被击沉，而此时，马来屏障已经彻底被打破了。战役刚结束的时候，有人批评荷兰指挥官，不过批评中也总是对他们的勇气表示钦佩。逃到澳大利亚的一艘驱逐舰的舰长认为，多尔曼将军没有完全掌控战术和通信，但他补充说，"这位荷兰人带着坚定的勇气和顽强的意志参加战斗"并且"在知其不可而为之的情况下英勇赴死"。[52] 金将军回应了这些观点，称爪哇海的海军行动"展现了极差的战略"，但这种判断可能有失公允。[53] 这一战区的盟军部队无论在数量上还是在素质上都与敌人差距太大。美国的亚洲舰队战舰过时，装备落后。马汉的正统观点实际上解释了这些缺点：马汉指出，作战舰队必须作为一个整体，如果严格按照这个原则来看，那亚洲舰队最多

1. 阿尔弗雷德·塞耶·马汉（1840—1914）

2. 生来就被养育要从容面对战争之苦的一代人。阿肯色州一家康复诊所外的两个儿童，约 20 世纪 30 年代中期

3. 1941 年 12 月 7 日，"肖号"驱逐舰被击中后弹药库发生猛烈爆炸

4. "战列舰大街",珍珠港,1941 年 12 月 7 日。从左至右,分别是被击中的"西弗吉尼亚号"、"田纳西号"和"亚利桑那号"战列舰

5. 美国"亚利桑那号"战列舰前弹药库爆炸后不久

6. 1941 年 12 月 7 日，"赤城号"上的轰炸机正在准备对珍珠港的第二轮空袭

7. 一群人聚集在白宫外，1941 年 12 月 7 日

Honolulu Star-Bulletin 1st EXTRA

8 PAGES—HONOLULU, TERRITORY OF HAWAII, U. S. A., SUNDAY, DECEMBER 7, 1941—8 PAGES ★ PRICE FIVE CENTS

WAR!

(Associated Press by Transpacific Telephone)

SAN FRANCISCO, Dec. 7.—President Roosevelt announced this morning that Japanese planes had attacked Manila and Pearl Harbor.

OAHU BOMBED BY JAPANESE PLANES

SIX KNOWN DEAD, 21 INJURED, AT EMERGENCY HOSPITAL

Attack Made On Island's Defense Areas

By UNITED PRESS

WASHINGTON, Dec. 7.—Text of a White House announcement detailing the attack on the Hawaiian islands is:

"The Japanese attacked Pearl Harbor from the air and all naval and military activities on the island of Oahu, principal American base in the Hawaiian islands."

Oahu was attacked at 7:55 this morning by Japanese planes.

The Rising Sun, emblem of Japan, was seen on plane wing tips.

Wave after wave of bombers streamed through the clouded morning sky from the southwest and flung their missiles on a city resting in peaceful Sabbath calm.

According to an unconfirmed report received at the governor's office, the Japanese force that attacked Oahu reached island waters aboard two small airplane carriers.

It was also reported that an attempt had been made to bomb the USS Lexington, or that it had been bombed.

CITY IN UPROAR

Within 10 minutes the city was in an uproar. As bombs fell in many parts of the city, and in defense areas the defenders of the islands went into quick action.

Army intelligence officers at Ft. Shafter announced officially shortly after 9 a. m. the fact of the bombardment by an enemy but long previous army and navy had taken immediate measures in defense.

"Oahu is under a sporadic air raid," the announcement said.

"Civilians are ordered to stay off the streets until further notice."

CIVILIANS ORDERED OFF STREETS

The army has ordered that all civilians stay off the streets and highways and not use telephones.

Evidence that the Japanese attack has registered some hits was shown by three billowing pillars of smoke in the Pearl Harbor and Hickam field area.

All navy personnel and civilian defense workers, with the exception of women, have been ordered on duty at Pearl Harbor.

The Pearl Harbor highway was immediately a mass of racing cars.

A trickling stream of injured people began pouring into the city emergency hospital a few minutes after the bombardment started.

Thousands of telephone calls almost swamped the Mutual Telephone Co., which put extra operators on duty.

At The Star-Bulletin office the phone calls deluged the single operator and it was impossible for this newspaper, for sometime, to handle the flood of calls. Here also an emergency operator was called.

HOUR OF ATTACK—7:55 A. M.

An official army report from department headquarters, made public shortly before 11, put the first attack was at 7:55 a. m.

Witnesses said they saw at least 50 airplanes over Pearl Harbor.

The attack centered in the Pearl Harbor. Army authorities said:

"The rising sun was seen on the wing tips of the airplanes."

Although martial law has not been declared officially, the city of Honolulu was operating under M-Day conditions.

It is reliably reported that enemy objectives under attack were Wheeler field, Hickam field, Kaneohe bay and naval air station and Pearl Harbor.

Some enemy planes were reported shot down.

The body of the pilot was seen in a plane burning at Wahiawa.

Oahu appeared to be taking calmly after the first spurt of queries.

ANTIAIRCRAFT GUNS IN ACTION

First indication of the raid came shortly before 8 this morning when antiaircraft guns around Pearl Harbor began sending up a thunderous barrage.

At the same time a vast cloud of black smoke arose from the naval base and also from Hickam field where flames could be seen.

BOMB NEAR GOVERNOR'S MANSION

Shortly before 9:30 a bomb fell near Washington Place, the residence of the governor. Governor Poindexter and Secretary Charles M. Hite were there.

It was reported that the bomb killed an unidentified Chinese man across the street in front of the Schuman Carriage Co. where windows were broken.

C. E. Daniels, a welder, found a fragment of shell or bomb at South and Queen Sts. which he brought into the City Hall. This fragment weighed about a pound.

At 10:05 a. m. Governor Poindexter telephoned to The Star-Bulletin announcing he has declared a state of emergency for the entire territory.

He announced that Edward L. Doty, executive secretary of the major disaster council, has been appointed director under the M-Day law's provisions.

Governor Poindexter urged all residents of Honolulu to remain off the street, and the people of the territory to remain calm.

Mr. Doty reported that all major disaster council wardens and medical units were on duty within a half hour of the time the alarm was given.

Workers employed at Pearl Harbor were ordered at 10:10 a. m. not to report at Pearl Harbor.

The mayor's major disaster council was to meet at the city hall at about 10:30 this morning.

At least two Japanese planes were reported shot down. One of the planes was shot down at Ft. Kamehameha and the other back of the Wa-

Hundreds See City Bombed

Hundreds of Honolulans who hurried to the top of Punchbowl soon after battle began to fall, saw spread out before them the whole panorama of surprise attack and defense.

For all over Pearl Harbor the white sky was pockdotted with anti-aircraft smoke.

Names of Dead and Injured

The city emergency hospital reported at 10:30 a list of 6 killed and 21 injured.

Schools Closed

All schools on Oahu, both public and private, will remain closed until further notice, Edward L. Doty, territorial director of civilian defense, announced at 11 a. m. this morning.

Editorial

HAWAII MEETS THE CRISIS

Honolulu and Hawaii will meet the emergency of war today as Honolulu and Hawaii have met emergencies in the past—coolly, calmly and with immediate and complete support of the officials, officers and troops who are in charge. Governor Poindexter and the army and navy leaders have called upon the public to remain calm; for civilians who have no essential business on the streets to stay off; and for every man and woman to do his duty.

That counsel, coupled with the measures promptly taken to meet the situation that has suddenly and terribly developed, will be needed.

Hawaii will do its part—as a loyal American territory.

In this crisis, every difference of race, creed and color will be submerged in the one desire and determination to play the part that American always play in crisis.

BULLETIN

Additional Star-Bulletin extras today will cover the latest developments in this war move.

8. 1941 年 12 月 7 日，《火奴鲁鲁明星公报》报道珍珠港遇袭的号外

9. 罗斯福要求宣战，1941 年 12 月 8 日

10. 1941 年 12 月 7 日，在干船坞中被炸毁的"唐斯号"、"卡辛号"和"宾夕法尼亚号"

339)   10 DEC., 1941
AHEAD LOOKING AFT

11. 1941 年 12 月 10 日，沉没的"亚利桑那号"

12. 身着外交官制服的山本五十六，1934 年

13. 20 世纪 40 年代初的联合舰队总司令山本五十六

14. 尼米兹和他的儿子小切特，
    20 世纪 20 年代初摄于得克萨
    斯州，右边男子身份不明

15. 山本五十六，1940 年或 1941
    年拍摄的官方肖像

16. "蓝眼睛男人"切斯特·W. 尼米兹,摄于1940年前后

17. 尼米兹将军的官方肖像,可能摄于1940年或1941年,当时他是航海局局长

18. 欧内斯特·J.金将军的官方肖像，
摄于 1945 年

19. 日本第一航空舰队司令南云忠一
中将。肖像照，摄于 1941—1942
年前后

20. 罗斯福和丘吉尔面对媒体，1942年初

21. 国际主义者。这张照片在1942年初摄于白宫

22. 1942 年 4 月，"巴丹死亡行军"开始前，日军在看守被俘的美军

23. 1942 年 2 月 15 日，珀西瓦尔将军（最右者）前去向日军投降

24. 1942 年 4 月，日军攻克美军在巴丹半岛最后一个据点后庆祝胜利

25. 1942 年 4 月 18 日，杜立德、"大黄蜂号" 舰长马克·米彻尔与其他执行空袭的机组成员合影

26. 美国"大黄蜂号"航空母舰（CV-8），摄于1941年末

27. 杜立德突袭，1942年4月18日。一架陆军B-25轰炸机从"大黄蜂号"航空母舰上起飞升空

28. 1942 年 4 月 18 日，杜立德空袭 14 号机组成员降落在中国江西上饶附近，得到当地军民救援

29. 美国"约克城号"航空母舰（CV-5）在南太平洋，摄于 1942 年 4 月前后。一架飞机起飞后不久，机组人员拍下了这张照片

30. 道格拉斯 SBD 无畏式俯冲轰炸机。1942 年，这种飞机是美国海军最强大的武器

31. 美国"尼欧肖号"油轮。在海上加油是美国航母在太平洋战争早期最头疼的事

32. 在珊瑚海战役中，从"约克城号"上面看到的"列克星敦号"航空母舰（CV-2），1942 年 5 月

33. 1942 年 5 月 8 日，"列克星敦号"被击中起火后，部分船员开始撤离

34. 珊瑚海战役:"列克星敦号"的终结。就在最后一名船员弃船后不久,一场爆炸将一架飞机炸飞

35. 中途岛战役,1942 年 6 月。鱼雷轰炸机准备从"企业号"航空母舰的甲板上起飞

36. 中途岛战役。一架格鲁曼 F4F 野猫式战斗机从"约克城号"航空母舰上起飞，1942 年 6 月 4 日早晨

37. 道格拉斯 TBD "蹂躏者" 鱼雷轰炸机。到 1942 年时，这种飞机已经完全过时了

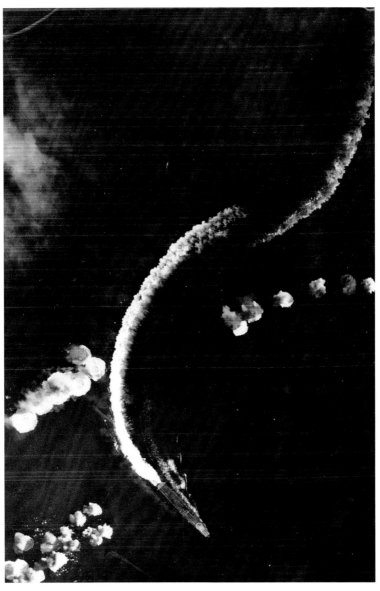

38. 中途岛战役。日本航空母舰"飞龙号"躲避美国陆军航空队的 B-17 轰炸机投下的炸弹，
1942 年 6 月 4 日上午

39.“企业号”上的一名降落信号官引导 TBD“蹂躏者”鱼雷轰炸机降落

40. 对"约克城号"的空袭，1942 年 6 月 4 日下午。日本九七式鱼雷轰炸机在发射鱼雷后飞过这艘航母

41. 中途岛战役。1942 年 6 月 4 日，"约克城号"被三颗炸弹击中后

42. 1942 年 6 月 4 日,"约克城号"损管人员正在修复被 250 千克炸弹炸开的甲板

43. 中途岛战役。1942 年 6 月 6 日，被击毁的"三隈号"巡洋舰

44. "约克城号"遭到炸弹和鱼雷袭击,向左严重倾斜,1942 年 6 月 4 日傍晚

45. 1942 年 6 月 6 日下午,日本潜艇 I-168 用鱼雷击沉"哈曼号"和"约克城号"

46. 来自"大黄蜂号"的 SBD 无畏式俯冲轰炸机准备攻击日本"三隈号"巡洋舰，1942 年 6 月 6 日

只能说是一个残缺的整体。日本人取胜最重要的原因就是他们掌握了制空权。在空中支援如此不力的情况下，四国舰队不可能有什么作为。

有几艘舰艇逃到了澳大利亚，但日本人只是短暂地推迟了2月28日对爪哇的入侵。入侵部队从分布广泛的滩头堡向岛内推进。赫尔弗里赫得到下属军官们的报告，他们断定拯救爪哇的努力注定会失败，并且已收到各自国家要求他们撤退的命令。赫尔弗里赫起初要求四国舰队的剩余舰艇继续抵抗，但是面对英国下属军官的反对，他最终还是承认了不可避免的局面，并同意剩余的英国舰艇撤出。剩余的盟军飞机挤满了乘客，在仓促之间成功从岛上撤离。3月5日，西部中心城市巴达维亚和万隆落入了日本人手中。爪哇岛上剩下的荷兰部队和英国部队英勇战斗，但所有剩下的抵抗力量都在一个星期内被消灭。许多爪哇当地人似乎很高兴摆脱荷兰主人。3月9日，日本完全控制了全岛，剩下的盟军部队投降了。

1941—1942 年冬季和 1942 年春季盟军遭受的重大失败一直在各自国家的政府大厅里反复回响，令人难堪。日本的进攻嘲讽了盟军的预测，扼杀了盟军的计划，降低了盟军的士气，破坏了盟军领导者的声誉，动摇了盟军完整的全球联盟。许多英国领袖都认为新加坡固若金汤，丘吉尔也一样——认为这个伟大的"堡垒"绝不会落入日本人手中，觉得那些相信新加坡会陷落的想法是"无稽之谈"和"危言耸听"。[54] 现在议会和新闻界的对手把这些轻率的定论甩到了他的脸上。在回忆录中，丘吉尔挖苦说，美英荷澳宪章是六个政府通过艰辛的谈判而创立的，消耗掉了数百名文官和军官的宝贵时间和注意力，使用了"最可靠的电码"，向全世界发送了"数万字的电报"，并且保证"依照陆海空三军的要求，其人员代表有着严格的比例"。[55] 这种西西弗斯式的工作刚刚完成，日本的攻击就使所有计划付诸东流了。美英荷澳司令部就是一个死胎。

马来屏障被击得粉碎。日军无论向东、向西还是向南，都不会受到任何阻拦。它甚至可以立即向所有这些方向推进，因为日本人已经充分证明了他们的实力，也做好了大范围多战线进攻的准备。3月8日，也就是爪哇岛的盟军投降的前一天，日本第十五军进军缅甸首府仰光。作为英国部队主要补给来源的港口已经被切断，英军士气低落，向北方和西方撤退。英国人现在不得不自问，印度人是将不断接近的日本人看成入侵者还是救星。

此外，3月8日，日本的侵略部队在新几内亚沿岸的莱城和萨拉马瓦登陆，并开始清理地面，准备建设新机场。这意味着日本将沿着荷属东印度群岛东部的南太平洋岛屿——阿德默勒尔蒂群岛、俾斯麦群岛和所罗门群岛北部——继续推进，并直接威胁北美和澳大利亚之间的海上交通。澳大利亚总理约翰·柯廷在与丘吉尔的紧张交流中要求将澳大利亚的几个师从中东撤回，并且拒绝了丘吉尔让这些部队转道去守卫缅甸的恳求——在评论新加坡的守卫战时他甚至用到了"难以饶恕的背叛"这种措辞。[56] 辽阔的南方大陆及其基本无人定居的1.6万英里海岸线毫无防备——偏僻的地理位置和内陆的红色沙漠才是其唯一的真正防御。

南云忠一可怕的第一航空舰队再次消失在浩瀚的大海上。在4月的第一个星期，这支舰队出现在印度洋。4月5日上午，许多军人和平民正在宗教仪式上庆祝复活节，日本的舰载机突然向锡兰西

　　　　　　　燃烧的大洋：1941—1942，从突袭珍珠港到中途岛战役

海岸的科伦坡港口发起俯冲。它们只击沉了一艘驱逐舰和一艘商船,但对码头和港口设施造成了重大破坏,还击落了24架起飞拦截的英国飞机。同一天晚些时候,南云忠一派出更多的飞机,发现并击沉了两艘英国巡洋舰——"多塞特郡号"和"康沃尔号"。4月9日上午,一群日本舰载机出现在锡兰的第二个重要基地亭可马里。与在科伦坡一样,袭击者对岸上支援设施造成了重大破坏。英国皇家空军的9架"布伦海姆"轰炸机对撤退的"赤城号"进行反击,但没有命中。5架"布伦海姆"轰炸机被击落,还有一些被击伤。当天晚些时候,南云忠一的机群在海上发现了英国航空母舰"竞技神号",将它连同护航的一艘驱逐舰一起送入了海底。由于燃料不足,日本第一航空舰队经马六甲海峡离开印度洋,向北返回。

日本人的航母和潜艇总共摧毁了23艘商船和5艘皇家海军军舰,其中包括"赫尔墨斯号"。这是一个沉重的打击,使缅甸比以往任何时候都更加孤立;但在英国人看来更糟糕的是,日本人可能会带着运输舰返回,入侵锡兰甚至印度。在第二次世界大战的地缘政治中,印度洋是问题的关键所在。这是全球盟军补给线的主动脉,对中国、北非甚至苏联至关重要。它是控制波斯湾的关键,而波斯湾在那时已被认为是世界上最大的石油储备地。4月初,英国人请求美国人派海军增援印度洋,被金将军拒绝。到4月下旬,美国通信情报部门已经确认,日本人在印度洋没有进一步的军事行动,但是盟国仍然害怕德日在波斯湾联合起来,担心轴心国会牢牢控制住世界上最大的石油生产区。

从其他战区也没有传来令人振奋的消息。在北非,隆美尔的非洲军团夺取了班加西港,迫使英国人向图卜鲁格撤退。隆美尔将军似乎准备派坦克对埃及和苏伊士运河发动致命一击，这次战役可能会切断大英帝国的主动脉。在地中海，英国努力向被围困的断粮岛屿马耳他运送补给，但是被敌人的战机和潜艇击退。2 月 11 日和 12 日，德国两艘战列巡洋舰和一艘重型巡洋舰突破法国港口布雷斯特港，溜过英军的封锁，穿越英吉利海峡，从多佛尔海峡巨大的海岸炮台前驶过，完好无损地到达德国。这起被英国媒体刻薄地称为"海峡冲刺"的事件让英国皇家海军气愤不已。德国潜艇不断在美国东海岸附近击沉商船和油轮，而且这种场面经常在陆地上就能看到，而美国海军显然无力阻止它们。在加利福尼亚，2 月 23 日，一艘日本潜艇在海滩上浮出水面，炮轰了一座炼油厂，这一发生在圣巴巴拉市北部的事件再次在人们心中激起了对入侵的恐惧。第二天晚上，洛杉矶的防空炮误以为有日本飞机空袭，万炮齐鸣，导致全城陷入大规模恐慌之中。

在这不祥的几个星期中，最大的折磨就是苏联将要失败的前景。据说希特勒正准备在高加索地区发动一次大规模的春季攻势。红军抵挡得住吗？日本是否会进攻西伯利亚，迫使斯大林在东西两条战线上战斗？

在与罗斯福的通信中，丘吉尔并没有隐瞒自己的苦恼。他相当直言不讳，甚至暗示自己的压力不断增大。他在 1942 年 2 月 19 日吐露："我不喜欢这些天的个人压力，我现在很难集中注意力。"[57] 3 月 7 日他又吐露："战争的压力现在非常沉重，而且在未来一段时间内局势肯定会更加严峻。"[58] 罗斯福先天的乐观精神在战争的黑暗时期展现了价值。他承认新加坡的陷落会让"那些喜好指点江山又不用负责的人得意一时"，[59] 但他劝这位英国领袖"保持好心情"

而且"保持乐观情绪以及巨大的驱动力"。[60]他劝丘吉尔放下工作，花时间放松一下："我每个月都要去海德公园玩四天，钻进一个洞，然后向里面挖。只有发生非常重要的事情，才允许别人给我打电话。我希望你也尝试一下，垒几块砖或者画一幅画。"[61]

但是总统还强调，盟军最好"不断向前看，研究下一步需要采取哪些行动来打击敌人"。[62]的确，太平洋上的失败损失惨重而且令人震惊，但一味为之痛苦没有任何裨益。"我这个业余战略家有这样一个想法，"他在3月18日给丘吉尔的信中写道，"再去想新加坡或荷属东印度群岛已经徒劳无益了。它们已经丢了。"[63]应该立即关注的是建立一个新的战区指挥系统来代替已经解散的美英荷澳司令部。必须不惜一切代价保卫澳大利亚，将其作为盟军最终反攻的发起地。英国人可能无法保卫澳大利亚，而美国人可能也无法阻止日本进攻印度洋或印度次大陆。因此，总统问，为什么不索性把日本帝国的东西两翼的指挥责任分开，由美国人主导太平洋地区，而英国人主导印度洋和东南亚地区？他在1942年3月7日和9日的两封长电报中明确提出了这一建议。布鲁克将军起初有些怀疑，他在日记中说这个建议"有些可取之处，但是想将澳大利亚、新西兰和加拿大赶进美国的怀抱，从而促使大英帝国分裂"。[64]但是，目前手头上没有其他可行的办法，英国军队面临的压力使其不可能对太平洋或大洋洲增兵。英国人还能提出什么合理的异议呢？经过短暂而急躁的讨论之后，丘吉尔和他的内阁勉强同意了。

金将军注意到盟军在太平洋地区的命运迅速恶化之后，主张增强这一战区的军事力量，哪怕这意味着撤出一部分等待投放在欧洲的军队。罗斯福总统支持他的观点。总统3月7日直接向丘吉尔指出："日本进攻的力量仍然非常强大……太平洋地区的局势现在非常不妙，如果要稳定下来，需要美国、澳大利亚和新西兰立即付出协调一致的努力。"[65] 航运是瓶颈。以前准备驶向英国的运输舰将不得不重新部署到太平洋地区。除了推迟执行代号为"波列罗"的军事行动，也就是推迟增加美国驻英国的军队之外，别无选择。总统写道，这也意味着"在1942年对德国发起的空中进攻中，美国的贡献会在一定程度上缩减"。当时日本正在亚洲和太平洋地区横冲直撞，丘吉尔认识到了"欧洲优先"政策的局限性，所以同意了这些调整。

美国在太平洋地区独自承担了盟军的指挥责任，负责的范围包括大洋洲和澳大拉西亚南部的岛群。在华盛顿，人们自然认为，麦克阿瑟将军将被任命为整个战区的最高指挥官。他已经到了澳大利亚，而且美国的军事指挥官中也没有其他人能达到他的名望以及受欢迎的程度。但是金将军坚决反对让麦克阿瑟指挥太平洋舰队，如果僵局无法打破，他将向总统当面提出诉求。金和马歇尔显然私下里单独会过面，也可能是在有助手陪同的情况下秘密会过面，商讨过这个问题。这些会议并没有留下详细的记录，但我们有理由相信，肯定有过激烈的话语交锋。

最后，他们仿效了所罗门国王的智慧，把战区在陆军和海军之间分开。麦克阿瑟被任命为"西南太平洋"总司令，负责区域包括澳大利亚、菲律宾、前荷属东印度群岛、俾斯麦群岛和所罗门群岛。尼米兹保留了太平洋舰队总司令的称号，同时增加了"太平洋战区"总司令的称号，负责区域包括整个北太平洋和中太平洋，以及东经160°以东的南太平洋岛群。（尼米兹获得了新的呼号，并将在战争

　　　　　　　　　燃烧的大洋：1941—1942，从突袭珍珠港到中途岛战役

剩下的时间中一直保留这一呼号——"CINCPAC-CINCPOA"。）在各自划定的战区内，麦克阿瑟和尼米兹将指挥陆上、海上和空中的所有盟军部队。这个方法解决了华盛顿的僵局，但只要军事行动跨越两个战区，陆海军之间就会出现摩擦，1942 年下半年的瓜达尔卡纳尔岛战役便是如此。毕竟，华盛顿划定的边界，日本人是不会遵守的。

第八章

对于第十一航空舰队参谋官岛田而言，日军战前制订的南方作战计划类似于"列车时刻表"。这个时刻表有数千页长，细节详尽，精确至以小时为单位。他怀疑过，到底有没有可能如此按部就班地作战，"完全按照一方的意志"。[1]

到了 1942 年 4 月，战争进程令岛田终感释然。南进作战非但如列车时刻表般进展有序，而且列车还比计划提前到达。日本仅历时四个月，便攻占大片土地，吞并疆土之广，前所罕有。其边界之广，北起千岛群岛，向南越过帝汶，东自吉尔伯特群岛，西至印度西部疆界。盟军尚存少许抵抗力量，尤其是在菲律宾的巴丹半岛和科雷希多岛，但亦难以持久。日本尽管自然资源匮乏，但已获得丰富的石油、橡胶、锡和铝土矿资源，于其战争机器不啻平添生力，几乎用之不竭。更超乎寻常的是，赢得新疆土的代价微乎其微。伤亡人数仅约 1 万。商船运输总损失仅为 2.5 万吨。日本海军几乎毫发无损，迄今仅沉了区区一艘驱逐舰而已。

日本境内，欣喜转为狂喜。日本占领新加坡三天后，天皇现身于皇宫宫墙之外，令民众痴狂。天皇身着戎装，端坐于白马之上，自护城河的桥上骑行而过。数以千计的人高呼："万岁！"那日，

燃烧的大洋：1941—1942，从突袭珍珠港到中途岛战役

东条英机在日比谷公园宣布新加坡已经改名为昭南岛[*]。此时大约有3 万人大声欢呼着,在空中挥舞着帽子和旗帜。[2] 极大的爱国热情通过音乐表达传递,声音大到路边的扬声器都变调了。此一时期创作的战争歌曲数不胜数,人们耳熟能详。《杀敌》《至敌竖降旗》《神兵天降》《樱花相伴》《当为好男儿》,此外,最重要的一首是《军舰进行曲》。[3] 在海军之城吴港,所有餐厅及茶馆皆为欢庆聚会和宴会而预订一空,连艺伎也加班加点。率舰自爪哇海得胜而归的驱逐舰舰长原为一回忆时说,当时由于舰上酒会无法找艺伎助兴,一些水兵借着酒意载歌载舞。“我不知喝了多少,”他写道,“多亏体格强健,才能长饮不辍,宴罢方休。”[4]

　　除极少数人之外,日本民众都已经完全认可了这场战争。一般民众在珍珠港之役前私底下曾不乏疑虑及恐惧,而一切担忧均已随此后事件发展而烟消云散。显然,这一切都是命运的安排,上天选择让日本来统治亚洲。在国内,军国主义政权的暴政更是肆无忌惮。选举虽未废止,但政党均已解散,而由超级政党“大政翼赞会”取而代之,官员选举皆由该会把持。日本民众的生活由内务省监督下的邻组严格控制。邻组的大部分成员是女性,负责分发口粮、宣传口号、组织防空演习、消防执勤,以及向警方汇报有谁的行为或观点有违当前政策。基本用品的配给越来越严格。自 1940 年以来,城市里的大米一直定量分配,但现在酱油和味噌也被列入清单,随后又添加了鸡蛋、鱼、豆腐和其他谷物。

　　从表面看去,日本民众似乎完全愿意忍受这些物资的匮乏。他

---

[*]　　昭南岛意指南方光明之岛,或昭和天皇在南洋获取的领土。——译者注

们自己用啤酒瓶给稻谷去壳。这是一件艰苦的脏活儿。他们的衣服磨破了，手也起了水疱；他们四处搜寻微薄的口粮，同时高兴地吟诵口号和唱歌。他们还参加节日的花灯游行，以纪念在海外获得的每一次新胜利。新兵们在家属和邻居的祝贺和欢送中离开家乡，奔赴战场。他们的胸前挎着画有红太阳的白色饰带。他们去神社参拜，净化自己的心灵。之后，他们在一片致辞和歌声中举行了动员大会，受到民众的追捧。"我大哥去的时候，"沼津的一个女学生回忆说，"街坊们走到车站，挥舞着太阳旗，肩上挂着白色的饰带，上面写着'恭喜入伍'这几个醒目的大字。……过去邻里间有其他人被征入军队时，我们都会挥旗送别。这次终于轮到我哥哥了。我感到特别骄傲。"[5]没有人在现场流下泪水，任何人都不准因为这些新兵可能再也回不来而流露出恐惧之情。不管是父母、妻子还是兄弟姐妹，都要显得喜出望外。"没有人可以袒露内心深处的情绪，"战争期间在砺波分发征召令的一个军人如是说，"群众欢呼着把他们送走。'万岁！万岁！'你必须这样喊。"[6]

日本民众正迅速屈服于所谓的"胜利病"——坚信日本战无不胜，并且完全可以藐视敌人。其主要表现为过度自信，不能正确衡量风险，对敌人缺乏基本的判断。这种现象在国家控制的新闻媒体的煽动下越来越普遍。但日本人的吹嘘和嘲讽难以辩驳：事实本身已经很明显了，无须添油加醋。日本民众在照片中亲眼看到美国战列舰在珍珠港燃烧，英国战列舰在马来亚海岸外下沉。他们看到了新加坡投降的新闻片段，看到一位英国将军苦苦哀求日本军官放自己一条生路，一大群英国战俘在日本征服者的枪口下行进。《大东亚新秩序》的编辑扬言，珍珠港的"耻辱"将"永远被世界铭记"，[7] 谁能否认这一点呢？

日军已经在太平洋地区试探了盟军的实力，发现对手竟然如此不堪一击，这似乎只能解释为敌人天生欠缺战斗意志。盟军陆海军因疲弱、怯懦及贪生怕死而溃退。"许多美国军人害怕炸弹，"《日本时报与广知报》在1942年4月17日的报道中称，"他们为日本人钢铁般的意志所震惊。"[8] 早在1月份，编辑们就曾断言英国是一种"寄生虫，靠攫取他国的命脉而苟延残喘。但问题是，他国尚能驯顺于这个江河日下的吸血鬼国家多久"。[9] 演讲和社论宣称，这场战争即将胜利，因为日军已经夺取并固守一条稳固战线，而且敌人未有大举反攻的迹象。2月份，《国际写真情报》杂志向读者保证，东京已经没有遭受轰炸的危险，因为作战半径范围内的所有航空基地都在日军掌控之中。[10] 也许盟军已经在准备投降了，一位将军在电台演讲中自言自语般地说道："现在他们看到了帝国军队的实力。"[11] 无论是否求和，《大东亚新秩序》的编辑补充说，美英两国都会逐渐衰退为"二流或三流国家，甚至走向彻底的瓦解和崩溃"。[12]

1942年2月12日，山本五十六将军的旗舰从"长门号"战列舰改为新入役的"大和号"超级战列舰。他的新舰长室也许是世界上所有海军军官的舱室中最大、最豪华的一个——总司令住在"大和号"上层甲板右舷的一套巨大的空调房里，待遇如皇室成员一般。他在通风良好的军官起居舱内的一张打磨精致的长木桌边进餐，舱壁上高挂昭和天皇御照，照片中的天皇目光严峻，具有皇室气度。山本似乎有大量空余时间。即使在战时，他每天大部分时间也是惬意地待在与寝室相邻且陈设考究的舱室内。与往常一样，他沉浸在阅读和回信之中。来信中不仅有朋友和同事的信件，还有陌生人写的恭喜和鼓励他的信件。处理邮件的人按照指示，将他的艺伎情人河合千代子的信件放在顶上。（1941 年 12 月下旬，山本告诉千代子他收到大量的信件，"但是我一直热切等待着你的来信"。[13]）他长时间趴在将棋盘上，和手下的将士对弈。一般他们会玩带钱的。他招待的客人包括他手下的指挥官和皇室成员。通常他会做寿喜烧款待大家。当他在甲板上展示厨艺时，他总是穿着一身精心裁剪、浆熨平整的白色制服。他肤色黝黑，与洁白的牙齿和纯白的崭新外套形成鲜明对比。他衣服上的黄铜纽扣被乘务员磨得像镜子一样光亮。带有菊花纹饰的黄金肩章在阳光下闪闪发光。山本五十六将军看上去很适合这个角色。

日本的新闻界和公众都认为山本是民族英雄，但是山本却在民众的称赞下退避了。他感到"区区数战，些许战绩……虚传大名，实愧于心"。在海军省授予他两枚新勋章时，他说戴上之后感到"羞愧"。他说自己未见敌人一艘战舰一架飞机即享此殊荣，而其他将士浴血奋战却未被授勋。他拒绝了给他绘制肖像的邀请。他向一位朋友倾诉道："若论俗不可耐，肖像仅较青铜像略次，然亦未能免俗。"[14]

山本被官方公报的自吹自播和夸夸其谈困扰着。他认为这是一种幼稚而短视的亢奋，并警告说，日本军队还未遇大敌。日本海军向来不爱自我吹嘘，因此一度被戏称为"沉默的海军"。而现在，"无敌舰队"这一称号已经在现役各级官兵中广为流传。伴随着激越的管弦乐（如《军舰进行曲》），东京海军司令部通过电台发布胜利公告。山本五十六却对这些广播避之唯恐不及。此前使海军完全不同于陆军的谦逊特质如今何在？他正告一群收听此类通告的军官：

"真正需要做的是平静地告知民众真相，没有必要大事张扬。官方报告应坚持实事求是，一旦开始传播谎言，战争不啻已经失败。"[15]

山本对于日本在战争初期多次轻易取胜并没有感到意外。他在战前的一封信中写过这样一段经典的话，他预测："我们马上就会凭借自己的方式获得一切，如章鱼伸出触角一般，将势力延伸至世界各个角落。但是这种情形最多也就坚持一年半时间。"战争或许仅凭停战协定才能结束，继之以谈判与妥协。攻陷新加坡将开启停战谈判的良机，而山本原以为于开战约六个月后方能达成此目的。他认为，正如"老人"无法容忍"失去脚炉"，英国为保有印度殖民地，必将与日本达成协议。[16]美国也同样会做出让步，比如归还占领的地区。西方国家一旦承认日本对朝鲜的统治地位，就可能也会承认日本对中国的统治地位。战争、征服、磋商、妥协——山本曾多次敦促东条英机领导的内阁制定新的对策，但他的提议并没有得到重视。

山本厌憎此类扬扬自得的宣传，因为任何此类"群情汹涌"均会终结停战的可能性。[17]他认为社会舆论应该做好回归外交解决的准备。相反，政府鼓励日本民众相信日本是无敌的，相信敌人不堪一击，相信日本注定要统治亚洲。"在战争于己方有利时结束战争绝非易事。"他说。在联合舰队数万官兵中，山本是仅剩的日俄战争的参战老兵。他回忆说，在这场冲突中，日本在摧毁俄国海军后同意停战，并在占绝对优势的情况下进行和谈。尽管如此，日本还是必须做出十分不得民心的让步，包括放弃库页岛的部分领土，才能达成终战条约（1905 年《朴次茅斯和约》）。在 1942 年早期，战争进行到白热化的阶段时，日本民众的骄矜和好战之情愈加明显。他们被告知日本人是一个神圣的民族。上天选中他们,让他们将西方的入侵者赶出亚洲。他们最终将取得胜利。没有什么比彻底的胜利更能令他们感到满足了。但是如果结果是全盘皆输呢?

日军完成进攻任务的速度让大本营大吃一惊。1942 年 3 月初,日军就占领了爪哇岛,并且南进的时间也比战前设计的时间表提前了至少三个月。也许这是任何一个征服者都乐于看到的局面,但这也让陆军和海军的作战参谋们不知所措。接下来该怎么做?他们还没来得及制订下一阶段的详细作战计划。说实话,针对当时已经占领的地区,日本军方领导人还没有决定最基本的战略方向。在许多情况下,陆军和海军持有截然不同的观点,而日本的体制缺乏解决这些分歧的机制。海军内部还存在一些分歧,东京的军令部(主要负责制订作战计划)和山本联合舰队的参谋意见尤其不合。达成共识的过程混乱而艰难,但这样制定出的决策往往能让各方至少得到一部分自己想要的东西。

其中有一个想法认为日本应该掘壕固守,采取守势。南云忠一的参谋长草鹿龙之介少将是这一战略的主要倡导者。他认为,日本应该节约资源,巩固内部补给线,集中力量进行训练和生产。在东翼的太平洋地区,日本已将广布的岛屿连成网络,其中许多是未设防的原始地区。战前计划已预料到要为边境岛屿提供物资装备和人力,还要在海滩上建立起强大的防御工事,修建机场。日军通过环环相扣、相互支援的航空基地网络可以维持外线空中优势,还可以迅速增援,击退盟军在任意攻击点上发动的攻势。

但是单纯的防守策略在军队高层并不占主导地位。这可能和文化因素有关：武士传统喜欢主动而富有侵略性的进攻战术，而非防守策略。对进攻战的偏爱渗入了陆军和海军的文化，并深刻影响了其战术学说、武器系统和训练计划。"我们非常不喜欢被动，"宇垣缠将军（山本的参谋长）3月11日在日记中这样写道，"的确，争取主动，战争便轻而易举。"[18]自从1941年12月7日主动进攻之后，日本就绝不愿意将战争的主动权拱手让出了。海军的规划者们还沉浸在马汉的"决战"原则中，并且宣扬一种坚定的信仰，即只有一举击沉美国舰队才能够赢得战争，就像在对马海战中对俄国舰队做的那样。不管怎样，美国的航母空袭已经完美展示出了强大的"防御边界"概念。美军只要航母完好无损，就能深入日本的太平洋战区中心，肆意进攻，然后安然离开。

1942年4月，日本的陆军和海军力量已经在亚洲和太平洋地区占优势地位，但是仍不能寄希望于长期维持这种状态。美国强大的作战能力没有被完全摧毁，甚至没有遭到严重破坏。这只是一个时间问题——也许再过一年，甚至一年都不到——敌人新组建的海陆空部队就会在日本周边持续发动大规模攻击。日本根本没有可能与一个潜在军事工业实力十倍于己的国家进行长期消耗战。日本必须尽可能跑赢时间，找到一种对盟军施加毁灭性打击的方法，迫使对方于1942年年底前求和。

为了解决这一问题，军令部的一些军官提议对澳大利亚发动进攻。五个师的日军就可以轻易登陆这个岛洲毫无防备的北部海岸。这样的入侵不一定能迫使英国坐到谈判桌前，但至少能扫除美国人实施最终反攻的南部大跳板。第二个建议是，军队从锡兰甚至从南亚次大陆登陆，袭击印度。日本希望这能引发一场民族主义运动，将英国人赶出去。轴心国盟友可能会在中东会师。

但日本陆军坚决反对进行如此大规模的军事行动。入侵澳大利亚或锡兰需要从中国东北调动部分关东军，但陆军领导并不赞成挪用关东军，因为他们要时刻关注西伯利亚，把握好入侵西伯利亚的时机，特别是在希特勒的春季攻势有可能让苏联崩溃的情况下。陆军代表团 3 月 7 日在陆海军联络会上呼吁海军不要操之过急。宇垣将军在日记中激动地写道，当海军准备大展身手时，"陆军的态度和往常一样，二话不说就拒绝了……陆军自己却提不出任何建议"。[19]日本在中国东北驻有 100 万人的军队，在中国其他地区有 40 万军人，居然不能从中分出两个师的兵力投入太平洋或印度洋的军事行动中。联合舰队司令部航空参谋三和义勇大佐难掩沮丧之情："我们要进攻锡兰，但是上级不允许我们这样做！我们想要进攻澳大利亚，但是我们不能去！我们想要袭击夏威夷，但是我们还是不能去！这一切都是因为陆军不愿意为我们提供足够的兵力。"[20]

陆军会谈代表们坚持认为，南太平洋未来行动的重点应为巩固现有外围边界，切断敌方海上交通。为此，他们提出了在新几内亚南部海岸占领莫尔斯比港的计划。这个澳大利亚占据的港口距离澳大利亚东北角的约克角半岛仅有 300 英里，可以成为威胁盟军在珊瑚海的航运的绝佳基地。3 月初，针对新几内亚东北沿岸的莱城和萨拉马瓦的入侵已经开始了。海军同意将澳大利亚与美国隔绝开来，但提出了另一个方案来实现这一目标，建议继续向东推进，一路经过阿德默勒尔蒂群岛、俾斯麦群岛和所罗门群岛，最终夺取新喀里多尼亚、萨摩亚和斐济。（这恰好是金将军最担心的一条进攻路线。）这两条进攻路线并非互不相容。两者都旨在切断美国与澳大利

　　　　　燃烧的大洋：1941—1942，从突袭珍珠港到中途岛战役

亚之间的海上联系，都可以从拉包尔出发，这座新不列颠岛上的城市是日本重要的航海和航空基地。争议最小的方案是两个计划都执行——首先占领莫尔斯比港，然后是新喀里多尼亚，随后可能会进攻萨摩亚和斐济。

这次会谈似乎使日本陆海军草草达成了共识，但在3月中旬，山本将军建议停止这项计划。他坚持认为，联合舰队的全部力量都应当投入太平洋中部的一次重大进攻，以夺取美国的小环礁中途岛。

这个提议体现了攻占夏威夷的宏伟计划。日本帝国主义者早就渴望攻下夏威夷了。1942年3月，兵力与后勤供给是日军进攻夏威夷无法克服的障碍。瓦胡岛实在太难攻下了，并且距离日本太远——光是有限的航行能力和运兵能力就导致无法实现如此大规模的行动。另外，陆军方面断然拒绝了提供更多兵力的请求。但夏威夷群岛西北方的中途岛较易攻克。它可以成为海空基地，威胁东南方1 149英里处的珍珠港，甚至可以作为未来入侵瓦胡岛的跳板。

自1942年第一周以来，在宇垣缠将军的监督下，联合舰队的参谋们一直在分析和完善这一计划。在制订计划的过程中，参谋们在"大和号"宽阔的军官舱里进行了大量兵棋推演。山本想必对这些研究也有所了解，因为这一切都是在他的眼皮底下进行的。但直到3月中旬，在陆军不再提议入侵澳大利亚和锡兰之后，总司令才将自己全部的声望和权力都押在中途岛的计划中。他这样做的真正目标不是中途岛本身，因为其本身的价值尚不明确。他的真正目的是将太平洋舰队赶出珍珠港，发动一场激烈的海战，彻底摧毁它。最重要的是，山本想要烧毁、击沉或俘获美国航空母舰。这些航空母舰自1941年12月7日躲过灭顶之灾后就一直被日本视为眼中钉。

敌人的舰载机袭击了赤道以北和以南的马绍尔群岛（1942年2月1日）、威克岛（2月24日）、拉包尔东部海域（2月20日）、马库斯岛（3月4日）和新几内亚的莱城和萨拉马瓦（3月10日）。这些袭击都没有对日军造成严重破坏，而且没有延缓日军进攻的速度。但不得不承认，美国的航母是一个永远的威胁。哈尔西于3月4日袭击了距离日本本土仅有1000英里的一个小孤岛——马库斯岛（日方称南鸟岛）。这使日本的海军领导层感到十分恐惧——美军可能会对东京发动进攻。

首都东京上方可能会突然出现敌方轰炸机的想法像幽灵一般萦绕在山本和海军同僚的心头。这样讲一点都不夸张。自古以来，日本人一直认为自己的家园不会受侵犯，但是其密集的木制建筑的防空能力非常弱。日本中老年人可能还记得1923年发生的关东大地震和火灾，东京和横滨受灾严重，约14万人死亡。在干燥、多风的日子里，几枚燃烧弹就可能重演当年的惨象。最重要的是，东京是日本首都，如果这座城市遭遇空袭，那么皇宫也有可能被击中。海军飞行员渊田美津雄写道，人们对于天皇生命的担忧"无时无刻不萦绕在心头。……军方尤其担心，因为其首要职责就是保护天皇免受危险。军方自然会认为，哪怕东京只遭到一次空袭，导致天皇的安全受到威胁，这都是严重失职"。[21]

在山本的私人书信中，他一次又一次地提到这个话题。他建议新桥的一个艺伎带上财产离开东京，因为海军没有可靠的措施阻止敌人空袭这座城市。他强烈谴责电台和新闻报道向日本人民保证空袭并不可怕。他身边的工作人员回忆说，总司令会询问东京每日的天气状况，每次听到城市上空乌云密布时，都会大松一口气。

他指示宇垣在东部海域安排远程侦察巡逻，并征用一批渔船，部署在离海岸 600—700 英里的警戒线上。在 2 月和 3 月，日本海军的大部分力量还陷于南方战事，有些情报误称日本以东出现敌舰或敌机，引发了许多超乎想象的"恐慌"。一直待在内海的联合舰队战列舰主力被派去洋面上追逐那些"幻影"（并不真正存在的敌方舰船）足足三次。3 月 12 日，日本的城市举行集会，庆祝荷属东印度群岛投降，宇垣将军在其日记中吐露："如果敌机在庆祝活动中真的突然来袭了，我只是设想一下结果就会感到不寒而栗。在欢腾的人群之中发生空袭！我觉得最好还是不要进行这种庆祝活动。"[22]

联合舰队的参谋们昼夜不停地工作，在 3 月下旬完成了中途岛行动的计划草案。3 月 30 日，该草案得到了山本的批准。这项行动还需要东京大本营批准，但和之前突袭珍珠港时一样，大本营不愿意批准。于是六个月来山本五十六将军第二次故意越过军令部应有的计划职能和决策职能行事。他这么做的动机（至少在一定程度上）是希望解决先前遗留的问题。20 世纪 30 年代，他为促进海军航空领域发展所做的努力，经常遭到军令部保守的战列舰制胜派官员的抵制。1941 年秋天，军令部一直反对其袭击珍珠港的计划，直至他以辞职要挟才不得不同意。偷袭珍珠港沉重打击了美国战列舰之后，军令部的主要军官试图隐瞒自己对偷袭行动的阻挠，以分享这份荣誉。作为海军政界宿将，山本不介意与总部玩弄权术，迫其就范。他正处于权力和影响力的巅峰，似乎决心不让这一时刻就这样过去——如果可能的话，他会夺过军令部的计划职能和决策职能，交给自己的参谋。

这个问题在 4 月 2 日至 5 日的大本营计划会议上解决了。山本派渡边安次中佐前往东京转达舰队的意见。渡边安次是战务参谋，也是山本平时下将棋的对手。他胳膊下夹着刚成形一半的计划，与军令部的一群参谋开会商议。他遇到了强硬的反对。那些参谋早已将进攻新喀里多尼亚视为陆军放弃进攻澳大利亚后的备选方案，任何与此背离或者推延其进行的打算都会惹恼他们。

　　军令部第一处航空参谋三代辰吉明确而激烈地反对中途岛行动。他的反对意见和那些反对在夏威夷开展更加雄心勃勃的计划的意见是类似的。三代辰吉说，要想在遥远的中太平洋地区行动，需要一定规模的后勤保障，而这将会增加日本航运资源的压力。航母编队已不堪重负，不可能按照激进的作战时间表南北两线作战。日本海军将不再拥有陆基空中掩护或侦察的力量，而敌方在这一方面则有着相当充分的资源，这就意味着日本舰队将完全依赖舰载航空兵的空中力量。即使成功占领了中途岛，其价值也没有那么明显。夏威夷的主要岛屿会发动无休无止的空袭，珍珠港的潜艇舰队则会沉重打击日军的运输线。中途岛对侦察没有什么价值，因为美国特混舰队可以轻松地在以夏威夷为中心的 600 英里甚至 700 英里飞行半径内进行侦察。至于将太平洋舰队的残余部队从珍珠港中引出去参加决战的想法，三代辰吉提出了一个令人恐慌的可能性：美国人可能不会中计。如果他们没有阻止登陆，而是把中途岛拱手相让，那么事情又会怎样呢？军令部将山本的计划与南进计划进行了比较，认为其计划在各方面都逊色不少。

　　战后，三代辰吉写道，他和同事对总司令制订的漏洞百出的中途岛攻击计划感到震惊。"人们不禁感到疑惑，山本司令是否意识到，将中途岛作为空中侦察基地简直得不偿失。他是否真的考虑过这样一个隔绝的孤岛对战争资源的消耗，补给的困难，对其他地区航空力量的消减，以及对舰队作战行动的影响？"[23]

但是，渡边中佐被派往东京的目的并非是回应参谋们中肯的批评，而是去执行山本的命令。经过三天徒劳的讨价还价，渡边以密电联系"大和号"，说讨论陷入了僵局。现在山本只能打出王牌，他几个月前曾经使用这张王牌强制军令部批准他对珍珠港的袭击。山本告诉渡边，孤立澳大利亚最好的办法就是摧毁美军航空母舰，而如果太平洋舰队没有阻挡日军抢滩登陆的话，那么日本将占据太平洋中部一个具有战略价值的位置。总司令已经是"下定决心了"。如果计划未得到批准，山本将以辞去总司令职务威胁，届时军令部不得不妥协。福留繁将军看三代辰吉一边重述论点，一边变得越来越激动，便对他说："冷静，沉住气。既然联合舰队这样制订计划，我们为什么不研究一下，看看我们是否能够接受？"[24]

4月5日，军令部暂时批准了山本进攻中途岛的计划。但是一些重要的细节似乎并没有解决，包括（最重要的）行动时间。反对者仍然抱有一丝希望，想通过拖延战术使这次行动流产。严格来说，在当时那种情况下，这种勉为其难的共识只不过是一种保全脸面的妥协。这种决策体制不是简单地选择一个行动方针，果断否决其他方案，而是让各方，包括军令部和陆军，得到自己想要的一部分。在军令部的坚持下，袭击中途岛的计划中加入了第二个行动，目标是阿留申群岛，日军要占领两个岛屿，还要袭击位于乌纳拉斯卡岛的荷兰港。

4月16日，大本营发布了第86号军令，规定了未来三个月的进攻目标顺序：5月占领莫尔斯比港，6月占领中途岛和阿留申群岛，7月攻占新喀里多尼亚和斐济。一些重要的细节仍有待完善，但是海战的下一步已经决定如何走了。

　　4月的第一天，在旧金山湾的阿拉梅达海军飞机场，16架B–25"米切尔"轰炸机从机库滑行至码头。每一架飞机都缓缓移动到美国军舰"大黄蜂号"起重机下方某处。"大黄蜂号"航母是一艘约克城级航空母舰，身上喷着显眼的蓝灰色迷彩图案。在地面机组成员的信号指引下，飞机关闭引擎，一对螺旋桨也停止了旋转。钩子降了下来并固定在机身顶部的环形螺栓上。每架飞机都被小心翼翼地吊起来放到"大黄蜂号"的飞行甲板上，然后推到指定的标记区域，并用结实的麻绳快速拖到甲板上。这一过程将会重复16次，直到这些B–25全部摆成交错的两列，挤满整个飞行甲板的后段。

　　第二天，也就是4月2日，"大黄蜂号"在护航舰船的陪同下出海了。随行舰船包括两艘重型巡洋舰、四艘驱逐舰和一艘油轮。它们被命名为第18特混舰队。特混舰队在金门大桥的红色桥体下经过。尽管晨雾弥漫，但是从旧金山或马林的山丘上可以清楚地看到这艘航空母舰。[25] 在战时，每一天都会有各种大小和不同类型的军舰经由这一航道驶往太平洋，目的地不会公开。但在1942年4月，航空母舰仍然相对罕见，所以那些淳朴的老百姓自然会驻足观察一阵儿。像这样装载着双引擎陆军轰炸机的航空母舰是很少见到的，因为（任何熟悉航空业的人都知道）这样的飞机是无法从航空母舰上起飞的。B–25比当时标准的航母舰载机（无畏式俯冲轰炸机、"蹂躏者"鱼雷轰炸机和野猫式战斗机）要大得多。它们有两个发动机和两个尾翼，高度约为 18 英尺，翼展长度为 67 英尺 6 英寸，翼尖从飞行甲板的边缘上突出来，像是挂在海面上的跳水板。一直没有人告知"大黄蜂号"的舰员他们的使命或目标。据传，这艘航母会将 B-25 运送到珍珠港，然后通过起重机吊离甲板。这为这一神秘事件提供了最合理的解释，因为每个人都知道，无论在什么情况下，从来没有双引擎的陆军轰炸机从航空母舰上起飞过。

在阿拉梅达，陆军航空队的一大群飞行员和地勤人员登上"大黄蜂号"，包括 70 名军官和 130 名士兵。军官们与航母飞行员在"大黄蜂号"上住在一起，为增加额外铺位，船舱内放置了行军床。尽管陆海军的飞行员已经习惯于把对方当作外人和对手一样看待，但是他们相处得还不错。他们互相参观停在飞行甲板上的 B-25 轰炸机和机库甲板上机翼折叠竖立的舰载机。海军少校小斯蒂芬·朱里卡是船上的情报官和作战参谋。他认为陆军飞行员回到了原来那种"无组织无纪律的"状态。他们对自己的制服毫不在意，戴着压得变形的帽子，衣领大敞，穿着"破烂的旧鞋子"。[26] 当海军问这些客人执行什么任务时，他们只是耸耸肩，移开视线。他们接到的命令是不能透露只言片语。[27] 在"大黄蜂号"向西航行期间，他们经常睡懒觉，不吃早餐，还在 8 点半的晨报中迟到。他们大部分时间是在扑克桌上度过的。他们似乎并不关心自己的使命是什么。

在珍珠港遭突袭几小时后，罗斯福总统要求军事长官们找到一个反击日本的方法。在战争的头三个月，随着美国的士气逐渐降到最低点，罗斯福反复强调这一要求。这位三军总司令问了一遍又一遍——有没有轰炸日本本土的机会？

金将军指派了两名高级参谋，"弗洛格"F.S. 洛（F. S. "Frog" Low）上校和唐纳德·B. 邓肯（Donald B. Duncan）上校，来调查轰炸日本本土的可能性。[28] 当时没有现成的方案。他们面临的最大障碍是，日本和美国任何陆地机场都隔得很远，无法进行远程轰炸。美方考虑过在中国、苏联和阿留申群岛起飞，但是后来全都放弃了。航母特混舰队有可能隐蔽前进到打击范围内，但是舰载机必须从离日本海岸不到 200 英里的地方起飞。航母在这样一个极易遭受攻击的位置上，就像在钩子上扭动的蠕虫那样痛苦，因为它必须等待飞机返航。在反击日军的过程中，损失一艘甚至多艘宝贵的航母的风险是美国无法承受的。

"弗洛格"洛在前往诺福克视察新落成的"大黄蜂号"航母时注意到海军基地跑道上画着飞行甲板的轮廓。他突然灵光一现，有了个想法。这一轮廓线是供飞行员使用的，以磨炼他们在航母上的飞行作业技能。其长度比实际的飞行甲板要长，以反映出视风*带来的好处。在实际的海上航母飞行作业中，航母会迎风而行，并用引擎加速来增强飞行甲板上的风速。即使在罕见的风平浪静的情况下，航母也可以产生明显的逆风效果——相当于其最大速度（"大黄蜂号"的最大航速是 32 节）。在北太平洋，通常至少有 10 节的微风。这样，在飞行作业中就可以有超过 40 节的视风。任何一个头脑清醒的人都不会尝试在航母上降落一架双引擎中型轰炸机。但这种飞机却有可能顶着狂风从航母上**起飞**。如果轰炸机的配置适用于极长

---

*　　视风（apparent wind），乘船时感受到的风，是自然风与船行风的合成风。——编者注

距离的飞行，一个轰炸机中队可以在离日本海岸 500 英里远的地方起飞，在日本指定目标投弹后飞往东海沿岸的秘密机场。这一行动对于航母来说是极其危险的，还会对轰炸机上的机组人员构成威胁，但日本绝对无法料到他们会采取这种行动。如果幸运并且出其不意的话，这个行动还是有可能成功的。

金将军向陆军航空队司令"福将"阿诺德阐述了这一想法。阿诺德愿意甚至渴望将其付诸行动。阿诺德将军任命詹姆斯·H. 杜立德（又译杜立特）中校为行动指挥官。他是美国最著名的飞行员之一，也是历史上第一个翻"外筋斗"的特技飞行者（他还有很多飞行特技）。[29] 整个计划都是秘密进行的。杜立德认为 B-25 "米切尔"轰炸机最适合这项工作。经过一些巧妙的改装后，B-25 可以携带 1 吨重的炸弹，飞行范围可以达到 2 400 海里。在弹药舱、机组人员通道和腹部炮塔等地方加装补充燃料罐，会使改装后的 B-25 的燃料装载量比正常配置多出一倍。去掉对任务没有重要作用的设备可以大大减轻飞机的重量。其中包括无线电、底部炮塔和诺登轰炸瞄准器。

杜立德从美国陆军航空队第 17 轰炸机大队中招募了一批志愿飞行员。海军飞行教官亨利·米勒上尉分配到的任务是在佛罗里达州埃格林基地训练 B-25 机组人员的短距起飞技术。米勒上尉刚一到基地就被问到是否驾驶过 B-25。"没驾驶过，"他回答道，"我连见都没见过。"[30] 陆军飞行员告诉他，B-25 需要每小时 110 英里的空速才能离开地面，但在第一天的训练中，米勒就驾驶着一架 B-25，以每小时只有 65 英里到 70 英里的速度用全襟翼起飞了。这个速度在航母的甲板上很容易达到。

米勒让陆军飞行员一直踩着刹车踏板，同时把引擎油门加到最大。[31] 在引擎发出尖叫声，歧管压力设置正确，升降舵向后拉四分之三的情况下，他们要突然松开刹车，让飞机加速冲到（想象中的）甲板边缘。沿着跑道边缘插的白旗分别标记了 200 英尺、300 英尺和 500 英尺的距离。当飞机达到起飞速度时，飞行员轻拉控制杆，机头上升，起落架的轮子便会离开甲板。

这就是一个简单的技术活儿。航母飞机作业最困难和最危险的不是起飞，而是着舰。但是这些陆军飞行员从来没有踏上过航空母舰。他们沿着潮湿、倾斜的短甲板看到下方迎面而来的海洋时，怎么可能做到处事不惊？即使是杜立德中校这种见多识广的老兵，在爬进"大黄蜂号"上的 B-25 的驾驶舱后，看到这么短的飞行甲板也是大吃一惊。米勒上尉坐在他旁边的驾驶座上，向杜立德保证，他在比这更短的甲板上都成功起飞过。"亨利，"杜立德回复道，"海军一般怎么形容胡说八道？"[32]

在离开旧金山湾 11 天后，"大黄蜂号"来到北纬 38°，东经 180° 的地方——正好处在国际日期变更线上，位于瓦胡岛西北约 1 700 英里处。[33] 太阳在一片白浪翻滚的绿色海面上升起。厚厚的云层在低处徘徊。16 架 B-25 轰炸机在系留装置上起伏着，就像是在风中紧紧抱着树叶的蝴蝶一样。

随着天越来越亮，"大黄蜂号"的左舷外出现了第二艘航空母舰。这就是"企业号"航母。"企业号"于 4 月 8 日从珍珠港出发，按照命令来到预定的地点与"大黄蜂号"会合。"企业号"和其警戒舰船（重型巡洋舰"北安普敦号"和"盐湖城号"，以及四艘驱逐舰和一艘油轮）被编为第 16 特混舰队，由海军中将哈尔西指挥。"大黄蜂号"所在的第 18 特混舰队并入第 16 特混舰队，一同归哈尔西将军管辖。由于"大黄蜂号"的飞行甲板已经被清理出来腾给杜立德的轰炸机,其自己的飞机被困在机库甲板上,所以"企业号"的航空部队将负责保护和侦察活动。

"企业号"上的船员对于这项任务一无所知,好奇地研究起"大黄蜂号"来。B-25轰炸机有方形机鼻和双方向舵,一眼就能从其他飞机中辨别出来。有几架"企业号"的战斗机于清晨时起飞,一直在空中盘旋着。"飞过'大黄蜂号'上空时,我发现那些 B-25 轰炸机已经在甲板上蓄势待发了,"机械师汤姆·F. 奇克回忆道,"不必说,我在接下来的三个半小时里一直在想我们的目的地到底是哪儿。我根本没有想到过会是东京。"[34] 最可信的说法是,他们要把轰炸机运到阿留申群岛,或者是堪察加半岛的苏联基地。

那日上午晚些时候,哈尔西批准发布了一则振奋人心的公告。这一消息是从"企业号"的喇叭里播发出来的:"我们这支舰队进攻的目标是东京。"[35] 船员们不禁欢呼雀跃,大声鼓掌,高兴地拍打同伴的后背。

规模扩大的第 16 特混舰队将航向设定为 265 度,几乎朝着正西方向,以 16 节的速度前进。[36] 在接下来的几天,两艘航母及其护航舰队奋力横跨荒凉而浩瀚的海洋。四个月前南云忠一的航空母舰正是从这片海域往相反的方向航行,进攻珍珠港的。在这些纬度相对较高的地区,每年这个季节,大海和天空都是青灰色调。"盐湖城号"上的战地记者罗伯特·凯西看到先导舰以纵队航行。在这种"灰色雾霭"中,他写道,它们看起来就像"一列哥特式大教堂"。[37] 刺骨的寒风吹着在甲板上站岗的人。他们穿着厚重的冬季制服和值班外套,戴着羊毛手套和帽子,裸露的皮肤很快就变得又红又粗糙。

"这真是我见过的最糟糕的天气了,""企业号"上的降落信号官罗宾·林赛上尉如是说,"这三天的海浪奇高,甲板上摇晃得厉害,必须有一个人站在我身后,在降落信号台上抱着我,我才不会摔倒。我跌倒了好几次,你都能想象出飞行员从旁经过却没有看到信号官时脸上惊讶的表情。"[38]

朱里卡少校在"大黄蜂号"上向 B-25 轰炸机飞行员做了任务简报。他曾在东京担任海军武官,十分了解日本这个国家。他们仔细研究了地图和情报,确定了几个可用于低空导航的地标。朱里卡把自己了解的关于日本防空力量的情况全都告诉了飞行员。杜立德中校还在改进计划,分配日本境内的轰炸目标。他的飞机会第一个起飞。他会带领其他飞行员,在黄昏时抵达日本。这 16 架 B-25 轰炸机将会呈扇形出击,轰炸位于东京、横滨、名古屋、神户和大阪的军事目标和工业目标。之后他们会飞越日本诸岛,一直飞到中国海岸上新建的专用机场。他们会在这里着陆,用装有手泵的油桶费力地加油,然后再次起飞,飞到中国内陆更安全的机场。这些 B-25 轰炸机将转交给蒋介石的国民党军队,机组人员将以其他方式悄悄回国。"我们要是全都抵达了重庆,"杜立德告诉手下的飞行员,"我会给大家举办一场你们之前绝对没见过的最盛大的宴会。"[39]

朱里卡和飞行员大致讲解了一下在中国降落后如何避免被日本兵俘虏。如果他们要迫降或跳伞,朱里卡说,他们应该向中国平民寻求帮助。这些平民可能会联系当地游击队,游击队员会将他们偷偷送出中国。他们练着用极不标准的汉语说"我是美国人"。朱里卡感觉这些陆军飞行员似乎根本就没有把他的话当回事儿,于是警告说,一旦俘虏后他们可能会被斩首。"飞行员们听了这句话之后就老实了许多。"[40]

四天之后，当特混舰队来到东京东方约 1 000 英里处时，天气突变。从西南方向刮来了七级以上的大风，能见度不到一英里，阵阵寒风夹杂着冰冷的浪花，猛烈地吹过"企业号"和"大黄蜂号"的甲板。[41] "企业号"取消了飞行作业。B-25 轰炸机的一名飞行员注意到，随着"大黄蜂号"的起伏，B-25 轰炸机的座舱高度计显示，上下浮动的高度差足有 200 英尺。[42] 这导致油轮给两艘航母和四艘巡洋舰加油的过程变得既困难又危险，这期间有两个人被卷入水中（均获救）。那些在波涛汹涌的海面上颠簸摇晃的驱逐舰和油轮奉命留在后面。航母和巡洋舰以 20—22 节的速度继续向西航行。随着发动机的奋力转动，整个船身都颤抖起来，在巨浪中起伏，翻滚的浪花拍打着甲板。他们在这种狂暴的天气里又向敌方的水域推进了 400 英里。

4 月 18 日，特混舰队越过了山本五十六的小艇警戒线。按计划，杜立德的轰炸机要在这一天从"大黄蜂号"上起飞。凌晨 3 时 10 分，"企业号"的雷达屏幕上显示出了两个小点，大致位于西南方向 4 英里处。哈尔西下令向西北航行，以避开这些陌生的船只。[43] 一个小时后，特混舰队重返向西的航线。天亮后不久，"企业号"发起了一次空中侦察和战斗空中巡逻。早上 7 时 15 分，太阳早已高悬于地平线之上，一架执行侦察任务的无畏式俯冲轰炸机返回航母并扔下一个情报囊。情报立即转给了哈尔西。"敌方水面舰艇位于北纬 36°04′，东经 153°10′，方位为 276 度，直线距离 42 英里。应该已经被敌方发现了。"[44]

特混舰队继续向西前行。哈尔西想让杜立德尽可能靠近目标。

上午 7 时 44 分，"企业号"的瞭望员清晰地观察到西南方约 2 英里处的一艘小船。从航母的飞行甲板上看，那艘小船在惊涛骇浪里不停地起伏，时隐时现。当时天空乌云密布，但是云层之下的可见度还是极佳的。哈尔西命令巡洋舰"纳什维尔号"去击毁这艘船。但是几乎不可能在这艘船把电报发回本土之前就将其击沉。

这艘船是"新田丸"*，一艘钢壳渔船，约 90 英尺长，为日本海军监视从海上接近日本的所有船只。一个日本船员告诉船长，有"两艘漂亮的日本航母经过"。船长透过望远镜仔细观察了一下这两艘奇怪的船，回答道："是的，确实不错，但这不是我们的船。"[45] 他马上把这一情况通过无线电发了出去。他的通信内容被美方舰船截获了，哈尔西发现这一无线电报告已经发出。第 16 特混舰队的行踪暴露了。他希望能将杜立德向西多送 150 英里，但是他知道现在没得选了，只能下令立即起飞。他向"大黄蜂号"发出信号："飞机出发。杜立德中校和他带领的英勇士兵们，祝你们好运，愿上帝保佑你们。哈尔西。"[46]

"大黄蜂号"逆风转向，以便 B-25 轰炸机从甲板上起飞；与此同时，"纳什维尔号"以 35 节的速度向"新田丸"驶去，灵巧地向左转舵，用其 6 英寸主炮开火。炮弹落在渔船旁边，在其四周掀起了巨大的水花。但每次喷起的水花都朝下风方向落去，"新田丸"依然平稳地航行着，毫发无伤。这艘船在波涛汹涌的大海里像软木塞一样摆动，每次滑到波谷时，都会完全看不见。因此炮弹很难击中它。"纳什维尔号"上的炮手随着海浪的起伏计算齐射时机。尽管他们十分努力，但还是没有一次命中。"炮弹就像机枪里的子弹

---

* 原文如此，但这并非事实，因为"纳什维尔号"此刻奉命击沉的是"第二十三号日东丸"，"新田丸"是后来才被击沉的一艘渔船。——审校注

一样，劈头盖脸地落下，"凯西这样记录当时的情景，他从"盐湖城号"的甲板上目睹了这一切，"船只周围炮火闪耀，就像电子标牌上的灯一样。"[47] 这条小舢板用自带的小口径舰炮勇敢地回击"纳什维尔号"，但是炮弹连一半的距离都飞不到。

"企业号"上的第6战斗机中队凭借"纳什维尔号"弹着点的指引，前来帮忙。这些战斗机低空飞过"新田丸"，打算用0.50英寸机枪扫射，但它们也很难瞄准在海上不断起伏的小目标。奇克准尉回忆说："它就像溜溜球一样。"[48] "纳什维尔号"射出的炮弹激起的水柱实际上已经超过飞机在扫射时的飞行高度。从上方飞过几次后，野猫式战斗机的飞行员报告说，该船已被严重击伤，上面恐怕没有还活着的船员了。不一会儿，这艘船就沉没了。

"企业号"的船员饶有兴趣地参与了整个过程（不时也会说些风凉话），他们很少有机会见证海军的海上行动。在这场行动中，无论是"纳什维尔号"还是"企业号"上的航空大队都没有什么值得骄傲的。"纳什维尔号"朝这艘渔船发射了不少于928枚6英寸的炮弹，其消耗弹药之多，舰长认为"荒唐"而且"浪费"。[49]（可能有些炮弹击中了船体，但未引爆，而是贯穿。）有一架野猫式战斗机向船上发射了全部1 200发0.50英寸的子弹。在上交给尼米兹的战后报告中，哈尔西称这些战斗机的表现"十分令人失望"。他补充道："这再次表明，航空大队待在岸上基地时，必须训练更长的时间。随着时间的推移，这项任务也越来越迫在眉睫。"[50] "新田丸"上的小口径机枪甚至干掉了一架"企业号"的无畏式俯冲轰炸机。飞行员在海上迫降了，他和后座人员在沉没之前离开了飞机，被救了上来。

与此同时，"大黄蜂号"忙着让杜立德的轰炸机编队起飞。舰岛上的大型扬声器里传出命令后，舱面船员将 B-25 轰炸机推到起飞位置。"在大约半小时的时间里，"泰德·W. 劳森中尉回忆说，"海军让我们的飞机在飞行甲板的后端排成两列，16 架飞机的大双舵尾翼斜着伸出船尾的边缘。"[51] 机翼主油箱里之前已经加满了 500 加仑，现在又往里加了一些，好补充已经蒸发掉的几品脱油。舱面船员轻轻摇晃飞机，把管线及油箱内可能产生的燃料气泡晃掉。底部炮塔的防弹燃料舱和弹药舱顶部的燃料舱等应急后备燃料箱都已加满燃油。军械员用升降机把运弹车运到上层甲板上，然后在起伏的甲板上把它们一直推到飞机的下面。每一架飞机弹舱内都装载着 3 枚 500 磅的常规炸弹和一枚 500 磅的燃烧弹。有些炸弹上挂着日本政府战前向美国军人颁发的勋章，还有些炸弹上则潦草地写着"我不想烧掉世界，只要烧了东京就行"，以及"你们将被炸上天"。

　　"大黄蜂号"的舰长马克·米彻尔来到飞行甲板上给飞行员送行。他和杜立德握手的一幕正好被摄影师拍下。然后杜立德把头探进"大黄蜂号"的待命室，机组人员正在那里进行准备。他喊道："快点，伙计们。行动吧。"[52] 扬声器里传来命令："陆军飞行员，登机！"飞行员们在飞机间穿梭，找到并登上自己的飞机。

　　引擎逐渐发动起来，低速运转暖机。舱面船员绕着每架飞机走了一圈，然后开始一个个地解开固定索具。另一些海军船员将大白板举过头顶，穿过飞行甲板，让主控室看到他们。白板上写着罗盘读数和记录风的强度和方向的符号。[53] 燃油软管继续给油箱加油，把之前发动机预热时消耗的少量燃油补上。在封闭舱门之前的最后一分钟，还有几个额外的 5 加仑燃油罐被交给机组人员。他们将油罐放在脚下。从来没有哪架 B-25 轰炸机在执行任务时装载过哪怕

　　　　　　　　　燃烧的大洋：1941—1942，从突袭珍珠港到中途岛战役

只有这次任务一半的燃油。

扬声器里再次传来声音："准备起飞。""大黄蜂号"迎风调向，把航速提到了将近 30 节。[54] 甲板上的相对风速现在上升到了 75 节，甲板上的船员不得不趴下，肚子紧贴着甲板，挂在系留装置上，以免被吹入高速旋转的螺旋桨之中。阿尔文·柯南从附近的"企业号"上目睹了整个过程。他回忆说："大海里的滔天巨浪裹着绿色泡沫，带着一股太平洋北部的味道和气味。"[55] "大黄蜂号"的船头一会儿上扬一会儿下探，不停地上下摆动。激起的浪花冲上飞行甲板，拍打在人脸上。"就像那些老兵说的，"无畏式轰炸机飞行员克莱顿·费希尔回忆道，"在船头上下颠簸的时候，一些'绿波'溅到了飞行甲板上。我在飞行甲板前方的右舷走道观察着一切，溅出的水花让我浑身都湿透了。"[56]

B-25 的飞行员接受过在航空母舰上起飞的训练，并且从理论和实践层面上简要学习过如何从航空母舰上起飞。但即使是在风平浪静的状况下也没有人亲自尝试过这样的事情，更何况现在的风浪这么大。劳森从驾驶舱往下看"湿漉漉又不停晃动的甲板"时，心提到了嗓子眼。这场景看起来实在是太吓人了。"'大黄蜂号'深陷巨浪之中，上下起伏，整个甲板就像是一个疯狂的跷跷板，"他后来这样写道，"有些海浪冲到了甲板上。甲板似乎每分钟都在变小。有那么一阵子，我感到有些恐惧。我担心在起飞时被波浪击中，在甲板的末端坠毁，掉落在前倾的航母的航道上。"[57] 要想在剧烈颠簸的"大黄蜂号"上起飞，需要把握好时机。朱里卡少校指出，飞行甲板控制官必须在船头下降时向每架飞机发出"出发"的信号，这样"起码你能以一个与地平线平行又略微向上倾斜的角度起飞，事实上，这样会给他们一个向上的力"。[58] 每架重载的 B-25 都必须先全速"下坡"，看上去就像是冲向下一个即将到来的大浪中。这对于航母上的飞行员来说是一件轻车熟路的事，但对于以前从未做过这件事的飞行员而言，这将是非常可怕的经历。他必须抑制住自己过早拉操纵杆的本能冲动，因为这可能会妨碍起飞。

"大黄蜂号"上的每条通道、每个军械库和侧翼平台上都挤满了水手和军官。他们站在那里看着，手心里捏了一把汗，紧咬牙关。以好莱坞导演约翰·福特为首的摄制人员从"大黄蜂号"舰岛的高处记录下了这一切。在半英里外的"企业号"上，许多观察者仍持怀疑态度。有些人坚持认为根本不可能按照原计划起飞。他们说，如果不在最后一刻取消计划，那么这一切都将会以灾难结束。柯南写道，有人开始为此设赌局，而且"双方都很快就投入了重金：他们到底是能成功，还是不能成功？"[59] 柯南自己是悲观派的，他用辛辛苦苦赚来的 10 美元赌杜立德率领的飞机中只有不到一半能顺利起飞。

海军控制官站在"大黄蜂号"的船头，背对着风，以环形挥舞格子旗。这是示意队列中的第一架 B-25，也就是杜立德驾驶的飞机在加大油门的同时踩住刹车。双引擎发出尖厉的声音，旁观者担心引擎可能会自燃。整个机身都在木制轮挡上颤动。格子旗落了下来，示意"出发"。轮挡撤掉的同时，杜立德也松开了刹车。飞机沿飞行甲板的左半部分倾斜着向前冲去。随着"大黄蜂号"的船首抬起，75 节的逆风速为飞机提供了强大的升力，飞机的起落架离开了甲板。

"我觉得他距离船首还剩 50 英尺的时候，就升到了大约 50 英尺的空中，"在舰桥上观察的朱里卡说，"他只用了最短的距离滑行，就飞上了天。"[60] 起初，飞机只比航母快30节，所以它看上去像是悬在空中，向前移动的速度很慢，就像巨大的风筝上升似的。劳森中尉写道，杜立德"凭螺旋桨使飞机竖了起来，几乎垂直向上，我们可以看到B-25的整个顶部"。[61] 在快要失速的时候，他强行降下机头，往回沿着航母的左舷飞行，再向左转，绕过"大黄蜂号"的尾流。他踏上了飞往东京的征程。

杜立德成功的起飞极大地鼓舞了剩下的15名飞行员。现在他们满怀信心，准备一个接一个地跟上他。但是由特拉维斯·胡佛中尉驾驶的第二架B-25轰炸机还没升到应有的高度就飞离了船头。从"大黄蜂号"船尾的角度看过去，这架轰炸机就像马上要掉进大海里一样。胡佛将机头抬起，猛推了一下节流阀，试着留在空中，飞机几乎处于失速的边缘。"飞行员将机头抬得高高的，像拖着机尾滑行，"费希尔回忆道，"飞机弹跳着，几乎要失速了，然后离开了飞行甲板。此时船头升高，他就从我们的视线里消失了。当时我以为他坠毁了，但是后来我们看到，他在距离水面很近的地方飞着。他的螺旋桨竟然在海面上溅起了水花！"[62] 他摇摇晃晃地将飞机升到空中，向左转弯后，跟在了杜立德后面。

每架B-25在颠簸中前行起飞时，它的推力都要加上实际风力以及"大黄蜂号"在水面航行产生的视风的力量。"那一天的风确实很大！"第8鱼雷机中队的飞行员乔治·伯恩斯坦回忆道，他经常被安排去推飞机，"我们不得不趴到甲板上，在B-25准备发动引擎时，用手指紧紧抓住系留装置。我和队里的人都用绳子系在一起，以防被飞机的螺旋桨卷进去。"[63] 航空机械师助理罗伯特·W.沃尔就没抓紧。他被吹到空中，然后被抛到另一架飞机旋转的螺旋桨上。他的胳膊从肩膀处被切断了。[64]夺去罗伯特手臂的飞机是由威廉·法罗尔中尉驾驶的。他目睹了事故发生后，吓得心惊肉跳，差点使飞机坠毁，但还是像胡佛那样挣扎着飞到了空中。

终于，15 架飞机全部飞上了天，跟在杜立德之后。他们没有充足的燃料在空中集结，就一个接一个地排着不规则的长队飞走了，队伍一直延伸到西方灰色的地平线上。水手们兴高采烈地大喊叫好，就连刚刚还在为陆军飞行员没把水平尾翼保持在中间位置而生气的米勒上尉也被他们的勇气打动了："毫无疑问，'大黄蜂号'上的每个军官和士兵都认为，驾驶那些飞机离开甲板的人，应该别上全世界所有的勋章。"[65]在"企业号"上，柯南写道："我们都大声欢呼着，甚至还满怀爱国之心地流下了眼泪。我觉得，我那 10 块钱输得值，就好像我这 10 块钱真的有助于赢下战争一样。"[66]

刚吃过早餐，"大和号"就收到了发自"新田丸"的敌情报告。渔船上传来的报告称，他们看到了三艘而并非两艘美国航母。这一细节对于联合舰队参谋来说肯定特别不可思议。他们以为美国在整个太平洋上只有三艘航母。难道现在这三艘航母全都朝东京扑过来了？而且距离目标只剩下几百英里了？但是"新田丸"并没有发出后续的报告，这似乎也证实了报告的准确性。宇垣将军记录称，舰队的参谋"立刻行动起来"。[67]"大和号"发出信号："今天早晨 6时 30 分在东京以东 730 英里处发现包括三艘航空母舰在内的敌方特混舰队主力。……准备迎击美国舰队。"[68]山本五十六下令采用三号战术，包括派遣第一和第二舰队迎敌。南云忠一的第一航空舰队正从印度洋返回，此刻已经过了台湾岛，奉命加速赶往日本的东部海域。

然而致命的是，"新田丸"的船员并没有注意到其中一艘航母上装载着双引擎轰炸机。如果他们注意到了，联合舰队的情报人员就有可能将这些信息综合起来并得出结论：敌人的空袭部队已经朝东京进发了。航母的空袭半径通常不超过200英里，所以如果美国航母刚刚越过外围警戒线，那么完全可以推想，它们距离起飞地点还有400英里或500英里。这就意味着到第二天早上东京才会有危险。上午9时45分，一架日本巡逻机在沿日本东海岸飞行的过程中，报告发现了一架奇怪的双引擎轰炸机。但是这个报告并没有得到重视，因为（众所周知）这样的飞机是不可能从航母上起飞的。一艘日本巡逻船也发现了B-25轰炸机，并且电告"三架敌机向西南方向飞行"，但该报告也被视为明显的误报，没有引起重视。

4月18日刚过中午，第一批轰炸机就来到了东京湾上空。它们以非常低的飞行高度靠近海岸，这样既可以避开空中和地面的侦察，又可以有效躲避防空炮群的集火射击。整个过程像极了珍珠港事件，船上和地上的日本观察哨以为入侵者是友机，并对它们欢快地挥手。"大家知道，"劳森写道，"我们飞机上用的都是老式符号：蓝色圆圈里有一颗白色的星星，一个红球位于白色星星的中间。可能这就是让他们迷惑的原因。我们肯定不是被当作解放者而受到欢迎的。"[69] B-25轰炸机近距离经过了好几架日本飞机，但是它们都没有试图拦截或追踪。载着日本首相东条英机的一架日本飞机当时也飞过东京湾，这架飞机离轰炸机很近，一个乘客甚至看出来对方的飞行员是白种人。

海湾上的一个海军机场的目击者后知后觉地意识到，这些都是敌机，然而为时已晚。"海军机场的每一个人都惊呆了，"他说，"但是我们束手无策。我们所有的飞机都在机场上整齐地排成直线。但是敌机甚至看都没看一眼。相反，来袭的敌机消失了，向横滨的方向飞去。"[70]

横须贺海军武器库有一名文职人员当时正在打电话，突然空袭警报大作，接着窗外传来巨大的爆炸声。他回忆说，向外看时，"天上全都是低空飞行的黑色美国军机。防空炮弹在远高于飞机的地方爆炸"。在他办公室前的干船坞里，潜艇母舰"大鲸号"遭到了轰炸，"冒出阵阵浓烟。……大批的伤员躺在担架上，被抬到干船坞旁边的医务室里"。他正看着，当地指挥官都筑伊七中将也过来了。后者惨笑着说："敌人还真有两下子。"[71]

第一批 B-25 轰炸机，包括杜立德中校驾驶的那一架，从航母甲板上起飞后一路爬升，飞到东京上空时已经升至 1 500 英尺。它们击中了东京的几个目标，包括一个油罐、一家钢铁厂和一家发电厂。还有一些 B-25 轰炸机直接飞过了皇宫上空。虽然这些目标非常容易攻击，但是杜立德收到了明确的指令，不允许轰炸这些建筑群。第二批轰炸机保持在树梢高度上飞行，这样可以更好地避开已经接到警报的巡逻战斗机和防空炮火。劳森写道，他曾在飞往东京的路上经过一座山谷。他的飞机"甚至比两侧的丘陵还要低"。[72]还有一名 B-25 轰炸机飞行员报告说，他为了摆脱身后的战斗机，甚至从输电线下钻了过去。[73]

山本五十六接到东京遭受空袭的报告后，身体立马就垮了。他的总管事证实他从来没见过这位将军如此绝望的样子。[74]他回到休息室，关上门，几个小时都没有再露面。这期间由宇垣缠负责指挥整个舰队。32架中型轰炸机在护航战斗机的陪伴下从横须贺的海军基地起飞，朝东飞行，执行搜寻和歼灭任务。被派往特鲁克的潜艇中队接到无线电命令，潜回北方搜寻敌人。南云忠一舰队的三艘航母——"赤城号""飞龙号""苍龙号"——都奉命全速追踪并且歼灭这些进攻日本本土的不明入侵者。（这三艘航母在印度洋上作战后，刚刚穿过巴士海峡返航，急需维修。自从12月7日开始，它们已经在海上待了很久，航行了大概有5万英里；装备的磨损和消耗已经开始逐渐显现出来，船员们也已经疲惫不堪了。即便在那时，开战仅四个月，日军就已开始尝到罔顾疲劳对舰员作战效率的影响而酿下的恶果。）但是，日军没有任何舰船和飞机的行动范围或速度能够让其赶上美军航母，美军航母正以近乎峰值的速度向正东方向驶离。夜幕降临后，美军航母编队已安全隐没于寒波浩渺的北太平洋中。

最后一架B-25轰炸机起飞之后，特混舰队就立即转向东方返航。这是自离开旧金山后，"大黄蜂号"的甲板上第一次全部清空。船员连忙用升降机将战斗机运送到飞行甲板上。那天早上稍晚一些，有几架战斗机起飞执行战斗空中巡逻任务，和"企业号"的航空大队一起进行大面积空中搜索。特混舰队在撤退的时候，又遇到了几艘巡逻船，空中盘旋的美军飞机将它们都击沉了（当然也遇到了不少困难）。

特混舰队的无线电操作员截获了日本海军的明语电报讯息。很明显，敌军已经陷入了慌乱之中。这些消息非常混乱，证明日本人对于自己是如何遭受攻击的一无所知。远距离无线电方位表明，在日本东部海域，有很多船只高速航行。但是没有一架陆基飞机可以威胁到撤退中的特混舰队。除非碰巧附近有敌方潜艇，否则舰队已经全身而退了，美方清楚地知道这一点。

特混舰队中每一艘战舰上的人都在收听东京广播电台的广播，希望可以通过日本人的报道了解杜立德带领下的轰炸机是否抵达了目标。在美军舰艇所在位置当地时间下午 2 点左右（东京的中午），英语播报员突然终止了播报。中间出现了几秒钟用日语说的难以听懂的嘟囔声，接着整个频道就寂静无声了。很显然，第一批 B-25 轰炸机已经到达了东京上空。这个消息从"大黄蜂号"的喇叭里传了出来，在船员之中又激起了一阵欢呼。大约沉默了 30 分钟之后，广播员又开始播报，但是这次传来的却是刺耳的连珠炮般的日语播报。整个特混舰队的军官和船员全都冲到无线电室里去听。虽然基本上没人能听懂日语，但大家还是能从背景音中听到呼啸的空袭警报声，都能感觉到播音员的声音中夹带着紧张与不安的情绪。懂日语的给那些不懂日语的人充当了翻译。

暴行已经犯下，播音员报道说——炸弹落在寺庙、学校、火车站、医院，30 名学生遭到空中扫射死亡。很显然，这是把传言当成事实播报的。这期间好几次插进来一个女人的声音，祈求大家速去献血。"前线的战士在挥洒着鲜血，请您也献出一点鲜血，贡献一份爱心吧，"她在广播里绝望地喊道，"您的生活处于危险之中。您的国家处于危难之中。明天——甚至是今晚——您的孩子就可能被炸得血肉模糊。献出您的鲜血吧。救救他们。救救您自己。也救救日本。"罗伯特·凯西坐在"盐湖城号"的无线电室里听着广播，评论道："我们还以为整个日本都变成灰烬了。"[75]

过了几小时，无线电里颤抖的声音才逐渐平静下来。显然，他们接到了新的新闻稿。现在他们淡定地播报，称军队和民防人员已经控制住了局势。空袭几乎没有造成任何损失，敌机不是被射下来了就是被赶走了。虽然不知道它们是哪种飞机，也不知道它们属于哪个国家，但是有人说有9架轰炸机被击落了。另一篇报道声称，是"中国、美国和苏联联合袭击了他们的首都"。随后播音员抛开新闻稿，开始讨论这些飞机是从南方（中国和菲律宾）、北方（阿留申群岛或苏联的西伯利亚），还是从一些秘密隐藏在日本的机场出发的。然后第四种可能性被提了出来：或许美国人已经建成了一艘"超级航母"，其飞行甲板有1/4英里长，能够起降大型轰炸机。"你可以看出来，日本广播电台里没有一个人知道这些飞机到底是哪国的，""盐湖城号"上的一名军官评论道，"这些猜测使他们露了馅儿。"[76]

4月19日早上，美国航母及巡洋舰与驱逐舰及加油船会合，整个第16特混舰队都转向了南方，朝珍珠港进发。在狂风巨浪中，发生了一些事故，美军损失了几架飞机。"大黄蜂号"已经在海上行驶了很长一段时间，船上存储的容易腐烂的食物基本上都不能吃了。"他们在尾舱里贮存了一箱子一箱子的土豆，"斯蒂芬·朱里卡回忆道，"土豆全都发芽了。没有一样不发芽的东西。"[77]在看到瓦胡岛的青山之前的最后半个星期里，船员们一直靠吃午餐肉罐头充饥。

杜立德的B-25轰炸机全都毫发无伤地离开了日本领土。在飞过东海上空时，这16架飞机的燃油几乎耗尽，天色也逐渐变暗。它们在空中很分散。杜立德爬升至云层上方，在夜空里完全靠航位推算飞行。他无法找到引导他降落到中国衢州机场的无线电信标。随着引擎逐渐耗尽所剩无几的燃油，他和其他机组成员系好降落伞，打开舱门，纵身一跃，跳进了茫茫夜色中。另外还有 14 位空勤人员在中国被救了起来。*其中一架 B-25 向北飞到了苏联，在符拉迪沃斯托克（海参崴）的一个简易机场降落。机组人员后来被苏联拘禁了一年之久。80 位执行此次任务的空勤人员中，只有 4 位在行动中牺牲。剩下的 76 人中有 8 人被日本俘虏。

美国国内的报纸明确报道了对日本本土的轰炸。虽然美国数月之后才公布关于这场空袭的更多细节，但是新闻标题已足以在民众之中引起不小的轰动。俄勒冈州波特兰市的 10 岁小男孩詹姆斯·科弗特回忆道，当时他把床单缠在身上，拿着手电，像擎着火炬一样举过头顶，"我假装自己是自由女神，全家人都围着我跳舞"。[78] 在华盛顿，一位记者问罗斯福美国神秘的轰炸机是从哪里起飞的。总统面无表情地回答道："是从我们最新的秘密基地香格里拉起飞的。"[79]

这些新闻之所以特别重要，是因为这发生在巴丹半岛的 7.8 万美军和菲律宾部队投降的一周之后。这些"搏杀的杂种"已经坚持了 3 个月之久，但他们长期营养不良，加上疾病肆虐，缺乏药物治疗，实力和士气都大幅降低。他们已经不再对美国承诺派"一英里长"的船队运送的食物、弹药和补给抱有任何希望了。巴丹半岛在 4 月 9 日投降时，日本人显然没有做好处理这么多因犯的准备，结果发生了巴丹的"死亡行军"事件，约有 1 万名盟军战俘遭到杀害。这也是第二次世界大战最臭名昭著的暴行之一。虽然一些事件的细

---

* 这里数字有误，实际上有多达 64 名空勤人员在中国获救，另有 5 人在苏联获救，3 人阵亡，8 人被俘，其中 3 人被处决，1 人在战时病故，4 人幸存到战后获释。因此严格意义上说，80 人中阵亡 3 人，4 人被俘后死亡，4 人被俘，5 人被苏联扣押一年后获释，64 人在中国获救，但其中有 14 人在其他战场阵亡或病故。——审校注

节要到很晚之后才会公布，但是那些发生在 1942 年 4 月的惨烈事件——战俘在离开巴丹半岛的路上被杀，杜立德的 B-25 轰炸日本城市，3 名被俘的美国空勤人员被处死——加深了双方之间的怨恨，并使战争变得更加冷酷无情。

到了杜立德偷袭之后的第二天早上，日本国有媒体已经恢复了其应有的沉着冷静。最新的官方说法强调此次轰炸的效果简直小得滑稽，只不过造成一点小麻烦而已。有个播音员还说了个双关语，但是大部分听众肯定没有听懂：他说这次空袭不是"杜立德"（"do-little"，音译杜立德，字面意思是"做一点"），而是"杜无能"（do-noting，把 little 改为了 nothing，字面意思是"没作用"）。但就像渊田美津雄事后记录的那样，这场空袭其实应该称为"杜很行"（do-much）。[80] 虽然这场空袭的时间并不长，而且也没有造成多大破坏，但许多日本人将其解读为一种噩兆。在他们自己的记忆中，甚至在有文字记载的历史上，日本没有遭受外国入侵的经历；他们从来不敢想象他们的家园会以这种方式受到侵犯。驻扎在南太平洋的海军战斗机飞行员坂井三郎收到了一封来自东京家中同辈女性的信。在信中，她告诉他，这场空袭"使全国上下的民众对于战争的看法发生了翻天覆地的变化。事情已经大不相同了，炸弹直接落在了我们家里。战火似乎已经从前线蔓延到家门口了"。坂井补充道，这一消息让他的飞行员战友"备受打击"："得知敌人的实力强大到足以摧毁我们的家园后，即使这只是一次惩罚性袭击，我们依然对未来和更严重的袭击产生了深深的恐惧。"[81]

日军简直是受了奇耻大辱，尤其是日本海军。美国战机肆意玷污了天皇宫殿之上的神圣天空，却没有一个入侵者被击落。"我们的国土遭遇了空袭，但是我们甚至连一个敌人都没有击落，"宇垣将军在4月20日的日记里写道，"这让我们充满了懊悔。"[82]山本懊恼地评论道："这场空袭令人遗憾地阐明了一个说法——拙劣的进攻胜过精妙的防守。"[83]总司令已经命令所有可用的海军部队出海，但这完全是竹篮打水。这样做除了白白消耗燃料，使船员越发精疲力竭，还表明日本对这类空袭毫无招架之力。直到20日，山本五十六才意识到美军早已远去。他怒气冲冲地通过无线电发布了命令："停止对美国舰队的行动。"[84]

在经历了最开始的困惑之后，日军的领导者们很快搞清了到底发生了什么。当天下午洗出来的通信兵拍摄的空袭照片进一步证实进攻者是B-25轰炸机。4月18日午夜，中国的日军报告了发生在浙江省和江西省的几起迫降事件。最早被捕的美国飞行员供出的都是虚假情报，有的声称他们来自阿留申群岛，有的说是来自传说中的超级航母。"他们一直在撒谎，"宇垣缠在4月19日的日记中写道，"我们必须加快调查，这样才能为未来做好准备。"两天后，他冷静地写道："在南昌被捕的美国战俘被送到南京，最后他们在那里说了实话。"4月22日："战俘的供述补充了更多事实……"[85]现在日本人知道了，杜立德的B-25轰炸机是从一艘该死的美国航母上起飞的。

在中国，日军发动了浙赣战役，目的是占领那些用来接收杜立德轰炸机的机场。日本人清楚，B-25的空勤人员被当地的平民或游击队员保护了起来，所以日军的进攻已经沦为对浙江省和江西省人民的大规模报复。日本军队席卷了这片地区，按照命令屠杀被怀疑协助美国空勤人员的全镇居民。细菌部队在当地开始散布霍乱、伤寒还有痢疾病菌。蒋介石在给罗斯福发的电报中称："日军屠杀了那些地区的每一个男人、女人和孩子——我再重申一下——日军屠杀了那些地区的每一个男人、女人和孩子。"[86] 中国有 20 余万平民和士兵惨遭杀害。

山本五十六将军在东京的官员面前重拾傲慢的态度。他说，这场空袭的基地很有可能就是中途岛（事实证明并非如此）。他说，中途岛是美国对日本本土构成威胁的关键地点。如果不迅速夺取该岛，势必要大幅增加国土防务力量，影响今后的南方战事。他无法容忍任何犹疑。

军令部和陆军中的反对派原本希望通过一系列拖延战术来扼杀中途岛行动，现在他们的抵抗已经彻底瓦解了。4 月 20 日，在会议上，陆军和海军的决策者同意推迟对新喀里多尼亚、萨摩亚和斐济的进攻，优先完成中途岛行动。军令部的永野修身大将也支持山本五十六的计划。陆军的田中将军得到保证，中途岛行动不会是夏威夷进攻计划的第一步，于是他同意派遣一个步兵联队。之前隐瞒的重要细节——日期、命令、派遣的舰队——也逐渐明了。进攻中途岛的行动定在 6 月的第一个星期。待舰队主力占领新几内亚东南部的澳大利亚基地莫尔斯比港，也就是完成海陆空联合的"MO 行动"的目标并回归后，中途岛行动便会立即实施。

第九章

美国第 14 海军军区司令部靠近珍珠港海军造船厂的 10-10 码头，一扇不起眼的门从棕榈成行的人行道开向楼梯井顶端。进门来到地下室，迎面是一扇由海军陆战队员守卫的厚重铁门。出示有效证件后，便可以进入一个无窗大间，里面白灯通明，制式桌椅成列。一群文书军士将穿孔卡输入两台汽车大小的机器内，这种机器叫"制表机"，是 IBM（国际商业机器公司）早期的计算机，用以检索及分析含有字母和数字的数据。穿孔卡昼夜不停地穿梭于机器中，地下室里充满了金属碰撞发出的刺耳的咔嗒声。

这一神秘地下掩体是夏威夷的密码破译机构，负责抽丝剥茧，一层层解开日军的电码。该地下建筑门外并无标牌，其正式名称是作战情报站。工作人员私下称其为"地堡"。[1] 战争开始后，这里进行了改组，改名为太平洋舰队无线电站，一般情况下（在当时的文件及历史文献中）叫"海波站"（Station Hypo，也叫夏威夷情报站、H 站）——"海波"（Hypo 之音译）是字母 H 的语音代码，指代的就是夏威夷监听站。

夏威夷情报站的负责人为约瑟夫·罗奇福特（Joseph Rochefort），一位 41 岁的海军中校。他身材高大，具有贵族气质，深色头发，面容英俊而友善。20 世纪 20 年代他曾被派驻东京做翻译官，学习过日语口语及阅读，此后加入了通信情报领域新兴的秘密军官小团体。罗奇福特发现密码分析工作会影响个人生活，妨碍职业前景，并使其罹患溃疡，因而对此并无好感。他后来说，"我认为自己是一名海军军官"，并极力逃避通信情报任务。某些早期二战史作品将罗奇福特描述为一位天才怪人，说他穿着艳丽的红色吸烟装，趿拉着拖鞋，到处招摇。在 1969 年为海军学会口述自己的经历时，罗奇福特虽对此直言不讳，但坚决否认其本人或其装束是怪异的。的确，他在卡其布制服衬衫外套了件吸烟装，但只为有口袋可装烟斗及烟袋。的确，他趿拉着拖鞋随处晃荡，但只因双脚在水泥地板上走得太多，脚疼不已。然而在地下严密守卫的密室之外，他从不如此穿着，并且"本人并非怪异或者怎么样"。[2]

或许如此。但毫无疑问，在地堡这样的地方是不必遵循通常行为准则的。这是一个思想自由的组织，充满团队精神，既不拘一格，又重视集体合作。这一团队由少数天才破译人员和翻译官组成，在此他们可以肆意凭直觉行事。军衔高低在此无关紧要。"没有多少人在意制服和军内仪节，"海波站资深成员贾斯珀·霍姆斯写道，"不过谁是老大是确定无疑的，个人地位取决于军衔以外的因素。"[3]这里尊重天马行空的直觉推测，也尊重步步为营、抽丝剥茧的战术。有的人桌面整洁有序，埋头苦思，一次处理一份截获的情报；而其邻桌或许堆满了糖纸，玉照高挂，深埋于过往截获的情报之中。只要能取得成果，罗奇福特可以容忍任何手段和风格。

在二战之前的时代，密码破译领域战果未经检验，无人理解，同时又高度保密，甚至被谴责为不道德的。最著名的一例发生在 1929 年，当时的美国国务卿亨利·史汀生拒绝翻阅解密的别国电文，因为"绅士不私阅彼此函电"。[4]（罗奇福特团队最有天赋的成员之一托马斯·戴尔少校笑称史汀生的观点不适用于密码破译员，"因为根本没人拿我们当绅士"。[5]）罗奇福特评论说，最有经验的顶尖密码破译员大多仕途不顺，因其军旅生涯所从事的任务大多不便透露[*]："无论身在何处，华盛顿抑或此间，我等所作所为无人知晓，因而某种程度上成为怪人。某些人也的确如此。"[6] 能取得成功之人皆为痴迷、执着、专一之人——"游走于辉煌与疯狂的边缘"。戴尔的桌上有个座右铭："不疯魔，不成活。"[7]

珍珠港之役后，罗奇福特及其助手们昼夜工作。罗奇福特三四天才回次家。他大多数夜晚都睡在办公室的行军床上，靠咖啡和三明治度日，每日工作 20 小时或 22 小时是常态。戴尔有时连续工作两三天，靠吞服大把苯丙胺药片保持清醒。药片就放在他桌上的小桶内，同事们可随意取用。[8]（后来被问及此事时，戴尔解释道："我想总有人因此中过彩。就算长期服药最终会伤害健康，那又如何？"[9]）大部分军人及文员每 12 小时轮班，每周工作 7 天，或者用霍姆斯的话来说，每周"正常"工作 84 小时。

战争头六个月，情报站人数增加了四倍。罗奇福特 1941 年 5 月接手情报站时得到承诺：可以自己挑选人员，并会得到基地人事主管批准。每当有新人来珍珠港报到，便有军士长令其列队，端详其面容，挑出看上去足够聪明，适合密码破译工作的人。[10] "加利福尼亚号"战列舰于 1941 年 12 月 7 日失去作战能力，该舰的整支军乐队都被选中去从事将截获的原始无线电代码组转换为 IBM 穿孔卡

---

[*] 　原文 left black holes，双关语，既指工作不便透露，又指以打孔为工作。——译者注

的工作。他们很快就达到每周都能制作无数穿孔卡的地步，并且可以不经指导就运行大型IBM计算机。音乐家们对这份工作上手之快，令霍姆斯感叹："有一种理论就此提出：音乐与密码破译定然有某种精神上的联系。"[11]

夏威夷情报站战前被分派的大多为次要任务，主要集中在破译日本外交密码、舰队司令部密码以及气象密码等方面。日本海军最重要的行动密码"JN-25"含有敌军最关键的机密，一直由华盛顿海军司令部进行破译。该密码已使用一年，仅有个别片段得以破译。但是，一套被美方称为"JN-25-B"*的新密码于1941年12月4日投入使用。其第二层密码算法是全新加密算法，即"附加乱码加密算法"。如此一来，所有以往成就均被抹杀，新情报一个词都无法破译。罗奇福特说，他们（华盛顿那帮人）"两眼一抹黑"。[12]

罗奇福特得到许可，着手破译新密码。珍珠港之役后一周，夏威夷情报站开始了令人难以置信的无休止奋战，破译5万组5位数密码。[13]一开始，这项工作似乎是大海捞针，甚至无法办成。与之相比，二战前密码破译的辉煌成就简直是小儿科；这种突破性进展（霍姆斯写道）"从来没人实现过，除非运气足够好，又有罕见的天才不懈努力"。[14]霍姆斯环顾同僚，颇感英才乏人：此辈皆凡人。万事开头难，一开始截获的情报密码中，任何一组密码均无法破译。那简直度日如年，罗奇福特说，"看到大堆字母和数字，或许有上千甚至上百万之多，而且你知道其中自有体系，只要获知解密的钥

---

*   JN-25-B，日本海军舰队密码，J代表日本，N代表海军，25代表识别编号，B代表升级
      编号。——译者注

匙，破译起来就会非常简单”。[15] 日军 1941 年 12 月中旬的一次通信误报证明五位附加乱码已经变更，但底层密码未变。

1941 年年底，尼米兹接掌太平洋舰队总司令的职位时，罗奇福特及其团队只取得了有限的进展。尽管成果微乎其微，但终究是有些成果，而且未来会有更多成果。戴尔有一种特异本领，能够看出众多冗长字母及数字的组合规律，他说“观察得足够久，就能看到特别之处；如果长时间观察仍无法看出特别之处，这本身便很特别。然后你会尝试解释这一特别之处”。于是乎，他反复盯着代码看，直至一个想法在脑海中成形。如果这一想法可以检验，他便去检验。如果检验失败，他便回过头来继续盯着代码。戴尔说：

> 我相信，许多此类想法源于潜意识。有时人们问我，为何我能够破译情报，我说：“嗯，你就盯着它，直到发现它到底在说什么，然后把内容写下来。”你要盯着它看——这取决于你对付的是怎样一种东西——直到有什么东西吸引了你的注意力，引起了你的好奇。也许这什么也说明不了。那么便另辟蹊径，去观察另一个点。第二天从头再来，重新盯着它看。[16]

罗奇福特认为，“坚持不懈胜于一切，必须日日执着于此”。[17]

在战争的早期阶段，罗奇福特团队能够读懂的代码组少之又少，而且无法相互联系，但大量信息仍可从原始截获电文中推断出来。“通信量分析法”仅靠分析敌方特定地点通信量的增减即可获取有用的情报。罗奇福特说：“实际上，这是常识。这并非真正的情报，只是常识而已。”[18] 例如，如果日本位于加罗林群岛的大本营特鲁克发出的无线电通信量激增，同时濑户内海的无线电通信量减少，这可能意味着主力舰队在向南运动。通信量分析法与破译工作初步成果结合更具威力，比较典型的是和"电报外码"结合在一起。"电报外码"中含有地理代码（发往何处，发自何处）或者收发人（发自何人，发往何人）的信息。[19] 舰船、部队以及指挥官的无线电呼号经常出现在可预知的电文内容中，并且有时可以根据目击报告或无线电测向数据验证，借以判定敌军信息发出的地点。监听者熟悉发报员的癖好——他们称其为"击键方式"，追踪特定发报员的动向可以推测特定舰船的方位。因此，"外码"相对容易破译。

贾斯珀·霍姆斯说，战前数月，他对通信量分析法尚未完全确信，觉得报告中"混杂着啰唆的废话与模糊的暗示，可靠信息甚少"。[20] 然而战争期间整个太平洋敌占区通信量猛增，提供了大量可供分析的数据。1942 年 1 月初，每日敌情通报显示特鲁克地区的无线电通信量激增，这说明南方有战事。罗奇福特还综合几段可以解读的破译电文和大量有根据的推测，正确地预测出日军将夺取南太平洋新不列颠的拉包尔。盟军是否有余力保卫拉包尔尚无定论，但如果日本海军舰队主力南进，日本就会在如此绵长而广阔的战线上出现大量防御漏洞，美军即可策划航母打击而不必担心落入陷阱。

然而，此类情报在海军最高层决策者审阅和相信之前，其实还起不了什么作用。二战时期的海军将领们在无线电通信刚启用时即已纵横海上。密码破译尚属无人了解与相信的黑箱。如果密码破译者已挖掘出日军核心密码，并且能提供完全解密的敌方通信情报，海军司令官必然重视。但此时距夏威夷情报站能够提供无懈可击的情报之日尚有数月之久。通信量分析法具有指示性，但不具确证性。正如贾斯珀·霍姆斯所言，它只能依靠"一连串推断"。[21] 海军将领们对其不予置信也自有其原因。

然而，夏威夷情报站、美国海军，乃至美利坚合众国，幸好拥有切斯特·尼米兹这样的将军。每天早晨 8 点，他都要听舰队情报官埃德温·莱顿的军情简报。如有重要军情禀报，莱顿可以随时出入尼米兹的办公室。[22]（除了他，或许还有舰队参谋长，参谋人员中无人有此特权。）夏威夷情报站每日会向莱顿做简报，随后莱顿会综合其他情报资源，再向尼米兹汇报。莱顿和罗奇福特相识于 20 世纪 20 年代派驻东京之时。他们曾长时间共同学习日语。[23] 他们视彼此为挚友，这有助于让他们之间的专业合作关系顺畅，否则这一合作关系可能会因第 14 海军军区（海波站也是其一部分）与太平洋舰队参谋部之间的部门竞争而趋于复杂化。尼米兹对于送至他案头的全部情报都予以重视。出任太平洋舰队总司令的第一天，他就告诉莱顿："我希望你成为我身边的南云忠一。我要求你像南云那样思考、判断。你必须从日军的立场去看待这场战争，看待他们的行动和目标，并且告诉我你的所思、所为，行动的目的和战略等。如此，你便赋予我赢得战争所必需的情报。"[24]

基于先前的情报，尼米兹于 1942 年 2 月 1 日放胆派遣哈尔西将军及其航母编队突袭马绍尔群岛。正如预测的那样，那里并无敌方主力舰队。这是夏威夷情报站在这场战争中的首次重大成果。但对密码破译者而言，哈尔西的突袭行动最大的收获是随之涌出的日军通信量。整个太平洋战区的盟军监听站截获了数百份电报，这些电报均迅速被送往夏威夷情报站破译。任何类型的原始截获电文对于密码破译者都有潜在的利用价值，关于已知事件和地理方位的通信情报更是无价之宝。此类电报中能发现重复出现的相同"外码"：马绍尔群岛的地理代码，突袭行动中发现的日军舰船、部队以及指挥官无线电呼号，指明敌方航母的代码组。

夏威夷情报站渐入佳境。尼米兹受日渐具体的敌情报告鼓舞，命令向日军海域采取更冒险和更有雄心的航母攻击行动。每次进攻都逼出巨量日军无线电通信，大大加快了夏威夷情报站的破译工作。至2月末，密码破译者们工作起来已经完全得心应手了。罗奇福特团队已正确地判断出，所有"A"开头的双字母地理代码代表中太平洋的美据（或者前美据）岛屿，"P"代表中太平洋日据岛屿，"R"为南太平洋英据岛屿，"M"为菲律宾。第二个字母代表这些范围内的特定地点。3月，一份发往"AA"的电报要求侦察当前"AK"港舰船情况。这串截获电文佐以可证实信息，可以确定这两个代码分别代表威克岛和珍珠港。

3月9日，日军中太平洋航空队指挥官收到一份关于"AF"风力及风向的例行气象预报。[25] 按照气象模型，罗奇福特推测"AF"可能是中途岛。

正如莱顿所说，情报是"容易变质的东西"，对此罗奇福特表示赞同："获得情报而不运用等于无用。"[26] 情报破译领域尚未经实战检验，并且珍珠港的灾难并未提高密码破译工作在舰队高层心目中的地位。电信情报工作是全新而未获成果的领域，众多军官对此并不熟悉。根据情报做出的预测而采取行动看上去甚至与马汉的军事理论相违背，马汉认为司令应当根据敌方作战能力而非对其意图的推测来排兵布阵。[27] 这对于正确运用情报产生了巨大的阻碍。莱顿和罗奇福特都知道需要向决策者和可以依据情报及时采取行动的军队高层"推销"其成果。但是，如何做才能够既传播他们的发现，又不会惊动日军，让其察觉电码已被破译呢？

通信情报工作的一个基本信条是，一定要尽量让敌方"感觉安全"，绝不能使其有理由怀疑己方电讯已被破译。战争期间，美国人破译日本海军电码属于绝密信息。夏威夷情报站破译的情报被命名为 Ultra（顶级机密），仅有小范围高级军官可以获知这些情报。Ultra 提供的信息如果要向保密范围之外分发，便要进行加工。例如，关于日军舰队行动的电讯破译情报可能会描述为潜艇或飞机的侦察报告。[28] 这样处理是为了保证既使有权采取行动的指挥官得到最新情报，又能保守重要机密。"所以，这种保密工作，其实也要骗自己人，"罗奇福特后来说，"如果谁都不告诉，如何为人所用？"[29]

夏威夷情报站的神秘色彩在海军内部引发了一些敌对情绪。当罗奇福特需要更多人员、装备或者工作场地时，他难免要详尽解释其需求细节。但他又不能这么做。因此，他直接向第 14 海军军区的布洛赫将军求助；并且，无论罗奇福特想得到什么，布洛赫总是批准，不问任何问题。军需官不大习惯被一个小小的神秘部门的负责人指使，尤其是还不准问他问题，但他们很快就知道不能拒绝罗奇福特的要求。

夏威夷情报站是受华盛顿美国海军司令部领导的分布在各地的通信情报机构之一。该系统中最大的通信情报机构是 OP-20-G，即位于华盛顿的美国海军通信情报科。在战前，菲律宾科雷希多（卡斯特站）、关岛、皮吉特湾的班布里奇岛都设有额外的监听站。英军在新加坡有个优秀的破译小组。(日军的突袭破坏了关岛情报站。此后,新加坡站撤退至锡兰,卡斯特站通过潜艇逃至墨尔本。)整个太平洋地区的小型附属侦听站都会监听敌军情报,进行无线电测向。[30]当这一系统正常运转时,信息基本能够顺畅地传播。不受阻碍的合作至关重要,因为一个部门的突破可以直接促成另一个部门的突破。这些都是基于合作的力量。

然而,竞争与不和亦不期而至。日军对珍珠港的突袭成为通信情报部门的灾难性失败。这场灾难给整个情报搜集部门投下了长久的阴影。因处于事发之地,夏威夷情报站成为众矢之的,不过历史终将证明最具破坏性的因素来自华盛顿,源于海军情报局(ONI)与海军通信局(ONC)激烈的官僚之争。[31]无论出于何种理由,海军高层均认为变革势在必行。金将军及其主要部下,包括作战计划处处长特纳将军,相信通信情报工作应当由华盛顿集中统一领导,而且美国舰队总司令应当牢牢掌控夏威夷及太平洋战区各情报部门。

1942年2月,战前的海军通信情报科主管劳伦斯·萨福德中校被解职,取代他的是约翰·R.雷德曼上校。此人是海军学院1919届毕业生,并无任何密码破译和通信情报方面的经验。此人之兄约瑟夫·R.雷德曼少将于同月被任命为海军通信局局长。此兄弟二人加上雷德曼将军的副手约瑟夫·N.温格中校,在华盛顿形成了强大的权力轴心。萨福德与罗奇福特拥有彼此信任的良好私人关系,二人都认为不同部门之间不可争权夺利。随着萨福德被解职,信任与融洽的关系不复存在,夏威夷情报站与华盛顿的关系迅速恶化。温格坚称华盛顿应当"对于所有监听站、侦测网络和破译机构行使有效的统筹控制权",并且应在司令部设立"所有通信情报活动的统筹管理中枢"。[32]

金将军正欲巩固和整合司令部的权力,于是在2月6日批准了这一计划。金大笔一挥,将夏威夷情报站划为了次要角色。但桀骜不驯的罗奇福特决定保留自己部门的独立性,他认为自己的部门是这一领域最杰出的。(不止于此,他还说:"谦虚地说,我部门确为电信情报组织之翘楚,世所罕有。"[33])罗奇福特与雷德曼始于竞争,终于敌对——他们的不和差点毁了美军在中途岛的胜利。[34]

雷德曼2月于华盛顿刚一履职,罗奇福特与其新领导之间便开始出现紧张关系。他们能接触到相同的破译情报及通信量报告,但他们观点各异,结论相反。尽管当时JN-25密码已逐步得到破译,但破译的电文内容仍支离破碎,其中有少量破译的片段似乎隐藏着丰富的信息,但更多还是一连串空白。而通信量方面的信息又有相互矛盾的解释。而且,现有的证据很少能指向某种确定的解释。它们大多是只会将人引上歧途的信息,因此密码破译者必须筛选巨量数据,靠演绎和推理提出看法。他们的推测通常只不过是复杂的猜测,他们出于礼貌称之为"估计"。罗奇福特认为,华盛顿的分析工作是粗陋的,其结论经常有悖于常识。他从不掩饰对雷德曼兄弟的蔑视。他认为,此二者皆权欲熏心之人,为个人目的而玩忽职守。此辈已预见通信情报领域之蓬勃兴起,希图借此飞黄腾达,获取"个人荣耀"。[35]

自2月至3月,金将军反复发出预警,称日军航母编队将进攻夏威夷、中途岛、美国西海岸、巴拿马运河以及夏威夷—澳大利亚一线盟军占领的岛屿。2月6日,在给尼米兹及其数名副手的电报中,他说日军将于四国联军的战区展开行动,"并且将伴随对中途岛、瓦胡岛以及澳大利亚东北部的猛烈进攻，还有可能攻击美国西海岸或者巴拿马运河"。[36] 同日晚些时候，金又预测日军航母将对新赫布里底群岛和新喀里多尼亚发动袭击。还有哪儿呢？罗奇福特对此深表怀疑，回应称日军进攻的目标应为爪哇和苏门答腊（确实如此）。3 月 11 日，美国舰队总司令警告称："最近敌方空袭及潜艇活动充分预示另一次针对夏威夷—中途岛的全面进攻，主要目的旨在削弱或摧毁我军位于珍珠港的重要基地。"[37] 夏威夷情报站反驳道，日军正在南进，缺乏对中太平洋发动大规模行动的条件。1942年 3 月 18 日，尼米兹肯定了莱顿的报告，断言："马来亚区域外，没有迹象表明会有即将到来的重大进攻行动。"[38]

海军通信情报科似乎助长了金将军的焦虑情绪，因为它拣选出来并交给金的数据容易让人相信敌军会发动那样的袭击。金左近之辈皆危言耸听之徒，他们的肆意妄言或许将使舰队陷于徒劳无功的奔波。最乐观的情况下，这将导致浪费时间及燃料；最糟糕的情况下，舰队将因部署失当而无法击退敌方组织的进攻。罗奇福特及其情报团队已经挺过夏威夷遭袭之后传出的流言蜚语，并且学会了遇事先大胆怀疑，再小心求证。罗奇福特断定，华盛顿已迷失于战争迷雾之中，而且他不惮于表达自己的判断。尽管事后总是证明罗奇福特是正确的，但他仍不见容于温格和雷德曼兄弟。

夏威夷情报站规模稳步扩大，4 月时地下室里已挤满了人。办公桌纵横抵墙而列，桌旁坐满了戴着绿色眼罩的人，他们戴眼罩是因为头顶的荧光灯有损视力。他们专注于手头的笔记和破解工作，无暇他顾。数名重要密码破译者很少离开地下室，睡觉时躺在可以推上墙的折叠床上或者直接趴在桌上。托马斯·戴尔是情报团队不可或缺之人，罗奇福特越来越担心他会被压力压垮。3月，他开始催促戴尔每隔数日走出门去，回自己家睡个好觉。罗奇福特自己却经常在办公桌前的椅子上一动不动，四周的破译电文堆积如山，烟斗中喷出的青烟缭绕其间。一位军官估计，夏威夷情报站在战争头三个月完成了和平时期一整年的工作量，而且此种工作节奏至少一直持续至 1942 年 6 月中途岛战役之后。[39]

贾斯珀·霍姆斯在地下室墙上的巨大的描绘板上更新了战舰、运输舰和潜艇等已知美军、盟军以及日军舰船的方位。成堆的破译电文和一盒一盒的 IBM 穿孔卡铺满地面，最后工作人员不得不将它们环桌沿墙堆叠起来。文档管理都是临时凑合的。罗奇福特及其主要分析专家知道他们应该设计出良好的文件管理系统，以交叉检索破译的情报，但又根本没时间去做这些。尽管破译的电文和 IBM 卡片如雪片般堆积，地下室里还是秩序大于混乱。"这些人之所以这么疯狂"，罗奇福特后来回忆道，"有个原因就是我们这么搞没有任何问题。"

你可能提到了什么，忽然你说，"等一下。日军位于哈马黑拉附近，预备在某港口登陆时，有份电报和这个类似。咱们得找到它"。然后，他们便在堆积如山的文件中翻找，最终总能找到。……然后，你从这儿又会找到一条线索，引向另一份情报，然后又和另一件事情联系上，就这样一点一点地穿起来，整个工作就完成了。一个字母破译后，促成另一个字母的破译，如此类推。然后，在某个时刻，你的记忆就会帮上忙。[40]

霍姆斯还说，破译专家"需要的只是时间、耐心、无穷的工作能力、心无旁骛的执着、过目不忘的记忆、锲而不舍的精神以及大量的通信情报"。[41]

起初，解密的外码就像未破译密码大海中的明码岛屿，但即便是一个小小的岛屿也会为演绎推理提供立足点。过一段时间，海水退去，各个邻近岛屿之间便开始有了联系。推论会佐以通信量分析及目击报告的检验，未解之处渐少，可解之处渐多。仅剩个别顽固的未破译片段夹杂在近乎破译完成的通信情报中。新破译的代码组确认之前的演绎推理结果时，密码破译者会欣喜不已。每次新的成功都让他们对仍无法求证的演绎推理更有信心。戴尔将在经过数周挫折而最终成功破译日军代码组的感觉比喻为性高潮。"在生理上，它们并不相同，"他马上补了一句，"但心理上的感觉是一样的。"[42]

并非每次突破都能立竿见影。日语的细微差别及隐含意义相当丰富。即便是完全破解的情报，破译专家有时也无法确定其含义，因为他们无法正确翻译日文词语。甚至最有能力和经验的日语翻译官对如何翻译可能都达不成一致。日本海军习语更是五花八门，而且自 20 世纪 30 年代以来不断演化。此外，太平洋地区的地名也给夏威夷情报站的分析专家们带来了困惑。几个世纪以来，此区域数不胜数的岛屿、城镇、海湾和浅滩已积累出本地名称、欧洲名称和日语名称等不同叫法。许多地点具有众多名称，甚至同一名称拼法不一。分析专家只好埋首于以不同语言和在不同时期出版的各种海图、导航图和地名词典之中。他们将海图摊在桌上，用放大镜埋头搜索。即便日军用的是过去的海图上能够找到的西方地名，也是用片假名标注的，而且日语音节的发音与本来的发音不同。贾斯珀·霍姆斯费了些时间才明白"沃多拉库"是指"伍德拉克岛"。[43]

关于日军即将进攻南太平洋莫尔斯比港的模糊情报首次出现于1942 年 3 月最后一周。当时截获的电文显示，日本海军航空部队接到命令，进攻名为"RZP"的目标。起初这一地理代码悬而未解，但日军巨大的通信量以及该代码的反复出现让人们毫不怀疑日军将有重大行动。进一步分析所有监听站的相关情报后，人们发现这次行动的代号为"MO"，不过其含义尚不明了。因此，破译这些代码马上成了首要任务。

从不同渠道汇总及筛选的情报表明，该行动的目标指向珊瑚海。4 月初，日本驻所罗门的航空部队得到增援。澳大利亚海岸的观察哨确认，日军在此区域巡逻的距离和密度均已增加。特鲁克群岛的动向则表明敌军已向南太平洋调动。英国密码破译人员证实了罗奇福特的预感，南云忠一突入印度洋只是一次突袭而非某个持久行动的开始。日军航母正返回特鲁克，然后会离开那里，驶往南太平洋。罗奇福特告诉尼米兹："针对西南太平洋的攻势即将形成。"[44] 4 月 3 日，他预测此次进攻将始于拉包尔，目标是新几内亚的东南角。但是，何时开始呢？墨尔本的贝尔康宁情报站（从科雷希多撤退的情报组）预测是 4 月 21 日，但罗奇福特认为估计早了。5 月第一周似乎可能性更大。

金将军亲自询问此事，并且鼓励了罗奇福特。在发给夏威夷情报站负责人的电报中，美国舰队总司令要求提供一份日军作战意图的全面评估。这次问询越过了正常的指挥链，让人惊讶。"我们有些惊讶，他竟然会直接问我们的想法，"罗奇福特坦言，"我个人原以为他甚至不知我们的存在。"罗奇福特及助手们放下手头的其他工作，心无旁骛地斟酌如何答复，不到六小时便回复金将军。报告包括四项实质性要点。一、日军目前已完成印度洋的行动任务，其航母战斗群正处于返航途中；二、日军对珊瑚海的进攻迫在眉睫，旨在占领新几内亚东南端；三、无证据表明日军有意入侵澳大利亚；四、另一项重大行动已纳入日程，将于珊瑚海战役后不久进行。该作战行动的时间及地点等细节尚未明了，但规模宏大，将动员"日军舰队大部分舰船"。[45] 这一报告恰到好处地平衡了演绎推理与已知的不确定情况。罗奇福特那时已经在怀疑此次尚不确定的军事行动的目标为中途岛，但他做出此预判时仍缺乏充分证据支持。

1942 年 4 月 18 日，杜立德空袭东京的行动导致日军通信量暴涨，流量之多堪称前所未有，美军破译密码方面的收获也是空前的。即将进行的南太平洋上的作战行动细节立刻显现出来。"MO"被确定为莫尔斯比港的代码。4 月 24 日，尼米兹和金手头已有一份有关"MO 舰队"、"MO 驻军"和"MO 进攻部队"的截获情报。[46] 大股日军将涌入珊瑚海，包括航空队和航母编队，掩护一支独立的两栖部队登陆莫尔斯比港。通过分析截获信息和破译情报中暴露的舰船离港时间，情报分析专家们预计这一行动的时间应在 1942 年 5 月的第一周。

尼米兹开始意识到夏威夷情报站在 JN-25 密码的破译工作中厥功至伟，而且他应采取行动，保证罗奇福特不被华盛顿的官僚拖后腿。4 月中旬，他请求金重新划分华盛顿和珍珠港的部门职责。分配给夏威夷情报站的任务是"解读对于海上军事力量有益的现时日军通信情报"，而海军通信情报科则负责过往日军通信情报分析。[47]

金强行批准了这一请求，似乎都没有征求下属的意见。他们如此行事难免令人心存芥蒂，因此罗奇福特与雷德曼之间的纷争升级为势不两立的地步。罗奇福特暂时占据上风，但雷德曼兄弟不会放过任何使绊的机会。从此，毫无阻碍的交流在部门间绝迹了。暗中较劲成了工作的常态，任何错误的推断都会招致对方的抨击，被指责为行事鲁莽。

4月22日清晨，莱顿向尼米兹提供了一份内容广泛的情报总结，其中给出了与珊瑚海行动有关的最为准确及时的证据。其要点为："众多迹象表明，敌方将对新几内亚—新不列颠—所罗门地区发动进攻……［进攻］很快就会开始。"[48] 但在开战的两周之前，仍有一系列情况是未知的，这很危险。他推测敌方兵力可能包括"5艘航母，1艘战列舰，5艘重型巡洋舰，至少4艘轻型巡洋舰，12艘驱逐舰，12艘以上潜艇"，还有大约135架陆基海军轰炸机和100架以上零式战斗机，以及相同数量的侦察机。敌军调动的部队可达2万人以上。然而，还有很多重要的事情难以确定。华盛顿仍在喋喋不休地警告说，敌人会对夏威夷发动牵制性进攻。某位军阶与陆军参谋长乔治·马歇尔不相上下的军队高官警告当地军队首脑提防即将到来的对夏威夷群岛的进攻。[49] 莱顿判断，"无迹象显示日军向夏威夷群岛运动"，而且"无证据表明附近日军占领地的轰炸机数量增长，因此上述进攻几无可能"。[50]

尼米兹感到了压力。无论情报人员的工作多么出色，依据他们的推断采取行动都是他一个人的责任。他们从不讳言自己不了解的情况。令人不安的是，日军可能正大张旗鼓地进行一场电信欺骗，旨在引诱美国舰队南下，从而使瓦胡岛这一坚固要塞在面临真正的日军空袭时脆弱不堪，或许后果更糟。尼米兹获取的情报尚不足以让他据此做出决策。他必须检验情报的准确度，探寻其逻辑上的不足，进而完善从诸多不相关的证据中得出的结论。最重要的是，他必须相信直觉，即哪些情报人员是正确的。他也确实这样做了。此时战争前景不明，在这一重要关头，尼米兹决定放手一搏，相信情报的准确性。4 月下旬，尼米兹的参谋们发布研究报告，认定在战争的那一阶段，情报工作是美军所具有的最重要的优势。日军在航母、战列舰及岸基空中力量方面占据优势，但这份报告断言，美军可以"对敌军的进攻方向做出比较准确的预判"，并且"查明敌军部署变化的可能性很大"，因而能够克服这一不足。[51] 尼米兹认定（如其所言）"必要时可以接受战役失利的结局"，[52] 决心投入能够动员的两艘航母对决日军舰队，并希望夺取胜利。然而，他必须说服金将军同意该计划，后者仍对两艘航母和珍珠港的安全念念不忘。

1942 年 4 月 24 日，尼米兹登上大型水上飞机"科罗纳多"并飞往旧金山，与美国舰队总司令面谈。旧金山位于华盛顿与夏威夷航线的中点，是理想的会面地点。（战争期间金与尼米兹会面过 18 次，这是其中的第一次。两人基本都是在旧金山会面的。）尼米兹及其随员下榻于联合广场的圣弗朗西斯饭店，住在顶楼的套间。此后三天，他们在旧金山联邦大厦的会议室内与金及其随员终日会谈。

他们的紧迫任务是确定战略，应对即将到来的 MO 攻势，但议程中也有其他项目。金劝尼米兹以更大的格局来看待战争，要考虑到生产的增长、与英国及苏联的磋商、欧洲的进攻计划以及太平洋战区与盟军全球战略的关联性。金怀疑尼米兹对其副手及下属过于温和。他希望太平洋舰队清理"悲观主义者和失败主义者",将汰换人员调整至次要岗位。美国海军部长诺克斯曾提议让许多海军高阶将领退役,而让年轻将官指挥海上作战,金支持此项政策。尼米兹对此并不反对,但建议通过他原来所在的华盛顿航海局的正常程序进行。他相信美国海军的人事体系,希望它能不受干扰地运作。

金特别对弗兰克·杰克·弗莱彻少将心怀不满。人们对这位"黑鞋"(水面舰艇)将军在战争初期数月的表现可谓莫衷一是。他似乎表现得缺乏进攻性,并且他的特混舰队因为不合理的长时间加油而延误了行动。金对弗莱彻的信任摇摇欲坠,但尼米兹坚称所有美军航母特混舰队都在攀爬陡峭的学习曲线,在此情形下弗莱彻的表现不能说不够好。金认同了此说,弗莱彻得以留任。最杰出的美国航母特混舰队司令是哈尔西,但哈尔西刚执行完护送杜立德空袭东京的任务,正在返回珍珠港的途中,无法将"企业号"航母部署到南太平洋,参加即将到来的战斗。金坦承,他派出四艘现有航母中的两艘执行轰炸东京的任务也许过于夸张了,而目前正急需这两艘航母迟滞敌军在南太平洋的全面进攻,但如今言之已晚。

第三个重要议题与南太平洋战区的司令人选有关。4月14日,尼米兹直接指挥着这一战区,但其地域广阔,需要另设指挥人员。罗伯特·L.戈姆利海军中将将出任此职,他此前一直担任派驻伦敦的海军联络员。金认为他"是个有能力的人",尼米兹表示赞同。[53]戈姆利将在新西兰建立司令部。51岁时赢得飞行资格的海军少将J.S.麦凯恩被任命为南太平洋战区航空队司令。

尽管尼米兹在谈及自己有意与进攻莫尔斯比港的日军一决高下的决定时,说"必要时可以接受战役失利的结局",但事实上太平洋舰队总司令正积极准备珊瑚海战役。莫尔斯比港十分重要，不容沦于敌手，否则日军会获得向澳大利亚昆士兰的航空基地和港口设施发动空袭的起飞平台，扩大珊瑚海地区的搜索半径，预计进一步向东进攻新喀里多尼亚、斐济和萨摩亚的力量将会增强。即便可以确定日军无意入侵澳大利亚，占领莫尔斯比港还是能让日军达成同样的战果——切断澳大利亚与外界的联系，进而扼其咽喉。另一方面，莫尔斯比港位于南太平洋东部，遥远的距离将使日军在该区域内的补给线变得脆弱。它位于拉包尔及其他航空基地的作战半径之外。莫尔斯比港不被占领，可以消除盟军遭受该区域日本海空两路优势进攻的风险，使马来亚及荷属东印度的挫败不再重演。珍珠港之战以来，与日军舰队海上决战首次被视为可以接受的冒险。

在金的许可下，尼米兹于 1942 年 4 月 28 日返回珍珠港部署即将来临的珊瑚海海战。弗莱彻率领的"约克城号"航母编队（第 17 特混舰队）和海军少将"杰克"奥布里·菲奇率领的"列克星敦号"航母编队（第 11 特混舰队）组建的航母战斗群将前往珊瑚海阻击日本入侵舰队。他们将在新赫布里底群岛与海军少将约翰·C. 克雷斯（John C. Crace）指挥的澳新联军巡洋舰编队会合。弗莱彻负责指挥当地盟军所有的海军力量。他于 4 月 29 日接到的命令是"遏制敌军对新几内亚—所罗门区域的进攻，摧毁敌军舰船、运输线及飞机"。[54]

护送杜立德空袭东京后返航的"企业号"和"大黄蜂号"航母将驶往珍珠港补充燃料和给养。然后它们将急速南下，于 5 月中旬抵达珊瑚海。它们无法在日军进攻初期抵达并投入作战——这是美军轰炸东京所付出的代价——然而当战役陷入僵持阶段，它们至少可以提供支援。

自先前突袭拉包尔（1月23日）以来，日军已在此区域集结了10周有余。以此为基地，他们得以向外辐射，夺取周边岛屿群。他们的作战方式为派小股部队抢滩登陆，通常不会遇到什么抵抗，然后开辟出一块空旷地域作为机场。工兵清除树木，平整出一条简易的泥土跑道。机械、配件、油罐以及武器弹药通过货船运来。飞机及机组人员随后而至。5月1日，日军已在新爱尔兰岛的卡维恩、新几内亚北部沿海的萨拉马瓦和莱城、布干维尔岛的布因和布卡岛建立起巨大而不断完善的小型辅助机场网络。单个机场本身的作用微不足道，但它们都可与拉包尔互相支援。所有迹象均表明，此类机场建设仍在继续。日军潜艇亦频繁出没在这一水域，并呈增长趋势。日军护航舰船自西而来，护送运输舰、布雷艇、炮艇、潜艇、水上飞机和部队。川西九七式大型水上飞机装有四个引擎，航程接近3 000英里，能在非常广阔的区域里巡逻。东京关注的是所罗门群岛、新几内亚以及珊瑚海的广大区域。

"MO行动"动员了各式各样的水面舰艇、航母战斗群、两栖登陆部队和超过150架陆基飞机，兵种之丰富令人眼花缭乱。第四舰队司令井上成美中将留守拉包尔指挥行动，但至少有6位海军将领随舰队出战。爪哇海海战的获胜者高木武雄中将指挥由"翔鹤号""瑞鹤号"航母以及护航巡洋舰、驱逐舰组建的航母突击部队。他的下属，第5航空战队司令原忠一少将，将在作战时决定这两艘航母的战术。进攻将由莫尔斯比港的入侵部队从海滩发动，兵力包括12艘运输舰运载的1万陆海军部队。其他水面舰艇部队以及一支轻型航母编队（围绕1.2万吨轻型航母"祥凤号"组建）负责掩护登陆。日军虽然以莫尔斯比港为主要目标，但也想占领热带小岛图拉吉，建立小型水上飞机基地，以便向南和向东侦察——该岛附近水域将于此后的瓜达尔卡纳尔岛战役中以"铁底湾"（艾恩博特姆海峡）而闻名。图拉吉岛将于 1942 年 5 月 3 日攻占，莫尔斯比港是5 月 10 日。

井上将军不安地意识到，所有军事部署都准备仓促，缺乏应有的精细筹划。他被迫执行时间紧迫、缺乏弹性的作战计划。进攻珊瑚海的计划已被迫推迟两次，因为附近海域有美军航母出没。进攻中途岛的计划已明确定于 5 月最后一周执行，刻不容缓。日军航母刚从突袭印度洋的行动中返航，便再次驶向遥远战场。MO 计划和众多日本海军战役一样，似乎过于复杂了。如此分散兵力违背了马汉的军事原则。日军战略家们却认为，马汉的时代还没有出现航空兵和无线电通信这两大要素，他们这样部署没有问题。然而，复杂的军事部署依赖于密切的统筹协调和时间安排，敌方如若坚决进攻，己方便较易失败。

开战以来，源田实的集中航母空中力量的理论被证明是正确的，其体现就是含有 6 艘航母的日本第一航空舰队。南云的航母战斗群 4 个月内已航行 5 万英里，东起夏威夷，西至锡兰，在环绕地球三分之一的路途中散布恐惧与毁灭。然而其势已疲。这些舰船及其官兵已被派遣到如此多的方向上执行如此多的任务，航行了如此远的距离却得不到休整，已被指挥官驱使到忍耐的极限，而指挥官却不承认存在这一极限。3 艘航母——第一航空舰队半数力量——准备遂行 MO 行动，但是"加贺号"航母在最后时刻退出了行动。它急需修整，因此将停泊在港内，准备中途岛的行动。高木将军的

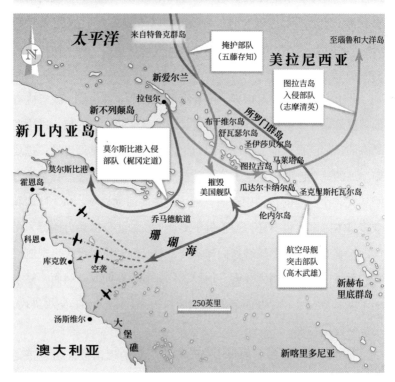

"MO行动" 日军攻占莫尔斯比港的计划

太平洋

来自特鲁克群岛

至瑙鲁和大洋岛

掩护部队
（五藤存知）

美拉尼西亚

新爱尔兰

图拉吉岛
入侵部队
（志摩清英）

拉包尔

新不列颠岛

新几内亚岛

布干维尔岛

舒瓦瑟尔岛

莫尔斯比港入侵
部队（梶冈定道）

圣伊莎贝尔岛

马莱塔岛

莫尔斯比港

图拉吉岛

霍恩岛

摧毁
美国舰队

瓜达尔卡纳尔岛

圣克里斯托瓦尔岛

科恩

乔马德航道

伦内尔岛

空袭

珊
瑚
海

库克敦

航空母舰
突击部队
（高木武雄）

新赫布
里底群岛

250英里

汤斯维尔

大
堡
礁

澳大利亚

新喀里多尼亚

航母突击部队 1942 年 5 月 1 日从特鲁克出发时，仅包括"翔鹤号"和"瑞鹤号"航母编队。海战史上首次航母舰队对决即将开始，在偶然因素的影响下，两支舰队将以势均力敌的态势投入战场。

第十章

　　"列克星敦号"是世界上服役最早、吨位最大的航空母舰之一，舰员们亲切地称呼它为"列克斯夫人"（Lady Lex）。它于1925年开始服役，此时航空母舰技术尚不成熟，仍处于起步阶段。同其"孪生姐妹""萨拉托加号"一样，"列克星敦号"原本是要设计为战列巡洋舰的，但其巨大的船体建成后，立刻被改建为航空母舰。"列克星敦号"的排水量为3.6万吨，而"企业号""约克城号""大黄蜂号"和"列克星敦号"一比都相形见绌。"列克星敦号"比约克城级航母长六七十英尺，舰岛稍小，有着像阅兵场般宽阔的飞行甲板。

　　20世纪中期，关于航海的迷信说法已经成为历史，但即便如此，船员们还是对舰队里各种各样的船产生了特殊的感情。"列克斯夫人"总是最受人喜爱。阿尔文·柯南曾在"企业号"上任职，他回忆道："海军中有传言说'列克星敦号'是艘'好船'。但出于一些未知原因，她的'姐妹''萨拉托加号'并不在此之列。"[1]

　　4月15日，"列克星敦号"沿着"之"字形路线驶出珍珠港，奉命将海军陆战队第211战斗机中队的14架布鲁斯特"水牛"战斗机运送至巴尔米拉岛，同行的护航舰船包括重型巡洋舰"明尼阿波利斯号""新奥尔良号"以及7艘驱逐舰。每个黎明，舰船上都有 6 架 F4F 野猫式战斗机起飞，为特混舰队进行战斗空中巡逻。不久之后，几架无畏式俯冲轰炸机起飞，飞往南边和西边进行空中搜寻，飞行范围为 200—250 英里。"列克斯夫人"在珍珠港逗留期间，先在干船坞待了一个多星期，又在维修区停泊了一个星期，还装备了最新型的雷达装置。一根新装的"床垫弹簧形"巨型天线在其前桅上方旋转着。由于安装了雷达，船员们感觉安全多了，起码不那么容易遭到突袭了，这也鼓舞了他们的士气。信号员弗洛伊德·比弗在海军少将奥布里·菲奇的部队中任旗号兵，他写道："雷达能监测到我们看不到的东西。没有雷达的航母战，想想都觉得可怕。"[2]

再往南就进入了赤道无风带，那里的大海像浴场一样温暖。太阳把热量释放到舰船上。白天船舱的温度会一直保持在将近 40℃，即使在晚上，也不会低于 30℃。"列克星敦号"的船体内部有一座巨型发电站，配有 16 个巨大的蒸汽锅炉和 4 个 33 200 千瓦的涡轮发动机。这些大机器不可避免地产生了巨大的热量，而大部分热量都被困在航母内部的钢铁结构里。到了中午，这些热量同赤道的太阳产生的热量都汇聚到飞行甲板上，导致钢铁甲板烫得像煎锅一样。在这样的高温下，舰员们裸露在外的身体被烫伤，橡胶鞋底也熔化了。船员们有时会试着在甲板上煎蛋，以此取乐。《芝加哥论坛报》（Chicago Tribune）的记者斯坦利·约翰斯顿说，在像桑拿房一样的下层甲板上，所有东西的表面都有水珠，导致这艘航母看上去像人一样汗流不止："在这个漂浮着的巨大城市里，水珠像小溪一样顺着舱壁、甲板和托盘流下来。"[3] 在舰船上，没有哪个地方比轮机舱更热。轮机师在严酷的环境中工作，那里的温度从未低于过 40℃，有时甚至超过 50℃，这已经是人类所能忍受的温度上限了。那些在

　　　　　　燃烧的大洋：1941—1942，从突袭珍珠港到中途岛战役

食堂或甲板上抱怨太热的舰员会被叫去拜会这些轮机师，这也是让他们停止抱怨的最好方式。罗伯特·凯西拜访另一艘船的轮机师时，感觉"眼珠变得像煮老的鸡蛋一样硬"。[4]在那里度过了难熬的几分钟后，他逃向"凉爽的上层世界"，尽管那里也有将近40℃，但相比之下还是好得多。

　　"列克斯夫人"在珍珠港卸掉了8英寸舰炮，这可以说是一个时代的遗物，当时人们认为，航空母舰应当具备和敌方水面舰艇交火的能力。两门沉重的舰炮分别位于舰岛的前方与后方，并且只能朝右舷开火，如果转向左舷开火，炮口风可以震碎飞行甲板。即使在眼下，也就是战争的早期阶段，各级航母最需要的也明显是防空武器。海军造船厂在"列克斯夫人"的舰首和舰尾安装了几门新型的5英寸/38倍径的高平两用炮。如果能熟练使用这些强大的武器，就有可能击落航母上方1万英尺高空的重型轰炸机。飞行甲板周围放置了100多门1.1英寸和20毫米的厄利康短程机关炮。这些机关炮虽然射程短，但射速高，也可以单人抵肩射击，非常适合作为抵御来袭飞机的最后一道防线。[5]

　　从"列克星敦号"的战斗经历来看，机关炮的表现并不理想，于是弗雷德里克·C.谢尔曼舰长下令强化训练。炮塔从早到晚总有人在练习。炮手们头上戴着钢盔，穿着紧身救生衣，无论是站是坐，全都待在炮塔旁边。一旦航母上的飞机升空，炮手就会用5英寸的炮口对着它们，练习测距与瞄准。轮休的炮手则每天额外花一个小时待在炮塔甲板上，用模拟装弹机练习发射步骤：将60磅重的炮弹推入弹膛、安装引信、瞄准、模拟射击。舰员们学会了通力合作，积极应对，变得头脑灵活，手脚麻利。经过持续的重复练习，他们出错越来越少，开火成功率不断提高。在"列克斯夫人"上，一部分5英寸舰炮由舰员操作，另一些则由海军陆战队操作；正如约翰斯顿所说："大家能看到，这两支队伍在练习射击时是良性竞争。"[6]

在海上的大部分时间里，"列克星敦号"都在进行实弹演习。有一门5英寸舰炮发射了一枚定时靶弹，它能够弹出带降落伞的照明弹。其他舰炮开始射击。红色曳光弹纵横交错，射向靶弹。[7]其中的窍门是准确估计目标高度，快速射击，并且赶在另一个炮塔之前摧毁目标。"离开珍珠港后不到两周，"约翰斯顿写道，"这些炮手便能几下子就将小型降落伞击成碎片，或者把目标打成筛子。"[8]当目标快速移动时，射击难度较大。在谢尔曼指挥的一场演习中，一架巡航侦察机飞过航母，用4 000英尺长的缆绳拉着一个色彩鲜艳的筒形拖靶。首先由5英寸舰炮练习高空射击，然后飞机降低飞行高度，让厄利康炮练习射击。在战斗和实弹射击演习中，防空火力经常出现的一个问题是，炮手往往因瞄准点太低而未能准确掌握目标的"提前量"。每次爆炸不是太低就是在目标后方，从来没有在高处或在目标前方爆炸过。为了能精准无误地瞄准目标，"列克星敦号"上的炮手们在舰尾轮流用霰弹枪射击陶土飞靶。经过长时间的努力练习，他们的能力得到了很大的提升。船员对炮手们的练习十分好奇，他们知道全体船员的安全都仰仗于炮手高超的技能。

当"列克斯夫人"接近赤道时，船员举行了传统的"越线"仪式：船员分成两派——跨越过赤道的老船员（"贝壳"）和没跨越过赤道的人（"蝌蚪"）。在接下来的24小时里，"贝壳"会让"蝌蚪"完成各种羞辱性的仪式。直到完全臣服于"海神尼普顿"的神威之下，"蝌蚪"才能成为"贝壳"。也许有一天，会有学术论文记录下这个特殊的航海习俗，并研究它上百年的历史，及其背后隐含的异教偶像崇拜。"海神的审判"是要把军衔等级放在一边的，船上会暂时无尊卑之分，所以只有当船经过赤道时，你才能看到海军司令在船员面前手脚并用地爬行。这是狂欢的时刻，一直以来的紧张气氛得以缓解。"贝壳"们跃跃欲试、摩拳擦掌，想要给"蝌蚪"点儿颜色看看。"列克星敦号"上大约有500名船员从未出过海。舰只的戒备也丝毫没有放松。空中巡逻照常进行，有一半船员随时待命。事实上，船上的几位重要军官都积极参与了这个仪式，其中包括几名航空兵指挥官。就连负责决定仪式中每个人地位的副舰长莫特·塞利格曼（Mort Seligman）中校也要接受"惩罚"。[9]长官们让老船都坚守在工作岗位上，而不给新船员安排工作，这不是巧合，而是防止新船员以工作为由回避即将到来的考验的一种手段。

"审判"在飞行甲板往下两层的食堂进行。"最高检察官"会在"书记员"和"帮衬者"的帮助下审讯"蝌蚪"，提出一些荒谬的和带有侮辱性的问题，"蝌蚪"无论如何回答，都可能被控"藐视法庭"。[10]有的"蝌蚪"奋起反抗，有的则十分顺从；尽管可以买些可口可乐、冰激凌或香烟贿赂法庭，得到宽恕，"蝌蚪"还是都被欺负了一番。一名军官证明自己曾在海军情报部门效力，结果被判犯伪证罪，理由是这样的事情是不曾存在的。新手飞行员需要全天戴着头盔和手套，穿着毛皮衬里的冬季飞行服，用可乐瓶制作的"双筒望远镜"扫视地平线。

下午"审判"结束，仪式在飞行甲板上举行，海神尼普顿（通常由服役时间较长的军士长担任）戴着王冠，握着三叉戟坐在王位上，旁边站着他的"王后"和"王室子孙"。"蝌蚪"们只穿着内衣，身上涂满了蛋黄、香蕉油、鱼雷润滑油的混合物（"涂油"），这些都是从厨房和机械库中搜刮的。接受了海神的赐福之后，这些身上抹得脏兮兮的可怜人被迫在一条 800 英尺的跑道上接受"围攻"，"贝壳"们位列两旁，用帆布软管抽打他们的屁股。等这一切结束，"蝌蚪"们获颁证书，证明其已进入海神的领地，就可以称自己是一个真正的水手了。约翰斯顿在"列克星敦号"的舰桥上目睹了这一切，当他望向巡洋舰和驱逐舰时，他发现这些船上也进行着同样的仪式。

"列克星敦号"的水手早已习惯大汗淋漓，甚至已经很难回忆起凉爽的天气是怎样一种感觉了。他们的蓝衬衫和工作服没穿几分钟就会湿透。令船员们困扰的不仅仅是令人窒息的闷热和流个不停的汗水，还有身上浓重的汗臭味。一位航母舰员回忆道："当时除臭剂尚未普及。"[11] 他们可以随时冲澡，不过是用海水淋浴，然后用淡水快速冲洗一下。信号员比弗记录道，"列克星敦号"的浴室堆积起了三四英寸深的"混着肥皂油污和秽物的脏水，随着船的晃动从一侧冲向另一侧，有时会溢到外面的通道上"。[12] 船员们用海水剃须，忍受着咸水带来的疼痛。而海水里的盐分使他们每个人身上的痱子都更加严重。腰部的情况最为严重，因为汗湿的内衣和衣服不停摩擦腰部的皮肤，擦出的红印有 1/4 英寸高。[13] 船舱内有强力风扇不停吹着，让通道和舱室隔间里的空气得以循环，但排出来的风还是像吹风机吹出来的一样热。在这样的高温下，没几个人能睡得着。柯南回忆道："我们在床铺上辗转反侧，夜灯发出的炫目红光让人难以入眠。"[14] 有的船员跑到飞行甲板的弹网上睡觉，在金属网上铺一层毯子，这儿就成了他们的避难所。午夜过后，舰船前进产生的微风会使空气凉爽一些。

尼米兹的新命令于4月19日抵达。"列克星敦号"及其警戒舰以"省油的速度"前行到"橡子点"——新喀里多尼亚西北约300海里处,在那里与第17特混舰队的"约克城号",以及皇家海军克雷斯少将指挥的盟军巡洋舰和驱逐舰部队(第44特混舰队)会合。[15]在那里它们继续向南行进,长长的尾流指向北方的地平线;它们越过赤道隆起区,向着南太平洋熟悉的水域驶去。无论在何处,海洋看起来都如此相似:都是深蓝色的,"深海的那种蓝色"。[16]中太平洋是世界上最荒僻和最人迹罕至的地区之一。"列克斯夫人"在波涛汹涌的海面上航行,偶尔能从望远镜中看到长着棕榈树的环礁,但从未靠近过。在海上日复一日,感觉不出变化,只有观察夜空,才能让人意识到自己一直在前进。每天晚上,北极星都越发靠近北方的地平线,而南十字座开始从南方升起。在"列克星敦号"穿越赤道那晚,水手们在甲板上能看到南十字座和北极星同时位于南北地平线上。

这个区域的日落十分辉煌壮观,广阔的西方像一个巨大的调色盘,火红的天空上散落着残云,呈现出淡紫色、薰衣草色、绿松石色和玫瑰色,凯西回忆道,"彩霞漫天,地平线上泛着奇异的绿光"。越向南,便越接近赤道无风带的边缘,天气似乎凉爽了一些,但其差别恐怕也就是(如凯西所说)"熔化铅的温度相比于熔化黄铜的温度"。[17]很快舰队就来到了南半球信风带。信风是一种稳定的微风,它在南半球不像在赤道北边那样从东北方吹来,而是从东南方吹来。4月29日,阴沉的天空带来狂风暴雨,舰队从新赫布里底群岛和所罗门群岛之间进入珊瑚海北部,那里(驻扎在埃法特岛附近的海军上尉詹姆斯·米切纳记录道)"洋面宽阔,天气晴好,阳光明媚。这里有从澳大利亚吹来的微风，仿佛那座巨岛始终在运动似的；还有从塔斯曼海奔腾而来的巨浪，它们来自极地冰盖，北上至此，使得大海波涛汹涌"。[18]

5月1日，天光放亮时，舰队所在方位为南纬16°16′，东经162°20′，"约克城号"从远方便能看到。弗莱彻将军1906年毕业于海军学院，是一个冷若冰霜的艾奥瓦州人，此次担任这两支舰队的总指挥。他最关心的是燃料，他希望每一次战斗打响时，所有船的燃料都能接近满载。但是特混舰队的燃料由珍珠港加油船队长途补给，而且在航行过程中加油仍然是一个缓慢而艰巨的过程。而"列克斯夫人"及其护航舰船刚刚经历长途航行，需要更多的燃料，因此需要更多的时间来加油。于是弗莱彻通过可视信号命令第11特混舰队向南方行驶，与重型巡洋舰"芝加哥号"会合，用"蒂珀卡努号"油轮加油。"约克城号"舰队则用"尼欧肖号"油轮加油，之后往北驶向路易西亚德群岛。船上进入了二十四小时全员戒备的状态。弗莱彻为了隐藏舰船的存在，保持绝对无线电静默状态，并躲在日本巡逻飞机的侦察范围之外。[19]

澳大利亚汤斯维尔的陆军空中巡逻报告说，日本军队正从俾斯麦群岛驶向所罗门群岛东部，这些报告也得到了夏威夷情报站最新情报的证实。这表明日本人想要占领位于佛罗里达群岛南部的热带小岛图拉吉。弗莱彻计划趁日军登陆时发动攻击，此时敌军最为脆弱。日军于5月3日登陆图拉吉岛时并没有遭到抵抗，因为澳大利亚驻军已于一周前撤离。日军施工队立即开始构筑水上飞机跑道，而此时大部分日本海军护航舰艇已北撤。当晚7点，弗莱彻从驻扎在澳大利亚的陆航巡逻队处获悉日军已经登陆，日军舰船停泊在岛外。在夜色的掩护下，"约克城号"及其护航舰船以27节的速度向北疾驰，并于4日黎明向日舰发起进攻。"列克星敦号"由于仍在补充燃料，位于南方100多英里外，落在了后面。时不我待，弗莱彻严令继续保持无线电静默，以"约克城号"一舰之力展开前哨战。他派遣"尼欧肖号"和一艘名为"拉塞尔号"的驱逐舰去联络菲奇，令其于次日清早前往瓜达尔卡纳尔岛以南300英里处的集合点。

当夜，"约克城号"以将近最高航速行驶，航母上的航空大队聚集在备战室中研究地图和预定攻击目标的照片。大家对整个攻击区域都不了解，唯一可供使用的地图是缺乏细节的模糊照片。[20]次日清晨，飞机从"约克城号"上起飞后，将直接飞越70英里长的瓜达尔卡纳尔岛（此时，这个岛名对他们而言还没有什么特殊含义）。瓜达尔卡纳尔岛的东西向轴线是一系列陡峭的山峰，其中一些高度达到6 000英尺。这一天然的地理优势使美军舰载机可以隐身接近此岛，达成奇袭之效果。飞越这些山峰后，飞机距离图拉吉就只有12英里的距离了，它们可以全速前进，穿过当时尚未被命名为铁底湾的水域，摧毁停在图拉吉和旁边吉沃图（Gavutu）港的日本船只。

5月4日拂晓，"约克城号"行驶至瓜达尔卡纳尔岛以南约100英里处。一股冷空气突然造访，天气变得十分恶劣，阴云密布，狂风大作，风速高达35节，还不时下着雨。这对于船舰上的军官和船员来说是件好事：当船上的飞机已经飞入天气良好的海域时，对航母而言最理想的便是始终隐藏在黑暗之中，这可以有效地防止敌方的空袭反击。它们在黎明之前就通过扬声器吹响了集结号角——"上马号"（boots and saddles）。作战队伍包括28架俯冲轰炸机和12架

珊瑚海战役，1942年5月1日—4日

拉包尔　新爱尔兰　　　　　支援部队（丸茂邦则）

新不列颠岛　　　　　　　　　　掩护部队（五藤存知）

所

布干维尔岛　　罗　　　航空母舰突击部队
图拉吉岛入侵部队　　舒瓦瑟尔岛　　门　　（高木武雄）
（志摩清英）
圣伊莎贝尔岛　　群　**太平洋**

当特尔卡斯托群岛　　　佛罗里达群岛　　**岛**
伍德拉克岛　　　图拉吉岛　马莱塔岛
路易西亚德群岛　　瓜达尔卡纳尔岛　　圣克里斯托瓦尔岛
新几内亚　米西马岛　罗塞尔岛　　向图拉吉岛　伦内尔岛
发动攻击

5月2日—3日恶劣天气区域

第11特混舰队　　　　　　　第17特混舰队
（菲奇）　　　　　　　　（弗莱彻）

N

珊瑚海

300英里

5月1日在波顿会合

Source: Henry, *Battle of the Coral Sea*

鱼雷轰炸机。早上 6 时 31 分，6 架 F4F 战斗机率先起飞，它们将为特混舰队进行战斗空中巡逻。7 时 1 分，第一架轰炸机起飞。每架俯冲轰炸机都携带了一枚 1 000 磅重的大型炸弹，鱼雷轰炸机则载有马克 13 型鱼雷。

轰炸机迅速朝瓜达尔卡纳尔岛上空爬升，在朦胧的晨光中飞越岛上高耸的山峰。随着北部青翠的山坡坡度下降，天气逐渐晴朗。此时，铁底湾的景象一览无余，佛罗里达群岛和图拉吉岛清晰地展现在飞行员面前，显现的轮廓与他们研究的地图是吻合的。他们开始俯冲加速。海军少校小威廉·O.伯奇（William O. Burch, Jr.）是第5侦察机中队的队长，上午8点他率先抵达了吉沃图港。他和飞行员在1.9万英尺的高度观察下方情况时，以为有一个强大的日本舰队散布在下面，但事实证明他们此前的船舶识别训练失败了。他们认为自己看到了1艘轻型巡洋舰、2艘驱逐舰、1艘水上飞机供应舰、5艘运输舰，以及各种炮艇和小艇。但后来查明的真实情况是，下方仅有1艘扫雷舰、2艘小型扫雷舰、1艘小型运输船、2艘驱逐舰，以及一些登陆船。

大多数战争史学家把这类错误归结于可视度低或飞行员经验不足，但其中一位历史学家——塞缪尔·埃利奥特·莫里森——不太同意这一点。他指出，飞行员普遍倾向于高估敌船的规模和级别，这种情况并不会随着飞行时间的增加而消失："在战争中，有个普遍情况是，飞行员总会高估自己看到的东西。他们眼中的天鹅其实只是普通的鹅，而他们眼中的普通鹅，往往只是鸭子或小鹅。"[21]

这次空袭完全出乎日本人的意料，他们没有空中掩护，几乎毫无防备。日舰进行了微弱的抵抗，发射了一些防空炮弹，但因缺乏训练，很难命中。第一轮战斗结束时，没有一架美国飞机坠落。随后加入战斗的鱼雷轰炸机虽然没有命中日本船只，但同样轻松躲过了日军发射的防空炮。在把炸弹和鱼雷消耗殆尽后，"约克城号"上的所有飞机都向南返回到等候已久的航母上，此时航母也已向前行进了20英里。伯奇少校曾打趣说他们重新装备和补充燃料的速度实在太快了，机组人员甚至没来得及喝杯咖啡就重新回到了驾驶室。上午 11 点，他们再次飞往图拉吉和吉沃图，开始了又一轮轰炸。由于"约克城号"离轰炸地点非常近，飞机跨越瓜达尔卡纳尔岛仅需半个多小时，于是这一天总共发动了 3 次袭击，派出了将近 60 架飞机投入战斗，仅有 3 架被击落。

获得胜利的机组人员相信（在向弗莱彻将军报告时，他们提供了十分丰富且令人信服的细节），他们已经摧毁了日本整支水面舰队。记者斯坦利·约翰斯顿在采访"约克城号"的飞行员之后推断，美军在港口击沉或重创了 14 艘或 15 艘日本舰船，其中包括 3 艘巡洋舰，并补充说："我们的飞行员再一次证明，俯冲轰炸机和鱼雷轰炸机相结合是到目前为止攻击船只最有效、最具破坏性和最致命的方法。"[22]

但后来证实这些言论被夸大了。当时，战场上并没有日本巡洋舰，真实的情况是当时只有一艘名为"菊月号"的驱逐舰，以及大部队登陆后留下的一艘小型运输船，还有两艘巡逻艇。鱼雷攻击基本上徒劳无功。俯冲轰炸机和鱼雷轰炸机并没有很好地协同作战，因为中队没有同时到达目标。SBD 无畏式俯冲轰炸机飞行员抱怨说，在俯冲到 7 000 英尺的高度时，轰炸瞄准器和挡风玻璃上产生了雾气，限制了视野，干扰了投弹。（解决方法之一是从较低的高度俯冲。不过为了彻底解决这个问题，人们重新设计了轰炸瞄准器和挡风玻璃。）[23] 美军在日本的这支小型舰队身上浪费了大量弹药：22 枚鱼雷、76 枚 1 000 磅重的炸弹，以及 12 570 发 0.50 英寸的子弹和 7 095 发 0.30 英寸的子弹。尼米兹向金报告时说："考虑到敌方几乎没有航空兵，而且仅有极少的防空火力，我方弹药耗费如此巨大，实在令人失望。"他补充说,这一行动表明,"飞行员必须在空战的各个阶段接受全方位训练,把握每一个机会练习射击"。[24]

如果弗莱彻相信了飞行员关于海军大决战的叙述,他可能就会赌一把,在该海域驻泊一夜,到天亮时把日方残余舰只全部歼灭。不过,他选择了更为谨慎的方案,在黑夜的掩护下迅速向东南撤退,离开新几内亚北部海岸的日本陆基飞机的搜索范围。这是一个幸运的决定。或许,"约克城号"此次行动产生的最重要的后果是提醒了日军附近至少有一艘美国航母,因为单引擎轰炸机和鱼雷机在图拉吉岛上空呼啸而过时已经被准确识别为舰载机。第一轮打击过后,几艘日本舰船立即起锚向北疾驰,奔向拉包尔附近的安全地带。它们已经将部队送到岛上,水上飞机基地两天后才能建立和运转,因此没有理由待在这儿反复遭受空袭。

此时,原忠一将军的两艘大型航母正在北方350英里处的布干维尔岛以北补充燃料。他得知图拉吉岛遇袭后,下令停止补充燃油,把加油的软管断开,扔在一边,让"翔鹤号"和"瑞鹤号"猛冲到所罗门群岛东部海域。这一天,五藤存知将军率领部队从拉包尔起航,准备进攻莫尔斯比港,他命令1.2万吨的护航航母"祥凤号"与进攻莫尔斯比港的部队分开行动,兵分两路搜寻敌舰。但是还没等他们赶到那儿,幸运的"约克城号"就在4日天黑之前逃脱了,撤退到了南方天气恶劣的海域。

第二天早上8时16分,在瓜达尔卡纳尔岛以南约320海里处,"约克城号"和"列克星敦号"相遇了。两艘航母一边向西南匀速行驶,一边通过"尼欧肖号"油轮加油。这项工作十分枯燥,还有危险。"列克星敦号"之前已抽光了"蒂珀卡努号"的最后一加仑燃油，现在几艘护航驱逐舰通过这艘航母巨大的油箱补充燃油。弗莱彻下达了 242 号作战命令，将第 11 特混舰队归入第 17 特混舰队，让整支舰队在海面上分散开来，形成一个防御圈，航母在中间位置，巡洋舰和驱逐舰分别位列防御圈的内环和外环。尽管弗莱彻仍担任总指挥，但他有意让菲奇将军在空中作战时担任两艘航母的战术指挥官。菲奇将军曾是飞行员，也是老资格的航母军官，经验十分丰富。弗莱彻的命令于 6 日开始执行，贯彻的是尼米兹的指示——所有作战单位都要"抓住有利机会，摧毁敌舰和敌机，切断敌军运输路线，以协助探察敌军在新几内亚—所罗门地区采取的进一步行动"。[25]

如今美日都想找到对方，但都不知道敌人的确切位置。5 月 5 日、6 日和 7 日是混乱的几天，在这段时间里，敌对的两支航母舰队相互搜寻着，却徒劳无功。天气变化多端，有时晴朗平静，有时乌云密布，狂风卷起巨浪，波涛汹涌。这几天里出现了许多猜测、莫名其妙而不准确的情报、矛盾有误的侦察报告，以及无效或被误导的攻击。在为期五天的战斗中，大部分时间美军在混乱中四处摸索，庆幸的是，日本军队也同样困惑。莱顿中校称这"就像性命攸关的蒙眼捉人"。[26] 就像是上天故意不让他们相遇一样。

他们都知道，航母适合打完就跑，船只本身非常脆弱，但是如果航母能找到敌船并率先进攻，那么即使相隔很远也可以对敌人施以沉重的打击。战术的关键在于不断移动位置；战机要持续进行空中侦察，扩大飞行范围，加强搜索；让敌人保持在明处，自己的飞行甲板则尽量隐藏在昏暗的天气中。正如"列克星敦号"的舰长谢尔曼所说："他们找不到你，也就无法攻击你。航母是一种可以冲锋陷阵、沉重打击敌人，之后全身而退的武器。"[27]

侦察机将搜寻范围扩大到了175英里至200英里。"我们在关注区域的方向上框定一个范围，然后派飞机前去巡逻，飞到最外圈的时候，两架飞机的侦察范围应该刚好相接而不重叠，"菲奇将军的司令秘书保罗·D. 斯特鲁普少校解释道，"换句话说，我们的目标是完全覆盖最外圈，完全覆盖搜索区域。"[28]从理论上说，机组人员在指定区域能够看到每一寸海面，但实际上他们很少能做到。即使天气像5月5日清晨那样晴朗，到了下午，云层还是会越积越厚，天空也变得越发阴沉。海军为空中搜索付出了巨大的努力。飞机需要在炎热的环境中长途飞行，这对于飞机和飞行员来说都是一种巨大的消耗。座舱罩需要打开，好让驾驶舱的空气得到循环。由于长时间暴晒在阳光下，飞行员的脖子和脸都晒成了古铜色，他们摘下护目镜时，模样有点像浣熊，晒过的皮肤颜色和原本的肤色形成了鲜明的对比。努美阿的水上飞机基地承担了一部分空中搜索任务。努美阿是法属殖民地新喀里多尼亚的首府，与所罗门群岛相距很远，而且只有12架正在服役的PBY飞机，因此无法进行有效的侦察。陆军轰炸机从汤斯维尔起飞，飞到拉包尔和珊瑚海，但并没有提供多少可靠的侦察情报。谢尔曼舰长承认飞机深受恶劣天气的困扰，他遗憾地表示："无论看到什么，不管是运输船、拖船还是驱逐舰，飞行员都可能将其当成战列舰或航母。"[29]此外，飞行员报告的位置通常离标记地点很远，因为他们的飞行方向有误。

日本十分依赖水上飞机，在新几内亚和所罗门群岛东部的几个基地都有部署。美国人很快就意识到日本的川西九七式四引擎水上飞机非常先进，这种飞机的飞行范围可达惊人的3 000英里，有效搜索半径可达 1 000 英里。"列克星敦号"副舰长莫特·塞利格曼中校指出，SBD 轰炸机的搜寻范围太过有限，将美国人"置于不利的境地。……如果我们想知道敌人的行动，那就需要扩大飞机的搜寻范围。……这也使得我们只能在夜间快速接近敌人，在清晨发起进攻。因此我们很难发动突袭，而突袭在战争中的重要性比很多人想象的要大得多"。[30]

这个观点听上去不无道理，但日本人自身也遇到了侦察上的难题。他们的侦察机即使发现了美国舰队，也会因害怕被野猫式战斗机打下来而忙于寻找藏身的云层，从而误判舰船的类别。由于他们的无线电通信技术始终存在问题，所以侦察报告经常无法传给高木将军或原忠一将军。远距离发现目标后，即使判断可靠，也往往不能据此采取行动——美国航母当时如果处于舰载机的攻击范围之外，以"之"字形航行几小时之后便可能跑得无影无踪。塞利格曼后来才知道，在那 5 天的对抗中，日本舰队和他们一样迷茫。

美国的舰载机，包括侦察机和盘旋巡逻的战斗机，在执行任务时会不时撞上敌军的巡逻飞机。"列克星敦号"上的参谋都挤在无线电控制室收听飞行员发回的信号："阿格尼丝向莉莉汇报。一架飞机，高度 17 000，方位 130，距离 5 英里。瞧一下。""莉莉收到。会派人过去的。"[31]

5 月 5 日下午，小詹姆斯·H. 弗拉特利（James H. Flatley, Jr.）少校，"约克城号"第 42 战斗机中队的副队长，二战中美国最著名的战斗机飞行员之一，传回信号说他在云层上看到了一架川西水上飞机，距"约克城号"约 27 英里，距"列克星敦号"约 15 英里。"约克城号"上的战斗机指挥官回复说："川西飞机在哪里？"弗拉特利以战斗机飞行员特有的骄傲口吻慢悠悠地答道："等一下，我让它在你们面前现身。"[32] 大约一分钟过后，一架飞机冒着黑烟从空中掉了下来，落入东北方向的海域，一掉到海里就爆炸了。这一景象在"列克星敦号"上看得一清二楚。

弗拉特利又在无线电中开口了，这次是跟"列克星敦号"的战斗空中巡逻人员说的："我们到这儿来把这些家伙从你们头顶上打下来，这倒是不错。你们就不能有所行动吗？"

"列克星敦号"的 F4F 飞行员诺埃尔·A.M. 盖勒（Noel A. M. Gayler）上尉插话道："吉米，刚刚那架飞机差点儿就砸到我了。我正在云层里往上爬升，一个火球突然和我擦身而过，我当时压根没反应过来那是什么东西。"

"这就是告诉你不要飞在我下面。"弗拉特利回复道。[33]

在与日本飞行员对决时，美国航母飞行员有顾虑并不是毫无道理的。在战争的前 5 个月，日本的航母舰队多次沉重打击了美军，而从未遭到反击。1942 年 5 月 4 日，美国海军飞行员宣称，他们累计击落了 24 架日本飞机。当时海军只有一个王牌飞行员——"屠夫"奥黑尔。后来，世界上最繁忙的机场就是以他的名字命名的。* 美国的飞行员虽然感到不安、紧张，但同时又斗志昂扬。对于即将到来的战斗，他们摩拳擦掌，跃跃欲试。等到夜幕降临，飞机入库，他们会在吃过晚饭后聚集在休息室，一边抽烟一边仔细研究战区地图。他们无休止地谈论飞行和战斗，用双手比画战术动作，在黑板上画出图解——这些交流确实很有用，因为这是飞行员互相分享经验和

---

* 此处指芝加哥奥黑尔国际机场。——译者注

学习知识的方式。

近期与迅疾敏捷的零式战斗机交手后，野猫式战斗机的弱点暴露了出来；但是积累了几个月的经验之后，飞行员也开始认识到不够灵活但是更坚固的野猫式战斗机的一些优点。"大家都别忘了，不能跟零式战斗机缠斗。""列克星敦号"上的一位战斗机飞行员说。另一个回答说："我想，如果我们能坚持双机配合，就能对付它们。"[34]

每天都有源源不断的通信情报涌入，通过远程加密无线电传输，这些情报从罗奇福特的地下室传到莱顿手中，再呈递给尼米兹，然后由"约克城号"的报务员办公室接收并解密，交到司令舰桥上的弗莱彻将军手中。但5月6日以前，日本舰队的移动时间和方向美军都无从得知。"列克星敦号"的舰长谢尔曼后来回忆道，关于日本舰队位置的情报十分"粗略"，几乎毫无价值。珍珠港的报告表明，许多日本作战单位在新几内亚和所罗门群岛之间的海域出没，但是这些报告五花八门，混乱不清。在战役初期，无线电侦听的效果极小，这或许是因为日军保持无线电静默，难以捕捉，也可能是因为与日舰相距太远，不能很好地侦听信号。弗莱彻是一位老派的军官，在处理通信情报方面没有太多经验，所以不大相信无线电情报。福里斯特·R. 比亚尔（Forrest R. Biard）上尉离开了夏威夷情报站，与"约克城号"同行，但当弗莱彻邀请他向旗舰上的全体参谋介绍他的工作性质时，他谢绝了，与弗莱彻产生了一点冲突。比亚尔如果介绍自己的工作，就会违反为保护Ultra而采取的安全措施。尽管比亚尔显然是对的，弗莱彻依然对这个小小的上尉公然反抗他感到十分不满，于是两人之间的关系还未发展就蒙上了一层阴影。

　　　　　　　　　燃烧的大洋：1941—1942，从突袭珍珠港到中途岛战役

但海波站的情报在这场战役中仍为弗莱彻和菲奇带来了关键的优势。盟军舰队比日军联合舰队在此海域集结的力量要弱一些（只不过日军分属于多支舰队，组织协调更加复杂）。尽管力量悬殊，但盟军具备一个优势，那便是提前得知日军进攻莫尔斯比港的意图，还知道日军会从拉包尔调来易受攻击的运输舰队。5 月 3 日，海波站成功破译了日军发给高木的大部分命令，并且发送给了关键的参战单位。四天后，破译员截取并破译了莫尔斯比港驻军发出的几条信息，显示出了日军的方位及计划。5 月 5 日，弗莱彻从无线电情报中获悉，当天上午 10 点，日军计划在莫尔斯比港登陆，而日本航母将在这天到达指定位置。这意味着他必须向南方行驶才能躲过高木的空中搜索。

到了 5 月 6 日，很明显，入侵莫尔斯比港的日军将通过位于路易西亚德群岛的乔马德航道，在 5 月 7 日或 8 日到达新几内亚东端。有了这一确凿的信息后，弗莱彻指挥舰队朝西北方向行驶，在匀速行驶的过程中通过"尼欧肖号"加满了油。他希望能够获得攻击日本航母的有利位置。据他判断，日本航母应该是要为日军入侵莫尔斯比港提供掩护。弗莱彻下令进入临战状态，一旦收到发现敌情的报告，就全面发起进攻。完成加油后，他派驱逐舰"西姆斯号"为"尼欧肖号"护航，向南行驶；"尼欧肖号"上有仅剩的燃油储备，不能受到任何破坏。他还做出了一个奇怪的决定，派出 3 艘巡洋舰和 3 艘驱逐舰作为第 3 特混大队，由克雷斯将军指挥，在日军侵略部队进入乔马德航道时对其发起进攻。这个决定即使在当时也备受争议，因为盟军已经通过实战的教训认识到，缺乏空中保护的水面舰艇不应进入敌军占主导地位的海域中。这一决定还使航母失去了大部分的警戒舰船。显然，弗莱彻宁可冒这些风险，也要在第 17 特混舰队与日军激战的同时，阻止日军在莫尔斯比港登陆。

弗莱彻以为日军航母仍在北方几百英里外。如果他知道日军航母实际上就在他东边，在他右方不远处，已经进入了珊瑚海，他肯定会大吃一惊。[35] 根据当天早些时候收到的一份侦察报告，高木命令原忠一从所罗门群岛南部迂回，向南前进，找到并摧毁美国航母。在这一时刻，第 17 特混舰队完全暴露于敌军面前，处于致命的危险之中。如果日军更走运一些的话，他们本可以取得这场战役的完胜，甚至可以在"约克城号"和"列克星敦号"加油时将它们全部击沉。（这一打击可能还会改变中途岛战役的结果，从而改变整场战争的进程。）但是日本的侦察报告误把美国航母的方位定在了 190 度左右，几乎是正南方向。高木对这一报告的解读，也与自己已有的想法相吻合——美国航母深入了珊瑚海内部，距离日军的进攻路线比较远。5 月 6 日到 7 日的夜晚，这两支舰队原本相隔不到 70 海里，结果却朝着完全错误的方向寻找对手。

黎明时分，厚厚的积云聚集在天空。一股来自南方的冷锋席卷了第 17 特混舰队，登时气温骤降，狂风大作，海面波涛汹涌，还伴随着时强时弱的暴风雨。能见度仅有 10 英里到 15 英里。"列克星敦号"的气象官 G.L. 莱英（Raring）上尉推测锋面仅延伸到航母以北几英里的距离。而在塔古拉岛的北方，也就是他们设想的敌军潜伏地，天气应该十分晴朗，能见度极佳。这让他们感到安心，因为此时恶劣的天气很好地掩护了美军特混舰队，而敌军却暴露在外，一场空袭或许就可以将其歼灭。

克雷斯率领的第3特混大队在前一天下午与主力舰队分开后，此时已经位于路易西亚德群岛东部以南115英里处的晴朗天空下。结果，这支美澳联合舰队的巡洋舰与驱逐舰并没有遇到日军的入侵舰队，日军的入侵舰队是在第二天返回拉包尔的；而这支美澳联合舰队却在5月7日下午遭受了多轮高空的炸弹的袭击和一轮空投鱼雷的袭击。日军飞行员显然认为他们取得了重大胜利，声称击沉了一艘加利福尼亚级战列舰，击伤了一艘英国厌战级战列舰及一艘巡洋舰。这些话被日本媒体当作事实报道出来。实际上，克雷斯的舰队精于掌舵，巧妙地躲过了上百枚炸弹和鱼雷的袭击，穿过枪林弹雨而未被任何一枚炸弹或鱼雷直接命中。（美国"芝加哥号"巡洋舰遭到敌机扫射，7人伤亡。）在这一天快结束的时候，第3特混大队还被盟军误认为是敌人，被麦克阿瑟的3架B-26轰炸了一番。"幸运的是，"克雷斯说，"他们的轰炸技术和几分钟前轰炸我们的日军相比非常丢人现眼。"[36]

天亮后不久，SBD侦察轰炸机从"约克城号"和"列克星敦号"上起飞，很快便传回了发现敌情的报告。上午8时15分，第5轰炸机中队的约翰·尼尔森上尉在路易西亚德群岛北部的米西马岛的东北方向临近乔马德航道的地方发现了"2艘航母和4艘重型巡洋舰"。[37]根据航海图，报告的敌舰位于西北偏西约175英里处，处于空袭范围内。弗莱彻推断尼尔森发现了日军航母主力，没有过多犹豫。他立即下令精锐尽出，两艘航母派出了8架战斗机、53架俯冲轰炸机和22架鱼雷轰炸机，组成联合攻击群。"列克星敦号"的战机于上午9时25分率先升空，"约克城号"的战机在约20分钟后起飞。机群迅速爬升，很快便飞出锋面，进入了晴朗的天空。此时能见度极高，四周景象一览无余。路易西亚德群岛就在飞机下方，这是一个珊瑚礁环绕的绿色热带群岛。一排排浪花拍打着海滩。飞行员可以透过清澈的蔚蓝色海水，直接看到浅浅的沙滩底部。

在空袭队伍升空并飞往目标后，尼尔森上尉返回并降落在"约克城号"上。他刚一从驾驶舱出来，就否认自己看到过任何航母——他看到的只是两艘巡洋舰及两艘驱逐舰。别人拿来他的敌情报告跟他对证，这位飞行员脸红了，他意识到自己在汇报时输错了编码。这是一次无心之过，却可能导致美军付出十分昂贵的代价——日本航母仍在附近游弋，但不知道其确切位置，而此时"约克城号"和"列克星敦号"的舰载机却全体出动，去攻击一支无足轻重的水面舰艇分队。弗莱彻被彻底激怒了。"年轻人，你知道你做了什么吗？"他怒吼道，"你毁了美国的两艘航母！"尼尔森应该受到谴责，因为他的错误很容易导致弗莱彻所说的严重后果；但是此时此刻，让舰员们看到司令失去冷静，绝望地大喊大叫（比亚尔上尉回忆时如此说道），说"战斗还没有开始，我们就已经输了"，这对于鼓舞士气可绝无好处。[38]

弗莱彻短暂地考虑过召回空袭队伍，但是考虑到入侵部队或许刚好也在同一区域，于是决定按原计划执行，以期一举歼灭敌军。这一积极的决定很快被证明是正确的。上午10时22分，麦克阿瑟的司令部传来一份新的侦察报告——一架陆军B-17飞机发现一艘日军航母和几艘护航舰，位于第一份目击报告地点的东南方仅35英里处。"约克城号"立即向领头的飞行员发送了纠正路线的信号。"列克星敦号"第2轰炸机中队的韦尔登·L.汉密尔顿少校其实已经发现了附近这艘唯一的日军航母。他当时位于塔古拉岛北方几英

　　　　　　　　燃烧的大洋：1941—1942，从突袭珍珠港到中途岛战役

里处，在 1.5 万英尺的高度飞行，用望远镜观察下方时，他发现东部大约 40 英里的海面上有一条白色细线。这是一道尾流，说明这里有船驶过。他立即通知了其他队长，众人一起右转追踪。随着距离渐渐拉近，汉密尔顿认出了绝不会看错的航母的飞行甲板。他立即传回无线电信息："我看到了一艘浑蛋航母。"[39]

这是日本 1.2 万吨的"祥凤号"护航航母，它周围有 4 艘巡洋舰和 1 艘驱逐舰。这是由五藤存知指挥的掩护舰队，是进攻莫尔斯比港的舰队的前锋，舰队主力就在后面不远处。五藤存知的瞭望员看到美军飞机正在从右方靠近，"祥凤号"的舰长伊泽石之介于上午 11 时 7 分下令向左急转。这艘航母上空仅有 3 架战斗机，而美军派遣的大批战机足以毁掉"祥凤号"，相比之下力量实在悬殊。更重要的是，仅有的三架飞机中有两架还不是零式战斗机，而是上一代的 A5M 九六式战斗机（"克劳德"），并没有很强的杀伤力。

"列克星敦号"的航空大队队长威廉·B. 奥尔特中校率先发起了进攻。他同两架僚机协同作战，它们都是 SBD 无畏式俯冲轰炸机，都装备了 500 磅的炸弹，于上午 11 点向日军航母俯冲投下了炸弹。航母向左急转弯躲过了，三枚炸弹都差一点命中，落入水中，不过其中一枚近失弹将"祥凤号"上的 5 架飞机震入了水中。几分钟后，罗伯特·E. 狄克逊少校指挥的第 2 侦察机中队的 10 架 SBD 无畏式俯冲轰炸机从 12 500 英尺的高空俯冲下来加入战斗。日军两架九六式战斗机原本紧随其后，但美军的俯冲轰炸机进行了空中制动，日军战斗机来不及制动，冲到了 SBD 的前面。此时"祥凤号"继续左转，几乎转了一个圈；唯一的零式战斗机在 SBD 后面紧追不舍，打乱了它们的俯冲；它们投下的 10 枚 500 磅炸弹也都没有命中。

到目前为止,"祥凤号"可以说是十分幸运了。它疯狂躲避着袭击,并成功避开了13枚炸弹;三架战斗机也在敌众我寡的境地中表现非凡,很好地干扰了进攻的美军飞机。此时伊泽舰长抓住时机,快速起飞了三架零式战斗机。

第2轰炸机中队的汉密尔顿少校命令中队在高空与"列克星敦号"的鱼雷轰炸机协同作战。狄克逊指挥的SBD无畏式俯冲轰炸机投放完炸弹,汉密尔顿中队的15架携带了1 000磅炸弹的轰炸机就开始俯冲。"我开始俯冲的时候日军航母正好在我的下风向,这让轰炸变得容易多了,"汉密尔顿说,"我投下的那枚1 000磅的炸弹是第一个命中目标的,刚好击中飞行甲板的中央。我回头看时,飞行甲板的后半部分着火了,冒出了滚滚浓烟。"狄克逊投完炸弹重新爬升时听到了雷鸣般的爆炸声,回头看到一个火球升到400英尺的高度。他通过无线电向汉密尔顿表示祝贺:"太漂亮了,太漂亮了。"[40]接着第二枚炸弹击中了"祥凤号"船尾升降机附近,在机库甲板引发了二次爆炸。汉密尔顿飞走之后,又飞回来查看情况。"巨大的爆炸使这艘船成了一具燃烧的残骸,它行进速度放缓,几乎停了下来——毁灭的景象相当壮观。"[41]

在遭受这两次重击后,"祥凤号"已经奄奄一息,但是美国人的攻击还没有结束。小詹姆斯·H.布雷特少校指挥的"列克星敦号"的第2鱼雷机中队从西南方向直朝日军航母的侧面飞来。他们在警戒舰中间找到了一个空隙,这里防空火力相对弱一些。飞行缓慢的TBD"蹂躏者"鱼雷轰炸机准备左右夹击,同时从舰首两侧投放鱼雷,让"祥凤号"无法靠机动躲过任何一侧的攻击。浓烟和俯冲轰炸机的近失弹激起的水花掩护了鱼雷轰炸机,尽管有日军战斗机的

　　　　　　　燃烧的大洋:1941—1942,从突袭珍珠港到中途岛战役

追击，它们还是完美地施放了鱼雷。这些"飞鱼"在100英尺的高度与机腹分离，雷头先进入海水，然后浮上来，径直朝"祥凤号"冲去；鱼雷引爆后，在其水线以下炸开了巨大的裂口。有5枚鱼雷明显击中了航母，2枚在右舷，3枚在左舷。当鱼雷轰炸机撤离时，"祥凤号"已经命丧大海。"蹂躏者"鱼雷轰炸机尽管飞行速度很慢，但美军在进攻和撤退时一架都没有损失。

11时25分，"约克城号"的航空大队抵达战场，小威廉·伯奇少校从1.8万英尺的高度看下去，并没有意识到"祥凤号"已经被打废了。于是他带领17架SBD无畏式俯冲轰炸机，又在"祥凤号"身上投下了五六枚1000磅的炸弹。5分钟后，"约克城号"的鱼雷轰炸机抵达战场，又让2枚到5枚鱼雷命中其船身。这最后的一击完全是多余的。这么多枚炸弹落在船上，又有这么多枚鱼雷撕开船体，"祥凤号"直接被炸得四分五裂，沉入了水中。伯奇回忆说，它"径直沉到了海底"。[42]野猫式战斗机飞行员弗拉特利在5000英尺的高空中看到这一幕，深受震动。"那些重型轰炸机摧毁航母的景象太可怕了，我都看得不舒服了，"他说，"它们每隔三四秒就把炸弹投在它身上，几乎将这艘大船炸成了碎片。"[43]

让弗拉特利失望的是，无畏式轰炸机和"蹂躏者"鱼雷轰炸机的飞行员在一艘已经被摧毁的航母身上浪费了大量的炸弹和鱼雷，却任由4艘巡洋舰和1艘驱逐舰完好无损地逃脱了。本该有个战术协调员在高空观察行动，并指挥进攻的飞机及时对其他目标开展攻击的。菲奇将军的司令秘书斯特鲁普少校也认为，"约克城号"飞行员的行为就像鞭打一匹死马。"这是一次成功的攻击，"他说，"只不过我们对航母的攻击有点过头。……回顾此次行动，我们的协作不够好，也没有分出一些兵力来攻击其他舰船。但这是我们第一次攻击航母，每位士兵都想立下头功，而且他们确实很快就把敌军的这艘轻型航母击沉了。"[44]

伊泽舰长于上午 11 时 31 分下令弃船，在航母沉没前的最后时刻，有 1/4 的船员跳入大海。有 203 人幸存，631 人死于爆炸或被困在船上，随船沉没。"祥凤号"上的所有 21 架飞机也全部被毁。尽管它只是一艘小型航母，其价值和危险程度远不及"翔鹤号"和"瑞鹤号"，这仍是日军在太平洋战争中被击沉的第一艘主力舰艇。狄克逊将事先编好的无线电信息传回"约克城号"和"列克星敦号"时，赢得了一片掌声："击沉一艘航母！狄克逊报告，我们击沉了一艘航母！"[45]

在拉包尔的司令部，井上将军密切关注着部队的一举一动。"祥凤号"被击沉产生的直接影响就是使他开始担心莫尔斯比港进攻船队的安危。他命令舰队掉头，向北匆忙撤退，（至少暂时）放弃整个作战计划。在歼灭美国航母之前，他不想让自己的部队和其他水面舰艇再冒风险。事实证明，它们再也没有回来。日军彻底放弃了由海路夺取莫尔斯比港的计划，盟军取得了战略性胜利，使澳大利亚彻底摆脱了遭到侵略的威胁。

在东部 200 英里处，日本的两艘大型航母也犯了和弗莱彻一样的错误——基于存在误差的侦察情报，它们对一个次要目标发起了全面进攻。当天上午 7 时 22 分，一艘巡洋舰派出的水上飞机的飞行员报告称，他在"翔鹤号"和"瑞鹤号"以南 163 英里处发现了一艘航母和一艘护航的巡洋舰。上午 7 时 45 分，这位飞行员确认了自己的敌情报告，而且另一架侦察机也报告称看到了航母。于是高木和原忠一上钩了。他们以为这是美军的"萨拉托加号"航母，而且以为美军在这片海域只有这一艘航母，于是两名指挥官下令从两艘航母上出动飞机，发动大规模空袭。上午 8 点，飞机呼啸着冲上天空；30 分钟后，空袭大军向南方行进。日军共出动了 78 架飞机：36 架爱知 D3A2 俯冲轰炸机（"瓦尔"）、24 架中岛 B5N2 鱼雷轰炸机（"凯特"），以及 18 架护航的零式战斗机。

但是日军的侦察员搞砸了这一切。他们遇到的是弗莱彻前一天送走的"尼欧肖号"油轮和"西姆斯号"驱逐舰。在空袭大军出发之后，"翔鹤号"收到了一份新的侦察报告，原忠一震惊地发现，有两艘美国航母在西北方向 288 英里处，这与第一次报告传回的位置几乎完全相反。由于日军的舰空无线电通信不稳定，原忠一担心无法变更进攻路线——传输一旦出错，风险就太大了。于是他决定让攻击队继续按原计划飞行，与此同时，他让航母转而向西北方向航行，希望在飞机返回后航母能够进入攻击范围。"在南方的攻击结束后，我们要立即与西边的敌人作战。"[46] 但是，在得知南边的"航母"仅仅是一艘油轮和一艘驱逐舰后，他立即发了紧急召回令。原忠一希望有足够的时间来回收战机，重新加油，然后派它们前往西北方向攻击更大的目标。

2.5 万吨的"尼欧肖号"和仅仅 1 570 吨的"西姆斯号"已经成了砧板上的鱼肉。直到上午 10 时 38 分，敌人的大批空袭队伍出现在空中，船上的军官和船员才意识到情况是多么危急，此时这两艘船完全没有空中掩护，防空火力同在上空盘旋的敌机数量相比简直不值一提。但日军并没有立即进攻。早晨的低空侦察之后，能见度已大大提升，空袭指挥官立即意识到他们被误导了。在这两艘小船上倾尽全部兵力实在是没有必要，于是中队长派出几架飞机分头搜寻更好的攻击目标。搜寻了一圈并无所获，鱼雷轰炸机和护航的零式战斗机就先朝航母返回，只留下俯冲轰炸机攻击"尼欧肖号"和"西姆斯号"。

它们悠闲地发动了进攻，先是像空中表演一样转几个圈儿，然后给这两艘倒霉的船丢下一连串炸弹。"尼欧肖号"被7枚250千克的炸弹击得粉碎，"西姆斯号"被3枚炸弹击中，断成两截沉入海底，船上的192名船员中有178人丧生。"尼欧肖号"燃起大火，失去了动力，似乎完全损毁了。见此情景，日军飞机离开这里，向北方飞去。有些船员还没收到弃船的命令就惊慌失措地跳入水中，舰长派小艇把他们救回船上，剩下的船员则按规程，有步骤地销毁机密文件和密码本。但"尼欧肖号"没有沉没，它的船体燃烧着，漂在水面上，只剩备用的无线电发射器有微弱的信号。所有小艇都被放到了海里，与拼命撑下去的母船紧紧靠着。

在接下来的4天里，"尼欧肖号"在狂风巨浪中挣扎求生。它失去了动力，严重向右舷倾斜，船上三分之二的船员失踪或可能已经死亡。5月11日，驱逐舰"亨利号"赶来，结束了它所受的煎熬。"亨利号"把幸存者接走，又用2枚鱼雷把"尼欧肖号"击沉。

在接到"尼欧肖号"的紧急求救信号时，弗莱彻十分震惊。"约克城号"司令舰桥上的气氛顿时凝重起来。"约克城号"和"列克星敦号"上的战机正在朝西北方向飞，弗莱彻认为在那儿能找到日本的两艘大型航母。如果"尼欧肖号"传回的报告是真的，那就意味着敌军航母在相反的方向，也有可能（更令人不安的一种可能）

是他被敌舰从两侧包抄了。另一方面，这份报告也意味着，这两艘日本航母也是朝相反的方向发动了进攻，在最快的情况下，也要到当天晚些时候，才能对"列克星敦号"和"约克城号"造成威胁。双方都攻错了目标，这两个错误两相抵消了。实际上，击沉"祥凤号"，美国人获得了更大的心理安慰。无论如何，双方都清楚一场航母大战即将爆发——不是下午，就是第二天一早。

中午 12 时 45 分到 1 时 15 分，美军轰炸机陆续回到航母上。美军在刚刚的攻击中仅失去了 3 架无畏式轰炸机。机组人员涌入餐室吃午饭，每个人都情绪复杂，既有击沉敌舰的喜悦，也有失去战友的悲伤。有几架飞机受损严重，"列克星敦号"的舱面船员聚在受损的飞机旁，看得目瞪口呆。这有力地证明了坚固机体的价值。斯坦利·约翰斯顿写道，其中一架受损严重的无畏式轰炸机使他想起了"漏勺"。[47]机翼、机身、尾翼和挡风玻璃上满是子弹孔。

下午 2 时 20 分，航空大队补充好了燃料，重新加载了武器，完全能够对入侵莫尔斯比港的日军舰队发动另一场攻击，因为对方仍在打击范围内。但是保守的弗莱彻选择不发动第二轮攻击，因为他还不清楚日本航母的位置，不希望在自己的飞机不在场的情况下撞上日军。战后的分析表明，他船上的无线电情报专家福里斯特·比亚尔上尉发现了敌军的归航信标，标明了日本航母的航线和行驶速度："方位 280 度，速度 20 节。"[48]有了这部分信息，弗莱彻本可以准确地推测出日本航母的位置，但船上的一位翻译官起初将这一信息翻译错了，以为是日军对美国航母航向和速度的侦察报告。这个错误很快就被纠正了，但弗莱彻已经对这一情报失去信心，不愿冒险。在战争的后期，他的这一行为在军事法庭上被指控为面对有利情报不作为，但是就目前而言，弗莱彻有权选择不听从情报官的意见，而他也确实这么做了。整个下午，第 17 特混舰队都按兵不动。

到了晚些时候，天气开始变得糟糕：云层低垂，刮起了猛烈的东南风，风速达到了 30 节，一时间骤雨倾盆。美国飞行员并没有接受过夜间作业训练，他们担心在这样的环境下执行任务可能无法返回航母。于是弗莱彻让舰队在天气的掩护下转向西南方行进，等到早上再发动下一次攻击。他后来解释称，他判断"白天剩下的时间已经不多了，不足以让我们在大范围搜寻后发动袭击"。[49] "约克城号"和"列克星敦号"一直保持着强大的战斗空中巡逻队伍，但是轰炸机和鱼雷机直到第二天早上才会重返空中。

相比之下，日本人更为大胆。下午 4 时 15 分，日军收到一份新的侦察报告，原忠一决定赌一把，在天色已晚时发动攻击。这就意味着他的飞行员需要在夜间返回，在能见度很低的情况下降落，而且他肯定很清楚损失战机的风险很高。所以他挑选了经验最为丰富的飞行员执行这次任务。其中有几位飞行员刚刚结束长途奔袭，执行完轰炸"尼欧肖号"和"西姆斯号"的任务，他们疲惫不堪，但此时依然斗志昂扬。原忠一派出了"翔鹤号"上的 12 架俯冲轰炸机和 15 架鱼雷轰炸机，命令它们向 277 度的方向飞行 280 海里，搜寻并攻击美国航母。如果它们空袭成功，日本就能彻底赢得珊瑚海战役，甚至当天还来得及开一场庆功宴。

美国舰队就在西边约 170 英里处，日军飞机似乎已从美军航母和护航舰船上空飞过，但由于天气阴沉，云层较厚，没有发现它们。下午 6 点，空袭的指挥官通过无线电交谈后决定掉头。他们丢弃了炸弹和鱼雷，开始返航，希望能捕捉到航母的归航信标。美国航母新安装的雷达装置追踪到了云层上方的轰炸机，于是航母派出了一队 F4F 战斗机前去拦截返航的日军飞机。它们于下午 6 时 15 分接近日机，此时太阳正好落下，从青灰色的天空中消失。美国战斗机跟在几架日本战机后面，从云层中钻了出来。接下来的空战中，日本损失惨重，3 架美国野猫式战斗机击落了 9 架敌机（8 架"凯特"和 1 架"瓦尔"）。这是雷达在这场战争中首次展现其扭转战局的潜力。

入夜后，大部分美军飞机已经返回航母降落了，又有一支新的飞行编队来到了特混舰队上空。起初，能清楚地听到引擎的轰鸣声从云层中传来，接着这些飞机出现在视野中，在"列克星敦号"桅杆的高度上盘旋。"这些飞机保持着很好的编队。"斯特鲁普少校回忆道。[50] 它们还打开了夜航灯，表明它们打算着舰。但是两艘航母和几艘护航舰艇上的观察者觉得其中有怪异之处。"列克星敦号"的舰长谢尔曼数了数，一共有 9 架飞机，多于还没有降落的美国飞机。[51] 它们都在"约克城号"的左舷降低高度，从逆时针方向进场，与美军降落惯例相反。它们闪烁着指示灯，但是美国士兵都看不懂这个信号的含义。机电助理彼得·纽伯格的岗位在"约克城号"的飞行甲板上，他注意到这些飞机排气筒的形状和颜色都很奇怪，斯特鲁普也注意到它们的夜航灯闪着奇怪的红蓝色。[52]

TBS 开始传出说话声。旁边一艘驱逐舰上的人问道："咱们的哪一款飞机的翼尖是圆形的？"另一个声音答道："如果这是咱们的飞机，那可真是见了鬼。"[53] 当第一架飞机完成最后的转弯，开始降落的时候，它的飞行高度太低，"约克城号"的降落信号官疯狂示意他加速复飞。"在最后的几秒里，"纽伯格回忆道，"飞行员差一点就要撞到飞行甲板下方的船尾了，就在这时，他推下节流阀，开始复飞，来到了左舷。信号灯的光短暂地照亮了他飞机机翼上喷涂的红色圆圈。"[54]

一艘负责警戒的驱逐舰开始射击，防空炮火飞向领头的飞机。"列克星敦号"通过无线电命令特混舰队的所有舰艇停止射击，但是一艘驱逐舰的舰长回复道："我确定这就是日本的飞机，我认得出来。"[55] 于是乎，整支特混舰队的防空武器纷纷开火，火光把黑夜照得如同白昼，场面就像独立日一样。但空中盘旋的飞机中也有自己人，"约克城号"的一位战斗机飞行员抱怨道："为什么要朝我开火？我做错了什么？"[56] "约克城号"的 SBD 无畏式俯冲轰炸机飞行员哈罗德·比尔来到左舷通道查看情况。"当时的场面非常混乱，炮手射击时不分敌我，有的舰员还兴奋地掏出 0.45 英寸自动手枪，朝掠过舰船的红色'肉丸'开枪——这么做就跟拿石头砸的效果没什么两样。"[57] 入侵飞机和美国飞机都快速飞到云层里躲避炮火，没有一架飞机被击落。这也不是糊涂的日军飞行员最后一次企图降落在美国航母上。

那天晚上，"列克星敦号"的雷达操作员探测到东部有一队敌机，距离仅 30 英里。日军航母已经距离这么近了吗？似乎的确如此。情报部门把电台调到日军飞行员的频率时，能听到日军航母同飞行员未加密的对话，告诉他们如何飞回来。（战争结束后，人们才确定，日军在更往东的地方，距离可能是 60 英里到 100 英里。）美军讨论过是否派驱逐舰进行夜间鱼雷袭击，但弗莱彻决定不冒这个险。

原忠一的冒险成了一场溃败。航母打开探照灯来引导战机返回，但下午派出的 27 架飞机中有 21 架没能返回。9 架飞机在空战中被击落，12架坠毁在大海上，而且失踪的飞行员无一获救。回到航母的飞行员称，美国航母在东边五六十英里处。夜幕降临，双方的指挥官都在准备第二天的战斗。弗莱彻命令航母转向西南方行驶，准备在黎明时分开始大范围的搜寻行动。高木将军则接受了原忠一的建议，命令航母向北行驶，早上向南方进行大规模的搜寻。

美国飞行员早早吃完晚饭，在待命室了解任务情况。现在双方都知道了各自的存在，所以任何一方都无法实现突袭。天亮时甚至有可能看到日本航母就在地平线上。"我们面对的敌人十分顽强、狂热，既有勇气又狡猾，不容小觑，"约翰斯顿写道，"我们的实力不分上下，就看谁先击中对方的要害。头一天我们已经看到飞机是怎么毁掉一艘航母的了，所以我们很清楚第二天可能出现的结果。"[58] 在"约克城号"上，第二天的"作战计划"已经印好张贴在待命室里。早上5时40分，飞行员要抵达飞行甲板。6时20分，侦察轰炸机的飞行员要准备就绪。他们要坐进驾驶舱，启动引擎，等待飞行指挥官的起飞信号。第一缕曙光出现的时候，他们要按计划好的侦察模式开始搜寻。战斗机会紧随其后起飞，SBD无畏式俯冲轰炸机和TBD"蹂躏者"鱼雷轰炸机也将立即从机库甲板上升到飞行甲板上，一旦收到敌情报告就立即起飞。[59]

了解计划之后，飞行员回到自己的舱室，很快就进入了深度的、无意识的睡眠，就算精神紧张也敌不过身心的劳累。（飞行时虽然基本是坐着不动的，但是比开车费力得多，尤其是在紧张的战斗状态中。）舰员蹑手蹑脚地从走廊昏暗的蓝色灯光下走过，小心地经过飞行员开着门的隔间，担心吵醒他们。除了呼呼作响的风扇和稳定运转着的引擎，船上很安静。特混舰队向着西方行进，半圆的月亮照亮了寂静的夜。甲板上，炮兵依然在炮塔旁保持着警戒，戴着钢盔，穿着笨重的填充了木棉的救生背心。救生背心用阻燃剂处理过，味道很浓。[60] 警戒舰船慢慢靠近，与航母保持同样的速度和航向。船首激起的白色浪花——舰员形象地称之为"嘴里的骨头"——与黑色的船体形成了鲜明的对比。像往常一样，舰队呈"之"字形前进，以摆脱敌人的潜艇，经常转向，而且所有的船协调一致，就好像是由一条看不见的线连在一起。除了偶尔微微闪动的灯光信号，这些军舰之间似乎毫无交流。从各个方向都可以看到巨大的螺旋桨激起的磷光，如果有人站在船尾向下看，可以看到这些蓝绿色的水光延伸到水下三四十英尺处。

耀眼的太阳升起后，整个天空几乎万里无云。这是一个美丽的早晨，没有雾、阵雨或者风暴的迹象，这几天来为舰队提供掩护的恶劣天气消失得无影无踪。美国人倒是更希望天气一直恶劣，因为好天气会暴露他们的行踪，让他们更容易受到攻击——就像信号员比弗说的那样："没地方躲了。"[61] 更糟糕的是，锋区已经掠过他们，前进到了北方大约175英里外的敌军所在处。"翔鹤号"和"瑞鹤号"可以借助恶劣的天气来躲过空中的侦察机和攻击机。这成了接下来的行动中至关重要的因素。

天空刚刚亮到可以飞行，"列克星敦号"就派出了18架侦察机，以搜索队形飞行，像轮辐一样以舰队为中心四散开来。负责向北搜寻的飞行员要飞到200英里外侦察，这几乎是SBD轰炸机的极限了。随后不久，F4F野猫式战斗机升空进行战斗空中巡逻。毫无疑问，日本的侦察机很快就会出现在上空。

直到早上8时20分，敌情报告才传过来。向东北方向飞行的约瑟夫·史密斯中尉在飞完去程，并在回程中飞了 50 英里后，传回报告说他发现了日本舰队："2 艘航母，4 艘重型巡洋舰，多艘驱逐舰，120 度方向，速度 20 节。"[62] 这个位置离美国舰队 175 英里，方位为 028 度。"这是个令人激动的消息，"谢尔曼舰长写道，"这是陆基飞机或舰载机第一次发现日本大型航母。"[63]

奥布里·菲奇接管了两艘美国航母的指挥权，他决定在接下来的一小时里向北方全速前进，缩短攻击距离。目前他们与报告的目标之间的距离刚好够"蹂躏者"鱼雷轰炸机携足够的燃料安全来回。但菲奇将军也痛苦地意识到，根据近来的经验，第一次目击报告并不总是可信的。机组人员从黑板上抄下了最后一刻的航行数据，然后鱼贯而出，离开了待命室。他们穿上作战服，把护目镜推到额头上，由戴着彩色风帽的引导员带领穿过停放的飞机交织而成的迷宫。两艘航母全部进入了"Z 状态"（一级战备状态），内部舱门和舱口紧紧关闭并锁死，把船体变成了多个水密舱。暂时用不到的工具都放在了不碍事的地方。燃料管排空了，消防设备也被拿了出来，以备使用。舱面船员穿上了救生背心，戴上头盔，走向各自的战斗岗位。[64] 舰桥上，包围操舵室的玻璃窗也收了起来，让操舵室直接跟外面相通。

上午 9 时 7 分，两艘航母调整为逆风方向，第一架战机离开了飞行甲板。半小时之后，75 架飞机组成的大型编队飞向日军舰队，其中包括 39 架俯冲轰炸机（全部装载了 1 000 磅的炸弹）、21 架鱼雷轰炸机，以及 15 架战斗机。

第 2 侦察机中队的队长狄克逊少校的侦察区域与之前向舰队报告发现目标的史密斯中尉相邻。收到报告后，狄克逊放弃搜寻自己的区域，径直前往报告中的地点。他在狂风中盘旋，起初未能发现敌军的舰队，但他继续侦察，终于在乌云的缝隙间发现了几条船。他跟踪了敌人两个多小时，通过无线电发出了十多个修正方位，为即将到来的袭击大队指引目标。这是一个非常危险的举动，因为此时零式战斗机正在他上空，时刻准备击落他。他在云层中上下翻飞，就像猫和老鼠之间的致命追逐一样躲避敌人，同时用自己飞机上强大的 0.50 英寸和 0.30 英寸勃朗宁机枪进行回击。零式战斗机对其佯攻，意图引诱狄克逊和他的机枪手浪费弹药，但是美国飞行员并没有上钩。"如果他们离得再近一点，"狄克逊回忆道，"我会做大幅度转弯，一边的机翼朝下，机头对准敌机开过去。这样我就可以用正面的机枪射击，机枪手也可以向前射击。"[65]

美军的航空大队向北扑去，但队形不好。"约克城号"的机群和"列克星敦号"的机群之间的距离越来越大，最后相互看不见了。不同类型的战机——俯冲轰炸机、鱼雷轰炸机、战斗机——以不同的速度和高度飞行，随着飞行距离的增加，相互之间的距离拉大了。俯冲轰炸机必须爬到大约 1.5 万英尺的高度，以到达可以俯冲攻击的位置；鱼雷轰炸机拖着沉重的鱼雷，没有多余燃料爬到那么高，也没必要这么做，它们将从低空接近敌人。[66]战斗机为了高效使用燃料，不得不调小油门，但是这会让它们容易受到突如其来的俯冲攻击。飞至目标区域后，飞行员们伸长了脖子，在潮湿阴暗的云层中寻找缝隙，他们经常找不到自己的僚机。

上午 10 时 32 分，"约克城号"的 SBD 俯冲轰炸机和护航的战斗机首先发现了日军舰队。日军航母距离它们大约 5 英里，正以 25 节的速度向正南方行进。小威廉·伯奇少校负责对"约克城号"的两个 SBD 俯冲轰炸机中队进行战术指挥，他让俯冲轰炸机在空中盘旋，等待鱼雷轰炸机赶到，好进行协同攻击。这个决定符合战术原则，但这 20 分钟的等待是不值得的。日军航母抓住时机，使更多零式战斗机升空进行空中防御，"瑞鹤号"也得以溜到南方，找到了一片风暴区做掩护。"约克城号"的一名俯冲轰炸机飞行员评价道："丢失先发制人的机会所付出的代价，比任何由协同攻击得到的优势都要大。"[67] 上午 10 时 57 分，"约克城号"笨重的鱼雷轰炸机才到达现场。它们分散开来，对"翔鹤号"进行左右夹击。

由于缺少战斗机的掩护，它们投放鱼雷时距离敌舰有 1/4 英里到 1/3 英里，没有一枚鱼雷命中。在高空，伯奇及其带领的第 5 侦察机中队的 7 架飞机开始俯冲攻击。他们俯冲到 8 000 英尺的高度时，轰炸瞄准器和挡风玻璃起雾了（4 天之前他们在图拉吉岛遇到了同样的问题），问题非常严重，他们就像瞎了一样。伯奇估算说，起雾问题使他们的投弹命中率下降了 75%，并称他们不得不"凭记忆投弹"。[68] 他们的 7 枚炸弹全部丢进了海里。

3 分钟后，之前盘旋在上空，获得了更好的俯冲位置的海军上尉沃利·肖特的第 5 轰炸机中队的 17 架无畏式轰炸机开始攻击。它们呈 70 度角向"翔鹤号"俯冲，也遇到了零式战斗机和玻璃起雾的困扰。然而，它们还是设法在飞行甲板上投下了两枚 1 000 磅的炸弹，一枚在船首，一枚在船尾。第二枚炸弹是海军上尉约翰·J. 鲍尔斯投下的，他下降到 1 000 英尺以内才投下炸弹。这种低空投弹使他自己也不可能活下来——他投下的炸弹在"翔鹤号"右舷舰岛后面爆炸，把自己的飞机也炸毁了。这从本质上讲是一次自杀式的攻击，鲍尔斯用他（和后座机组成员）的生命保证了成功命中目标。他被追授了荣誉勋章[*]。

"翔鹤号"的维护官宫下八郎（Hachiro Miyashita）正在下方机库甲板上的一个机械库中。第一次爆炸引发了二次爆炸，摧毁了机库甲板上的飞机，并炸毁了所有的维修设备。数十人当场死亡，还有些人逃跑时被浓烟熏死。宫下沿着梯子爬上了飞行甲板，刚一爬上去，刚好看到鲍尔斯的炸弹击中这块甲板。这两枚炸弹在"翔鹤号"的飞行甲板上炸出了许多大洞，引发的大火疯狂地燃烧了几个小时。有108人死亡，40人受伤。[69]在返回港口修理之前，"翔鹤号"不能再执行起降任务了，于是它的航空大队不得不降落在"瑞鹤号"上。但是"翔鹤号"的伤并不致命。它的损管队最终控制住了火势。它没有被鱼雷击中，船体完好无损，可以依靠自己的动力以30节的速度行驶。它的舰长要求撤离战斗，并获得了许可。12时10分，"翔鹤号"在两艘驱逐舰的护卫下退往特鲁克群岛。

这是让"列克星敦号"的航空大队感到沮丧的一天。"列克星敦号"的战机出战时混乱而脱节，大多以零散的编队抵达战场，而且相隔时间达到了5分钟到10分钟。3架野猫式战斗机和9架SBD无畏式俯冲轰炸机没有发现敌方舰队，于是返航了。"列克星敦号"航空大队的队长奥尔特透过雨雾看到了两艘日军航母，但是他只集结到4架俯冲轰炸机、11架鱼雷轰炸机和6架战斗机。"能看到的东西非常有限，""列克星敦号"的战斗机飞行员盖勒上尉回忆道，"高耸的雨云就像一根根柱子。你得绕过它们，然后突然间你就看见了航母。它就在那儿，但是随即又不见了。……场面之混乱令人难以置信。能

---

* 荣誉勋章，美国授予英勇军人的最高奖章。——译者注

见度很差，人们在无线电里大喊大叫。"[70] 零式战斗机无处不在，看起来像是从四面八方朝他们发起攻击。野猫式战斗机击退了它们，而迟缓的鱼雷机试图以云雾作为掩护。"总有战斗机在追我，"盖勒说，"刚交手时，我躲开了一架零式战斗机的攻击，并咬住了它的尾巴。它立即采用了零式的惯用伎俩，快速拉升。要知道这些家伙能在1分钟之内拉升4 000英尺。它们就是喜欢让你跟在后面一起拉升。如果你真的这么做了，它们会升到超出你射程的高度，然后在最高点突然掉头向下，这时你会发现它们在你几乎失速的时候朝你俯冲下来。"[71]

在"列克星敦号"的战机组织起来之前，乌云又飘了过来，遮蔽了视野中的敌方舰队。奥尔特开始进行"矩形"搜索，不久之后就在西边大约20英里处发现了受伤的"翔鹤号"。他与3架僚机立即发动了攻击。这4架SBD轰炸机俯冲下去，投下炸弹，有一颗命中了飞行甲板的右侧。"列克星敦号"的所有12架鱼雷轰炸机也攻击了这艘航母，而且飞行员离开的时候乐观地相信，至少有5枚鱼雷击中了该航母。然而事实证明，那天没有任何一枚鱼雷击中"翔鹤号"，或者是虽然击中了，但是没有引爆。

在晴朗的天空下，波光粼粼的蓝色海洋里，第17特混舰队就像一只在钓钩上扭动的虫子。美国航母上的军官和船员们都知道，他们那天一定会受到大规模的空袭，时间很可能在中午之前。所以，早上8时28分，史密斯中尉发现日军航母几分钟后，"约克城号"的无线电室侦听到中岛九七式战斗机驾驶员的敌情报告时，他们并不惊讶。"看见敌方航母。敌方航母方位205度，距离你235英里，航向170度，航速16节。"[72]

"这是一份美妙的报告。""瑞鹤号"航母的一名俯冲轰炸机飞行员回忆道。[73] 这是一份明确的、毫不含糊的完美报告，与头一天的极度混乱形成了鲜明对比。原忠一很快派出了 69 架战机，命令它们保持编队，跟随攻击的指挥官高桥赫一少佐。

美国特混舰队以两艘航母为中心，构成环形的编队。两艘航母会不时左转，逆风航行，以起降战机——但是巡洋舰和驱逐舰组成的护航舰艇会继续向东北方以 20 节的速度朝敌人前进。由于长时间在太阳下曝晒，谢尔曼舰长有着古铜色的肤色。他整整一个早晨都在离甲板 25 英尺的舰桥上的信号台里待着。他穿着一件卡其色的战斗制服，一件帆布风衣，头戴一顶钢盔，系绳系在下巴上。尽管这是海军历史上第一次航母相互进行空中打击，但是这位舰长对战役会如何展开有着自己的直觉。他断定日方航母几乎与美方同一时间派出了战机（确实如此）；双方的战机编队已经擦肩而过（确实如此）；敌军会在 11 点左右攻击第 17 特混舰队（确实会如此）。[74] 他认为双方的空袭都会击沉对方的航母，而所有幸存的战机都会困在空中无处降落。舰长允许斯坦利·约翰斯顿在舰桥上观察这场战役，并打了个比方，用拳击赛来向约翰斯顿简要解释他的推理。航母是一个臂展长，力道足，但是长着玻璃般脆弱下巴的拳手。"我感到，此刻正在赶来的空中攻击无法阻挡，"他评论道，"这情形就好像两个拳击手同时出拳，打出了足以击倒对方的一拳，而且都打中了。"[75]

返回的 SBD 无畏式俯冲轰炸机很快重新加满了燃料，然后起飞进行低空反潜巡逻，它们巡逻时还可以拦截来袭的鱼雷轰炸机。轮机舱提高了动力，以使"列克星敦号"加速到 30 节。高速规避机动依然是军舰对抗空袭的最佳防御手段。

10 时 55 分，美军的雷达屏幕上出现了敌军战机的踪迹，当时它们在 68 英里外，但是原始的雷达系统还无法准确测定目标的高度。"列克星敦号"的战斗机指挥官（负责指挥空中所有的 17 架战斗机，包括"约克城号"的）估计它们大约在 1 万英尺的高度。[76]菲奇的航空参谋不愿意派野猫式战斗机到太远的地方拦截，以防它们错过来犯的敌机，使航母变得毫无保护。战斗机要留在航母附近，在 1 万英尺的空中盘旋。几架 SBD 无畏式俯冲轰炸机被派去低空巡逻，在 2 000 英尺的高度侦察潜艇，并拦截敌人的鱼雷轰炸机。这种将俯冲轰炸机当作临时战斗机的做法让机组人员感到不快，他们认为自己处在完全不利的地位，简直是送给零式战斗机的一盘冷餐肉。这次战役暴露的最有争议的问题就是美国的航母需要更多的战斗机，而海军航空兵的圈子里也逐渐感觉到了这一点。

　　"列克星敦号"的 5 架战斗机在 20 英里外与敌机编队发生了接触，发现它们分别位于 1 000 英尺至 13 000 英尺的高度。这 5 架飞机试图爬升，但是失去了速度优势，于是不得不掉头追逐日本飞机。"列克星敦号"上的喇叭广播着战斗机指挥官和战机之间的无线电通信："诺尔玛呼叫航母。敌方鱼雷轰炸机，中岛九七式鱼雷轰炸机，从 8 英里外的云里蜂拥而出。它们在 6 000 英尺的高度上，正在快速俯冲。我们正过去拦截。"[77]高桥的攻击就像精妙的舞蹈动作，与毫无章法的美国战机群形成鲜明对比。距离目标还有 15 英里时，它们分开并形成了两个鱼雷轰炸机群和一个庞大的俯冲轰炸机群。"列克星敦号"第 2 战斗机中队的海军上尉威拉德·埃德是拦截队伍中的一员："我和僚机朝两架日本飞机飞过去，它们冲进了云里。在云里我们跟丢了。然后我和僚机分头搜寻。我转出来后，在下方

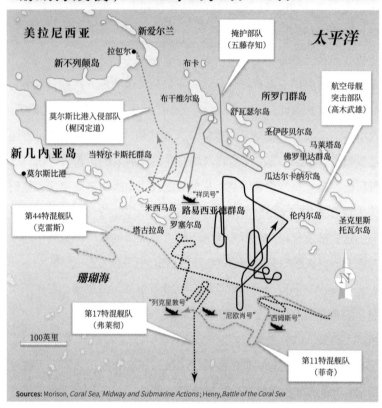

珊瑚海战役，1942年5月7日—8日

美拉尼西亚　新爱尔兰　太平洋

掩护部队
（五藤存知）

拉包尔

新不列颠岛

布卡

航空母舰
突击部队
（高木武雄）

所罗门群岛

布干维尔岛

舒瓦瑟尔岛

莫尔斯比港入侵部队
（梶冈定道）

圣伊莎贝尔岛

马莱塔岛

新几内亚岛

当特尔卡斯托群岛

佛罗里达群岛

瓜达尔卡纳尔岛

莫尔斯比港

"祥凤号"

第44特混舰队
（克雷斯）

米西马岛　路易西亚德群岛

罗塞尔岛

伦内尔岛

圣克里斯
托瓦尔岛

塔古拉岛

N

珊瑚海

"列克星敦号"

第17特混舰队
（弗莱彻）

"尼欧肖号"

"西姆斯号"

100英里

第11特混舰队
（菲奇）

Sources: Morison, *Coral Sea, Midway and Submarine Actions*; Henry, *Battle of the Coral Sea*

看到了敌军的战斗机。它立刻转弯向上，机头对着我。我也俯冲向下，机头对着它，迎面冲了过去。我用 0.50 英寸机枪向下打了 4 连发，它则朝上打。对方 20 毫米的子弹打不着我，7.7 毫米的子弹显然更有效，不过那时我的 0.50 英寸机枪已经击中它了。那架飞机几乎立刻快速翻滚起来，然后不受控制地向下落去。"[78]

"列克星敦号"的瞭望员最早看见敌机是在上午 11 时 13 分。[79]它们如同"密密麻麻的小黑点"一样，出现在东北方的地平线上，看起来几乎一动不动。[80]每一个小黑点逐渐变成了可识别的形状——机身、水平的机翼、螺旋桨盘、机身下挂载的鱼雷或炸弹。鱼雷轰炸机在空中掠过，从两个方向接近，而俯冲轰炸机在高空中呼啸着进入了俯冲状态。"它们来了！"烟囱旁边的通道中有人喊道。[81]"列克星敦号"的引擎猛烈运转，使船加速，随后谢尔曼舰长下令向右闪避，甲板向左猛烈倾斜。"列克星敦号"和附近的巡洋舰以及驱逐舰上的防空武器开火了，天空中充满了高射炮弹爆炸的灰黑色烟雾。垂直的羽毛一样的烟雾，表明刚才这里有美国战机或者日本战机在空中被击落。

"我打了这么多年的仗，从来没想象过能有这样的阵势！"岛崎重和少佐说，他是两个鱼雷机编队的领队，"我们在攻击敌方航母的时候，简直是闯进了防空火力构成的一堵墙里，这艘航母及其护航舰船发射的高射炮弹和曳光弹熏黑了天空。在冲进这么恐怖的防御火力网之后，我们的鱼雷机和轰炸机似乎很难幸存。我方的零式战斗机和敌人的野猫式战斗机在我们的编队之中互相追击，爬升又下降。双方解体的战机燃烧着从空中坠落。"[82]

从"列克星敦号"的角度看去，一大群敌机是从各个角度展开的攻击。这场混战让人肾上腺素飙升，没有人能对发生的事情形成完整的印象——完整事件只有在事后才能拼凑出来。

岛崎重和的中岛鱼雷轰炸机从 4 000 英尺的高度做了一次小角度俯冲，接近"列克星敦号"的左舷。另 6 架飞机则冲破了防御，来到了航母右舷舰首上空，形成了典型的夹击队形，谢尔曼舰长此时没有多少选择了。(岛崎重和后来称这次攻击"协作很完美"。[83])飞往航母的左舷时,岛崎的机群低空飞过"明尼阿波利斯号"的船头,这艘巡洋舰防空火力全开,击落了第一架飞机,但是其他的战机继续向"列克星敦号"飞去,看起来不为所动。它们在距离航母大约1 000码,在100英尺左右的高度上保持平飞时,发射了800千克的91型空投鱼雷。鱼雷落下来的时候是头部先钻进海里,然后浮上来,贴着海面,凭自身的动力以50节的速度直奔"列克星敦号"而去。

日本战机线路不变,降到与"列克星敦号"的飞行甲板一样甚至更低的高度,飞过去的时候甚至差点擦到舰首。防空炮兵以近距离平射击落了一架敌机——飞机爆炸时离航母非常近,烧红的铝片甚至掠过了航母的飞行甲板。"我不得不贴着海面飞行,以此逃脱敌人的炮弹和曳光弹,"岛崎重和说,"事实上,我飞得太低了,掉头离开航母的时候差点撞上舰首,因为我比飞行甲板还低。我飞过去的时候甚至可以看到船员盯着我的飞机。我不知道我还会不会再次经历这种可怕的瞬间。"[84]

两舷均有鱼雷从水中接近,轰炸机正在天上俯冲,但是谢尔曼舰长显得镇定自若,就好像"列克星敦号"每天都会击退这样的攻击一样。"从舰桥上,我看到空中有许多轰炸机从各个位置呼啸而下,还有鱼雷轰炸机几乎同时从两侧飞来,"他写道,"对于轰炸机我无计可施,但是我可以做点什么去避开鱼雷。"[85]他以平静的声音告诉舵手:"右满舵。"[86]"列克星敦号"船体很长,尽管它当时的速度已超过30节,反应还是慢到让人苦恼的地步。舰长回忆说它的转向"威严而迟缓",那一刻"就像永恒"。[87]

泡沫尾迹显示着每一枚鱼雷接近航母时的轨迹。有一些做着

"海豚式运动"——一会儿露出水面，一会儿沉下去。约翰斯顿焦虑地看着水中的鱼雷，他意识到"列克星敦号"不可能全部躲开。"它们邪恶的头部对我来说就像死亡的化身。我有个幻觉，感觉它们是活的。它们破开水面，瞥了我们一眼，确认完前进的路线后便重新潜了下去。"[88]

俯冲轰炸机发出越来越尖厉的声音，表明上方马上有炸弹要落下来了。爱知 D3A1 九九式轰炸机带有独特的固定起落架，它们以固定的间隔，近乎垂直地俯冲下来。在 1 500 英尺的高度上，它们轮番扔出炸弹。炸弹从机体上分离出来后，飞机开始拉高，而炸弹则成为一个不祥的黑点，沿着另一道轨迹落下来。一开始的几枚炸弹落到了"列克星敦号"的尾流里，还有几枚落在了船体中部的侧面。每一颗近失弹都会引发剧烈的震动，就好像爆炸来自船体内部一样；每一次爆炸都会激起和航母最高的桅杆一样高的水柱，把通道上的人淋湿。一枚 242 千克重的高爆炸弹击中了船体前端，在左舷舰首的 5 英寸舰炮附近爆炸，发出了耀眼的红光，冒起十几米高的火焰。旁边的所有炮手都被震飞了，消防小组急忙赶来灭火。另一枚炸弹只差几英尺就能命中舰岛，但是它稍稍偏离，掉进了海里。第三枚炸弹击中了"列克星敦号"左舷高处的巨大烟囱，炸死了附近通道上的几名炮手。一颗近失弹击断了汽笛的操纵杆，让汽笛在打开的状态下卡住了，以至于在接下来的战斗中它一直在尖啸。

第二批鱼雷轰炸机穿过了猛烈的防空火力，以小角度俯冲接近了"列克星敦号"的左舷舰尾。鱼雷轰炸机在距离"列克星敦号"1 000 码时丢下鱼雷，并继续朝航母飞去，飞过时用机枪扫射航母的甲板。"列克星敦号"紧急规避，并大幅曲折运动。被敌机完全忽视的警戒巡洋舰和驱逐舰此时无法再继续保持环形编队了。

看到有十几枚鱼雷向"列克星敦号"袭来,谢尔曼舰长意识到他无法避开全部鱼雷。不过不是所有鱼雷都能正常工作——两枚看起来必中无疑的鱼雷,结果钻入了龙骨以下,然后出现在了船的另一边。另外有一对鱼雷平行着冲过来,在船体两边各约 50 码之外,驾驶台有个军官喊道:"舰长!不要改变航向!我们两侧都有鱼雷,它们是平行的!"[89] 谢尔曼保持住航向,直到鱼雷越过并消失。不过在上午 11 时 20 分,"列克星敦号"的运气用完了。它连续被两枚鱼雷击中左舷的中部和前部。[90] 与炸弹的爆炸不同,这些水中的爆炸声音沉闷,但是庞大的航母船体会突然倾斜,发出的强烈震颤足以将人震离地面。比弗记录说,那两次爆炸"像是要把航母从水里举起来再任其落回海里,接着是上下的颠簸,桅杆猛烈摇动,索具发出叮叮当当的响声。一片片老旧的涂料和积攒了 14 年的灰尘从航母暗藏的开口和裂隙中被震了出来"。[91] 第一次爆炸炸穿了左舷的航空燃油罐,释放出了汽油蒸气,稍后油气又被点燃,造成了严重的内部爆炸。第二次爆炸毁坏了总水管,切断了消防软管和几个蒸汽引擎的供水,对航母造成了双重伤害。船向左舷倾斜了 7 度,尾流上浮着重重的油迹。

最后一架日本战机从航母的舰首低空飞过,追踪它的防空火力基本是无效的。"他们好奇地看着我们,露出藐视的神情,"斯特鲁普如此形容日本飞行员,"我们用新的 20 毫米防空武器打他们,但是完全打不到。20 毫米的曳光弹都落在这些鱼雷轰炸机的身后。"[92] 几架日本飞机在飞过航母时还用机枪扫射。它们飞走后,很快就在地平线上缩成了黑点，高射炮也静默下来。整个行动持续了不到 12 分钟。

航母周围的海面上杂乱地散布着燃烧的碎片和被击落的战机。从两英里外就能看到"约克城号"冒着黑烟。它的飞行甲板似乎被击中了，受损处靠近船身中间位置。

"列克星敦号"的损管队似乎很好地控制住了局势。在上午 11 时 45 分到中午的这段时间里，谢尔曼船长收到了一系列来自 H.R. 希利中校的乐观报告。希利是损管队队长，在机库甲板下方的指挥中心监督着几百人的工作。两枚日军的鱼雷击穿了"列克星敦号"的船体，几千吨海水灌进来，导致它倾斜了 7 度，但是损管队通过焊死被水灌满的隔间和加固隔间的方式处理了危险，他们把左舷的燃料和净水抽出来，灌进右舷的空罐子里，以扶正船体。军医清点伤员，然后用担架把他们转移到船上的医务室。消防队员用泡沫灭火器灭火，到了上午 11 时 45 分，飞行甲板上已经看不到烟了。船员用新的钢板修复了左舷前部炮塔附近的损伤。船头和船尾的升降机都卡在了靠上的位置，不能把飞机送上或者送下甲板，但是甲板还能起降飞机。"列克星敦号"的引擎完好无损，尽管船体受伤了，它依然能以 25 节的速度迅速行驶。[93]

返回的机组人员从空中看向航母，没觉得有什么不正常。"从空中看它还挺好的，"海军上尉盖勒之后回忆说，"着舰以后……我向周围看去，才发觉周围有人脸色有些奇怪。然后我看到甲板上到处都是消防泡沫的斑点，我才意识到航母被击中了。"[94]

菲奇将军和谢尔曼舰长有理由相信"列克星敦号"能承受住两枚鱼雷和两枚炸弹的攻击。因为从设计上来说它可以承受更多的打击。损管队受过长时间的高强度训练，也有好的装备和领导者。这次战斗结束后一个小时，"列克星敦号"似乎就恢复平衡了。如果再有敌人来犯，它看起来也有能力打退敌人的进攻。"我们终于对攻击之后的处境感到如释重负，"谢尔曼写道，"但这种轻松感很快就会变成恐惧。"[95]

航母的航空汽油燃料罐放在左舷紧靠船体内侧的地方，它被两枚鱼雷击破了。虽然没有明显的燃油泄漏痕迹，但是隔壁的内燃发电机室里到处都是燃油气味。高度易燃的蒸气像致命的病毒一样蔓延到了整个船体的底部，由于找不到准确的泄漏位置，因此无法有效解决这一问题。

中午 12 时 47 分，船上发生了巨大的爆炸。舰长位于舰桥上，感觉爆炸来自航母的"底部"，大概是龙骨上方不远处。[96] 几乎在同时，油腻的黑烟从飞行甲板上的升降机边缘冒了出来。内部电话被切断了，通信员奉命前去接收希利的口头报告。他们走下钢梯，来到一个充满浓烟的阴森地方，这里只有战斗照明灯，挤满了严重负伤、大声呼救的人。希利的损管指挥中心所在的总发电站已经完全被炸平，25 人丧生，周围的隔间已经变成了熊熊燃烧的火海。在通往舰首医务室的 300 英尺长的走廊里，钢门都从铰链上被撕了下来。一名上尉描述道："我被一阵如飓风般猛烈的风吹起，抛到了墙壁上。……那阵风看起来好像是由一股股火焰和无数的火花组成的。……火焰的颜色介于樱桃红和白色之间，火花是深红色的。这阵风只持续了几秒钟，然后就只剩下令人窒息的浓雾了。周围的舱室里传出呼救声，于是我用最大的声音喊道：'放松，屏住呼吸，我们会出去的。'"[97]

　　　　　　燃烧的大洋：1941—1942，从突袭珍珠港到中途岛战役

消防队拖着长长的软管来到这个"地狱"。他们戴着防毒面具，靠氧气罐呼吸，用手电筒照明，当水管中的水压下降时，他们会转而使用手提式化学灭火器。他们眼中流进了汗水，头也变得昏沉，但是他们继续战斗，对抗着熔炉般的高温、令人窒息的烟雾，以及进一步爆炸的威胁。他们把伤员拉上梯子，抬到机库甲板上，在那里医务人员已征用飞机的推车，可以把担架推到医务室。

当时谢尔曼和菲奇还不知道，"列克星敦号"已经陷入最终走向毁灭的恶性循环。第一次的汽油爆炸撕开了防水门和墙壁，让易爆的烟雾散布到了整艘航母里，导致损管队无法封锁危险区域。每隔10分钟到15分钟，航母就会因为新的爆炸而颤抖一次。燃料罐被进一步破坏，更多易燃液体流进了火海。总水管被压坏或者破裂了，这导致消防水管中的水压下降，最后完全失去了压力。总电缆也被不断蔓延的大火烧坏了，电源被切断，下层甲板陷入了黑暗。化学灭火器和氧气罐逐渐减少。消防队员不断受伤，不得不被同伴带离现场。虽然有些地方水密门被关好并锁死了，但大火把舱壁烧得非常热，点燃了另一面的油漆，于是火焰穿墙而过。[98]第二次毁灭性的爆炸发生在下午2时42分，第三次是3时25分。至此，火势已明显失控了。

舰长从舰桥上俯视着飞行甲板，下方受损的迹象越来越明显。第一次大爆炸之后，战机依然在航母上起落，但是2时42分的爆炸彻底终止了飞行作业。航母前方的升降机被烧成了橘红色，火舌吞没了旁边的一切。机库甲板已经因火焰和烟雾而不适合停留了，于是那里的伤员被带到上层。斯特鲁普回忆说，爆炸"听起来像货运列车从机库甲板上开过。那其实是一堵火墙，后来从升降机周围往上冒。火墙蹿到两三英尺高，而且爆炸发生的频率越来越高"。[99]
浓烟和炽焰导致损管队被迫向船尾撤退，他们一边后撤，一边拼命用消防软管灭火。他们在弹药升降机里放了一根软管，想把疯狂燃烧的隔间灌满水。但是什么也阻止不了大火的前进。副舰长塞利格曼中校写道："航母前部大火熊熊，装甲甲板的上面和下面都没有任何灭火工具，此时大火已朝后面的飞行甲板蔓延，机库甲板夹层中存放的 20 多枚鱼雷必然会被引爆。"[100]

　　航母内部的联络很快瘫痪了，谢尔曼和菲奇越来越难获得受损的航母下层的准确报告。通往舰桥的主电话在几个小时之前就失效了，舰长和损管队之间的大多数通信是靠人员来回跑动解决的。船舱的电力系统被切断了，转向装置进入应急模式，改变航向只能靠口头通知。随着水泵失灵，船体又开始倾斜，吃水更深了。菲奇下令让护航船只不要靠近，因为"列克星敦号"变得非常难控制。通往轮机舱的传声筒（不需要电）在一段时间内仍能发挥作用，但是音质在不断下降。谢尔曼舰长意识到，如果他不命令工程师撤离，当剩下的通信联系全部被切断时，那里的人会坚守岗位，直到被大火吞噬。下午 4 点，他命令他们关闭引擎，排出锅炉里的蒸汽，撤退至飞行甲板。多余的蒸汽冲进了烟囱里，发出低沉的呼呼声。引擎不再发出声响，四个巨大的螺旋桨停止了工作。"列克星敦号"停了下来，一动不动。忠诚的护航舰——驱逐舰"安德森号"、"哈曼号"和"莫里斯号"，巡洋舰"明尼阿波利斯号"和"新奥尔良号"——来到这艘即将沉没的航母旁边，等待指示。

　　下午 4 时 30 分，谢尔曼派通信员找到损管队临时指挥塞利格曼中校，让他带着剩下的所有船员到飞行甲板上集合。到下层甲板去找人是一项危险的工作，但必须这样做——广播系统早就坏了，每个人都需要知道舰长命令他们离开岗位。受伤的船员不断被带到飞行甲板上，许多人被烧伤，吸入了浓烟，但总有志愿者愿意到底下去帮助其他船员。弃船时用的救生艇和其他漂浮设备已经准备好了。驱逐舰的船首紧靠在航母左舷后方，让人们把担架降到其甲板上。

时间紧迫。船上的每个人都知道，随着大火蔓延，机库甲板里的炸弹和鱼雷正在被火慢慢烘烤着。有人测量过，鱼雷周围的金属外壳温度在 60℃ 左右。最终，它们会被引爆，把航母彻底炸毁。到了 5 点钟，保船显然没有希望了，弃船的准备也一直在进行，但舰长还没有下达命令。菲奇可能认为谢尔曼等待的时间太长了，有些危险，所以下午 5 时 7 分，将军在舰桥上俯身对信号台上的舰长说："让这些孩子下船吧。"[101]

他们把打了节的绳索固定在船的两侧，将几十个救生圈放进了海里。人们开始沿着绳子下降，有的直接降到筏子上，有的来到驱逐舰的甲板上，有的到了小船上，有的直接滑进了 50 英尺以下的海里。这是一个宁静的夜晚，太阳在一片壮丽的光辉中落下。这次撤离十分从容，从容得有点奇怪。没有慌张，没有恐惧，甚至有些人看起来并不着急离去。有人从船上的商店里拿出来了一桶冰激凌，装在杯子里分给大家。高射炮手们将 20 毫米机关炮的炮管和弹夹带到了驱逐舰的甲板上，以免随航母一同沉入水中。人们在绳索后面排成几条直线，把鞋子脱下，整齐地摆在飞行甲板的边缘。他们向舰长欢呼了三声。海军上尉盖勒直接从飞行甲板上跳到海里，游了大约 100 码，然后游了回来，顺着一条绳索重新爬上了飞行甲板。有人问他为什么回来，他回答说："哦，在那里我觉得有点孤单。

我不认识那些人。你们什么时候过来？"[102]

菲奇将军离开了此时已经空无一人的舰岛，跟在一小队参谋的后面。一名海军陆战队员依然遵守着规矩，把将军的外套整齐地叠好，放在他的胳膊上，紧跟在他身后。"我记得我走过飞行甲板时，感到非常热，很快这些都将被烧毁，"斯特鲁普回忆说，"左舷前方吹来了一点点风，让船的这个位置稍微凉快了一点。"作为菲奇的司令秘书，斯特鲁普举起双臂，朝一艘巡洋舰发出信号："派一艘小船来接将军。"[103]一艘汽艇很快就停在了下面，菲奇迅速爬下绳索，来到汽艇上。

6点钟时，只有几个人还留在"列克星敦号"上。飞行甲板热得烫脚。"飘忽不定的小火舌互相追逐着穿过大片木制的区域，前面的火焰很快就被后面的取代了，"信号员比弗回忆说，他是最后离开的几个人之一，"除了火和烟什么都看不到。船头依然很干净，但是填充木板缝隙的焦油开始沸腾了。我们都能感受到扑面而来的热浪。"[104]

舰长和副舰长是最后走的人。他们在甲板上最后走了一圈，看看有没有人落下。没有船员落下，于是他们来到"列克星敦号"船尾打结的绳索旁，看起来都不愿迈出最后的一步。谢尔曼命令塞利格曼先下去，因为舰长有"义务和特权"最后一个离开。[105]塞利格曼刚一下去，船腹就发生了爆炸，火焰伴着飞机的碎片冲上半空，谢尔曼在飞行甲板的边缘下躲开了坠落的碎片。塞利格曼呼喊着，让舰长赶紧从绳子上下来。"我刚才在想，"谢尔曼回应说，"会不会我刚离开船，火就熄灭了，那样的话我是不是很傻？"[106]舰长在后来写道，放弃"列克星敦号""令人心碎"，是"我做过的最困难的事"。[107] 但是这艘可敬的老航母已经完成了使命，谢尔曼有义务把自己完好无损地带回去，继续为美国海军服务。他顺着绳子坠入温暖而又黑暗的珊瑚海中。

在燃烧的航母周围，海水里有数百个等待救援的人。许多人后来回忆说那片海水让人感觉很舒服，不热也不冷，还能感受到燃烧的"列克星敦号"发出的热量。身上的救生衣使他们浮在水面上。他们可以抓住筏子上丢下来的绳子，舒舒服服地漂在海里，等着被救上小船或者驱逐舰。有些人手里还举着几包香烟。健康的人选择多等一会，让那些虚弱的同伴先上船。"莫里斯号"和"哈曼号"驱逐舰小心地在落水者之间穿行，不断有人爬上吊货网。那些虚弱得爬不动的人被起重机吊了上来。

夜幕降临后，燃烧的航母构成了一幅美丽而又可怕的景象。在夜幕的映衬下，熊熊燃烧的"列克星敦号"看起来比以往更加庞大。甲板上的每一个孔洞都透出内部橘红色的火焰旋涡，一部分船体被烧红了，像熔化的铅那样发光。比弗回忆说："它倾斜得很厉害，停在上面的飞机挂载的炸弹以及飞机本身的爆炸，让飞行甲板上不时冒出脏兮兮的红色火焰。黑暗的水面映衬出的火光，让这场面变得更可怕了。"[108]

此时，机库甲板中的鱼雷弹头和炸弹已经接近引爆温度。晚上6时30分，它们发生了一次巨大的爆炸。飞行甲板上的十几架战机像儿童玩具一样被抛到了海里。航母中部的二号升降机从飞行甲板上被炸飞了，像瓶盖一样飞了出去，缺口中冒出了一大团火焰。从附近的一艘巡洋舰上，斯坦利·约翰斯顿看到"碎片和颗粒、飞机，以及大大小小的钢板和木板都伴随着刺目的白光在火焰和烟雾中飞上了天。我们的身子紧紧贴着巡洋舰起伏的边缘，过了好几秒，碎片才在周围几百英尺的范围内坠入大海"。[109]

弗莱彻将军已经决定当天不再发动攻击，命令整支舰队向南撤退，脱离敌人。有人建议派巡洋舰和驱逐舰尾随日本舰队，吸引敌人参与水面作战，他考虑之后拒绝了，因为这样他们可能会遇到大规模空袭。这个决定很有可能拯救了大多数"列克星敦号"船员的性命，因为这样才有足够的船只接纳幸存者。这些船员被救起并分散到舰队中的驱逐舰和巡洋舰上，这些船上一下子变得人员过剩。但是船员们都全力招待"列克星敦号"上的这些无船可归的人，拿出多余的衣服来，还跟他们分享床铺，让大家都可以轮流睡觉。

弗莱彻下令击沉"列克星敦号"，这一方面是防止它落入敌手，另一方面是防止其成为敌军飞机的路标。"费尔普斯号"驱逐舰行驶到距离它大约 1 500 码的位置去执行这个糟糕的任务。谢尔曼舰长有些哽咽，站在"明尼阿波利斯号"巡洋舰上看着这一切。"费尔普斯号"朝"列克星敦号"的右舷发射了 8 枚鱼雷，看起来有 4 枚引爆了。谢尔曼回忆说："那艘被击中的船吃水越来越深，慢慢地沉了下去，就好像它也不愿放弃战斗一样。旗杆上的国旗和最后挂上去的信号旗都自豪地飘扬着，旗语是'我是弃船'。它是以水平的姿态沉下去的，跟以往一样端庄。"[110] 晚上 7 时 52 分，"列克星敦号"在一片蒸汽的咝咝声中沉没了，随它一同沉没的，有 100 多具船员的尸体。大约一分钟后，方圆几英里内都能听到一声巨大的、可怕的水下爆炸声，就连整整 10 英里外的美国特混舰队的船上也听得见。那是"列克斯夫人"最后的怒吼。它沉向了深渊。

"约克城号"航母比"列克星敦号"更小更灵活，它躲过了 8 枚甚至 10 多枚鱼雷。埃利奥特·巴克马斯特舰长在信号台上指挥舵手，喊着"右满舵！""左满舵！"[111]借助回转半径小的优势，巴克马斯特用"船首正对"的方法来对付鱼雷，也就是说，他直接让"约克城号"朝鱼雷来袭的方向开去，灵巧地穿过它们，其中最近的鱼雷离"约克城号"不超过 50 英尺。"航母转向时，尾流拧成了一道巨大的白色弧线。"摄影师威廉·G. 罗伊回忆说，他当时也站在舰桥上，就在巴克马斯特身旁。[112]航母在超过 30 节的航速下急转弯，大幅度摇摆，船员们不得不紧紧抓住身边可以抓住的东西，这样才不会从甲板上滑下去。

　　"约克城号"被俯冲轰炸机投放的一枚 500 磅的炸弹击中了，这枚炸弹落在舰岛附近，径直穿过甲板，在钢板上留下了一个直径 14 英寸的洞；炸弹还穿过了待命室、机库甲板、第二甲板和第三甲板，最后在船体深处的第四层甲板上的航空设备储藏室里爆炸了。这枚炸弹穿过六层甲板才爆炸，它的力道可想而知——速度可能达到了每小时 500 英里。机库甲板后部的一个船员估计爆炸使"船尾至少上升了 10 英尺"[113]——这一高度足以把航母的螺旋桨完全抬出水面，使人们在战斗的喧嚣声中都能听见引擎飞转的声音。因为这次爆炸，内部的甲板和舱壁明显变形了。37 人当场死亡，还有更多的人受伤。海员奥蒂斯·凯特被派去清理现场，多年后他回忆说："到处都是碎片和颗粒，有些是航母的，有些是海员的。……我们要把航母的碎片拣出来，把海员的肢体装进裹尸袋，把其他的垃圾丢进垃圾袋，直到现场可以用铲子和消防水管进行清理，然后再用消毒剂和抹布清理。这里总是有一股'死亡的芬芳'。当时和之后，一直有个想法在我脑海中盘旋：第几个会轮到我？"[114]

令人惊讶的是，除了这最初的破坏，这艘船可能没有太多损伤；火势得到了控制，飞行甲板继续作业，甚至还能保持 24 节的速度。舰长询问轮机长是否需要降低航速，轮机长回复道："不需要。我们能挺过去！"[115]

"列克斯夫人"燃烧时，"约克城号"一刻不停地行进，这样做既是为了避免被日本潜艇跟踪，也是为了回收战机。在"列克星敦号"明显无可挽救之时，菲奇将军深谋远虑，把"列克星敦号"上未受损的飞机尽可能多地转移到了仍能起降飞机的"约克城号"上。在接收了"列克斯夫人"的超过 1/4 的飞机后，"约克城号"的航空力量比战役开始时还要强。然而弗莱彻的选择十分有限。美国飞行员声称已经击中了日本的两艘航母，并确信击沉了其中一艘。但下午的目击报告证实，两艘日本航空母舰仍漂浮在水面上，而且看上去并没有起火，机动能力似乎也没有降低。美国人已经损失了"列克星敦号"，不能再失去"约克城号"。此外，燃料储备低得令人担忧，而且特混舰队的护航舰船在接收了 2 700 名"列克星敦号"幸存船员后，已经严重超载。弗莱彻一开始打算留在珊瑚海海域，不过 5 月 8 日下午晚些时候，他收到了尼米兹发来的信息。后者要求弗莱彻撤出攻击区域。于是第 17 特混舰队朝南方驶去。

在几艘驱逐舰上，"列克星敦号"的船员们挤在甲板上的狭小区域里，很难在船上走动。食堂里不供应食物，三明治和黑咖啡都是直接递到人们坐的地方。那天晚上有上百人睡在甲板上，疲惫使他们忽视了不舒适的环境，甚至船头溅起的水花也无法把他们吵醒。医生和医务兵夜以继日地救治伤员。烧伤者数不胜数，医务人员将

　　　　　　　　燃烧的大洋：1941—1942，从突袭珍珠港到中途岛战役

单宁酸直接涂在伤口上，并给伤员注射大量吗啡。绷带缠了又拆，断骨打上石膏。烧伤最严重的病人得到输血治疗。几艘驱逐舰缓慢地朝南方行驶：这些军舰比较小，增加的人员重量明显影响了它们的航行能力。随着燃油的减少，这个问题变得更加尖锐，每艘驱逐舰的重心都升高了。弗莱彻下令将"列克星敦号"的幸存海员重新安置到巡洋舰上。

"约克城号"的速度还可以，但是它的内部损伤很严重，身后拖了数英里长的光滑的燃油痕迹。这很危险，因为留下的尾迹容易被敌机发现。弗莱彻命令一条驱逐舰紧紧跟在航母后方，希望可以把浮油打散。船上没人知道敌人的下落，大家都以为日军正在穷追不舍。海军上尉沃利·肖特坦言："老实说，我们在撤退的路上很害怕。"[116]

5月9日凌晨，第17特混舰队向东转向，然后通过新喀里多尼亚南边的航道偷偷溜出了珊瑚海。因为燃料不足，"约克城号"在汤加群岛的汤加塔布岛停留，等待油轮赶到。有几艘水面舰艇进入了努美阿，这是新喀里多尼亚的首府。整支舰队中都有流言称北太平洋即将开战。

日军也在快速撤退。5月8日下午，井上成美将军断定，除了取消登陆莫尔斯比港的行动并让两艘航母返回特鲁克群岛之外，没有其他选择。"推迟对莫尔斯比港的攻击，"他发电报给山本，"请您批准。"[117]他做出这个决定，有多条充足的理由，包括目前燃料不足，以及派舰队继续进攻莫尔斯比港可能会遭到毁灭性空袭等等。即使两艘美国航母都被击沉了——如日本飞行员希望他相信的那样——驻扎在澳大利亚的陆基轰炸机也令他不得不慎重行事。为运输舰提供空中掩护的"祥凤号"已经沉没了。虽然"瑞鹤号"还完好，但是经过 5 月 7 日和 8 日的战斗，日本航母的舰载机损失惨重。第二天结束时，航母上只剩 39 架飞机，包括 24 架零式战斗机、9 架俯冲轰炸机和 6 架鱼雷轰炸机。许多成熟老练的飞行员已经被击落或在海上失踪。

山本将军被井上的请求激怒了，认为他懦弱消极。午夜时，总司令断然拒绝了撤离请求，命令高木继续搜寻并歼灭附近的盟国海军。高木没有足够的燃料去追击美国人——一些驱逐舰燃料只剩 20%，巡洋舰还有 50%——不过为了做出点样子，他还是向美国舰队离去的方向派出了一些侦察机。5 月 9 日和 10 日，他一直在通过油轮给舰船加油，到那时，弗莱彻的舰队明显已经逃走了。

日本人完全可以一鼓作气，拿下莫尔斯比港，不会遇到太多抵抗，很多人都好奇他们为什么没这么做。对于一个到当时为止在战争中不顾一切的国家来说，这次失去胆量的行为十分奇怪。珊瑚海战役也就此作为盟军具有战略意义的胜利而载入史册。

5 月 11 日，山本取消了早先的命令，让高木将"瑞鹤号"带回日本。它需要进攻中途岛。

为了避免有人忘记战争的代价，这里有必要提一下，无论是"翔鹤号"还是"约克城号"，撤出战斗时都要将大批死去的船员进行海葬。"翔鹤号"的维护官宫下八郎说，船上回荡着伤员的号哭声，但是这些声音最后都沉寂了，因为这些人后来伤重而死。一个海军大尉的遭遇让他深受触动，这个大尉的身体完全被弹片炸烂了，医生处理时就像"从地里挖土豆"。5月9日，"翔鹤号"将107具尸体沉入大海。"我们用纱布覆盖住他们的脸，然后用毯子裹住尸体，"宫下八郎说，"接着在他们两腿之间绑上一颗30千克的哑弹，好让他们沉入海底。但是入水后，水压使棺材碎开，尸体重新浮回了水面。"[118]

"约克城号"的一级准尉弗兰克·博永远不会忘记他看到的白色水手袋上的"血手印"，那是被炸伤的人尝试站起来时在印在上面的。[119]医疗兵把逝者放在金属丝网担架上，并用被单盖住他们的脸。5月8日晚上，在准备好海葬之前，很多担架放置在军官休息室（靠近船上的医务室）里。"约克城号"的SBD飞行员比尔少尉因为太劳累，进入了一个摆满死去船员的房间，爬到了床上。凌晨时分他被弄醒了，因为"有人把我从床上抬了下去。屋里很黑，我不知道发生了什么，所以我大声问怎么回事。刚一出声，我就被松开扔到了地上，一个受到惊吓的声音说：'我的天啊，医生，这人没死！'"[120]

第十一章

　　弗莱彻将军的第一批乐观报告已经发送给珍珠港和华盛顿了，此时"列克星敦号"仍在为生存而奋战，似乎能够保存下来。"敌人发动了第一轮全面攻击，我方舰队没有遭到重大损失。"他向尼米兹发送无线电报时这样说。太平洋舰队总司令松了一口气，回答说："祝贺你们取得辉煌战果。"弗莱彻后续的电报报告了"列克星敦号"不断恶化的情况。最后发出的是"列克星敦号"沉没的噩耗。莱顿在记录中称尼米兹"身子明显晃了一下，还好几次喃喃低语，说原本可以拯救'列克星敦号'的"。[1]

　　现在太平洋上美国只有三艘航空母舰，其中一艘（"约克城号"）作战受损，也许需要返回美国本土维修，也许不需要。当天晚上，尼米兹尽力提振参谋的士气，提醒他们日方无疑也受到了重创。他说："我们不知道敌方具体的损失情况。但是他们肯定也有重大损失！你们要记住——一定要让敌方有损失，让他们的日子也不好过。"[2] 然而在 5 月 10 日写给金将军的私信中，他完全是另一种语气。"鉴于我们现在的航空母舰建设进度，我们承担不起这样的战损率。"[3]

　　金将军在华盛顿的办公室中密切关注着战役的进展，但他忍住冲动，没有介入尼米兹和弗莱彻之间的无线电通信，他的考虑是

　　　　　　　　燃烧的大洋：1941—1942，从突袭珍珠港到中途岛战役

"他们需要所有能用的通信手段来有效协调工作"。⁴ 得知"列克星敦号"沉没的噩耗时，这位美国舰队总司令深受打击。他曾是"列克星敦号"的舰长，他了解这艘军舰，也了解上面的每一名士兵。他发布命令，向公众隐瞒"列克星敦号"沉没一事。他对英国皇家海军元帅达德利·庞德爵士说，这"仅仅是第一轮战役，敌人的力量还在增强，我们将难以与之抗衡"。⁵

人们常说珊瑚海战役是"太阳底下的新鲜事"——敌对双方的舰船第一次在视距外交战。这也是海战史上最混乱且最令人困惑的战役之一，这场海战在通信、判断、解读和计算方面都出现了一系列不可思议的失误。从直接的战果来看，日本取得了胜利，但是取胜的程度并不像他们宣称的以及他们自以为的那样大。除了"列克星敦号"之外，日方还击沉了宝贵的油轮"尼欧肖号"和驱逐舰"西姆斯号"，重创了"约克城号"，摧毁了"列克星敦号"上的50架飞机（包括与航母一同沉没的飞机）和"约克城号"上的16架飞机。盟军击沉了日方的轻型航母"祥凤号"、1艘轻型巡洋舰、2艘驱逐舰、1艘运输舰和4艘炮艇，还击伤了"翔鹤号"和一艘飞机供应舰。尽管从击沉的舰只吨位上看日方领先，但是日军损失的飞机数量和伤亡人数都是美方的两倍多。在空战中，日方损失了33架战斗机、3架四引擎巡逻轰炸机、5架水上飞机、16架俯冲轰炸机和17架鱼雷机。另有30架飞机与"祥凤号"航母一起沉没。日方有90个机组人员殒命，相比之下，美方只损失了35名机组人员，因为美方救援坠海飞行员的工作做得更好。

日方战术上略胜一筹，而盟国取得了战略上的胜利。对珊瑚海战役结果的这一判断，已经过时间的检验。后半句是确定无疑的。

日方的目标是夺取莫尔斯比港，但是他们失败了；对于美方来说，这是太平洋战争开始 5 个月以来的首次重大逆转。如果井上成美更果敢些，那么日方可以不费吹灰之力地夺取莫尔斯比港。5 月 8 日的战役过后，盟军除了陆基轰炸机以外，没有任何其他力量可以阻挡日军登陆莫尔斯比港，而盟军的陆基轰炸机从未对行驶中的舰船构成过太大威胁。谢尔曼曾认为莫尔斯比港会在 48 小时之内陷落。[6]

珊瑚海战役对美国来说非常重要，而对澳大利亚来说则是极为重要。如果日军占领了莫尔斯比港，澳大利亚北部的城市和军事基地将受到严重威胁。麦克阿瑟将军不常表扬海军，但他说这场战役"保障了澳大利亚的独立"。[7]从某种意义上来说，这是澳大利亚的"特拉法尔加战役"——这场海战的胜利打破了入侵者原本坚不可摧的形象。太平洋战争之后有好几年的时间，澳大利亚人都把这场战役的纪念日当成准国庆节来庆祝。

然而，对于日方来说，珊瑚海战役能算是战术上的成功吗？"翔鹤号"被美军击伤，需要修理；"瑞鹤号"虽然没有受损，但是其舰载机损失惨重。更为关键的是，这两艘航母都没能及时返回，参与中途岛海战，而它们如果在场，完全有可能改变那场战役的结果。"约克城号"虽然受损，但它是唯——艘既参加了珊瑚海战役，又参加了中途岛战役的航空母舰，而且其航空大队将在第二场战役中发挥决定性的作用。这里我们不妨冒一下掉书袋的风险，引用一下韦伯斯特词典对"战术"的定义："在军事行动中部署和调动海陆军力的技术，尤其针对近程目标或短期目标（与战略不同）。"珊瑚海战役和中途岛战役相距不到一个月。把这两场战役结合起来看，盟军在 5 月 8 日的珊瑚海战役中，使两艘日本大型航母未能参加 6 月 4 日的战役，这不应该视作战术上的胜利吗？

战争是一所严苛而无情的学校，但是美国海军不断地从中吸取经验。如果说美方在 1941 年 12 月 7 日的珍珠港大败之后有哪件事做对了，那就是美军全体都开始重视吸取教训和改进自身。他们认真分析与敌方的每一次交锋，从中吸取经验和教训。每次作战行动后的汇报都包括战术分析和建议，这些来之不易的知识与经验影响了之后的指挥决策、纪律原则、作战计划和日常训练。美方从珊瑚海战役中获益良多。这场战役暴露了 SBD 无畏式俯冲轰炸机的瞄准器起雾的问题，尼米兹认为这是"三天的战役中最突出的设备问题"。[8] 同时，这场战役也表明防空炮兵需要更好的训练。还有很明显的一点，那就是应该大大增加航母上的 F4F 战斗机的数量，这既是为了给空袭的轰炸机护航，也是为了给特混舰队提供战斗空中巡逻。战斗空中巡逻机应该部署在距离航空母舰更远的地方，这样才有时间拦截敌机；这些飞机的高度也应该提升，这样在拦截敌机时可以利用高度获得速度优势。道格拉斯"蹂躏者"鱼雷轰炸机已经严重过时，必须尽快更换。[9] 美军的航空大队必须学会在出击的时候保持队形，让俯冲轰炸和空投鱼雷攻击良好协作。在这一方面，日军做得很出色，这是"列克星敦号"上的官兵实际体验过的。

也许这场战役最重要的一点在于，美国飞行员和日本飞行员打了个平手。日本的飞行员和飞机不再拥有神秘的光环。F4F 的飞行员逐渐学会了利用更快的俯冲速度和飞机自身坚固的结构来对付更轻也更易损的零式战斗机。这些由弗拉特利少校改进的战术对于重创日方航空部队起到了很大的作用。美军的中队长们在纸上总结战斗经验，分发给队员。弗拉特利这样建议野猫式战斗机飞行员：

获得足够的高度优势再与敌方战斗机接触。俯冲时可加快速度，爬升时就很难跟上敌机的速度了。实施打了就跑的战术，俯冲攻击，然后拉升撤离。如果在接近敌机时对方逃出你的视野，就立刻撤离，让后面的飞机继续追击。你如果转身掉头，就会处于与敌方平行甚至更低的位置，这样一来就很难重新获得高度优势了。如果遇到危险状况，立刻逃跑，大幅移动，钻进云层。要和同伴待在一起。日方的空中纪律执行得非常好，如果单独行动，你会发现对方至少有三架飞机对付你。尽管敌机更为灵活，但是如果操作得当，你的飞机性能更好，可以在自身损失程度最低的情况下将其击毁。[10]

东京的大本营宣称美国的"萨拉托加号"和"约克城号"航母已经被击沉。之所以宣称击沉"约克城号"，是因为飞行员乐观地判断他们发射的 3 枚鱼雷和 8 至 10 枚 550 磅重的炸弹击中了它，这样沉重的打击，应该足以击沉世界上任何一艘航母了。海军少将原忠一在战后报告中推测"约克城号"已经沉没，但是也承认他无法证实这一点。东京方面还宣布日方击沉了美国的一艘战列舰，使一艘英国重型巡洋舰丧失作战能力，重创了英国的一艘厌战级战列舰。[11] 这些说法毫无根据——该海域没有其他盟国战舰，也没有巡洋舰被击中。

昭和天皇发布了一份诏书，赞扬日本舰队取得辉煌胜利。连阿道夫·希特勒也送上了称赞。元首（希特勒）预言："经过最新的这一次失利，美军战舰几乎不敢再面对日本舰队了，因为所有与日军对抗的美国舰船都等于沉没了。"[12]

然而，日本联合舰队的参谋们却高兴不起来。即便两艘敌方航空母舰已经沉入珊瑚海的报告是真的，日本付出的代价也非常惨重：“祥凤号”是日本在战争中被毁的第一艘主要舰船，损失了这么多的飞机和经验丰富的飞行员也让他们极为震惊。此外，日方的高级军官都知道，官方公告中有一点没有告知公众——MO 行动的主要目标，莫尔斯比港，仍然在盟军的手中。联合舰队的参谋们责备高木和原忠一在追击美国舰队时不够主动，并且指责井上有畏敌思想，提前撤兵。

　　航空参谋奥宫正武总结了参谋们的观点：“事实就是，珊瑚海区域的我方高级指挥官缺少对敌所需的战斗精神。”[13] 宇垣缠将军在日记中这样写道：“不世之功恍如梦中，消散无踪。战争是双方的事情，很难按照某一方的意愿进行下去。敌方来袭时，我们难道不能更团结地一致对外吗？”[14]

　　这场战役印证了日本海军飞行员普遍的共识：原忠一将军率领的第五航空战队的两艘航空母舰与日本第一航空舰队相比，只是“小兄弟”而已。原忠一的战队被视作“B”级战队，其飞行员的经验和技术比日本第一航空战队（“赤城号”“加贺号”）以及第二航空战队（“苍龙号”“飞龙号”）的飞行员差一截。然而，就连“B”级战队都在珊瑚海战役中击沉了两艘美国航母——如果“B”级战队都能给势均力敌的敌方施加如此沉重的打击，那么在中途岛，“A”级战队就没有什么好担心的了。这种观点一传十，十传百，逐渐被编成了一句俏皮话，在日本第一航空舰队传开了：“如果连嫔妃的儿子［“翔鹤号”和“瑞鹤号”］都能打胜仗，那么正室所生的儿子就更能独霸天下了。”[15]

指责日方指挥官和第五航空战队的飞行员的言论也许有一定道理，但是这些言论也把人们的注意力从更严峻的问题上转移开了。日方低估了对手吗？无论双方牌面上的损失情况如何，南方发生的这场战役都表明美军飞行员不是好惹的；F4F 野猫式战斗机如果操作得当，完全可以对抗日方的零式战斗机；而美国的俯冲轰炸机对舰艇构成了严重的威胁。美军是在处于日本舰队打击范围内的不利时刻突然出现的。美军并非无能或士气低下。他们显然有意愿，也有能力在战斗中证明自己。但是山本五十六和他的主要部下不愿意这样来解释珊瑚海战役——这是一个不祥之兆，意味着中途岛战役的作战计划其实蕴含着更严重的风险，而他们不愿意承认。

5 月 5 日，在珊瑚海主要战斗的两天之前，中途岛战役和阿留申群岛战役的作战命令便已下达至整支日本舰队。永野修身签署了第 18 号海军战令，指示山本"与陆军联合行动，执行占领中途岛以及阿留申群岛西部重要据点的任务"。[16] 这将是海军战争史上规模最大的海陆两栖作战。这一作战计划将日军分成五个基本独立的战术集群，在广阔的北太平洋战区执行任务，范围从阿留申群岛寒冷的外岛延伸到南方 2 000 英里外的中途岛。近 200 艘日军舰艇、700 多架飞机将参与进攻行动。乔纳森·帕歇尔和安东尼·塔利在以日方视角研究中途岛海战的专著《断剑》中这样写道："综合来看，日本海军在阿留申群岛战役和中途岛战役中几乎调遣了所有兵力。日方派出了所有的航空母舰和战列舰，没有参战的只有 4 艘重型巡洋舰及其为数不多的作战人员。有 28 名将军率领部队作战，部队在这次行动中跨越的海域以及消耗燃料的总量比平时一整年还多。"[17]

日军作战计划中包含了一系列复杂的、精心安排的进攻，进攻时间要准确无误，还要严格保持无线电静默。6月3日，北方的一支日军会对位于乌纳拉斯卡岛荷兰港的美军基地——这是美国在阿留申群岛的主要基地——进行突袭，随后攻击并占领阿留申群岛的三个外岛。6月4日清晨，日本航空母舰会在中途岛西北部发动空袭，目的是摧毁停留在地面上的飞机，为入侵部队清理海滩，登陆部队预计于6月5日晚在环礁上登陆。一旦占领环礁，日军的两个工兵营就将登陆，升级并扩充岛上的航空设施。任何从珍珠港出击拦截的美军都将被击溃。

中途岛战役并不是周密计划的产物。日方为了平息内部异议，平衡联合舰队和军令部的需求，经过很多妥协，才制订出这个作战计划。因此毫不奇怪，这个妥协矛盾重重、漏洞百出，还存在许多不必要的风险。它暴露了日方的傲慢和轻敌，最终导致了致命的失误。日军的作战计划使其军力在广阔的北太平洋地区过于分散，并且过于依赖对美方如何应对的不可靠的猜测。作战计划对日军人数有限的精英飞行员的要求也过高了，这些飞行员自12月7日战争开始以来几乎都在连轴转，根本没有休整的时间。虽然日方不愿意承认，但是日本航母上有经验的飞行人员已经疲惫不堪、近乎透支了，而新手又缺乏训练和经验，无法与老兵的技术相比。南云忠一将军在战后报告中指出："必须大幅调整人员安排。……欠缺经验的飞行员甚至还没有学会如何在白天着舰。我们甚至发现，有些老练飞行员的技术也大不如前。"[18]

阿留申群岛战役是在军令部的坚持下进行的，与中途岛战役并没有明确的战略关系。在阿留申群岛参与行动的舰队，距离中途岛十分遥远，不可能及时赶到这里给主力提供支援。日军可以在几乎没有抵抗的情况下占领阿图岛和基斯卡岛，但是占领这里毫无意义。这些岛屿对日方和美方都没有太大价值。因为附近没有军事基地增援，所以占领者面对敌军的反攻时往往软弱无力。

日本之所以要发动中途岛战役，至少有一部分动机是要将日本的战列舰投入战斗，这些舰艇在战争的大部分时间里都静静地停驻在广岛湾的柱岛锚地。"柱岛舰队"这种具有讽刺意味的说法在日军的航母特混舰队中逐渐传开。[19] 此外，随着时间的推进，这些按兵不动的战舰上的舰员越来越焦躁不安。宇垣缠将军表示："在本国水域长期停留后，军队主力的士气已经大不如前。我鼓励了他们，不过我们必须探索新的训练方法，还要让他们参加实战。"[20]

既然日方的舰队如此强大，在航空母舰和水面舰艇方面都有明显的优势，为什么山本将军不集中兵力来击败美军呢？为什么不利用数量优势来对抗和战胜敌方呢？糟糕的阿留申群岛行动是为保全军令部的面子而做出的让步，除了这个行动，中途岛的作战计划似乎试图平衡马汉的集中优势兵力原则与隐藏日军真正进攻规模的需求。山本五十六进攻中途岛的主要目的是引诱美方的航空母舰加入战斗。如果尼米兹能发现日方所有军队都在中途岛附近，他便会让舰队在珍珠港待命，即便这样做意味着将中途岛拱手相让。山本打算将大部分兵力集中在以中途岛为基地的侦察范围之外，这样一来尼米兹便会失去戒心，派太平洋舰队出战。但是在这样的情况下，日方分散的兵力能否及时赶到战场发挥作用呢？

帕歇尔和塔利在书中写道，日方一直没有找到解决这一两难困境的方案。"如果假设美军会从珍珠港被引诱出来，那么就没有办法制订一个既让战舰的位置能够迷惑对手，同时又能让战舰相互协助的计划。这两个目的是自相矛盾的。山本将军知道不能两全其美，他愿意牺牲相互支持，来达到秘密行动的目的。"[21]

中途岛的作战计划建立在一个含有隐患的大意假设之上，即日军注定会不断取得胜利。后来日本自己意识到了这一点，称之为"胜利病"。[22]

在5月的第一个星期，山本和整支舰队的高级军官聚集在"大和号"上，一连召开了几天的作战计划会议。山本的日本传记作家这样写道："整艘船将星闪耀，到了就餐时间，高级军官云集；资历最低的中将被请出司令舱，在普通的餐厅里将就用餐，而少将只能去尉官的食堂，区区大佐就不得不站在甲板上用餐了。"[23]战舰前部的餐厅里也摆满了会议桌和折叠椅，以举行更大规模的会议。将军们在"大和号"宽敞的议事厅和餐厅中进行了兵棋推演，北太平洋的地图上摆满了舰艇模型，双方的机会和运气以骰子来代表。这些推演本来是要检验作战计划，发现不足之处，但大家很快就发现，山本及其主要的参谋对检查计划没有兴趣，更不用说批评意见了。简单来说，这些推演的目的在于证明山本的计划是可行的。他是个赌徒，喜欢冒险。

在会议第二天的一次兵棋推演中，"红队"（代表美国海军）的航空母舰突然出现在日本第一航空舰队的左翼，发动了令日方损失巨大的突袭。裁判行使了神一般的权力，裁定这种情况不可能发生，并宣布结果无效。裁判自负地断言，如果推演发生了这种结果，那么推演本身就是不完善的。因为直到南云忠一将军对中途岛发动第一轮空袭，美国航母才会加入战斗。

在另一次推演中，中途岛的美军陆基轰炸机对日本第一航空舰队发动了反击。骰子让美国飞机9次击中日本航母舰队，击沉了"赤城号"和"加贺号"。山本专横的参谋长宇垣缠将军在这次推演中担任监督者和裁判长。他说："稍等一下，我们把击中的次数减到3次。"[24]之后，他又武断地判定这次推演只击沉了"加贺号"，而"赤城号"只是轻度受损。在推演下一阶段进攻新喀里多尼亚和斐济的战役时，宇垣缠还设法"复活"了"加贺号"，让其参加推演。*为偏向日方而更改规则的例子还有很多，这里举出的只是最令人吃惊的几例而已。"如此裁判，"渊田美津雄说，"连我们当中最麻木的航空队军官都极为反感。"[25]

山本亲自提出了一个问题，直指要害——如果美国航空母舰突然出现在日本第一航空舰队的攻击范围内，会发生什么事情？源田实少佐立刻应道："铠袖一触！"这是一个成语，意思是"不费吹灰之力即可打败敌人！"[26]山本对兵棋推演结果做出的妥协，是要求南云忠一在中途岛战役开始之后在航母上保留一支后备打击力量，以防美国航母突然出现。

这次兵棋推演暴露了作战计划的弱点，以及日本舰队面临的威胁，起到了应有的作用。然而，这场推演从一开始就没有被认真对待，最终顶多起到一点象征性作用。这些推演只是做做样子，对于推演暴露出来的弱点，他们置之不理。虽然舰队中有军官私下里批评这种做法，但几乎没有人敢公开反对。渊田美津雄参与了作战计

---

* 审阅原稿时，艾伦·齐姆（Alan Zimm）指出，如果兵棋推演的是独立事件，那么"加贺号"随后的复活可能没什么好指责的。他会在新书《袭击珍珠港：战略、战斗、神话与欺骗》(*Attack on Pearl Harbor: Strategy, Combat, Myths, Deceptions*)中探讨这个问题。——作者注

划会议，他说大家普遍过度自信。他和其他航空母舰飞行员都"对自己的攻击力很有信心，我们认为即使战列舰不帮忙，单凭我们自己的力量也能击垮敌方舰队"。[27]

对于这个作战计划，最有力的反对者是第二舰队司令近藤信竹中将。他在 5 月 1 日私下与山本会面，并提出了反对意见。近藤信竹劝山本推迟进攻中途岛，加强向东进攻的力量，通过所罗门群岛攻占新喀里多尼亚。在那边，舰队可以依靠南方的岸基空中支援，而进攻中途岛则得不到任何岸基空中支援。即使日本成功占领中途岛，为了补给该岛，日方也将面临严峻的后勤和军事问题。近藤信竹后来写道，他认为占领中途岛是死路一条，因为"补给线太长，日本不易在该地维持强大的空中力量"。[28]

山本寸步不让。近藤信竹提议推迟一个月进攻中途岛，以便进一步研究和准备，然而山本并没有理会。6 月初的天气情况很有利于作战。（据推测）只有那时才会在黎明之后不久涨潮，使日军得以利用这个时机，让运送部队的两栖舰船穿过中途岛周围的岸礁。到 7 月份，阿留申群岛将被大雾笼罩。此外，要想推迟中途岛的行动，实际上为时已晚——日本海军的几乎全部资源都已经调动了起来。

六个月前，山本不顾军中审慎的异议，强令突袭珍珠港，最终在战术上大获全胜。他预测日方的空中力量面对盟军海军的水面力量会有压倒性的优势，后来证明他的判断是正确的。他从来没有失败过，总能凯旋，他头上有着不败的光环。他是全国上下的名人，赢得了日本人民的敬仰和信任。他曾两次以辞职相要挟，以击退反对者。他会毫不犹豫地再次这样做。

在日记里宇垣缠这样写道："在战争总结会、兵棋推演和战况报告会等一周不间断的会议之后，难免感觉有点累。"另一方面，春天已经到来，天气晴朗，濑户内海岸边鲜花盛开。5月5日是日本的"鲤鱼节"，虽然宇垣看不到岸上的鲤鱼旗，但看到舰队锚地旁岛屿的陡坡上翠绿的叶子时，他还是欣喜万分。那天，他在日记中写下了两行诗：

> 翠屿晴苍终在望，
> 飘摇环峙碧海间。[29]

美方海军无线电监听站设在瓦胡岛中部的偏远多山地区，隐藏在甘蔗地和郁郁葱葱的树丛之中，可以截获日方的编码信息。当时监听站和珍珠港的海军造船厂之间没有安全稳定的通信联系，所以截获的原始密码信息要用打字机打下来，由信使开吉普车下山交给第14海军军区司令部的地下室，即罗奇福特的密码破译单位的所在地。

MO行动和珊瑚海战役像日军其他大规模海战一样，让美方获取了大量无线电信息，这些信息可以和已知的作战地点、事件和作战单位联系起来。换句话说，这些都是密码破译员的富矿。1942年5月，盟军能够截获大约60%的日本海军无线电通信，试图破解大约40%的截获信息，其中能够成功破译的代码组为10%至15%。

但是，除了极少数情况，他们根本无法解读完整的信息，只能读懂其中几个短语，剩下的看起来完全像是胡言乱语。罗奇福特每天都要花18个小时埋头研究这些信息，它们都是零碎的片段，片段之间都是空白。"我的工作是填空，"他如此说，而为了完成这项工作，他要依靠自己超群的记忆力，"我可以回想起三四个月前哪条命令发出过类似的信息。"[30] 之前破解的短语有助于猜测空白处的信息，尤其是当相同的短语反复出现在同样的空白旁边时。在 IBM 计算机的帮助下，合理的猜测可以跟所有出现过某个代码组的信息进行比对验证。这样一来，破解 JN-25（当时的日本海军使用的主要密码）的进程就有了几何级数的进展——随着破译人员发现越来越多代码组的含义，剩余的空白信息也就更好推测了。

在珊瑚海战役之前，罗奇福特就开始怀疑日本人计划在太平洋中心开展另一场大规模行动，这次行动的目标可能是中途岛，甚至是夏威夷。5 月初，盟军的监听站发现，马里亚纳群岛的塞班岛的无线电通信量大幅增加，但南太平洋的日本主要海军基地特鲁克群岛的通信量并没有相应上涨，说明这是一次针对赤道以北地区的进攻，而不是向南展开的新攻势。日方要求向塞班岛运送大量加油软管，这似乎表明舰队作战的地点离日军基地较远。马绍尔群岛夸贾林环礁的侦察机出动的频次和距离都增加了。其起落航线预示着这场"即将到来的行动"规模很大，日本第一、第二和第五舰队都有可能加入进来。显而易见，太平洋中部地区将掀起一场血雨腥风。

5 月 12 日，罗奇福特给莱顿打了电话。他说："我感觉自己就像热锅上的蚂蚁，坐立不安的。你最好亲自过来看看，就会明白了。虽然还没发生，但已经迫在眉睫！'蓝眼睛男人'会问你有什么看法的。"[31] 有一条信息提到了日方"占领军"的代码组，还有个片段暂时确定为"即将打响的战役"，与地理标志"AF"有关。第二天，5 月 13 日，美方截获两条重要信息，并破译了一部分内容。在其中一条信息里，一艘日本舰艇要求获得夏威夷群岛地区的海图。在另一条信息中，一艘供应船的预定航行方向表明"AF"是第三航空队未来的基地，这条信息还讨论了如何运送基地设备、弹药、备件和地勤人员等后勤问题。

早在 3 月份，罗奇福特就推测"AF"指代的是中途岛。以 A 字母开头的所有地理标志都被证实是太平洋中部的岛屿，可能属于夏威夷群岛，也可能是其他美属岛屿。然而，罗奇福特相信日方既没有足够强大的军事力量，（特别是）也没有相应的航运能力来入侵瓦胡岛或夏威夷群岛的其他主要岛屿。该地区还有哪些可能的备选目标？中途岛是唯一一个足够大的环礁，可以允许航空队驻扎；而像巴尔米拉或约翰斯顿岛这样的岛屿，面积太小，不值得投入太多成本去占领。因此，经过简单的排除法，就只剩中途岛了。到了 5 月 12 日，罗奇福特心里已经毫无怀疑，认定中途岛是待定攻击的目标。莱顿赞成他的观点："我们知道 AH 指的是瓦胡岛，AK 指的是法兰西护卫舰暗沙。现在对方准备好了航空作战单位的基地补给物资，将其与入侵军力一起运送到'AF'，那么它就只能是处于珍珠港打击范围内的我们的某个岛上基地。显然，中途岛是日军的目标，因为相比于备选的约翰斯顿岛，它距离有日军驻守的威克岛要近 150 英里。"[32]

这一推测合情合理，结论也是正确的，但是除非尼米兹上将能被说服，否则这些都不算数。没有确实的证据证明"AF"指的就是中途岛。这只是个假设罢了，依据的是许多零散的线索拼成的一张像马赛克一样的照片。但是，由于莱顿和罗奇福特曾正确地预测日军针对莫尔斯比港的行动，所以他们的观点能够得到太平洋舰队总司令的全面关注。在珊瑚海战役和中途岛战役之间的这一个月里，尼米兹必须做出其四十年海军生涯中风险最大的决定，而他愿意根据情报官的最佳推测来赌上一切。

但是，尼米兹并不是掌握最终决定权的人。尼米兹身后，在华盛顿，还有一位盛气凌人的海军上将，他就是欧内斯特·金，他不想再损失任何一艘航空母舰，所以他想亲自决定航空母舰的部署地点和部署方式。在珊瑚海战役之后的一段时间里，他担心敌方会抢先攻占新喀里多尼亚、斐济和其他处于美国—澳大利亚航线上的岛屿。华盛顿的海军通信情报科的情报分析人员强化了金原有的看法，认为日方将把主要的攻击力量投入南太平洋地区。他们固执地相信自己破解的一系列情报，这些情报提到日军舰队会在特鲁克群岛会合，所以他们认为日本海军舰队正在向南移动。罗奇福特同意日本舰队有可能在特鲁克群岛会合，但同时也认为，日本只有在成功占领中途岛后才会采取这一行动。后来，罗奇福特说："整个这件事情中，最让我吃惊的是，很多人不接受我的推理过程。华盛顿不同意我们的解释，这让我们这些夏威夷情报站的人相当恼火，因为他们有同样的情报，如果不是脑袋出了问题，应该得出同样的推论。"[33]

有些人甚至怀疑情报的真实性，他们认为日方无线电通信故意指向中途岛，这可能是一个精心设计的骗局。罗奇福特最有力的证据之一是 5 月 13 日截获的消息，第三航空队在其中说自己未来的基地就是"AF"*。对于那些反对者来说，这样的情况太完美，不可能是真的。就连陆军参谋长马歇尔将军都评论道："一支日军部队把中途岛当作邮寄地址一样说出来，这似乎有点夸张了。"[34] 陆军指挥官担心瓦胡岛的安全问题，害怕尼米兹的部署会削弱该岛的防空力量。在接到请求后，陆军航空队指挥官迪洛斯·C.埃蒙斯（Delos C.

---

* "第三航空队"可能有误，因为日方计划中派驻到 AF 中途岛上的是第六航空队。——审校注

Emmons)将军不同意派遣 B-17 轰炸机增援中途岛。他警告尼米兹说:"我们截获的日方无线电信息可能是蒙骗我们的障眼法。我们需要估计的应该是对方的能力,而不是对方可能有哪种目的。[敌军]如果目的是破坏珍珠港和火奴鲁鲁的设施,就有足够的军力对瓦胡岛进行破坏性袭击。"[35]

这些相互抵触的观点使得华盛顿与夏威夷情报站之间的争执愈演愈烈,甚至掺入了私人恩怨。在部队之间的安全无线电传输中,侮辱性言语也夹杂在"电文的填凑部分"中,这是为了保证情报的安全性而添加的随机成分。莱顿怀疑,雷德曼的阵营中甚至有人破坏内部消息记录,如果仔细审查这些记录,海军通信情报科的错误就会曝光。哈姆·赖特少校是海波站的高级密码破解员,他回忆说:"整个事件混乱不堪。我们一直都在和海军通信情报科争斗,我们根本没法合作。"[36] 夏威夷的人指责华盛顿的人喜欢捕风捉影——他们做了很多无用功,破译的都是零散的片段,而且在预测信息时,总是忽视基本的常识。海波站的团队经历过珍珠港袭击之后的混乱局面,当时他们要面对多到令人难以置信的耸人听闻的谣言,从中认识到了辨别真假情报的重要性。他们相信华盛顿的同行没有吸取同样的教训。正如贾斯珀·霍姆斯所说的:"没经历过战争的人,意识不到在战争迷雾中追寻真相的影子有多难。"[37]

罗奇福特和他的部下确信"AF"是中途岛,而且确信日军的攻击将发生在 6 月的第一周。他们让尼米兹相信了他们的推理。但是他们缺乏足够的证据来推翻华盛顿固执的相反观点。对于这一点,罗奇福特及时地想到了一个办法。他使用了一个诡计。他让中途岛的指挥官给珍珠港发送一则明文电报,报告中途岛的一座海水淡化厂出现故障，因此整个岛上急缺淡水。对方照做了。威克岛上的一个日军监听站截获了这条电报，并立即将其转送至东京大本营，后者提醒了联合舰队，说"AF"淡水短缺。后面的这条电报被海波站以及墨尔本的密码专家截获并破译了。

这个计谋大获成功，确定无疑地证明了"AF"确实是指中途岛。但不可思议的是，海军通信情报科依旧固执己见。他们认为，日方或许试图用无线电信息误导盟军。退一步说，就算日军是在计划攻击中途岛，那也要等到 6 月的下半月，等他们在南太平洋的另一场大规模进攻结束之后，才会开始这一行动。

尼米兹承受了极大的压力。哈尔西率领的第 16 特混舰队是围绕"企业号"和"大黄蜂号"组建的，该特混舰队被派到了赤道以南，为参加珊瑚海战役的姊妹舰"列克星敦号"和"约克城号"提供增援。这支舰队已经到达了新赫布里底群岛的埃法特岛以东水域。如果罗奇福特和莱顿的判断无误，日军计划在 6 月的第一个星期对中途岛展开大规模进攻，那么尼米兹就需要马上从南太平洋召回哈尔西。但是金将军看着他的一言一行。金还没有完全相信日军将要进攻中途岛的说法，所以尼米兹无法自由地命令这两艘航母回来。太平洋舰队总司令怎么能直接无视独断的美国舰队总司令的看法呢？

5 月 16 日，尼米兹下达了作战命令。他给哈尔西发去无线电消息："你部应向夏威夷海域前进。"[38] 同一天，他给金发电报解释了他这么做的理由。日军将对"中途岛—瓦胡岛一线展开进攻，而且可能会尝试在中途岛登陆，据推测日方会在此次行动中投入主力部队"。[39] 此外，太平洋舰队总司令还在日记里指出："除非敌方实施大规模无线电欺骗，否则我们很好地掌握了他们的意图。"[40]

尼米兹的命令促使金将军立刻召集参谋来到他的办公室，全面分析最新的情报。当天快结束时，他终于得出结论：尼米兹是对的。第二天早上，他在一份"紧急／绝密"的电报中说："我稍微修正了我的看法，现在基本同意你的观点。"占领中途岛是日方新的进攻目标，在这个过程中，日本海军将试图"引诱并消灭太平洋舰队的主力"。金同意美国的航空母舰应该时刻准备参加战役，但是补充说，尼米兹必须"在不会遭遇重大损失的前提下让我们的部队参加这种决定性战役"。[41]

但是，即使到了现在，一些关键性信息仍然缺乏。攻击何时发生？哪些舰队会参加？整个进攻的顺序如何？5月18日，尼米兹把压力转移给了莱顿和罗奇福特，让他们给这些问题提供答案。通信情报此刻对于美军来说，比以前任何时候都重要：那一刻，整个舰队的命运都寄托在一系列截获的信息和复杂的推断上。

5月20日，海波站截获了一则长电文——其长度说明了它的重要性——密码破译专家全力以赴，开始破译这条电文。IBM计算机剥掉了附加的成分，将80%多的内容转成了明文。这则电文的内容是中途岛行动的完整作战命令，包括参战部队的详细信息。但是，电文中高度加密的多字母时间密码仍然无法破解，所以夏威夷这边的密码破译员还不能证明日军会在6月的第一个星期发动进攻。罗奇福特和莱顿一点一点地排查，对日期的判断越来越接近。零星的破解内容提到了5月27日是从塞班岛起航的日子，而6月6日，一支驱逐舰分队会抵达，为运送进攻部队的舰艇护航。莱顿回忆说，他当时采用的办法是，"如果你什么都不知道，就尝试站在日本人的立场上来看眼前的问题。基于起航日期，以及6月6日入侵部队

　　　　　　　　燃烧的大洋：1941—1942，从突袭珍珠港到中途岛战役

的运输舰抵达等破解的消息，我倒着推算，大致推测出了一个可能的计划，足以相对准确地预测出中途岛的侦察机大约在何时何地能发现载有入侵部队的运输舰"。[42]

5月27日早上，罗奇福特和莱顿在舰队司令部的会议室中和尼米兹及其他几位高级参谋人员一起会面。即将被任命为第16特混舰队司令的海军少将雷蒙德·斯普鲁恩斯与当地陆军指挥官埃蒙斯将军以及罗伯特·C.理查森中将一起出席了会议，理查森是作为马歇尔将军的私人密使被派来夏威夷的。罗奇福特迟到了半个小时，因为他直到最后还在整理需要通报的信息。（他也许是太平洋战区唯一可以迟到而不受处罚的海军军官。）莱顿回忆说，那天罗奇福特"蓬头垢面地出现在会议上，因缺乏睡眠而目光呆滞"，他为迟到道歉，尼米兹"冷冷地瞪了他一眼"。[43]

罗奇福特预计，日军会在6月3日凌晨对荷兰港发动空袭，第二天早上对中途岛发动另一场空袭。这一预测简直是太具体了，尼米兹的几名参谋觉得难以置信。美军真的已经能看到日军的作战计划了？有些人仍然怀疑这是日军精心策划的一场阴谋——太平洋舰队总司令在日记里这样写道："当然这可能是日方的'障眼法'，大规模地使用无线电信息欺骗我们。"[44]另外一些人则提出疑问，说为什么日方在明知占领中途岛毫无意义的情况下，还要集中全部舰队力量攻打那片环礁。（他们的反对意见与近藤将军和日本军令部向山本提出的反对意见基本相同。）有这么多人不赞成他的推测，让罗奇福特非常惊讶。在他看来，在这件事情上，他的预测即使不是完全严丝合缝，至少也是没有多少理由怀疑了。他后来说："我在超过两个月的时间里一直关注这一事件的发展，逐渐排除了所有其他的可能性。……我当然无法理解为什么还会有人有这么多的疑虑。"[45]

尼米兹指出了罗奇福特推理中的缺陷，罗奇福特也坦承，有一些情况他还不了解，这些不了解的地方是通过推理填充起来的。罗奇福特说："对于类似目前的情况，我所能做的就是解释我的立场，并希望将军接受我的观点。"最终决策这一"可怕"的重担，是压在尼米兹一个人肩上的："讨论到此为止，没有人能把压力从他肩上拿走，也没有人能帮助他。"[46]

尼米兹又要求莱顿准确地预测一下即将到来的战役会如何展开。

莱顿回答说："我很难做出具体的预测。"

尼米兹盯着他不放。他说："我希望你能说得具体些。毕竟，这是我给你的工作——假设自己是日军舰队司令，从这一角度告诉我你会有怎样的计划。"[47]

"那好吧，将军，"莱顿回答道，"我之前给过您一份情报，那份情报表明日军航母可能会在 6 月 4 日上午对中途岛发动攻击，所以我们就将 6 月 4 日视为开战日。日军将从西北 325 度的方位进军中途岛，在距离中途岛约 175 英里处，我们的侦察机可以发现他们，那时中途岛当地时间应该是早上 6 点钟左右。"[48]

那天下午，尼米兹发布了"29-42 号作战计划"，计划中指出日军将"在近期试图攻占中途岛"。"企业号"和"大黄蜂号"组成的第 16 特混舰队将行进到中途岛东北方向约 350 英里处，该地点的代号为"好运"。他们将与弗莱彻将军的第 17 特混舰队会合，后者由修复好的"约克城号"以及 8 艘警戒舰组成。[49]美方的 3 艘航母会在这一区域待命，等空中侦察发现日军航母后，便对南云忠一的侧翼发动突袭。这两个舰队的司令要"通过消耗战术对敌人造成最大的损伤"，但是"如为达此目的有可能对我方航母和巡洋舰造成重大损失，则不应采取此类行动"。

莱顿写道，尼米兹已经"跨越了卢比孔河"。[50] 整场战争的走向都取决于这场战役。当天晚上，莱顿辗转反侧，难以入眠。

海波站的员工知道整场战争的胜败都押在了他们的预测之上。中途岛海战之前的一个星期，紧张得让人喘不过气来。他们判断对了吗？罗奇福特告诉手下不必担心。战役即将打响——日本舰队估计已经起航，尼米兹也已经部署好兵力。日军即便没有在6月3日或4日发动袭击，也必将在6月中旬出击。罗奇福特对莱顿说："如果我们针对6月3日的攻击做好了准备，而袭击并没有来，我们可能会显得挺傻的，但是我们还有时间给船加油并重新回到待命地点。但如果我们没有准备好，而日军发动了袭击，那么珍珠港那样的情况就会重演——海军也将难辞其咎。"[51]

海波站还能在自己的记录中再加一顶胜利的冠冕。日方在通信中使用了高度加密的时间和日期代码，山本五十六5月20日发送给舰队的长篇作战计划中的日期就是这样加密的。罗奇福特的团队一直致力于破解新的信息，没有时间来关注这个问题。5月26日晚上，哈姆·赖特刚刚值完12小时的班，正要离开，约瑟夫·芬尼根上尉突然跟他说："哈姆，我们破解不了日期和时间。"赖特回到办公桌前，收拾了一下桌子，集中精力对付这个问题。他把每条含有这种密码的截获信息收集整理了一遍，开始研究各种可能性，把旧的密码和已知的日期联系起来，因为旧的密码所提到的作战任务已经完成了。他一条一条地分析，谨慎地做出假设，反复验证，然后抛弃不成功的假设。深夜时，赖特和芬尼根把托马斯·戴尔和罗奇福特本人这种经验丰富的密码破译员都号召起来投入这项工作。

到 5 月 27 日的上午 10 点左右，他们终于找到了破译的办法。他们发现，时间和日期的密码是一套简单的替代密码，使用的是 12 行（月）31 列（天）的日语假名表。破解结果证实日军将于 6 月 3 日进攻阿留申群岛，一天后进攻中途岛。这和海波站的预测完全一致，也跟尼米兹向舰队发布的命令中的日期一致。

成功之后，贾斯珀·霍姆斯上楼去晒太阳，呼吸新鲜空气。在行政大楼的阳台上，他碰到了一个老朋友，这个人当时是"约克城号"上的一名军官。他们聊天时，戴尔走出地下室，准备回家，胳膊下夹着破旧的午餐盒。他已经连轴转好几天了。霍姆斯写道：

> 他身上的制服看上去像是三天以来他都是和衣而睡的。事实的确如此。他没刮胡子，头发看起来好像一个月没有理了。的确如此。他因睡眠不足，眼睛里布满血丝，脚步沉重，可以看出他差不多耗尽了精力。船上的人总是瞧不起在陆地上工作的人，我的这位航母上的朋友便说："瞧这位老兄，真该派他出海，让他知道什么叫作累。"一瞬间，我浑身的血往头上涌，差点就说出实情。戴尔属于一小拨堪称顶梁柱的军官，正是他们的天赋和多年以来的奉献精神使我们终于能有机会赢得一场战役。他要是把时间浪费在个人仪表上，那么这场战争会持续更长的时间，也会造成更多的牺牲。好在我及时控制住了情绪，咕哝了一句："哦，他挺好的。"心里觉得就像彼得背叛了耶稣一样。如果我说出秘密，表示我们的价值超过了任何荣誉和奖赏，戴尔肯定会第一个责备我。[52]

哈尔西率领的第 16 特混舰队到达南方海域时太晚了，没能参加珊瑚海战役。两艘航空母舰（"企业号"和"大黄蜂号"）上的无线电操作员通过收听弗莱彻的战舰和飞行员之间的通信，了解了战役的进展。"列克星敦号"的沉没让他们非常震惊。它是第一艘在海战中被击沉的美国航母。阿尔文·柯南写道，"企业号"上许多经验丰富的水手都在"列克星敦号"上待过，"列克星敦号"的沉没尤其让他们感到悲痛，"就像自己的损失一样"。[53]

官兵们都誓言复仇，最初他们也确实有希望追上从珊瑚海撤退的日军舰队。5 月 11 日将一支海军陆战队战斗机中队送到埃法特岛后，第 16 特混舰队便腾出手来，可以与日军交战。据推测，日军计划对所罗门群岛以东的一些岛屿发动新一轮攻击。航空母舰沿着 170° 经线向北巡航，并向西展开了长距离的搜索，希望能找到正在撤退的日本舰队。

在尼米兹 5 月 16 日发出的召回令中，还有一段不同寻常的附文。在一份发给哈尔西本人的绝密消息中，太平洋舰队总司令指示这支特混舰队在向北返回珍珠港之前，故意引起日军巡逻机的注意。这条计策的目的是让日方相信，通往中途岛的道路上没有美军舰船，同时吓阻日军近期在南太平洋区域发动进一步的侵略。哈尔西于是指挥特混舰队向西航行，清楚地知道朝这一方向航行会将自己的舰艇暴露在川西水上飞机无处不在的侦察之下。驻扎在图拉吉岛的日军远程巡逻队发现了所罗门群岛以东几百英里处的美军特混舰队，因此井上将军决定在 7 月之前不再对莫尔斯比港发动任何攻击。在这之后，哈尔西指挥舰队向北转向，加速朝瓦胡岛行进。

只有哈尔西和其他几名高级军官知道事情的内幕。下级军官和士兵则对这些令人费解的机动感到困惑和气愤。"盐湖城号"上的罗伯特·凯西觉得这很奇怪，因为舰队如果朝东行驶的话，很容易隐匿自己的踪迹，他说："其中肯定有蹊跷。"[54] 特混舰队以 20 节的速度向北高速行进，显然是要匆忙返回珍珠港，这让士兵们觉得不舒服，因为这么做等于撤军。"我们似乎像懦夫似的，"柯南回忆说，"……许多人都窃窃私语，议论这件事儿。"[55]

5 月 26 日，在热带烈日的炙烤下，第 16 特混舰队的 21 艘舰艇缓慢地驶入珍珠港。尽管"约克城号"和它的护航舰还没有到达，但是东湾早已停满了战舰，在它们之间穿行十分困难。"企业号"安全地进入泊位几分钟后，哈尔西及其副官坐上小船，前往太平洋舰队总司令部。[56]

尼米兹和哈尔西见面时，太平洋舰队总司令吓了一跳。这位特混舰队的指挥官看起来状态不佳。他面容憔悴，眼窝深陷。他近来瘦了 20 磅，皮肤上起满了红色和白色的鳞状斑块，后来被诊断为"普通皮炎"，这肯定是跟压力过大有关系。在海上的最后几天，为了减缓皮炎的发展，他只穿着内衣站在舰桥上，让皮肤暴露在阳光下和空气中，但是毫无效果。[57] 皮炎带来的痛苦使得他越来越难以入睡，而一位无法入睡的将军不适合率领美国海军所剩无几的航母投入这场至关重要的战役。哈尔西担任指挥官的时间太长了，而且中间没有休息过，尼米兹命令他立即住进海军医院。他无法参加中途岛战役，必须躺在病床上，身体涂满药膏。后来他回忆说："这是我一生中最大的憾事。"[58]

尼米兹在向美国舰队总司令报告时没有把哈尔西的情况说得那么严重。"他精神头儿十足，积极求战，"5 月 29 日，他在报告中告诉金,"但他确实需要休息一小段时间。他没有大病,也不在病员名单里。"[59]

5月28日,弗兰克·杰克·弗莱彻将军得到通知,他将继续担任第17特混舰队的司令。由于哈尔西生病卧床,弗莱彻成了舰队中军衔最高之人。但是还需要另外一名将军接管哈尔西的工作,指挥第16特混舰队。哈尔西推荐了斯普鲁恩斯少将,他是特混舰队中巡洋舰分队的指挥官。尼米兹跟哈尔西一样,对斯普鲁恩斯评价颇高,毫不犹豫地答应了。斯普鲁恩斯是一个"黑鞋"将军,但他一直是哈尔西眼中的一流干将,而且他对航空母舰的作战方式非常熟悉。实际上,尼米兹已经选定斯普鲁恩斯作为他的下一任参谋长,而且计划在这场战役之后立即提拔他到这个位置上来。

斯普鲁恩斯与哈尔西是截然相反的两个人。斯普鲁恩斯审慎且温和,总是耐心倾听别人的意见,从不好大喜功。他通过树立榜样以及自信和出色的工作能力领导别人。他从不让任何个人情绪影响自己的决策。他总是回避记者,实在回避不了时,他就说些无关痛痒的话。哈尔西是个直率、傲慢的人,但是当他面对媒体或者属下时,他总是愿意听些恭维之词。不过,斯普鲁恩斯与哈尔西自20世纪20年代初以来关系一直很好,当时他们一起在太平洋驱逐舰部队服役。他们的妻子范妮和玛格丽特在此期间也成了好朋友,当时他们都把家安在圣迭戈。他们的儿子比利和爱德华年龄相仿,从小就是密友。

斯普鲁恩斯出生在巴尔的摩一个富有的家庭,小时候住在一所豪宅里面。但是,在他还未成年的时候家道没落,他被送到印第安纳波利斯,和两个女性长辈住在一起。由于家人无法承担他的大学学费，他就申请了海军学院。他根本不喜欢海军学院，因为那里思想保守且顽固，敷衍了事的教官总是强调机械地记忆技术细节，而粗暴的恶作剧被认为是培养性格的训练。他毕业于1906年，在209人中排第26名。《海军学院年鉴》中说他是一个"害羞且冷静的人，认真热情又带有少女般的天真。……他不会伤害任何东西和任何人，除非是出于职责"。

年轻时的斯普鲁恩斯略显羞涩，身材瘦小，但随着年龄的增长，他变得很魁梧。他是个内向的人，很少微笑，但他并不（像欧内斯特·金那样）冷漠傲慢。他每天都步行很长的距离来保持健康，步伐很快。即便是出海的时候他也坚持健走，围着甲板一圈一圈地走。大家都说斯普鲁恩斯"充满智慧"，这个词形容他十分合适，因为他熟读海军的兵法，是个知识渊博的海军军官。他思路清晰，无论是讲话还是写作都具有很强的表达能力；他广采众意，无论被分配到何种任务，都能迅速抓住要点。一名海军医生在初次见到斯普鲁恩斯时，"向这位中等身材的瘦削军官敬礼……他面色黝黑，表情平静，略显冷酷。他的蓝眼睛特别犀利，似乎能读透别人内心的想法"。那个医生还补充说："他方方面面都像斯巴达人。"[60]

像许多名垂青史的海上勇士一样，斯普鲁恩斯也晕船。但他从来没有把这种不适当成一种困扰。舰艇在波涛汹涌的大海上行驶时，站在舰桥上的他可能会突然走到栏杆旁呕吐，之后重新回来干自己的工作，就跟什么事都没有发生一样。他有很强的意志力和忍耐力，从来都不会像其他指挥官一样被疾病或者精力消耗过度（这一点刚刚让哈尔西住进了医院）打垮。像每个达到他这种地位的军官一样，斯普鲁恩斯在海上和陆上都工作过，但他更喜欢海上。他后来接受了尼米兹给他的差使，回到陆上工作，做尼米兹的参谋长。对这份工作，他既不充满热情，也没有任何抱怨。

在太平洋战争后来的过程中，斯普鲁恩斯和哈尔西的职业生涯交织得很紧密。1944 年和 1945 年，这两位将军会轮番指挥太平洋最高级别的舰队，成为第三舰队的指挥官（斯普鲁恩斯任职时，该舰队为第五舰队）。哈尔西后来成了美国家喻户晓的人物，获得了"五星上将"称号；斯普鲁恩斯也配得上同样的荣誉，却并未获得。但是舰队的军官和士兵都认为斯普鲁恩斯更可靠，领导力更强，研究太平洋战争的史学家也认同这一点。

不过，在 1942 年 5 月的时候，斯普鲁恩斯仍然是一个鲜为人知的将领。"企业号"的舰员失去了敬爱的哈尔西将军，他们不仅感到难过，还很担心。这位瘦削的巡洋舰指挥官既未驾驶过战斗机也未指挥过航母，他究竟是何方神圣？很自然地，俯冲轰炸机飞行员克拉伦斯·迪金森这样记录道："舰员们把大家收集的各种各样的信息拼凑在一起，试图更好地认识这位领子上有两颗星的将军。他有没有像哈尔西将军一样做好带领我们作战的准备？"每天人们都看到斯普鲁恩斯在甲板上步行几小时锻炼身体。他一边走，还一边招呼其他人跟着他走。斯普鲁恩斯走起来"能把舰上所有人的腿都累断"，他边走路边跟大家聊天，了解情况。迪金森写道："我们很高兴地发现，司令爱问问题，并且虚心聆听大家的意见。"[61]

"约克城号"奉命以最快的速度返回珍珠港，于 5 月 27 日下午驶进了珍珠港的航道。它能长时间保持 20 节的速度，在起降飞机时速度可以增加至 30 节。它的升降机一切正常，起降飞机没有任何障碍。飞行甲板上的洞已经完全修补好了，从空中往下看，谁都不会想到它的飞行甲板被日军炸弹击中过。尾流中长长的油迹是唯一显示它受过伤的痕迹，这是日军俯冲轰炸机投放的近失弹爆炸导致油箱破裂造成的。当它驶入拥挤的港口时，整个舰队都用口哨声和汽笛声欢迎它回家。

根据命令，"约克城号"直接驶入一号干船坞。随着巨大的坞门渐渐关闭，水泵开始抽水，把水排到港口里。这艘航母固定在混凝土块上，水位线渐渐下降，船体上因铆钉被炸掉而形成的裂口露了出来。尼米兹穿上一双高筒防水靴，来到干船坞的最下面，很多随行人员跟在他身后。他们在齐膝深的水里艰难走过去，航母粘着油污的巨大船体展现在面前。他仔细检查了船体的损伤，听取了工程师的汇报。

在有关中途岛海战的众多传奇故事中，有一则传闻说工程师请尼米兹给三个月的时间修复"约克城号"，尼米兹大手一挥，说他们必须在三天内完成这项工作。事实和传闻有些许出入，没那么有戏剧性。从太平洋战争爆发的第一天开始，所有人就全力以赴，达到了身体和精神的极限，要求这些人去做不可能做到的事不是尼米兹的风格。他只需表明哪些事情需要优先对待就足够了。其实，在太平洋舰队总司令通知维修小组"我们必须要在三天内让这艘船重返战场"的时候，他已经事先听取了意见，知道能够把它派出去。维修负责人和一小队工程师在"约克城号"抵达的前一天，就已经乘飞机到了这艘航母上，进行了评估。维修"约克城号"不需要三个月的时间（菲奇将军也是这么预测的）。它甚至不需要返回美国本土维修。在珍珠港，只需一个月就可以让它焕然一新——而在紧急情况下，三天之内是能维修好它，并让它投入战斗的。工程师们之所以能按时完成维修任务，并不是因为他们速度快，而是他们省去了部分步骤。他们不需要挨个修补每道裂缝，只需将一整块钢板焊接到它破损的船体上就行。对于弯曲变形的内部舱壁，维修人员用结实的木梁进行加固。这只是临时打一些补丁，不是对航母进行大修，但是在即将到来的战役中，"约克城号"还是可以出战的。

船厂安排了 1 400 人进行维修。这些人三班倒，昼夜不停，夜间工作时也不顾灯火管制了，使用探照灯照明。有些人会连续 48 小时不眠不休。有好几百名舰员也被派来参加维修，没有休假。在维修的同时，航母的补给工作也在进行，"约克城号"上除了还有少量蛋白粉、奶粉和意大利面之外，其他食物都消耗掉了。奥蒂斯·凯特回忆说，这三天时间里"约克城号"进行了"极大规模的补给工作"。[62] 5 月 29 日清晨，一号干船坞开始注水，打完补丁的航母浮在了水面上。上午 11 时，坞门打开，"约克城号"被拖到泊位上，不再漏油了。

在短暂停泊期间，"企业号"的船员没有得到上岸的自由。所有人都为航母搬运补给。食物和其他供应品通过驳船运上"约克城号"。弹药被吊到航母上，并安全地存放在弹药库中。输油管灌满了油箱。人们分组从木箱里取出机枪子弹，将其装入子弹带。夜间工作也不停，探照灯把整艘航母都照亮了。5 月 27 日，尼米兹将军登舰，向几名身穿白色制服的飞行员和舰员颁发了奖章，"企业号"上的船员全体立正，海军陆战队员举枪致敬。

虽然所有航母和警戒舰都在海上行驶了很长时间，但是在停靠珍珠港的短暂期间，只有极少军官和士兵休假上岸。即使那些获准上岸的人也被限制在基地内活动，许多飞行员被隔离在瓦胡岛的其他基地中。"大黄蜂号"上的俯冲轰炸机中队飞到了埃瓦机场。飞机一落地,飞行员就收到命令,停留期间只能在基地内活动。"大黄蜂号"上的其他舰员在抵达火奴鲁鲁后放了假,但第二天的晚上就接到命令,都被召了回去:"取消所有自由活动。立刻回舰报到。"[63] "企业号"的飞行员来到怀基基海滩的夏威夷皇家酒店,在纵情狂饮之后,也接到命令提前返回了基地。

这些奇怪的限制无疑都是由于担心走漏消息。对于即将开展的作战行动,舰队中有很多传闻,而且这些传闻大多八九不离十。军舰都紧急装载了物资和装备,所以肯定会有一场大战。军械员柯南回忆说,"企业号"的所有舰员都知道一支大型日本舰队要攻击中途岛,"对于这场战役的策略和战术,下级军官们讨论得很热烈。总的来说,大家都跟以前一样,认为上级会把这场战役搞砸"。[64] 罗伯特·凯西作为平民,获准下船搭便车进入火奴鲁鲁。在火奴鲁鲁,他跟一名陆军上校聊了聊,那个人告诉他,陆军飞行员一直处于待命状态,而且瓦胡岛随时可能遭到空袭。上校说"据可靠消息,日本海军的一支先遣舰队,包含航母、战列舰和运输舰,在距离中途岛不远的海上被发现了"。凯西认为这份报告不切实际,不值得相信——日本舰队还要过好几天才可能被发现——但是说日军的目标是中途岛却分毫不差。[65]

谣言逐渐散布开来。美国太平洋舰队普遍有不祥的预感。大家对于即将到来的这场战役一无所知,许多人推测会出现敌众我寡的局面。凯西在日记里这样写道:"我们似乎和往常一样处境不利,甚至更糟糕。我们集结了航空母舰、巡洋舰和六七艘驱逐舰,与太平洋地区规模最大的舰队之一对抗。我们的舰队规模只有日本的一半，而我们却跟往常一样拿着苍蝇拍和祈祷书来面对对手。"[66]

在珊瑚海战役中遭受重创的"约克城号"航空母舰上的航空大队是在战前一周重组起来的。这个航空大队由各型飞机以及刚刚训练的新飞行员组成，这些飞行员恰好在珍珠港，就被派来了。"萨拉托加号"上的第 3 轰炸机中队取代了"约克城号"的第 5 侦察机中队，因为第 5 侦察机中队损失了许多飞机，也牺牲了不少机组人员，无法形成中队了。新组建的第 3 战斗机中队接收了自 1941 年底以来一直在"约克城号"上服役的第 42 战斗机中队的好几架战斗机，以及好些飞行员和机械师。新组建的第 3 鱼雷机中队取代了第 5 鱼雷机中队，后者被派上岸休整和训练。

吉米·萨奇是新的第 3 战斗机中队的队长，也是 F4F 野猫式战斗机为数不多的支持者。美军只有几个战斗机飞行员断言，如果操作得当，F4F 比零式战斗机更优越，他就是其中之一（除他之外还有弗拉特利）。关键是要利用 F4F 野猫式战斗机的优点对抗零式战斗机的缺点。他认为美军的机枪手水平更高，而且飞机上配备的机枪也更好。为了确保在空战中机枪能够瞄准并打中零式战斗机，美军飞行员必须在接敌之前保持一定高度，并且必须保持团队作战，依靠僚机击退侧翼来袭的敌机。他的作战队形"萨奇剪"被证明在空战中非常有效。

萨奇的中队装备了新型的野猫式战斗机——F4F-4，这种机型是折叠翼的。因为它的体积小，在机库甲板上占用面积小，每个航空母舰可以承载 27 架战斗机，比以前多了 9 架。但是使用新型战斗机是有代价的——F4F-4 战斗机的 0.50 英寸机枪开火 22 秒就会耗光弹药，而之前的机枪可以持续发射 40 秒。在决战前夕牺牲宝贵的火力被认为是不祥之兆。

埃尔伯特·斯科特·麦卡斯基中尉是第 42 战斗机中队经验丰富的飞行员，他记得当时大家"心里觉得注定要失败。整个情况看起来很让人绝望。尼米兹将军集中了手头的所有力量来对抗进犯中途岛的强大日军，甚至包括在作战时负伤的'约克城号'"。麦卡斯基预计自己接到的命令会是掩护老旧的"蹂躏者"鱼雷轰炸机，而他不喜欢用野猫式战斗机在低空对抗零式战斗机。他说："珊瑚海战役中零式战斗机的表现让我感到震惊。它们像一群蜜蜂一样在我身边上下翻飞。"[67]

一些新手飞行员几乎刚刚结束飞行训练，只飞过分配给他们的飞机几个小时。"大黄蜂号"上的第 8 轰炸机中队的俯冲轰炸机飞行员克莱顿·费希尔第一次飞 SBD 无畏式俯冲轰炸机是 3 月下旬，仅仅两个月前。他 22 岁。他说："当时我们所有人都承受着巨大的精神压力，难以用语言描述。你知道你要参加的战斗双方兵力悬殊。……我们中有多少人能幸存下来？"第 8 轰炸机中队的飞行员被隔离在埃瓦机场上，在喝了几瓶威士忌后，醉酒的人玩起了摔跤比赛，结果玩着玩着打了起来。跟所有人一样，费希尔也写了封家信。他仔细地分析了大战的前景，认为这是自己写的最后一封信了——大家也都这么想的。他坦言："我很担心，简直害怕死了，没有人想死。"[68]

但是，对于这场即将到来的战役，最该担心害怕的是鱼雷机中队。他们很清楚，自己驾驶的"蹂躏者"鱼雷轰炸机已经非常老旧了。他们要以 100 节的速度飞入敌方特混舰队的中心，距离海平面只有几百英尺，简直是零式战斗机嘴边的肉。接替"蹂躏者"鱼雷轰炸机的是格鲁曼 TBF"复仇者"鱼雷轰炸机，这种飞机刚刚在舰队中服役，有些甚至要从中途岛飞来加入战斗。但是，航母的舰载机还是旧式的鱼雷机。有强大的战斗机护航或许能给人一些希望，但是珊瑚海战役表明，美军飞机升空后，在保持队形方面还有很多要学习的地方。

"大黄蜂号"上的第 8 鱼雷机中队的队长是约翰·C. 沃尔德伦少校，他身材瘦削，长着尖下巴，是南达科他州人。因为长期受到热带太阳的炙烤，皮肤是古铜色的。他 41 岁，是航母中队里的老飞行员了，但他一直以来身体素质极好，每天都坚持健身。出海的时候，沃尔德伦经常领着大家一起在飞行甲板上练习健身操，"大黄蜂号"上的船员经常饶有兴致地旁观。第 8 鱼雷机中队的许多飞行员刚刚完成飞行训练。乔治·盖伊少尉和其他新来的飞行员在中途岛战役之前不久才加入中队，此前他们从未携带鱼雷飞行过，更不用说朝目标投掷鱼雷了。他们的准备严重不足，他们也知道这一点。"我们中有不少人心存疑虑，"盖伊后来回忆说，"但是我们都看到了杜立德和那批飞行员的壮举，他们在没有见过航空母舰的情况下，成功地驾驶 B-25 轰炸机从航母上起飞。我们觉得，如果他们能做到，那我们也可以。"69

第 8 鱼雷机中队经验丰富的飞行员很少，而大战迫在眉睫，很少有机会训练，所以沃尔德伦在战前的课程中尽可能多地把知识传授给飞行员们。他在黑板上画图，然后提问。弗雷德·米尔斯少尉也是第 8 鱼雷机中队的新飞行员，他回忆道："提完问题之后，队长喜欢巡视一番。他的头微微翘起，嘴巴咧着，看上去有点傻，甚至很蠢。突然之间，他会像吃到苍蝇的鳟鱼一样闭上嘴，伸直头，开始轻揉下巴。他浓密的眉毛下的双眼紧盯着飞行员们，迫不及待地想听到答案。"[70] 机组人员讨论了投弹提前量、攻击角度、战斗机躲避技术、闪避防空炮火等细节，还研究了投放鱼雷后逃离敌方特混舰队的方法。沃尔德伦还要求他们把自己想象成敌方，以便找出他设想的计划中的缺陷。"然后，"米尔斯回忆道，"他会用精辟的话语证明只有自己的方案能够奏效。这个过程使飞行员时刻保持警觉，聚精会神地思考他要解决的问题。"[71]

沃尔德伦特别注意给飞行员加油鼓劲，说他们是舰队中最好的鱼雷机中队，甚至保证第 8 鱼雷机中队会在即将到来的战役中多次击中日军航母。但他也强调，大家要安排好个人事务，并给家人写信，"万一有人回不来呢"。[72]

尼米兹向特混舰队的指挥官发出的命令有段著名的开场白："在执行指定的任务时……大家要遵循的原则是时刻判断风险，如果没有合适的机会重创敌人，就不要让自己在敌军优势兵力面前暴露。"[73] 尼米兹的命令中附有日军作战计划的详细信息，军官们读到这些命令时对这些情报的来源做了很多猜测。有人认为美国人肯定在日方内部藏有内奸。"企业号"上的一名军官对莱顿说："我们在东京的内奸身上花的每一分钱都太值了。"[74]

5 月 28 日凌晨，第 16 特混舰队起航了。港口航道的反潜网打开了，一艘艘军舰经过狭窄的航道驶入大海。首先是驱逐舰，接下来是巡洋舰，最后是"企业号"和"大黄蜂号"。韦弗尔堡的炮手正在进行防空演习，特混舰队驶出的时候，天上都是高射炮弹的烟雾。哈尔西将军在医院透过窗子看到军舰陆续驶过霍斯皮特尔角。据米尔斯回忆，他在"大黄蜂号"的飞行甲板上目睹"巡洋舰和驱逐舰从四面八方破浪驶来，为己方舰队的规模而感叹。'大黄蜂号'大幅度转了一两次方向，飞行甲板与地平线形成巨大的角度"。米尔斯发现从瓦胡岛起飞的飞机数量众多，"整个天空似乎都是飞机"。[75]

特混舰队向西北驶去，每艘军舰都向舰员广播了通知。"大黄蜂号"上传来扬声器的声音："我们将前往中途岛拦截日方的进攻。"[76] 特混舰队将在北纬32°、西经173°的"好运"点会合，这里距离6月4日白天南云忠一计划发动进攻的地方大约有300英里。跟往常一样，斯普鲁恩斯的讲话不像演讲那样慷慨激昂。他陈述的都是冷酷的事实：

> 预计敌军计划攻占中途岛。攻击部队可能由各种舰艇组成，其中包括四五艘航空母舰，外加运输舰和供应舰。如果敌方不知道我们［第16和第17特混舰队］的存在，那么我们应该能够从中途岛东北部对敌方航空母舰的侧面发动突袭。下一步的行动将取决于这些攻击的结果、中途岛军队对敌人造成的损伤，以及敌方行动的信息。

他还加上了一句大家都很清楚的话，像是后来才想到似的："此刻开始的作战行动如能成功，对我们的国家来说将有重大意义。"[77]

第十二章

5月的第二周，"大和号"驶入了吴港装载物资并修理，做好向中途岛发起最终进攻的准备。山本五十六全然不顾爆出丑闻的危险，邀请著名的艺伎，同时也是他情人的河合千代子，乘火车离开东京前来吴港。他们化名住到了市里的一家小旅馆里。四天后，山本回到了舰上，写信给千代子："我山本五十六，将会竭尽全力来完成祖国赋予我的使命，直到最后一刻；之后我们抛弃所有，共同漂泊，远离这个世界。"他用几句诗作为结尾：

> 我是如此渴望见到你
> 呼喊着你的名字
> 一遍又一遍
> 深情地亲吻着
> 照片上的你。[1]

吴港上熙熙攘攘，十分热闹，行船不断。黄色的拖船冒出浓重的黑烟，驳船载着板条箱和木桶运往战舰。似乎整个吴港，甚至是整个日本沿海地区的居民都知道这即将到来的行动。一名军官就曾被理发的问及此事。"加贺号"海军少尉前田武说："我感到非常气

　　　　　　　燃烧的大洋：1941—1942，从突袭珍珠港到中途岛战役

愤，我们海军的一些高级军官竟然跟红灯区的妓女们谈起中途岛的秘密作战计划。在我们出发之前，所有人都在谈论我们的中途岛计划，导致这一计划不再像珍珠港偷袭那样是秘密行动……这真是坏兆头。"[2] "加贺号"为起航做准备时，妇女们挤到基地入口的围栏边，呼喊着她们认识的士兵的名字，跟他们告别。

5月21日，主要战舰出海进行为期两天的对抗演习，于25日返回柱岛停泊。舰队获知了进攻的最终细节。根据一份详细的时间表，战术群会分别从三个不同的集结地出发：柱岛、本州岛北部的大凑港，以及马里亚纳群岛的塞班岛。南云忠一告诉山本，第一航空舰队无法按计划于5月26日出发。船员们拼尽全力往船上搬运食品和其他补给，但他们需要额外的一天才能完成。山本同意他们晚出发一天，但是不愿意改变作战时间表——如果航母不得不推迟一天出发，那就推迟吧；它们可以加快航速来弥补失去的时间。指挥官和参谋举办晚宴，大家端起热米酒来向天皇致敬。[3]

许多船员都感到，他们被迫按照十分仓促且不容变更的计划行事。船上的各种修理和维护工作都被忽略了，船员们的训练时间缩短了，最终命令下达时也是草率和混乱的。被派去护送中途岛攻击部队的一艘驱逐舰的舰长后来写道："我本能地感觉这次行动会出问题，我的心里感到十分不安。"[4] 士兵急需进行飞行训练，而且并非仅是刚编入现役的飞行员需要训练。在5月18日举行的空投鱼雷演习中，就连驾驶中岛九七式鱼雷机的老兵也表现得不尽如人意。飞行员往返的路程过长，因此在濑户内海西部举行的俯冲轰炸演习时间也大大缩短。由于时间不足，空中射击、编队飞行、舰上飞机起落的练习同样被忽略了。"由于航母正在修理和维护，"南云忠一后来在战后报告中说，"唯一能用来进行起降练习的只有'加贺号'。这艘航母从日出到日落一直忙个不停，但即使是这样，年轻的飞行员也只能将将掌握如何在航母上降落的初级知识。而那些经验丰富的飞行员则只能在黄昏得到一次练习降落的机会。"[5]

5月27日上午，南云忠一的旗舰"赤城号"的信号旗桁上挂出了信号："如期出港！"[6]航母和警戒舰从柱岛起锚，朝丰后水道进军。港内停泊的船只上的船员沿着围栏站成一排，挥舞着帽子，据前田回忆，大喇叭还高声播放着"行军进行曲"。[7]吴港海军航空兵的反潜飞机在空中盘旋并侦察，除去几次误报之外，没发现敌人的潜艇。"阳光透过片片白云，照亮平静的海面，"渊田美津雄写道，"几天来濑户内海西部的天气都是多云闷热，但是现在微风拂过'赤城号'的甲板，十分舒适。"[8]到了晚上，第一航空舰队通过丰后水道来到外海，"赤城号"发出信号，指挥巡洋舰和驱逐舰组成环形警戒幕，彼此相隔1 000码。航母在环形的中心排成两列航行。

一夜无事。5月28日清晨，太阳出来了，天空湛蓝澄澈。航母上的船员都很放松，精神十足。他们在港口一心盼望着航母赶快出海，如今在漫长的航海路途中，能有机会松一口气让他们非常舒畅。有的在晒太阳，有的在打扑克、抽烟，还有的在读书、写信。他们每天下午在甲板上集合，高唱爱国歌曲和伤感的歌曲。他们吃的东西比平时好，不久前厨房里增添了新鲜的食材；按照传统，在战役打响的前夜，他们要吃汁粉（年糕红豆汤）。军官们享受更丰盛的美味佳肴，比如烤鲷鱼配味噌。[9]第一航空舰队以14节的速度穿越北太平洋的灰色海域，这样可以更好地节省燃料。途中不断地通过油轮加油，几乎没有停下来过：大部分舰船在行程中至少加了两次

　　　　　　　燃烧的大洋：1941—1942，从突袭珍珠港到中途岛战役

油。巡洋舰和航母派出侦察队。整个白天，战斗空中巡逻队都在前方飞行侦察。"白云朵朵，慵懒地在天上飘着，"文书军士野田满春回忆道，"烟囱中涌出的稀薄烟雾悬在空中，就像五月笼罩田野的朵朵夏季白云。"[10]

6月1日，第一航空舰队驶离了天气晴朗的区域，进入了一片乌云密布、阵雨连连、雾气弥漫的区域。到了傍晚，能见度下降到了几百英尺。在这样的雾气中，这么大一支舰队时时刻刻都存在碰撞的风险，每艘舰艇都加设了瞭望员，凝视着这黑曜岩般的黑暗。探照灯光穿过灰暗，所有船的尾部都拖着雾标，用来警示后方同伴前方不远处有船。南云认为，不再按照反潜路线曲折前进会更安全，舰队的速度也降到了12节。

次日拂晓时分，透过"赤城号"舰桥的树脂玻璃，南云和军官们看到四面八方洁白一片，除此之外什么也看不到，就好像舰艇被四面石膏墙包围了一样。即使是在能见度稍好的间歇，舰队中离得最近的船也只能看到彼此幽灵般的轮廓。作战计划要求在6月2日改变航线，"赤城号"必须使用闪光信号灯来发出改变航线的命令，然而在浓雾中无法发出信号。海军方面要求南云严格遵守命令，保持无线电静默。但是他决定采用低功率的语音广播来传递命令，希望命令只能传播几英里的范围。上午10时30分，"赤城号"向舰队广播了命令："12点整，航向转为100度。"[11]中午时分，舰队朝东南转向，前往最终的目的地中途岛。

关于美国航母的位置，甚至美国海军在珍珠港的军备部署情况，日本人都没有可靠的近期情报。山本五十六依靠马绍尔群岛附近的川西水上飞机组成的远程侦察队来获得相关情报。但尼米兹派出了一艘驱逐舰和水上飞机供应舰来阻止川西飞机在法兰西护卫舰暗沙加油，迫使山本在 5 月 31 日取消了这些侦察行动。山本的第二个情报来源是设置在瓦胡岛和中途岛之间的潜艇构成的警戒线，但是美国的两支特混舰队在日本潜艇到达指定地点前便穿过了这里。因此，日方丝毫没有察觉美军航母已来到赤道以北，更不知道它们正准备伏击南云的东翼。

6 月 3 日，在第一航空舰队以北 1 000 多英里的地方，轻型航母"龙骧号"和"隼鹰号"于黎明前对荷兰港发起了进攻。尽管守军知道袭击即将到来，而且使用重型防空火力还击，但是轰炸机仍然对港口设备造成了严重破坏，并炸死约 25 人。4 天后，日军又偷袭了雾霭笼罩的基斯卡岛和阿图岛，只遇到微弱的抵抗。

6 月 3 日，前往中途岛的日军舰队和美军飞机还进行了第一次正面交锋。海军少将田中赖三指挥的运输舰队从西南方接近中途岛，驶入了中途岛远距离空中侦察的范围内。中午 12 时 40 分，沃尔特·C. 斯威尼中校命令陆军 9 架 B-17 战机从中途岛起飞，向西进攻运输舰队。下午 4 时 23 分，飞行员找到了田中的运输队，在 8 000 英尺到 12 000 英尺的高空投下了多枚 600 磅的炸弹。六个月的战争已充分证明对海上航船进行高空轰炸是无效的，这次也不例外。日本船员看到炸弹从高空落下，便实行规避运动。斯威尼派出的轰炸机投下的所有炸弹都落入了海里，有的距离目标甚至有半英里之远。[12] 日军驱逐舰用高射炮还击，但是斯威尼的飞机太高，日军无法精确瞄准。投完炸弹后，B-17 飞机返回了中途岛。

这次交锋徒增了日军的士气。"我们都很清楚，我们正在朝准

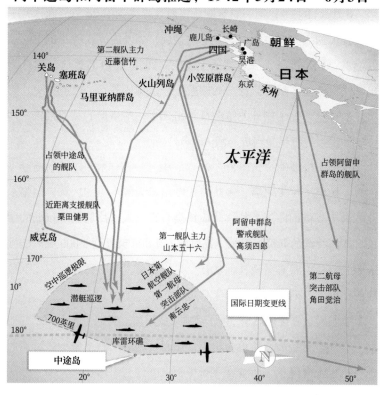

日本海军舰队

向中途岛和阿留申群岛推进，1942年5月24日—6月3日

备充分的敌人进攻，"其中一艘驱逐舰的舰长原为一少佐写道，"但是我不再感到局促不安。迄今为止他们对我方运输队的攻击徒劳无功，虚弱无力。"[13]4日凌晨1时30分，美军4架载有鱼雷的PBY水上飞机对田中的运输舰队发起了进攻。一枚鱼雷击中了"曙丸"油轮，造成几十名水手死亡。但是该油轮还能继续向东行驶，速度没有受到影响。此时，日军知道自己已经暴露，不过令他们感到安慰的是，美军的进攻基本没有效果。

6月3日中午，第一航空舰队将航速提升到了24节。像往常一样，强大的战斗空中巡逻队在上空盘旋，额外的零式战斗机也已加好燃料，做足准备，一旦遭遇空袭便立即起飞。4日拂晓，舰队为出动飞机改变了航行队形。四艘航母分散排成菱形，彼此相距几英里。航母上增加了额外的瞭望员，出现了一些错误的敌情报告，其中有一份报告把星星当成了敌人。

水上飞机借助"筑摩号"和"利根号"巡洋舰上的弹射器起飞侦察。被困了三天之后，舰队终于驶出了天气恶劣的区域，但是东北方向天气依旧阴沉，侦察队应该会直接飞入这片能见度较低的区域。断断续续的暴风，再加上高度只有1 000英尺到3 000英尺的漫天积云，让人很难看清任何物体。可以想象，有时就算他们飞到敌舰的正上方，可能也什么都看不见。

机组人员在凌晨2时30分就被人从铺位上叫醒了，天亮之前他们一直在辛苦备战，给攻击机添加燃料，为起飞做准备。然后他们把飞机推上升降机，布置在飞行甲板上。这些工作在第一缕晨光从东方地平线上升起之前就完成了。每架飞机都用钢缆拴在指定的位置，机翼展开并固定好。一个飞行员爬入驾驶舱，发动引擎，排气管吐出蓝色的火舌。发动机以每分钟1 000转到1 500转的转数预热，机械师要留心观察并仔细听其声音，确保发动机运转顺畅。飞行员推动节流阀，发动机接近最大转速，发出了轰鸣声。渊田美津雄写道："发动机的声音在嗡嗡声和轰鸣声之间交替变化，飞行甲板很快就淹没在震耳欲聋的噪声里。"[14]

　　　　　　　　燃烧的大洋：1941—1942，从突袭珍珠港到中途岛战役

凌晨 4 时 15 分，舰船仍处在黑暗中，扩音器里传来命令，召集待命室内的所有飞行员："飞行员，列队！"身着棕色飞行服、戴着飞行帽的飞行员们出现在飞行甲板上，聚集在舰岛周围，在这里接收中队长的指令。然后，他们在纵横交错的飞机中间分散开来，爬上机翼，滑进驾驶舱。黑暗之中，飞行甲板中间和边缘的照明灯为飞机指出了起飞线路。每艘航空母舰的飞行甲板上，无线电天线都会降下来，给机翼留下足够空间。这是一个风平浪静的夜晚，微风从东南方拂来，月光照耀在海面上，能见度很好。

日本第一航空舰队的四艘航空母舰转为迎风方向，南云忠一下令"发动空袭"。源田实通过扬声器传达了命令，同时旗舰的信号灯开始给"赤城号"的三艘姊妹舰发出信号。船头烟囱升出的白色烟雾显示了风向。航空平台上有一名军官挥舞着一面白旗，飞行甲板前端有人以环形挥动绿色的信号灯，舱面船员抽开轮挡，领头的飞行员向前推节流阀，把脚从刹车上移开。第一架飞机沿着柚木甲板咔嗒咔嗒地滑行，起飞升空，翼尖上闪烁着红色和绿色的灯光。它机身倾斜，向左转弯，按照熟练的集合流程在上空盘旋，等待其他飞机升空，形成大规模的飞行编队，这种技巧美国人还未掌握。到凌晨 4 时 45 分，整支航空舰队的 108 架飞机都已经升空——它们围绕舰队，逆时针绕着大圈，然后以 125 节的速度朝东南方向飞去。

中途岛的地形主要是沙地和灌木丛，是一个海拔很低的环形岛礁，此时已经武装到了牙齿，准备迎敌。清晨 5 时 53 分，雷达发现了来袭的敌机。空袭警报骤然响起，不过守军早就瞪大了眼睛，守在岗位上。早上 6 时 15 分，中途岛上的每一架能飞的飞机都已经升空，所以没有一架飞机会在地面上遭到攻击。海军上尉威廉·A. 蔡斯驾驶着 PBY"卡塔琳娜"水上飞机侦察时看见了来袭的庞大机群，立即进行了口头报告："许多飞机朝中途岛进发，方位 320 度，距离 150 英里。"[15]

日军飞机从北边的地平线露出影子时，躲在伪装网下的海军陆战队高射炮手早已严阵以待。入侵飞机进入射程范围后，炮手一阵齐射，形成了一面高射炮弹墙。行动刚开始几分钟，就有好几架日军轰炸机遭受重创，拖着浓烟和火焰坠入大海。防空炮火非常猛烈，而且密集地分布在中途岛四周，看起来像是形成了一堵圆柱形的墙。"飞龙号"的战斗报告特别提到了这些武器："准确性极高，防空火力猛烈。"[16]

不过，中途岛的战斗机拦截防御时却完全不是这种情况。海军陆战队第 211 战斗机中队配备的是 20 架过时的布鲁斯特"水牛"战斗机，同样型号的飞机在马来亚遭到了零式战斗机的毁灭性打击。岛上仅有 4 架 F4F 野猫式战斗机。在空中的混战中，零式战斗机几乎摧毁了中途岛上的所有战斗机，自身却一架都没有损失。由于美军一架战斗机也不剩了，日军的轰炸机组成编队，开始轮番进攻。它们集中火力攻击建筑物、机库、燃料桶和弹药坑，给岛上的设施造成巨大的破坏。通往东岛的电力线路和输气线路也遭到破坏。食堂、机库和油罐都被炸成了废墟。不过，日军航空兵对高射炮阵地没有造成多大破坏，也没有轰炸跑道，因为他们想在占领中途岛后让飞机跑道处在能用的状态。地面上大多数人躲进了混凝土防空洞和狭长掩壕里。高射炮部队基本没有受损，另外除了时运不济的战斗机，中途岛的空中力量也基本完好。

这次战斗中，袭击者损失了 11 架飞机，而受损的飞机是这个数字的两倍；20 名飞行员死亡或沉入海底，还有更多的人受伤。这些损失不是毁灭性的，但是如果日军接到命令继续对中途岛发动攻击，那么累积的损失将会成倍增加。日军飞机投掷完炸弹之后，前往中途岛西部会合。6 时 45 分，这些飞机开始返回航空母舰，并尽可能编队飞行。攻击部队的指挥官友永丈市海军大尉通过无线电联系南云忠一，建议进行第二轮攻击。[17]

"赤城号"此时开始进行战斗空中巡逻的轮班，让执行防御任务的零式战斗机降落，加注燃料，并让新的飞机代替它们巡逻。南云忠一希望在友永丈市回来之前完成这项常规任务，好腾出飞行甲板，让返航的飞机降落。

7 点过后刚几分钟，从中途岛起飞的机型混杂的第一批美军飞机到达日军舰队的位置，开始攻击日军航母。这些攻击都很英勇，但是没有起到任何效果，没有击中任何一艘日舰。新的空袭就算无效，也在不断施加压力，使日军失去平衡。山本五十六苦心经营的计划开始走形。美军最初对日本第一航空舰队发动的空袭限制了南云忠一面对这天早晨各种波折命运的应变能力，并且引发了一系列的事件，这一过程将在三小时后整场太平洋战争最具决定性的五分钟里达到高潮。

第一批飞机从南面低空飞来，直奔日本航母的舰首而去。这是 6 架新型海军 TBF "复仇者"鱼雷轰炸机，它们是第一次参加战斗。此外还有来自中途岛的 4 架陆军的 B-26 中型轰炸机。这两种飞机都装有鱼雷。日本舰艇上警报声大作，提醒船员多加警惕。大约有 30 架零式战斗机降低高度前来拦截，用 20 毫米机关炮攻击进犯的轰炸机。除了一架之外,其他几架"复仇者"都翻滚着坠入大海。唯一的幸存者艾伯特·K. 欧内斯特(Albert K. Earnest)少尉谈了他对零式战斗机的看法:"它们太多了,都互相挡住路了。它们十分灵敏,令人不得不佩服。"[18] B-26 的情况稍微好一些,因为它们机体很结实,能承受更多打击。4 架中有 3 架发射出了鱼雷,但是投掷地点不好,离目标太远,提前量不够,日本的航母通过机动轻松躲开了来袭的鱼雷。有一架 B-26 似乎是直冲着"赤城号"的舰桥飞过去的——很显然飞行员知道他的飞机不行了,试图跟敌人拼个同归于尽。南云忠一和他的参谋被这种自杀式的突袭吓坏了,赶紧躲避。但是在撞击前的最后一刻,这架巨大的双引擎轰炸机偏离了路线,擦着日军旗舰飞了过去,坠入海中。

为防止敌军的航母突然出现并攻击第一航空舰队完全暴露的左翼,山本五十六要求甲板上保留后备攻击力量,但是南云忠一没有收到任何发现目标的报告,而且他觉得敌方航母不会出现。他派出的侦察机已经在空中盘旋了近 3 个小时。这些侦察机像车轮的辐条一样朝北和朝东飞去,抵达最远处后返回。目前大部分飞机应该都在返回的路上了。理论上它们有可能在返航途中发现敌军舰队,但实际上不太可能。因此,南云忠一没有理由认为附近有美国的军舰。然而,坠落的 B-26 差一点撞到旗舰,这让他觉得需要彻底歼灭中途岛的航空力量。第二轮攻击派出的中岛九七式鱼雷轰炸机("凯特")挂载的是反舰鱼雷。如果派遣它们攻击中途岛,就必须重新挂载 80 型对地炸弹。7 时 15 分,南云忠一下达命令:"预备第二轮攻击的待命飞机今天要出动。换成炸弹。"[19]

机库甲板上,已经忙了半天的军械士立即行动,开始移除鱼雷的复杂过程，把炸弹挂在飞机的腹部。这项任务至少需要一个半小时才能完成。

这条命令刚一下达，一架侦察机就报告发现了敌情。巡洋舰"利根号"的4号侦察机，从日军舰队所在处朝100度方向飞行，于7时28分发报说："疑似目击敌船，有10艘，方位10度，距离中途岛约240英里，航向150度，航速20节。"这架侦察机的飞行员甘利洋司是一等飞行兵曹，他没有提到航空母舰，他发现的可能是水面舰艇，不会在那个距离对他们构成迫在眉睫的威胁。而从另一方面说，"利根号"4号侦察机也可能是撞上了航母特混舰队的外围警戒舰，这种可能性不容忽略。7时58分，甘利洋司报告说，敌军舰队已把航向调至80度。南云忠一回复说："报告船只类型。"[20]

对于南云忠一来说，最初的敌情报告太模糊了，基本没有用处，而且还很有可能是错误的。"10艘敌军水面舰艇"究竟是什么意思？里面有敌军的航空母舰吗？报告的位置偏离了给甘利洋司指定的侦察路线。经过六个月的海战，尤其是在珊瑚海战役后，他有充足的理由怀疑最初的敌情报告。尽管如此，南云忠一还是命令机组人员停止给预备队重新装载武器。如果后续的报告能够让他确认有美国的航母处在攻击范围内，那么他就需要给这些飞机装载反舰武器。所以南云忠一犹豫了一番，等待进一步的情报。

暂停重新装载武器是一回事，逆转重新装载武器的过程，火速用升降机把预备队送上甲板，起飞去袭击东北方出现的可疑船只又是另一回事了。南云忠一没有选择后一个更主动的作战方案，为此，他后来遭到了研究太平洋战争的美日双方的几代历史学家的公开批评。当然，事后看来，应该如何行动是很清楚的：南云忠一最好的选择就是利用手头上的无论哪种飞机，立即发动袭击——尽管这意味着要派装载了对地炸弹的鱼雷轰炸机去攻击，甚至是让从中途岛返回的飞机因飞行甲板拥挤不堪而迫降在海上。但是在 6 月 4 日早上 7 时 45 分，南云忠一不可能有这种事后的洞察力。他只能依靠已知的情报来行动。他知道中途岛上的机场对日本第一航空舰队是个威胁，只要不把机场炸毁，它就会持续形成威胁。他也知道友永丈市的航空队即将返回，燃油即将耗尽，需要清空甲板让那些飞机降落。在 7 时 40 分的时候，他还知道，日本舰队目前仅剩 14 架战斗机在进行战斗空中巡逻，而之前则是 31 架——"复仇者"和 B-26 "劫掠者"的袭击虽然无效，但仍然带来了麻烦，迫使零式战斗机消耗了燃料和弹药，必须降落加油。而从另一个他需要权衡的方面看，"利根号"的 4 号侦察机的敌情报告很模糊，无法确定船只的类型，而且很有可能是错误的。不到一个月前，在珊瑚海战役中，另一名日本航母特混舰队的指挥官就曾被错误的敌情报告误导，朝错误的方向派出了大规模空袭部队。基于他能够掌握的信息，南云忠一选择等待更多确定的情报，而不是彻底推翻作战计划，这一点是可以理解的。

南云忠一的行动范围受到时间和环境的严格限制。他的四个飞行甲板都是紧缺的资源，起降的需求很多，而且没有一个飞行甲板能同时起降飞机。飞机升降机是个瓶颈，在机库甲板上给预备队重新挂弹是个瓶颈，循环进行战斗空中巡逻也是个瓶颈。而敌军一轮又一轮的空袭进一步收窄了这些瓶颈，因为空袭迫使日本的航母采取回避行动，关闭飞行甲板，而且还迫使护航的零式战斗机频繁返回航母，补充燃料和弹药。

南云忠一的整个海军生涯使他走到了这一步——他拥有日本第一航空舰队司令之高位，得不到山本五十六热情的支持，因珍珠港所谓的失败而饱受批评；他需要在攻击和保存力量之间维持微妙的平衡；他还深信有必要进一步空袭中途岛，以彻底停止敌方对日本舰队的空袭。南云忠一有很多高风险的决策要做，而他只有很少的时间去做这些决策。他和手下的军官都在"赤城号"拥挤的舰桥上，凑在小海图桌旁，被储物柜和带支架的双筒望远镜包围着。即使在敌机尚未来袭，旗舰以及其他舰船无须大幅度机动躲避的情况下，发现敌机和潜望镜的消息也如洪水般涌来，而且真真假假，掺杂在一起。在这种环境下，没有一丝的平静，也不可能不受打扰，南云忠一肯定很难思考。

7时53分，日本瞭望员发现有16架SBD无畏式俯冲轰炸机来袭。这是驻扎在中途岛上的美国海军陆战队第241侦察轰炸机中队，由洛夫顿·R.亨德森少校率领。在战役爆发的一周之前，亨德森手下的大部分海军陆战队飞行员还没见过SBD无畏式俯冲轰炸机的内部，而且没有人接受过俯冲轰炸技术的训练，因此亨德森带领他们从9 500英尺的高度进行小角度俯冲。他们迎着猛烈的高射炮火勇敢地前进，但是零式战斗机从身后猛扑过来，打乱了他们的队形，并且最先击中了亨德森的飞机。有几枚炸弹差点命中"飞龙号"，这些炸弹在海面上爆炸后，激起的水花遮住了"飞龙号"，但是它并未受损。无畏式轰炸机开始撤退，零式战斗机紧追不舍，又击落了几架。

幸存的SBD无畏式俯冲轰炸机离开战场时，斯威尼中校指挥的14架B-17飞机正在2万英尺的高度飞行。这些飞机本来是奉命去轰炸前一天攻击过的同一批运输舰，但是后来又接到命令，转而向东攻击日本第一航空舰队。零式战斗机飞行员藤田怡与藏少佐急剧爬升，去拦截高空中的美国陆军轰炸机，但是他发现"敌机的飞行高度对我来说太高了"。[21] 日本的防空炮火也无法够到这一高度。未受阻拦的 B-17 朝"苍龙号"航母投下炸弹。这次的瞄准显然比前一天好多了，因为好几枚炸弹落在了距离航母很近的地方，只不过一颗都没有命中。"水如喷泉般吞没了'苍龙号'，""赤城号"的铃木宏（Hiroshi Suzuki）大尉回忆说，"我看不见'苍龙号'，觉得它肯定受了重伤。然而，水柱落下去后，它看起来还好。"[22]

运气不佳的 B-17 脱离战场后，第 241 侦察轰炸机中队的 11 架 SB2U "守护者"侦察轰炸机攻击了"榛名号"战列舰。没有一颗炸弹命中，而且还有三架美国飞机被击落。让场面更加热闹的是，8 时 24 分，美国潜艇"鹦鹉螺号"的潜望镜在日本舰队的中心冒出了水面。好几艘日舰上的瞭望员发现了它，日军通过短程无线电发出了明码警报。一艘驱逐舰赶过来，向它投下深水炸弹，还有一架零式战斗机扑过来低空扫射。于是它赶紧下潜了。

到此时为止，日军似乎轻轻松松就抵挡住了连续几轮攻击，美军没有一枚炸弹或鱼雷击中日军舰船。渊田美津雄说："坦白讲，我判断敌人的飞行员没有表现出多么强的能力，而且南云忠一将军和他的参谋也是这么评价的。我们的结论是，敌人的进攻战术没什么好怕的。"[23] 而"加贺号"上的前田武则说："敌军飞行员前赴后继地发动攻击，他们的作战意志给我们留下了深刻的印象。"美国没有一个中队是在有战斗机护航的情况下参战的。那么，万一哪个中队有战斗机护航呢？另外，日军还没有见到过任何一次像样的俯冲轰炸攻击，而俯冲轰炸攻击是美国所掌握的最厉害的反舰战术——但是这种攻击随时都会出现。前田武也意识到，美军持续施加的压力阻碍了日军的飞行作业，而且在友永丈市的部队返航之前，很难让预备队起飞。他说："在我看来，情况相当不妙。"[24]

即使在混乱的空战中，日本航空母舰也必须循环进行战斗空中巡逻，好让原来的飞机补充燃料和弹药。B-17 开始攻击时，"加贺号"还设法让一些飞机降落下来，尽管这要求它逆风而行。友永丈市的第一批飞机开始抵达，此时美国飞机仍在这一区域，而航空母舰也仍然在转向避让。它们只能低空盘旋，等待美军攻击结束。由于燃料不足，返航的飞机无法在高空中停留很长时间，而且有些飞机和机组成员还受伤了。要想让飞机安全降落，航母需要至少迎风行驶 15 分钟，另外还要花 30 分钟把飞机移动到机库甲板上。

这就是 8 时 20 分的情况，而就在此时，"利根号"的 4 号侦察机发来情报："敌军后方看起来有一艘航空母舰随行。"[25] 这份情报让南云忠一的血液都凝固了。战争的前六个月，日本第一航空舰队总是战场的主导，迫使敌人做出反应，对敌施以猛攻，在真正的危险形成之前就撤离战场。在印度洋上也出现过紧急时刻，不过这一次是极其危险的全新局面。在日本第一航空舰队光辉的作战史上，它第一次被迫对对手主导的行动做出回应。

航空母舰作战的首要原则是先发制人，这一原则高于其他一切原则。但是友永丈市的飞机一直在耐心地盘旋，飞机的引擎开始冒烟了，如果不立即降落，它们就会坠入大海。日本航母的作战原则不允许一组飞机于另一组飞机降落的时候在防撞路障前预热发动机。南云忠一现在被迫从两个都不合意的方案中做出选择。第一个方案是：命令友永丈市的所有飞机在水上迫降（在海上紧急降落，有望得到救援）。在这种情况下，预备队或许可以在 9 时 15 分起飞，但是这会使正在盘旋的飞机遭受一定的损失，而且会造成一部分飞行员身亡。南云选择了第二个方案：接收早上派出去的飞机，并把它们转移到机库甲板上。在这种情况下，预备队可以在 10 点之后不久起飞，对美国太平洋舰队发动空袭。幸运的话，日本第一航空舰队在接下来的一个半小时之内会处于相对安全的环境中。

在下面的机库甲板上，预备队重新装载武器的工作还在继续。疲惫不堪的机械师接到了南云忠一的命令，要把炸弹换回反舰武器，维修工下山要（Kaname Shimoyama）回忆道："'赤城号'完全陷入了混乱。……机库里面空间很小，因此更换武器很困难。我们的鱼雷也非常重，而且需要手动装载到飞机上。一般来说，有两组人员做这个工作：一组搬运鱼雷，另一组把鱼雷装载到飞机上。尽管我的级别不高，但看到现场一片混乱时，我心里想，这么做是否明智？"[26] "赤城号"的铃木大尉说："我们的舰艇正遭受攻击，周围充满噪声，因此更换武器的工作很困难。"[27] 前田少尉回忆道，"加贺号"遭到空袭，甲板突然倾斜，他们不得不停下工作。往飞机上装载鱼雷的步骤很复杂，需要小心翼翼地进行，但是扩音器里传来命令："加速装载鱼雷！"[28] 为了赶紧完成这项工作，从飞机上卸下来的炸弹直接堆放在机库甲板的架子上，而不是用升降机放入弹药库。如果敌人恰好在此时发动空袭，击中这艘船，那么这一疏忽会产生致命的后果。

早上 8 时 45 分，"利根号"的 4 号侦察机发来了一份新的敌情报告："似乎有 2 艘额外的敌方巡洋舰，方位 8 度，距离中途岛 250

英里。"甘利的飞机当时正位于美国第二支航母特混舰队——第16特混舰队——的边缘。尽管南云忠一没有马上意识到这一点，但是这些零散的报告表明，对方有两支独立的航空母舰特混舰队，而且它们都处在攻击范围之内，因此日本航空母舰有可能会连续遭受大规模的空袭。尽管甘利的小飞机的燃料已经所剩不多，他还是接到命令，继续留在美国舰队上方，收集更多有关舰队构成的情报。为了让日本第一航空舰队的无线电接收机利用他的机载电台判断方位，他让无线电发射机一直开着。这样做会让"利根号"的4号侦察机很容易被美国飞机拦截，但是在一场重大的作战行动中，一架水上飞机的存亡无关紧要。

甘利按照南云忠一的命令去做了。8时55分，他更新了情报。他看到了10架美军鱼雷轰炸机，应该是直接飞向日本舰队的。[29]

美国特混舰队顶着刺骨的寒风，劈波斩浪，从瓦胡岛一路向北。六月份的头三天，一直寒冷潮湿，阴云密布。在漫长的白天里，舰艇采取了曲折前进的路线，这是为了防止敌军潜艇攻击。舰队以20节的速度破浪前行，每过几英里都会大幅度转弯。6月3日，星期三，有消息传来，日本的舰载机攻击了阿留申群岛的荷兰港。斯普鲁恩斯将军在向第16特混舰队讲话时就预测，这场海战中会有"四五艘"敌军航母对阵"企业号"、"大黄蜂号"和"约克城号"航母。特混舰队中一艘巡洋舰上的乘客罗伯特·凯西表示他不希望发生这种以弱敌强的局面。他在日记里吐露说："几天之前我就知道我们有哪些缺陷，但是那时不像是要对付敌人三艘以上航母的样子。我们现在的情况，可以说是有趣，但是毫无希望。"[30]

这天晚上，在"大黄蜂号"上，第 8 鱼雷机中队的飞行员列队走进待命室并坐下，等待沃尔德伦少校下达最后的指令。他说："即将到来的战役将会是整场战争中规模最大的一场战役，也很可能是整场战争的转折点。这场战役将会被称作中途岛海战。它将载入史册，而且我希望这是一起荣耀的事件。"[31] 沃尔德伦少校展现出的是一种放松自信的态度，但是米尔斯少尉觉察到他的语气中含有严峻的现实意味。沃尔德伦队长知道，他的中队缺乏经验，训练不足，而且只能驾驶速度缓慢的老式飞机前往战场。他们极有可能在没有战斗机掩护的情况下到达敌军舰队上空，任由大批致命的零式战斗机摆布。沃尔德伦的最后一段话听起来就像告别演说一样，令人感到不安。他说："我们训练的时间很短，而且我们是在极端困难的情况下作战的。但是我们确实已经做到最好了。我相信，在目前这样的条件下，我们是世界上最好的。我最大的希望，是能够遇到有利的战况；但是如果战况不利，甚至糟糕至极，我希望我们每个人都尽最大的努力来摧毁敌人。哪怕只剩下一架飞机，也要战斗到底，我希望这个人能冲向敌人，并且击中他们。愿上帝与我们同在。祝你们好运，顺利返回降落，让敌人下地狱吧。"[32]

沃尔德伦劝大家好好休息，但是当天晚上没有几个飞行员睡得安稳。盖伊少尉回忆说，他感觉"有点紧张，就跟橄榄球比赛前的那种感觉一样"。[33]"约克城号"上的战斗机飞行员汤姆·奇克准尉在铺位上睡不着，听着通过船身传来的"微弱的机器震动声"，还有"航船拨开水面的哗哗声"。[34]"大黄蜂号"上的俯冲轰炸机飞行员克莱顿·费希尔在上床睡觉之前给妻子和母亲写了信，提到"面对日本航空母舰和上面那些有经验的飞行员，即便是能按计划

　　　　　　　　　　　燃烧的大洋：1941—1942，从突袭珍珠港到中途岛战役

实现突袭，在第二天战斗中幸存的可能性也极小"。[35]

凌晨时分，飞行员们被摇醒，然后进入飞行区域。鱼雷机飞行员的起床号在凌晨 3 点响起。他们穿上飞行服，列队进入餐厅吃早餐，喝咖啡。在"约克城号"上，飞行员吃到了牛排和鸡蛋，这比平常的伙食好得多。有人听到一名鱼雷机飞行员开玩笑说，这简直是"死刑犯的宴席"。[36]饭后，他们回到待命室，在那里，飞行名册用"油性铅笔写在树脂玻璃的班次表上"。[37]每个飞行员都研究着自己的标图板，把电传打字机传来的空情标图的新数据填进去。飞行员要不断检查敌军舰队和自己船只的位置、航向和航速，还要考虑风力和风向，以及罗盘读数的磁偏角，进行修正。飞行员要估算飞行时间、燃料消耗量，制定飞往"预定位置"的返航路线，他们最后要在这里找到自己的航母。

几个小时过去了。电传打字机不断传出新的数据，包括一份 PBY 水上飞机在中途岛的西南方向攻击日军运输舰的报告。克拉伦斯·迪金森是"企业号"第 6 侦察机中队的副队长，他回忆说，在准备作战的时候，飞行员的情绪各不相同："有些人很安静，回话很简短，甚至所有问题都不想回答。也有一些人在闲聊。另一些人的表现就好像是这一天只不过是海上的又一天似的，而且不是装出来的。"一些人在舒适的皮革躺椅上打盹，另一些人在那里喝着咖啡，不断修改飞行方案。等待似乎没有尽头，气氛越来越紧张。"5点，6点，7点，"迪金森写道，"这七排座椅上的人，还从来没有在三个小时的时间里这么安静过。然而，大家能感受到飞行员们的信心。大家相信，只要发现日本的航空母舰，我们的飞行队就一定能干掉它们。"[38]

黎明之前，战斗空中巡逻队的 F4F 便起飞了，10 架侦察轰炸机也从"约克城号"上起飞，排成搜索队形向北飞去。不过主要的空中打击力量仍然在甲板上——弗莱彻决定继续拉近与敌军的距离，等敌情报告准确无误后，再派出攻击机。早上 5 时 45 分，特混舰队收到情报，从中途岛起飞的 PBY 水上飞机看到一个日本小型飞机编队从东北方向朝中途岛飞去。第 8 鱼雷机中队的米尔斯写道："从那一刻到爬进驾驶舱，电传打字机的每一条消息飞行员都没有放过。"[39] 他们个个坐立不安，等待着能确定日本航空母舰位置的敌情报告。最终，命令来了。"企业号"和"大黄蜂号"的扩音器中传出指令："飞行员，登机！"[40]

　　早上天气很好，空气清新，碧蓝的天空上点缀着一朵朵的白云。能见度极佳。

　　第 16 特混舰队转向东南方向，迎着清晨柔和的微风，开始加速，让风猛烈地吹过甲板。身着飞行服的机组成员从待命室列队而出——戴着飞行手套，护目镜推到额头上方，降落伞在身后晃动——走向排列得跟迷宫似的灰蓝色机群，每个人都来到指定的"甲板位置"。"企业号"上推飞机的士兵帮助 10 架 F4F 起飞进行战斗空中巡逻，又帮助 22 架 SBD 无畏式俯冲轰炸机起飞去攻击敌军。机械师把电爆管塞进野猫式战斗机的启动系统。飞行员按下启动开关，引燃电爆管，发动了普惠星形引擎。他们让引擎以每分钟 1 000 转的转速怠速运行几分钟，来进行预热。飞行员戴上氧气面罩，听从甲板上的指挥向前滑行。收到"起飞"信号后，每架战斗机的飞行员都把节流阀向前推到头，同时踩住刹车，让飞机停在原位。一片蓝色的尾气向船尾飘去。甲板上的指挥员落旗后，飞行员

　　　　　　　　燃烧的大洋：1941—1942，从突袭珍珠港到中途岛战役

松开刹车，飞机猛地前倾，加速冲向船首，轮胎在柚木跑道上咔嗒作响。先是飞机的尾部升起，接着是机头，然后整个飞机升入空中。

掩护航母的巡洋舰和驱逐舰随着航空母舰转向，与航母保持同样的速度，劈开迎面打来的波浪，在海面上起起伏伏，栏杆被浪花淹没，船尾也溅上海水。舰船的尾流相互交织，在海面上留下了复杂的图案。凯西从附近一艘巡洋舰的甲板上看着此情此景，他写道："航空母舰似乎把所有的飞机都派出去了。右舷地平线上的天空布满了黑色的小十字。……场面壮观，令人兴奋不已。毕竟，很少有人有机会看到这种壮观的场面。当然，也很少有人能再次看到这种场面。"[41]

"企业号"上的俯冲轰炸机很快就升空了，但是不知为何，航母上推飞机的人在移动下一批飞机的时候很慢，这批飞机包括鱼雷轰炸机和 10 架野猫式战斗机。战斗机是为执行攻击任务的其他飞机护航的。每延误一分钟，正在盘旋的 SBD 无畏式俯冲轰炸机都会消耗宝贵的燃料，缩短飞行半径。其间，"企业号"的无线电室截获了"利根号"的 4 号侦察机发给日本舰队的消息，表明敌军现在很有可能已经意识到美国特混舰队的存在。斯普鲁恩斯明智地选择将作战规则抛开，让 SBD 无畏式俯冲轰炸机直接出发，不用再等其余的攻击机升空。"企业号"通过桅顶闪光信号灯示意航空大队队长小克拉伦斯·麦克拉斯基少校："执行分派的任务。"[42]

俯冲轰炸机联合形成了一个大规模编队——第 6 轰炸机中队和第 6 侦察机中队，总计 33 架飞机——开始朝 231 度方向前进，麦克拉斯基预计在这个方向的 142 英里外能发现敌人。每三架飞机形成小"品"字形编队，然后再和其余编队形成大"品"字形编队。这些俯冲轰炸机不断爬升，一直爬升到巡航高度，编队中飞得最高的飞机高度约2万英尺。迪金森上尉写道："那天能见度很好，几乎是我见过的最好的天气。天空中除了大朵大朵的白云，澄澈无物。我们在100英里外看到了中途岛。我们飞到了将近4英里高的地方，一眼望去都是大海。湛蓝的大海就像靛蓝染料那般蓝。"[43]

"大黄蜂号"的起飞工作进行得相当顺利，在斯坦诺普·C. 林（Stanhope C. Ring）中校的指挥下，整支航空大队在早上7时40分左右都已在空中待命。传统的说法称林带领"大黄蜂号"的59架飞机朝240度方向飞去，因为那是敌人特混舰队的主要航线。但是一条令人信服的证据表明，他是朝265度方向飞行的，几乎是正西方向，而这条航线将使"大黄蜂号"的攻击群来到最后报告的日本舰队位置以北相当远的地方。这个问题仍存在争议，或许人们永远不会知道真相是什么。然而，不能否认的是，当天"大黄蜂号"只有一个中队发现了敌人——而那个中队，即第8鱼雷机中队，全军覆灭了。林违反了规定，没有提交任何作战报告。未交报告可能是故意的，林不想承认他飞到了离最后报告的敌军舰队位置以北那么远的地方。

当天上午早些时候，"约克城号"与两艘姊妹舰分开，到东北方的"预定位置"回收返航的侦察机。这一行动使它脱离了攻击敌人的范围，它必须以25节的速度去与第16特混舰队会合。结果，弗莱彻直到8时38分才出动飞机，此时"企业号"和"大黄蜂号"上的飞机早已上路。"约克城号"上有35架飞机升空，其中包括6架战斗机、17架俯冲轰炸机和12架鱼雷轰炸机。第3轰炸机中队的SBD无畏式俯冲轰炸机首先起飞，紧接着是"蹂躏者"

　　　　　　　燃烧的大洋：1941—1942，从突袭珍珠港到中途岛战役

鱼雷轰炸机，这种飞机需要滑过整个甲板才能带着马克 13 型鱼雷飞到空中。鱼雷轰炸机接到的命令是立刻朝敌人所在位置出击，它们后面跟着 SBD 无畏式俯冲轰炸机，然后是战斗机。起飞很顺利，9 点过后几分钟，所有的飞机都已升空。"约克城号"的航空大队接到的命令是朝 240 度方向飞行 150 英里。如果没能找到敌人，就向北往日本第一航空舰队已知的朝中途岛前进的交会方向飞行。一切顺利的话，速度较快的 SBD 无畏式轰炸机和战斗机能够赶上鱼雷轰炸机，它们或许可以同时赶到敌军舰队上空，这样就能进行协同攻击。

无论怎样，美军的攻击力量都已升空。相比当天早上日本航空母舰上的行动，美军的起飞更加混乱。友永丈市大尉的 108 架直指中途岛的攻击机仅花 15 分钟就从日本第一航空舰队的四个飞行甲板上起飞，而且升空后迅速集合编队，以巨大且统一的队形朝中途岛进发。在 1942 年 6 月，这一壮举是超出美军的能力的。"大黄蜂号"和"企业号"需要整整一个小时才能让所有进攻的飞机升空。而且升空后，它们也没有集合，甚至不是朝同一方向飞的。每个航空大队都按照自己的队长独立制定的航行方案飞行，这些方案差异很大。让情形更加混乱的是，飞出去的机群无法保持在一起。许多美国飞机后来根本没有找到敌人，而另一些飞机以小而分散的队形抵达日本舰队上空，因此很容易被零式战斗机和高射炮集中攻击。

尽管如此，美军的飞机已经升空，而且正在朝敌军进发。敌军还未做出回应。结果证明，这比其他任何事情都重要。

"大黄蜂号"上的无畏式轰炸机携带着 1 000 磅和 500 磅的炸弹，竭力缓慢爬升。驾驶舱内温度下降，身着轻薄夏季飞行服的机组人员冻得直发抖。氧气面罩上都结了冰霜。沃尔德伦少校的第 8 鱼雷机中队的 15 架"蹂躏者"在下面低空飞行，高度为 1 500 英尺。它们装载的马克 13 型鱼雷比炸弹还重，携带的燃料无法让它们爬升得更高，而且它们本来就要在低空攻击敌方舰队。整个航空大队已经离开"大黄蜂号"，最初是朝 265 度方向飞行，但沃尔德伦不同意林的航行方案，离开航母后不久，他打破了无线电静默，劝林朝南调整方向，朝 240 度方向飞行。林可能是拒绝了这个请求，也可能是没有收到信息，总之沃尔德伦朝左前方调整航向，向自己凭本能认定的敌军舰队所在处飞去。他的中队也一同转向。他们结队飞行了 100 英里。沃尔德伦给中队发出信号，示意展开队形，形成一条搜索线，以增加发现敌军舰队的可能性。9 时 15 分左右，几个飞行员看到地平线上的天空中有一些黑点。几秒钟后，远方显现出了日本舰船灰色的轮廓。沃尔德伦调整航向，从低空接近日本舰队。[44]

盖伊少尉回忆道，当天早上进入驾驶舱之前，沃尔德伦跟手下的飞行员说，"大家不要担心航向问题，只要跟着他就好，他知道要往哪儿飞。而事实的确如此，他找对了方向。仿佛有一根线牵着他一样，他径直飞到了日本舰队上空"。[45]

对日本瞭望员来说，这支中队最先显示为一群黑点，在东北方地平线上很低的位置，偶尔会有机翼反射的阳光照过来。它们的飞行高度很低，表明它们是鱼雷轰炸机。根据渊田美津雄的回忆，同船船员的情绪低落起来——尽管此前日本舰队已经击退了很多不同类型飞机的一系列攻击，但那是因为走运，而好运不可能永远持续

　　　　　　　　燃烧的大洋：1941—1942，从突袭珍珠港到中途岛战役

下去。不过日军的几艘航母已经回收完了袭击中途岛后返航的飞机，因此可以自由机动，展开规避运动。它们开始躲避速度缓慢的TBD"蹂躏者"鱼雷轰炸机，延长了攻击者需要飞行的时间和距离。零式战斗机从头顶和四面八方逼近，通过横转和翻筋斗调整位置，对来犯的美国飞机发出致命的射击。

沃尔德伦在林率领"大黄蜂号"航空大队其余的飞机糊里糊涂地朝西北飞去时，带领自己的中队直扑日本舰队，展现了他的鲁莽和技术。但是第 8 鱼雷机中队发现自己目前处境危急。能见度好，没有战斗机掩护，没有俯冲轰炸机来转移一大群灵活的零式战斗机的注意力，这群由缺乏准备的飞行员驾驶的老式飞机正在接近强大的敌军舰队。第 8 鱼雷机中队的行动，让我们想起艾尔弗雷德·丁尼生勋爵在他著名的诗歌里对克里米亚战争中轻骑兵的描述。两者都展示了绝境中迸发出来的无可匹敌的勇气。两者都采用鲁莽的战术，在没有准备好的情况下白白丢掉了年轻的生命。两者都应归咎于指挥官糟糕的决策。（"可有一人惊慌失措？／哪怕战士知道／有人犯错了。"）盖伊少尉一直记忆犹新的是沃尔德伦前一晚在"大黄蜂号"待命室的临别致辞。"我最大的希望，是能够遇到有利的战况；但是如果战况不利，甚至糟糕至极，我希望我们每个人都尽最大的努力来摧毁敌人。哪怕只剩下一架飞机，也要战斗到底，我希望这个人能冲向敌人，并且击中他们。"[46]不利的战况大多会发展成糟糕至极的局面，但是像丁尼生笔下的轻骑兵一样，"他们不问为什么／只知奉命行事／六百名轻骑兵进入了死亡之谷"。

零式战斗机用 20 毫米机关炮瞄准射击，美军动力不足的"蹂躏者"飞机的座舱顶篷上、机身上和机翼上被打出了许多洞。这些飞机一架接一架地起火、解体、爆炸，或者打着旋落到海里。后来，盖伊少尉在任务报告里说："那天，零式战斗机让我们无法招架。我们完全处于劣势。"[47]沃尔德伦的飞机燃料箱被击中，燃烧起来。盖伊瞥见了队长从驾驶座上站起来，试图爬出来，但是时间不够，飞机直接坠入海中。盖伊的飞机被击中了几次，他自己也被机枪打中了胳膊，但他还是设法飞到了防空火力的范围之内，追击他的零式战斗机撤离了。渊田美津雄回忆道，在"赤城号"的飞行甲板上，"所有人都盯着眼前的戏剧性场面，当袭击者被陆续打下来的时候，甲板上到处都是疯狂的欢呼声和口哨声"。[48]

盖伊逼近了"苍龙号"，从800码外发射了鱼雷，然后朝航母的尾部飞去，进入了重型防空火力的攻击范围。高射炮弹从他旁边飞过，但是他相信自己的飞机没有被击中。他诅咒着飞机上威力极弱的0.30英寸机枪——称这是一把"玩具枪"——接着他拉升飞机，高过航母，紧贴着上层建筑飞了过去。后来他说，从舰桥旁一闪而过时，他"看到一个小个子日本舰长边跳边喊"。他越过航母后降低高度，低空飞行，希望自己走运，能够返回，但是另一群零式战斗机从上方朝他射击，"射中了我的方向舵，打坏了副翼，我不得不在海上平降。引擎盖突然合上，我无法抬升右翼。右翼最先接触到水面，把飞机猛地拽了进去，机身整个卷起来，折断了。引擎盖关闭了，机翼戳进受损的机身里。我几乎无法打开座舱。这时我害怕起来。我害怕我会溺死在飞机中"。[49]盖伊挣扎着爬到残存的机翼上面，抓紧了橡皮救生筏和气垫。他试着拉出后座的机枪手，但是没能成功，海水淹没了飞机；他也落入水中，尽可能让气垫挡住自己。

很快，眼尖的日本瞭望员发现南方出现了另一片黑点，位于日本第一航空舰队正左方。这是"企业号"的第6鱼雷机中队，由尤金·林赛少校指挥。这群飞机进入日本舰队的外围防御圈时，分成了两组，从两边朝最近的航母"加贺号"的舰首飞去。四艘航母一致右转（向北转），使舰尾朝向缓慢接近的"蹂躏者"鱼雷轰炸机。

　　"从后面追逐，过程会很长"，这是几个世纪以来的海军格言，而且在当时的情况下，这句格言也是成立的——尽管最慢的飞机速度也能超过最快的船，但是这种飞机的速度仅比日本航母快四倍左右。要想对逃跑的航母实施左右夹击，仅仅赶上它们是不够的；鱼雷轰炸机必须飞到它们前面，然后兜一个圈，从两舷发动攻击。这种船尾追逐可能会持续很长时间，而这是致命的，不过第6鱼雷机中队的老式鱼雷轰炸机追逐时可能会比第8鱼雷机中队容易一些，原因有以下两个方面。第一，零式战斗机已经聚集到了舰艇防御圈的北面，因为第8鱼雷机中队从那里发动了攻击，要想拦截第6鱼雷机中队，它们就得向南飞行约30英里；第二，一些日本战斗机在攻击沃尔德伦的中队时显然已经消耗掉了大部分20毫米弹药，因此在这一轮战斗中需要更加谨慎地射击。即便如此，第6鱼雷机中队也只有少数几架"蹂躏者"鱼雷轰炸机幸存下来。有两架飞机向"加贺号"的右舷发射了鱼雷，但是这艘航母轻松避开了来袭的鱼雷。第二批飞机由林赛少校亲自率领，碰上了9架零式战斗机，这些零式战斗机俯冲下来，击中了4架鱼雷轰炸机，其中就包括林赛少校自己的那一架。最后，第6鱼雷机中队有5架飞机成功撤退，其中4架安全降落在"企业号"上，有一架迫降在海上——几天之后，机组成员被PBY水上飞机营救了上来。

第 6 鱼雷机中队的少数幸存者离开时，日本军官和船员必然松了一口气，至少是有些信心了。从早上 7 点开始，他们相当于目睹了美国战机的航空表演——六种不同型号的飞机轮番上场，包括四种不同的单引擎舰载机、一种双引擎中型轰炸机、一种四引擎重型轰炸机。不过当时日本人并不知道，攻击他们的飞行员分别来自美国的三个军种——陆军、海军和海军陆战队。他们经受了水平轰炸、下滑轰炸和鱼雷的攻击。他们还第一次见到格鲁曼公司制造的TBF"复仇者"鱼雷轰炸机，尽管这种新型的鱼雷轰炸机在战场上的首次亮相不那么精彩，但是在未来的三年里，它们将会给日本海军带来很多伤痛。日军没有一艘舰船受损，而且零式战斗机也轻松击退了几轮攻击，只损失了几架。

尽管如此，连续不断的空袭带来的压力，迫使日军中断飞行作业，加快战斗空中巡逻的循环频次，让日本第一航空舰队始终处于守势。再有 20 分钟左右，第一批日军轰炸机就能通过升降机抬到飞行甲板上，如果甲板能在大约 45 分钟内不受侵扰，那么日军就很可能在 11 点之前对美军舰队发动强有力的反击。但是在那之前，日本航母会处在极易遭受攻击的危险状态，因为它们的攻击机正在机库甲板上添加燃料，重装武器。

南云忠一将军和他手下的军官最担心的，也许是日本第一航空舰队还没有遭到过像样的俯冲轰炸。他们知道 SBD 无畏式俯冲轰炸机是美军最致命的航母舰载机。不到一个月之前，在珊瑚海战役中，俯冲轰炸机重创了"翔鹤号"，击沉了"祥凤号"轻型航母。因此，日本指挥官的心里肯定会问，美国无畏式轰炸机中队在哪儿？如果它们突然出现在空中，会发生什么？

"企业号"的第6侦察机中队（由威尔默·厄尔·加拉赫上尉指挥）和第6轰炸机中队（由理查德·哈尔西·贝斯特上尉指挥）组成的联合攻击群中的32架SBD无畏式轰炸机从特混舰队所在地朝西南231度方向驶去。飞行约100英里之后，航空大队的队长麦克拉斯基少校推断他已经穿过南云忠一进军中途岛的路线。麦克拉斯基猜测最有可能在西北方向发现敌人，于是两个中队向右转弯。半个小时之后，还是没有日本舰队的迹象。此时燃料不足，没有飞机能返回美国特混舰队的危险在增加。快到10点的时候，两个中队再一次转弯，这次是朝东方飞行。目光敏锐的飞行员和机枪手透过云层的缝隙搜寻着舰船或尾流，任何能够发现日本舰队的迹象都不放过。[50] 他们的高度是1.9万英尺。"大黄蜂号"上的弗雷德·米尔斯少尉后来描述了在一望无垠、毫无变化的海上追踪敌军舰队的技巧：

　　　　有时航母舰队只是地平线上极小的点。有时大型船只的尾流或多条尾流形成的数条白色直线十分显眼。反射的阳光有可能显露舰队的位置，舰只也可能会作为灰色的小长条突然出现在海面上。只要水面上出现了直线或其他规则的形状，都可以视作海水以外的东西。[51]

　　9时55分，麦克拉斯基看到了一艘驱逐舰，后来确认是"岚号"驱逐舰。它位于日本第一航空舰队的南面，一直在追赶并用深水炸弹攻击美国潜艇"鹦鹉螺号"。它正朝北面急速航行，舰首激起了巨浪，长长的尾流泡沫翻滚。显然，"岚号"上的瞭望员并没有发现高空中的轰炸机。麦克拉斯基开始沿着"岚号"的行进路线追踪。

5 分钟之后，一些飞行员在前方约 40 英里的海上发现尾流——"几条细细的白线，只是细线，像粉笔画的。"他们在积云的上方飞行了几分钟。接近云层的缝隙时，下方整支敌军舰队都进入了他们的视线，看过去就像水池里的玩具船。克拉伦斯·迪金森写道："在这些船中，我能看到两个狭长的黄色矩形，那是航空母舰的飞行甲板。很显然他们是让铺设甲板的木材保留了天然的颜色，或是涂成了淡黄色。但是，在这深蓝色的海洋中，那种黄色十分显眼，你以前从未见过。然后在更远一点的地方，我看见了第三艘航母。"[52] 每一艘航母的飞行甲板上都标有一个红色的太阳旗标志。迪金森记住了这一点，要把这里当作靶心。

麦克拉斯基向"企业号"汇报："我是麦克拉斯基。已发现敌军。"[53] 麦克拉斯基并没有径直朝敌军航母飞去，而是带领机群绕舰队迂回前进，向其东北方向飞去。他打算背对太阳发动攻击，希望这样能够隐藏他们的踪迹，并且使高射炮不易瞄准。他稍微降低机头，以加快速度，编队中的其他人也照做了——他们的速度越快，在遇到日本战斗机的时候就越有优势。他们直接飞越了外围的几艘警戒驱逐舰，但是这几艘舰艇上没有一个瞭望员发出警报，可能是天上的云彩遮挡住了他们的踪迹，也可能是从东南方向飞来的第三批鱼雷机分散了日本人的注意力，那些鱼雷机就在他们下方 1.5 万英尺的地方。

发动新一轮攻击的是兰斯·E. 马西（Lance E. Massey）少校率领的"约克城号"的第 3 鱼雷机中队。马西率领的 12 架行动迟缓的飞机，跟第 6 和第 8 鱼雷机中队的飞机一样差劲，但是第 3 鱼雷机中队的优势在于有战斗机护航——吉米·萨奇少校率领的 6

　　　　　　　　燃烧的大洋：1941—1942，从突袭珍珠港到中途岛战役

架 F4F 野猫式战斗机。萨奇是美国海军中最出色的战斗机飞行员之一，他发明了一组作战队形，称之为"追击防御"机动*，后来更常见的名称是"萨奇剪"战法。这种战法是第一次在战争中投入实践，其结果对于经验丰富的零式战斗机飞行员来说，肯定是个令人不悦的意外，因为这些飞行员已经习惯于对美国的各种飞机为所欲为。这种战法需要长机和僚机之间密切配合。飞行员发现后半球有零式战斗机以其惯用的方式倾斜接近时，只要向内侧逃离即可。僚机看到相邻的野猫式战斗机朝自己驶来后，便朝其转向，两机穿插而过。这样一来，僚机便可直面零式战斗机，发动正面射击。

萨奇的 F4F 战斗机在大约 2 000 英尺的高度飞行，位于马西的 TBD 鱼雷轰炸机后方不远处。萨奇的 6 架战斗机被大约 15 架零式战斗机包围了。萨奇事后回想说，他当时觉得自己这边的飞机估计没有一架会在这场空战中幸存。但是他们的萨奇剪战法似乎出乎日本飞行员的意料，于是头一次有零式战斗机拖着火舌翻滚着坠入大海。萨奇说："好多零式战斗机成串朝我们扑过来，整个天空就跟蜂巢一样。刚开始我设计的穿插战法似乎没起作用，但是后来有效果了。我射中了两架零式战斗机，使它们燃烧起来。另外一架从我的僚机旁边飞过，转到了右侧，然后绕了回来。我们继续穿插，最后我从正面击中了它。"[54]

第 3 战斗机中队的飞行员汤姆·奇克回忆说他对零式战斗机的

---

*　追击防御（beam defense），国内资料未见相关译法。Beam 在此指舰船和飞机两边与其头尾连线呈直角向外的延长线之后的空间，一般可以称作飞机的"后半球"空间；因此，beam defense，就是防御身后追击的飞机的意思。——译者注

性能感到十分惊讶。当他对两架零式战斗机开火时，它们做出翻滚动作，脱离了他的视线，接着爬升躲开了。"它们的爬升能力让人极为震惊，我向右翻滚转弯时，它们几秒钟内就从我的视线中消失了。……我忽然想到，在近距离空战中不能跟这种飞机纠缠，至少不能驾驶笨重的 F4F-4 跟它们缠斗。"[55]

马西的"蹂躏者"鱼雷轰炸机勇敢地飞向"飞龙号"，这是四艘航母中最近的一艘，而且是唯一在射程范围内的一艘。尽管萨奇跟零式战斗机勇敢搏斗，但是他无法把所有的零式战斗机都从第 3 鱼雷机中队旁边引走。可能有十来架零式战斗机涌向鱼雷轰炸机，一架接一架地将其击落到大海中。第 3 鱼雷机中队的鱼雷全都没有击中目标，12 架飞机中却有 10 架被击落。萨奇事后说："日本人对我们和鱼雷轰炸机的第一轮攻击配合得非常漂亮。我不得不感到佩服。执行得非常漂亮。这是他们的顶级飞行员，他们非常专业。"[56]

高空中的"企业号"俯冲轰炸机中队正在接近投弹地点。麦克拉斯基当时没有意识到这一点，但非常幸运的是，同一时间"约克城号"的第 3 轰炸机中队的 17 架 SBD 俯冲轰炸机也抵达了战场，而且是从不同的方向过来的：东边。日本舰队被对手两批俯冲轰炸机同时发现，完全没做好抵抗的准备。此时高空中没有一架零式战斗机，因为所有的零式战斗机刚才都降低高度去击退鱼雷轰炸机了。而日本的四艘航母在过去的一小时里为躲避连续的攻击不断机动，打乱了习惯的菱形编队，现在拉长成了不规则的长线，保护它们的零式战斗机因此分散开来，周边的警戒舰的防空火力也无法集中起来。[57]不管怎样，直到轰炸机呼啸着俯冲下来，日本特混舰队中才

燃烧的大洋：1941—1942，从突袭珍珠港到中途岛战役

有人注意到它们，不过为时已晚。

麦克拉斯基的分队队长通过来回转动方向舵，让机尾"摇摆"，发出信号表示准备投弹。领头的无畏式轰炸机抬高机头，降低速度，打开襟翼，然后转向一边，以 70 度角高速俯冲，同时用光学瞄准器对准所选目标的飞行甲板。此时是 10 时 20 分。来自"企业号"的轰炸机冲向"加贺号"和"赤城号"；来自"约克城号"的马克斯韦尔·F. 莱斯利少校指挥的飞机则攻击"苍龙号"。攻击"加贺号"的迪金森上尉回忆说："那是我最好的一次俯冲。回来的人也都说，这是他们最好的一次俯冲。我们从航空母舰的四面八方飞来，冲向它的左舷，间隔完美。"[58]"加贺号"正以 28 节的速度在海里疾驰，但是飞向它的炸弹数不胜数，而且是以理想的角度向下坠落。萨奇一边竭力跟零式战斗机缠斗，一边努力掩护第 3 鱼雷机中队剩下的两架飞机到安全地带，此时他瞥见"太阳冒出了一束闪光，看起来就像一道漂亮的银色瀑布，是俯冲轰炸机冲下来了……我从未见过如此精彩的俯冲轰炸"。[59]

"加贺号"飞行甲板上的船员还在为把鱼雷轰炸机打得七零八落的零式战斗机欢呼。高射炮手把炮筒都调成了水平的，为的是打退低空的袭击。航母上有个站在舷边通道上的飞行员回忆道："一位机关炮指挥官把指挥杖指向天空，大声喊着什么。我赶紧抬头，发现好几架俯冲轰炸机突然出现在云间，朝我们冲过来。"[60]好几个人大喊："敌人的俯冲轰炸机！"

第一组无畏式轰炸机朝"加贺号"的左舷舰尾冲过来，舰长冈田次作下令向右急转弯，让航母沿顺时针转向。但是"加贺号"对舵轮的反应比较慢，SBD 无畏式俯冲轰炸机稍做调整，仍然让飞行甲板处于瞄准范围内。日本船员惊恐地看着炸弹从轰炸机腹中径直朝他们落下来。前三枚险些击中，在"加贺号"的两侧溅起了巨大的水柱。但是紧接着又有四枚炸弹落下，两枚落向中部，两枚落向舰首。结果带来了一场灾难。[61] "加贺号"的小型上层建筑几乎全部被毁，大部分军官被炸死，其中包括舰长冈田次作。舰岛的窗户被炸飞，外壳脱落，内部到处都是浓烟，幸存者被迫转移到甲板上。没有人掌管舰桥，也没有人留下掌舵。前部的升降机被直接炸到，塌了下去，再也无法运行。一枚炸弹炸穿了船体中部的飞行甲板，在靠近机库的船员舱爆炸，在几秒内就炸死了几十个（甚至几百个）船员。机库甲板上的燃料罐和军火也被引爆了。前田少尉在飞行甲板下方靠近舰尾处寻找掩护。炸弹落下时，他朝船舱里的其他飞行员大喊："这里很危险，赶紧离开！"[62] 沿着梯子往上爬时，他注意到"加贺号"发生了危险的倾斜；紧接着一次爆炸把他震到甲板上，弹片刺穿了他的一条腿。

迪金森上尉投下的炸弹落在了升降机附近，他看到"甲板猛地裂开，朝四周卷起来，露出了下方一大块机库。我知道那艘航空母舰上已经很久没有飞机起飞或降落了"。[63] 萨奇一直在野猫式战斗机的座舱中观察着外面的情况，他看到"加贺号"飞行甲板上冒出了粉色和蓝色的火焰："我记得自己看到那艘航母冒出了火焰，高度差不多赶上它的长度了——真是熊熊大火，当然，还有很多浓烟。"[64]

"苍龙号"刚刚开始迎风转向，准备让零式战斗机起飞，而且大部分的船员都在观察鱼雷轰炸机进攻的方向，就在这时，瞭望员大喊说"加贺号"遭到了攻击。船员们转过头来，看见"加贺号"

　　　　　燃烧的大洋：1941—1942，从突袭珍珠港到中途岛战役

的飞行甲板在一连串的爆炸中被掀了起来，都惊呆了。空中的一朵朵云彩显然是挡住了莱斯利率领的"约克城号"的轰炸机的最后一段行动，但是现在，它们从云层的缝隙中露出来了——轰炸机彼此之间的距离相等，显然是要俯冲了。"苍龙号"的高射炮很快调整好了炮筒，紧张忙碌的射击指挥官试图布置射击方案，但是跟"加贺号"上的情况一样，他们没有足够的时间去实施这一切。"苍龙号"急速左转，但是俯冲下来的飞机也随着一起转，片刻之后，它们开始一个接一个地离开编队，大角度俯冲。

第一枚炸弹落在了右舷靠前的位置，冲击力让整个船身向左晃动。另一枚炸弹落在了船体几乎正中间的飞行甲板上，击穿了木板和钢壳，在机库甲板上爆炸了。第三枚炸弹落在了舰尾的飞行甲板上，发出刺眼的火光。甲板上很多人一下子就被炸死了，或是被炸飞了。副舰长小原尚中佐感到一股热浪袭来，不是特别疼，但是看到船员急忙拿来湿毛巾捂在他脸上，他意识到自己肯定是严重烧伤了。[65]

"苍龙号"的引擎停了下来，完全不动了。飞行甲板被炸开的口子上冒出了一股浓烟。解体的零式战斗机烧焦的残片和尸体碎块七零八落地散落在整个甲板上。幸存者透过热浪看见了这些可怕的场景。

南云忠一将军的旗舰"赤城号"差一点就被美军的俯冲轰炸机错过了。这是由于麦克拉斯基的战术出现了失误，他刚从战斗机中队转到俯冲轰炸机中队。按照作战原则，当俯冲轰炸机的两个编队到达多个目标附近时，前面的编队应该选择两个目标中较远的那个。但是麦克拉斯基带着他的编队前去攻击"加贺号"，两个中较近的

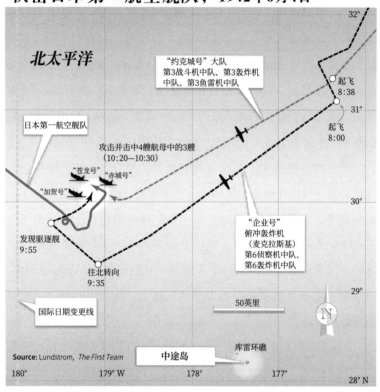

"企业号"和"约克城号"上的俯冲轰炸机伏击日本第一航空舰队，1942年6月4日

北太平洋

"约克城号"大队
第3战斗机中队、第3轰炸机
中队、第3鱼雷机中队

起飞
8:38

起飞
8:00

日本第一航空舰队

攻击并击中4艘航母中的3艘
（10:20—10:30）

"苍龙号" "赤城号"

"加贺号"

"企业号"
俯冲轰炸机
（麦克拉斯基）
第6侦察机中队、
第6轰炸机中队

发现驱逐舰
9:55

往北转向
9:35

国际日期变更线

50英里

中途岛

库雷环礁

Source: Lundstrom, *The First Team*

那个。结果，这个由 32 架飞机组成的机群几乎集中全部火力攻击"加贺号"，而忽略了"赤城号"。

第 6 轰炸机中队的队长迪克·贝斯特上尉见此情景，带领两架僚机去攻击"赤城号"。由于没有时间调整好角度攻击，他们的俯冲角度比攻击"加贺号"的飞机角度要小，所以这三架飞机面临的危险更大。他们并没有按照规定的动作，以均匀的间隔依次发动攻击，而是在整个俯冲过程中都保持着"品"字形编队。

"赤城号"甲板上的瞭望员惊恐地大喊，喇叭中传出刺耳的警报声，但是高射炮反应迟缓，而且发射出的少量炮弹也大大偏离了目标。几个自我保护意识强、警惕性高的船员赶紧趴到甲板上。舰长青木泰二郎赶紧调整航向，猛烈右转，但是这样做无非是让左舷正对着攻击者而已，攻击者做出必要的调整，便锁定了目标。第一枚炸弹紧贴着船身落入水中，激起高高的水柱，水花落下来的时候打在舰岛上，把这里的军官全身都打湿了。尽管没有命中，这枚炸弹爆炸时还是把甲板上的人都震倒了，而且其掀起的热浪足以灼伤他们的皮肤。

只有一枚炸弹命中了"赤城号"，落在飞行甲板靠近中间的位置。那很可能是贝斯特投下的 1 000 磅重的炸弹，击中了中间的升降机。如果这枚炸弹没有击中，那么整场战役的进程都可能会改变，因为那样的话日本可能会对美国航空母舰发动凶狠得多的报复。但是贝斯特投放的炸弹不仅击中了目标，而且还穿透"赤城号"的飞行甲板，到达了上层机库甲板，炸弹的破坏力大大增加，因为机库甲板上有加好燃料的攻击机、燃油管里的燃料、仓促堆放的炸弹和鱼雷，这些东西产生了二次爆炸。渊田美津雄看到"飞行甲板上出现了一个大洞，就在船体中部升降机的后边。升降机自身就像熔化了的玻璃一般弯曲变形，化为液体流到机库甲板上。钢板以奇怪的形状向上卷曲起来。飞机机尾朝上，喷射出青灰色的火焰和乌黑的浓烟"。[66]

"赤城号"机库甲板上的下山要描述了这一连串的灾难性爆炸。

"爆炸发生得太快了，"他回忆说，"机库甲板上很黑，但是很快淹没在一片火海中……我觉得我们的航母随时可能下沉。我看到一些人无法保持镇静，很快失去了自制力。他们像疯了一般想逃出去。"[67]飞行甲板上有几架零式战斗机被炸得飞了起来，落入大海。铃木宏记得，大火引爆了一些停着的零式战斗机的油箱，还点燃了飞机上的20毫米机关炮，导致它们开始射击。他回忆说："由于热度太高了，钢板上的铆钉就像子弹一样开始弹出。我有个同伴就被空中乱飞的致命铆钉击中而受伤了。"[68]第三枚炸弹差点击中"赤城号"的船尾，不过也在边上爆炸了，这次爆炸导致飞行甲板猛地向上掀起来，而且还使方向舵卡在了左舷20度的方向上，使这艘旗舰无助地在海上转起了圈子，直到完全停下来。[69]

萨奇中队的F4F飞行员汤姆·奇克为了甩开身后的零式战斗机，俯冲到了海平面上。他紧贴着浪尖水平飞行，机头正好对着航空母舰群。奇克看到"加贺号"、"赤城号"和"苍龙号"分布在发动机罩上方的地平线上，而且通过船头激起的波浪判断出它们正在全速前进。几乎就在同时，他看到"赤城号"的甲板上发出一束"明亮的橘黄色闪光"，紧接着还有激起的水柱，表明有近失弹紧贴着"赤城号"落入海里。几秒钟之后，一个"滚动的、发绿的黄色火球"像是"掀开了那艘航母内部的最深处"。他用眼睛的余光看到一系列爆炸似乎笼罩了"加贺号"的整个飞行甲板，甲板"在爆炸时随着火焰被掀起来了"。[70]在"赤城号"的右前方，"苍龙号"喷出了一股油乎乎的黑烟。他也注意到，三艘航母舰首的激波大大减少了，表明它们已经失去了推动力。

到10时26分，三艘航母都遭到了沉重的打击，都不能再让飞机起降了。第二天早上，幸存的船员不得不遗弃这三艘航母，让其残骸沉入海底。

这三艘遇袭的航母熊熊燃烧的时候，美军的航空大队迅速脱离了试图报复的零式战斗机和高射炮火。所有往回撤的飞机都在低空飞行——TBD"蹂躏者"鱼雷轰炸机刚从低空发射了鱼雷，野猫式战斗机则一直在掩护鱼雷轰炸机，而 SBD 无畏式俯冲轰炸机刚刚进行完俯冲轰炸，已拉升至海面上方几百英尺的空中。俯冲轰炸机和鱼雷轰炸机已经完成了投弹，油量也减少了，因此更轻、更快，也更容易操纵了。许多飞机从警戒舰之间穿过，安全逃脱。迪金森上尉完成对"加贺号"的俯冲轰炸并重新拉升的时候，距离海面不到100英尺。他回了一下头，发现有三架零式战斗机跟在后面。一艘驱逐舰就横在他前面，上面的高射炮开始朝他射击。高射炮弹在他的上方和下方炸开；他一会儿俯冲，一会儿爬升，躲避按着提前量开火的炮弹。飞了两三英里之后，他摆脱了零式战斗机，也飞出了高射炮的射程，这时他又回头看了一下，看见三根火柱和烟雾，标明了"赤城号"、"加贺号"和"苍龙号"的位置。

第3战斗机中队的汤姆·奇克在一场激烈的空中混战中与僚机分开了，此时他听到了无线电传来命令——"全队集合！集合！"——但是透过挡风玻璃，他没有看到中队的任何伙伴，也没有看到任何友机。事先安排的集合点位于日本特混舰队以北20英里的地方，但是那个方向上敌舰更多，而且奇克的燃料不够了，只能直线返回。他选择了一个似乎有可能带他回到"预定位置"的航向，最终，他看到了自己的航母"约克城号"。[71]

美军的航空大队分散在天上，有的单独飞行，有的组成小编队飞行。有些飞行员被射中，或是被弹片划伤，在他们的飞行服下，伤口在流血。驾驶舱内的环境越来越难以忍受。飞行员忍耐着高温，忍受着流入眼睛里的汗水，以及心理和生理上的疲惫，还有难受的飞行面罩。没有一架飞机有多出的燃油，很多飞机所剩的燃油甚至不够返程。从离开战场的那一刻起，这些美国飞行员就只有一个任务，那就是用有限的燃料储备返回航空母舰。每一位飞行员都需要根据众多变量不断修正航线，这些变量包括自己的位置、航速、航向、风向和风速，还有估算的航母的速度和航向。他要密切注视六个仪器的读数，包括燃料、时间、转数、航速、进气管压力，还有水平仪——这个设备是由一个陀螺稳定的球体和一根指针组成的。风速的计算可以说是一门艺术而不是科学——飞行员要研究下方的海面，判断风对波浪的影响，注意浪花上是否吹起了泡沫。[72]

理论上讲，美国飞机能够追踪"YE-ZB"无线电归航信标，这是各艘航空母舰发射的加密信号，飞机上的无线电通信员兼机枪手所在的舱内有个接收机可以收到。如果飞行员接收到清晰的信号，他就能沿着信号的方向直接飞回航母。但是此时许多美国飞机都是低空返回的，低于航母顶端天线的信号波束。燃料箱里的油量已经低到了危险的程度，它们不能爬升到航母天线的信号波束上方寻找归航信标，只能通过估算找到返航的路线。

迪金森上尉的燃料不够了，不能搜寻同伴，所以他驾驶着无畏式轰炸机独自往回飞。即使把燃油用到最大限度，他也基本无法到达预定位置；而且即使他能抵达舰队，他也拿不准能否有充足的燃料着舰。此时能见度极好，他一路向东飞行，看到前面很远的海上出现了船只的尾流。大约还剩 20 英里的时候，迪金森飞机燃油表上的箭头归零了，引擎"开始发出噼啪声，间歇性停转"。[73] 他开始下降。他解开降落伞，清理了一下上面的绳子，切断头盔上的无线电线，清除了可能阻碍他离开驾驶舱的所有装置。借助最后一点点燃油，他把飞机调为逆风而行，放下襟翼，落到距离浪尖只有几英尺的高度，机头朝上，最后猛地推了一下节流阀，然后停下来。飞机的螺旋桨在风的作用下转动着，让这架 SBD 无畏式俯冲轰炸机迫降在了海上。

出乎意料的是，碰撞非常猛烈，迪金森用手按住仪表盘来保护头部。几秒之后，他解开安全带，爬出了驾驶舱。他站在飞机的右翼上，拉下二氧化碳气瓶的牵索，给救生服充气。无线电通信员兼机枪手爬到了另一侧的机翼上。他们没有费心去给橡皮筏充气，因为距离舰队很近，他们觉得很快就能被救起。他们走入了大海。螺旋桨和引擎罩被引擎的重量拖进海里，湿淋淋的机尾翘起来，然后飞机就从视线里消失了，整个过程不到一分钟。一艘美军驱逐舰已经在朝他们靠近，船员们惊奇地看着他们。

奇克返航的高度是 1 500 英尺，刚好处在云层下方，他希望能看到美军特混舰队的船只。他没有尝试通过无线电跟中队的同伴联系。他找不到"约克城号"的归航信标。很长一段时间内，他能看到的只有一望无际的北太平洋。最后，他在右翼稍外看到了"灰蓝色的海面上有一道浅浅的白色条纹"。那是一艘"真正的美国造的驱逐舰"。他转向紧跟着它，高度降为 500 英尺，最终赶上了"约克城号"。他进入了着舰航线，放下起落架，第一次进场时，降落信号官亮出了许可的手势。他的尾钩没有钩住阻拦索，飞机越过防撞路障，翻了个跟头，倒在甲板上。奇克将身体抱成一团，护住头部，碰撞过程中没有受伤。船员跑过来检查状况，他大喊道："快把这个该死的东西从我身上挪开！"[74]船员们抬起飞机的尾部，奇克才得以爬出来，来到甲板上。

由于航母上的船员没有看见战斗场面，他们自然很想听归来的飞行员讲一讲都发生了什么。当飞行员从座舱里爬出来时，穿着肥大的帆布救生衣的船员围拢在飞行员身边问这问那。为了鼓舞船员们的士气，舰桥上的军官之前一直通过扬声器定期播报最新战况，船员们都高度关注这些公告。阿尔文·柯南回忆说，在战役中的某一时刻，"'企业号'上的一个情报官用粉笔在烟囱的深灰色外壳上画了一幅地图，好让甲板上的所有人都能及时了解战况，我们觉得这种传递信息的办法很有意思；不过每隔 15 分钟，烟囱垂下来的平台上的那个人都要修改舰队的位置和规模"。[75]然而真实情况是，没有一个人能准确了解战斗是如何展开的，即使是弗莱彻和斯普鲁恩斯两位将军也不例外。战场太大，太分散；同一时刻发生了太多的事情，而且能够搜集起来的那一点数据，拼起来之后可能可靠，也可能不可靠。他们都在战争迷雾中摸索着。

对于那些安全归来的飞行员来说，幸存以后的感受苦乐参半。他们失去了很多战友。在"大黄蜂号"上着舰后，费希尔少尉非常震惊地获悉，到当时为止，他是第 8 轰炸机中队唯一返回的飞行员，而这艘航母的其他战斗机和鱼雷轰炸机也下落不明。[76]（之后没多久，林和第 8 侦察机中队的大部分飞行员也安全着舰了。）第 8 轰炸机中队的另一位安全返回的飞行员罗伊·P. 吉（Roy P. Gee）少尉得知这艘航母的航空大队遭到的损失后，同样很震惊。他说："当我进入第 8 轰炸机中队的待命室时，我得知第 8 鱼雷机中队的 15 架 TBD

和第 8 战斗机中队的 10 架 F4F 都没有返回，而且所有的船员都被宣布在战斗中失踪，我简直是太震惊了。我去军官餐厅找了些吃的，平时第 8 战斗机中队和第 8 鱼雷机中队的朋友都坐在这里，而此时座椅上空无一人，我不禁怔住了。"[77] 迪金森上尉被驱逐舰救上来后，通过双筒望远镜仔细观察降落在"企业号"上的飞机，试着看到飞机上的编号，好知道同伴里有谁活下来了。在"企业号"上，战斗机率先返回，全部着舰，完好无损。不久之后，4 架鱼雷轰炸机着舰，它们身上都是弹孔，严重受损。这个中队只有这 4 架鱼雷轰炸机幸存。对于没有战斗机护航这件事，有个返回的 TBD 飞行员非常愤怒，竟然从座舱里跳出来，拔出手枪，威胁说要打死 F4F 中队的队长詹姆斯·格雷上尉。周围的人赶紧按住他，夺走他的武器。[78]

飞行员又累又饿，身上满是汗水。他们径直走向"将军的食品储藏室"，去找咖啡和三明治。他们兴奋地谈论着自己的所见所闻和所作所为。随着越来越多的飞行员来到船上，情况渐渐清晰起来：他们给了日本舰队致命的打击。"企业号"的 SBD 俯冲轰炸机中队着舰后，机组成员都欣喜若狂。飞行员们叙说刚刚的经历时，柯南越来越兴奋，他回忆说："他们跳出驾驶舱的那一刻，高兴地大喊大叫。就在片刻之前，船上的气氛还很沉郁，鱼雷轰炸机返回后，阴霾一扫而空。这些英雄身着卡其色和绿色尼龙飞行服，黄色救生衣上插着手枪和短刀。他们快速地比画着，兴奋地说如何俯冲，投下炸弹，并且亲眼看到下方的日本航母的飞行甲板在火焰中炸毁。"[79] 随着越来越多的飞机着舰，一个接一个的目击者证实了这些说法。奇克告诉中队的队长："一共有三艘航空母舰。我看见三艘航母都被炸弹击中，我想有枚鱼雷也击中了其中一艘。我离开时，三艘航母全都在猛烈地燃烧。"[80]

随着时间的推移，"大黄蜂号"的鱼雷轰炸机一架都没有出现，这艘航母上的气氛变得低沉起来。有人说沃尔德伦的中队或许已经在中途岛着陆了，但这似乎不太可能。所有人都知道"蹂躏者"鱼雷轰炸机的缺陷。但是"大黄蜂号"的战斗机又遭遇了什么？没人说得上来，而且一连好几天都没人知道。后来人们才知道，当天早上"大黄蜂号"的航空大队损失惨重。所有的鱼雷轰炸机都被击落；战斗机迷失了方向，被迫在海上紧急降落；SBD 无畏式俯冲轰炸机未能找到敌军舰队，不过大部分幸存了下来，要么在中途岛着陆了，要么安全返回了航母。总而言之，"大黄蜂号"上所有的 TBD"蹂躏者"鱼雷轰炸机都被击落，战斗机损失了 1/3，有 1/3 的俯冲轰炸机在中途岛着陆，在当天下午晚些时候返回了航母。除了沃尔德伦的第 8 鱼雷机中队里的 15 架 TBD"蹂躏者"鱼雷轰炸机之外，"大黄蜂号"上没有一架飞机与敌军交战，而全军覆没的第 8 鱼雷机中队没有一枚鱼雷击中敌军航空母舰。

在三艘遭到轰炸的日军航母的甲板下面，船员正同猛烈的大火进行殊死搏斗。即使机库甲板上没有停满加满了油、装载了炸弹和鱼雷的飞机，每艘航母上也都有其他易燃品，让大火难以熄灭。航空加油系统有一个充满燃油的管线网络，可燃性极高，这套管线把大火传遍了整艘航母。大火不仅向前后蔓延，还烧向更低层的甲板，一直烧到主储油箱。炸弹、鱼雷和其他弹药被堆放在机库甲板的架子上，甚至被随意地堆放在甲板上，其中许多都在船身内部发生了爆炸。日本海军过于重视进攻战，忽视了消防和损管的训练和准备。

舰艇内部的物品给大火提供了充足的燃烧物——木质地板和缆具、支撑用的木梁、棉质的管道绝缘材料，以及棉被。厨房和烤炉里覆盖着厚厚的油脂。机库甲板上安装着消防水带和泡沫喷射系统，但是它们都由总水管供水，而总水管很容易在爆炸或火灾中损坏。[81]

"加贺号"被4枚（也可能是5枚）炸弹击中，是三艘航母中受损最严重的。火焰的旋涡吞没了机库甲板，引爆了飞机上和储藏室里的炸弹和鱼雷。烧焦的、残缺的、扭曲的肢体散落在整个甲板上。遭到攻击时，机库甲板上的船员仅有几个幸存下来。消防主水管损坏，驱动消防泵的发电机也坏了。封闭的空间内满是烟雾，灯也灭了。主燃料管爆裂，航空汽油喷洒到火焰里，引起了一场炼狱般的烈火。一些严重烧伤的幸存者在同伴的遗体之间爬过。

"加贺号"上的火势蔓延太快，根本就无法控制。许多接受过消防训练的人已经被炸死，剩下的也受伤严重，无法有效灭火。森永隆吉（Takayoshi Morinaga）大尉是中岛鱼雷轰炸机的飞行员，他回忆道，他和其他的幸存者还曾英勇地用传递水桶的老办法控制火势，但是"水蒸发得很快，不起任何作用"。[82]攻击发生两三分钟后，机库甲板上的弹药被引爆，翻滚的火球和蘑菇云升到航母上方几千英尺的高度。两舷因爆炸而裂开，产生一股往外的力道，把尸体、碎片和飞机的零部件都抛入了大海。另一名中岛鱼雷轰炸机飞行员吉野治男少尉说："数不清的爆炸一次又一次地猛烈晃动着'加贺号'。我恢复意识之后，再次环顾四周，片刻之前还在这里的人全都消失了。"[83]

"苍龙号"上的状况跟"加贺号"很相似。三枚炸弹穿透了机库甲板，机库甲板上的船员大都毙命，燃料和弹药的二次爆炸也很快就不受控制了。不知是偶然还是运气，这三枚炸弹各自击中了机库甲板的三个单独的舱室，把整个机库甲板都破坏了。在航母下方很深的轮机舱里，船员们听到了上方巨大的爆炸声，意识到他们与露天甲板之间已经是一片火海，他们出不去了。长沼道太郎（Michitaro Naganuma）大尉回忆说，爆炸使得上方的甲板向下弯曲，炽热的火舌从通风管道里喷出来。温度迅速攀升，能够呼吸的空气突然减少。[84] 遇袭后不到 15 分钟，"苍龙号"上的军官就断定这艘航母基本没救了，柳本柳作舰长下令弃船。[85] 很多船员都预计到了会有这道命令——或者说，在还没有收到命令的时候，船员就弃船了。由于无法忍受火焰的温度，船员们从甲板上跳向大海。还有一些人是被爆炸的冲击波直接炸到海里的。

"赤城号"只遭到了一枚炸弹的直接攻击，所以起初看起来不像其他的两艘航母那样损坏严重。但是这枚炸弹引发了机库甲板上一系列威力强大的二次爆炸，它便在劫难逃了。火势迅速蔓延，消防队根本无法控制，被逼后退。大火切断了总水管，也破坏了水泵的电力系统。[86] 青木舰长下令往弹药库里灌水，但是水无法流入舰尾的弹药库，可能是因为近失弹把阀门炸坏了。大火开始向下蔓延，进入下层的机库甲板，那里有更多的燃料，加剧了火势。船员只能用手泵压水。没有足够的水扑灭火焰。渊田回忆说："戴着防毒面具的消防队携带着笨重的设备，勇敢地与火焰战斗。但是上方的每次爆炸都会波及下层甲板，造成人员伤亡，阻碍消防队的救援。一组战友倒下后，另一组会冲上去继续战斗，但是他们又会被另一场爆炸炸死。"[87] 九九式轰炸机飞行员古田清人中尉回忆说船上的发电机坏了，"我们的消防泵不起作用，而且即使能用，也不可能扑灭这场大火。因此我们放弃了灭火的想法"。[88]

很显然，"赤城号"不能再作为南云忠一的旗舰了。飞行甲板上的大火有烧毁舰岛的危险。南云忠一不愿意离开，他坚持认为"还不到离开的时候"。但是南云忠一的参谋长草鹿龙之介少将强烈建议他把司令旗转移到轻型巡洋舰"长良号"上："将军，我们的大部分船只仍完好无损。你必须指挥它们。"青木舰长补充道："将军，我会照看好这艘船的。我们都请求你把司令旗转移到'长良号'上，继续指挥舰队。"[89]南云忠一含泪同意了。舰桥里充满了烟雾，下半部已经燃起了大火。唯一的逃生路线是从舰桥前面的窗户顺着绳索降到甲板上。南云忠一和草鹿龙之介就是这样下去的。10时46分，两名将军又沿着绳梯从锚机甲板进入等候室，等着被护送到"长良号"上。[90]

在第二航空战队的旗舰"飞龙号"的舰桥上，山口多闻及其参谋惊恐地看着三艘燃烧的航空母舰，感到难以置信。第二航空战队的另一艘航母"苍龙号"就在附近，它在毁灭之前的痛苦挣扎历历在目。目击者把它比作"一个大白萝卜被劈成两半。现在都能透过它看到另一边的情景"。山口发出了一条完全无用的消息："尝试拯救你们的航母！"[91]（山口没有收到答复。在这种情形下，这本身可能就是最有说服力的答复了。）在其舰尾几英里外，第一航空战队的两艘航母也浓烟滚滚。"飞龙号"是日本第一航空舰队仅剩的能够执行飞行任务的航空母舰，现在日本海军的整个希望都寄托在它的航空大队身上。

山口多闻做出了当天上午早些时候南云忠一始终未能下决心做出的决定，他选择把手头的一切力量都用上，尽快对敌人发动攻击，不再等飞机装好弹药，也不去管弹药类型是否均衡。让飞机赶快升空，既是一种防守措施，也是攻击措施——"飞龙号"姊妹舰的命运很好地诠释了，如果着舰的飞机加满了燃料，挂满了弹药，未能起飞就遭到袭击，会有多么惨痛的下场。他的航母有18架九九式俯冲轰炸机（"瓦尔"），已经加满油，装好了武器，他命令这些飞机立即升空。"飞龙号"上的中岛九七式鱼雷轰炸机准备好之后，也会立即起飞。如果它们能发现并消灭美国的所有三艘航母，那么袭击中途岛的行动还有可能继续。哪怕只消灭两艘，如果"赤城号"能从火灾中抢救过来，这场战役也能打成平局。从另一方面来说，日军已经有三个飞行甲板着火了，因此"飞龙号"的航空大队安全返航变得倍加重要。山口告诫飞行员不要无谓地冒险，要尽最大努力把飞机带回航母。

快到11点时，18架"瓦尔"和6架零式战斗机起飞并开始爬升。此次攻击由小林道雄大尉指挥，飞机一直在云层下飞行，确保一直能看到大海。此时他们距美国的航母不到100英里。他们出发后不久，"筑摩号"上的5号水上飞机报告说："敌军位于70度方位，离我们的舰队约90英里。"[92]小林略微向南调整了一下航向。一些飞行员发现低空有一队俯冲轰炸机，这是查尔斯·韦尔（Charles Ware）上尉指挥的"企业号"机群。6架零式战斗机离开编队，俯冲去攻击这些轰炸机。韦尔指挥的无畏式轰炸机表现得很好，一边保持密集队形，一边向零式战斗机开火反击，击伤了其中的两架。（这两架零式战斗机都返回了"飞龙号"，不过其中一架迫降在海上。）这次交火削弱了小林的攻击力量，使其损失了1/3的护航战斗机。

　　　　　　　燃烧的大洋：1941—1942，从突袭珍珠港到中途岛战役

第 17 特混舰队的雷达探测到了来袭的日军飞机，距离为 32 英里，方位 255 度。"约克城号"上的雷达还探测出敌机正在爬升，这样似乎可以确认是敌军的俯冲轰炸机。"约克城号"上的战斗机指挥官奥斯卡·佩德森少校指示野猫式战斗机在"10 级"（1 万英尺）的高度进行拦截。无线电通信中传递着兴奋的声音，说的都是行话。高度以"级"为单位，1 000 英尺为 1 级。方位用"航向"或"箭头"表示。身份不明的飞机为"可疑飞机"。一旦被确认为敌机，则改称为"匪徒"。"约克城号"被称作"红色基地"。F4F 巡逻分队分别是"红"（"约克城号"上的）、"蓝"（"大黄蜂号"上的）和"深红"（"企业号"上的）。飞行员确认战斗机指挥官的指令时会说 Roger（"收到"）或 Wilco（"遵命"）。美国飞行员发现敌机时会大喊："发现目标！"从后来根据录音整理的 6 月 4 日"约克城号"战斗机通话记录中可以看出，在这场战役的早期，混乱和误报无处不在：

"红 17，从你当前位置看 265 箭头。告知收到与否。"

"红 17。遵命。"

"红 17，在你前面不远处有匪徒，密切关注。"

"红 17。收到。"

"这里是深红 17。一架可疑飞机，4 级，距离 20。"

"这里是深红 17。等一下。是友机。"

"深红 17。重新在上空巡逻，就位后回复。"

"这里是深红 17，已就位。"

"红 26，红 23。箭头 295，20 英里，5 000 英尺。确认。"

"这里是红 23。遵命。"

"这里是红 26。遵命。"

"红 26，红 23。最好升高到约 8 000，有不明身份的可疑飞机。"

"这里是红 23。遵命。"

"红 26，红 23。箭头 180。确认。"

"这里是红 23。遵命。"

"这里是红 26。重复一遍。"

"红 26，红 23。箭头 180。快一点。确认。"

"这里是红 26。遵命。"

"红 26，红 23。云层中有匪徒。快一点。"

"红 21。270。告知云层高度。"

"这里是红 21。遵命。"

"红 13 和红 11。匪徒在你们附近，注意云层上下。"

"这里是红 13。已确认是友机。"

"收到。返回战斗位置。"

"这里是红 13。遵命。"

"所有深红飞机，密切监视来自 255 的可疑机群。"

"深红 9，带领分队寻找 255 的可疑飞机。看起来是一大队。"

"这里是深红 9。收到。"

"深红 19 到 23。你们的位置在哪里？"

"深红 23。多架可疑飞机，10 级，箭头 305。快一点。"

"20 个匪徒正在从 305 接近。30 英里，一大队匪徒。"

"深红 19。关于匪徒有何情报？"

"我头顶有匪徒正在朝船前进。看起来有 18 架。"

"离船约 12 英里，255。"

"所有深红飞机，匪徒 8 英里，255，10 级。"

"匪徒方位 255，距离 8。"

"这里是深红 19。编队似乎散开了。飞机仍朝相同路线飞行。"

"好的，分开它们。"

"深红 19，准备攻击约 5 英里外的 3 架敌军轰炸机。"

"发现目标！"[93]

正午时刻，"约克城号"战斗空中巡逻的指挥官埃尔伯特·麦卡斯基中尉在 7 000—8 000 英尺的高度发现了小林的攻击队。他迎面飞向敌军编队，同时开火迫使日机紧急向左右分散，以免碰撞。后来他说："我的 6 挺 0.50 英寸机枪猛烈射击，直接从对方编队中间撕开了一道口子。我没有使用瞄准器，而是在近距离射击的。"[94]他身后的两架飞机也是边飞边开火，命中了好几下。在接下来的空战中，美军战斗机击落了 7 架敌军轰炸机，击伤 3 架。护航的零式战斗机对野猫式战斗机发动攻击，结果非常糟糕——三架坠落，只有一架美军飞机被击落。

"约克城号"上的船员在甲板上看着远处的空战，看见多架起火的飞机旋转着落入海中。每一架飞机都在海面上留下一道燃油起火的耀眼痕迹，几秒钟之后变成黑烟。但是从"约克城号"的位置看过去，无法判断哪一方占优。当高射炮弹爆炸的黑烟开始出现在迎面而来的飞机旁边时，吉米·萨奇朝第3战斗机中队的飞行员大喊："回到待命室！山姆大叔花了那么多钱才让你们来到这里！"在没有窗户的封闭待命室里，飞行员看不到空战的情况，但是通过防空火力的声音，他们能判断出敌机在接近。汤姆·奇克说："5英寸高射炮的声音，表明有攻击者接近；接下来响起的是1.1英寸火炮的砰砰声，然后是20毫米机关炮的突突声，最后是0.30英寸和0.50英寸机枪的嗒嗒声。"随着敌机越来越近，开火的频率和强度都会上升，"直到防空火力变成连续不断的隆隆声"。[95]

只有7架俯冲轰炸机穿过了美军战斗机的防线，对"约克城号"展开进攻，但这7个飞行员是日本航母的第一梯队，而且他们非常清楚自己该做什么。他们从几个不同的方向飞来，然后脱离编队，大幅度俯冲，似乎完全不受防空炮火的干扰。"约克城号"猛地向左转以躲避飞速降临的攻击者，船体向右舷方向剧烈倾斜。第一架俯冲的爱知九九式轰炸机刚投下炸弹就被高射炮击中，爆炸后裂成三块燃烧的碎片，落入"约克城号"的尾流中。但是它投下的剧烈旋转的炸弹不偏不斜地飞向目标，击中了"约克城号"舰岛后方不远处的甲板，炸死了1.1英寸高射炮炮塔上的所有人，也正是这些炮手击落了投弹的飞机。这次爆炸在飞行甲板上炸开了一个洞，在机库甲板上引发了大火。第二架飞机也被防空炮击中并解体，它投下的近失弹在舰尾后面爆炸了。第三架飞机以75度角呼啸着俯冲过来，它的炸弹也差点命中，在"约克城号"舰尾旁边溅起一束高高的水柱。

几秒钟后，第二群"品"字形编队的飞机呼啸着向右舷俯冲过来。第一架飞机的炸弹也是落在舰尾附近，差一点命中。第二架飞机投下的炸弹落在了接近航母中心的位置，这枚炸弹重 250 千克，在飞行甲板上面炸开了一个大洞。第三次也是最后一次命中的炸弹，是一架飞行角度较低的飞机投掷的，这架飞机从"约克城号"右前方飞过来，击中并炸毁了前部的升降机。机库甲板上的熊熊烈火有引燃航空汽油罐的危险，甚至有可能蔓延到弹药库，那样的话，"约克城号"将和当天早上被击中的三艘日本航母遭受一样的命运。但是"约克城号"的机库甲板比日本航母的机库甲板防火性要好得多。尤其重要的是，燃料管已经排空，充满了二氧化碳。

第一次爆炸穿透了通风设备，舰桥和舰岛上的其他地方都充斥着有毒的刺激性烟雾。弗莱彻将军和参谋人员被迫离开战斗岗位，去甲板上呼吸新鲜空气，而且弗莱彻马上就考虑转移旗舰。他说："我不能在一艘废船上指挥作战。"他把一些参谋转移到了"阿斯托里亚号"巡洋舰上。[96] 奇克和第 3 战斗机中队的其他飞行员被迫跑出待命室："我们大口喘着气，满是眼泪，在露天的飞行甲板上环顾四周，呼吸着新鲜空气。"锅炉停了，航母也随即停在海上。一大团黑烟从飞行甲板的裂口中喷涌出来。海员们有的咳嗽不止，有的在流血，有的脸上乌黑，所有人都顺着钢梯往上爬，来到露天的甲板上。舰岛后面的 1.1 英寸高射炮炮塔遭到了直接袭击，状况惨不忍睹。奇克看到"上层建筑的灰色墙面上有一些血斑"，还有"许多血淋淋的粗棉布包裹着残肢"。在舷边通道上的 20 毫米机关炮旁边，炮手的头已经被炸飞，但是他的身体仍然牢牢地系在椅子上。[97]

山本五十六的"主力"在西面约 600 英里外，跟第一航空舰队三天前经历的一样，也在浓雾中穿行。在有雾的条件下行驶，而且要保持无线电静默，就需要舰只放慢速度，并且派目光敏锐的瞭望员放哨，以防碰撞。雾号一直在响。过去几天来，山本五十六像往常一样，坚忍沉默，站在"大和号"宽敞的舰桥上，凝视着外面湿乎乎、灰蒙蒙的大海。他一直有胃溃疡，脸色苍白，恶心欲吐。

由于无线电静默，山本五十六和参谋能够了解的战况有限，但是他们一直在监听日本飞行员的无线电通信。即使看到了美国航母，"大和号"舰桥上的日本人仍然充满信心。但是在早上10时50分，信号官递给总司令一张纸条，这是警戒舰指挥官阿部弘毅少将传来的无线电讯息："受到敌人航母舰载机和陆基飞机攻击，'加贺号'、'苍龙号'和'赤城号'起火。我们计划让'飞龙号'与敌军航母开战。暂时向北撤退，重新集结部队。"一名军官回忆道，当山本五十六读到这一消息时，他"叹息"了一声，然后一言不发地把纸条递了回去。[98]他和其他军官都惊呆了，情绪一时变得"晦暗失落"。

山本将军的文书军士野田满春回忆说，军官们"感到迷茫，全都耷拉着脑袋"，面面相觑，"嘴巴紧闭。……无法言说的死寂、阴郁和恼恨没有让他们落泪"。[99]南云忠一没有发来任何消息，他那时正在把司令旗从"赤城号"上转移到一艘巡洋舰上。他死了吗？参谋人员都不愿承认这场战役已经失败，开始集体讨论对策。一些人提出的策略不切实际，另一些人则鲁莽冒进；所有人都想孤注一掷。

主力部队距离太远，无法及时提供直接的援助。此外，由于主力部队缺少空中掩护，即使援助可能也起不了作用。但是舰队把航速提高到了20节，开始全速向东行驶。"大和号"高耸的天线向日本舰队的不同作战单位发送了新的命令。远在北方负责掩护阿留申群岛登陆部队的小型航母舰队接到的命令是迅速向南行驶，加入日本第一航空舰队。运兵船奉命脱离舰队，向北行驶，离开中途岛飞机的攻击范围。掩护运输舰的水面舰艇向中途岛快速前进，轰炸这片环礁。当天晚上，主力部队和日本第一航空舰队的水面舰艇要伺机同美国航空母舰作战。

　　驱逐舰"天津风号"的舰长原为一得知三艘航空母舰被击中的消息后十分震惊。"我看到了什么消息？"他惊诧道，"我在做梦吗？我摇了摇头。不，我非常清醒！……可怕的消息不断传来，让人再也无法怀疑其准确性。"对原为一来说，没有航空母舰提供空中掩护，这次军事行动显然就无法继续了；但是没有撤退的命令，他的舰队就只能继续朝中途岛进军，不断深入这片环礁的空袭范围。"我们的长官究竟在做什么？"原为一琢磨着，"损失航母带来的哀痛突然变成了愤怒。我们会不会跟特混舰队主力一样，落入敌人圈套？该死！该死！"[100] 直到（他的钟表显示为）早上 9 时 20 分，他们才收到山本五十六的命令，要求运输舰"暂时向西北"撤退，而驱逐舰前去攻击中途岛。

　　5 架幸存的俯冲轰炸机回到了"飞龙号"上。"飞龙号"上的机库船员已经精疲力竭，他们正忙着为鱼雷轰炸机做准备，计划对美军舰队发动另一次攻击。山口将军走下舰桥，来到飞行甲板上，在飞行员登机前和他们说了几句话。到大约下午 1 点的时候，侦察报告已经确认美军有 3 艘而不是 2 艘航母，而且侦察员正确地判断出它们是"大黄蜂号"、"约克城号"和"企业号"。山口告诉他们："敌军有三艘航母，你们要知道。我军的俯冲轰炸机击中了其中一艘，因此还剩下两艘。如果能做到，就尝试炸沉一艘还未受损的航母，把它作为首要攻击对象。如果成功了，那么接下来我们就可以一对一了。"[101]

新的攻击编队从飞行甲板上起飞了：10架中岛九七式"凯特"鱼雷轰炸机以及6架零式战斗机，由当天早上指挥轰炸中途岛的友永丈市率领。友永丈市的飞机在轰炸中途岛时被击中，左翼油箱在漏油。他知道这架受损的飞机可能无法再次返回"飞龙号"，但他还是勇敢地坚持再度出击，并且拒绝了和下属交换飞机的建议。"赤城号"、"加贺号"和"苍龙号"在地平线上一字排开，清晰可见。这是打击美国航母、给"飞龙号"的三艘遭受重创的姊妹舰复仇的最后一次机会了，友永丈市带领的飞行员也都清楚，此刻日本海军的全部希望都压在了他们肩上。一架受损飞机的空勤组成员丸山大辅记得当时有一种"绝望感"。[102]

16架飞机的编队经过漫长的爬升过程，最终到达海拔13 500英尺的高度。它们不用飞很远——美国舰队距离"飞龙号"只有90英里。下午2点半，一直用双筒望远镜观察海面情况的桥本俊雄（Toshio Hashimoto）大尉发现前方海上有尾流的痕迹。通过手势信号，他给友永丈市传递了一份敌情报告，然后一个驾驶舱接一个驾驶舱地传递过去。队长向南调整航向，直接闯入敌军航母群的中心。也许是命运使然，他们撞上的是已经受损的"约克城号"，而不是"企业号"和"大黄蜂号"。它的火势已经控制住了，而且不再冒烟，所以看不出来实际的情况。它在以正常的速度航行。日本飞行员们没有发现它有任何受损的痕迹，因此认定它是未受攻击的两艘航母中的一艘。在云层下看见散布在海面上的整支美国特混舰队后，友永丈市用无线电下达命令："全军突击！"——两架鱼雷轰炸机奉命分开，联手向"约克城号"的舰首发动攻击。

　　早在日军飞机出现在视野里以前，美军航母的雷达就检测到了来袭的可疑飞机。尽管"约克城号"受到了破坏，它仍然能够作战。它的火势已经被控制住了，而且飞行甲板上的裂洞也已经补上。它仍然能实施空中作业。当友永丈市的飞机距离"约克城号"45英里时，机库甲板上的加油系统停止运作，管道里充上了二氧化碳。特混舰队上方只有6架野猫式战斗机前去拦截进犯的敌机。麦卡斯基中尉拦截了迎面而来的飞机，但是他又不得不转向，从高处俯冲下来。中岛鱼雷机挂载了800千克的鱼雷，因此飞行速度缓慢，只能压低机头进行小角度俯冲，利用高度换取速度，穿过航母周围警戒舰艇的防空火力网。它们俯冲到200英尺的高度并开始平飞的时候，速度达到了200节，几乎是美国"蹂躏者"鱼雷轰炸机速度的两倍。

　　"约克城号"上又有5架野猫式战斗机起飞加入空战。第3战斗机中队的队长吉米·萨奇少校向右转弯，让其格鲁曼飞机的机头直指友永丈市编队的第一架飞机。他按下0.50英寸机枪的开火按钮，朝友永丈市飞机的左翼进行了几轮射击，使敌机起了火。后来，萨奇说他不由得赞赏友永丈市的决心：

　　　　整个左翼都在燃烧，透过火焰我都看到了翼肋，但是那个鬼子仍然飞到足够近的地方投下了鱼雷，那颗鱼雷差点击中"约克城号"。他是个不达目的不罢休的日本鱼雷轰炸机飞行员。尽管已经被击落，他仍然继续向前，投下鱼雷。那时，整个飞机看上去都在燃烧，飞机两翼的上层都已被烧尽，只剩下了翼肋。机翼下方肯定还有翼面来支撑他，但是很明显他一直

在下坠。投下鱼雷飞机就落入水中了。他们的战术和决心都很
棒。……他们如果心意已决，那就没有什么能阻挡他们。[103]

友永丈市编队中的第二架飞机也起火了，它投下鱼雷后，试图
直接撞击"约克城号"，但是曳光弹不断击中来袭的飞机，使它在
离左舷不远的地方翻转着落到了海里。

特混舰队其他舰船甲板上的人在远处观看这场激烈的空战时，
很难看清发生了什么，也很难判断哪一方有可能取胜。天空中不断
出现高射炮弹的烟幕；飞机爆炸并从空中坠落；"约克城号"急速转
弯，先向右转，然后向左转舵，甲板倾斜得厉害。通过双筒望远镜
观望局势的罗伯特·凯西写道："高射炮不停开火，高射炮弹炸开形
成的烟幕染黑了整片天空。"[104] "波特兰号"巡洋舰上的水上飞机飞
行员弗雷德·戴尔说他感到了"一股爱国主义豪情"。他说："所有
船的桅顶都飘扬着巨大的美国国旗。舰艇劈波斩浪，高速行驶的船
只激起强烈的尾流，旗帜迎风飞舞。……此情此景，永生难忘。"[105]

第二支编队从"约克城号"左前方逼近，发射了4枚鱼雷。这
些飞机遭受了猛烈的炮火打击，既有来自野猫式战斗机的，也有来
自高射炮的。桥本大尉把高射炮弹片撞击飞机的声音比作冰雹掉落
在金属屋顶上的声音。[106] 丸山少尉后座的机组成员被击中了腿部，
而且"我们飞机的尾部看起来像个蜂巢，上面都是洞"。[107] 有一架
飞机在投下鱼雷后飞过了"约克城号"的舰首。它飞得很低，离
飞行甲板上的美国船员很近，双方都能看见彼此的眼神。机械师比
尔·苏尔吉说："我能看到驾驶舱前排的飞行员低下头。第二排的
那个家伙正拿着相机给我们这艘航母拍照。后座上的第三个人没有

　　　　　　　　　燃烧的大洋：1941—1942，从突袭珍珠港到中途岛战役

开炮。他扬起了手，这使我想起了自己读过的骑士小说。我想他是在向我们致意。"[108]

两枚鱼雷击中了"约克城号"的左舷，靠近船体中部。约瑟夫·波拉德上尉回忆道，第一枚鱼雷发出了"一声可怕的闷响，整艘船都被轰隆隆的声音笼罩，我脚下的甲板先是上升、震动，然后裂成两半……接着另一枚鱼雷也发出一声闷响，'约克城号'开始剧烈地震动，猛地向左倾斜"。[109]奇克受命隐蔽在第3战斗机中队的待命室，连续不断的爆炸两次将他震离座位。他说："尽管我只从椅子上被震起一英寸，可我感觉飞了很高。整艘船像一只被小猎狗逗弄的老鼠一样，剧烈地扭曲抖动。"第二次爆炸后，灯都灭了，舰身大幅度倾斜，待命室的椅子沿着甲板滑动，将人连同椅子一起牢牢定在左舷舱壁上，让人动弹不得。奇克说："一时间，机舱里只能听到身体的扭动声和沉重的呼吸声。而在随后的一片黑暗中，只能听见靠近出口的人试图打开舱盖时的呼喊声和咒骂声。"[110]突然，舱盖猛地被拉开，人们镇定有序地快速离开待命室。

下层船舱内，海军医护兵们正忙着医治伤员。由于灯都灭了，他们只得拿着手电筒工作；条件有限，他们无法进行救治，只能给饱受折磨的伤员盖上毯子，注射吗啡止痛，喂水，然后用绷带或止血带包扎伤口。一位军医回忆说："有人被炸掉了一只脚或一条腿，有人双脚或双腿都被炸没了；有人在死亡边缘徘徊，有人已经死去。"[111]士兵们不停地把伤员抬到包扎处和医务室，但很快这两个地方就挤满了人，于是伤员便被留在担架上，放在通道里。

这两枚鱼雷重创了"约克城号"。第一枚鱼雷落在第90根肋骨处，炸毁了三个锅炉，并摧毁了引擎。第二枚落在第75根肋骨处，

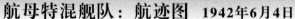

航母特混舰队：航迹图 1942年6月4日

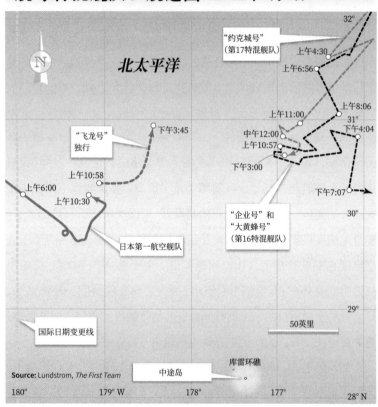

北太平洋

"约克城号"
（第17特混舰队）

上午4:30
上午6:56
上午8:06
下午4:04

上午11:00
中午12:00
上午10:57
下午3:00

下午7:07

"飞龙号"
独行

下午3:45

上午10:58

上午6:00

上午10:30

日本第一航空舰队

"企业号"和
"大黄蜂号"
（第16特混舰队）

国际日期变更线

50英里

Source: Lundstrom, *The First Team*

中途岛

库雷环礁

180° 179° W 178° 177°

32°

31°

30°

29°

28° N

炸掉了前部的发电机舱，切断了电源。船员们启动了应急柴油发电机，但是很快便短路了。没有了电，水泵不能工作，就无法通过向右舷注水来阻止船向左舷倾斜，因此船体很快就倾斜到了30度。[112]飞行甲板上的船员不得不抓着把手，以免滑入海中。"约克城号"极有可能倾覆，将几百个人一起带入海里。下午3点，巴克马斯特

燃烧的大洋：1941—1942，从突袭珍珠港到中途岛战役

舰长下令弃船。

对甲板下方的数百名"约克城号"船员来说，从损坏的航空母舰上逃离令人痛心不已。发电机已经失灵了，船上大部分地方已完全陷入黑暗，还有的地方被燃烧着的火焰照亮。甲板倾斜得如房子的屋顶一般陡峭，船员们仿佛是登山运动员，不得不寻找手脚的支撑点；但是钢铁的表面有好几处非常热，不能直接用皮肤接触，因此船员们的手上都裹着衣服或破布。黑暗中，他们走在迷宫似的舷窗和梯子间，同船水手用呼喊声指引着他们。所有人都说船员表现得非常勇敢、泰然自若，不慌不忙地一同前进。他们给医务员让路，并用金属丝网做担架把伤员运出去。登上大幅倾斜的机库甲板后，他们透过闪动的热气看清了眼前的景象——扭曲的飞机残骸焦黑一片，丧生海员血淋淋的残肢触目惊心。他们有序地排成一排，沿着打结的绳索滑到海上。他们脱下的鞋子也整整齐齐地排成一行，似乎他们还打算再回来。甲板的急剧倾斜令人紧张不安。奇克说："每隔一会儿，这艘船都会慢慢地向左晃，但至多几度；每次晃动后，船身似乎都更加倾斜了。我扫了一眼周围的人，很明显，每个人都觉得这艘船会倾覆。"[113]

有几百人需要从两舷撤离"约克城号"，但是仅有六条打结的绳索。有些人直接跳下去了。许多人跳到吊货网上，然后缓缓滚入海中。担架由绞车吊起，放入救生艇中，再送到警戒舰上。鱼雷击穿了"约克城号"的燃料罐，旁边的海面上覆盖着一层4英寸厚的船用燃油。海上的风浪把船员往回推向"约克城号"的船身。摄影助理比尔·罗伊回忆说："海浪每次溅到我的头上，石油和油气都会灼伤我的眼睛和鼻子，让我呼吸困难。我身上沾满了船用燃油。

一些船员灌了几口水和油，立即就呕吐起来，试着坚持下去。风浪使我们都紧靠着船体粗糙的一面，我们的皮肤被划破了。想从这里游开非常困难。我们都非常担心'约克城号'会倾覆，下沉，把我们都卷入海中。"[114]

为营救海里的船员，救生艇和驱逐舰都行动起来。船上的人满了之后，船后又拴上一段绳索，每隔一段距离就系上救生衣，将几十个漂着的船员拖到救援船旁边。船员们争相爬上吊货网。[115]获救的船员都湿淋淋的，疲惫不堪，被救上来后就倒在巡洋舰和驱逐舰的甲板上，每个人都得到了简单的检查。如果不需要药物治疗，他们就会得到一杯咖啡和一句命令："喝了它！"[116]一级消防员赫尔曼·A.凯利被拖上了驱逐舰"贝纳姆号"。来到甲板上后，有人递给他一瓶威士忌，吩咐他喝一大口，再传给下一个人。他回忆说，这"就是医嘱"。[117]

尽管"约克城号"遭受重创，美国至此仍占有优势。"飞龙号"的两支飞机编队袭击的都是同一个目标"约克城号"，因此"企业号"和"大黄蜂号"没有受损，完全处于正常状态。美国的鱼雷机中队在此次交战中遭受了灾难性的损失，但是俯冲轰炸机中队基本是完整的——正是这些俯冲轰炸机击毁了日本三艘航母，对第四艘航母构成了巨大的威胁。到天黑还有五个多小时。"飞龙号"完全处于攻击范围内，而且在夜幕降临前它没法逃出去，另外它已经损失了绝大部分飞机，只剩下了几架。如果它被摧毁，日本舰队里的每一架舰载机都会随之被一起摧毁，因为正如一位美国军官所说的："如果四艘航空母舰都被击毁了，日军的飞机想要找到一个降落的地方可就没那么容易了。"[118]

弗莱彻来到一艘救生艇上，驶往新的旗舰——"阿斯托里亚号"巡洋舰。在此期间，"企业号"和"大黄蜂号"在无指挥的状态下独立行动。斯普鲁恩斯将军和"大黄蜂号"的舰长马克·米彻尔正准备向"飞龙号"的甲板发动两轮攻击。"约克城号"的侦察轰炸机在下午 2 时 45 分发现了"飞龙号"，当时该航母位于美军西面110 英里远的地方。

"企业号"的飞机开始升空。25 架无畏式俯冲轰炸机由 8 架 F4F 野猫式战斗机护航。这支攻击队由第 6 侦察机中队队长加拉赫上尉领导。飞机升空后迎着风迅速爬升了 400 码，然后向左转，低空掠过警戒舰船。不到 20 分钟后，整个攻击队都已经升空。他们不必飞很远。离开"企业号"40 分钟后，在 1.9 万英尺的高度，加拉赫看到日本舰队在他们前方大约 30 英里处。

"飞龙号"剩下的飞机——4 架俯冲轰炸机、5 架鱼雷轰炸机，还有来自"苍龙号"的 1 架试验型俯冲轰炸机——正在机库中加注燃料，因此它们都成了装满燃料和弹药的火药桶，导致"飞龙号"跟当天早晨的其他日本航母一样极易被毁。日军飞行员和机组人员已经艰苦地战斗了很长时间，身体的负荷已接近极限。山口下令给飞行员提供酒和饭团，飞行员们狼吞虎咽，很快就吃了下去。

加拉赫带领机群向北绕了一大圈。透过散开的云朵，他看到三个被炸毁的日军飞行甲板仍在剧烈燃烧。最后，他发现了目标"飞龙号"。他又向西绕了一下，以便从背对太阳的方向发动攻击，让舰艇上的高射炮手不易瞄准。由于编队中有许多俯冲轰炸机，加拉赫认为不需要全体攻击"飞龙号"，就命令"约克城号"的第 3 轰炸机中队的 15 架飞机去攻击"榛名号"战列舰。"筑摩号"巡洋舰上的瞭望员下午 5 点发现有飞机接近，此时加拉赫马上就要抵达投弹点了。"飞龙号"拼命左转，迫使第一批俯冲轰炸机加大俯冲角度。天空中不断有高射炮弹爆炸，零式战斗机紧追着第一批 SBD 无畏式俯冲轰炸机，用 20 毫米机关炮击落了几架。战斗机、高射炮和航空母舰的闪避动作合在一起，让第一批俯冲轰炸机未能击中目标，炸弹直接落入海中，没有造成任何伤害。德威特·W. 沙姆韦上尉被派去攻击"榛名号"，他看到攻击"飞龙号"的行动未能奏效后，立刻决定掉头去攻击"飞龙号"。

"飞龙号"的防御很好，但是在三组轰炸机的轮番攻击下，它很快就无力应付了。4 枚 1 000 磅的炸弹落在飞行甲板前端，击穿了甲板，直达机库甲板，在下层引发了大火。前方的升降机被炸飞，在空中飞行了一段，撞上了舰岛的一侧。[119] 航母上的电源断了，飞行员待命室里到处都是烟雾，迫使里面的人来到飞行甲板上。丸山大辅感到"强烈的震动，听起来像是航母裂成了两半。这些剧烈的震动持续不停"。舰尾基本上没有受损，消防员和损管队把它作为大本营——但是总水管已经破裂，消防软管的压力降低，喷到火焰上的一点水还没起什么作用就蒸发殆尽了。"飞龙号"仍能以 30 节的速度前进，但是急速行驶产生的气流使火燃烧得更旺，而且让火向船尾蔓延。丸山说："当我在甲板上透过烟雾看到太阳时，太阳是红色的，这让我感到非常痛苦。我感觉那场景就像是武士时代，一场战役失败后，一座城堡在燃烧。"[120]

"大黄蜂号"的最后几架 SBD 无畏式俯冲轰炸机抵达战场的时间较晚，意识到"飞龙号"已被击毁，于是它们集中攻击附近的巡洋舰"筑摩号"和"利根号"。令场面更加混乱的是，斯威尼中校的 B-17 轰炸机已经添加完燃料，加挂了武器，从中途岛返回来了，它们从更高的空中朝特混舰队投下了炸弹。像往常一样，这些高空投放的炸弹并未击中敌舰，但是一些炸弹正好从 SBD 的编队中穿过，这就让海军飞行员产生了一种奇怪的感觉，仿佛有人在从上面向他们投炸弹。

只需看一眼"飞龙号"，就能知道它的飞行甲板已经彻底完蛋了，仍在空中的零式战斗机飞行员们知道，他们被困在空中了，因为几千英里之内没有他们可用的飞机场。他们不得不在空中盘旋，直到燃油耗尽，然后采取所谓的"水上迫降"。

下午 5 时 55 分，山本五十六收到了南云忠一发来的他不想听到的报告："17 时 30 分，'飞龙号'被炸弹击中起火。"[121] 日本第一航空舰队四艘航母的飞行甲板尽数被毁，但是总司令和其参谋尚未考虑撤退；实际上，他们仍然相信局势可以挽回。宇垣将军询问南云忠一的参谋："明天上午，友军部队能否使用中途岛的岸上基地？"就好像他们仍有可能入侵中途岛似的！帕歇尔和塔利写道，这种想法"证明了山本和他的参谋是多么脱离实际。……他们对不幸毫无察觉，也可能是不愿意承认真正的战况，而且他们所处的位置又太远，对正在进行的战役无能为力，山本和他的参谋显然很难了解到真实的情况。随着天色渐暗，这种趋势只会越发糟糕"。[122]

晚上 7 时 15 分，山本向指挥部传达了他乐观的看法："敌军的特混舰队已经向东撤退。其航空母舰的打击力量基本被摧毁了。"他命令手下集中火力歼灭美国太平洋舰队。南云忠一舰队的水面舰艇应重点搜索美国航母，并采取夜间行动，将其摧毁。其他舰船应攻击并占领中途岛。主力部队提速到 20 节，穿过浓雾向东疾驰，好让船上的巨炮也派上用场。[123]

渊田和奥宫估计，这道命令"乐观得如此异常，应该是联合舰队总司令故意为之，为的是防止部队士气瓦解"。[124]驱逐舰舰长原为一也是这种看法："尽管我对这场战役的局面了解有限，但我也不明白山本为何要发布这一命令。现在看起来他是试图防止军队士气瓦解，但当时我觉得他肯定是失去理智了。"[125]山本的参谋也有点焦躁，他们"神经紧张，眼中布满血丝"，[126]而且明显谁都不想第一个警告统帅，美军现在可以利用空中的绝对优势，彻底消灭日本舰队的幸存舰只。

第 8 鱼雷机中队唯一的幸存者乔治·盖伊少尉在日本特混舰队的舰船之间踩着水。只要有船过来，他就把头藏在气垫下面。他看到敌军航空母舰着火时异常兴奋。盖伊是得克萨斯人，他把"苍龙号"比作"油田大火，如果你见过油田大火的话，你也会这样类比。航母前端和尾端喷出的火焰就像喷灯一样，白色的火舌呼呼燃烧……巨大的红色火苗从黑烟中喷出，直冲天空，也不知道有多高"。被击中的航母"燃烧了一会儿后爆炸了，我就在水中喊'好哇，好哇'"。[127]

四艘航母上的消防人员还在以不同的程度坚持灭火，但是不论在哪艘航母上，大火都肆虐不停，完全失控。日军损管的设备和训练不足，无法胜任当前的任务——日本海军过于强调进攻性作战，从未重视过损管。即使消防人员能把水管铺设到火点，水压也太弱，产生不了多少效果；在某些情况下，这反而使局面变得更加糟糕，因为消防水龙喷出的水把航空燃料冲到了尚未受损的部分。此时最好用泡沫灭火剂，但是日军舰艇都没有配备。消防人员来到了下层部分，那里的通道中满是烟雾，热得就像烤炉里一样。由于没有防毒面罩，他们拿湿布捂住嘴，或是在钢板上面爬行，以靠近甲板，在稍微好一点的空气中呼吸，但他们的手和膝盖都烧伤了。但是，无论四艘航空母舰上的消防员多么英勇无畏，他们还是无法扑灭大火。他们唯一真正的希望就是硬撑下去，直到大火燃尽。只要有燃料，火灾就会持续下去；而堆满了航空燃油、船用燃油以及弹药的航空母舰根本不缺燃料。

军医尽最大的努力来救治伤员，但是由于火灾肆虐，许多地方都过不去，所以他们手头往往没有什么医疗用品。烧伤者非常多，而能给他们提供的帮助却不是很多，就连缓解他们的痛苦都做不到。有报告说，一些严重烧伤的人甚至踉跄地走入火中结束自己的生命。燃烧的油漆和其他材料释放的有毒烟雾吸入肺中，会使人患病，甚至死亡。在所有被轰炸的航空母舰上，士兵都很口渴，但很多人没有水喝。他们精疲力竭，却无法休息；饥肠辘辘，却得不到食物。火舌驱赶着他们，无情地把他们逼到甲板的边缘，逼到船身的舷边通道和防雷护体上。

在四艘航空母舰中，第一艘放弃的是"苍龙号"。上午10时45分，弃船命令下达，这距离第3轰炸机中队的毁灭性袭击只过了20分钟。几百个船员被火势驱赶到了舰首和舰尾的边缘或通道上，这些地方变得异常拥挤，船员们必须把武器举过头顶才能走动。当弃船的命令传来时，许多船员都不愿意执行，长官不得不催促他们。最后，在三声"'苍龙号'万岁"的呼喊声中，他们跳入大海。下落的距离很长，约有 35 英尺，下落过程中他们仍能感到火焰放射出的热量，还有身后伙伴的推挤。每个船员都是猛地撞进海里，脚先落水，接着被身上的救生衣拉回水面。为了避免被后面跳下来的船员砸中，他们必须尽快游开。

"加贺号"上猛烈燃烧的大火已经失去控制，幸存的船员撤到了飞行甲板的边缘。机库完全被火焰吞没了，里面很热，到处都是烟雾，连消防员也无法下去灭火。通向机库甲板的梯子横档发出亮橙色光芒，飞行甲板的钢面把行走在上面的橡胶鞋底都给熔化了。"加贺号"的飞行员吉野治男说："机库内部是鲜红色的。里面仍在不断爆炸。每次爆炸都伴随着特别明亮的火焰。"下午 1 点，"加贺号"上最后的电力供应也中断了。到下午 4 时 40 分，情况已经非常明显，无论做什么都无法拯救这艘航母了，于是天谷孝久中佐——幸存者里的高级军官——命令所有人全部跳入海中。大部分人从 30 英尺甚至更高的地方跳入一片油污的大海，紧紧抓住油浸的残骸，直到被围绕航母行驶的驱逐舰救起。[128]

"赤城号"上的状况似乎较为可控，船员拼尽全力，希望能够拯救它。正午时分，大火仍在猛烈燃烧，但是"赤城号"的引擎竟然重新启动了，于是它开始低速前进。但是由于一枚近失弹让其舵轮向右卡住了，它只能顺时针打转。损管队设法在舰首架起一台抽水机，但是水压小得可怜，几乎不起作用。到下午 1 时 50 分，引擎又失效了，"赤城号"再次停在海中。一个小时后，机库甲板上又发生了强烈的爆炸，整艘航母剧烈抖动，仿佛要被撕裂一样。古田清人中尉回忆道，"赤城号"看起来不像是死期将至，但是中部的飞行甲板一片火红。[129]船员们继续英勇灭火。但是下午 6 点，随着伤亡人数的增加，青木舰长断定无法扑灭大火，下令弃船。担架被吊起放入驱逐舰派来的小船里，为躲避高温和爆炸而撤退到舰首和舰尾的船员也借助绳索滑了下来。

当天晚上 7 点，随着夜幕逐渐降临，"企业号"和"大黄蜂号"上的人都准备休息了。他们已经让所有攻击机都降落到船上，并且开始让最后一轮执行战斗空中巡逻任务的飞机降落。此时斯普鲁恩斯给弗莱彻发了份无线电报，询问是否有进一步的指示，弗莱彻回道："没有。遵照你自己的计划行动即可。"[130] 实际上，弗莱彻等于是慷慨地将作战指挥权移交了给了下属。由于"约克城号"已弃船，第 17 特混舰队没有空袭能力，弗莱彻似乎觉得自己没有权利在一艘巡洋舰上指挥两艘航母。另外，斯普鲁恩斯可以咨询哈尔西的参谋，而这些人是美国舰队里最有经验的航空参谋。在战役中间转移作战指挥权很少见，但是这样做让弗莱彻赢得了很好的名声。

斯普鲁恩斯决定在午夜之前向东行驶，跟日本的水面舰艇保持安全的距离。到了 6 月 5 日清晨，他们会向北转，然后向西南航行，在黎明之前把自己置于中途岛的空中掩护之下。撤退的决定相对来说是保守的，因为在深夜时分，日本的战列舰和巡洋舰找到美国航空母舰的可能性微乎其微。但是斯普鲁恩斯的谨慎符合尼米兹的要求："如果没有合适的机会重创敌人，就不要让自己在敌军优势兵力面前暴露。"[131] 往东撤退能确保美国太平洋舰队在作战效果最佳的白天应战，还可以防止日本利用擅长夜战的优势攻击航空母舰。

这一决定是有争议的，即便在当时也是如此。斯普鲁恩斯是学军事史的，他完全清楚，自己可能会犯一种经常发生的典型战术错误，也就是"放弃追击"。在 6 月 4 日指挥了一场漂亮战斗的萨奇少校劝斯普鲁恩斯追击日本舰队，即使这样做意味着一整个晚上都要全速向西行驶。在"企业号"的司令舰桥上，他跟斯普鲁恩斯说："我亲眼看见三艘大型航空母舰猛烈燃烧，它们绝不可能再派出任何飞机。"斯普鲁恩斯回答道（据萨奇的描述，谈话时，这位将军脸上露出一丝微笑）："嗯，你知道咱们一艘战列舰都没有了。我们现在有的只是巡洋舰。如果追击敌人，在我们进入夜间射程之前，他们就能消灭我们。我们没有多少在夜晚发动攻击的能力。"[132]

刚刚过去的一天很漫长，斯普鲁恩斯知道自己需要睡眠，好在6月5日保持清醒。凌晨1点，他下令改变航向，向西南方行驶，航速仅定为15节，之后他便上床睡觉了。后来，他解释说："我身边都是优秀的军官，他们知道该怎么办，他们能做好的。我为什么不好好地睡一觉呢？除此之外，缺少睡眠可能会导致脑子不清醒，无法做出好的判断。所以我必须好好睡一觉。"[133]

日本的四艘航空母舰一直燃烧到晚上，不过它们都没有被鱼雷击中，吃水线以下的船身仍是完好无损的。如果对它们放任不管，它们可能不会下沉，而是一直燃烧，直到可燃物燃尽，最后只留下四个漂浮的烧焦船身。在这种情况下，它们可能会被美国军队捕获，拖到珍珠港。作为军事资产，除了废铜烂铁之外，它们可能一文不值；但是作为战利品，在新闻短片和报纸上面展现出来，却可能产生极大的宣传效果。日军不能容忍出现这种情况。另外，日军留下了几艘驱逐舰来营救幸存者，同时保护这几个还在燃烧的漂浮的炼狱，但是火焰和烟雾可能成为吸引敌军舰队和飞机的信号灯，让驱逐舰陷于极大的危险之中。此外，根据山本之前所下的命令，这些驱逐舰需要在晚上发动水面袭击。尽管这个想法令人痛苦，但是日军已经认识到现在需要炸沉受损的航空母舰。

6月4日晚上7时15分到7时30分之间，"加贺号"和"苍龙号"被日本驱逐舰发射的鱼雷击沉，不过南云忠一在战后报告中对此含糊其词，仅称它们"沉没"了。[134] 大约同一时间，"赤城号"的青木舰长给南云忠一发来电报，请求批准炸沉他原来的旗舰，但是这条消息被"大和号"监听到了，山本出面干预，拒绝了这一请求。之后青木独自返回"赤城号"，把自己捆绑在一个锚上，要跟他的船同归于尽。[135]

尽管受命搜寻美国航母并与之交战，但南云忠一还是继续向北撤退，仍在燃烧的"飞龙号"也一同撤退了。根据一艘巡洋舰上的水上飞机发来的误导性侦察报告，他相信美国有四艘功能正常的航空母舰，而且正朝西直奔他们而来。晚上9时30分，他向山本五十六如实报告了这一信息。然而在"大和号"的舰桥上，收到消息的山本既惊讶又气愤。另一些侦察报告已经正确地报告说美军正向东撤离，不过南云忠一本人并不知情。尽管南云忠一始终是根据作战计划行动的，但山本的参谋还是立即将日军损失航母的责任推到了南云忠一头上。宇垣缠认为南云忠一撤退的决定"消极透顶"，应该由"最高指挥部强硬的命令"予以纠正。[136]

山本改派近藤信竹指挥接下来的军事行动——这对南云忠一来说是终身无法洗脱的奇耻大辱。近藤接到的指令是，召集所有可用的水面舰艇，形成战线，向东追击美国航母。幸运的话，5日凌晨1点之后，他们将与敌人发生激战。南云忠一似乎完全无视这一命令，让日本第一航空舰队的残余舰只继续朝西北方行驶。

然而，此后不到两个小时，山本就开始产生疑虑。黎明越来越近，剩余舰只遭遇毁灭性空袭的可能性也越来越大。没有任何新的目击报告。他是在把舰队往陷阱里送吗？所有高级参谋在过去的二十四小时内基本上都没有睡觉，疲惫和压力已经开始影响日本最高指挥部的决策能力。没有人愿意承认战败，但是随着夜晚慢慢过去，遭受更惨重损失的风险使他们愈加焦虑。宇垣断定"在黎明之前与敌人进行夜战几乎没有可能"，并且他担心，在晨曦中继续追击会导致"天亮后局面失控"。[137] 他们已经命令栗田健男的巡洋舰在没有空中掩护的情况下炮击中途岛，但是很明显，巡洋舰在距目的地200多英里时就不得不面对中途岛上力量仍然很强大的航空力量。狩猎者将会成为猎杀对象。

　　6月5日0时15分，山本命令栗田的巡洋舰掉头，向西撤退；同时指示近藤信竹和南云忠一掉转航向，与主力部队会合。很明显，这些命令等于是宣告失败，紧接着，肯定就是全体撤回日本。但是参谋们在经历几个痛苦的阶段之后，没有勇气让自己或是相互之间承认这一点。渊田和奥宫写道："每个人心里都意识到我们失败了，然而没有一个参谋建议停止行动。相反，他们想方设法来挽回败局。他们就像渴望抓住救命稻草的溺水者一样。"[138] 渡边安次中佐建议从阿留申群岛调几艘轻型航母过来，并用巡洋舰和战列舰的水上飞机来充实空中力量。他说，如果幸运的话，他们能够减少水面交战的危险，给予美国航母足够大的打击。黑岛大佐建议把所有可用的水面舰艇都派去攻击中途岛，希望能炸毁飞机跑道，破坏岛上的防御。

　　山本和宇垣听完了这些孤注一掷的策略，但是拒绝采纳，而且

　　　　　　　　　燃烧的大洋：1941—1942，从突袭珍珠港到中途岛战役

越来越没好气。这些建议可能只会让联合舰队受到加倍的损失。军官们开始用将棋来打比方，这并不让人意外。山本责骂渡边说："你应该知道，在所有的海军战术中，向岛屿开炮是最愚蠢的。"[139] 他补充道："在下将棋的时候，耽于作战只会引起全面溃败。我们可能会失去一切。"[140] 宇垣同意这一说法，他说参谋"应该知道让舰队攻击堡垒有多么荒谬！"[141]

山本用一句简单的声明表达了撤退的决定："这场战役差不多要结束了。"[142]

渡边非常懊恼，他离开舰桥，回来时带着一份起草好的命令，要求舰队全面撤退。山本瞥了一眼，同意了这份命令。6 月 5 日凌晨 2 时 55 分，所有的指挥官都收到了一份无线电信息"DesOpOrd #161"：

（1）中途岛行动取消。

（2）主力部队将召集中途岛的进攻部队和第一航空舰队（除"飞龙号"及其护航舰），联合舰队将于 6 月 6 日早晨在北纬 33°、东经 170° 加注燃料。

（3）警戒舰、"飞龙号"及其护航舰，还有"日进号"将前往上述位置。

（4）运输大队将向西航行，离开中途岛的飞机攻击范围。[143]

"大和号"的舰桥上有一名军官涕泪交集，询问"赤城号"会怎样。它失去动力，仍在燃烧，无法被拖走，也无法靠自己的力量行进。此时，"大和号"上还没有人意识到，"加贺号"和"苍龙号"已经被击沉。对他们来说，向日本第一航空舰队的旗舰发射日本自己的鱼雷是不可想象的。黑岛大佐高呼："我们不能用天皇的鱼雷击沉天皇的战舰！"他激动的喊声让舰桥一下子沉寂下来。渡边回忆道，当时"山本手下的几乎所有参谋都哽咽了，并且屏住了呼吸"。作为"赤城号"原来的舰长，山本也不免动容，但是他没有别的选择；他平静地答道，让"赤城号"落入敌军的手中，是绝对无法接受的。他补充道："我曾经是'赤城号'的舰长，如今必须下令将它击沉，我由衷地感到遗憾。对于使用我们自己的鱼雷击沉'赤城号'，我会向天皇请罪。"[144]

凌晨 3 时 50 分，南云忠一收到命令，并将其转发给了"赤城号"附近待命的驱逐舰。鱼雷专家看到这道命令，都痛哭流涕，但是仍然执行了。四艘驱逐舰朝"赤城号"发射了鱼雷，炸碎了它的内部，与此同时，船员们大喊："'赤城号'万岁！"[145]凌晨 4 时 55 分，就在太阳刚从东方地平线上露出的时候，日本第一航空舰队原来的旗舰沉入了海中。铃木宏大尉回忆说："渐渐地，这艘雄伟的巨舰开始倾斜，然后慢慢下沉。它完全沉入海中后，水下发生了一场大爆炸，'赤城号'就这样永远地消失了。"[146]

"飞龙号"与南云忠一的剩余舰只继续一同前行。到了 4 日晚上 10 点左右，它就再也不动了。它还在剧烈燃烧，多艘驱逐舰围着它喷水，但是水龙喷到火上基本不起什么作用。午夜时分，一场巨大的爆炸使"飞龙号"猛烈晃动，机库甲板上重新燃起了火。丸山少尉说："有一半甲板完全烧毁了。因为边缘依然完好，所以整条船看起来像是一口巨大的棺材。而且，沿着飞行甲板排列的小舱室里，有一些烧焦的尸体，他们都是机枪手，是被炸弹炸死的。我周围充斥着尸体烧焦的味道。然而，最令我感到惊讶的是竖立在舰桥前方的一大堵墙。我细看时才意识到，这堵墙实际上是前部升降机的一部分。"[147]

午夜之后不久，加来止男舰长下令弃船，但整个过程是以庄重的仪式性步骤展开的。800人在航母中部集合后，山口将军向立正的官兵动情地发表了讲话。船员向西面朝日本皇宫的方向高呼三声"万岁"。随着日本国歌《君之代》响起，战旗和将旗都降了下来。接着人们开始沿绳索降到海里，"卷云号"驱逐舰会救起他们。

山口和加来决定陪"飞龙号"一起沉没。还有一些军官想加入他们，但是山口命令他们离开。他大喊："年轻人必须离开这艘船。这是命令。"[148]山口将军对加来舰长说："今晚的月亮很美。咱们就看着它沉到水里吧？"[149]其他人陆续下船时，他们摘下军帽挥手告别。"卷云号"驱逐舰向"飞龙号"发射了两枚鱼雷，接着便离开了那里。

然而，令人难以置信的是，"飞龙号"仍没有沉没。5日早上，它仍在漂浮，而且还冒出高耸的烟柱。"飞龙号"上还有几十个幸存者，其中包括轮机房的成员，他们从这艘燃烧着的航母的低层区域，一直逃到了飞行甲板上，这几乎是不可能做到的。最后，上午9点过后不久，"飞龙号"沉了下去，茫茫大海吞没了它。后来，美国人救起了用小艇逃生的34名幸存者。

山本在"大和号"舰桥上发出的悲观论断——"这场战役差不多要结束了"——表明他对无可避免的结局已经听天由命了。整支联合舰队分成了六个战术分队，每个相隔数百英里甚至数千英里，它们开始加速向西航行，紧急撤退。

由于缺乏空中掩护，逃跑的日本舰队作战单位可能会被敌机追踪并攻击，所以日方首要关注的，是如何在没有进一步损失的情况下逃脱。最易受攻击的是栗田将军第七巡洋舰战队的 4 艘巡洋舰，因为在收到山本掉转航向并逃离的命令之前，它们已经行进至距离中途岛不到 50 海里的地方。6 月 5 日凌晨 2 时 15 分，美国潜艇"坦博尔号"发现它们并开始跟踪。之后没多久，"熊野号"巡洋舰上的瞭望员也发现了美国潜艇。发现目标的情报使得日本纵队陷入了混乱。为避免鱼雷袭击，"熊野号"发出右转的信号，但是纵队里面的第三艘巡洋舰"三隈号"转向过急，撞上了队友"最上号"。

两艘船都超过 1.3 万吨，而且都以超过 25 节的航速行驶，因此撞击非常严重，后果也是灾难性的。"最上号"的舰首陷进去了，呈直角折向了左舷，一直弯到 1 号炮塔。这次碰撞使其舰身整整缩短了 40 英尺。但船上的工兵设法让它在速度大大降低的情况下还能继续航行。"三隈号"的一个燃料箱破裂，燃油泄漏，但是它受到的破坏要好处理得多。栗田留下两艘驱逐舰"荒潮号"和"朝潮号"守卫这两艘受损的巡洋舰，其他舰艇继续快速撤退。

5 日黎明，两艘受损的舰船仍旧处在中途岛的空中打击范围内。一艘 PBY 水上飞机在其上空飞过，报告说在 264 度方向发现"两艘战列舰"。这两艘巡洋舰受到了中途岛剩下的美国航空中队的猛烈空袭，攻击者包括 6 架 SBD 俯冲轰炸机、海军陆战队第 241 侦察轰炸机中队的 6 架 SB2U "守护者"飞机，以及后来赶到的陆军的 8 架 B-17。它们都没有击中目标，但是其中一架"守护者"被防空炮火击中，撞到"三隈号"上，使舰尾炮塔发生了爆炸。"三隈号"

幸存了下来，向西缓慢行进。

6月5日，第16特混舰队接近中途岛，以防日本对这片环礁发起新一轮攻击。快到中午时，斯普鲁恩斯才得到确切消息，得知日本舰队已全面撤退，而那个时候"企业号"和"大黄蜂号"正困在浓雾中，飞机暂停起降。下午3点刚过，两艘航母的飞行甲板上共有50多架SBD俯冲轰炸机起飞，对逃跑的日军掉队舰只进行远程袭击，攻击范围超过250英里。它们飞过一大片浮油的海面，这是"飞龙号"下沉的地点，此后很快又看见一艘落单的日本驱逐舰。这艘驱逐舰是只有2 000吨的"谷风号"，已经遭到来自中途岛基地的4架B-17的攻击，但是它们投放的炸弹（像往常一样）没有击中。此刻，它被四个中队的SBD无畏式俯冲轰炸机盯上了，这四个中队分别是第3轰炸机中队、第6轰炸机中队、第6侦察机中队和第5侦察机中队。"谷风号"的速度提高到30节，以"蛇舞"的模式前进——向右急转舵，向左急转舵，再向右急转舵——近失弹激起的水柱不断在其侧面升起。20岁的信号员柴田将司（Masashi Shibata）在舰桥上向外探出身子，观察前来攻击的俯冲轰炸机。他大喊着："敌军轰炸机在右！"或"敌军轰炸机在左！"舰长胜见基中佐把指令转达给舵手。[150] 近失弹炸死了好几个船员，但是"谷风号"一直没有被直接击中。日落之后，来自中途岛的另外5架B-17加入了袭击的队伍。"谷风号"总共避开了近90枚炸弹，是整场战役中闪躲技术最高超的。"企业号"和"大黄蜂号"上的SBD无畏式俯冲轰炸机开始返回，去找寻航空母舰的"YE"无线电归航信标。

6月6日，中途岛战役的第三天，也是最后一天，斯普鲁恩斯决定做最后一次尝试，全面进攻，击沉"最上号"和"三隈号"。破晓时分，18架无畏式俯冲轰炸机从第16特混舰队的航母上起飞，向西执行长途搜索任务；早上6时45分，其中一架飞机发现了两艘受损的巡洋舰和两艘护卫的驱逐舰。在斯坦诺普·林的指挥下，美国航母的飞行甲板上出动了一大批飞机。早上9时30分，它们追上了敌军四艘水面舰艇，发起了一系列猛烈的俯冲轰炸攻击。此时空中没有零式战斗机来阻挠，于是它们不慌不忙地盘旋着，精心调整俯冲角度，以小编队行动。"最上号"被两枚500磅的炸弹击中，主炮塔陷进了侦察机的机库甲板上。"三隈号"至少被击中5次，此外还遭到两枚近失弹的攻击，失去了机动能力。它燃起了大火，并被下层甲板的二次爆炸彻底摧毁。从空中往下看去，美国"蹂躏者"鱼雷轰炸机的一名无线电通信员兼机枪手把它比作"里面到处是废铁和垃圾的大浴缸"。[151]"最上号"与注定要沉没的姊妹舰分开了，最后独自返回了日本。6月6日黄昏时刻，"三隈号"沉没了，随它一同沉下去的，还有888名船员中的绝大多数人。

由于返航的路程很长，许多美国飞行员要在夜色渐浓、燃料快要耗尽的情况下摇摇晃晃地返回第16特混舰队。按照斯普鲁恩斯的命令，"企业号"和"大黄蜂号"打开探照灯，指引返航的飞机着舰。这是一个不寻常的决定，而且引起了争论。因为探照灯可能会引来敌军的潜艇。对此，斯普鲁恩斯将军以平和而克制的态度解释了自己的决定："如果要在很晚的时候出动飞机，它们便很可能在夜晚返回，若是根据战场的实际情况，指挥官不愿意采取必要措施来确保飞机安全返回，那么他就不该发动攻击。"[152]

当组成小型编队的飞机陆续返航，向下穿过厚厚的云层，进入着舰航线的时候,西方的最后一抹余晖也没入了黑暗。米尔斯少尉写道:"这一景象让我回想起夏季湖面上的风暴,暖风轻拂,乌云渐黑,闪电刺向夜空。"[153]"大黄蜂号"上的罗伊·吉少尉从来没受过夜晚着舰的训练,他怀疑自己无法安全降落。他从远处看见了航空母舰的灯光,跟随领队飞机的尾灯进入了着舰航线。罗伊·吉不慌不忙,一遍一遍地检查清单:"放下起落架,锁定,放下襟翼,伸出尾钩。"[154]飞到顺风航段时,他能看到降落信号官发光的导航棒,但是看不到降落信号官本人。最后一次转弯时,他看到了许可的手势,在第三条阻拦索处停了下来。从驾驶舱里爬出来后,他才意识到自己降落在了"企业号"上,把它误认作了"大黄蜂号"。

被舍弃的"约克城号"漂浮着燃烧了两个晚上加一个白天。弗莱彻将军和第17特混舰队的剩余作战单位已经跟着斯普鲁恩斯先向东,接着向西航行了,只留下驱逐舰"休斯号"在这艘无法行动的航母旁待命。"休斯号"舰长接到的命令是,倘若日本舰队出现在海平面上,就朝"约克城号"发射鱼雷;无论怎样,都不能让它落入敌军手中。但是弗莱彻对他以前指挥过的这艘航母仍抱有希望。只要它漂浮着,就有希望把它带回珍珠港,而且弗莱彻将军还为此调集了拖船。现在日本舰队撤退了,"约克城号"似乎确实有可能得救。

6月6日早上,巴克马斯特舰长集合了170人的救援小组,重新登上了这艘完全停电的航母。"约克城号"大幅向左倾斜,巴克马斯特带的人能够直接从摩托艇爬到机库甲板上,正常情况下,机库甲板要高出海平面25英尺。一名船员回忆道:"看到那么多双鞋子整整齐齐地排在机库甲板上，真是非常奇怪，有些鞋子上还放着香烟和火柴，甚至还有一块手表，仿佛他们很快就会回来似的。"[155]满是油污的甲板倾斜得如同陡峭的屋顶一般。由于没有电力，"约克城号"下层区域只能靠火光照亮。人们一节一节地沿梯子下行，借助手电筒的光向前探测，仿佛是在进入一个洞穴。他们朝里面大喊，但是没人回应；显然两天前弃船的时候，没有幸存者留在那里。

船员们开始动手灭火，并恢复电力供应。上层甲板能移动的东西都被堆到了一边——5英寸舰炮堆在了飞行甲板上，剩下的飞机都堆在机库甲板的顶层。驱逐舰"哈曼号"停在旁边，提供水、电力和泡沫灭火剂。按照巴克马斯特的命令，"哈曼号"用灭火水龙把水注入"约克城号"右舷的燃料箱内。渐渐地，"约克城号"的倾斜度变小了，龙骨几乎恢复为水平状态。巴克马斯特为6月4日牺牲后尸体留在甲板上、用防水布盖着的35人主持了海葬仪式。

截至下午1点钟，余火都被扑灭了。扫雷艇"绿鹊号"设法把拖绳牢牢地拴在舰首，以3节的速度牵引着"约克城号"。突然之间有了一丝希望——或许它可以完整地拖回珍珠港。几艘护航的驱逐舰在约2 000米外游弋。

但是受损的航母冒出的黑烟引来了追踪者——日本潜艇I-168，艇长是田边弥八少佐。田边凭借熟练的技术大胆接近，从警戒的驱逐舰的中间溜了进来。升起潜望镜后，他发现自己正处在对"约克城号"的正右舷进行近距离攻击的绝佳位置。下午1时36分，I-168发射了四枚鱼雷。在如此近的距离朝水面上几乎一动不动的目标开火，不太可能失手。一枚鱼雷击中了"哈曼号"；两枚鱼雷从"哈曼号"的龙骨下方通过，在倒霉的"约克城号"的船体上爆炸。

第四枚鱼雷从这两艘船的后面擦了过去。

"哈曼号"上的瞭望员发现了鱼雷的痕迹。驱逐舰上的20毫米机关炮立即响了起来，警报也响了起来，甲板上的船员赶紧切断所有与"约克城号"相连的管道、缆绳和水龙带。海军机械军士德怀特·G.德黑文当时站在"约克城号"的舰尾，他回忆道，"哈曼号"的涡轮机发出刺耳的声音，左舷的螺旋桨紧靠着"约克城号"的船身，叮当作响，每次桨叶打到船身，"都像发出钟声一样"。但是在这个距离上，根本没有时间避开来袭的鱼雷。"哈曼号"的船体中部受到攻击，100多名海员被震出甲板，落入海中；驱逐舰自身则裂成两半。前半段瞬间就沉没了。德黑文回忆道，后半段"竖了起来，船员们由于惯性仍然站在甲板上。我能够看到受损的锚爪在阳光下闪光"。[156]

似乎是命运使然，"哈曼号"上装满了深水炸弹，而且安装好了引信，它们达到设定的深度时将会引爆。海员很快反应过来，冲过去拆除引信，但是没有时间了。舰尾沉了下去，没了踪影。几秒钟以后，弹药架上的所有深水炸弹都在水中引爆，把"约克城号"上的人震离甲板。许多人的腿和脚都骨折了。被最开始的鱼雷震落到海里的船员一直在踩水。一级消防员埃尔默·琼斯回忆说："水和燃油像一面巨大的墙朝我们压过来，你刚抹去眼前的油迹，喘一口气，另一波浪又拍过来了。"通信官克拉伦斯·雷记得"当'哈曼号'下沉时，可能有一百个人浮在水面上"。这些人大多是"哈曼号"上的船员，在最初的鱼雷袭击中，他们就从驱逐舰上落到了海里。"就在那时，深水炸弹全部爆炸了。之前水面上的所有人都突然消失了，这就像是下雨时，雨刷一下子抹去挡风玻璃上的水珠一样。他们全都消失不见了。"哈曼号"的 251 名船员中有 81 人在这次行动中丧生。[157]

另外两枚鱼雷从"哈曼号"下方经过，在"约克城号"右舷的第 84 根和第 95 根肋骨处爆炸了。比尔·罗伊说，当它们撞上"约克城号"时，这艘航母"猛烈晃动。两艘舰艇之间炸起了一大片火、油、水和金属的混合物"。[158]

日本潜艇下潜到最大深度，直接从"约克城号"的下方钻了过去。复仇的美国驱逐舰追了它两天，并用深水炸弹发动猛烈的攻击，差点把它逼入绝境。它的蓄电池几乎电量耗尽，有毒的酸性气体弥漫了整艘潜艇。但它最终还是跑掉了，完好无损地回到了吴港。它发射的鱼雷是太平洋战争进行到此时为止破坏最大的鱼雷。

起初，"约克城号"似乎能够挺过新的攻击。I-168 的鱼雷击中了"约克城号"右舷，而 6 月 4 日它是左舷受到了袭击。这种自然的防倾覆注水的效果使得"约克城号"的船身恢复了平衡，但是此时已经不可能把它拖回去了。救援小组关死了所有能封闭的防水门，但是水仍在继续往里灌，"约克城号"吃水越来越深。随着傍晚来临，巴克马斯特经过慎重考虑，命令所有人撤离该舰。他们将在"绿鹃号"上度过一晚，希望第二天早晨能够返回，继续拯救这艘航母。

但是 7 日黎明，"约克城号"吃水更深了，并且重新朝左舷倾斜。渐渐地，船身彻底横倒，飞行甲板变得垂直于海面。"约克城号"上的幸存船员在其周围的驱逐舰上难过地看着这一幕。I-168 的鱼雷在其船身上撕开的两处巨大的创口暴露在船员眼前。德黑文说："我们能听到重型机械松脱的声音，它们猛地撞上舱壁，把内

燃烧的大洋：1941—1942，从突袭珍珠港到中途岛战役

部撞得四分五裂。"早上 7 点，这艘巨舰的船尾开始下沉，"舰首则慢慢地从水中升起来，有三分之一的长度露出了水面，大量的水从浸满水的舱内流出来。它来回地摇晃着，直到整个舰首立起来。它来回晃动时，看起来就像是朝人们挥手告别。我从未见过这么多大男人哭泣；我们的眼中都涌满了泪水"。[159] 有片刻的光景，舰首在海面上直立着，像是一块墓碑。接着，"约克城号"被海水淹没，缓缓沉入三英里深的海底。

巴克马斯特舰长在一艘驱逐舰上默不作声地看着这一切，让舵手将船驶过泡沫和残骸。这一切都是在默哀中完成的。[160] 接着驱逐舰排成纵队，朝珍珠港撤退了。

尾　声

　　第16特混舰队（"企业号""大黄蜂号"和为它们护航的水面舰艇）原本有可能向西追击撤退的日本舰队，但是这样做有多种风险。斯普鲁恩斯将军谨慎地把舰队撤回了威克岛陆基轰炸机的空中打击范围内。他不想冒险去面对"大和号"的18英寸巨炮，或是其他强大的日本战列舰的16英寸大炮。后来，他写道，他有"一种感觉，或许是直觉，我们的好运气已经用到头了，继续西进会对我方不利"。[1]驱逐舰已经急速航行了好几天，现在面临燃料短缺的情况。除非出现不太可能发生的戏剧性逆转，否则美方已在中途岛战役中赢得决定性胜利。6月6日，夜色降临的时候，斯普鲁恩斯决定见好就收。特混舰队掉转方向，朝瓦胡岛折回。

　　弗莱彻将军指挥的第17特混舰队的剩余舰船上塞满了幸存者，以及后来在"约克城号"和"哈曼号"上受伤的船员。这些舰艇高速朝珍珠港撤退，以免遭到日军潜艇的攻击——但是当引擎的仪表盘显示航速达到25节时，驱逐舰不断剧烈抖动，使得伤员非常痛苦。受伤最严重的是"哈曼号"的深水炸弹爆炸时处在水中的伤员。返回瓦胡岛的三天航程期间，有许多人死去，被施以海葬。在"贝纳姆号"驱逐舰上，一名受伤的海员回忆道："他们实施海葬时会鸣笛，此时每个人都要立正。给我抬担架的人把我和尸体放在了同

　　　　　　　　燃烧的大洋：1941—1942，从突袭珍珠港到中途岛战役

一排。我得跟他们说，我还活着！"医生解剖了部分尸体，"以看清他们遭的罪"，他们发现这些死者的肠子上布满了小洞，像是铅弹击穿造成的。[2]

他们已经赢得了这场战役——美军的军官和船员都明白这一点，但是他们还不知道这场胜利的意义。而且不管他们为胜利感到多么兴奋，这种情绪都被不确定性、迷失感、哀痛的心情和身心的疲惫抵消掉了一些。罗伯特·凯西在日记中写道，在未来相当长的时间里，中途岛战役的整体情况都将不为世人所知："成千上万的人目睹了这场大灾难，但是没人见过这场战役的全景。有成百上千的人带回了自己的一小部分故事——这些小故事有时能拼合起来，有时不能——这些小故事像马赛克一样，在未来某一天，通过它们，我们或许能了解中途岛战役的全貌。"[3]米尔斯少尉是第8鱼雷机中队少数几个幸存者之一（他没有分配到飞行任务），他回忆说，"大黄蜂号"的飞行员曾试着把各自的经历整合成一份连贯的报告，但是仍存在许多没人能回答的问题。"一点一点地，就像把一块块碎片嵌入拼图一般，我们打听一个又一个参与者的故事，通过谣言和传闻，了解各中队的攻击目标和他们的战果。"[4]

他们不知道中途岛和阿留申群岛上的守军怎么样了，也不知道陆军飞行员战绩如何。这场战役的整体意义是什么？哪些事件比较重要，哪些事件没那么重要？没有人能说明白。

每一艘航母的飞行员都知道，冷冰冰的统计数据显示了一个事实，他们的职业是海军之中最危险的。从飞行训练的早期阶段起，他们就反复被警告，他们可能会失去朋友和战友。但是正如一位年轻的俯冲轰炸机飞行员所说的，"无法改变的死亡结局"对任何人来说都是可怕的冲击。[5]没有尸体需要掩埋。阵亡的飞行员只是永远地消失了。他们已故的明显标志是航空母舰待命室里空荡荡的椅子。米尔斯写道："飞行员听说战友牺牲后，会有一种难以置信的感觉。没有证据表明他们牺牲了。死者只是不见了，而其他人很难接受那个人永远不会回来了。"[6]克莱顿·费希尔少尉回忆道，他进入第8鱼雷机中队的待命室后，发现"除了飞行员换上飞行服之后挂在吊钩上的制服外，待命室内空空荡荡"。[7]两位年轻的少尉——米尔斯和费希尔——被派去整理阵亡战友的私人物品，然后寄给他们的亲属。他们做这件事的时候心情沉重。米尔斯说："整理大家的私人物品时，我们看到一顶明显破旧的帽子、一张女孩子的照片、一本卷了角的祈祷书，还有塞着各种各样卡片的钱包——所有这些使我们意识到，他们的家人得有多么怀念他们。"[8]

从另一方面说，日本海军派出了强大的舰队投入这场战役，并且失去了四艘一线的航母，这是无可争辩的事实。美国的旗帜仍在中途岛上空飘扬，敌军的残余舰队则凄惨地向日本撤退。凯西说："事实证明，我们参与了一场大决战——这是有史以来规模最大的海战。而奇迹中的奇迹，就是我们能赢得这场战役。我们因为紧张不安而精疲力竭，相互咕哝着无意义的音节，喝着咖啡都能睡着，此时回味这场战争的意义，对我们来说过于兴奋了。"[9]

尼米兹在太平洋舰队总司令部的作战计划室里密切关注着战役的进展。根据莱顿的描述，作战计划室是"一个相当简陋的房间，有一幅巨大的太平洋海图铺在两个木板凳架起来的胶合板上"。[10]海图上放着一大张描图纸，一名参谋不停地用蓝色蜡笔描画着美军以及日军舰队已知的位置和踪迹。截获的零星无线电信息得以让他们了解这场战役的进展。随着战役的发展，尼米兹和参谋的心情时起时落。6月4日早上，尼米兹了解到第8鱼雷机中队全军覆灭的消息。莱顿记录说："我从未见过他那么狂躁。他看起来躁动不安，叫来通信官柯蒂斯中校，询问为什么没有得到或是侦听到任何相关消息。尽管特混舰队的指挥官必然已经知道此刻可以打破无线电静默了，但是他们似乎没有想到向尼米兹汇报战役的进展。"[11]

当天下午晚些时候，斯普鲁恩斯打破了无线电静默，报告说有四艘日本航母被击中，已经燃烧起来了。如释重负的尼米兹给所有作战单位发送了一封快信："所有参加中途岛战役的士兵都在历史上书写了辉煌的篇章。能与你们并肩作战，我深感自豪。我相信，我们再全力作战一天，定能完败敌军。"6月6日，他发表了一份官方通告，第二天这份通告就出现在美国的报纸上："现在珍珠港之仇已经部分得报。但是，直到日本海军削弱到无法再战的地步，这场复仇计划才算完成。"[12] 然后，太平洋舰队总司令说了一段话，措辞不再像往常那样一板一眼："如果我们声称在实现目标之路上已达中途，这或许不为过。"[13]

日本第一航空舰队的残余舰船向西缓慢行进，去与主力部队会合。南云忠一的司令旗现在悬挂在轻型巡洋舰"长良号"上，他告诉参谋，他想要自裁，一些人发誓跟随他。但是南云忠一的参谋长草鹿龙之介将军拒绝自杀，因为他认为自杀是懦夫的逃避行为。他跟那些要自杀谢罪的人说："你们就像一群歇斯底里的女人，先是小胜则喜，而后又因大败要自杀！对于日本和你们来说，都不是说这种话的时候。为什么不想办法把灾祸变成好事呢？"南云忠一听完了他的这番话，但是没有立即被说服，他低声回答道："你一定知道，总司令所做的事情，不可能全都是理性的。"进一步沟通之后，南云忠一终于答应了："好吧。我绝不再鲁莽行事。"[14]

水面舰艇上挤满了沉没航母的幸存者，许多人在拥挤的甲板上露天而眠。[15]"千岁号"上的良人宫里（Miyasato Yoshihito）回忆了船上阵亡士兵的海葬过程。当海军军歌《海行兮》通过扬声器响起时，所有船员立正站好。仪仗兵发射礼炮以示敬意。棺木落入大海。他回忆道："棺木很长一段时间都没有下沉，我们看着它越漂越远，在海浪里时隐时现。"[16]

每天破晓时，巡洋舰和战列舰都会派水上飞机向东侦察，但是这些飞机在空战中起不到什么作用。整支舰队完全没有战斗机的保护，如果被美国航母发现，他们就会成为敌人手到擒来的目标，每个人都知道这一点。另一方面，美国航母可能会被诱入威克岛的陆基轰炸机打击范围内，甚至是日本战列舰的巨炮之下。到了 8 日早上，很显然，美国人已经放弃了追击。宇垣说："我们别无选择，只能放弃派整支联合舰队全面反击的打算。"[17]燃料所剩不多，日军只好踏上令人沮丧的漫长回程。

联合舰队的参谋在"大和号"空荡荡的大房间里朝外凝望着大海，既震惊又沮丧。他们很少说话。说什么都没大用了。山本的文书军士野田满春回忆说，航空队军官佐佐木"胡子拉碴，双目凹陷，一脸倦容，好像觉得他个人应该对这次战败负责"。[18]山本自己也生病了，他脸色蜡黄，看起来无精打采。野田说，他大部分时间都把自己关在舱房里，有时会在罗经台旁站一小会儿，小口喝点稀饭。宇垣提到，总司令"患有胃病，舰队上的医生给他治疗后，仍旧没什么起色。在这样严峻的时刻，这也是一个令人担忧的问题"。[19]
医生诊断山本是受蛔虫困扰，需要用"驱虫药"来治疗。到了 6 月
9 日，他看起来好多了，不过军官们注意到他"恢复的时间比正常
情况下蛔虫病患者恢复的时间要长"。[20]

6 月 10 日，南云忠一的舰队与主力部队会合。山本的参谋显得
很友好。他们谁都没有责备，因为实际上所有人都意识到了战败的
最大责任在于山本。山本也承认这一点，他宣称这次战败"都是他
的责任，他们不应指责南云忠一的部队"。[21] 源田实、大西泷治郎
和草鹿龙之介看起来疲惫不堪，登上"大和号"时穿着救生裤。进
入山本的私人舱室后，草鹿龙之介说："无可否认，在犯了这样的
错误后，我们不应不知羞耻地活着回来，我们回来只是为了有一天
能做出补偿，因此我发自内心地请求您以后能再给我们一次机会。"
山本简短地回道："好吧。"[22] 宇垣试着安抚草鹿龙之介，给了他一
些礼物和金钱，并且第一次听目击者讲述四艘航母沉没的经过。当
天下午三人返回了"长良号"。[23]

自从 1941 年 12 月 7 日以来，瓦胡岛上的人一直在入侵的威
胁下生活。现在，美国太平洋舰队回到珍珠港，他们可以喘口气
了——夏威夷群岛看起来安全了，这可以说是六个月以来的第一次。
尼米兹经常去码头迎接归来的舰艇。"企业号"和"大黄蜂号"缓
缓驶入泊地后，航母上的机组人员下船住进了夏威夷皇家酒店或莫
阿纳酒店，两家酒店都位于怀基基海滩上，被征用来让军官休养与
恢复。这些军官照例整夜狂欢，但他们痛饮时心中更多的不是欢乐，
而是悲痛。一些年轻的军官为死去的朋友而喝得烂醉，痛哭流涕；

也有人打架闹事，或是破坏酒店的财物。宪兵队、海岸巡逻队和酒店侦探苦不堪言。米尔斯回忆道："按照惯例，在接下来的几个晚上，返航的飞行员会醉醺醺地挨个房间找酒喝、聊天、争论、打架、破坏家具。一些人感到非常脆弱，想找个女孩子陪伴，但是多数情况下，他们发泄情绪的方式是作恶使坏。有两个小伙子，他们本是很好的朋友，但是互相用拳头殴打对方，还都不躲闪，最后都成了黑眼圈，身上到处都是血。还有个飞行员试图把身材比他小的朋友扔到窗外去。"[24]新闻报道误把击沉日本航母的功劳算在陆军航空队身上，这惹怒了他们。当两个军种的飞行员在火奴鲁鲁相遇时，他们互相口出恶语，有时还动起了拳头。直到整场战争过后，才最终证实日本舰队所有的损失都是海军俯冲轰炸机造成的。

6月7日，在华盛顿，记者鱼贯进入海军总部会议室，金将军简短地介绍了战役的状况。这是自战争开始以来，金将军第一次举行记者招待会。他说："与敌军的损失相比，美国的损失是微不足道的。"他承认，目前还不清楚阿留申群岛的情况，这在一定程度上是由于浓雾限制了与敌军的接触。有记者问道，日本将全部海军力量都投入这场战役，该情况是否属实。"或许没有全部出动，而是出动大部分军力。他们有个行事风格，那就是不会派孩子来做成人的事。"当媒体追问他美国太平洋舰队是否会追击撤退的日军舰队时，他变得有些暴躁。他指出，日军在威克岛上驻扎着强大的陆基航空力量。"咱们国家有1.3亿业余战略家，其中无疑有很多人会支持采取后续行动，"他说，但是，"对于我们来说，急于剿灭残敌可能是不明智的。"[25]

日本4艘最好的航母和1艘重型巡洋舰被击沉，1艘巡洋舰和几艘驱逐舰受损，292 架飞机被毁，3 000 多名日本士兵丧生。美国取得了绝对的胜利，代价是"约克城号"和"哈曼号"被击沉，145 架飞机被毁，307 人在战斗中阵亡。尼米兹发现雷蒙德·斯普鲁恩斯是二战中美国最出众的海上指挥官（不过当时他已被指派上岸去当太平洋舰队总司令的参谋长）。斯普鲁恩斯依着自己的本性，根本没去屈尊回应那些针对他的批评——有些人指责他缺乏进攻性，因为他在 4 日到 5 日的晚上没有追击敌军舰队。尽管他完全能以"大黄蜂号"的航空大队表现不佳为由批评米彻尔舰长，或是批评哈尔西的参谋（尤其是他的参谋长迈尔斯·布朗宁上校），但他把这些话都忍住了。在 6 月 8 日写给弗莱彻的信中，他不吝赞美之词："如果没有你们的行动，以及'约克城号'承担的一切，我确信我们已经惨败，日军也已经占领中途岛了。照目前情况来看，我想将来某个时候一定能打败他们。"[26]

　　预先了解日军的动机后，尼米兹的应对手段非常果断。另外，他的手段也极其巧妙，可以说是完美。在进行军事部署时，尼米兹排除了其他一切干扰，把注意力集中在首要目标上：伏击并摧毁日军航母。山本的计划庞大而又复杂，而尼米兹的计划则直截了当，瞄准了敌军最薄弱的环节。他把所有能凑起来的空中力量都提供给了中途岛，驳回了当地的陆航指挥官希望在瓦胡岛保留更多飞机的请求。他把三艘航母置于南云忠一的左侧，相隔的距离既可以避免被提前侦察到，又足以发起有效的攻击。尽管他知道日军将会攻击阿留申群岛，他还是拒绝了从中途岛主战场分兵支援的请求。他愿意接受失去阿留申群岛最西端岛屿的损失，知道这些岛屿作为战争资产所能提供的价值有限，而且假以时日，可以重新夺回来。这种看法与 17 世纪著名日本剑客宫本武藏的学说是一致的。宫本武藏曾建议：“若想发动攻击，应任凭对手做无用之事，同时阻止其做有用之事。这是兵法的精髓所在。”[27]

南云忠一派出的袭击中途岛的飞机出动之前，弗莱彻和斯普鲁恩斯一直没有被侦察到；他们在南云忠一来不及做出反应时便派出了飞机，还指挥军舰躲过了日军主力舰队的巨炮。放弃“约克城号”之后，弗莱彻慷慨地把剩余美国军舰的战术指挥权移交给了斯普鲁恩斯。在对整场战役具有决定性意义的第一天过后，斯普鲁恩斯抵制住了向西追击的冲动（以及一些军官的建议），谨慎行事，这符合尼米兹“判断风险”的要求，也加大了美军的胜算。

即便如此，美国人仍然需要非常走运，才能赢下这场战役。这场战役双方势均力敌，而且很可能会朝相反的方向发展。日军巡洋舰侦察队原本可能提前一小时发现美国航母，那样的话，南云忠一就能获得宝贵的时间，在美军的俯冲轰炸机冲向日本第一航空舰队之前让日军舰载机起飞。俯冲轰炸机是美军最有力的武器，它们在合适的时间，以合适的顺序抵达了敌军上空，而当时日军的零式战斗机正处于低空，位置分散。美军另外一件幸运的事是“企业号”和“约克城号”的无畏式轰炸机虽然起飞时间不同，飞行路线不同，却几乎同时从不同方向集结在敌军舰队上方。运气（以及第 6 轰炸机中队队长迪克·贝斯特上尉的随机应变）让 SBD 俯冲轰炸机分头攻击并击中了三艘不同的日本航母，而实际上他们很容易只顾攻击其中的一两艘，而漏掉其余的。相比之下，“飞龙号”的两批舰载机攻击的都是“约克城号”，尽管“企业号”和“大黄蜂号”也在攻击范围内，结果就是，三艘美国航母中，有两艘在战役中完好无

　　　　　　　　燃烧的大洋：1941—1942，从突袭珍珠港到中途岛战役

损地幸存下来。

在斯普鲁恩斯看来，他仅仅是按照尼米兹写好的剧本出演了一个角色而已。他没有做任何了不起的事情，只是非常幸运罢了。他后来写道："6月4日早上，我们被幸运女神射中。这场战役的命运在那时便已决定。"[28] 至于他自己在行动中的角色："唯一可以归功于我自己的，就是我能敏锐地意识到发动突袭的急迫性和必要性，强烈渴望一发现敌人就全力打击其航母。"[29]

虽然中途岛战役影响重大，但是这场战役本身并不能扭转太平洋战争的形势。美国的战时动员工作正在快速推进，但要想在太平洋战区的遥远地带奏效，还需半年的时间。对于日本海军而言，四艘航母及其所有飞机的毁灭显然是极大的打击，大量训练有素的机械师和船员阵亡也是重大损失。但是在这次行动中，大多数日本飞行员幸存了下来。据某位历史学家估计，有110名日本航母飞行员在中途岛丧生——只是分派到日本第一航空舰队的飞行员的1/4左右。[30] 在战争的这一阶段，那些幸存的老兵是日本海军航空兵里最有价值的资产。

即使如此，中途岛还是使日本的矛尖变钝了。山本原本是要豪赌一把，一举打败美国海军，结果自己却大败而归。此后他再也没有集结过规模如此大的兵力，再也没有对盟国的领土发起过持续的进攻。中途岛战役证明，太平洋战争的确是一场旷日持久的消耗战，而山本告诫手下要避免的恰恰是消耗战。日本海军保留了一批技术精湛的飞行员骨干，但无法培养足够的新飞行员，以补充战斗必然会带来的减员。由于飞机、燃料和弹药短缺，经验丰富的教官太少，很明显，日本没有什么扩大飞行训练规模的途径。在1943年、1944

年和 1945 年，日本海军将通过放宽标准来加快飞行训练流程，而且是严重放宽标准，减少每名受训人员上前线服役之前的飞行小时数。上战场的日本飞行员中新人所占比例越来越高，他们甚至没有接受过实弹射击训练。余下的日本老飞行员基本没有解脱的希望，注定要一直作战到死，他们对此也心知肚明。那些老兵中有许多人会在 1942 年下半年争夺瓜达尔卡纳尔岛的漫长而艰苦的战役中丧生。

从美国的角度看，中途岛战役消除了日本袭击夏威夷和北美西海岸的风险。同样重要的是，它减轻了美国总统罗斯福身上的政治压力，使他无须再考虑将更多部队转移到太平洋地区，因此得以腾出时间来处理需要优先关注的事情，即确保苏联继续与德国作战。从这个意义上讲，中途岛战役承认并确认了"欧洲优先"这一至关重要的战略。因此，它是第二次世界大战中最重要的事件之一，不仅影响了太平洋地区的战事，而且影响了纳粹德国的命运。

罗奇福特和他的密码破译团队出色地证明了自己的价值，但是没有人觉得品尝胜利的果实是件容易事。在中途岛战役爆发的一个星期前，就在日本舰队出海的时候，日本海军为其主要作战密码 JN-25 采用了新的密码本。从"JN-25-B"到"JN-25-C"的转换，使过去半年来破解者累积的努力毁于一旦。截获的日本无线电情报再次变得无法破译。在疲惫的密码破译专家振作精神，恢复精力，将密码从头破译一遍之前，美方无法知晓日军电报的内容。贾斯珀·霍姆斯说，同事们的心情都很糟糕。"也许是太疲惫了。即使是长跑运动员，在漫长而艰难的比赛结束时，冲线之后都可以瘫倒在地，而密码破译者却要永远面对这种令人郁闷的事。……面对破解新密码这样漫长而艰巨的任务时，每个人都打心底里担心，也许我们永远不会再取得成功。"[31]

罗奇福特允许他的团队休息一阵，于是有人在戴蒙德角的一户私人住宅里组织了一场派对。"这是一场盛大而热闹的宴会，大家喝得不省人事，大喊大叫，"罗奇福特后来回忆说，"就是这样一场宴会……一场喧闹无比的宴会。"但一两天后，他们就全部回到了地下室，继续他们早已习惯的日夜不停的工作，"因为那时我们遇到了这个新版本［日本密码］，我们必须像过去那样满怀希望地解读这些新密码"。[32]

尼米兹将军断定，中途岛之战"从根本上讲是情报工作的胜利"。[33] 他提前获知了日本的作战计划，这从价值上来说或许相当于额外获得两艘航母。尼米兹知道日本军队何时出击，从哪里出击；知道攻击在哪里进行，何时进行；知道日本人会在战前派水上飞机侦察珍珠港，并部署潜艇警戒线来观察和拦截美国太平洋舰队；还知道敌方在行动之后会在何时何地集合。美军的密码破译行动取得了巨大的成功，巩固了美国海军的通信情报部门的地位。中途岛的胜利为情报部门在上级决策层中赢得了支持者，这些在无线电技术处于起步阶段时进入海军服役的将领会确保通信情报部门不再遇到资金、人力等问题，也不再受人轻视。

许多人都为破译日军的密码做出了或多或少的贡献，其中包括那些驻扎在墨尔本和华盛顿的人；但是把这些零零碎碎的东西拼合成准确图案的人，是罗奇福特。在对大量迥然不同和相互矛盾的数据进行筛选方面，罗奇福特有着罕见的天赋。作为一名在海上工作多年的海军军官，他能自如地运用自己的知识、经验以及对日本语言和文化的理解。他依靠逻辑推理，充分利用自己敏锐的直觉，提出理论并反复检验，直到确信自己是正确的。同样重要的是，即使他缺乏确凿的证据，他也知道如何说服上司（尤其是尼米兹）相信他的结论是合理的。托马斯·戴尔说过，罗奇福特的特长是"变废为宝"。早期截获的涉及中途岛的讯息，"完全能够以跟正确方式不同的角度进行解读。对日本人性格的了解……使他能猜出他们真正的意图"。[34]

虽然罗奇福特的历史成就后来才得到承认，但他终究获得了应得的认可。曾在美国海军担任潜艇艇长，后来成为历史学家的爱德华·L. 比奇在回忆录中总结道："罗奇福特中校在一个无比重要的时刻做出的贡献，比史上其他所有海军军官都要大，人们将永远因此而赞赏他。"[35] 2003 年，由退伍军人和历史学家组成的网络社区"中途岛战役圆桌会议"发起投票，请参与者提名中途岛战役中"最重要的战士"。调查结果显示，尼米兹和罗奇福特得票相同，这是合情合理的。参加过中途岛战役的老兵对罗奇福特的支持尤为突出。[36]

但是在 1942 年 6 月，除了高层人士，没有人知道日本的密码已经被破译了——即使在高层，也很少有人知道，罗奇福特在其华盛顿的上司顽固地坚持错误结论的时候，便已得出正确的结论。历史证明了罗奇福特的价值，但他也成了众矢之的。由于证明对手是错误的，他付出了职业生涯的代价。他在华盛顿的敌人——雷德曼兄弟、温格中校以及金将军的若干身份未明的参谋——显然曾经密谋争功，同时贬低夏威夷情报站在其中所起的作用。这些密谋者非常清楚，战时严格的保密政策有助于他们隐瞒自己的不当行为，所以他们不仅仅掩盖事实，而且还捏造事实。雷德曼兄弟坚称，将 6 月

3 日确定为日军攻击日期的是海军通信情报科的密码破译人员，而不是夏威夷情报站的工作人员；他们声称罗奇福特没有资格掌管夏威夷情报站，应该解除他的职务，因为他"没有在海军通信局接受过技术训练，只是学过日语而已"；[37] 他们还试图让人相信，"珍珠港没有发觉敌军进攻中途岛，好在海军部出手相救"。[38] 有人无意中把密码破译成功的消息泄露给了《芝加哥论坛报》，雷德曼兄弟恶意地暗示是罗奇福特泄露的信息。*

他们的阴谋成功了。这两兄弟很快升职，哥哥约瑟夫·雷德曼少将被授予战时优异服务勋章。罗奇福特也得到该勋章的提名，而且得到了尼米兹的强烈支持，但他的申请被拒绝了。罗奇福特被召回华盛顿，转至其他部门工作，他的才华被浪费了。托马斯·戴尔后来写道："对罗奇福特的事情我思考良久。虽然不情愿，但我不得不得出这样的结论：罗奇福特犯下了一个不可原谅的错误。对于某些心眼极小而又野心勃勃的人来说，被人指出错误是对他最大的侮辱。"[39] 贾斯珀·霍姆斯以更加诗意的语言表达了同样的观点："丧钟不是为罗奇福特个人而鸣，整支海军也有一小部分死去了。"[40]

多年后，罗奇福特从海军退役，有人请他就此事发表看法。然而他绝口不提。他说，他的努力是否应该获得勋章，这是无关紧要的："我们觉得自己已经得到了报酬，因为我们觉得自己完成了这项工作。我们原本更愿意待在船上，但这是分配给我们的工作，而且似乎也是最适合我们的工作，所以我们就尽力去做好。"当采访

---

* 事后查明，"列克星敦号"副舰长莫特·塞利格曼曾不慎向《芝加哥论坛报》记者斯坦利·约翰斯顿透露机密信息。——作者注

者不依不饶，继续追问的时候，他拒绝置评："这将是一个非常令人悲伤和失望的故事，我认为时至今日再去追究它，什么好处也没有。"被进一步逼问时，罗奇福特开始变得暴躁："这就是历史。我不会再和你讨论这件事了。"[41]

惨败的消息传到了日本。在东京的大本营，一名亲历者回忆道，参谋人员互相嘀咕："这太可怕了。这就是一场灾难。"[42] 在长崎，也就是"武藏号"的建造地，海军人员"看起来异常困惑，他们抱着胳膊，默然地站住了"。[43] 军令部向天皇报告损失了四艘航母。天皇剧烈地颤抖着，但还是强打精神站直身子。内大臣木户幸一6月8日写道："我曾以为海军航空兵的可怕损失将给天皇带来难以形容的焦虑，但是当我看到他时，他像往常一样冷静，面色没有太大的变化。他说，他告诉军令部总长，这次的损失令人遗憾，但是要特别注意，不要让海军失去斗志。他命令军令部总长保证在未来仍然大胆行动，勇于进攻。"[44]

6月10日，在联络会议上，海军军官讨论了这场战役，却避而不谈日本有多少损失。按说日本首相东条英机应该能及时获得来自前线的报告，但事实是，直到一个礼拜之后，他才了解到海军的全部损失。在掩盖事实的过程中，天皇裕仁亲自插了手。他派一名陆军将领专门监督向作战计划制订者传播真相的过程，希望将事情的影响控制在最低限度。天皇还指示将返回的伤员隔离在医院和海军基地，直到他们可以被重新分配到其他舰船上或是送往前线的战区。

与大本营后来公布的官方结果相比，日本最初的新闻战报更加言过其实，甚至有些可笑。6月6日，东京广播电台的英文广播宣

　　　　燃烧的大洋：1941—1942，从突袭珍珠港到中途岛战役

称："美国海军有 6 艘航母在一次毁灭性的攻击中被击沉，而这个国家本来就没有多少航母。我们的舰队击溃了美国舰队微弱的抵抗，轰炸了中途岛的守军，并占领了这些岛屿，而我方的损失微不足道。对珍珠港和火奴鲁鲁的袭击已经开始。火奴鲁鲁一直在坚守。"[45]

日本后续的新闻报道强调了日军对中途岛和荷兰港的空袭、日军成功占领了阿留申群岛上的两个岛屿，以及一艘日本潜艇袭击了澳大利亚的悉尼（这是在同一周发生的事件）。媒体上刊登了大幅的照片，似乎是为了佐证大获全胜的头条新闻。人们能看到基斯卡岛上升起了日本国旗，战士们立正敬礼。在从中途岛和荷兰港上空拍摄的照片中，人们可以看到仓库、飞机库和油罐正在猛烈燃烧。阿图岛上的一队战士朝相机咧嘴笑着，他们正在雪原上用雪橇运送重机枪；在旁边的照片中，他们正坐着从冰山上滑下来。他们高兴地大笑，好像在过寒假一样。[46]

大本营的发言人平出英夫大佐说："真奇怪，敌方没能阻止我方陆军和海军部队登陆并占领……他们的领土。海军作战行动已经跨越国际日期变更线，进入东太平洋地区，而占领阿留申群岛的西部，则是将剑指向了敌人的喉咙。"[47]

曾佐种次少将在《日日》一书中称，在战争的下一阶段，日本海军将进攻加利福尼亚。他写道："美国通向我国的北方攻击路线，以及其在太平洋上最重要的基地已经在最近的荷兰港战役和中途岛战役中被帝国海军粉碎，日本现在可以集中精力攻击美国本土了。由于其东海岸不断受德国和意大利军舰的威胁，而西海岸完全暴露在日本的攻击之下，因此美国现在腹背受敌。"[48]

对日本损失的报道模糊而且前后不一，引人生疑。6 月 10 日，海军省通知所有军区，官方统计的损失数据是 1 艘航母沉没，1 艘航母和 1 艘巡洋舰受损，并损失 35 架飞机。第二天，一位著名的平民海军专家在广播中说有两艘日本航母沉没了。直到 6 月 21 日，海军才公布关于日本第一航空舰队结局的官方说法。两艘航母，"加贺号"和"苍龙号"，将"择机从编制中注销"——海军等于默认这两艘航母已经没有了，但是要尽量保持低调和神秘。"赤城号"和"飞龙号"仍将在册，"但不会配备人员"——换句话说，海军承认它们已经损坏，但要保持一种假象，即它们已经安全返回日本，正在维修。"保守秘密……而且勇敢坚定地谨慎执行"，这是极其重要的。[49]

如果这些描述是为了误导美国人，那么它们可能还有符合逻辑的军事目的。（事实上，在珊瑚海战役之后，美国人也隐瞒了"列克星敦号"沉没的消息。）但是日本人也声称，美国海军失去了 1 艘旧金山级巡洋舰、1 艘潜艇，还有 150 架飞机——他们并不指望敌人相信这种断言。渊田美津雄说，美国人"立即向全世界宣布了对日本人造成的重创，准确地报出了击伤和击沉的军舰的名称。所以很明显，我们努力掩盖真相是为了保持国内的士气，而不是为了防止敌人获取有价值的情报"。[50]

日本舰队于 6 月 14 日驶入柱岛锚地，穿过被一片灰蒙蒙的雾遮蔽的丰后水道。返程船员被派往船上、基地和海外据点，在那些地方，亲历者的描述无法渗透进平民社会。许多人被封闭在基地里，也有人获得短暂的自由通行证，但被警告不要前往东京，违者将被逮捕。伤者在夜深人静时从船上被抬下去，他们的脸上盖着床单，仿佛他们是阵亡者一样，然后他们会被限制在隔离的病房内。虽然

　　　　　　　　燃烧的大洋：1941—1942，从突袭珍珠港到中途岛战役

渊田受伤不重，但是他被安置在横须贺海军基地的一个把守严密的病房里。他记录说："我的房间被安置在一个完全隔离的地方。护士和医务人员都不允许进入，我也不能与外界沟通。他们就用这样的方式，把那些在中途岛受伤的人与外界隔绝。这实际上是以治疗为幌子的监禁，我有时甚至觉得自己是一名战俘。"[51]

南云忠一和第一航空舰队幸存的高级军官在战列舰"雾岛号"上会面。他们讨论最多的是要做哪些改变——飞机要更容易操纵，飞行甲板要装上护甲，损管和消防措施要改善，在航母上空执行战斗空中巡逻任务的零式战斗机数量要增加。许多日本军官把这次战败归因于侦察机的数量不足。航空队军官源田实后来提出，对巡逻机和侦察不够重视是"战败的重要原因"。日本人"充分意识到了"侦察的重要性，但是"我们太过重视攻击部队了"。[52]近藤信竹将军同意他的说法："我们遭遇了惨败，因为我们没有发现中途岛附近有美国特混舰队存在的迹象。我们急需高速远程侦察机。非常遗憾的是，我们未能采用有效的措施，借助潜艇在舰队前方和两侧建立起护卫屏障。还有一个事实是，我们没有预先派潜艇到中途岛去获取情报。"[53]

日本剩下的两艘航母"翔鹤号"和"瑞鹤号"组成了第一航空战队。它们仍然受南云忠一的指挥。（舰队中有许多人因南云忠一在6月4日上午无比危急的几个小时内决策迟缓而责怪他，但山本拒绝让他的下属承担责任。）日本海军终于承认航母的地位高于战列舰和其他水面舰艇，不过为时已晚。最初被作为战列舰建造的船将改为新航母。

由于日本民众得到反复的保证，相信海军已经赢得另一场惊人的胜利，他们没有理由要求指挥官下台，也没有任何高级军官被撤职。山本仍然是日本公众生活中最出名和最受欢迎的人物之一。但是，对于日本的战败，他要承担最大的责任。他的计划使得舰队过度分散，因此失去了相互支援的可能性。这一作战计划违背了马汉最根本的宗旨——集中兵力，而且缺乏这样做的正当理由。因此美国太平洋舰队得以在日本舰队的其他部队提供支援之前，孤立南云忠一的航空母舰并将其歼灭。

6月10日，《纽约时报》引用了一个匿名的日本海军将领对中途岛战役结果的评论，这条评论最初发表于东京的报纸上。虽然这个将军没有透露日本损失的详情，但他暗示日本海军现在预计要在太平洋上进行一场长期的消耗战。他坚信，在这样的斗争中，日本高人一等的耐力和作战意志将压倒一切。他说："如果战争持续下去，双方都会筋疲力尽。因此，从长远来看，率先对战争和它所造成的损失感到厌烦的那一方将会失败。"[54] 两天前，《纽约时报》引用了金将军的话，他强调了美国物质优势的重要性。金说，在这场消耗战中，日本人将处于严重的劣势，因为"他们补充损耗的能力显然不能与我们相比"。[55]

这两段话简要地说明了两个对手在接下来的战争中各自的策略是什么。日本卓越的"斗志"将与美国压倒性的军工力量相对抗。

在未来三年的战争中，日本人夸耀自己独特的"大和精神"，并且相信这种精神一定能带领日本取得最终的胜利。他们认为自己是个独一无二的民族，是一个有1亿人的大家庭（比当时日本实际的人口多说了3000万）；他们都有纯正的血统，同根同源；他们是神的后裔，在天皇的仁慈指导下团结一致。官方的口号加强并传播了这种想法——"一亿人像一团火焰一样前进""思想一致，行动统一""以奢侈为敌"。[56] 在压倒一切的精神鼓舞下，日本士兵在国内和前线将忍受敌人绝对不能承受的匮乏和艰辛——他们会更加努力，吃的食物更少，但他们仍像武士般视死如归。这种新的道德标准来自传统的武士道和禅宗思想，同时也是对这些理念严重的歪曲。

正如一位评论者所说，在这种精神的鼓舞下，军工生产和美国、日本经济体的相对规模都不值一提，因为"真正的战斗力等于武器乘以斗志。如果其中一项无比强大，那你就会胜利"。[57] 这个方程推导出的必然结果是，没有什么是不可能的；每一次失败本质上都是毅力的失败。解决任何军事问题的方案都是力劝士兵、水兵和飞行员更加努力，找到克服一切困难的动力。他们必须痛恨撤退和投降。1944 年至 1945 年，随着战事吃紧，许多日本军人决心为战死而战死，"为天皇而死"——因为在战斗中死亡是一种净化仪式，喷洒自己的鲜血就像是神道教"斋戒沐浴"一样。[58]

尽管美国有强大的军工业力量，日本军国主义者仍然冷静地断言，美国缺乏必要的无形精神特质来战胜日本。这个混杂的民族处于激烈的资本主义竞争中，徒劳地信奉个人主义和民主，所以美国人很快就会厌倦战斗，想要回国。美国女性在政治上的影响力过大，埃莉诺·罗斯福的重要地位就是其体现，她们不会容忍丈夫、儿子和兄弟在战争中死亡。在战争抵达日本海岸之前，她们就会要求结束这种流血冲突。因此，日本发动的战争越猛烈，越残酷，美国的决心就会越快地消失。他们确实是这样说的。

如果这个前提是正确的，日本的"斗志"范式无疑将赢得这场战争。如果美国人民不愿意参战，其潜在的军工实力就没有多少价值了。但是自南云忠一的航空母舰袭击珍珠港的那天起，美国就必然能在任何现实的情况中占领并征服日本。美国人对"斗志"的理解与日本人截然不同，而且美国人的斗志一旦被完全激发出来，对于这项任务来说不仅足够强大，而且绰绰有余。原来当过剧作家，后来成为总统演讲稿撰稿人的舍伍德对这个话题有一段非常精辟又有争议的评论。在战后不久，他写道，美国人的集体士气"不会成为至关重要的因素。美军的士气从来都不是特别好，但也没有糟得令人惊慌。人们很少挥着国旗游行。这是美国历史上第一场人们在开火之前便普遍感到幻灭的战争。在美国看来，这是'历史上最不受欢迎的战争'；但是这也可以证明，这一次，美国人对于自己所面对的任务的可怕性质及其可怕程度有相对清醒的认识"。[59]

在这场战争中，美国人大体上是团结一致的，但民主制的美国内部依然麻烦不断。这里的党派纷争、诽谤、竞选、劳资纠纷、暴力犯罪、投机倒把、串通投标、逃票、种族骚乱、黑市交易和官僚主义的小冲突并没有突然减少。顽固的孤立主义者在战争开始后不再兴风作浪，但是他们对总统及其顾问团的恨意与珍珠港事件之前相比并未减少。国会和新闻界中有影响力的呼声仍然要求美国将主力从欧洲转向太平洋。罗斯福的反对者认为，总统应该放弃宪法赋予他的作为总司令的权力，将这种权力移交给称职的军事专家，麦克阿瑟将军或许就是个不错的选择。哥伦比亚广播公司的埃尔默·戴维斯有句著名的妙语："有一些爱国公民真诚地希望美国能赢下这场战争，同时盼着苏联失败；另一些人希望美国能够赢下这场战争，同时盼着英国失败；还有一些人希望美国能赢下这场战争，同时盼着罗斯福失败！”[60]

即使如此，美国经济还是在非常短的时间内为战争而重组了。1942年4月，美国战时生产委员会宣布，美国的军工产量已经超越了轴心国。迅速的动员工作是由一堆新成立的首字母简写的联邦机构监管的——OPA、OPM、DPC、WPB、WRB和SPAB。*仅由联邦签署定购船舶、飞机和坦克的新合同是不够的。为了一夜之间实现美国经济的军事化，人们认为有必要控制重要物资的分配，甚至禁止私营企业面向消费者市场服务。生产管理局局长威廉·克努森拒绝将稀少的原材料分给底特律的汽车装配线。他说，由于制造轮胎的橡胶不够用，国家不能再制造非军事用途的汽车。[61]工厂要么为战争制造武器，要么什么也不造。联邦政权介入私人经济在此前的美国历史中是从未出现过的，但这种努力以惊人的方式取得了成功。

在1940年和1943年之间，英国的军工产量增加了2倍，德国和苏联增加了1倍，日本增加了4倍。而在这三年的时间里，美国的军工产量增加了25倍。[62]1939年，美国的飞机产量为5 856架；到1942年，美国的飞机产量达到了25 436架。仅在1944年一年，美国就将生产96 318架飞机，超过日本在1939年至1945年间的总产量。珍珠港事件之后不久，罗斯福批准了一项提案，为1940年的海军扩建草案补充条款，以增加8艘航空母舰、24艘巡洋舰、102

---

*　这些机构分别为：物价管理局（Office of Price Administration）、生产管理局（Office of Production Management）、国防工厂公司（Defense Plant Corporation）、战时生产委员会、战争资源委员会（War Resources Board）、优先供应与分配委员会（Supply, Priorities, and Allocations Board）。——作者注

艘驱逐舰和 54 艘潜艇，排水量共计 90 万吨。1944 年，龙骨将全部铺设完毕。但即使是这样的计划，也还不够庞大。1942 年 1 月，海军事务委员会打算建立一支舰队，由 34 艘战列舰、24 艘航空母舰、12 艘战列巡洋舰、104 艘其他巡洋舰、379 艘驱逐舰和 207 艘潜艇组成。由于全国的造船厂早已在满负荷生产，所以只能铺设这么多新的龙骨。然而到 1945 年，美国海军的规模将比其他各国的海军加起来都大（按船舶数量或吨位计算）。

新招募来的人不断涌入海军新兵训练营，他们在那里要剪掉头发——"头顶上只有一英寸，两边都被剃光了"。他们被分配到两层的军营里，（有人明确地告诉他们）那里没有地板，没有楼梯，没有电梯，没有墙壁，没有床，没有浴室。（这就是海军新兵训练营，里面有的是甲板、梯子、起重机、舱壁、铺位和厕所。）他们穿着军裤，打着绑腿，戴着白色的圆帽，每天在阅兵场的柏油地面上训练并行军几个小时，"端着枪，前后走，上下爬，斜线跑，向后踢"。[63] 每天破晓，他们都会被大声的命令突然唤醒："赶紧起床，穿好袜子。"[64] 然后，他们会乘坐火车和公交车前往偏僻的乡下，如果是水手，则可能会前往西部的圣迭戈或旧金山，抑或是皮吉特湾，那里是太平洋战争的集结和转运中心。

火车不胜负荷。回忆起这段时期，艾森豪威尔将军说："如果有平板车，枪就装在平板车上；如果有敞篷货车，就装在敞篷货车上；如果没有其他运输工具，就装在货运车厢里。士兵们或是乘坐豪华的普尔曼式列车、部队的卧铺列车、长途公共汽车，或是乘坐已经放在院子里几十年的过时马车，这些交通工具都被征召来参加紧急的部队调动工作。"[65] 已经停用的 19 世纪的燃煤蒸汽机也被重新启用。一缕缕脏乎乎的黑烟掠过后面柳条外壳的客车车厢，熏黑了军人的制服。人们在车厢里打牌，抽烟，看书，朝女性吹口哨，看着乡村从眼前掠过。当火车上缺乏食物时，饥饿的人们向车门拥去，跳下车厢，来到站台上，冲入拥挤的站台商店和餐厅里哄抢。

1942 年，似乎整个美国都行动了起来——不仅是部队和水手，还有在战时寻找工作的平民。由于军人享有优先乘坐汽车和火车的权利，平民（有时是一大家子人）往往在车站蹲着，睡在长凳或地板上，等待数天或数周才能分配到座位。海军陆战队飞行员塞缪尔·海因斯写道：

> ［美国的火车站和汽车站］是战争的悲伤地，是灵魂的迷失地。所有这些远离家乡的军人，以及看上去很可怜的新穿上军装的人，还有悲伤的乡村女孩，有的怀了孕，有的抱着婴儿，他们不是在环顾四周，只是站着、等着。到处都是排队的人。不管去哪儿，都得先排队。行李袋堆积如山。打着白色绑腿、佩带着警棍的宪兵正在巡逻，他们代表着秩序，而其僵硬的姿势和笔挺的制服**就是**秩序。对于平民来说，这在战争中已经算不太糟糕的境遇了，但是由于战时国家民众的生活常常受到侵犯，所以车站挤满了人。[66]

到达加利福尼亚后，许多去往太平洋地区的军人陷入了无所事事的状态，他们必须等待登船，但他们并不介意。通往东京的道路是漫长而血腥的，无人怀疑这一点，所以他们不急着行进。南太平洋疟疾肆虐的潮湿丛林，中太平洋的微小环礁，所有那些名字陌生且鲜为人知的岛屿——埃法特岛、圣埃斯皮里图岛、马莱塔岛、瓜达尔卡纳尔岛、埃米劳岛（Emirau）、塔拉瓦环礁、马朱罗环礁、夸贾林环礁、埃尼威托克环礁（又译恩尼威托克环礁）、乌利西环礁、帕劳群岛、塞班岛、莫罗泰岛、棉兰老岛、硫黄岛、冲绳岛——他们都会很快见到。

　　"48 年在金门大桥，49 年领救济。"这种 1942 年开始流传的悲观论调揭示了太平洋战场的许多美军士兵的看法。他们以为这场战争会比实际的时间长一倍，而且他们理所当然地认为，长期的战争将会耗尽美国的财力，使美国破产。但这句话也体现了他们坚定不移的决心。不过，日本人对美国人的判断产生了致命的偏差。美国人并没有因为战争遥遥无期和归国无望而受挫。他们会继续战斗，灭敌，身亡，克服恐惧、疲劳和悲伤，直到踏上那个可憎国家的海滩。1945 年，美国不可抵挡的战争机器将在那里与不可撼动的"大和精神"相遇，那时两朵蘑菇云将升起，天皇也将决定结束侵略的恶行。

致　谢

感谢海军历史和文化遗产司令部、美国海军战争学院、罗斯福总统图书馆、国家档案馆、独立海港博物馆、沃尔夫森-佛罗里达国际大学博物馆、旧金山公共图书馆、日本亚洲历史资料中心（JACAR）、日本海上自卫队干部学校和横须贺的日本国防大学的工作人员。

特别感谢美国海军战争学院的道格拉斯·V. 史密斯（Douglas V. Smith）教授和蒂莫西·H. 杰克逊（Timothy H. Jackson）教授，以及该机构的首席档案保管员、特色馆藏保管员伊夫林·M. 切尔帕克（Evelyn M. Cherpak）。（似乎）每个星期，历史学家和研究人员可以获得的在线资源都在增加。我发现最有用的网站是 www.history.navy.mil、CombinedFleet.com 和 ibiblio.org/hyperwar。"中途岛战役圆桌会议"（www.midway42.org）是一个很好的例子，说明网站可以为退伍军人和历史学家提供虚拟的论坛，拓展历史知识的边界。"中途岛战役圆桌会议"的几个长帖讨论的内容已经收入罗纳德·拉塞尔（Ronald Russell）编的《无权取胜》（*No Right to Win*）。

感谢戴维·豪厄尔（David Howell）、肯尼思·派尔（Kenneth Pyle）、罗纳德·拉塞尔、弗洛伊德·比弗、乔纳森·帕歇尔、文森特·安德森（Vincent Anderson）、弗吉尼亚发现博物馆的乔治·埃默里（George Emery，美国海军退伍军人）、佐藤由纪夫（Yukio Sato）、古森义久、半田浩二（Koji Handa）和荒船清彦，他们审阅了一部分手稿并提供了专业的评论。拉塞尔和比弗通读了本书手稿，并提供了有益的反馈意见，从拼写错误、语法到专业的历史见解，我还根据比弗的回忆修改了一些记载。在阅读本书关于日本的章节后，荒船大使以无懈可击的英语撰写了一份长达30页且行距很密的评论，不仅反映了他对历史的深刻见解，还提起了他关于战争的童年记忆。像往常一样，本书的任何事实错误和解释错误都为作者一人之过。

在日本为我提供指导和其他宝贵帮助的人有：荒船清彦、佐藤由纪夫、香田洋二（日本海上自卫队退伍军人）、吉田正纪（Masanori Yoshida）、高久浩（Hiroshi Takaku）、石井精一、中谷良江（Yoshie Nakatani）、大冢海夫、山中邦明（Kuniaki Yamanaka）中校、阿川尚之教授以及等松春夫教授。

感谢我的制图师洛伦·多彭博格（Loren Doppenberg）为本书提供地图。感谢苏珊·布施霍恩（Susan Buschhorn）为了查找照片出处和为获得授权而做的工作。

塞缪尔·约翰逊有一句名言："只有傻子才会写作，除非为了金钱。"本着这句名言的精神，我要感谢我的经纪人埃里克·西蒙诺夫（Eric Simonoff）。

我也对诺顿的整个团队感激不尽。我的编辑斯塔林·劳伦斯（Starling Lawrence）一直鼓励我，给我建议，并带给我友谊。

注　释

序章

1　Potter, *Halsey*, p. 28.

2　TR's 1906 Annual Message to the Congress; online at www.millercenter.org/scripps/archive/ speeches.

3　Mahan, *From Sail to Steam*, pp. 278, 276.

4　Asada, *From Mahan to Pearl Harbor*, p. 8.

5　Livezey, *Mahan on Sea Power*, pp. 72, 59.

6　Beach, *The United States Navy: A 200-Year History*, p. 332.

7　Asada, *From Mahan to Pearl Harbor*, p. 3.

8　Mahan, *From Sail to Steam*, p. 303.

9　Cleary, *The Japanese Art of War*, p. 79.

10　Tribute reproduced in Taylor, *The Life of Admiral Mahan*, p. 115.

11　TR to Alfred Thayer Mahan, Washington, May 12, 1890, in Auchincloss, ed., *Theodore Roosevelt: Letters and Speeches*, pp. 45–46.

12　TR's review in *Atlantic Monthly* (October 1890), in *Works*, Vol. 14, pp. 306–16.

13　Mahan to TR, October 24, 1906, quoted in Turk, *The Ambiguous Relationship: Theodore Roosevelt and Alfred Thayer Mahan*, p. 149.

14　Speech given in Chicago, April 2, 1903, in TR, *Presidential Addresses and State Papers*, Vol. 1, pp. 265–66.

15　TR (1916), Mem. Ed. XX, 261; Nat. Ed. XVIII, 225, reproduced in *TR Cyclopedia*, p. 352.

16　TR, "Address at Mechanics' Pavilion," San Francisco, May 13, 1903; "America's Destiny on the Pacific," *New York Times*, May 14, 1903.

17　"Washington's Forgotten Maxim," Address by TR, U.S. Naval War College, June 2, 1897. *Naval Institute Proceedings* 23, p. 456.

18　TR to Cecil Spring-Rice, June 16, 1905, in Auchincloss, ed., *Theodore Roosevelt: Letters and Speeches*, pp. 391–92.

19　TR to Theodore Roosevelt, Jr., October 4, 1903, in ibid., pp. 296–99.

20　Brands, *T.R.: The Last Romantic*, p. 554.

21　TR to Charles Joseph Bonaparte, February 17, 1906, in Auchincloss, ed., *Theodore Roosevelt: Letters and Speeches*, pp. 448–49.

22　Karsten, *The Naval Aristocracy*, p. 360.

23　Ibid., p. 13.

24　TR to Secretary of the Navy, August 28, 1905, in Auchincloss, ed., *Theodore Roosevelt: Letters and Speeches*, p. 402.

25   Roosevelt, *America and the World War*, p. 167.

26   Karsten, *The Naval Aristocracy*, p. 69.

27   "Washington's Forgotten Maxim," Address by TR, U.S. Naval War College, June 2, 1897.

28   Dower, *War Without Mercy*, p. 61.

29   Edgerton, *Warriors of the Rising Sun*, p. 137.

30   *Illustrated London News*, quoted in ibid., p. 223.

31   TR to Cecil Spring-Rice, June 13, 1904, in Auchincloss, ed., *Theodore Roosevelt: Letters and Speeches*, p. 336.

32   TR, *Autobiography*, p. 378.

33   TR to Theodore Roosevelt, Jr., April 9, 1904, in *Letters to His Children*, p. 31.

34   TR's 1906 Annual Message to the Congress.

35   Asada, *From Mahan to Pearl Harbor*, pp. 13, 6.

36   Mahan, *From Sail to Steam*, pp. 233, 244.

37   Edgerton, *Warriors of the Rising Sun*, pp. 215–16.

38   Ibid., p. 219.

39   Buruma, *Inventing Japan*, p. 69.

40   Wheeler, *Dragon in the Dust*, p. 54.

41   Edgerton, *Warriors of the Rising Sun*, p. 219.

42   Bailey, *Theodore Roosevelt and the Japanese-American Crisis*, p. 14.

43   "Japanese a Menace to American Women," "Whole State Stirred by Menace of the Invasion," and "Brown Men an Evil in the Public Schools," *San Francisco Chronicle*, Feb. 27, 1905, March 1, 1905, and March 5, 1905.

44   Bailey, *Theodore Roosevelt and the Japanese-American Crisis*, p. 23.

45   Ibid., p. 17.

46   Ibid., p. 50.

47   Neu, *An Uncertain Friendship*, p. 137.

48   Bailey, *Theodore Roosevelt and the Japanese-American Crisis*, p. 54.

49   TR to Henry Cabot Lodge, May 15, 1905, in Morison, *The Letters of Theodore Roosevelt*, Vol. 4, p. 1181.

50   *Harper's Weekly*, Nov. 10, 1906, cover art by William A. Rogers. Captioned: "For Heaven's Sake Do Not Embarrass the Administration."

51   TR to Henry Cabot Lodge, June 5, 1905, quoted in Neu, *An Uncertain Friendship*, p. 24.

52   TR's 1906 Annual Message to the Congress.

53   Starr, *Embattled Dreams*, p. 44.

54   Sprout and Sprout, *The Rise of American Naval Power: 1776–1918*, p. 250.

55   Starr, *Embattled Dreams*, p. 53.

56   TR to Sir George Otto Trevelyan, Oct. 1, 1911, in *TR Cyclopedia*, p. 36.

57   TR to Taft, August 21, 1907, quoted in Neu, *An Uncertain Friendship*, p. 142.

58   TR to Henry Cabot Lodge, July 10, 1907, in *TR Cyclopedia*, p. 35.

59   Brands, *T.R.: The Last Romantic*, p. 613.

60   Ibid., pp. 636–37.

61   Zimmermann, *First Great Triumph*, p. 6.

62   Miller, *War Plan Orange*, pp. 43–46, 53–55, and 66–67.

63   TR, "Japan's Part," Japan Society, New York, 1919, p. 13; *TR Cyclopedia*, p. 275.

64   TR to Eugene Hale, October 27, 1906, in Auchincloss, ed., *Theodore Roosevelt: Letters and Speeches*, p. 505.
65   TR, "The Navy as a Peacemaker," *New York Times*, Nov. 22, 1914, Magazine section, p. 5.
66   TR, "Problems of Power," *New Outlook* 104, May 31, 1913.
67   Toland, *The Rising Sun*, p. 53.
68   TR to FDR, May 10, 1913, in Auchincloss, ed., *Theodore Roosevelt: Letters and Speeches*, p. 681.

第一章

1   Dan Kong account in Richardson and Stillwell, *Reflections of Pearl Harbor*, p. 46.
2   Brown, *Hawaii Goes to War*, p. 20.
3   Marine Major Alan Shapley of the *Arizona*, recalling an anonymous shipmate's words, quoted in Prange, Goldstein, and Dillon, *At Dawn We Slept*, p. 510.
4   Brown, *Hawaii Goes to War*, p. 20.
5   Petrie quoted in Prange, Goldstein, and Dillon, *December 7, 1941*, p. 121.
6   Gene White account in Richardson, *Reflections of Pearl Harbor*, p. 37.
7   Quoted in Bailey and Farber, *The First Strange Place*, p. 2.
8   William Duffie Clemons account in McCabe, *Pearl Harbor and the American Spirit*, p. 68.
9   Prange, Goldstein, and Dillon, *At Dawn We Slept*, p. 506.
10   Leonide (Lee) R. Soucy account in McCabe, *Pearl Harbor and the American Spirit*, p. 136.
11   Kenton Nash account in LaForte and Marcello, eds., *Remembering Pearl Harbor*, p. 280.
12   Soucy account in McCabe, *Pearl Harbor and the American Spirit*, p. 137.
13   A. L. Seton account in Stillwell, ed., *Air Raid—Pearl Harbor!*, p. 183.
14   Maxwell R. Urata account in McCabe, *Pearl Harbor and the American Spirit*, p. 150.
15   Lawson P. Ramage account in Stillwell, ed., *Air Raid—Pearl Harbor!*, p. 198.
16   Larry Katz account in McCabe, *Pearl Harbor and the American Spirit*, p. 97.
17   Lord, *Day of Infamy*, pp. 139–40.
18   Dickinson, *The Flying Guns*, p. 24.
19   Mason, *Battleship Sailor*, p. 221.
20   Martin Matthews account in LaForte and Marcello, eds., *Remembering Pearl Harbor*, p. 30.
21   James Cory account in ibid., p. 18.
22   Col. William J. Flood quoted in Prange, Goldstein, and Dillon, *At Dawn We Slept*, p. 523.
23   Leon Bennett account in LaForte and Marcello, eds., *Remembering Pearl Harbor*, p. 81.
24   Quoted in Dickinson, *The Flying Guns*, p. 39.
25   Elphege A. M. Gendreau quoted in Prange, Goldstein, and Dillon, *At Dawn We Slept*, p. 567.
26   Mason, *Battleship Sailor*, p. 219.
27   CPO Charles A. Russell quoted in Prange, Goldstein, and Dillon, *December 7, 1941*, p. 277.
28   John H. McGoran account in Nardo, ed., *Pearl Harbor*, p. 106.
29   Hopkins's notes, Dec. 7, 1941, quoted in Sherwood, *Roosevelt and Hopkins*, p. 430.
30   Eleanor Roosevelt, *This I Remember*, p. 232.
31   Sherwood, *Roosevelt and Hopkins*, p. 431.
32   Tully, *F. D. R.: My Boss*, p. 255.
33   Mrs. Charles S. Hamlin quoted in Prange, Goldstein, and Dillon, *December 7, 1941*, p. 250.
34   Eleanor Roosevelt, *This I Remember*, p. 233.

35 Tully, *F. D. R.: My Boss*, p. 255.

36 Stimson diary, Dec. 7, 1941, quoted in Goodwin, *No Ordinary Time*, p. 294.

37 Eleanor Roosevelt, *This I Remember*, p. 233.

38 Cory account in LaForte and Marcello, eds., *Remembering Pearl Harbor*, pp. 19–20.

39 Mason, *Battleship Sailor*, p. 235.

40 Ephraim P. Holmes account in Nardo, ed., *Pearl Harbor*, p. 112.

41 Leslie Le Fan account in LaForte and Marcello, eds., *Remembering Pearl Harbor*, p. 162.

42 Ed Johann quoted in Van der Vat, *Pearl Harbor: The Day of Infamy—An Illustrated History*, p. 106.

43 Shipfitter 3rd class Louis Grabinski account in LaForte and Marcello, eds., *Remembering Pearl Harbor*, p. 66.

44 Victor Kamont quoted in Prange, Goldstein, and Dillon, *December 7, 1941*, p. 230.

45 Carl Carlson account in Nardo, ed., *Pearl Harbor*, p. 99.

46 Seaman 1st class Nick L. Kouretas, USS *Raleigh*, account in LaForte and Marcello, eds., *Remembering Pearl Harbor*, p. 183.

47 William W. Fomby account in ibid., p. 46.

48 Elmo F. Rash account in McCabe, *Pearl Harbor and the American Spirit*, p. 125.

49 Howard C. French quoted in Prange, Goldstein, and Dillon, *December 7, 1941*, p. 278.

50 James Lawson in Jasper, Delgado, and Adams, *The USS Arizona*, p. 161.

51 Clemons account in Richardson, *Reflections of Pearl Harbor*, p. 70.

52 Jack Rogo quoted in Prange, Goldstein, and Dillon, *December 7, 1941*, p. 332.

53 Thomas H. Moorer account in Stillwell, ed., *Air Raid—Pearl Harbor!*, p. 204.

54 Charles T. Sehe account in McCabe, *Pearl Harbor and the American Spirit*, p. 133.

55 Lord, *Day of Infamy*, p. 176.

56 Lorenzo Sherwood Sabin account in Stillwell, ed., *Air Raid—Pearl Harbor!*, p. 146.

57 Mason, *Battleship Sailor*, p. 253.

58 Lt. Cdr. Layton quoted in Prange, Goldstein, and Dillon, *December 7, 1941*, p. 304.

59 Brig. Gen. Howard C. Davidson quoted in ibid., p. 370.

60 Lt. (jg) Walter J. East quoted in ibid., p. 356.

61 "Running Summary of the Situation," Dec. 7, 1941; CINCPAC Grey Book, Bk. 1, p. 2.

62 Ibid.

63 Ibid., p. 3.

64 Moorer account in Stillwell, ed., *Air Raid—Pearl Harbor!*, p. 204.

65 Warren G. Harding account in LaForte and Marcello, eds., *Remembering Pearl Harbor*, p. 90.

66 Kouretas, USS *Raleigh*, account in ibid., p. 183.

67 Scott Leesberg account in Richardson, *Reflections of Pearl Harbor*, p. 67.

68 James Erickson, Iris Bancroft, and Pat Vang accounts in ibid., pp. 55, 96, and 85.

69 Churchill, *The Second World War*, Vol. 3: *The Grand Alliance*, p. 605.

70 Ibid., pp. 666–67.

71 Ibid., p. 608.

72 "Japanese Embassy Burns Papers," *Philadelphia Inquirer*, Dec. 8, 1941, in Caren, ed., *Pearl Harbor Extra*, p. 38.

73 Kato, *The Lost War*, pp. 61–62.

74 Smith, *Thank You, Mr. President*, p. 116.

75 Ickes, *The Secret Diary of Harold L. Ickes*, entry dated Dec. 14, 1941, p. 661.

76   Perry, *"Dear Bart,"* p. 22.
77   Cooke, *The American Home Front*, p. 8.
78   Perry, *"Dear Bart,"* p. 21.
79   Frances Perkins account in Stillwell, ed., *Air Raid—Pearl Harbor!*, pp. 117–18.
80   Stimson quoted in Prange, Goldstein, and Dillon, *December 7, 1941*, p. 387.
81   Ickes, *The Secret Diary of Harold L. Ickes*, entry dated Dec. 14, 1941, p. 665.
82   FDR quoted in Prange, Goldstein, and Dillon, *At Dawn We Slept*, p. 558.
83   Stimson's diary, entry dated Dec. 7, 1941, quoted in Prange, Goldstein, and Dillon, *December 7, 1941*, p. 388.
84   Goodwin, *No Ordinary Time*, pp. 292–93.
85   Morgan, *FDR: A Biography*, p. 618.
86   "Congress Decided," *New York Times*, Dec. 8, 1941, in Caren, ed., *Pearl Harbor Extra*, p. 22.
87   "F.D.R. Asks War Declaration at Joint Session Today," *Washington Times Herald*, Dec. 8, 1941 in ibid., p. 29.
88   Cornelius C. Smith account in Stillwell, ed., *Air Raid—Pearl Harbor!*, p. 221.
89   Ada M. Olsson account in LaForte and Marcello, eds., *Remembering Pearl Harbor*, p. 257.
90   Joseph Ryan account in Nardo, ed., *Pearl Harbor*, p. 92.
91   Prange, Goldstein, and Dillon, *December 7, 1941*, p. 365.
92   Army Lt. Charles W. Davis quoted in ibid., p. 354.
93   Ibid., p. 359.
94   Allen G. Quynn quoted in ibid.
95   Curtis Schulze account in LaForte and Marcello, eds., *Remembering Pearl Harbor*, p. 146.
96   Mason, *Battleship Sailor*, p. 241.
97   Fomby account in LaForte and Marcello, eds., *Remembering Pearl Harbor*, p. 46.
98   Lundstrom, *The First Team*, p. 19.
99   Carl Schmitz account in Richardson, *Reflections of Pearl Harbor*, p. 21.

第二章

1   Craig Thompson, "Britain Joins U.S. against Japanese," *New York Times*, Dec. 9, 1941, p. 14.
2   "Tense Throng Fills Grounds at Capitol Awaiting President," *Washington Evening Star*, Dec. 8, 1941, in Caren, ed., *Pearl Harbor Extra*, p. 44.
3   Frances Perkins account in Stillwell, ed., *Air Raid—Pearl Harbor!*, p. 121.
4   Cooke, *The American Home Front*, pp. 13–14.
5   Eleanor Roosevelt, *This I Remember*, p. 234.
6   "Roosevelt Says Date of Attack in Pacific Will Live in Infamy," *Washington Evening Star*, Dec. 8, 1941, in Caren, ed., *Pearl Harbor Extra*, p. 44.
7   Sherwood, *Roosevelt and Hopkins*, p. 437.
8   Cornelius C. Smith, Jr., account in Stillwell, ed., *Air Raid—Pearl Harbor!*, p. 222.
9   Lt. Ruth Erickson quoted in Prange, Goldstein, and Dillon, *December 7, 1941*, p. 369.
10   Smith, Jr., account in Stillwell, ed., *Air Raid—Pearl Harbor!*, p. 222.
11   Erickson quoted in Prange, Goldstein, and Dillon, *At Dawn We Slept*, p. 535.
12   Vivian Roberts Hultgren account in McCabe, *Pearl Harbor and the American Spirit*, p. 90.
13   Jack Kelley account in LaForte and Marcello, eds., *Remembering Pearl Harbor*, p. 59.
14   Cox. Richard L. Frost quoted in Prange, Goldstein, and Dillon, *December 7, 1941*, p. 369.

15   Dan Wentrcek account in LaForte and Marcello, eds., *Remembering Pearl Harbor*, p. 76.

16   Leslie Le Fan account in ibid., p. 165.

17   Mason, *Battleship Sailor* P. 237.

18   Smith, Jr., account in Stillwell, ed., *Air Raid—Pearl Harbor!*, p. 220.

19   Seaman 1st class Nick L. Kouretas, USS *Raleigh*, account in LaForte and Marcello, eds., *Remembering Pearl Harbor*, p. 183.

20   George E. Waller account in ibid., p. 50.

21   Halsey, *Admiral Halsey's Story*, p. 80.

22   Beaver, *Sailor from Oklahoma*, p. 150.

23   Kernan, *Crossing the Line*, pp. 25–26.

24   Beaver, *Sailor from Oklahoma*, p. 151.

25   Kernan, *Crossing the Line*, p. 26.

26   Ibid.

27   Halsey, *Admiral Halsey's Story*, p. 81. 见证者是道格·莫尔顿（Doug Moulton）上校。

28   Ibid.

29   Prange, Goldstein, and Dillon, *December 7, 1941*, p. 372.

30   Beaver, *Sailor from Oklahoma*, p. 151.

31   Kernan, *Crossing the Line*, p. 27.

32   Cooke, *The American Home Front*, p. 18.

33   Brinkley, *Washington Goes to War*, p. 92.

34   See Cooke, *The American Home Front*, p. 18.

35   "Welders Call Off Strike," *Philadelphia Inquirer*, Dec. 8, 1941, in Caren, ed., *Pearl Harbor Extra*, p. 38.

36   "N.Y.-Bound Enemy Planes Alarm Entire Northeast," *Brooklyn Eagle*, Dec. 9, 1941, in ibid., p. 55.

37   "Japs Try to Bomb Coast; Routed Off Golden Gate," *Albany Times Union*, Dec. 9, 1941, in ibid., p. 57.

38   Childs, *I Write from Washington*, p. 245.

39   Jackson, *That Man*, p. 104.

40   Advertisement for *The American Magazine* in the *New York Times*, Dec. 8, 1941, p. 21.

41   Rosenman, *Working with Roosevelt*, p. 312.

42   Buhite and Levy, eds., *FDR's Fireside Chats*, "War with Japan," Dec. 9, 1941, pp. 198, 200, and 204.

43   Rosenman, *Working with Roosevelt*, p. 312.

44   Buhite and Levy, eds., *FDR's Fireside Chats*, "War with Japan," Dec. 9, 1941, p. 204.

45   Peattie, *Sunburst*, pp. 166–67.

46   Astor, *Crisis in the Pacific*, p. 61.

47   Morison, *History of United States Naval Operations in World War II*, Vol. 3: *The Rising Sun in the Pacific*, p. 170.

48   See Burton, *Fortnight of Infamy*, p. 123, and Manchester, *American Caesar*, p. 208.

49   Davis, *Sinking the Rising Sun*, p. 75.

50   Burton, *Fortnight of Infamy*, pp. 300–301.

51   See Stillwell, ed., *Air Raid—Pearl Harbor!*, p. 80.

52   See Dower, *War Without Mercy*, pp. 100–105.

53   See Burton, *Fortnight of Infamy*, p. xii; Peattie, *Sunburst*, pp. 172 and 174.

54   Sakai, Caidin, and Saito, *Samurai!*, p. 190.

55　Charles Bond's diary entry, Nov. 21, 1941, in Bond and Anderson, *A Flying Tiger's Diary*, p. 46.

56　Lt. John Buckley quoted in White, *They Were Expendable*, p. 16.

57　Ibid., p. 18.

58　Quoted in Costello, *The Pacific War, 1941–45*, p. 153.

59　Bert Wynn account in "The Sinking of the Prince of Wales and Repulse: A series of personal accounts compiled from crew members," comp. Alan Matthews; online at www.microworks.net/pacific/personal/pow_repulse.htm.

60　Brown, *Suez to Singapore*, p. 304.

61　Ibid., pp. 307–8.

62　Ibid., p. 318.

63　Ted Matthews account in "The Sinking of the Prince of Wales and Repulse."

64　Costello, *The Pacific War, 1941–45*, p. 158.

65　Ibid.

66　Flt. Lt. Tim Vigors, DFC, RAAF, quoted in the *London Gazette*.

67　Peattie, *Sunburst*, p. 170.

68　Churchill, *The Grand Alliance*, p. 620.

69　Burton, *Fortnight of Infamy*, p. 150.

70　Hitler quoted in Harvey Asher, "Hitler's Decision to Declare War on the United States Revisited (A Synthesis of the Secondary Literature)," Newsletter of the Society for Historians of American Foreign Relations (SHAFR), September 2000; online at www.shafr.org/publications/newsletter/september-2000.

71　Goebbels quoted in Black, *Franklin Delano Roosevelt: Champion of Freedom*, p. 697.

72　"Hitler Declares War on the United States," recorded by the BBC Monitoring Service, Dec. 11, 1941; online at www.jewishvirtuallibrary.org.

73　Ibid.

74　Frank L. Kluckhohn, "U.S. Now at War with Germany and Italy," *New York Times*, Dec. 12, 1941, p. 1.

75　Sherwood, *Roosevelt and Hopkins*, p. 430.

第三章

1　Koshu Itabashi account in Cook and Cook, eds., *Japan at War*, p. 77.

2　Ibid.

3　Toshio Yoshida account in ibid., p. 80.

4　Ei Hirosawa account in ibid., p. 244.

5　Ryuichi Yokoyama account in ibid., p. 96.

6　Quoted in Buruma, *Inventing Japan*, p. 111.

7　Diary of Marquis Koichi Kido, entry dated Dec. 8, 1941, in Goldstein and Dillon, eds., *The Pacific War Papers*, p. 135.

8　Emperor's rescript printed in Cook and Cook, *Japan at War*, p. 72.

9　Prime Minister Hideki Tojo, in an address in Tokyo carried by radio, trans. in the *Japan Times & Advertiser*, Dec. 8, 1941.

10　Yoshida account in Cook and Cook, eds., *Japan at War*, p. 80.

11　Harumichi Nogi account in ibid., p. 55.

12　Okumiya, Horikoshi, and Caidin, *Zero!*, p. 43.

13   Agawa, *The Reluctant Admiral*, p. 259.
14   Entry dated Dec. 9, 1941, Ugaki, *Fading Victory*, p. 49.
15   See Mitsuharu Noda account in Cook and Cook, eds., *Japan at War*, p. 83; and Agawa, *The Reluctant Admiral*, pp. 255–57.
16   *New Order in Greater East Asia* (April 1942), cited in Tolischus, *Through Japanese Eyes*, p. 152.
17   *Kokusai Shashin Joho (International Graphic Magazine)* 21, no. 12, Feb. 1, 1942.
18   Noda account in Cook and Cook, eds., *Japan at War*, p. 82.
19   Agawa, *The Reluctant Admiral*, p. 260.
20   Ibid., pp. 285–86.
21   Quoted on the jacket of Agawa, *The Reluctant Admiral*.
22   Ibid., p. 2.
23   Ibid., pp. 64–65.
24   Asada, *From Mahan to Pearl Harbor*, p. 275.
25   Agawa, *The Reluctant Admiral*, p. 76.
26   Ibid., p. 91.
27   Asada, *From Mahan to Pearl Harbor*, p. 183.
28   Ibid.
29   Agawa, *The Reluctant Admiral*, pp. 78, 54, and 5.
30   Quoted in Okumiya, Horikoshi, and Caidin, *Zero!*, p. 176.
31   Agawa, *The Reluctant Admiral*, p. 54.
32   Ibid., p. 139.
33   Edwin T. Layton account in Stillwell, ed., *Air Raid—Pearl Harbor!*, p. 276.
34   Agawa, *The Reluctant Admiral*, p. 63.
35   Ibid., p. 207.
36   Noda account in Cook and Cook, eds., *Japan at War*, p. 83.
37   Agawa, *The Reluctant Admiral*, pp. 151, 54, 164, and 84.
38   Ibid., pp. 67, 2.
39   Ibid., pp. 53, 147, and 64.
40   Ibid., p. 65.
41   Ibid., pp. 63, 161, 242, and 58–59.
42   Ibid., p. 178.
43   Noda account in Cook and Cook, eds., *Japan at War*, p. 83.
44   Agawa, *The Reluctant Admiral*, pp. 147, 85.
45   Ibid., p. 85.
46   Storry, *The Double Patriots*, p. 24.
47   "The Rescript on Education of the Meiji Emperor," online at www.danzan.com/HTML/ESSAYS/meiji.html.
48   Baron Kichiro Hiranuma, Dec. 28, 1940, cited in Tolischus, *Through Japanese Eyes*, p. 67.
49   Ikki Kita quoted in Buruma, *Inventing Japan*, p. 78.
50   Goro Sugimoto, "The Emperor," quoted in Victoria, *Zen at War*, p. 117.
51   The Meiji Constitution (1889) can be found online at the Hanover Historical Texts Project, http://history.hanover.edu/texts/1889con.html.
52   Bix, *Hirohito and the Making of Modern Japan*, p. 60.
53   Storry, *The Double Patriots*, p. 52.

54   Irokawa, *The Age of Hirohito*, p. 10.

55   Ibid.

56   Bix, *Hirohito and the Making of Modern Japan*, p. 195.

57   Deacon, *Kempei Tai*, pp. 160–61.

58   See Asada, *From Mahan to Pearl Harbor*, Table 1, for summary of costs, pp. 99–102.

59   Ibid., p. 100.

60   Yoshimura, *Battleship Musashi*, p. 11; Hara, *Japanese Destroyer Captain*, p. 12.

61   Asada, *From Mahan to Pearl Harbor*, p. 157.

62   Ibid., p. 143.

63   Bix, *Hirohito and the Making of Modern Japan*, p. 269.

64   Irokawa, *The Age of Hirohito*, p. 13.

65   Storry, *The Double Patriots*, p. 94.

66   Shillony, *Revolt in Japan*, p. 8.

67   Storry, *The Double Patriots*, p. 103.

68   Irokawa, *The Age of Hirohito*, p. 15.

69   Storry, *The Double Patriots*, p. 142.

70   Quoted in ibid., p. 168.

71   Morita, Reingold, and Shimomura, *Made in Japan*, p. 27.

72   Irokawa, *The Age of Hirohito*, p. 8.

73   Kase, *Journey to the Missouri*, p. 25.

74   Benedict, *The Chrysanthemum and the Sword*, p. 256.

75   Irokawa, *The Age of Hirohito*, p. 7.

76   Storry, *The Double Patriots*, pp. 185–87.

77   Ibid.

78   Shillony, *Revolt in Japan*, p. 206.

79   Storry, *The Double Patriots*, pp. 183–84.

80   See Shillony, *Revolt in Japan*, p. 203.

81   Yoshimura, *Zero Fighter*, p. 47.

82   Ibid.

83   Agawa, *The Reluctant Admiral*, pp. 109–10.

84   Tagaya, *Imperial Japanese Naval Aviator, 1937–45*, p. 4.

85   Hideo Sato account in Cook and Cook, eds., *Japan at War*, p. 233.

86   Photo reproduced in Tagaya, *Imperial Japanese Naval Aviator, 1937–45*, p. 7.

87   Ens. Takeshi Maeda account in Werneth, ed., *Beyond Pearl Harbor*, p. 100.

88   Description of beatings in Kiyosawa, *A Diary of Darkness*, p. 136.

89   Sakai, Caidin, and Saito, *Samurai!*, p. 18.

90   Maeda account in Werneth, ed., *Beyond Pearl Harbor*, p. 100.

91   Quoted in Gibney, ed., *Senso*, p. 28.

92   Sakai, Caidin, and Saito, *Samurai!*, p. 19.

93   Maeda account in Werneth, ed., *Beyond Pearl Harbor*, p. 101.

94   Tetsu Shimojo account in Gibney, ed., *Senso*, p. 31.

95   Sakai, Caidin, and Saito, *Samurai!*, p. 23.

96   Ibid., pp. 23–24.

97   Ibid., p. 22.

98   Ibid., p. 25.

99   See Kiyosawa, *A Diary of Darkness*, p. 118.

100   Tagaya, *Imperial Japanese Naval Aviator, 1937–45*, p. 11.

101   Maeda account in Werneth, ed., *Beyond Pearl Harbor*, pp. 100–101.

102   Peattie, *Sunburst*, p. 31.

103   Tagaya, *Imperial Japanese Naval Aviator, 1937–45*, p. 45.

104   Peattie, *Sunburst*, pp. 44, 43.

105   Asada, *From Mahan to Pearl Harbor*, p. 186.

106   Peattie, *Sunburst*, p. 83.

107   Asada, *From Mahan to Pearl Harbor*, p. 163.

108   See ibid., pp. 164–66, 182–84.

109   Agawa, *The Reluctant Admiral*, p. 93

110   Yoshimura, *Battleship Musashi*, p. 33.

111   Skulski, *The Battleship Yamato*, pp. 10, 17.

112   Yoshimura, *Battleship Musashi*, pp. 18, 77.

113   Ibid., p. 114.

114   Skulski, *The Battleship Yamato*, p. 22.

115   Ibid., p. 182.

116   Ibid., p. 25.

117   See ibid., p. 19, Tables 10 and 12.

118   Yoshimura, *Battleship Musashi*, p. 127.

119   Slogans cited in Cook and Cook, eds., *Japan at War*, p. 169; see also Dower, *War Without Mercy*, p. 215; Shigeru Sato letter to *Asahi Shinbun* in Gibney, ed., *Senso*, p. 288.

120   Irokawa, *The Age of Hirohito*, p. 138.

121   Ei Hirosawa account in Cook and Cook, eds., *Japan at War*, pp. 242–43.

122   Wheeler, *Dragon in the Dust*, pp. 210, 140.

123   Atsuo Furusawa letter to *Asahi Shinbun* in Gibney, ed., *Senso*, p. 15.

124   Shigeko Araki account in Cook and Cook, eds., *Japan at War*, p. 320.

125   Kiyoshi Hara account in ibid., p. 63.

126   Chigaku Tanaka, "What Is Nippon Kokutai?" (1935–36), cited in Tolischus, *Through Japanese Eyes*, p. 14.

127   Hideo Sato account in Cook and Cook, eds., *Japan at War*, pp. 232, 236.

128   Bix, *Hirohito and the Making of Modern Japan*, p. 11.

129   Storry, *The Double Patriots*, p. 2.

130   Koshu Itabashi account in Cook and Cook, eds., *Japan at War*, p. 78.

131   Chikao Fujisawa, "The Great Shinto Purification Ritual and the Divine Nation of Nippon," February 1942, cited in Tolischus, *Through Japanese Eyes*, p. 17.

132   *Shinajin wa Nipponjin nari (The Chinese Are Japanese), Asiatic Problems Society* (June 1939), cited in ibid., p. 18.

133   Fujisawa, "The Great Shinto Purification Ritual," cited in ibid.

134   Professor T. Komaki on Japanese radio, Feb. 22–27, 1942, cited in ibid., p. 19.

135   Matsuo, *How Japan Plans to Win*, p. 13.

136   Hidejiro Nagata, *Nippon no Senshin (The Advance of Japan)*, Tokyo, 1939, cited in Tolischus, *Through Japanese Eyes*, p. 83.

137   Daisetz T. Suzuki's principles explained in Victoria, *Zen at War*, p. 30.

138   Hayashiya and Shimakage, *The Buddhist View of War*, quoted in ibid., p. 90.

139 Suzuki, *Zen and Japanese Culture*, quoted in ibid., p. 110.

140 Cook and Cook, eds., *Japan at War*, p. 75.

141 Yoshiro Tamura account in ibid., p. 164.

142 Shozo Tominaga account in ibid., pp. 40, 42–43.

143 McIntire, *White House Physician*, p. 198.

144 Storry, *The Double Patriots*, p. 6.

145 Kase, *Journey to the Missouri*, p. 16.

146 Toshikazu Kase account in Cook and Cook, eds., *Japan at War*, p. 95.

147 Agawa, *The Reluctant Admiral*, pp. 10, 125, and 128.

148 Ibid., p. 168.

149 Asada, *From Mahan to Pearl Harbor*, p. 212.

150 Agawa, *The Reluctant Admiral*, p. 120.

151 Asada, *From Mahan to Pearl Harbor*, p. 217.

152 Storry, *The Double Patriots*, p. 246.

153 Asada, *From Mahan to Pearl Harbor*, pp. 162–72.

154 Harumichi Nogi account in Cook and Cook, eds., *Japan at War*, p. 51.

155 Kase account in ibid., p. 92; see also Agawa, *The Reluctant Admiral*, p. 167; Irokawa, *The Age of Hirohito*, p. 28.

156 Asada, *From Mahan to Pearl Harbor*, p. 217.

157 Ibid., pp. 225–26.

158 Agawa, *The Reluctant Admiral*, p. 159.

159 Quoted in Asada, *From Mahan to Pearl Harbor*, p. 296.

160 Ibid., p. 276.

161 Agawa, *The Reluctant Admiral*, p. 200.

162 Asada, *From Mahan to Pearl Harbor*, p. 278.

163 Minoru Genda account in Stillwell, ed., *Air Raid—Pearl Harbor!*, p. 24.

164 Shigeru Fukudome account in ibid., pp. 60–61.

165 Lord, *Day of Infamy*, p. 11.

166 Fukudome account in Stillwell, ed., *Air Raid—Pearl Harbor!*, p. 63.

167 Asada, *From Mahan to Pearl Harbor*, p. 277.

168 Ibid., pp. 239, 216, and 271.

169 Ibid., p. 273.

170 Irokawa, *The Age of Hirohito*, p. 89.

171 Storry, *The Double Patriots*, p. 288.

172 Fukudome account in Stillwell, ed., *Air Raid—Pearl Harbor!*, p. 63.

173 Buruma, *Inventing Japan*, p. 118.

174 Ibid., p. 119.

175 Nogi account in Cook and Cook, eds., *Japan at War*, p. 54.

176 Hirohito's postwar "monologue" quoted in Irokawa, *The Age of Hirohito*, p. 89.

177 Browne, *Tojo: The Last Banzai*, p. 100.

第四章

1 *Main Navy Building: Its Construction and Original Occupants*. Washington, DC: A Naval Historical Foundation Publication, series 2, no. 14, Aug. 1, 1970.

2   Whitehill, "A Note on the Making of This Book," in King and Whitehill, *Fleet Admiral King*, p. 647.

3   Buell, *Master of Sea Power*, p. 152.

4   H. Arthur Lamar account in Stillwell, ed., *Air Raid—Pearl Harbor!*, p. 259.

5   Cooke, *The American Home Front*, p. 27.

6   James L. Holloway account in Stillwell, ed., *Air Raid—Pearl Harbor!*, p. 107.

7   Diary entry for Dec. 15, 1941, Perry, *"Dear Bart,"* p. 27.

8   "Heroic Acts Cited," *New York Times*, Dec. 15, 1941.

9   "Defense Shake-Up," *New York Times*, Dec. 18, 1941.

10 "Heroic Acts Cited," *New York Times*, Dec. 15, 1941.

11 Childs, *I Write from Washington*, p. 247.

12 Layton, *"And I Was There,"* p. 336.

13 "Defense Shake-Up," *New York Times*, Dec. 18, 1941.

14 Potter, *Nimitz*, p. 11.

15 Lamar account in Stillwell, ed., *Air Raid—Pearl Harbor!*, p. 259.

16 Stillwell, ed., *Air Raid—Pearl Harbor!*, p. 259.

17 Potter, *Nimitz*, p. 8.

18 Nimitz letter to William H. Ewing, in Ewing, "Nimitz: Reflections on Pearl Harbor," Fredericksburg, TX: Admiral Nimitz Foundation, 1985, p. 11.

19 Potter, *Nimitz*, p. 12.

20 "Careers of Men Shifted in Service," *New York Times*, Dec. 18, 1941.

21 Diary entry for Dec. 17, 1941, Perry, *"Dear Bart,"* p. 28.

22 Nimitz letter to William H. Ewing, in Ewing, "Nimitz," p. 9.

23 Potter, *Nimitz*, p. 14.

24 Lamar account in Stillwell, ed., *Air Raid—Pearl Harbor!*, p. 259.

25 Hoyt, *How They Won the War in the Pacific*, p. 46.

26 *Lucky Bag*, 1905—entry on passed midshipman Chester W. Nimitz, Naval Historical Collection, Washington, DC.

27 Hoyt, *How They Won the War in the Pacific*, p. 43.

28 Chester Nimitz to Mrs. Anna Nimitz, Aug. 18, 1912, in Potter, *Nimitz*, p. 118.

29 Ibid., p. 120.

30 Ibid., p. 13.

31 Hoyt, *How They Won the War in the Pacific*, p. 47.

32 Details of Nimitz's rail journey drawn from "Along Your Way: Facts about stations and scenes on the Santa Fe," pamphlet distributed to passengers on the Santa Fe Super Chief, 1946; online at www.titchenal.com/atsf/ayw1946.

33 Lamar account in Stillwell, ed., *Air Raid—Pearl Harbor!*, p. 259.

34 Ibid. See also Lamar, "I Saw Stars," Fredericksburg, TX: Admiral Nimitz Foundation, 1985. Foreword, p. 2.

35 Potter, *Nimitz*, p. 185.

36 Ibid., p. 126.

37 Ibid., pp. 1–2.

38 Hoyt, *How They Won the War in the Pacific*, p. 43.

39 Potter, *Nimitz*, p. 3.

40 Lamar, "I Saw Stars," p. 43.

41   Ibid., p. 16.
42   Potter, *Nimitz*, p. 17.
43   Details of Nimitz's rail journey from "Along Your Way."
44   Hoyt, *How They Won the War in the Pacific*, p. 47.
45   Morison, *The Rising Sun in the Pacific*, p. 230.
46   Cunningham, *Wake Island Command*, p. 60.
47   Kinney, *Wake Island Pilot*, pp. 57–58.
48   Commander NAS Wake to Commandant, 14th Naval District, Dec. 20, 1941.
49   Cunningham, *Wake Island Command*, p. 63.
50   Kinney, *Wake Island Pilot*, p. 61.
51   Urwin, *Facing Fearful Odds*, p. 320.
52   Cunningham, *Wake Island Command*, p. 86.
53   Urwin, *Facing Fearful Odds*, p. 316.
54   Ibid., p. 320.
55   Morison, *The Rising Sun in the Pacific*, p. 232.
56   Cunningham, *Wake Island Command*, p. 89.
57   Urwin, *Facing Fearful Odds*, p. 330.
58   Ibid., p. 331.
59   Ibid., p. 334.
60   Ibid.
61   Morison, *The Rising Sun in the Pacific*, p. 235.
62   "Martial Law Declared," *Honolulu Star-Bulletin*, 3rd extra, Dec. 7, 1941, p. 1, in Caren, ed., *Pearl Harbor Extra*, p. 17.
63   Casey, *Torpedo Junction*, p. 41.
64   *Paradise of the Pacific* (November 1942), quoted in Dye, ed., *Hawai'i Chronicles III*, p. 9.
65   Peggy Hughes Ryan account in Stillwell, ed., *Air Raid—Pearl Harbor!*, p. 234.
66   Evelyn W. Guthrie account in ibid., p. 241.
67   Casey, *Torpedo Junction*, p. 61.
68   Ryan account in Stillwell, ed., *Air Raid—Pearl Harbor!*, p. 235.
69   "Soldier" Burford quoted in Prange, Goldstein, and Dillon, *December 7, 1941*, p. 349.
70   Excerpt from Oral History of Lt. Horace D. Warden, MC (Medical Corps), USN, Medical Officer aboard USS Breese (DM-18) on Dec. 7, 1941; "Overview of the Pearl Harbor Attack," www.history.navy.mil.
71   CINCPAC to OPNAV, April 18, 1941, quoted in Morison, *The Rising Sun in the Pacific*, p. 227.
72   C. H. McMorris recommendation to CINCPAC for action against Wake, Dec. 11, 1941; CINCPAC Grey Book, Bk. 1, p. 75.
73   Morison, *The Rising Sun in the Pacific*, pp. 235–37.
74   Potter, *Bull Halsey*, p. 16.
75   "Running Summary of Situation," Dec. 12 entry; CINCPAC Grey Book, Bk. 1, p. 45.
76   "Running Summary of Situation," Dec. 13 entry; ibid., p. 46.
77   AP story quoted in Sloan, *Given Up for Dead*, p. 192.
78   Cunningham, *Wake Island Command*, p. 109.
79   Kinney, *Wake Island Pilot*, p. 69.
80   Cunningham, *Wake Island Command*, p. 110.
81   Holmes, *Double-Edged Secrets*, p. 42.

82   "OPNAV to CINCPAC," Dec. 17, 1941; CINCPAC Grey Book, Bk. 1, p. 70.

83   "OPNAV to CINCPAC," Dec. 22, 1941; ibid., p. 72.

84   "Estimate by Admiral Pye on 20 December"; ibid., p. 76.

85   "CINCPAC to OPNAV," Dec. 21, 1941; ibid., p. 72.

86   Commander NAS Wake to Commandant, 14th Naval District, Dec. 20, 1941.

87   Morison, *The Rising Sun in the Pacific*, p. 248.

88   Ibid.（有些史料误认为此话是德弗罗少校所言。）

89   "Estimate by Captain McMorris as to action regarding enemy investing Wake 0800 December 22, 1941"; CINCPAC Grey Book, Bk. 1, pp. 80–81.

90   "Decision by Admiral Draemel as to action regarding enemy investing Wake—0700—22 December"; CINCPAC Grey Book, Bk. 1, p. 82（加粗部分为原文所加）。

91   Morison, *The Rising Sun in the Pacific*, p. 252.

92   George C. Dyer account in Stillwell, ed., *Air Raid—Pearl Harbor!*, p. 46.

93   Layton account in ibid., p. 283.

94   Morison, *The Rising Sun in the Pacific*, pp. 252, 254.

95   Jones and Jones, *Hawaii Goes to War*, p. 38.

96   Casey, *Torpedo Junction*, p. 33.

97   Holmes, *Double-Edged Secrets*, p. 42.

98   Frank L. DeLorenzo account in Russell, ed., *No Right to Win*, p. 10.

99   Layton, *"And I Was There,"* p. 353.

100   Potter, *Nimitz*, p. 20.

101   Ibid., p. 17.

102   Wilfred Jay Holmes account in Stillwell, ed., *Air Raid—Pearl Harbor!*, p. 255.

103   Ewing, "Nimitz," pp. 1–2.

104   Morison, *The Rising Sun in the Pacific*, p. 256.

105   Holmes account in Stillwell, ed., *Air Raid—Pearl Harbor!*, p. 255.

106   Layton, *"And I Was There,"* p. 354.

107   Nimitz, "God's Divine Will," in Stillwell, ed., *Air Raid—Pearl Harbor!*, p. 261.

108   Prange, Goldstein, and Dillon, *At Dawn We Slept*, p. 539.

109   Lord, *Day of Infamy*, p. 212.

110   Ewing, "Nimitz," p. 11.

111   Casey, *Torpedo Junction*, p. 132.

112   Potter, *Nimitz*, p. 23.

113   Casey, *Torpedo Junction*, p. 59.

114   Ewing, "Nimitz," p. 5.

115   William Waldo Drake account in Stillwell, ed., *Air Raid—Pearl Harbor!*, p. 269.

116   Potter, *Nimitz*, p. 25.

117   Drake account in Stillwell, ed., *Air Raid—Pearl Harbor!*, p. 269.

第五章

1   Buell, *Master of Sea Power*, p. 10.

2   Photo in Reynolds, *On the Warpath in the Pacific*, p. 207.

3   Whitehill, "A Note on the Making of This Book," in King and Whitehill, *Fleet Admiral King*, p. 652.

4   Buell, *Master of Sea Power*, pp. 64, 39, and 71.

5   Ibid., p. 57.

6   Quoted in ibid., p. 28.

7   Ibid., pp. 91, 86.

8   Ibid., pp. 115, 91, and 111.

9   Tully, *F. D. R.: My Boss*, p. 263.

10   Buell, *Master of Sea Power*, p. 87.

11   Reynolds, *On the Warpath in the Pacific*, p. 95.

12   Buell, *Master of Sea Power*, p. 89.

13   Stoler, *Allies and Adversaries*, p. 69.

14   Whitehill, "A Note on the Making of This Book," in King and Whitehill, *Fleet Admiral King*, p. 651.

15   *Life* magazine, Nov. 24, 1941, p. 92.

16   Buell, *Master of Sea Power*, p. 150.

17   Ibid., p. 152.

18   Ibid., pp. 153–54.

19   Ibid., p. 156.

20   Rr. Adm. Richard S. Edwards quoted in ibid., pp. 155–56.

21   King and Whitehill, *Fleet Admiral King*, description from photograph; illustrations after p. 368.

22   FDR to WC, Dec. 8, 1941, in Loewenheim, Langley, and Jonas, eds., *Roosevelt and Churchill: Their Secret Wartime Correspondence*, p. 169.

23   WC to FDR, Dec. 9, 1941, in ibid.

24   WC to FDR, Dec. 10, 1941, in ibid., p. 170.

25   FDR to WC, Dec. 10, 1941, in ibid., p. 171.

26   Alanbrooke, *War Diaries, 1939–1945*, p. 209.

27   Churchill to Clementine Churchill, Dec. 21, 1941, in Soames, ed., *Winston and Clementine: The Personal Letters of the Churchills*, pp. 459–60.

28   Goodwin, *No Ordinary Time*, p. 301.

29   Churchill, *The Grand Alliance*, p. 587.

30   Moran, *Winston Churchill: The Struggle for Survival, 1940–1965*, p. 25.

31   Chadakoff, ed., *Eleanor Roosevelt's My Day: Her Acclaimed Columns, 1936–1945*, p. 227.

32   Beard, *President Roosevelt and the Coming of the War, 1941*, p. 555.

33   Churchill, *The Grand Alliance*, p. 558.

34   Goodwin, *No Ordinary Time*, p. 302.

35   Tully, *F. D. R.: My Boss*, p. 300.

36   Ibid.

37   Sherwood, *Roosevelt and Hopkins*, p. 442.

38   Churchill, *The Grand Alliance*, p. 686.

39   *The Public Papers and Addresses of Franklin D. Roosevelt* (1941), pp. 588, 589, and 591.

40   Meacham, *Franklin and Winston*, pp. 142, 144.

41   Black, *Franklin Delano Roosevelt: Champion of Freedom*, p. 705.

42   Churchill, *The Grand Alliance*, p. 594.

43   Eleanor Roosevelt, *This I Remember*, p. 243.

44   "Winston Churchill, Speech to Joint Session of Congress," Dec. 26, 1941, in Gilbert, ed., *The Churchill War Papers: The Ever-Widening War*, Vol. 3: *1941*, p. 1685.

45   Ibid.

46   Churchill, *The Grand Alliance*, p. 595.

47   Meacham, *Franklin and Winston*, p. 154.

48   Moran, *Winston Churchill: The Struggle for Survival, 1940–1965*, p. 16.

49   Meacham, *Franklin and Winston*, p. 144.

50   Reilly and Slocum, *Reilly of the White House*, p. 125.

51   McIntire, *White House Physician*, p. 132.

52   Goodwin, *No Ordinary Time*, p. 303.

53   Rosenman, *Working with Roosevelt*, p. 319.

54   Sherwood, *Roosevelt and Hopkins*, p. 478.

55   Black, *Franklin Delano Roosevelt: Champion of Freedom*, p. 695.

56   Stilwell and White, eds., *The Stilwell Papers*, p. 16.

57   Sherwood, *Roosevelt and Hopkins*, p. 445.

58   Buell, *Master of Sea Power*, p. 163.

59   Marshall, Stark, Arnold, and King, "Memorandum for the President," Jan. 14, 1942. Folder: American–British Joint Chiefs of Staff Index; President's Secretary's File (hereafter PSF), Safe Files, Franklin D. Roosevelt Library, Hyde Park, NY.

60   Eisenhower, *Crusade in Europe*, p. 28.

61   Ewing, "Nimitz," p. 11.

62   Marshall, Stark, Arnold, and King, "Memorandum for the President," Jan. 14, 1942.

63   Eisenhower, *Crusade in Europe*, p. 28.

64   "COMINCH to CINCPAC," Dec. 30, 1941; CINCPAC Grey Book, Bk. 1, p. 121.

65   Adm. King, "Memorandum for the President," March 5, 1942, in King and Whitehill, *Fleet Admiral King*, pp. 384–85.

66   Glen Perry to Edmund P. Bartnett, Nov. 7, 1942, regarding King's off-the-record press conference, in Perry, *"Dear Bart,"* pp. 88–89.

67   "COMINCH to CINCAF, INFO CINCPAC," Dec. 31, 1941; CINCPAC Grey Book, Bk. 1, p. 122.

68   See King's "Memorandum for the President," March 5, 1942, in King and Whitehill, *Fleet Admiral King*, pp. 384–85.

69   King to Navy Secretary Frank Knox, Feb. 8, 1942, quoted in ibid., p. 373.

70   Buell, *Master of Sea Power*, p. 121.

71   Eisenhower, *Crusade in Europe*, p. 22.

72   Sherwood, *Roosevelt and Hopkins*, p. 454.

73   *Australia and the Pacific*, Australian Institute of International Affairs, p. 15.

74   Stoler, *Allies and Adversaries*, pp. 73–74.

75   Morton, *U.S. Army in World War II*, p. 218.

76   Churchill, *The Grand Alliance*, p. 606.

77   United States–British Chiefs of Staff, "Defense of Island Bases between Hawaii and Australia," Jan. 13, 1942. Folder: Arcadia Index, 1941–42; PSF, Safe Files, FDR Library, Hyde Park, NY.

78   Kimball, ed., *Churchill and Roosevelt: The Complete Correspondence*, Vol. 1, p. 87n.

79   United States–British Chiefs of Staff, "Defense of Island Bases between Hawaii and Australia," Jan. 13, 1942.

80   Churchill, *The Grand Alliance*, p. 680.

81   Ambrose, *The Supreme Commander: The War Years of General Dwight D. Eisenhower*, p. 26.

82 Hayes, *The History of the Joint Chiefs of Staff in World War II: The War Against Japan*, p. 46.

83 Buell, *Master of Sea Power*, p. 164.

84 Sherwood, *Roosevelt and Hopkins*, p. 457.

85 Churchill, *The Grand Alliance*, p. 597.

86 United States–British Chiefs of Staff, "Directive to the Supreme Commander in the ABDA Area," Jan. 2, 1942. Folder: ABCD Powers II Index, 1941–42; PSF, Safe Files, FDR Library, Hyde Park, NY.

87 Churchill, *The Grand Alliance*, p. 597.

88 Buell, *Master of Sea Power*, p. 166.

89 Churchill, *The Grand Alliance*, pp. 597, 599.

90 Entry for Dec. 29, 1941, Alanbrooke, *War Diaries, 1939–1945*, p. 215.

91 "Minutes," United States–British Chiefs of Staff Conference, Dec. 29, 1941. Folder: Arcadia Index, 1941–42; PSF, Safe Files, FDR Library, Hyde Park, NY.

92 Buell, *Master of Sea Power*, p. 169.

93 Sherwood, *Roosevelt and Hopkins*, p. 469.

94 Ibid., pp. 470–71, 472.

95 Alanbrooke, *War Diaries, 1939–1945*, p. 216.

96 Ibid., entry dated Feb. 9, 1942, p. 228.

97 Moran, *Winston Churchill: The Struggle for Survival, 1940–1965*, p. 20.

98 Gilbert, *Churchill and America*, p. 254.

99 Churchill, *The Grand Alliance*, p. 609.

100 Letter, Beaverbrook to FDR, Dec. 29, 1941. Folder: Beaverbrook, Lord, Index; PSF, Safe Files, FDR Library, Hyde Park, NY.

101 "U.S. production goals for 1942" … "Memorandum for the President," Lord Beaverbrook, Dec. 29, 1941. Folder: Beaverbrook, Lord, Index.

102 See Davidson, *The Unsinkable Fleet*, pp. 32–33.

103 State of the Union address, Jan. 6, 1942. *The American Presidency Project*, Santa Barbara, CA, online at www.presidency.ucsb.edu.

104 Sherwood, *Roosevelt and Hopkins*, p. 474.

105 Moran, *Winston Churchill: The Struggle for Survival, 1940–1965*, p. 22.

106 Sherwood, *Roosevelt and Hopkins*, p. 473.

107 Ibid., p. 475.

108 Leahy, *I Was There*, p. 106.

109 Gelb, *Desperate Venture*, p. 47.

110 Spector, *Eagle Against the Sun*, p. 125.

111 Buell, *Master of Sea Power*, p. 166.

112 Adamic, *Dinner at the White House*, pp. 25–27.

113 Sherwood, *Roosevelt and Hopkins*, p. 478.

114 Ibid., p. 494.

115 "I Demand a Vote of Confidence," Jan. 27, 1942, in Churchill, ed., *Never Give In!: The Best of Winston Churchill's Speeches*, pp. 324–25.

第六章

1 "COMINCH to CINCPAC," Jan. 2, 1942; CINCPAC Grey Book, Bk. 1, p. 122.

2   Layton, *"And I Was There,"* p. 356.

3   Potter, *Bull Halsey*, p. 37.

4   Morison, *The Rising Sun in the Pacific*, p. 256.

5   Thomas, *Sea of Thunder*, p. 36.

6   Kernan, *Crossing the Line*, p. 36.

7   哈尔西早期职业生涯的细节来自 Potter, *Bull Halsey*, pp. 23–31。

8   Ibid., p. 32.

9   See Layton, *"And I Was There,"* pp. 359–60.

10   Stafford, *The Big E*, p. 41.

11   Potter, *Bull Halsey*, p. 39.

12   Lundstrom, *The First Team*, p. 58.

13   Kernan, *Crossing the Line*, p. 38.

14   Stafford, *The Big E*, p. 44.

15   "Running Summary of Situation," Jan. 2, 1942; CINCPAC Grey Book, Bk. 1, p. 121.

16   Casey, *Torpedo Junction*, p. 104.

17   Ibid., p. 105.

18   Ibid., p. 135.

19   Potter, *Bull Halsey*, p. 41.

20   Dickinson, *The Flying Guns*, p. 70.

21   Layton, *"And I Was There,"* pp. 362.

22   Potter, *Bull Halsey*, p. 42.

23   Potter, *Nimitz*, p. 37.

24   Casey, *Torpedo Junction*, pp. 141–42.

25   Jones and Jones, *Hawaii Goes to War*, p. 39.

26   Casey, *Torpedo Junction*, pp. 101–2.

27   Kernan, *Crossing the Line*, p. 36.

28   Dickinson, *The Flying Guns*, pp. 69–92, 72.

29   Ibid., pp. 71–72.

30   Ibid., p. 87.

31   Ibid.

32   CO of USS Enterprise to CINCPAC, "Report of action on February 1, 1942 against Marshall Island Group," Feb. 7, 1942; online at www.cv6.org/ship/logs/action19420201.htm.

33   Dickinson, *The Flying Guns*, p. 91.

34   Potter, *Bull Halsey*, p. 47.

35   Dickinson, *The Flying Guns*, p. 100.

36   Pilot chatter recorded by Layton, listening from Pearl Harbor, in Layton, *"And I Was There,"* p. 362.

37   CO of USS *Enterprise* to CINCPAC, "Report of action on February 1, 1942 against Marshall Island Group," Feb. 7, 1942.

38   Raymond Spruance to Saavy Cooke, Feb. 9, 1963, Raymond Spruance Papers, MS Collection 12, Box 2, Folder 6, U.S. Naval War College, Newport, RI.

39   CO of USS *Enterprise* to CINCPAC, "Report of action on February 1, 1942 against Marshall Island Group," Feb. 7, 1942.

40   Rawie's account in Lundstrom, *The First Team*, p. 68.

41   Potter, *Bull Halsey*, p. 46.

42 CO of USS *Enterprise* to CINCPAC, "Report of action on February 1, 1942 against Marshall Island Group," Feb. 7, 1942.

43 Ibid.

44 Kernan, *Crossing the Line*, p. 41.

45 Potter, *Bull Halsey*, p. 44.

46 Ibid., p. 47.

47 CO of USS Enterprise to CINCPAC, "Report of action on February 1, 1942 against Marshall Island Group," Feb. 7, 1942.

48 Dickinson, *The Flying Guns*, p. 101.

49 Kernan, *Crossing the Line*, pp. 41–42.

50 Stafford, *The Big E*, p. 57.

51 CO of USS Enterprise to CINCPAC, "Report of action on February 1, 1942 against Marshall Island Group," Feb. 7, 1942.

52 Kernan, *Crossing the Line*, p. 42.

53 CO of USS Enterprise to CINCPAC, "Report of action on February 1, 1942 against Marshall Island Group," Feb. 7, 1942.

54 Casey, *Torpedo Junction*, p. 154.

55 Dickinson, *The Flying Guns*, p. 101.

56 Ibid., p. 103.

57 Potter, *Bull Halsey*, p. 48.

58 CO of USS *Enterprise* to CINCPAC, "Report of action on February 1, 1942 against Marshall Island Group," Feb. 7, 1942.

59 Casey, *Torpedo Junction*, pp. 154–56.

60 Stafford, *The Big E*, p. 59.

61 CO of USS *Enterprise* to CINCPAC, "Report of action on February 1, 1942 against Marshall Island Group," Feb. 7, 1942.

62 Dickinson, *The Flying Guns*, p. 103; Casey, *Torpedo Junction*, p. 158.

63 Lundstrum, *Black Shoe Carrier Admiral*, p. 69.

64 Layton, *"And I Was There,"* p. 364.

65 Casey, *Torpedo Junction*, p. 161.

66 Dickinson, *The Flying Guns*, p. 113.

67 CO of USS *Enterprise* to CINCPAC, "Report of action on February 1, 1942 against Marshall Island Group," Feb. 7, 1942.

68 Kernan, *The Unknown Battle of Midway*, p. 3.

69 Casey, *Torpedo Junction*, p. 164.

70 Morison, *The Rising Sun in the Pacific*, p. 268.

71 Casey, *Torpedo Junction*, p. 275.

72 See Lundstrom, *The First Team*, p. 77.

73 Entry dated Feb. 1, 1942, Ugaki, *Fading Victory*, p. 81.

74 Entry dated Feb. 2, 1942, ibid., pp. 83–84.

75 Entry dated Feb. 1, 1942, ibid., p. 81.

76 Layton, *"And I Was There,"* p. 363.

77 Entry dated Feb. 1, 1942, Ugaki, *Fading Victory*, p. 82.

78 Fuchida and Okumiya, *Midway: The Battle That Doomed Japan*, p. 62.

79 Entry dated Feb. 2, 1942, Ugaki, *Fading Victory*, pp. 83–84.

80　Layton, *"And I Was There,"* p. 363.

第七章

1　Morison, *The Rising Sun in the Pacific*, p. 292.

2　Okumiya, Horikoshi, and Caidin, *Zero!*, p. 60.

3　McDonald and Swakk-Goldman, eds., *Substantive and Procedural Aspects of International Criminal Law*, p. 782.

4　Morison, *The Rising Sun in the Pacific*, p. 296.

5　Ibid., p. 285.

6　Reiji Masuda account in Cook and Cook, eds., *Japan at War*, p. 86.

7　Ibid., p. 87.

8　Radiogram, MacArthur to the Adj. General, Dec. 23, 1941; PSF, Safe Files, FDR Library, Hyde Park, NY.

9　Toland, *The Rising Sun*, p. 287.

10　Burton, *Fortnight of Infamy*, p. 278.

11　MacArthur's "Order of the Day," Jan. 15, 1942, quoted in Costello, *The Pacific War*, p. 193.

12　Kratoska, ed., *South East Asia: Colonial History*, Vol. 5, p. 413.

13　Quoted in Stimson, *On Active Services in Peace and War*, p. 398.

14　Black, *Franklin Delano Roosevelt: Champion of Freedom*, p. 717.

15　Quoted in Stimson, *On Active Services in Peace and War*, p. 403.

16　Carol M. Petillo, "Douglas MacArthur and Manuel Quezon: A Note on an Imperial Bond," *Pacific Historical Review* 48, no. 1 (February 1979), pp. 107–17.

17　Douglas A. MacArthur, "MacArthur's Reminiscences: Part 5," *Life* magazine, July 10, 1964, p. 72.

18　Layton, *"And I Was There,"* p. 311.

19　Burton, *Fortnight of Infamy*, p. 289.

20　Brown, *Suez to Singapore*, p. 411.

21　Ibid., p. 365.

22　Quoted in Allen, *Singapore 1941–1942*, p. 54.

23　Brooke-Popham at a public meeting in Singapore, Dec. 22, 1942, quoted in Brown, *Suez to Singapore*, p. 360.

24　Radike, *Across the Dark Islands*, p. 132.

25　Brown, *Suez to Singapore*, pp. 349–50, 378.

26　Ibid., pp. 392, 529.

27　Alanbrooke, *War Diaries, 1939–1945*, p. 226.

28　"Prime Minister to First Sea Lord," Jan. 22, 1942, quoted in Churchill, *The Second World War*, Vol. 4: *The Hinge of Fate*, pp. 39–40.

29　"Prime Minister to C.O.S. Committee," Jan. 19, 1942, in ibid., p. 44.

30　Wigmore, *The Japanese Thrust*, p. 341.

31　"Wavell to Prime Minister," Feb. 11, 1942, in Churchill, *The Hinge of Fate*, p. 88.

32　Ibid.

33　Hack and Blackburn, *Did Singapore Have to Fall?*, p. 263.

34　Marshall Ralph Doak, *My Years in the Navy*, online at www.historycentral.com/Navy/Doak.

35　Toland, *The Rising Sun*, p. 274.

36 "Wavell to Percival," Feb. 14, 1942, in Churchill, *The Hinge of Fate*, p. 91.

37 *Daily Mirror* (London) quoted in Brown, *Suez to Singapore*, p. 499.

38 "General Wavell to Prime Minister," Feb. 16, 1942, in Churchill, *The Hinge of Fate*, p. 141.

39 "General Wavell to Prime Minister," Feb. 21, 1942, in ibid., p. 144.

40 "Action Report—USS Pope (DD-225), 1 March 1942," by Welford C. Blinn, Former Commanding Officer; online at www.ibiblio.org/hyperwar/USN/ships/logs/DD/dd225-Java.html.

41 Radio Tokyo quoted in Thomas, *Sea of Thunder*, p. 58.

42 Masuda account in Cook and Cook, eds., *Japan at War*, pp. 88–89.

43 Hornfischer, *Ship of Ghosts*, p. 70.

44 "Battle of Bawean Islands—Report of action; events prior and subsequent thereto," Commanding Officer, USS *John D. Edwards* (DD-216) to Commander, U.S. Naval Forces, Southwest Pacific, March 4, 1942; online at www.ibiblio.org/hyperwar/USN/ships/logs/DD/dd216-Bawean.html.

45 Ibid.

46 Ibid.

47 Ibid.

48 Masuda account in Cook and Cook, eds., *Japan at War*, p. 89.

49 Hara, *Japanese Destroyer Captain*, p. 76.

50 "Action Report—USS *Pope* (DD-225), 1 March 1942," by Welford C. Blinn, Former Commanding Officer.

51 Cdr. A. L. Maher, Report on loss of *Houston*, Nov. 13, 1945, quoted in Morison, *The Rising Sun in the Pacific*, p. 368.

52 "Battle of Bawean Islands—Report of action; events prior and subsequent thereto."

53 Morison, *The Rising Sun in the Pacific*, p. 380.

54 Thorne, *Allies of a Kind*, p. 3.

55 Churchill, *The Hinge of Fate*, p. 132.

56 Ibid., pp. 15–19, 57–59, and 155–58.

57 "WC to FDR," Doc. 97, Feb. 19, 1942, in Loewenheim, Langley, and Jonas, eds., *Roosevelt and Churchill: Their Secret Wartime Correspondence*, p. 181.

58 "WC to FDR," Doc. 103, March 7, 1942, in ibid., pp. 186–87.

59 "FDR to WC," Doc. 96, Feb. 18, 1942, in ibid., p. 179.

60 "FDR to WC," Doc. 110, March 18, 1942, in ibid., p. 196.

61 Ibid.

62 "FDR to WC," Doc. 96, Feb. 18, 1942, in ibid., p. 179.

63 "FDR to WC," Doc. 110, March 18, 1942, in ibid., p. 195.

64 Entry dated March 10, 1942, Alanbrooke, *War Diaries, 1939–1945*, p. 238.

65 "FDR to WC," Doc. 104, March 7, 1942, in Loewenheim, Langley, and Jonas, eds., *Roosevelt and Churchill: Their Secret Wartime Correspondence*, pp. 188–89.

第八章

1 Koichi Shimada, "The Opening Air Offensive Against the Philippines," in Evans, ed., *The Japanese Navy in World War II*, p. 89.

2 *Kokusai Shashin Joho* (*International Graphic Magazine*) 21, no. 12, Feb. 1, 1942.

3 Song titles cited in Yamashita, ed., *Leaves from an Autumn of Emergencies*, pp. 231–32.

4   Hara, *Japanese Destroyer Captain*, p. 86.

5   Wakana Nishihara account in Cook and Cook, eds., *Japan at War*, p. 328.

6   Shigenobu Debun account in ibid., p. 124.

7   *New Order in Greater East Asia* (April 1942), in Tolischus, *Through Japanese Eyes*, p. 149.

8   *Japan Times & Advertiser*, April 17, 1942, in ibid., p. 112.

9   *Japan Times & Advertiser*, Jan. 2, 1942, in Caren, ed., *Pearl Harbor Extra*, p. 77.

10   *Kokusai Shashin Joho (International Graphic Magazine)* 21, no. 12, Feb. 1, 1942.

11   General Hatta over the radio, Jan. 9, 1942, quoted in Tolischus, *Through Japanese Eyes*, p. 147.

12   *New Order in Greater East Asia* (April 1942), in ibid., p. 112.

13   Agawa, *The Reluctant Admiral*, p. 287.

14   Ibid., pp. 284, 297, and 287.

15   Ibid., p. 288.

16   Ibid., p. 292.

17   Ibid., p. 286.

18   Diary entry dated March 11, 1942, Ugaki, *Fading Victory*, p. 103.

19   Diary entry dated March 14, 1942, ibid., p. 104.

20   Miwa quoted in Willmott, *The Barrier and the Javelin*, p. 79.

21   Fuchida and Okumiya, *Midway: The Battle That Doomed Japan*, p. 91.

22   Diary entry dated March 12, 1942, Ugaki, *Fading Victory*, p. 104.

23   Agawa, *The Reluctant Admiral*, p. 296.

24   Ibid., p. 297.

25   Capt. Marc Mitscher to Adm. Nimitz, "Report of Action, April 18, 1942, with notable events prior and subsequent thereto," April 28, 1942.

26   Stephen Jurika, Jr., account in Wooldridge, ed., *Carrier Warfare in the Pacific*, p. 26.

27   Lawson, *Thirty Seconds Over Tokyo*, p. 35.

28   King related the details in an off-the-record press interview dated June 8, 1943, in Perry, *"Dear Bart,"* p. 171.

29   "Doolittle Performs 'Outside Loop' Feat," *New York Times*, May 26, 1927.

30   "The Reminiscences of Rear Admiral Henry L. Miller, U.S. Navy (Retired)," U.S. Naval Institute, Annapolis, MD, 1973, p. 32.

31   Details of training the B-25 aircrews in ibid., p. 33; see also Lawson, *Thirty Seconds Over Tokyo*, p. 26.

32   "The Reminiscences of Rear Admiral Henry L. Miller, U.S. Navy (Retired)," p. 38.

33   Capt. Murray, USS *Enterprise*, to CINCPAC, "Report of action in connection with the bombing of Tokyo on April 18, 1942," April 23, 1942, item 1.

34   Cheek's recollections in Russell, ed., *No Right to Win*, p. 15.

35   Stafford, *The Big E*, p. 77.

36   Capt. Murray, USS *Enterprise*, to CINCPAC, "Report of action in connection with the bombing of Tokyo on April 18, 1942," April 23, 1942, item 2.

37   Casey, *Torpedo Junction*, p. 300.

38   Lundstrom, *The First Team*, p. 148.

39   Lawson, *Thirty Seconds Over Tokyo*, p. 37.

40   Jurika account in Wooldridge, ed., *Carrier Warfare in the Pacific*, p. 27.

41   Capt. Murray, USS *Enterprise*, to CINCPAC, "Report of action in connection with the bombing of Tokyo on April 18, 1942," April 23, 1942, item 3.

42 Lawson, *Thirty Seconds Over Tokyo*, p. 42.
43 Capt. Murray, USS *Enterprise*, to CINCPAC, "Report of action in connection with the bombing of Tokyo on April 18, 1942," April 23, 1942, item 5.
44 Ibid., item 6. See also Toland, *The Rising Sun*, p. 350.
45 Thomas, *Sea of Thunder*, p. 63.
46 Stafford, *The Big E*, p. 78.
47 Casey, *Torpedo Junction*, p. 426.
48 Cheek's recollections in Russell, ed., *No Right to Win*, p. 16.
49 Commanding Officer, USS *Nashville*, to Admiral Nimitz, "Report of sinking of two enemy patrol boats on April 18, 1942," April 21, 1942.
50 Admiral Halsey to Admiral Nimitz, "Report of action in connection with the bombing of Tokyo on April 18, 1942," April 23, 1942, item 2(d).
51 Lawson, *Thirty Seconds Over Tokyo*, p. 52.
52 Stafford, *The Big E*, p. 78.
53 Lawson, *Thirty Seconds Over Tokyo*, p. 53.
54 Jurika account in Wooldridge, ed., *Carrier Warfare in the Pacific*, p. 30.
55 Kernan, *Crossing the Line*, p. 39.
56 Fisher's recollections in Russell, ed., *No Right to Win*, p. 14.
57 Lawson, *Thirty Seconds Over Tokyo*, pp. 52–53.
58 Jurika account in Wooldridge, ed., *Carrier Warfare in the Pacific*, p. 31.
59 Kernan, *Crossing the Line*, p. 38.
60 Jurika account in Wooldridge, ed., *Carrier Warfare in the Pacific*, p. 31.
61 Lawson, *Thirty Seconds Over Tokyo*, p. 55.
62 Fisher's recollections in Russell, ed., *No Right to Win*, p. 14.
63 Bernstein's recollections in ibid., p. 18.
64 Rose, *The Ship That Held the Line*, p. 70.
65 "The Reminiscences of Rear Admiral Henry L. Miller, U.S. Navy (Retired)," p. 44.
66 Kernan, *Crossing the Line*, p. 40.
67 Diary entry dated April 18, 1942, Ugaki, *Fading Victory*, p. 111.
68 Layton, *"And I Was There,"* p. 386.
69 Lawson, *Thirty Seconds Over Tokyo*, p. 61.
70 Ens. Takeshi Maeda account in Werneth, ed., *Beyond Pearl Harbor*, p. 116.
71 Koiwa Kazuei letter in Gibney, ed., *Senso*, p. 203.
72 Lawson, *Thirty Seconds Over Tokyo*, p. 62.
73 War Department communiqué, April 20, 1943, in ibid., p. 194.
74 Toland, *The Rising Sun*, p. 309.
75 Casey, *Torpedo Junction*, pp. 308, 307.
76 Ibid., p. 309.
77 Jurika account in Wooldridge, ed., *Carrier Warfare in the Pacific*, p. 34.
78 Harris, Mitchell, and Schechter, eds., *The Homefront*, p. 73.
79 Dallek, *Franklin D. Roosevelt and American Foreign Policy, 1932–1945*, p. 334.
80 Fuchida and Okumiya, *Midway: The Battle That Doomed Japan*, p. 97.
81 Sakai, Caidin, and Saito, *Samurai!*, p. 104.
82 Diary entry dated April 20, 1942, Ugaki, *Fading Victory*, p. 115.
83 Agawa, *The Reluctant Admiral*, p. 300.

84 Layton, *"And I Was There,"* p. 387.

85 Diary entries dated April 19, 1942, April 21, 1942, and April 22, 1942, Ugaki, *Fading Victory*, pp. 113, 115.

86 Chiang Kai-shek to FDR, April 28, 1942, quoted in Gruhl, *Imperial Japan's World War Two, 1931–1945*, p. 79.

第九章

1   Layton, *"And I Was There,"* p. 358.

2   "The Reminiscences of Captain Joseph J. Rochefort, U.S. Navy (Retired)," U.S. Naval Institute, Annapolis, MD, 1983, pp. 45, 125, 126.

3   Holmes, *Double-Edged Secrets*, p. 16.

4   Ibid., p. 44.

5   "The Reminiscences of Captain Thomas H. Dyer, U.S. Navy (Retired)," U.S. Naval Institute, Annapolis, MD, 1986, p. 140.

6   "The Reminiscences of Captain Joseph J. Rochefort, U.S. Navy (Retired)," pp. 32–33.

7   "The Reminiscences of Captain Thomas H. Dyer, U.S. Navy (Retired)," p. 228.

8   "The Reminiscences of Captain Joseph J. Rochefort, U.S. Navy (Retired)," p. 124.

9   "The Reminiscences of Captain Thomas H. Dyer, U.S. Navy (Retired)," p. 249.

10 Ibid., p. 273.

11 Holmes, *Double-Edged Secrets*, p. 38.

12 "The Reminiscences of Captain Joseph J. Rochefort, U.S. Navy (Retired)," p. 113.

13 "The Reminiscences of Captain Thomas H. Dyer, U.S. Navy (Retired)," p. 234.

14 Holmes, *Double-Edged Secrets*, p. 21.

15 "The Reminiscences of Captain Joseph J. Rochefort, U.S. Navy (Retired)," p. 34.

16 "The Reminiscences of Captain Thomas H. Dyer, U.S. Navy (Retired)," pp. 227, 278.

17 "The Reminiscences of Captain Joseph J. Rochefort, U.S. Navy (Retired)," p. 35.

18 Ibid., p. 190.

19 For a discussion of this issue, see Layton, *"And I Was There,"* p. 27; see also Henry F. Schorreck, "Battle of Midway: 4–7 June 1942: The Role of COMINT in the Battle of Midway" (SRH-230). Department of the Navy monograph, online at NHC Web site; and Holmes, *Double-Edged Secrets*, pp. 18, 59.

20 Holmes, *Double-Edged Secrets*, p. 18.

21 Ibid., p. 24.

22 Layton, *"And I Was There,"* pp. 356–57.

23 "The Reminiscences of Captain Joseph J. Rochefort, U.S. Navy (Retired)," pp. 145–46.

24 Layton, *"And I Was There,"* p. 357.

25 Ibid., p. 373.

26 "The Reminiscences of Captain Joseph J. Rochefort, U.S. Navy (Retired)," p. 25.

27 Schorreck, "Battle of Midway: 4–7 June 1942: The Role of COMINT in the Battle of Midway" (SRH-230).

28 Holmes, *Double-Edged Secrets*, pp. 23, 63.

29 "The Reminiscences of Captain Joseph J. Rochefort, U.S. Navy (Retired)," p. 25.

30 Schorreck, "Battle of Midway: 4–7 June 1942: The Role of COMINT in the Battle of Midway" (SRH-230).

31   Layton, *"And I Was There,"* p. 20.

32   Ibid., p. 368.

33   "The Reminiscences of Captain Joseph J. Rochefort, U.S. Navy (Retired)," p. 105.

34   Holmes, *Double-Edged Secrets*, p. 54.

35   "The Reminiscences of Captain Joseph J. Rochefort, U.S. Navy (Retired)," pp. 115, 100.

36   "COMINCH to CINCPAC" and others, Feb. 6, 1942; CINCPAC Grey Book, Bk. 1, p. 220.

37   "COMINCH to CINCPAC," March 11, 1942; CINCPAC Grey Book, Bk. 1, p. 285; and Layton, *"And I Was There,"* p. 378.

38   Layton, *"And I Was There,"* p. 380.

39   Holmes, *Double-Edged Secrets*, p. 59.

40   "The Reminiscences of Captain Joseph J. Rochefort, U.S. Navy (Retired)," pp. 132–34.

41   Holmes, *Double-Edged Secrets*, pp. 53–54.

42   Holland, ed., *The Navy*, p. 103.

43   Holmes, *Double-Edged Secrets*, pp. 17, 65.

44   Layton, *"And I Was There,"* p. 382.

45   "The Reminiscences of Captain Joseph J. Rochefort, U.S. Navy (Retired)," pp. 177, 174–75.

46   Schorreck, "Battle of Midway: 4–7 June 1942: The Role of COMINT in the Battle of Midway" (SRH-230).

47   Layton, *"And I Was There,"* p. 394.

48   Ibid., p. 390.

49   "Running Estimate of the Situation," April 23, 1942; CINCPAC Grey Book, Bk. 1, p. 409.

50   Layton, *"And I Was There,"* p. 390.

51   "Estimate of the Situation," April 22, 1942; CINCPAC Grey Book, Bk. 1, p. 384.

52   Layton, *"And I Was There,"* p. 391.

53   Buell, *Master of Sea Power*, p. 198.

54   Schorreck, "Battle of Midway: 4–7 June 1942: The Role of COMINT in the Battle of Midway" (SRH-230).

第十章

1   Kernan, *Crossing the Line*, p. 43.

2   Beaver, *Sailor from Oklahoma*, p. 162.

3   Johnston, *Queen of the Flat-Tops*, p. 18.

4   Casey, *Torpedo Junction*, p. 191.

5   Lt. Cdr. Paul D. Stroop account in Wooldridge, ed., *Carrier Warfare in the Pacific*, p. 36.

6   Johnston, *Queen of the Flat-Tops*, p. 22.

7   Casey, *Torpedo Junction*, p. 189.

8   Johnston, *Queen of the Flat-Tops*, p. 42.

9   Ibid., pp. 4–9.

10   Ibid., p. 30.

11   Otis Kight account in Russell, ed., *No Right to Win*, p. 70.

12   Beaver, *Sailor from Oklahoma*, p. 155.

13   Kernan, *Crossing the Line*, pp. 40–41.

14   Ibid., and p. 32.

15   War Diary, USS *Lexington*, Flagship of Commander, Task Force 11; entry for April 19, 1942.

16   Johnston, *Queen of the Flat-Tops*, p. 1.

17   Casey, *Torpedo Junction*, pp. 328, 331.

18   Michener, *Tales of the South Pacific*, p. 27.

19   Lundstrom, *The First Team*, p. 167.

20   Ibid., p. 168.

21   Morison, *History of United States Naval Operations in World War II*, Vol. 4: *Coral Sea, Midway and Submarine Actions*, p. 26.

22   Johnston, *Queen of the Flat-Tops*, p. 123.

23   关于 SBD 轰炸机的雾气问题，见 Buell, *Dauntless Helldivers*, pp. 57–58。

24   Nimitz to King, "Naval Action in Coral Sea Area, 4–8 May 1942" (CINCPAC endorsement of Fletcher's after-action report), p. 3.

25   U.S. Strategic Bombing Survey (USSBS), "The Campaigns of the Pacific War." Chap. 4, "The Battle of the Coral Sea" (1946); online at www.ibiblio.org/hyperwar/AAF/USSBS.

26   Layton, *"And I Was There,"* p. 398.

27   Johnston, *Queen of the Flat-Tops*, p. 153.

28   Stroop account in Wooldridge, ed., *Carrier Warfare in the Pacific*, p. 37.

29   Sherman, *Combat Command*, p. 98.

30   Johnston, *Queen of the Flat-Tops*, p. 130.

31   Ibid., pp. 110–11.

32   Ibid., p. 128.

33   Ibid., p. 129.

34   Ibid., p. 135.

35   Layton, *"And I Was There,"* pp. 389–404.

36   Ibid., p. 400.

37   Sherman, *Combat Command*, p. 99.

38   Layton, *"And I Was There,"* p. 399.

39   Johnston, *Queen of the Flat-Tops*, p. 142.

40   Ibid., p. 143.

41   Hamilton quoted in Astor, *Wings of Gold*, p. 65.

42   Buell, *Dauntless Helldivers*, p. 67.

43   Flatley quoted in Astor, *Wings of Gold*, p. 66.

44   Stroop account in Wooldridge, ed., *Carrier Warfare in the Pacific*, p. 38.

45   Morison, *Coral Sea, Midway and Submarine Actions*, pp. 41–42.

46   Layton, *"And I Was There,"* p. 399.

47   Johnston, *Queen of the Flat-Tops*, p. 153.

48   Layton, *"And I Was There,"* p. 400.

49   Ibid., p. 401.

50   Stroop account in Wooldridge, ed., *Carrier Warfare in the Pacific*, p. 39.

51   Sherman, *Combat Command*, p. 102.

52   Peter Newberg account in Russell, ed., *No Right to Win*, p. 21.

53   Astor, *Wings of Gold*, p. 67.

54   Newberg account in Russell, ed., *No Right to Win*, p. 21.

55   Stroop account in Wooldridge, ed., *Carrier Warfare in the Pacific*, p. 39.

56   Dick Wright quoted in Lundstrom, *The First Team*, p. 216.

57   Buell, *Dauntless Helldivers*, p. 69.

58   Johnston, *Queen of the Flat-Tops*, p. 157.
59   Buell, *Dauntless Helldivers*, p. 69.
60   Kernan, *Crossing the Line*, p. 32.
61   Beaver, *Sailor from Oklahoma*, p. 164.
62   War Diary, USS *Lexington*, Flagship of Commander, Task Force 11; entry for May 8, 1942.
63   Sherman, *Combat Command*, p. 103.
64   Ibid., p. 107.
65   Johnston, *Queen of the Flat-Tops*, p. 164.
66   Sherman, *Combat Command*, p. 104.
67   Buell, *Dauntless Helldivers*, p. 71.
68   Ibid., and Lundstrom, *The First Team*, p. 230.
69   Maintenance Warrant Officer Hachiro Miyashita account in Werneth, ed., *Beyond Pearl Harbor*, p. 81.
70   Gayler quoted in Astor, *Wings of Gold*, p. 69.
71   Johnston, *Queen of the Flat-Tops*, p. 166.
72   Lundstrom, *The First Team*, p. 223.
73   Ens. Kenji Hori account in Werneth, ed., *Beyond Pearl Harbor*, p. 67.
74   Sherman's action report, "The Battle of the Coral Sea, 7 and 8 May 1942," item 14.
75   Johnston, *Queen of the Flat-Tops*, p. 175.
76   Sherman's action report, "The Battle of the Coral Sea, 7 and 8 May 1942," item 16.
77   Johnston, *Queen of the Flat-Tops*, p. 180.
78   Willard Eder quoted in Astor, *Wings of Gold*, p. 69.
79   Sherman's action report, "The Battle of the Coral Sea, 7 and 8 May 1942," item 15.
80   Beaver, *Sailor from Oklahoma*, p. 166.
81   Johnston, *Queen of the Flat-Tops*, p. 182.
82   Lt. Cdr. Shigekazu Shimazaki quoted in Okumiya, Horikoshi, and Caidin, *Zero!*, p. 104.
83   Sherman, *Combat Command*, p. 109.
84   Shimazaki quoted in Okumiya, Horikoshi, and Caidin, *Zero!*, pp. 104–5.
85   Sherman, *Combat Command*, p. 109.
86   Johnston, *Queen of the Flat-Tops*, p. 182.
87   Sherman, *Combat Command*, p. 109.
88   Johnston, *Queen of the Flat-Tops*, p. 184.
89   Sherman, *Combat Command*, p. 110.
90   Sherman's action report, "The Battle of the Coral Sea, 7 and 8 May 1942," item 18.
91   Beaver, *Sailor from Oklahoma*, p. 167.
92   Stroop account in Wooldridge, ed., *Carrier Warfare in the Pacific*, p. 42.
93   Details of damage control efforts drawn from Sherman's action report, "The Battle of the Coral Sea, 7 and 8 May 1942," items 19, 20.
94   Gayler quoted in Astor, *Wings of Gold*, p. 70.
95   Sherman, *Combat Command*, p. 112.
96   Ibid.
97   Lt. H. E. Williamson quoted in Johnston, *Queen of the Flat-Tops*, p. 203.
98   See Beaver, *Sailor from Oklahoma*, pp. 169–70.
99   Stroop account in Wooldridge, ed., *Carrier Warfare in the Pacific*, p. 44.
100   Executive Officer to Commanding Officer, USS *Lexington*, May 14, 1942. "Action in the Coral

Sea, May 8, 1942—report of" (A16-3/CV-2), item 27.

101 Sherman, *Combat Command*, p. 114. Also see Johnston and Stroop.

102 Johnston, *Queen of the Flat-Tops*, p. 217.

103 Stroop account in Wooldridge, ed., *Carrier Warfare in the Pacific*, pp. 45–46.

104 Beaver, *Sailor from Oklahoma*, pp. 170–71.

105 Sherman, *Combat Command*, p. 115.

106 Johnston, *Queen of the Flat-Tops*, p. 220.

107 Sherman, *Combat Command*, p. 114.

108 Beaver, *Sailor from Oklahoma*, pp. 170–71.

109 Johnston, *Queen of the Flat-Tops*, p. 224.

110 Sherman, *Combat Command*, p. 116.

111 William G. Roy account in Russell, ed., *No Right to Win*, p. 20.

112 Ibid.

113 Warren Willenburg account in "Veterans' Biographies," published for the Battle of Midway Celebration, Marines Memorial Club, San Francisco, 2009, p. 55.

114 Kight account in Russell, ed., *No Right to Win*, p. 72.

115 U.S. Strategic Bombing Survey (USSBS), "The Campaigns of the Pacific War." Chap. 4, "The Battle of the Coral Sea" — "Attack on the *Yorktown*," p. 29. Online at www.ibiblio.org/hyperwar/ AAF/USSBS.

116 Short quoted in Buell, *Dauntless Helldivers*, p. 75.

117 Layton, *"And I Was There,"* p. 403.

118 Miyashita account in Werneth, ed., *Beyond Pearl Harbor*, p. 81.

119 Frank Boo account in "Veterans' Biographies," p. 7.

120 Buell, *Dauntless Helldivers*, p. 77.

第十一章

1   Layton, *"And I Was There,"* pp. 402–3.

2   Ibid., p. 403.

3   "CINCPAC to COMINCH," May 10, 1942; CINCPAC Grey Book, Bk. 1, p. 463.

4   Buell, *Master of Sea Power*, p. 199.

5   King and Whitehill, *Fleet Admiral King*, p. 378.

6   Sherman, *Combat Command*, p. 387.

7   Layton, *"And I Was There,"* p. 404.

8   Nimitz to King, "Naval Action in Coral Sea Area, 4–8 May 1942" (CINCPAC endorsement of Fletcher's after-action report), p. 5.

9   不过"蹂躏者"鱼雷轰炸机在珊瑚海战役中发挥出色，数次击中"祥凤号"。Nimitz concluded, "Obsolescent torpedo planes reduce effectiveness of VT squadrons" —Ibid., p. 7.

10 Flatley quoted in Astor, *Wings of Gold*, p. 72.

11 *Kokusai Shashin Joho* (*International Graphic Magazine*), June 1, 1942.

12 Morison, *Coral Sea, Midway and Submarine Actions*, p. 62.

13 Okumiya, Horikoshi, and Caidin, *Zero!*, p. 148.

14 Entry for May 7, 1942, Ugaki, *Fading Victory*, p. 122.

15 Parshall and Tully, *Shattered Sword*, p. 64.

16 Fuchida and Okumiya, *Midway: The Battle That Doomed Japan*, p. 98.

17 Parshall and Tully, *Shattered Sword*, p. 51.
18 Nagumo's Midway action report, June 15, 1942. Part II, Sec. 3, "Preparations for the Operation," in "The Japanese Story of the Battle of Midway," OPNAV P32-1002. Office of Naval Intelligence, Washington, DC, June 1947.
19 Agawa, *The Reluctant Admiral*, p. 301.
20 Entry for March 3, 1942, Ugaki, *Fading Victory*, p. 100.
21 Parshall and Tully, *Shattered Sword*, p. 55.
22 Layton, *"And I Was There,"* p. 406.
23 Agawa, *The Reluctant Admiral*, p. 302.
24 Ibid., p. 303.
25 Quoted in ibid.
26 Parshall and Tully, *Shattered Sword*, p. 63.
27 Fuchida and Okumiya, *Midway: The Battle That Doomed Japan*, p. 128.
28 Adm. Nobutake Kondo, "Some Opinions Concerning the War," in Goldstein and Dillon, eds., *The Pacific War Papers*, p. 312.
29 Entries for May 4 and May 5, 1942, Ugaki, *Fading Victory*, p. 120.
30 Layton, *"And I Was There,"* p. 423.
31 Ibid., p. 411.
32 Ibid., p. 412.
33 "The Reminiscences of Captain Joseph J. Rochefort, U.S. Navy (Retired)," U.S. Naval Institute, Annapolis, MD, 1983, p. 203.
34 Layton, *"And I Was There,"* p. 426.
35 Ibid.
36 Ibid., p. 413.
37 Holmes, *Double-Edged Secrets*, p. 5.
38 "CINCPAC TO CTF 16 INFO COMINCH," May 16, 1942; CINCPAC Grey Book, Bk. 1, p. 469.
39 "CINCPAC TO COMINCH," May 16, 1942; ibid., p. 471.
40 CINCPAC War Diary, May 16, 1942; ibid., p. 482.
41 "COMINCH TO CINCPAC," May 17, 1942; ibid., pp. 489–90.
42 Layton, *"And I Was There,"* p. 429.
43 Ibid.
44 CINCPAC War Diary, May 27, 1942; CINCPAC Grey Book, Bk. 1, p. 545.
45 "The Reminiscences of Captain Joseph J. Rochefort, U.S. Navy (Retired)," p. 220.
46 Ibid., p. 221.
47 Layton, *"And I Was There,"* p. 430.
48 Layton quoted in Potter, *Nimitz*, pp. 102–3.
49 "Operation Plan 29-42," U.S. Pacific Fleet, CINCPAC File A16-3/(16); 27 May 1942.
50 Layton, *"And I Was There,"* p. 430.
51 Ibid., p. 431.
52 Holmes, *Double-Edged Secrets*, pp. 95–96.
53 Kernan, *Crossing the Line*, p. 52.
54 Casey, *Torpedo Junction*, p. 351.
55 Kernan, *Crossing the Line*, p. 52.
56 Potter, *Bull Halsey*, p. 77.

57   Kernan, *Crossing the Line*, p. 55.

58   Potter, *Nimitz*, p. 84.

59   Hoyt, *How They Won the War in the Pacific*, p. 93.

60   "Reminiscences of Admiral Spruance as related by Dr. David Willcutts, Fifth Fleet Medical Officer." MS item 297, U.S. Naval War College Archives, Newport, RI, pp. 3–4.

61   Dickinson, *The Flying Guns*, p. 137.

62   Russell, ed., *No Right to Win*, p. 243.

63   Rose, *The Ship That Held the Line*, p. 109.

64   Kernan, *Crossing the Line*, p. 53.

65   Casey, *Torpedo Junction*, p. 361.

66   Ibid., p. 365.

67   Scott McCuskey account in Hammel, *Aces Against Japan*, pp. 38–39.

68   Fisher, *Hooked*, pp. 73, 76.

69   "Narrative by Lt. George Gay," debrief recorded October 12, 1943, at Navy Department; Office of Naval Records and Library, Washington, DC, p. 1.

70   Mears, *Carrier Combat*, p. 59.

71   Ibid., pp. 60–61.

72   Ibid., p. 61.

73   "Letter of Instructions," covering "Operation Plan 29-42," U.S. Pacific Fleet, CINCPAC File A16-3/(16); 27 May 1942.

74   Layton, *"And I Was There,"* p. 432.

75   Mears, *Carrier Combat*, pp. 54–55.

76   Ibid., p. 54.

77   Casey, *Torpedo Junction*, p. 369.

第十二章

1   Agawa, *The Reluctant Admiral*, p. 309.

2   Ens. Takeshi Maeda account in Werneth, ed., *Beyond Pearl Harbor*, p. 117.

3   Fuchida and Okumiya, *Midway: The Battle That Doomed Japan*, p. 140.

4   Hara, *Japanese Destroyer Captain*, p. 90.

5   Nagumo's action report, June 15, 1942. Part II, Sec. 3, "Preparations for the Operation," in "The Japanese Story of the Battle of Midway," OPNAV P32-1002. Office of Naval Intelligence, Washington, DC, June 1947.

6   Fuchida and Okumiya, *Midway: The Battle That Doomed Japan*, p. 25.

7   Maeda account in Werneth, ed., *Beyond Pearl Harbor*, p. 118.

8   Fuchida and Okumiya, *Midway: The Battle That Doomed Japan*, p. 26.

9   Agawa, *The Reluctant Admiral*, p. 310.

10   "Prisoner statement," in NHC, Morison Papers, b. 22, "No. 4, Action at Midway," cited in Prados, *Combined Fleet Decoded*, p. 330.

11   Parshall and Tully, *Shattered Sword*, p. 106.

12   Hara, *Japanese Destroyer Captain*, pp. 90–91.

13   Ibid., p. 91.

14   Fuchida and Okumiya, *Midway: The Battle That Doomed Japan*, p. 183.

15   Astor, *Wings of Gold*, p. 90.

608   燃烧的大洋：1941—1942，从突袭珍珠港到中途岛战役

16 Parshall and Tully, *Shattered Sword*, p. 202.

17 Nagumo's action report, June 15, 1942. Part III, "Description of the Operation," in "The Japanese Story of the Battle of Midway."

18 Astor, *Wings of Gold*, p. 91.

19 Smith, *Carrier Battles*, p. 116.

20 Nagumo's action report, June 15, 1942. Part III, "Description of the Operation."

21 Lt. Cdr. Iyozo Fujita account in Werneth, ed., *Beyond Pearl Harbor*, p. 237.

22 Hiroshi Suzuki account in ibid., p. 92.

23 Fuchida and Okumiya, *Midway: The Battle That Doomed Japan*, p. 196.

24 Maeda account in Werneth, ed., *Beyond Pearl Harbor*, p. 119.

25 Nagumo's action report, June 15, 1942. Part III, "Description of the Operation."

26 Kaname Shimoyama account in Werneth, ed., *Beyond Pearl Harbor*, p. 194.

27 Suzuki account in ibid., p. 92.

28 Maeda account in ibid., p. 119.

29 Parshall and Tully, *Shattered Sword*, p. 198.

30 Casey, *Torpedo Junction*, p. 370.

31 Gay, *Sole Survivor*, p. 108.

32 Astor, *Wings of Gold*, p. 96.

33 "Narrative by Lt. George Gay," debrief recorded Oct. 12, 1943, at Navy Department; Office of Naval Records and Library, Washington, DC, p. 2.

34 Tom Cheek account in Russell, ed., *No Right to Win*, p. 93.

35 Clayton Fisher account in Russell, ed., *No Right to Win*, p. 112.

36 Lloyd Childers account in "Veterans' Biographies," published for the Battle of Midway Celebration, Marines Memorial Club, San Francisco, 2009, p. 11.

37 Cheek account in Russell, ed., *No Right to Win*, p. 95.

38 Dickinson, *The Flying Guns*, pp. 140–41.

39 Mears, *Carrier Combat*, p. 52.

40 Dickinson, *The Flying Guns*, p. 142.

41 Casey, *Torpedo Junction*, p. 377.

42 Lundstrom, *The First Team*, p. 335.

43 Dickinson, *The Flying Guns*, p. 145.

44 Mears, *Carrier Combat*, p. 79.

45 "Narrative by Lt. George Gay," p. 2.

46 Astor, *Wings of Gold*, p. 96.

47 "Narrative by Lt. George Gay," p. 3.

48 Fuchida and Okumiya, *Midway: The Battle That Doomed Japan*, p. 209.

49 "Narrative by Lt. George Gay," pp. 5, 7.

50 See Dickinson, *The Flying Guns*, pp. 143–46.

51 Mears, *Carrier Combat*, p. 93.

52 Dickinson, *The Flying Guns*, pp. 148–49.

53 Smith, *Midway: Dauntless Victory*, p. 140.

54 John S. Thach account in Wooldridge, ed., *Carrier Warfare in the Pacific*, p. 56.

55 Cheek account in Russell, ed., *No Right to Win*, p. 100.

56 Thach quoted in Astor, *Wings of Gold*, p. 97.

57 相关示意图及说明见 Parshall and Tully, *Shattered Sword*, pp. 218–21。

58 Dickinson, *The Flying Guns*, p. 153.

59 Thach account in Wooldridge, ed., *Carrier Warfare in the Pacific*, p. 58.

60 Ens. Haruo Yoshino account in Werneth, ed., *Beyond Pearl Harbor*, p. 142.

61 See Parshall and Tully, *Shattered Sword*, pp. 234–36.

62 Maeda account in Werneth, ed., *Beyond Pearl Harbor*, p. 120.

63 Dickinson, *The Flying Guns*, p. 155.

64 Thach account in Wooldridge, ed., *Carrier Warfare in the Pacific*, p. 60.

65 关于这次攻击的描述，见 Parshall and Tully, *Shattered Sword*, pp. 237–38。

66 Fuchida and Okumiya, *Midway: The Battle That Doomed Japan*, p. 213.

67 Shimoyama account in Werneth, ed., *Beyond Pearl Harbor*, p. 194.

68 Suzuki account in ibid., p. 92.

69 Lt. (jg) Kiyoto Furuta account in ibid., p. 24.

70 Cheek account in Russell, ed., *No Right to Win*, p. 102.

71 Ibid., p. 103.

72 Maeda account in Werneth, ed., *Beyond Pearl Harbor*, p. 118.

73 Dickinson, *The Flying Guns*, pp. 164–66.

74 Cheek account in Russell, ed., *No Right to Win*, pp. 105–6.

75 Kernan, *Crossing the Line*, p. 58.

76 Fisher, *Hooked*, p. 81.

77 Roy Gee account in Russell, ed., *No Right to Win*, p. 116.

78 See Kernan, *Crossing the Line*, p. 50.

79 Ibid., p. 64.

80 Cheek account in Russell, ed., *No Right to Win*, p. 106.

81 关于日本航母难以抵御火灾的情况，见 Parshall and Tully, *Shattered Sword*, pp. 244–47。

82 Lt. Takayoshi Morinaga account in Werneth, ed., *Beyond Pearl Harbor*, p. 163.

83 Yoshino account in ibid., p. 142.

84 Parshall and Tully, *Shattered Sword*, p. 252.

85 Nagumo's action report, June 15, 1942. Part III, "Description of the Operation."

86 Ibid.

87 Fuchida and Okumiya, *Midway: The Battle That Doomed Japan*, p. 216.

88 Furuta account in Werneth, ed., *Beyond Pearl Harbor*, p. 24.

89 Fuchida and Okumiya, *Midway: The Battle That Doomed Japan*, p. 214.

90 Nagumo's action report, June 15, 1942. Part III, "Description of the Operation."

91 Parshall and Tully, *Shattered Sword*, p. 264.

92 Prange, Goldstein, and Dillon, *Miracle at Midway*, p. 277.

93 Commanding Officer, USS *Yorktown*, to CINCPAC. Battle of Midway after-action report, June 18, 1942. Enclosure: fighter control transcript.

94 Scott McCuskey account in Hammel, *Aces Against Japan*, p. 62.

95 Cheek account in Russell, ed., *No Right to Win*, pp. 80–81.

96 Chief Radioman Richard Brown account in "Veterans' Biographies," p. 9.

97 Cheek account in Russell, ed., *No Right to Win*, p. 81.

98 Fuchida and Okumiya, *Midway: The Battle That Doomed Japan*, p. 243.

99 Prados, *Combined Fleet Decoded*, p. 331.

100 Hara, *Japanese Destroyer Captain*, pp. 91–92.

101 Ens. Taisuke Maruyama account in Werneth, ed., *Beyond Pearl Harbor*, p. 182.

102 Ibid.

103 Thach account in Wooldridge, ed., *Carrier Warfare in the Pacific*, p. 62.

104 Casey, *Torpedo Junction*, p. 381.

105 Fred Dyer account in "Veterans' Biographies," p. 18.

106 Parshall and Tully, *Shattered Sword*, p. 315.

107 Maruyama account in Werneth, ed., *Beyond Pearl Harbor*, p. 182.

108 Bill Surgi account in Russell, ed., *No Right to Win*, p. 239.

109 Oral history: Lt. Joseph P. Pollard, medical officer; online at www.history.navy.mil/faqs/faq81-8. htm.

110 Cheek account in Russell, ed., *No Right to Win*, p. 82.

111 Oral history: Lt. Joseph P. Pollard.

112 Commanding Officer, USS *Yorktown*, to CINCPAC. Battle of Midway after-action report, June 18, 1942. Enclosure C: Engineering.

113 Cheek account in Russell, ed., *No Right to Win*, p. 83.

114 Bill Roy account in ibid., p. 86.

115 Otis G. Kight account in "Veterans' Biographies," p. 33.

116 Cheek account in Russell, ed., *No Right to Win*, p. 85.

117 Herman A. Kelley account in "Veterans' Biographies," p. 32.

118 Casey, *Torpedo Junction*, p. 383.

119 关于这次攻击的描述，见 Parshall and Tully, *Shattered Sword*, pp. 326–27。

120 Maruyama account in Werneth, ed., *Beyond Pearl Harbor*, p. 186.

121 Fuchida and Okumiya, *Midway: The Battle That Doomed Japan*, p. 248.

122 Parshall and Tully, *Shattered Sword*, p. 320.

123 Nagumo's action report, June 15, 1942. Part III, "Description of the Operation."

124 Fuchida and Okumiya, *Midway: The Battle That Doomed Japan*, p. 248.

125 Hara, *Japanese Destroyer Captain*, p. 92.

126 Fuchida and Okumiya, *Midway: The Battle That Doomed Japan*, p. 249.

127 "Narrative by Lt. George Gay," p. 10.

128 Yoshino account in Werneth, ed., *Beyond Pearl Harbor*, p. 142.

129 Furuta account in ibid., p. 24.

130 Lundstrom, *The First Team*, p. 417.

131 "Letter of Instructions," covering "Operation Plan 29-42," U.S. Pacific Fleet, CINCPAC File A16-3/(16); 27 May 1942.

132 Thach account in Wooldridge, ed., *Carrier Warfare in the Pacific*, p. 64.

133 Prange, Goldstein, and Dillon, *Miracle at Midway*, p. 333.

134 Nagumo's action report, June 15, 1942. Part III, "Description of the Operation." See also Parshall and Tully, *Shattered Sword*, pp. 334–35.

135 Fuchida and Okumiya, *Midway: The Battle That Doomed Japan*, p. 217.

136 Entry for June 5, 1942, Ugaki, *Fading Victory*, pp. 145–46.

137 Ibid., p. 145.

138 Fuchida and Okumiya, *Midway: The Battle That Doomed Japan*, p. 250.

139 Agawa, *The Reluctant Admiral*, p. 320.

140 Prange, Goldstein, and Dillon, *Miracle at Midway*, p. 319.

141 Entry for June 5, 1942, Ugaki, *Fading Victory*, p. 147.

142 Prange, Goldstein, and Dillon, *Miracle at Midway*, p. 319.

143　Fuchida and Okumiya, *Midway: The Battle That Doomed Japan*, p. 253.

144　Prange, Goldstein, and Dillon, *Miracle at Midway*, p. 320.

145　Ibid., p. 321.

146　Suzuki account in Werneth, ed., *Beyond Pearl Harbor*, p. 92.

147　Maruyama account in ibid., p. 186.

148　Prange, Goldstein, and Dillon, *Miracle at Midway*, p. 313.

149　Thomas, *Sea of Thunder*, p. 84.

150　Masashi Shibata's account, "The Destroyer *Tanikaze* Returns from 'The Sea of Death,'" in Fisher, *Hooked*, pp. 95–98.

151　ARM3/c Ronald W. Graetz account in Russell, ed., *No Right to Win*, p. 124.

152　Buell, *The Quiet Warrior*, p. 158.

153　Mears, *Carrier Combat*, p. 73.

154　Gee account in Russell, ed., *No Right to Win*, p. 121.

155　Navy chief machinist's mate Dwight G. DeHaven account in "Veterans' Biographies," pp. 15–16.

156　Ibid.

157　Nesmith, *No Higher Honor*, p. 253.

158　Roy account in Russell, ed., *No Right to Win*, p. 87.

159　DeHaven account in "Veterans' Biographies," pp. 15–16.

160　Roy account in Russell, ed., *No Right to Win*, p. 88.

尾声

1　Spruance's Foreword in Fuchida and Okumiya, *Midway: The Battle That Doomed Japan*, p. 9.

2　Fireman 1st class Elmer Jones account in Russell, ed., *No Right to Win*, pp. 153–54.

3　Casey, *Torpedo Junction*, p. 396.

4　Mears, *Carrier Combat*, p. 76.

5　Buell, *Dauntless Helldivers*, p. 83.

6　Mears, *Carrier Combat*, p. 76.

7　Ens. Clay Fisher account in Russell, ed., *No Right to Win*, p. 125.

8　Mears, *Carrier Combat*, p. 77.

9　Casey, *Torpedo Junction*, p. 395.

10　Layton, *"And I Was There,"* p. 434.

11　Ibid., p. 441.

12　Potter, *Nimitz*, pp. 99, 107.

13　"Midway' Spurs Pun by Admiral Nimitz," Associated Press, June 7, 1942.

14　Prange, Goldstein, and Dillon, *Miracle at Midway*, p. 328.

15　Ibid.

16　Navy seaman 3rd class Miyasato Yoshihito letter, in Gibney, ed., *Senso*, p. 130.

17　Entry for June 8, 1942, Ugaki, *Fading Victory*, p. 158.

18　Prados, *Combined Fleet Decoded*, p. 335.

19　Entry for June 7, 1942, Ugaki, *Fading Victory*, p. 157.

20　Agawa, *The Reluctant Admiral*, p. 321.

21　Ibid.

22　Entry for June 10, 1942, Ugaki, *Fading Victory*, p. 160.

23   Ibid., p. 162.

24   Mears, *Carrier Combat*, pp. 77–78.

25   C. Brooks Peters, "Report by Admiral King," *New York Times*, June 8, 1942, p. 1.

26   Spruance to Fletcher, June 8, 1942, Raymond Spruance Papers, U.S. Naval War College (USNWC) Archives.

27   Cleary, *The Japanese Art of War*, p. 79.

28   Fragment of undated and unaddressed correspondence, signed by Spruance, in Raymond Spruance Papers, USNWC MS Collection 12, series I, correspondence.

29   Spruance's Foreword in Fuchida and Okumiya, *Midway: The Battle That Doomed Japan*, p. 8.

30   Peattie, *Sunburst*, p. 174.

31   Holmes, *Double-Edged Secrets*, p. 100.

32   "The Reminiscences of Captain Joseph J. Rochefort, U.S. Navy (Retired)," U.S. Naval Institute, Annapolis, MD, 1983, p. 266.

33   Kahn, *The Codebreakers*, p. 573.

34   "The Reminiscences of Captain Thomas H. Dyer, U.S. Navy (Retired)," U.S. Naval Institute, Annapolis, MD, 1986, p. 247.

35   Beach, *The United States Navy: A 200-Year History*, p. 450.

36   Russell, ed., *No Right to Win*, pp. 170–73.

37   Layton, *"And I Was There,"* p. 451.

38   Ibid., p. 450.

39   Ibid., p. 452.

40   Holmes, *Double-Edged Secrets*, p. 117.

41   "The Reminiscences of Captain Joseph J. Rochefort, U.S. Navy (Retired)," pp. 238, 254.

42   Asai Tatsuzo account in Cook and Cook, eds., *Japan at War*, p. 206.

43   Yoshimura, *Battleship Musashi*, p. 128.

44   Kido's diary quoted in Bix, *Hirohito and the Making of Modern Japan*, p. 450.

45   Notes taken by Robert Casey, June 6, 1942, Casey, *Torpedo Junction*, p. 404.

46   *Kokusai Shashin Joho (International Graphic Magazine)*, June 1, 1942.

47   "Only One Carrier Lost, Says Tokyo," *New York Times*, June 11, 1942, p. 4.

48   Rr. Adm. Tanetsugu Sosa, "Plans for Invading America," *Nichi Nichi*, June 11, 1942, cited in Tolischus, *Through Japanese Eyes*, p. 154.

49   Parshall and Tully, *Shattered Sword*, p. 388.

50   Fuchida and Okumiya, *Midway: The Battle That Doomed Japan*, p. 16.

51   Ibid.

52   Minoru Genda account in Stillwell, ed., *Air Raid—Pearl Harbor!*, p. 27.

53   Goldstein and Dillon, eds., *The Pacific War Papers*, p. 313.

54   "Tokyo Press Hints at Midway Defeat," *New York Times*, June 10, 1942, p. 1.

55   C. Brooks Peters, "Report by Admiral King," *New York Times*, June 8, 1942, p. 1.

56   Dower, *War Without Mercy*, p. 215.

57   Hata Shoryu account in Cook and Cook, eds., *Japan at War*, p. 210.

58   Hirosawa Ei account in ibid., p. 247.

59   Sherwood, *Roosevelt and Hopkins*, p. 438.

60   Elmer Davis quoted in ibid., p. 437.

61   Brinkley, *Washington Goes to War*, p. 173.

62   Kennedy, *The Rise and Fall of the Great Powers*, p. 354.

63   Kernan, *Crossing the Line*, p. 7.
64   Davis, *Sinking the Rising Sun*, p. 49.
65   Eisenhower, *Crusade in Europe*, p. 14.
66   Hynes, *Flights of Passage*, pp. 109–10.

参考文献

政府报告，总统文件，通信，日记，口述史

Alanbrooke, Lord. *War Diaries, 1939–1945*, ed. Alex Danchev and Daniel Todman. Berkeley: University of California Press, 2001.

Auchincloss, Louis, ed. *Theodore Roosevelt: Letters and Speeches*. New York: Library of America, 2004.

Bond, Charles R., and Terry Anderson. *A Flying Tiger's Diary*. College Station: Texas A&M University Press, 2001.

Buhite, Russell D., and David W. Levy, eds. *FDR's Fireside Chats*. New York: Penguin Books, 1992.

Carroll, Andrew, ed. *War Letters: Extraordinary Correspondence from American Wars*. New York: Scribner, 2001.

Carter, Worrall Reed. *Beans, Bullets, and Black Oil: The Story of Fleet Logistics Afloat in the Pacific During World War II*. Washington, DC: Department of the Navy, 1953.

Churchill, Winston S., ed. *Never Give In!: The Best of Winston Churchill's Speeches*. New York: Hyperion, 2003.

Churchill, Winston, and Martin Gilbert, ed. 3 vols. *The Churchill War Papers*. London: William Heinemann, 1993.

Churchill, Winston, Clementine Churchill, and Mary Soames. *Winston and Clementine: The Personal Letters of the Churchills*. Boston: Houghton Mifflin, 1999.

Commander-in-chief, U.S. Pacific Fleet. "CINCPAC Grey Book: Running Estimate of the Situation for the Pacific War." [War diary] Book 1, December 1941 to June 1942. Naval Historical Center, Washington, DC (on CD).

Cook, Haruko Taya, and Theodore F. Cook, eds. *Japan at War: An Oral History*. New York: The New Press, 1992.

Department of the Army, Office of the Chief of Military History. "Japanese Monograph

No. 1, Philippine Operation Record, Phase 1, Nov. 1941–Jul. 1942."

———. "Japanese Monograph No. 101, Naval Operations in the Invasion of Netherlands East Indies, Dec. 1941–Mar. 1942."

———. "Japanese Monograph No. 107, Malaya Invasion Naval Operations (Revised), Dec. 1941–Feb. 1942."

Dyer, George C. *The Amphibians Came to Conquer: The Story of Admiral Richmond Kelly Turner*. Washington, DC: Government Printing Office, 1972.

Evans, David C., ed. *The Japanese Navy in World War II: In the Words of Former Japanese Naval Officers*. Annapolis, MD: Naval Institute Press, 1993.

Fahey, James J. *Pacific War Diary, 1942–1945*. Boston: Houghton Mifflin, 1963.

Forrestal, James. *The Forrestal Diaries*, ed. Walter Millis. New York: Viking Press, 1951.

Gibney, Frank, ed. *Senso: The Japanese Remember the Pacific War*. Armonk, NY: M. E. Sharpe, 1995.

Goldstein, Donald M., and Kathryn V. Dillon, eds. *The Pacific War Papers: Japanese Documents of World War II*. Washington, DC: Potomac Books, 2006.

Hammel, Eric. *Aces Against Japan: The American Aces Speak*. New York: Pocket Books, 1992.

Harris, Mark Jonathan, Franklin D. Mitchell, and Steven J. Schechter, eds. *The Homefront: America During World War II*. New York: G. P. Putnam's Sons, 1984.

Heimdahl, William C., and Edward J. Marolda, eds. *Guide to United States Naval Administrative Histories of World War II*. Washington, DC: Naval History Division, Dept. of the Navy, 1976.

Ickes, Harold. *The Secret Diary of Harold L. Ickes*. New York: Simon & Schuster, 1954.

Kiyosawa, Kiyoshi. *A Diary of Darkness: The Wartime Diary of Kiyosawa Kiyoshi*, trans. Eugene Soviak and Kamiyama Tamie. Princeton, NJ: Princeton University Press, 1999.

LaForte, Robert S., and Ronald E. Marcello, eds. *Remembering Pearl Harbor: Eyewitness Accounts by U.S. Military Men and Women*. New York: Ballantine Books, 2001.

Litoff, Judy Barrett, and David C. Smith, eds. *Since You Went Away: World War II Letters from American Women on the Home Front*. New York: Oxford University Press, 1991.

———. *American Women in a World at War: Contemporary Accounts from World War II*. Wilmington, DE: Scholarly Resources, 1997.

Loewenheim, Francis L., Harold D. Langley, and Manfred Jonas, eds. *Roosevelt and Churchill: Their Secret Wartime Correspondence*. New York: Saturday Review Press / E. P. Dutton, 1975.

Matloff, Maurice, and Edwin M. Snell. *Strategic Planning for Coalition Warfare*

1941–1942. Washington, DC: Office of the Chief of Military History, Dept. of the Army, 1953–59.

Moran, Charles. *Winston Churchill: The Struggle for Survival 1940–1965: Taken from the Diaries of Lord Moran*. London: Sphere, 1968.

"Narrative by Lt. George Gay." Debrief recorded October 12, 1943, at U.S. Navy Department; Office of Naval Records and Library, Washington, DC.

Naval Historical Center. *U.S. Naval Administration in World War II* [microfilm]. Washington, DC: Dept. of the Navy, Naval Historical Center, 1976.

Perry, Glen C. H. *"Dear Bart": Washington Views of World War II*. New York: Greenwood Press, 1982.

"Reminiscences of Admiral Spruance as related by Dr. David Willcutts, Fifth Fleet Medical Officer." Ms. Item 297, U.S. Naval War College Archives, Newport, RI.

"The Reminiscences of Captain Thomas H. Dyer, U.S. Navy (Retired)." U.S. Naval Institute, Annapolis, MD, 1986.

"The Reminiscences of Rear Admiral Henry L. Miller, U.S. Navy (Retired)." U.S. Naval Institute, Annapolis, MD, 1973.

"The Reminiscences of Captain Joseph J. Rochefort, U.S. Navy (Retired)." U.S. Naval Institute, Annapolis, MD, 1983.

Richardson, K. D., and Paul Stillwell. *Reflections of Pearl Harbor: An Oral History of December 7, 1941*. New York: Greenwood Press, 2005.

Roosevelt, Eleanor, Rochelle Chadakoff, and Martha Gelhorn. *Eleanor Roosevelt's My Day: Her Acclaimed Columns, 1936–1945*. New York: Pharos, 1989.

Roosevelt, Theodore. *Letters to His Children*. New York: Charles Scribner's Sons, 1919.

———, Albert Bushnell Hart, and Herbert Ronald Ferleger. *Theodore Roosevelt Cyclopedia*. New York: Roosevelt Memorial Association, 1941.

———, and Elting Elmore Morison. *The Letters of Theodore Roosevelt*. 8 vols. Cambridge, MA: Harvard University Press, 1951–54.

Rosenman, Samuel I., ed. *The Public Papers and Addresses of Franklin D. Roosevelt*. 13 vols. New York: Harper & Bros., 1950 (1941–45 vols.).

Russell, Ronald W., ed. *No Right to Win: A Continuing Dialogue with Veterans of the Battle of Midway*. New York: iUniverse, 2006.

Shenk, Robert, ed. *Authors at Sea*. Annapolis, MD: Naval Institute Press, 1997.

Stillwell, Paul, ed. *Air Raid—Pearl Harbor! Recollections of a Day of Infamy*. Annapolis, MD: Naval Institute Press, 1981.

Stimson, Henry L. *Henry Lewis Stimson Diaries*. XV, 20 (microfilm ed., reel 3),

Manuscripts and Archives, Yale University Library, New Haven, CT.

U.S. Army. Far East Command. *The Imperial Japanese Navy in World War II: A Graphic Presentation of the Japanese Naval Organization and List of Combatant and Non-Combatant Vessels Lost or Damaged in the War*. Japanese Operational Monograph Series, No. 116. Tokyo: Military History Section, Special Staff, General Headquarters, Far East Command, 1952.

U.S. Civilian Production Administration. *Industrial Mobilization for War: History of the War Production Board and Predecessor Agencies, 1940–1945*. Vol. I: Program and Administration.

U.S. Office of Naval Intelligence. *The Japanese Story of the Battle of Midway*. Washington, DC: Government Printing Office, 1947 [Nagumo Report].

U.S. Office of Naval Operations. *U.S. Naval Aviation in the Pacific*. Washington, DC: Government Printing Office, 1947.

U.S. Strategic Bombing Survey. *Air Campaigns of the Pacific War*. Washington, DC: U.S. Strategic Bombing Survey, Military Analysis Division, 1947.

———. *Interrogations of Japanese Officials*. 2 vols. Washington, DC: Government Printing Office, 1947.

———. *Japanese Merchant Shipping*. Washington, DC: Government Printing Office, 1946.

———. *Summary Report (Pacific War)*. Washington, DC: Government Printing Office, 1946.

———. *The Campaigns of the Pacific War*. Washington, DC: U.S. Strategic Bombing Survey (Pacific), Naval Analysis Division, 1946 (reprinted 1969 by Greenwood).

Ugaki, Matome. *Fading Victory: The Diary of Admiral Matome Ugaki, 1941–1945*, trans. Masataka Chihaya. Pittsburgh, PA: University of Pittsburgh Press, 1991.

"Veterans'Biographies," published for the Battle of Midway Celebration, Marines Memorial Club, San Francisco, 2009.

The War Reports of General of the Army George C. Marshall, Chief of Staff, General of the Army H. H. Arnold, Commanding General, Army Air Forces [and] Fleet Admiral Ernest J. King, Commander-in-Chief, United States Fleet and Chief of Naval Operations. Philadelphia: Lippincott, 1947.

Werneth, Ron, ed. *Beyond Pearl Harbor: The Untold Stories of Japan's Naval Airmen*. Atglen, PA: Schiffer Publishing, 2008.

Wooldridge, E. T., ed. *Carrier Warfare in the Pacific: An Oral History Collection*. Washington, DC: Smithsonian Institute Press, 1993.

Yamashita, Samuel Hideo, ed. *Leaves from an Autumn of Emergencies: Selections from the Wartime Diaries of Ordinary Japanese*. Honolulu: University of Hawaii Press, 2005.

图书

Adamic, Louis. *Dinner at the White House*. New York: Harper, 1946.

Agawa, Hiroyuki. *The Reluctant Admiral: Yamamoto and the Imperial Navy*. New York: Kodansha International, 1979.

Albion, Robert G. *Makers of Naval Policy, 1798–1947*. Annapolis, MD: Naval Institute Press, 1980.

Allyn, John. *The 47 Ronin Story*. Tokyo: Charles E. Tuttle Co., 1970.

Ambrose, Stephen E. *The Supreme Commander: The War Years of General Dwight D. Eisenhower*. Jackson: University Press of Mississippi, 1999.

Asada, Sadao. *From Mahan to Pearl Harbor: The Imperial Japanese Navy and the United States*. Annapolis, MD: Naval Institute Press, 2006.

Astor, Gerald. *Crisis in the Pacific: The Battles for the Philippine Islands by the Men Who Fought Them*. New York: Donald I. Fine Books, 1996.

———. *Wings of Gold: The U.S. Naval Air Campaign in World War II*. New York: Presidio Press/Ballantine Books, 2004.

Bailey, Beth, and David Farber. *The First Strange Place: Race and Sex in World War II Hawaii*. Baltimore: Johns Hopkins University Press, 1994.

Bailey, Thomas Andrew. *Theodore Roosevelt and the Japanese-American Crisis*. Stanford, CA: Stanford University Press, 1934.

Beach, Edward L. *The United States Navy: A 200-Year History*. Boston: Houghton Mifflin, 1986.

Beard, Charles A. *President Roosevelt and the Coming of the War, 1941: A Study in Appearances and Realities*. New Haven, CT: Yale University Press, 1948.

Beasley, W. G. *Japanese Imperialism, 1894–1945*. New York: Oxford University Press, 1999.

Beaver, Floyd. *Sailor from Oklahoma: One Man's Two-Ocean War*. Annapolis, MD: Naval Institute Press, 2009.

Belote, James H., and William M. *Titans of the Seas: The Development and Operations of Japanese and American Carrier Task Forces During World War II*. New York: Harper & Row, 1975.

Benedict, Ruth. *The Chrysanthemum and the Sword: Patterns of Japanese Culture*.

Tokyo: Charles E. Tuttle Co., 1954.

Bercuson, David J., and Holger H. Herwig. *One Christmas in Washington: The Secret Meeting Between Roosevelt and Churchill That Changed the World.* Woodstock, NY: Overlook Press, 2005.

Bergamini, David. *Japan's Imperial Conspiracy.* New York: William Morrow, 1971.

Bix, Herbert P. *Hirohito and the Making of Modern Japan.* New York: HarperCollins, 2000.

Black, Conrad. *Franklin Delano Roosevelt: Champion of Freedom.* New York: Public Affairs, 2003.

Blum, John Morton. *V Was for Victory: Politics and American Culture During World War II.* New York: Harcourt Brace, 1976.

Bradlee, Benjamin C. *A Good Life: Newspapering and Other Adventures.* New York: Simon & Schuster, 1995.

Brands, H. W. *T. R.: The Last Romantic.* New York: Basic Books, 1997.

Brinkley, David. *Washington Goes to War: The Extraordinary Story of the Transformation of a City and a Nation.* New York: Alfred A. Knopf, 1988.

Brown, Cecil B. *Suez to Singapore.* New York: Random House, 1942.

Brown, DeSoto. *Hawaii Goes to War: Life in Hawaii from Pearl Harbor to Peace.* Honolulu, HI: Editions Limited, 1989.

Browne, Courtney. *Tojo: The Last Banzai.* New York: Holt, Rinehart & Winston, 1967.

Budiansky, Stephen. *Battle of Wits: The Complete Story of Codebreaking in World War II.* New York: Free Press, 2000.

Buell, Harold L. *Dauntless Helldivers: A Dive-bomber Pilot's Epic Story of the Carrier Battles.* New York: Orion, 1991.

Buell, Thomas B. *Master of Sea Power: A Biography of Fleet Admiral Ernest J. King.* Boston: Little, Brown, 1980.

———. *The Quiet Warrior: A Biography of Admiral Raymond A. Spruance.* Annapolis, MD: Naval Institute Press, 1987.

Burns, James MacGregor. *Roosevelt: The Soldier of Freedom.* New York: Harcourt Brace Jovanovich, 1970.

Burton, John. *Fortnight of Infamy: The Collapse of Allied Airpower West of Pearl Harbor.* Annapolis, MD: Naval Institute Press, 2006.

Buruma, Ian. *Inventing Japan, 1853–1964.* New York: Modern Library, 2003.

Caren, Eric, ed. *Pearl Harbor Extra: A Newspaper Account of the United States' Entry into World War II.* Edison, NJ: Castle, 2001.

Casey, Robert J. *Torpedo Junction: With the Pacific Fleet from Pearl Harbor to Midway.* Indianapolis, IN: Bobbs-Merrill, 1942.

Childs, Marquis W. *I Write from Washington.* New York: Harper, 1942.

———. *This Is Your War.* Boston: Little, Brown, 1942.

Churchill, Winston S. *The Second World War.* Vol. 3: *The Grand Alliance.* Boston: Houghton Mifflin, 1950.

———. *The Second World War.* Vol. 4: *The Hinge of Fate.* Boston: Houghton Mifflin, 1950.

Cleary, Thomas. *The Japanese Art of War: Understanding the Culture of Strategy.* Boston: Shambhala Classics, 2005.

Coletta, Paolo E. *Admiral Marc A. Mitscher and U.S. Naval Aviation: Bald Eagle.* Lewiston, NY: Edwin Mellen Press, 1997.

Colman, Penny. *Rosie the Riveter: Women Working on the Home Front in World War II.* New York: Crown Publishers, 1995.

Cooke, Alistair. *The American Home Front, 1941–1942.* New York: Atlantic Monthly Press, 2006.

Cooper, Page. *Navy Nurse.* New York: Whittlesey House/McGraw-Hill, 1946.

Costello, John. *The Pacific War.* New York: Rawson, Wade, 1981.

Cressman, Robert J. *"A Glorious Page in Our History": The Battle of Midway, 4–6 June 1942.* Missoula, MT: Pictorial Histories, 2001.

Cross, Robert F. *Sailor in the White House: The Seafaring Life of FDR.* Annapolis, MD: Naval Institute Press, 2003.

Cunningham, Winfield Scott. *Wake Island Command.* Boston: Little, Brown, 1961.

Dallek, Robert. *Franklin D. Roosevelt and American Foreign Policy, 1932–1945.* Oxford: Oxford University Press, 1995.

Davidson, Joel R. *The Unsinkable Fleet: The Politics of U.S. Navy Expansion in World War II.* Annapolis, MD: Naval Institute Press, 1996.

Davis, Kenneth S. *FDR: The War President, 1940–1943: A History.* New York: Random House, 2000.

Davis, William E. *Sinking the Rising Sun: Dog Fighting and Dive Bombing in World War II: A Navy Fighter Pilot's Story.* Minneapolis, MN: Zenith Press, 2007.

Deacon, Richard. *Kempei Tai: The Japanese Secret Service Then and Now.* Tokyo: Charles E. Tuttle Co., 1982.

Dickinson, Clarence Earle. *The Flying Guns: Cockpit Record of a Naval Pilot from Pearl Harbor Through Midway.* New York: Scribner, 1942.

Dower, John W. *War Without Mercy: Race and Power in the Pacific War*. New York: Pantheon Books, 1986.

———. *Japan in War and Peace: Selected Essays*. New York: New Press; distributed by W. W. Norton & Company, 1993.

Dull, Paul S. *A Battle History of the Imperial Japanese Navy, 1941–1945*. Annapolis, MD: Naval Institute Press, 1978.

Dunnigan, James F., and Albert A. Nofi. *Victory at Sea: World War II in the Pacific*. New York: William Morrow, 1995.

Duus, Masayo. *Tokyo Rose: Orphan of the Pacific*. New York: Kodansha International, 1979.

Dye, Bob. *Hawai'i Chronicles III: World War Two in Hawai'i, from the Pages of Paradise of the Pacific*. Honolulu: University of Hawai'i Press, 2000.

Dyer, George C. *The Amphibians Came to Conquer: The Story of Admiral Richmond Kelly Turner*. Washington, DC: Government Printing Office, 1972.

Edgerton, Robert B. *Warriors of the Rising Sun: A History of the Japanese Military*. New York: W. W. Norton & Company, 1997.

Eiler, Keith E. *Mobilizing America: Robert P. Patterson and the War Effort, 1940–1945*. Ithaca, NY: Cornell University Press, 1997.

Eisenhower, Dwight D. *Crusade in Europe*. Garden City, NY: Doubleday, 1948.

Ellis, John. *World War II, a Statistical Survey: The Essential Facts and Figures for All the Combatants*. New York: Facts on File, 1995.

Elphick, Peter. *Liberty: The Ships That Won the War*. Annapolis, MD: Naval Institute Press, 2001.

Evans, David, and Mark Peattie. *Kaigun: Strategy, Tactics, and Technology in the Imperial Japanese Navy, 1887–1941*. Annapolis, MD: Naval Institute Press, 1997.

Ewing, Steve. *Reaper Leader: The Life of Jimmy Flatley*. Annapolis, MD: Naval Institute Press, 2002.

———. *Thach Weave: The Life of Jimmie Thach*. Annapolis, MD: Naval Institute Press, 2004.

———, and John B. Lundstrom. *Fateful Rendezvous: The Life of Butch O'Hare*. Annapolis, MD: Naval Institute Press, 1997.

Feiss, Herbert. *Churchill, Roosevelt, Stalin: The War They Waged and the Peace They Sought*. Princeton, NJ: Princeton University Press, 1957.

Fisher, Clayton E. *Hooked: Tales and Adventures of a Tailhook Warrior*. Denver, CO: Outskirts, 2009.

Fuchida, Mitsuo, and Masatake Okumiya. *Midway: The Battle That Doomed Japan, The Japanese Navy's Story.* Annapolis, MD: Naval Institute Press, 1955.

Fussell, Paul. *Wartime: Understanding and Behavior in the Second World War.* New York: Oxford University Press, 1989.

Gay, George H. *Sole Survivor: The Battle of Midway and Its Effects on His Life.* Naples, FL: Midway Publishers, 1980.

Gelb, Norman. *Desperate Venture: The Story of Operation Torch, the Allied Invasion of North Africa.* New York: William Morrow, 1992.

Gilbert, Alton. *A Leader Born: The Life of Admiral John Sidney McCain, Pacific Carrier Commander.* Philadelphia: Casemate, 2006.

Gilbert, Martin. *Churchill and America.* New York: Free Press, 2005.

Gluck, Carol. *Japan's Modern Myths: Ideology in the Late Meiji Period.* Princeton, NJ: Princeton University Press, 1985.

———, and Stephen R. Graubard, eds. *Showa: The Japan of Hirohito.* New York: W. W. Norton & Company, 1992.

Goodwin, Doris Kearns. *No Ordinary Time: Franklin and Eleanor Roosevelt. The Home Front in World War II.* New York: Simon & Schuster, 1994.

Grew, Joseph C. *Report from Tokyo: A Message to the American People.* New York: Simon & Schuster, 1942.

Gruhl, Werner. *Imperial Japan's World War Two, 1931–1945.* New Brunswick, NJ: Transaction, 2007.

Halsey, William Frederick. *Admiral Halsey's Story.* New York: Whittlesey House, 1947.

Hara, Tameichi, Fred Saito, and Roger Pineau. *Japanese Destroyer Captain: Pearl Harbor, Guadalcanal, Midway—The Great Naval Battles as Seen Through Japanese Eyes.* Annapolis, MD: Naval Institute Press, 2007.

Harper, John A. *Paddles!: The Foibles and Finesse of One World War II Landing Signal Officer.* Atglen, PA: Schiffer Publishing, 2000.

Harries, Meirion, and Susie Harries. *Soldiers of the Sun: The Rise and Fall of the Imperial Japanese Army.* New York: Random House, 1991.

Hayes, Grace P. *The History of the Joint Chiefs of Staff in World War II: The War Against Japan.* Annapolis, MD: Naval Institute Press, 1982.

Holland, W. J., ed. *The Navy.* Washington, DC: Naval Historical Foundation, 2000.

Holmes, W. J. *Double-Edged Secrets: U.S. Naval Intelligence Operations in the Pacific During World War II.* Annapolis, MD: Naval Institute Press, 1979.

Hoopes, Townsend, and Douglas Brinkley. *Driven Patriot: The Life and Times of James*

Forrestal. Annapolis, MD: Naval Institute Press, 2000.

Hopkins, June. *Harry Hopkins: Sudden Hero, Brash Reformer.* New York: St. Martin's Press, 1999.

Hornfischer, James D. *Ship of Ghosts: The Story of the USS Houston, FDR's Legendary Lost Cruiser, and the Epic Saga of Her Survivors.* New York: Bantam Books, 2006.

Hough, Richard Alexander. *Death of the Battleship.* New York: Macmillan, 1963.

Howard, Clive. *One Damned Island After Another: The Saga of the Seventh Air Force in World War II.* Chapel Hill: University of North Carolina Press, 1946.

Hoyt, Edwin Palmer. *How They Won the War in the Pacific: Nimitz and His Admirals.* New York: Weybright & Talley, 1970.

———. *Now Hear This: The Story of American Sailors in World War II.* New York: Paragon House, 1993.

Hynes, Samuel Lynn. *Flights of Passage· Reflections of a World War II Aviator.* New York: Penguin Books, 2003 (Naval Institute Press, 1988).

Irokawa, Daikichi. *The Age of Hirohito: In Search of Modern Japan.* New York: Free Press, 1995.

Isom, Dallas Woodbury. *Midway Inquest: Why the Japanese Lost the Battle of Midway.* Bloomington: Indiana University Press, 2007.

Jackson, Robert H. *That Man: An Insider's Portrait of Franklin D. Roosevelt.* Oxford: Oxford University Press, 2004.

Jasper, Joy Waldron, James P. Delgado, and Jim Adams. *The USS Arizona: The Ship, the Men, the Pearl Harbor Attack, and the Symbol That Aroused America.* New York: St. Martin's Press, 2003.

Jenkins, Roy. *Churchill: A Biography.* New York: Farrar, Straus & Giroux, 2001.

Johnston, Stanley. *Queen of the Flat-Tops: The U.S.S. Lexington and the Coral Sea Battle.* New York: E. P. Dutton, 1942.

Jones, Wilbur D., Jr., and Carroll Robbins Jones. *Hawaii Goes to War: The Aftermath of Pearl Harbor.* Shippensburg, PA: White Mane, 2001.

Kahn, David. *The Codebreakers: The Story of Secret Writing.* New York: New American Library, 1973.

Karig, Walter, ed. *Battle Report.* 6 vols. New York: Published for the Council on Books in Wartime by Farrar & Rinehart, 1944–52.

Karsten, Peter. *The Naval Aristocracy: The Golden Age of Annapolis and the Emergence of Modern American Navalism.* New York: Free Press, 1972.

Kase, Toshikazu. *Journey to the Missouri.* New Haven, CT: Yale University Press, 1950.

Kato, Masuo. *The Lost War: A Japanese Reporter's Inside Story*. New York: Alfred A. Knopf, 1946.

Kawahara, Toshiaki. *Hirohito and His Times: A Japanese Perspective*. Tokyo: Kodansha International, 1990.

Keegan, John. *The Second World War*. London: Hutchinson & Co., 1989.

———. *The Price of Admiralty*. New York: Penguin Books, 1990.

Kennedy, David M. *Freedom from Fear: The American People in Depression and War, 1929–1945*. New York: Oxford University Press, 1999.

———. *Freedom from Fear, Part Two: The American People in World War II*. New York: Oxford University Press, 2003.

Kennedy, Paul. *The Rise and Fall of the Great Powers*. New York: Vintage, 1989.

Kenney, George C. *General Kenney Reports: A Personal History of the Pacific War*. New York: Duell, Sloan, & Pearce, 1949.

Kernan, Alvin B. *Crossing the Line: A Bluejacket's World War II Odyssey*. Annapolis, MD: Naval Institute Press, 1994.

———. *The Unknown Battle of Midway: The Destruction of the American Torpedo Squadrons*. New Haven, CT: Yale University Press, 2005.

Kimball, Warren F. *Forged in War: Roosevelt, Churchill, and the Second World War*. New York: William Morrow, 1997.

Kimmett, Larry, and Margaret Regis. *The Attack on Pearl Harbor: An Illustrated History*. Seattle, WA: Navigator Publishers, 1991.

King, Ernest J., and Walter Muir Whitehill. *Fleet Admiral King: A Naval Record*. New York: W. W. Norton & Company, 1952.

Kinney, John F., and James M. McCaffrey. *Wake Island Pilot: A World War II Memoir*. Washington, DC: Brassey's, 1995.

Kratoska, Paul H. *South East Asia: Colonial History. Vol. 5*. London: Routledge, 2001.

Kriloff, Herbert. *Officer of the Deck: A Memoir of the Pacific War and the Sea*. Pacifica, CA: Pacifica, 2000.

Lawson, Robert. *U.S. Navy Dive and Torpedo Bombers of World War II*. Minneapolis, MN: Zenith Press, 2001.

———, and Barrett Tillman. *U.S. Navy Air Combat, 1939–46*. Osceola, WI: MBI Publishing, 2000.

Lawson, Ted W. *Thirty Seconds Over Tokyo*. New York: Random House, 1943.

Layton, Edwin T., with Roger Pineau and John Costello. *"And I Was There": Pearl Harbor and Midway—Breaking the Secrets*. New York: William Morrow, 1985.

Leach, Douglas Edward. *Now Hear This: The Memoir of a Junior Naval Officer in the Great Pacific War*. Kent, OH: Kent State University Press, 1987.

Leahy, William D. *I Was There*. New York: Whittlesey House, 1950.

Leckie, Robert. *Helmet for My Pillow*. New York: Bantam Books, 2010.

Lee, Clark. *They Call It the Pacific: An Eye-Witness Story of Our War Against Japan from Bataan to the Solomons*. New York: Viking Press, 1943.

Lee, Robert Edson. *To the War*. New York: Alfred A. Knopf, 1968.

Lingeman, Richard. *Don't You Know There's a War On? The American Home Front, 1941–45*. New York: G. P. Putnam's Sons, 1970.

Lipsitz, George. *Rainbow at Midnight: Labor and Culture in the 1940s*. Urbana: University of Illinois Press, 1994.

Livezey, William Edmund. *Mahan on Sea Power*. Norman: University of Oklahoma Press, 1947.

Lord, Walter. *Incredible Victory: The Battle of Midway*. New York: HarperCollins, 1993.

———. *Day of Infamy*. New York: Henry Holt, 2001.

Lotchin, Roger W. *The Bad City in the Good War: San Francisco, Los Angeles, Oakland, and San Diego*. Bloomington: Indiana University Press, 2003.

Lundstrom, John B. *The First South Pacific Campaign: Pacific Fleet Strategy, December 1941–June 1942*. Annapolis, MD: Naval Institute Press, 1976.

———. *The First Team: Pacific Naval Air Combat from Pearl Harbor to Midway*. Annapolis, MD: Naval Institute Press, 1984.

Madsen, Daniel. *Resurrection: Salvaging the Battle Fleet at Pearl Harbor*. Annapolis, MD: Naval Institute Press, 2003.

Mahan, Alfred Thayer. *From Sail to Steam, Recollections of Naval Life, by Capt. A. T. Mahan*. New York: Harper & Bros., 1907.

———, ed. Allan Westcott. *Mahan on Naval Warfare: Selections from the Writings of Rear Admiral Alfred T. Mahan*. Mineola, NY: Dover Publications, 1999 (Little, Brown, 1941).

Manchester, William Raymond. *American Caesar: Douglas MacArthur, 1880–1964*. Boston: Little, Brown, 1978.

———. *Goodbye, Darkness: A Memoir of the Pacific War*. Boston: Little, Brown, 1980.

Marder, Arthur J. *Old Friends, New Enemies: The Royal Navy and the Imperial Japanese Navy, 1936–1945*. Oxford: Clarendon Press; New York: Oxford University Press, 1981–90. Vols. 1–2.

Mason, Theodore C. *Battleship Sailor*. Annapolis, MD: Naval Institute Press, 1982.

————. *Rendezvous with Destiny: A Sailor's War.* Annapolis, MD: Naval Institute Press, 1997.

Matsuo, Kinoaki. *How Japan Plans to Win,* trans. Kilsoo K. Haan (published in Japan as *The Three-Power Alliance and a United States–Japanese War*). Boston: Little, Brown, 1942.

McCabe, Larry. *Pearl Harbor and the American Spirit: The World War II Generation Remembers the Tragic Event That Transformed a Nation.* Bloomington, IN: Xlibris Corp., 2004.

McIntire, Vice-Admiral Ross T. *White House Physician.* New York: G. P. Putnam's Sons, 1946.

McJimsey, George T. *Harry Hopkins: Ally of the Poor and Defender of Democracy.* Cambridge, MA: Harvard University Press, 1987.

Meacham, Jon. *Franklin and Winston: An Intimate Portrait of an Epic Friendship.* New York: Random House, 2003.

Mears, Frederick. *Carrier Combat: A Young Pilot's Story of Action Aboard the Hornet in World War II.* New York: Ballantine Books, 1967.

Michener, James A. *Tales of the South Pacific.* Greenwich, CT: Fawcett, 1947.

————. *The World Is My Home: A Memoir.* New York: Random House, 1992.

Middlebrook, Martin, and Patrick Mahoney. *Battleship: The Sinking of the Prince of Wales and the Repulse.* New York: Charles Scribner's Sons, 1979.

Miller, Edward S. *War Plan Orange: The U.S. Strategy to Defeat Japan, 1897–1945.* Annapolis, MD: Naval Institute Press, 1991.

Millot, Bernard A. *The Battle of the Coral Sea: Sea Battles in Close Up, No. 12,* trans. S. V. Whitley. Annapolis, MD: Naval Institute Press, 1974.

Morgan, Ted. *FDR: A Biography.* New York: Simon & Schuster, 1985.

Morison, Samuel Eliot. *History of United States Naval Operations in World War II. Vol. 3: The Rising Sun in the Pacific.* Boston: Little, Brown, 1948.

————. *History of United States Naval Operations in World War II. Vol. 4: Coral Sea, Midway and Submarine Actions: May 1942–August 1942.* Boston: Little, Brown, 1949.

Morita, Akio, Edwin M. Reingold, and Mitsuko Shimomura. *Made in Japan.* London: William Collins, 1987.

Morris, Ivan. *The Nobility of Failure: Tragic Heroes in the History of Japan.* Tokyo: Charles E. Tuttle Co., 1982.

Nardo, Don. *Pearl Harbor.* San Diego, CA: Greenhaven, 2003.

Nesmith, Jeff. *No Higher Honor: The USS Yorktown at the Battle of Midway.* Atlanta,

GA: Longstreet, 1999.

Neu, Charles E. *An Uncertain Friendship: Theodore Roosevelt and Japan, 1906–1909*. Cambridge, MA: Harvard University Press, 1967.

Nitobe, Inazo. *Bushido: The Soul of Japan*. Tokyo: Charles E. Tuttle Co., 1969.

Okumiya, Masatake, Jiro Horikoshi, and Martin Caidin. *Zero!* New York: E. P. Dutton & Co., 1956.

Overy, Richard. *Why the Allies Won*. New York: W. W. Norton & Company, 1995.

Parshall, Jonathan, and Anthony P. Tully. *Shattered Sword: The Untold Story of the Battle of Midway*. Washington, DC: Potomac Books, 2005.

Peattie, Mark R. *Sunburst: The Rise of Japanese Naval Air Power, 1909–1941*. Annapolis, MD: Naval Institute Press, 2001.

Perkins, Francis. *The Roosevelt I Knew*. New York: Viking Press, 1946.

Perrett, Geoffrey. *Days of Sadness, Years of Triumph: The American People, 1939–1945*. Baltimore, MD: Penguin Books, 1973.

Potter, E. B. *Nimitz*. Annapolis, MD: Naval Institute Press, 1976.

———. *Bull Halsey*. Annapolis, MD: Naval Institute Press, 1985.

Prados, John. *Combined Fleet Decoded: The Secret History of American Intelligence and the Japanese Navy in World War II*. New York: Random House, 1995.

Prange, Gordon W. *God's Samurai: Lead Pilot at Pearl Harbor*. New York: Macmillan, 1990.

———, Donald M. Goldstein, and Katherine V. Dillon. *At Dawn We Slept: The Untold Story of Pearl Harbor*. New York: Penguin Books, 1982.

———. *Miracle at Midway*. New York: Penguin Books, 1983.

———. *December 7, 1941: The Day the Japanese Attacked Pearl Harbor*. New York: McGraw-Hill, 1988.

Radike, Floyd W. *Across the Dark Islands: The War in the Pacific*. New York: Presidio Press/Ballantine Books, 2003.

Regan, Stephen D. *In Bitter Tempest: The Biography of Admiral Frank Jack Fletcher*. Ames: Iowa State University Press, 1994.

Reilly, Michael F., and William J. Slocum. *Reilly of the White House*. New York: Simon & Schuster, 1947.

Reischauer, Edwin O. *The Japanese*. Cambridge, MA: Belknap Press, 1981.

———. *Japan: The Story of a Nation*. New York: McGraw-Hill, 1990.

———, and Albert M. Craig. *Japan: Tradition and Transformation*. Tokyo: Charles E. Tuttle Co., 1978.

Reynolds, Clark G. *On the Warpath in the Pacific: Admiral Jocko Clark and the Fast Carriers*. Annapolis, MD: Naval Institute Press, 2005.

Roosevelt, Eleanor. *This I Remember*. New York: Harper & Bros., 1949.

Roosevelt, Theodore. *Theodore Roosevelt; An Autobiography*. New York: Macmillan, 1913.

————. *America and the World War, by Theodore Roosevelt*. New York: Charles Scribner's Sons, 1915.

Rose, Lisle A. *The Ship That Held the Line: The USS Hornet and the First Year of the Pacific War*. Annapolis, MD: Naval Institute Press, 1995.

Rosenman, Samuel Irving. *Working with Roosevelt*. New York: Harper, 1952.

Russell, Ronald W. *No Right to Win: A Continuing Dialogue with Veterans of the Battle of Midway*. New York: iUniverse, 2006.

Sakai, Saburo, with Martin Caidin and Fred Saito. *Samurai!* New York: E. P. Dutton & Co., 1956.

Sakaida, Henry. *Imperial Japanese Navy Aces, 1937–45*. Oxford: Osprey Aerospace, 1998.

Shenk, Robert, ed. *Authors At Sea*. Annapolis, MD: Naval Institute Press, 1997.

Sherman, Frederick C. *Combat Command: The American Aircraft Carriers in the Pacific War*. New York: E. P. Dutton & Co., 1950.

Sherwood, Robert E. *Roosevelt and Hopkins: An Intimate History*. New York: Harper & Bros., 1948.

Shillony, Ben-Ami. *Revolt in Japan: The Young Officers and the February 26, 1936 Incident*. Princeton, NJ: Princeton University Press, 1973.

————. *Politics and Culture in Wartime Japan*. Oxford: Clarendon Press, 1981.

Skulski, Janusz. *The Battleship Yamato*. Annapolis, MD: Naval Institute Press, 1988.

Sloan, Bill. *Given Up for Dead: America's Heroic Stand at Wake Island*. New York: Bantam Books, 2003.

Smith, Douglas V. *Carrier Battles: Command Decision in Harm's Way*. Annapolis, MD: Naval Institute Press, 2006.

Smith, Holland M., and Percy Finch. *Coral and Brass*. New York: Charles Scribner's Sons, 1949.

Smith, Merriman. *Thank You, Mr. President: A White House Notebook*. New York: Harper & Bros., 1946.

Smith, Peter C. Midway: Dauntless Victory. Barnsley, UK: Pen and Sword Books, 2007.

Smyth, Robert T. *Sea Stories*. New York: iUniverse, 2004.

Spector, Ronald H. *Eagle Against the Sun: The American War with Japan*. New York: Free Press, 1984.

Sprout, Harold, and Margaret Sprout. *The Rise of American Naval Power, 1776–1918*. Annapolis, MD: Naval Institute Press, 1939.

Stafford, Edward Peary. *The Big E: The Story of the USS Enterprise*. New York: Random House, 1962.

Starr, Kevin. *Embattled Dreams: California in War and Peace, 1940–1950*. Oxford and New York: Oxford University Press, 2002.

Stimson, Henry L., and McGeorge Bundy. *On Active Services in Peace and War*. New York: Harper & Bros., 1947.

Stoler, Mark A. *Allies and Adversaries: The Joint Chiefs of Staff, the Grand Alliance, and U.S. Strategy in World War II*. Chapel Hill: University of North Carolina Press, 2000.

Storry, Richard. *The Double Patriots: A Study of Japanese Nationalism*. Boston: Houghton Mifflin, 1957.

Tagaya, Osamu. *Imperial Japanese Naval Aviator 1937–45*. Oxford: Osprey Aerospace, 2003.

Taylor, Charles Carlisle. *The Life of Admiral Mahan*. New York: George H. Doran Co., 1920.

Taylor, Theodore. *Magnificent Mitscher*. Annapolis, MD: Naval Institute Press, 1991.

Thomas, Evan. *Sea of Thunder: Four Commanders and the Last Great Naval Campaign: 1941–1945*. New York: Simon & Schuster, 2006.

Thomas, Jane. *My Hawaii, 1938–1962*. Bloomington, IN: Xlibris Corp., 2002.

Thorne, Christopher. *Allies of a Kind: The United States, Britain, and the War Against Japan, 1941–1945*. New York: Oxford University Press, 1978.

Toland, John. *But Not in Shame: The Six Months After Pearl Harbor*. New York: Random House, 1961.

———. *The Rising Sun: The Decline and Fall of the Japanese Empire, 1936–1945*. New York: Random House, 1970.

Tolischus, Otto David. *Through Japanese Eyes*. New York: Reynal & Hitchcock, 1945.

Tuchman, Barbara. *Stilwell and the American Experience in China, 1911–1945*. New York: Bantam Books, 1970.

Tully, Grace. *F. D. R.: My Boss*. New York: Charles Scribner's Sons, 1949.

Turk, Richard W. *The Ambiguous Relationship: Theodore Roosevelt and Alfred Thayer Mahan*. New York: Greenwood Press, 1987.

Urwin, Gregory. *Facing Fearful Odds: The Siege of Wake Island*. Lincoln: University of

Nebraska Press, 1997.

Van der Vat, Dan. *The Pacific Campaign: World War II, the U.S.-Japanese Naval War, 1941–1945*. New York: Simon & Schuster, 1991.

———. *Pearl Harbor: The Day of Infamy—An Illustrated History*. New York: Basic Books, 2001.

Victoria, Brian Daizen. *Zen at War*. New York: Weatherhill, 1997.

Weinberg, Gerhard L. *A World at Arms: A Global History of World War II*. Cambridge, UK: Cambridge University Press, 1994.

———. *Visions of Victory: The Hopes of Eight World War II Leaders*. Cambridge, UK: Cambridge University Press, 2005.

Weintraub, Stanley. *Long Day's Journey into War: December 7, 1941*. New York: Truman Tally Books, 1991.

Wenger, J. Michael, Katherine V. Dillon, and Donald M. Goldstein. *The Way It Was: Pearl Harbor: The Original Photographs*. Washington, DC: Potomac Books, 1995.

Wheeler, Post. *Dragon in the Dust*. Hollywood, CA: Marcel Rodd, 1946.

White, William Lindsay. *They Were Expendable*. New York: Harcourt, Brace, 1942.

Wigmore, Lionel. *The Japanese Thrust*. Canberra: Australian War Memorial, 1957.

Willmott, H. P. *The Barrier and the Javelin: Japanese and Allied Pacific Strategies, February to June 1942*. Annapolis, MD: Naval Institute Press, 1983.

Winkler, Allan M. *Home Front U.S.A.: America During World War II*. Arlington Heights, IL: Harlan Davidson, 1986.

Yoshimura, Akira. *Zero Fighter*. Westport, CT: Frederick A. Praeger, 1996.

———. *Battleship Musashi: The Making and Sinking of the World's Biggest Battleship*, trans. Vincent Murphy. Tokyo and New York: Kodansha International, 1999.

Zich, Arthur, and the Editors of Time-Life Books. *The Rising Sun*. Alexandria, VA: Time-Life Books, 1977.

Zimmermann, Warren. *First Great Triumph: How Five Americans Made Their Country a World Power*. New York: Farrar, Straus & Giroux, 2002.

文章

Asher, Harvey. "Hitler's Decision to Declare War on the United States Revisited (A Synthesis of the Secondary Literature)." Newsletter of the Society for Historians of American Foreign Relations (SHAFR), September 2000. Online at www.shafr.org/ publications/newsletter/september-2000.

Eller, Ernest M. "Swords into Plowshares: Some of Fleet Admiral Nimitz's Contributions to Peace." Fredericksburg, TX: Admiral Nimitz Foundation, 1986.

Ewing, William H. "Nimitz: Reflections on Pearl Harbor." Fredericksburg, TX: Admiral Nimitz Foundation, 1985

Goldsmith, Raymond W. "The Power of Victory: Munitions Output in World War II," *Military Affairs*, vol. 10, no. 1 (Spring 1946), pp. 69–80.

Graybar, Lloyd J. "American Pacific Strategy After Pearl Harbor: The Relief of Wake Island," *Prologue* (Fall 1980), pp. 134–50.

Herbig, Katherine L. "American Strategic Deception in the Pacific: 1942–1944," in Michael I. Handel, ed., *Strategic and Operational Deception in the Second World War*. London: Cass, 1987.

Lamar, H. Arthur. "I Saw Stars." Fredericksburg, TX: Admiral Nimitz Foundation, 1985.

Layton, Edwin T. "Early Carrier Raids During World War II," in Daniel M. Masterson, ed., *Naval History: The Sixth Symposium of the U.S. Naval Academy*. Wilmington, DE: Scholarly Resources, 1987.

MacArthur, Douglas A. "MacArthur's Reminiscences: Part 5," *Life*, vol. 57, no. 2 (July 10, 1964), p. 72.

Petillo, Carol M. "Douglas MacArthur and Manuel Quezon: A Note on an Imperial Bond," *Pacific Historical Review*, vol. 48, no. 1 (February 1979), pp. 107–17.

Roosevelt, Theodore. "Washington's Forgotten Maxim." Address at U.S. Naval War College, June 2, 1897. Naval Institute *Proceedings*, vol. 23 (1897), p. 456.

Santa Fe Railway. "Along Your Way: Facts about stations and scenes on the Santa Fe," (pamphlet distributed to passengers on the Santa Fe Super Chief), 1946. Online at www. titchenal.com/atsf/ayw1946.

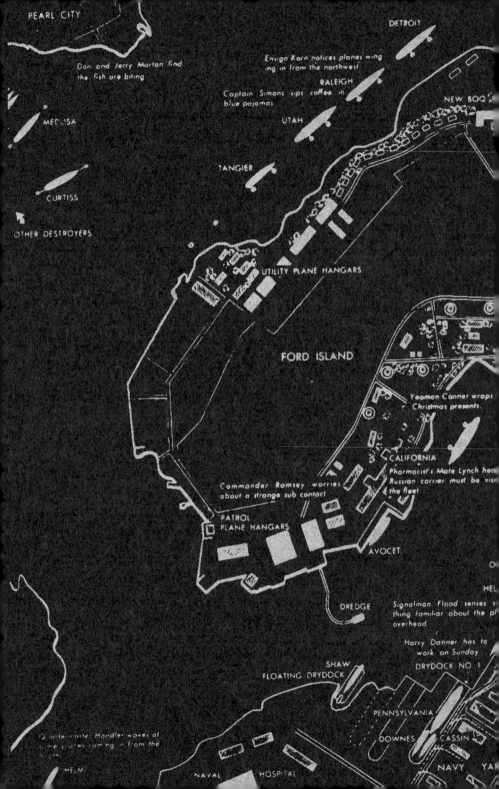

PEARL CITY

DETROIT

Don and Jerry Marton find
the fish are biting

Ensign Korn notices planes wing-
ing in from the northwest

RALEIGH

Captain Simons sips coffee in
blue pajamas

NEW BOQ

MEDUSA

UTAH

CURTISS

TANGIER

OTHER DESTROYERS

UTILITY PLANE HANGARS

FORD ISLAND

Yeoman Conner wraps
Christmas presents.

CALIFORNIA

Pharmacist's Mate Lynch hea
Russian carrier must be vis
the fleet.

Commander Ramsey worries
about a strange sub contact

PATROL
PLANE HANGARS

AVOCET

O

HEL

DREDGE

Signalman flood senses s
thing familiar about the pl
overhead

Harry Danner has to
work on Sunday

SHAW

DRYDOCK NO 1

FLOATING DRYDOCK

PENNSYLVANIA

Quartermaster Handler waves at
the planes coming in from the
north

DOWNES

CASSIN

HELM

NAVAL HOSPITAL

NAVY YA